长江三峡工程
文物保护项目 报告

乙种第十九号

稀归东门头

国务院三峡工程建设委员会办公室
国家文物局 编著

科学出版社

内 容 简 介

本书全面、系统地介绍了湖北省秭归县东门头遗址 1997～2002 年的考古发掘成果，展示了东门头遗址新石器时代、商周、汉、唐、宋元明清等不同时期的文化面貌与特点，内容涉及考古学、历史学、人类学、生物学、建筑学等学科。其中，宋元时期的城墙、城门、道路、房址、排水沟等遗迹保存较好，出土遗物丰富，是研究三峡地区县治变迁、城市规划、建筑艺术及社会风貌等方面的重要实物资料。

本书可供考古学、历史学、人类学、生物学、建筑学及相关学科的科研教学人员与文物爱好者阅读、参考。

图书在版编目（CIP）数据

秭归东门头／国务院三峡工程建设委员会办公室，国家文物局编著．—北京：科学出版社，2010

（长江三峡工程文物保护项目报告. 乙种；19）

ISBN 978-7-03-029251-3

Ⅰ．①秭…　Ⅱ．①国…②国…　Ⅲ．①文化遗址–发掘报告–秭归县　Ⅳ．①K878.05

中国版本图书馆 CIP 数据核字（2010）第 204414 号

责任编辑：闫向东　王光明／责任校对：钟　洋
责任印制：赵德静／封面设计：黄华斌

科 学 出 版 社 出版
北京东黄城根北街 16 号
邮政编码：100717
http://www.sciencep.com

双 青 印 刷 厂 印刷
科学出版社发行　各地新华书店经销

＊

2010 年 12 月第 一 版　　开本：A4（880×1230）
2010 年 12 月第一次印刷　　印张：30 1/2　插页：56
印数：1—1 500　　　　　字数：832 000

定价：280.00 元
（如有印装质量问题，我社负责调换）

Reports on the Cultural Relics Conservation
in the Three Gorges Dam Project
B(site report) Vol.19

The Dongmentou Site
in Zigui, Hubei

State Council Three Gorges Project Construction Committee Executive Office

&

State Administration of Cultural Heritage People's Republic of China

Science Press

长江三峡工程文物保护项目报告

湖北库区编委会

主　任　张　通

副主任　杜建国

编　委　汪元良　　沈海宁　　杨德菊　　吴宏堂

　　　　　黎朝斌　　陈振裕　　邢　光　　梁今辉

　　　　　王风竹　　包东波　　孟华平

总　编　沈海宁

副总编　黎朝斌　　王风竹

长江三峡工程文物保护项目报告

乙种第十九号

《秭归东门头》

主 编

孟华平

副主编

刘 彦 黄文新

项目承担单位

湖北省文物考古研究所

目　　录

插 图 目 录

彩 版 目 录

图 版 目 录

壹 绪 论

一、地理环境与遗址位置

东门头遗址是在长江三峡库区发现的一处年代跨度长、文化特征鲜明的古代文化遗址，也是一处宋元时期的重要城址。它位于湖北省秭归县境内的长江南岸，其西北距长江北岸的归州镇（原秭归县城）约 3 公里，东北距长江北岸的香溪镇约 1 公里。中心地理坐标为北纬30°57′，东经110°43′（图一）。

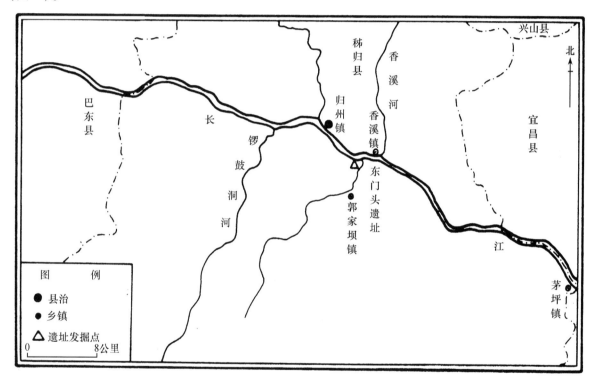

图一　东门头遗址位置图

遗址所在的秭归县地处湖北西部长江西陵峡两岸，东接宜昌县，西邻巴东县，南靠长阳土家族自治县，北倚兴山县。长江由西向东横贯全境，地理位置相当重要，曾有"控楚蜀之交带，当水陆之要冲"、"重地之咽喉，长江之锁钥"的称誉。

秭归县境为川东褶及鄂西八面山坳会合地带，均系巫山余脉。其中海拔 1200 米以上的高山区占全县面积的 30%，海拔 600～1200 米的半高山区占 54.9%，海拔 600 米以下的低山区仅占 15.1%。由于受长江水系的强烈分割，境内地形起伏，层峦叠嶂，四周高，中间低，呈盆地形，构成独特的长江三峡山地地貌，在沿江两岸的低山河谷地区往往有发育良好的阶地和缓坡。

这里地处中纬度，属亚热带大陆性季风气候，气候温暖湿润，光照充足，雨量充沛，四季分明。总体表现为春温多变，初夏多雨，伏秋多旱，冬暖少雨雪。因山峦起伏，气候垂直变化明显，在长江河谷地带年降雨量为 1000 毫米左右，平均气温 18℃。现在的城镇、村落及人口主要集中分布在地理条件相对优越的沿江河谷地带，与秭归县历年调查发现的古代文化遗址的分布区域大体吻合，说明古今人类对生活环境的选择基本一致。

在归州镇至香溪镇一带，沿江两岸江面宽阔，阶地发育良好，属长江切过砂页岩和泥岩组成的向斜构造而形成的香溪宽谷，是三峡库区秭归段古代文化遗址分布比较集中的两个区域之一（另一区域在秭归县与宜昌县交界的庙南宽谷）。东门头遗址正处于香溪宽谷东端的长江南岸，其东即进入以险峻闻名于世的长江西陵峡峡谷地带，属于典型的长江三峡缓坡山地遗址，现隶属秭归县郭家坝镇卜庄河居委会2、3组（图二；彩版一）。

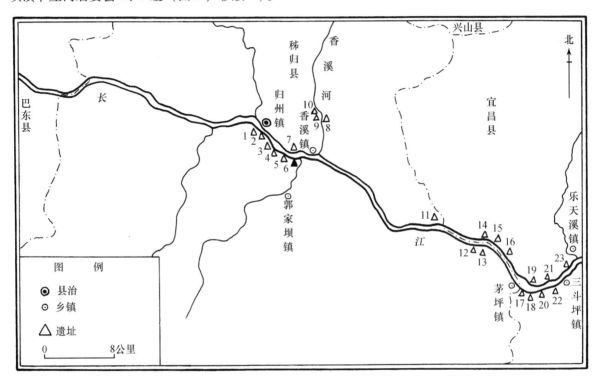

图二　三峡秭归段主要遗址分布示意图

1. 何家坪　2. 庙坪　3. 旧州河　4. 何家大沟　5. 龚家大沟　6. 东门头　7. 鲢鱼山　8. 王家坝　9. 土地湾　10. 官庄坪

11. 柳林溪　12. 朝天嘴　13. 长府沱　14. 小溪口　15. 伍相庙　16. 路家河　17. 中堡岛　18. 三斗坪　19. 朱其沱

20. 白庙　21. 白狮湾　22. 杨家湾　23. 杨家嘴

东门头遗址北临长江，南倚高山，西隔一条南北向冲沟与龚家大沟遗址为邻，卜庄河绕遗址东南注入长江，海拔 80～322 米，总面积约 25 万平方米。遗址内地形比较复杂，总体上可分为两个部分。

遗址的主体部分位于西部，大体呈不规则方形，地势由南向北倾斜，基本上属于东门头城址所在区域，面积约 21 万平方米。其西侧以南北向的"西门嘴山脊"为界，山脊的东缘多已自然断裂成陡壁；其东侧以南北向的"东门头山脊"为界，山脊的东缘均自然断裂成陡壁；其南侧以地势最高的东西向山冈为界，部分山冈的南缘也已自然断裂成陡壁；其北部的地势最低，受雨水侵蚀和江水冲刷等因素的影响，在沿长江海拔约 100 米高处形成自然断壁。该区域内三条南北向的冲沟将遗址自然分割成狭长的四块，除北部临江一带保留大量清代以来的民居等建筑外，多为滑坡、塌方等破坏，其东南和西南部的山体基岩多裸露，主要被开垦成柑橘园区（彩版二）。

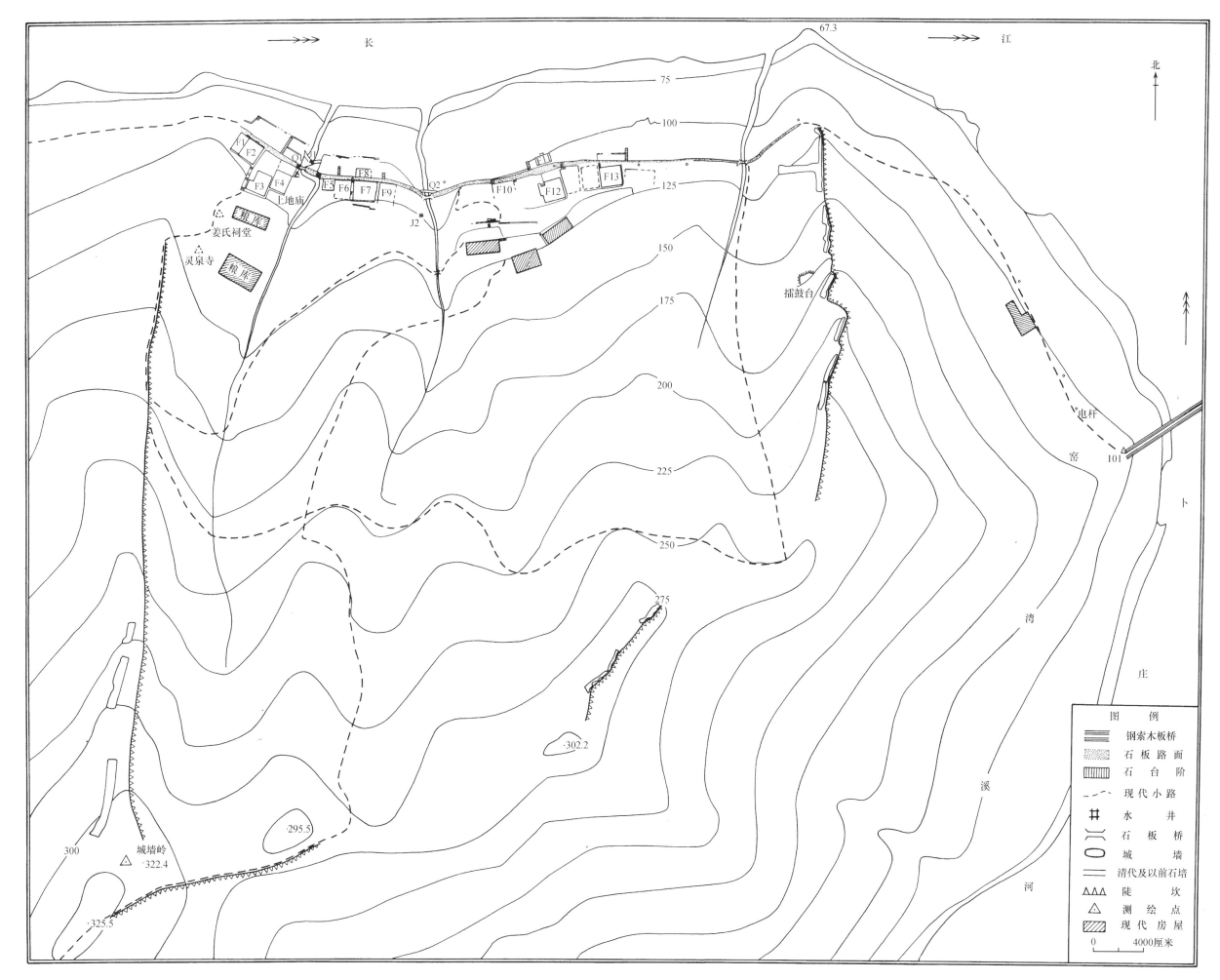

图三　东门头遗址地形图

遗址的东部面积较小，属于"东门头山脊"的滑坡部分，位于卜庄河与长江的交汇处，地势由西南向东北倾斜。在沿长江海拔约 100 米高处形成自然断壁，分布有少量现代民居，或曰窑湾溪。其山坡上主要种植密集的松树等林木。

二、考古工作概况

（一）调查与发掘经过

东门头遗址早有史载。据历史文献：南宋端平三年（公元 1236 年），归州治所从江北迁至江南曲沱东门头一带，筑城以抗元兵；明洪武四年（公元 1371 年），征西大将军汤和于州城东门头战败夏将龚兴；《秭归县志》称其为"宋城"，属秭归县重点文物保护单位①。

1958 年，中国科学院考古研究所长江队曾经调查该区域，称其为东门沱遗址和窑湾溪遗址②。

1994 年 6 月，为编制三峡工程秭归县淹没区地下文物保护规划，湖北省文物考古研究所调查该地点，称其为"东门头明城"。

1996 年 1 月，国家文物局三峡湖北工作站对"东门头明城"进行初步调查和测绘，绘制了千分之一的地形图。

1997 年 7 ~ 9 月，湖北省文物考古研究所第一次发掘"东门头明城"。在"东门头山脊"附近沿江一带布 5 米 × 5 米探方 3 个（编号 97T1 ~ T3），发掘面积约 90 平方米，清理出城墙、城门和排水沟等重要遗迹。同时，对城内外已暴露的 7 座墓葬进行了发掘③。此次发掘的领队为陈振裕，发掘工作由胡文春具体负责。

为了进一步明确"东门头明城"的年代、布局及其变迁，根据考古工作的实际情况，1998 年 10 月 18 日 ~ 1999 年 1 月 30 日，由孟华平任领队，湖北省文物考古研究所对"东门头明城"进行第二次全面调查、测绘与发掘。

调查显示，这里的文化遗存分布范围广，内涵复杂，原编制规划的"李家街遗址"实属"东门头明城"的一部分，而东侧的窑湾溪一带也与"东门头明城"有一定的内在联系，考虑到工作的整体性与文化遗存的复杂性，我们将"东门头明城"改称为"东门头遗址"，包括"李家街遗址"和窑湾溪遗址等部分。同时，结合该遗址的自然地貌特点及沿江断壁处采集遗物的差异，将其自西向东分为 A（含李家街遗址）、B、C、D（含窑湾溪遗址）四个区域。

在原测绘的千分之一地形图的基础上，以窑湾溪通往卜庄河居委会的铁索桥桥墩为基点（海拔 101 米），对东门头遗址的地面建筑等遗迹进行重点测绘与记录。测绘表明，沿"东门头山脊"、南侧山冈、"西门头山脊"均断续分布有城墙遗迹，可能是东门头城址东、南、西城垣的残留，但北城垣多被清代以来的建筑所压。其平面呈不规则方形，推测东、南、西、北城垣的长度分别为 320、550、500、550 米，面积约 21 万平方米，基本涵盖了 A、B、C 三个区域。现代民居主要分别在这三个区域的北部，其中有清代的地面房屋建筑 13 座（编号 F1 ~ F13）、桥 2 座（编号 Q1、Q2）、水井 1 口（编号 J1）及街道等遗迹（图三）。

依据调查、测绘的情况，首先选择可供布方的区域进行发掘。A、B、C、D 四个区域的探方、

---

① 湖北省秭归县地方志编纂委员会：《秭归县志》，中国大百科全书出版社，1991 年。
② 中国科学院考古研究所长江队三峡工作组：《长江西陵峡考古调查与试掘》，《考古》1961 年第 5 期。
③ 湖北省文物考古研究所：《湖北秭归东门头汉墓与宋墓清理简报》，《江汉考古》2002 年第 3 期。

探沟均分别顺次编号（如 BT1、BT2 ……CT1、CT2……分别表示 B 区 1 号探方、2 号探方……C 区 1 号探方、2 号探方……余类推），各探方、探沟的文化层堆积和城墙遗迹多单独编号，其他遗迹则统一编号。A、B、C 三个区域所布探方、探沟的方向为正北，D 区所布探方的方向为 326°。其中，在 B 区布 5 米 × 5 米探方 7 个（编号 BT1 ~ BT7），在 C 区东城垣北部布 5 米 × 5 米探方 1 个（编号 CT1），在 97T1 ~ T3 的西部布 5 米 × 10 米探方 4 个（编号 CT2 ~ CT5），在 D 区布 5 米 × 5 探方 13 个（编号 DT1 ~ DT13），发掘面积 1000 平方米。共清理房址 6 座（编号 F14 ~ F19）、灶 1 处（编号 Z1）、窑 2 座（编号 Y1、Y2）、沟 3 条（编号 G1 ~ G3）、灰坑 4 个（编号 H1 ~ H4）、墓葬 1 座（编号 M1），以及城墙、鹅卵石摆塑龙等遗迹，出土陶、石、瓷、铜、铁等不同质地的文化遗物 600 余件。主要收获是：在 D 区集中出土一批城背溪文化时期的遗物，其中采集的"太阳人"石刻丰富了城背溪文化时期的文化内涵（彩版五，2）；在 C 区发现商代文化遗存，并揭示出宋元及唐以前共 3 个时期的城墙堆积和相关遗迹；在 B 区揭示出宋、元、明三个时期连续使用的城墙及相关的排水设施，且明代的城墙被清代的房屋叠压打破，证明此时东门头城址已经废弃①。工作人员有湖北省文物考古研究所胡家喜，天门市博物馆 徐梦林 、 胡平乐 ，随州市考古队陈秋红，潜江市博物馆罗正松，荆州博物馆丁家元，秭归屈原纪念馆王成武，技工李天智、禹家美。

为了寻找城背溪文化时期的原生文化层堆积和相关遗迹，1999 年 3 ~ 4 月，湖北省文物考古研究所第三次发掘东门头遗址。在 D 区 T2 ~ T4 的西部布 5 米 × 9.5 米探方 3 个（编号为 DT14、DT15、DT16），实际发掘面积约 200 平方米。共清理活动遗迹 1 处（编号遗迹 1）、坑 3 个（编号 K1、K2、K3）、灰坑 1 个（编号 H5）、窑 1 座（编号 Y3），出土一批城背溪文化时期至清代的文化遗物。主要收获是确认了城背溪文化时期的原生文化层堆积和活动遗迹，新发现汉代烧制瓦的陶窑与相关坑②。工作人员有湖北省文物考古研究所孟华平，天门市博物馆 徐梦林 、 胡平乐 ，随州市考古队陈秋红，技工李天智。

为了进一步确认东门头城址北城垣的走向与年代，了解城址内的基本布局，同时明确城背溪文化的堆积范围，1999 年 10 ~ 12 月，湖北省文物考古研究所第四次发掘该遗址。在 D 区布 5 米 × 5 米探方 2 个（编号 DT17、DT18），在 C 区布 5 米 × 5 米探方 6 个（编号 CT6 ~ CT11）、布 5 米 × 20 米探沟 1 条（编号 CTG1），在 B 区布 5 米 × 5 米探方 1 个（编号 BT8），A 区布 5 米 × 20 米探沟 2 条（编号 ATG1、ATG2），发掘面积约 800 平方米。共清理房址 4 座（编号 F20 ~ F23）、灰坑 6 个（编号 H6 ~ H11）、墓葬 4 座（编号 M2 ~ M5）、窑 1 座（编号 Y4），以及石板道路、城墙等遗迹，出土各种不同质地的文化遗物 300 余件。主要收获是：在 D 区确定了城背溪文化堆积分布的西界；在 C 区发现宋代的石板道路和相关房屋等设施，为了解城址内的布局提供了新线索；在 B 区 T8 一带清代建筑之下即生土，无更早的堆积；在 A 区确定了东门头城址北城垣的走向及与城内房址的布局关系，再次证明明代之后该城址已经废弃。工作人员有湖北省文物考古研究所孟华平，天门市博物馆 徐梦林 、周文、 胡平乐 ，随州市考古队陈秋红，秭归屈原纪念馆王成武、望青松，技工李天智、王仁浩、禹家美。

2000 年 10 ~ 12 月，湖北省文物考古研究所对东门头遗址进行第五次发掘，目的是清理城背溪文化时期的堆积，揭示城址内的基本布局。在 D 区布 5 米 × 5 米探方 36 个（编号 DT19 ~ DT54），在 C 区布 5 米 × 5 米探方 5 个（编号 CT12 ~ CT16），在 A 区 TG1 东侧布 5 米 × 5 米探方 5 个，编号

---

① 孟华平：《三峡库区东门头遗址考古获丰硕成果》，《中国文物报》1999 年 4 月 7 日。

② 湖北省文物考古研究所：《湖北秭归县东门头遗址第三次发掘简报》，《三峡考古报告集》，《江汉考古》2004 年增刊。

AT1（由 AT1-1 至 AT1-5 组成），在 ATG1 西侧布 5 米×5 米探方 11 个，编号 AT2（由 AT2-1 至 AT2-11 组成），发掘面积约 1600 平方米。共清理房址 7 座（编号 F24~F30）、沟 2 条（编号 G4、G5）、窑 4 座（编号 Y5~Y8）、墓葬 7 座（编号 M6~M12）、灰坑 4 个（编号 H13、H16、H17、H18），以及城墙遗迹等，出土各类文化遗物 350 余件。主要收获是：在 D 区新发现一批周代遗存；在 C 区揭露出西汉时期的墓地；在 A 区揭示出房址与北城垣的相互关系，发现南宋时期的窖藏遗迹（即 H13）。工作人员有湖北省文物考古研究所孟华平、罗运兵、黄文新、武仙竹，天门市博物馆 徐梦林 、周文、 胡平乐 ，随州市考古队陈秋红，技工李天智、王仁浩、禹家美。

鉴于东门头遗址的现代居民已经搬迁完毕，而三峡库区蓄水在即，湖北省文物考古研究所于 2002 年 9~11 月第六次大规模发掘该遗址，希望通过整体揭露尽量了解遗址不同时期文化遗存的分布范围及城址的布局与特点。在 A 区布 10 米×10 米探方 16 个（编号 AT3~AT18），在 B 区布 10 米×10 米探方 24 个（编号 BT9~BT32），在 D 区布 10 米×10 米探方 15 个（编号 DT55~DT69），发掘面积达 5500 平方米。共清理房址 16 座（编号 F31~F46）、灰坑 1 个（编号 H19），以及城墙遗迹等，出土各类文化遗物 150 余件。主要收获是：基本明确了城址的总体格局。工作人员有湖北省文物考古研究所孟华平，天门市博物馆周文，秭归屈原纪念馆王成武，谷城县博物馆任挺，咸宁市博物馆丁伟，通山县博物馆周向明，崇阳县博物馆刘三保，技工李天智、李志明、艾周明、万贤才、胡杰、郁洪亮。

六次发掘共布探方 138 个、探沟 3 条，发掘面积约 9200 平方米，清理新石器时代至清代的房址 33 座、窑 8 座、墓葬 12 座、灰坑 16 个、沟 5 条，以及城墙、道路、坑、活动遗迹等大量遗迹（图四；彩版三；彩版四；彩版五，1；彩版六；彩版九，1），出土丰富的陶、石、瓷、铜、铁等不同质地的各类文化遗物，基本上明确了东门头遗址的文化面貌、特征及城址的总体布局。另外，收集了大量动物标本。

（二）资料整理与报告编写

东门头遗址历经六次发掘，工作持续时间长，出土遗存丰富。发掘工作结束后，我们及时将全部发掘资料运抵纪南城考古工作站，进行基础资料的系统整理。

基础资料整理的时间从 2003 年 3 月 7 日开始，至 2004 年 9 月 18 日全部结束。资料整理的基本步骤是：按照发掘区域各探方、探沟的最小文化堆积单位从早到晚对出土遗物进行拼对、修复，同时建立各类统计表格，重点对商周时期之前的文化堆积单位进行陶系统计和器类统计；进一步核对、完善各探方、探沟的地层和遗迹等单位的基础资料，校正发掘过程中可能出现的一些错误；对遗物标本进行绘图、拓片、照相；对遗物标本进行记录，并对遗迹和遗物标本资料进行电子录入等。整理的内容包括东门头遗址第一次发掘的 3 个探方资料（97T1~T3）和第二次至第六次发掘的全部资料。其中，石器与动物标本记录由湖北省文物考古研究所武仙竹完成，瓷器标本记录由湖北省文物事业管理局刘彦完成，铜钱标本记录由天门市博物馆 胡平乐 完成，其他遗物标本记录由孟华平完成；陶系统计和器类统计由孟华平完成；遗迹和遗物标本资料电子录入由湖北省文物考古研究所黄文新、田晴完成；遗物照相由湖北省文物考古研究所余乐完成；清代地面建筑绘图由湖北省文物考古研究所吴晓完成；铜器、铁器的去锈与保护工作由湖北省文物考古研究所胡家喜完成，其他遗物的拼对与修复工作由谷城博物馆任挺和技工万贤才、黄文娟、杨红、罗丛梅完成；遗物标本绘图由技工曾令兵、孟军涛完成，遗迹、遗物标本描图由曾令兵完成。

在基础资料整理工作完成的基础上，由孟华平主持，刘彦、黄文新协助本报告的编写工作。报告编写以尽可能全面系统地介绍遗存、客观地反映遗址的堆积与文化面貌为目的，同时进行适当的分析和总结。由于各种因素的影响，报告的编写工作断断续续进行，直至 2009 年 8 月才完成报告的初稿。之后，在听取各方面专家意见的基础上，孟华平对报告进行统一修改和充实，于 2010 年 4 月定稿。其中，动物研究报告由武仙竹完成（附录一），人骨研究报告由湖北省文物考古研究所周密完成（附录二），钱币登记表由王成武完成（附表四～附表七）。

需要说明的是：本报告文物标本的编号除保留第一次发掘的年号外（如 97T1，指 1997 年发掘的 1 号探方），均省略单位号前的发掘年号与遗址编号。文物标本编号以最小的考古单位为基础依次序号，如 CT1⑥:1 表示 C 区 1 号探方第 6 层的第 1 号标本、H3①:3 表示 3 号灰坑第 1 层的第 3 号标本、H13①:3-1 表示 13 号灰坑第 1 层第 3 号的第 1 件标本、M3:2 表示 3 号墓葬的第 2 号标本，余类推。墓葬填土或淤土所出标本编号前加 0（如 M3:02 表示 3 号墓葬的填土或淤土所出第 2 号标本）。文物总数量不含墓葬填土、淤土和扰乱层及采集的遗物。陶片器类、数量统计以口沿个体数量为主要标准，适当参考圈足、器底等残件。灰坑、坑、墓葬、瓮棺、房址、沟、灶、柱洞、水井、桥、探方、探沟分别以 H、K、M、W、F、G、Z、D、J、Q、T、TG 字母表示。另外，城墙标本编号前加各区探方、探沟的编号以示区别，如 CT1 墙 1:1 表示 C 区 1 号探方 1 号城墙的第 1 号标本。以往发表的有关资料均以本报告为准。东门头遗址清代地面建筑及第一次发掘的墓葬等详细资料均不在本报告之列。

本报告是集体劳动的成果。在考古发掘、整理和报告的编写过程中，我们得到了各级领导、专家学者的关心、支持和指导。国务院三峡工程建设委员会移民开发局和湖北省三峡工程移民局在项目计划和经费安排上给予了大力帮助。国家文物局杨志军、关强，湖北省文物事业管理局胡美洲、沈海宁、吴宏堂、黄传懿、王风竹，湖北省文物考古研究所陈振裕、王红星、李天元，秭归县屈原纪念馆梅云来等各级领导多次到现场解决问题，指导工作。国家文物局专家组张忠培、陈雍、谢端琚、王晓田、赵福生等先生均亲临现场检查工作，并提出指导性意见（彩版七，1）。国家文物鉴定委员会瓷器专家耿宝昌先生、陈华莎先生在百忙之中对出土瓷器标本整理工作给予指导。黄义军、贺世伟、冯恩学、王立新、周国平、张万高等同仁对发掘的现象提出了很好的建议。参与发掘、整理和研究工作的诸位同事亦付出了辛勤的劳动。在此谨致崇高的敬意，并表示诚挚的感谢！

贰 文化堆积与遗址分期

一、文化堆积

东门头遗址面积大，由于各种因素的影响，其地貌发生了较大改变。总体而言，A区、B区和C区的地势由南向北倾斜，D区的地势则由西南向东北倾斜。同时，在海拔约90米以下区域的文化堆积已遭江水破坏，而现代民居一般位于海拔100～125米的区域。

根据发掘的情况观察，遗址的文化堆积主要分布在海拔90～125米的区域，基本与现代民居的分布范围吻合。但各区的文化内涵有所不同，其文化堆积状况存在若干差别，如D区的文化堆积主要属于城背溪文化时期和汉代，C区的文化堆积除宋元时期外还有商代和汉代者，A区与B区的文化堆积则主要属于明清时期。

下面选择各区的典型探方、探沟剖面为例，反映东门头遗址的文化堆积情况。

（一）D区

D区的文化堆积整体由西北向东南倾斜。以DT1北壁、DT15南壁、DT16北壁和DT46北壁的剖面为例。

1. DT1北壁剖面

该探方的文化堆积整体由西北向东南倾斜，其文化层堆积共分10层（图五）。

第1层：厚0～65厘米。灰色土，土质疏松。除东南部外，均有分布。含现代瓷片、瓦片等。

第2层：厚0～42.5、深10～65厘米。黄褐色土，土质疏松。主要分布在东部。含现代瓷片等。

第3层：厚5～85、深0～70厘米。深灰色土，夹木炭渣，土质疏松。分布整个探方。含现代瓷片、瓦片等。

第4层：厚0～55、深30～95厘米。黄褐色土泛红，夹石灰渣，土质疏松。分布在西北部。含少量瓷片、瓦片等。

第5层：厚0～25、深50～130厘米。深灰色土，夹大量煤渣，土质疏松。分布在西北部。含少量瓦片、砖渣等。

第6层：厚0～22、深35～70厘米。灰褐色土

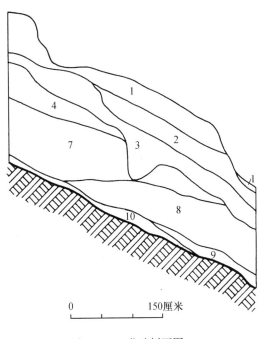

图五 DT1北壁剖面图

泛黄，土质疏松，淤沙层。分布在西南部。含少量现代瓷片。

第7层：厚0~95、深20~130厘米。灰褐色土泛红，土质疏松，沙性强。主要分布在西部和东北角。含近代白瓷片、瓦片等。

第8层：厚0~90、深12.5~180厘米。黄色沙性土，土质疏松。除西北部外均有分布。含少量城背溪文化时期的陶罐、钵和动物骨骼等。

第9层：厚0~52.5、深60~195厘米。浅黄色沙性土，土质疏松。分布在东部。含少量城背溪文化时期的陶釜、钵、石斧等。

第10层：厚0~22.5、深85~225厘米。黄褐色沙性土泛红，土质较硬，夹碎小石子。分布在西部。含大量城背溪文化时期的陶釜、钵、支座、壶、石斧、砺石和动物骨骼等。其下为碳酸钙结晶层，俗称江巴石。

2. DT15南壁剖面

该探方的文化堆积整体由西北向东南倾斜。除去地表石培堆积后，其文化层堆积共分11层，其中第9层还分第9A小层（图六）。

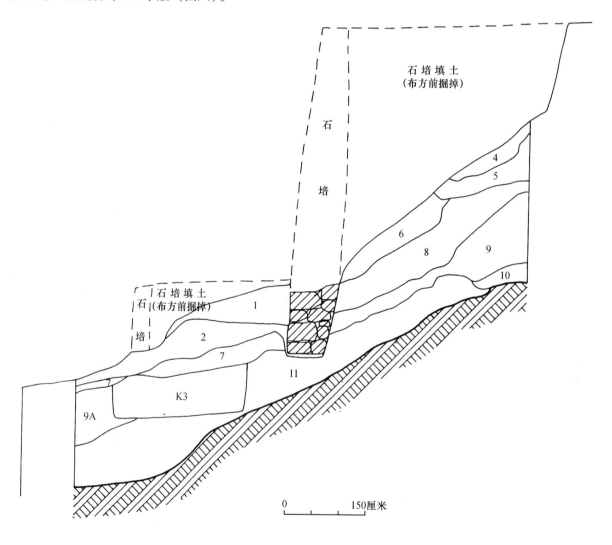

图六　DT15南壁剖面图

第1层：厚0~108厘米。褐色土，夹沙石，土质干硬。分布在东部。含现代砖、瓦片等。

第2层：厚10~70、深92~155厘米。黑灰色土，夹炭和烧土粒。分布在东部。含现代砖、瓦片等。

第3层：厚0~75、深170~215厘米。灰褐色土，夹炭沙。分布在西部。未见包含物。

第4层：厚0~85、深200~313厘米。黄色沙土，质纯。分布在西部。无包含物。

第5层：厚15~110厘米、深264~505厘米。黑灰色土，夹炭烧土，土质松散。分布在西部。含近现代瓷片、瓦片等。

第6层：厚0~60、深315~465厘米。褐色土，夹沙石。分布在西部。未见包含物。H5开口在此层下。

第7层：厚0~80、深25~200厘米。灰褐色土，夹炭粒。分布在东部。含豆、盆等汉代陶片和动物骨骼。K1、K3开口在此层下。

第8层：厚0~123、深150~520厘米。褐色土，夹烧土。分布在西部。含鼎、豆、纺轮等周代陶片和动物骨骼。

第9层：厚0~145、深182~565厘米。褐黄色土，分布在西部。含城背溪文化时期的陶罐、钵、支座及动物骨骼等。

第9A层：厚0~105、深120~240厘米。黄褐色土。分布在东部。含城背溪文化时期的陶釜、钵、壶、石斧及动物骨骼等。

第10层：厚0~40、深410~588厘米。褐黄色土，含沙量大。分布在西部。含城背溪文化时期的陶釜、罐、钵、石刀及动物骨骼等。

第11层：厚0~112、深190~660厘米。黄色土，含沙多。除西南角外，均有分布。含城背溪文化时期的陶釜、罐、钵、支座、石斧及动物骨骼等。其下为生土。

3. DT16北壁剖面

该探方的文化堆积整体由西北向东南倾斜。除去地表石培堆积后，其文化层堆积共分13层（图七）。

第1层：厚约5~45、深5~100厘米。褐色沙土夹炭渣，土质松软。分布在东部。含现代瓷片。

第2层：厚约10~70、深0~150厘米。黑灰色土夹炭渣，土质松软。分布在东部。含现代瓷片、玻璃等。

第3层：厚约5~115、深100~200厘米。灰褐色土夹炭渣，土质松软。分布在东部。含现代瓷片。K3开口在此层下。

第4层：厚约5~25、深180~300厘米。黄色沙土。主要分布在西北角。无包含物。

第5层：厚5~55、深200~325厘米。黑灰色土，含红烧土块，土质松软。分布在西部。含现代瓷片。

第6层：厚5~40、深210~215厘米。褐色土夹石块，土质松。分布在西部。含现代瓷片。

第7层：厚5~65、深255~550厘米。褐色土夹沙石，土质松。分布在西部。含少量瓷片。

第8层：厚5~65、深325~375厘米。灰褐色土，土质松。分布在西部。含清代青花瓷片。石板路面开口在此层下。

第9层：厚5~35、深400~455厘米。灰褐色土，夹少量烧土，土质较硬。呈带状分布在西部。含清代青花瓷片。K2、Y3开口在此层下。

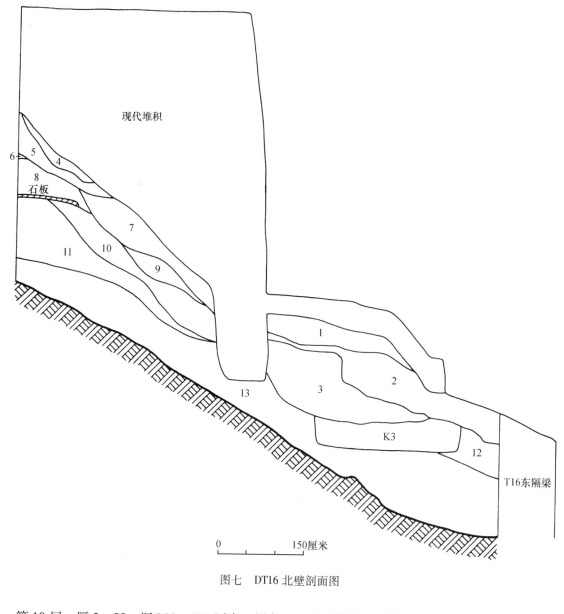

图七　DT16 北壁剖面图

第10层：厚5～55、深356～505厘米。褐色土，土质紧密。分布在西部。含周代陶釜、罐及动物骨骼等。

第11层：厚5～140、深325～525厘米。黄褐色土，土质较松。分布在西部。含城背溪文化时期的陶釜、钵、支座、石斧等。遗迹1开口在此层下。

第12层：厚5～60、深50～120厘米。黄褐色土，土质较硬。分布在东部。含少量城背溪文化时期的夹砂红褐陶片。

第13层：厚5～220、深105～650厘米。黄色土。分布整个探方。含城背溪文化时期的陶钵、支座、刮削器等。其下为生土。

4. DT46 北壁剖面

该探方的文化堆积整体由西向东倾斜，其文化层堆积共分4层（图八）。

第1层：厚40～122厘米。灰黑色土，土质疏松。分布整个探方。含现代瓦片等。Y6、Y7开口在此层下。

第2层：厚55、深50~125厘米。褐色土，夹碎石、烧土等。分布在南部。含汉代陶罐、盆、豆、板瓦等。H17、H18开口在此层下。

第3层：厚160、深72~100厘米。褐色土。分布在西部。含周代陶片等。

第4层：厚45~165、深40~255厘米。浅黄色沙土。分布整个探方。含城背溪文化时期的陶片和刮削器等。其下为基岩。

（二）C 区

C区的文化堆积整体由南向北倾斜。以 CT1 北壁、CT5 西壁、CTG1 东壁和 CT14 东壁的剖面为例。

1. CT1 北壁剖面

该方位于 C 区"东门头山脊"的北部，其东为断崖，海拔约 130 米。其文化堆积共分 4 层（图九）。

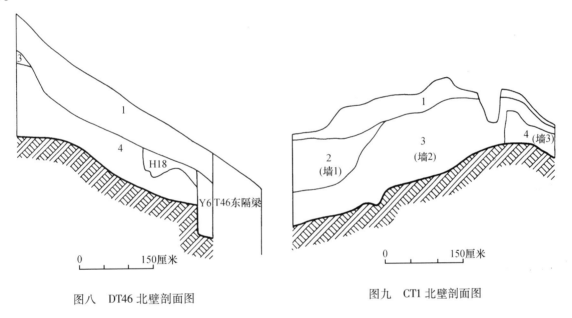

图八　DT46 北壁剖面图　　　　图九　CT1 北壁剖面图

第1层：厚10~65厘米。灰黑色土，土质疏松，夹大量树根和碎石。分布整个探方。含现代砖瓦片。

第2层：厚0~140、深40~170厘米。山石堆积，石块大小不一，堆积松散。分布在西部。不见遗物。该层属于城墙堆积，编号墙1。

第3层：厚0~130、深45~200厘米。东高西低呈陡坡状。灰黄色土与石片交替叠压，质地紧密，未发现夯打现象。除西南部外，均有分布。含布纹、绳纹瓦片、砖块等。该层属于城墙堆积，编号墙2。

第4层：厚0~105、深80~175厘米。在基岩上以石块垒砌而成，中间填土。依山势形成南北向阶梯状墙体。墙体外用石灰粉刷。分布在东部。不见遗物。该层属于城墙堆积，编号墙3。

2. CT5 西壁剖面

该探方的文化堆积整体由南向北倾斜，其文化层堆积共分7层（图一〇）。

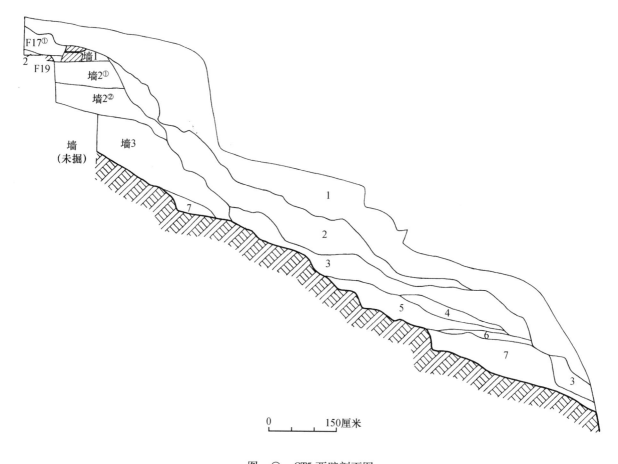

图一〇　CT5 西壁剖面图

第 1 层：厚 13～173 厘米。灰黑色土，土质疏松。分布整个探方。含现代塑料袋等。F17 开口在此层下。

第 2 层：厚 0～80、深 58～270 厘米。灰黄色土，夹较多石块和石灰粒。分布在西部。含明清时期的瓷碗、铜镜等遗物。墙 1、墙 2 开口在此层下。

第 3 层：厚 0～55、深 52～218 厘米。灰褐色土，土质疏松，夹少量石灰粒。分布在北部。含宋元时期的瓷碗、盏等。墙 3 开口在此层下。

第 4 层：厚 0～52、深 95～140 厘米。灰色土夹黄土块，土质较硬。分布在北部。含宋元时期的瓷碗、盖、铜镞等。

第 5 层：厚 0～55、深 100～220 厘米。灰黑色土。分布在西北部。未见遗物。

第 6 层：厚 0～20、深 95～120 厘米。黄色土，质硬。分布在北部。未见遗物。

第 7 层：厚 0～95、深 120～290 厘米。褐色土，夹碎石块。主要分布在中部和北部。含商代陶釜、杯等。被 H3 打破。其下为黄色生土。

3. CTG1 东壁剖面

该探方的文化堆积整体由南向北倾斜，其文化层堆积共分 7 层（图一一）。

第 1 层：厚 0～240 厘米。灰黑色土，土质疏松。分布整个探方。现代耕土层。

第 2 层：厚 0～105、深 20～315 厘米。褐灰色土，土质较硬，夹较多碎石和少量草木灰。分布在北部和南侧。含现代瓷片、瓦片等。墙 1、M2 开口在此层下。

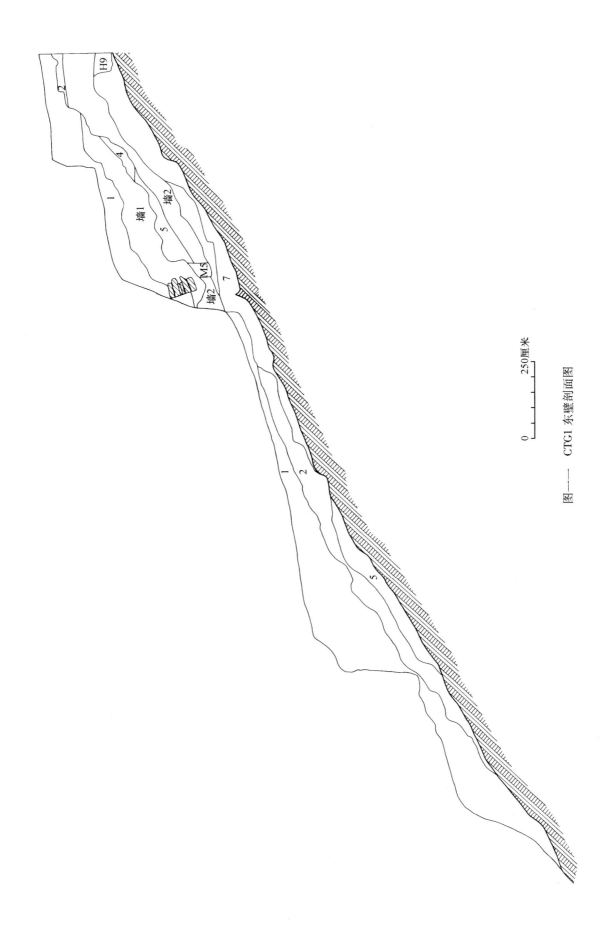

图一一　CTG1 东壁剖面图

第 3 层：厚 0 ~ 100、深 90 ~ 238 厘米。碎石堆积。分布在西南部。不见遗物。

第 4 层：厚 0 ~ 50、深 160 ~ 260 厘米。土质硬，夹少量木炭、烧土粒和碎石。仅分布在东南局部。含汉代陶罐、板瓦等。

第 5 层：厚 0 ~ 80、深 80 ~ 280 厘米。褐灰色土。分布在中北部和中南部。含汉代陶罐、铜削刀及动物骨骼等。被 M3、M5 打破，W1、H6、H7、H8 和墙 2 开口在此层下。

第 6 层：厚 0 ~ 62、深 225 ~ 345 厘米。灰黑色土，夹大量烧土粒、炭粒，土质疏松。分布在南部。含大量商代陶釜、罐、杯、豆及动物骨骼等。

第 7 层：厚 0 ~ 110、深 70 ~ 365 厘米。黄褐色土，夹大量细沙和碎石。分布在中南部。含商代陶釜、杯及动物骨骼等。其下为生土。

4. CT14 东壁剖面

该探方的文化堆积整体由南向北略倾斜。CT12 ~ CT15 的文化层堆积统一编层，共分 4 大层，其中第 1 层分三小层，第 2 层分二小层。本探方无第 3 层分布（图一二）。

第 1 层：分三小层。

第 1A 层：厚 0 ~ 50 厘米。灰黑色土。现代耕土层。

第 1B 层：厚 0 ~ 55、深 0 ~ 50 厘米。深灰色土，土质疏松。除南部外，均有分布。含明清时期的青花瓷片。

第 1C 层：厚 0 ~ 35、深 5 ~ 35 厘米。灰褐色土，夹大量石块。主要分布在西南部。含明清时期的青花瓷片。

第 2 层：分二小层。

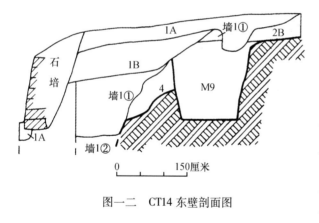

图一二　CT14 东壁剖面图

第 2A 层：厚 5 ~ 15、深 30 ~ 65 厘米。浅灰色土，夹草木灰。土质较软。主要分布在南部。含明清时期的青瓷片。

第 2B 层：厚 0 ~ 35、深 0 ~ 35 厘米。黄褐色土，夹碎石粒，土质疏松。主要分布在东南部。不见遗物。墙 1、M7、M8、M9 开口在此层下。

第 4 层：厚 0 ~ 60、深 60 ~ 140 厘米。灰褐色土，土质较硬，夹少量石块。分布在中部。含商代陶釜、杯等。其下为生土。

（三）B 区

B 区的文化堆积整体由南向北倾斜。以 BT2 西壁和 BT5 东壁的剖面为例。

1. BT2 西壁剖面

该探方的文化堆积整体由南向北倾斜，其文化层堆积共分 6 层（图一三）。

第 1 层：厚 10 ~ 60 厘米。灰色土，土质松散。分布在南部。含现代瓷片。北部石培外为现代乱石堆积。

第 2 层：厚 5 ~ 45、深 10 ~ 60 厘米。淡红色淤沙土，土质疏松。分布在南部。含少量清代青花

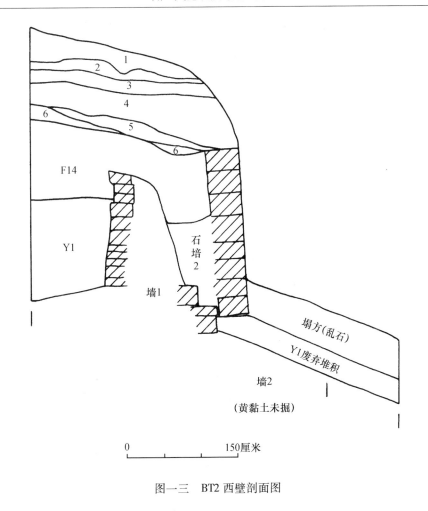

图一三　BT2 西壁剖面图

瓷碗等。

　　第3层：厚10～75、深10～105厘米。灰褐色土，夹草木灰等。分布在南部。含清代青花瓷碗、盘等。

　　第4层：厚5～75、深60～120厘米。黄色淤沙土，土质疏松。分布在南部。未见遗物。

　　第5层：厚5～60、深90～140厘米。灰黑色土，夹草木灰等，土质疏松。分布在南部。含清代瓷碗、盘、杯等。

　　第6层：厚5～20、深100～125厘米。红色碎石，质硬。分布在西南部。未见遗物。F14 开口在此层下。F14 叠压 Y1、墙 1、墙 2。

　　2. BT5（包括北部扩方、南部扩方）东壁剖面

　　该探方位于 B 区西部，西临冲沟。其文化堆积整体由东南向西北倾斜，共分 10 层，但除第 1 层、第 2 层和第 10 层为文化层堆积外，其余各层属于不同的遗迹堆积（图一四）。

　　第1层：厚5～75厘米。灰色土，土质疏松。分布整个探方。现代耕土层。现代石墙位于其北部下。

　　第2层：厚5～185、深5～75厘米。红色沙土，土质松散，夹少量石块。分布在东部。含明清时期的布纹瓦、瓷碗等。G1 填土 1（原第 3 层）、G1 填土 2（原第 4 层）、墙 1（原第 5 层）、墙 2（原第 6 层、第 7 层）、墙 3（原第 8 层、第 9 层）均开口在此层下。

　　第10层：厚5～80、深200～505厘米。灰褐色黏土，夹碎石和少量草木灰，土质较硬。分布在东部。含汉代筒瓦、板瓦等陶片。H1 打破此层。其下为基岩和黄色生土。

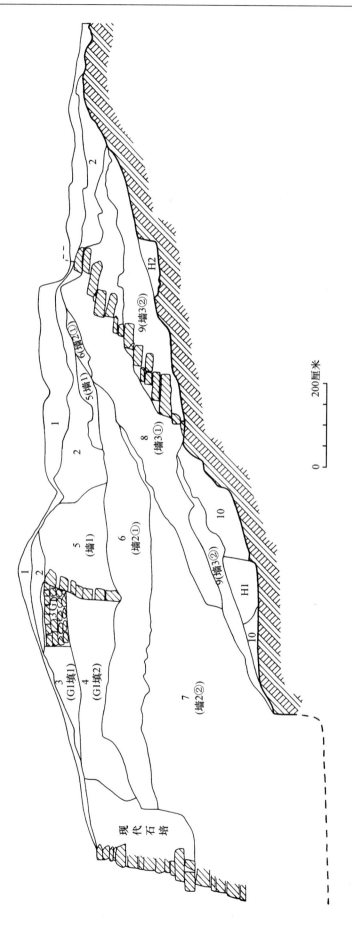

图一四　BT5 东壁（含南北扩方）剖面图

0　　　　　200厘米

（四）A 区

A 区的文化堆积整体由南向北倾斜。以 AT1-1 东壁、AT18 东壁、ATG1 西壁和 ATG2 东壁的剖面为例。

1. AT1-1 东壁剖面

AT1 位于 A 区东部，西临 ATG1，地表呈南北向二级阶梯状，由五个 5 米 × 5 米的小探方及扩方组成，面积约 145 平方米。多数小探方暴露城墙堆积后未往下继续发掘，只有 AT1-1 发掘至第 13 层，其文化层堆积整体由南向北倾斜。其中，第 1 层分二小层、第 6 层分二小层、第 8 层分二小层、第 9 层分三小层、第 11 层分二小层（图一五）。

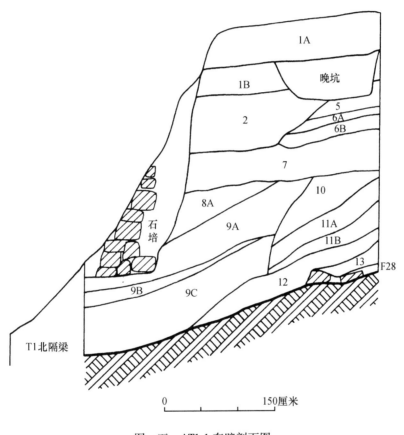

图一五　AT1-1 东壁剖面图

第 1 层：分二小层。

第 1A 层：厚 0 ~ 115 厘米。土质杂乱。分布整个探方。含现代砖瓦片等。部分现代坑开口在此层下。

第 1B 层：厚 0 ~ 80、深 0 ~ 95 厘米。黄褐色土，夹少量砾石。分布在东部。含少量现代砖瓦片。

第 2 层：厚 0 ~ 105、深 25 ~ 160 厘米。浅黄色淤沙层，纯净。分布在北部。不见遗物。

第 3 层：厚 0 ~ 60、深 100 ~ 155 厘米。灰色渣土，土质疏松。仅分布在西北部。含少量清代青花瓷碗、杯等。F24 第 1 层开口在此层下。

第 4 层：厚 0 ~ 100、深 15 ~ 215 厘米。红色沙石，结构松散，颗粒大。分布在西北部。未见遗物。F24 第 2 层与 F27 开口在此层下。

第 5 层：厚 0 ~ 85、深 55 ~ 105 厘米。黄褐色沙土，夹少量砾石。分布在南部。含少量青花瓷片等。

第6层：分二小层。

第6A层：厚0～15、深110～175厘米。紫褐色沙土，含沙多。分布在南部。不见遗物。

第6B层：厚15～30、深130～190厘米。花黄色土，土质黏，夹少量碎石。分布范围同第6A层。不见遗物。

第7层：厚0～110、深100～275厘米。灰褐色土，较硬，夹少量烧土粒、炭粒。含清代青花瓷碗、杯和动物骨骼等。

第8层：分二小层。

第8A层：厚0～75、深150～360厘米。浅黄色淤沙土。分布在北部。不见遗物。

第8B层：厚0～35、深235～370厘米。红色碎石层，颗粒大。分布在北部。不见遗物。

第9层：分三小层。

第9A层：厚0～65、深20～235厘米。灰色沙土，夹较多木炭。分布在东部。含大量明代青花瓷碗、盘、杯和动物骨骼等。

第9B层：厚0～15、深35～295厘米。黄色淤沙土。分布在东部。不见遗物。

第9C层：厚0～75、深60～300厘米。灰绿色沙土。分布在东部。含大量明代青花瓷碗、盘及动物骨骼等。

第10层：厚0～70、深140～435厘米。灰色土，夹烧土、炭粒、石块等。分布在西部和东南部。含较多明代瓷碗、盘和动物骨骼等。

第11层：分二小层。

第11A层：厚0～45、深220～290厘米。红色碎石，颗粒较小。分布在东南角。无遗物。

第11B层：厚0～35、深250～315厘米。浅黄色黏土，土质较硬。分布在东南部。含较多宋元时期的瓷碗、盏、罐和动物骨骼等。

第12层：厚0～35、深285～330厘米。灰色沙土，土质疏松，夹大量木炭。分布在东南部。含大量宋元时期的瓷碗、盏、盘、杯、盆和动物骨骼等。

第13层：厚0～35、深300～335厘米。红色石子堆积，颗粒小。分布在东南部。F28开口在此层下。其下未发掘。

2. AT18东壁剖面

该探方位于A区的西部，文化堆积整体由南向北倾斜，其文化层堆积共分5层（图一六）。

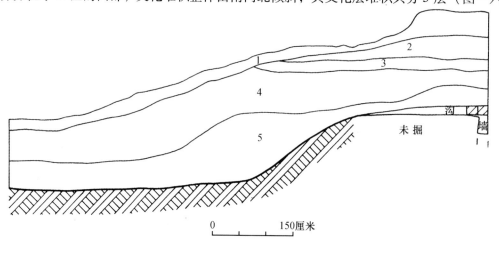

图一六　AT18东壁剖面图

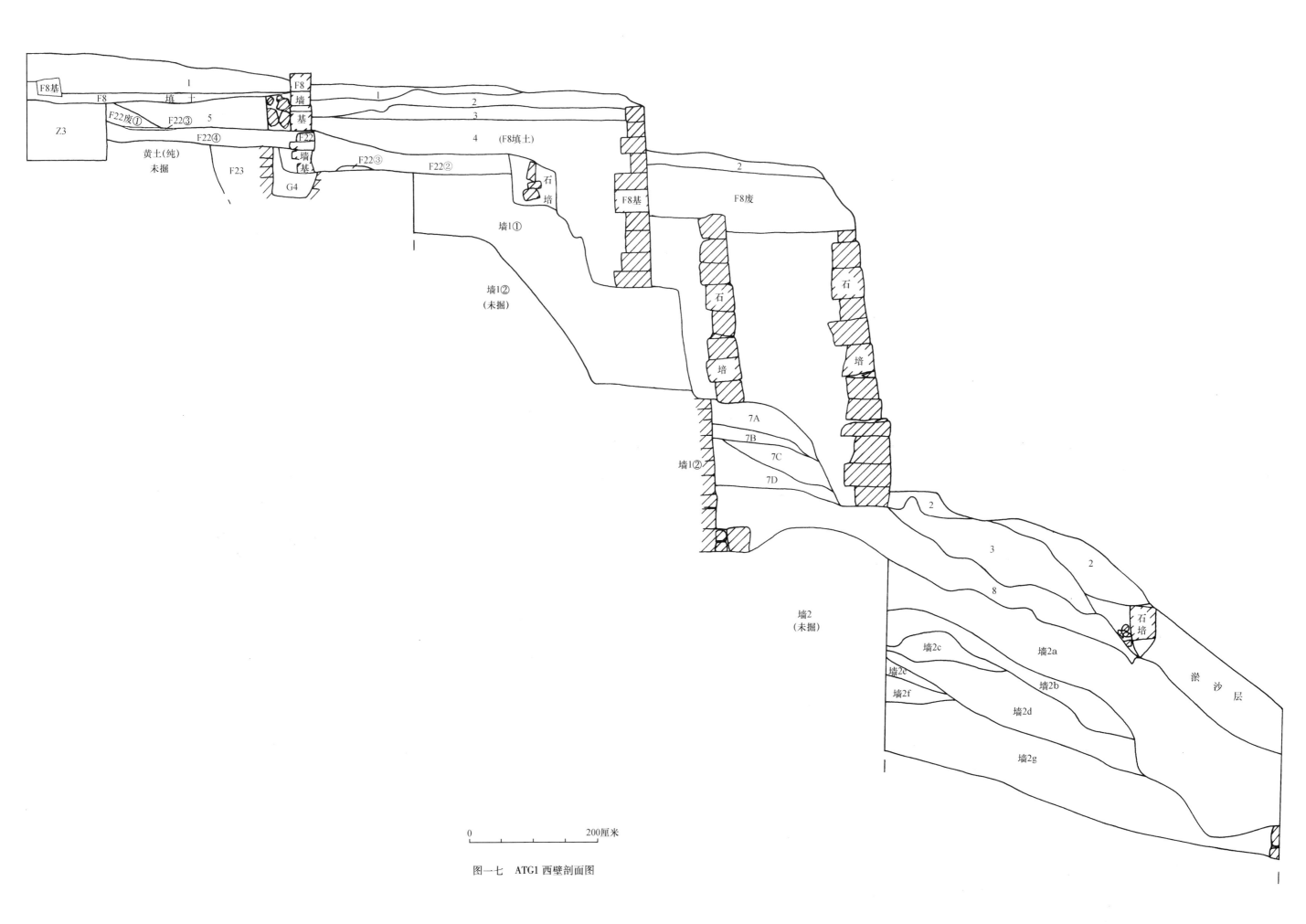

F8基

F8

填 土

1

F8
墙
基

1

2

F22废①　F22③

5

3

F22③

4　(F8填土)

Z3

黄土(纯)
未掘

F22④

F23

F22
墙
基

G4

F22③

F22②

石
培

F8基

F8废

2

墙1①

墙1②
(未掘)

石
培

石
培

7A

7B

7C

7D

墙1②

2

2

3

8

2

墙2
(未掘)

墙2c

墙2a

石
培

墙2e

墙2b

淤 沙 层

墙2f

墙2d

墙2g

0　　　　　　　200厘米

图一七　ATG1 西壁剖面图

第1层：厚0～110厘米。灰黑色沙土，土质疏松。分布整个探方。含现代垃圾。一座现代房屋开口在此层下。

第2层：厚0～45、深10～65厘米。黄色淤积沙土。分布在南部。不见遗物。

第3层：厚0～20、深20～80厘米。红褐色淤积黏土，含少量沙子。分布在东南部。不见遗物。

第4层：厚0～100、深20～105厘米。黄色土，夹沙石。分布在东南部。含清代青花瓷碗、杯等。F38开口在此层下。

第5层：厚0～120、深45～140厘米。灰黄色土，夹沙石。分布在东南部。含明清时期的青花瓷片等。墙和墙沟开口在此层下。其下未发掘。

3. ATG1西壁剖面

该探方的文化堆积整体由南向北倾斜，其文化层堆积共分8层，其中第7层分四小层（图一七）。

第1层：厚0～60厘米。黄褐色土。分布在南部。F8拆迁后的废弃堆积。

第2层：厚0～65厘米。灰黑色土，土质疏松。除南部外，均有分布。现代耕土层。其北部为黄色淤沙土。

第3层：厚0～75、深0～90厘米。灰黄褐色杂土，土质疏松，夹碎石粒。分布在中北部。含近代瓷片等。属于F8的废弃堆积。F8开口在此层下。

第4层：厚20～240、深40～45厘米。灰褐色杂土。分布在中部。含大量砖、瓦、瓷片。属于F8的垫土堆积。

第5层：厚0～50、深30～70厘米。黄褐色土，土质疏松，夹红烧土粒。分布在南部。含清代瓷碗等。属于F8的垫土堆积。F22开口在此层下。

第6层：厚20～60、深105～125厘米。青灰色淤沙土，土质疏松。呈条状东西向分布在南部。含明代瓷盘等。属于G4的淤积层。F23、墙1开口在此层下。

第7层：分4小层。分布在墙1的北侧，叠压墙1的外墙。

第7A层：厚0～40、深365～440厘米。黄褐色土，土质较硬。包含物少。被F8的石培堆积叠压。

第7B层：厚0～20、深405～440厘米。青色沙土，土质疏松。不见遗物。

第7C层：厚0～40、深420～440厘米。红褐色土，土质较硬。含大量明清时期的瓷片等。

第7D层：厚15～70、深425～455厘米。灰褐色土，土质较硬，夹石灰粒。含明清时期的瓷片等。

第8层：厚10～100、深20～495厘米。灰褐色土，土质较硬，夹大量石灰粒和石块。分布在墙1外墙的北侧。墙2开口在此层下。

4. ATG2东壁剖面

该探方的文化堆积整体由南向北倾斜，其文化层堆积共分12层（图一八）。

第1层：厚0～225厘米。灰黑色土，土质疏松。分布整个探方。现代耕土层。

第2层：厚0～190、深0～125厘米。土色杂。分布整个探方。含大量近现代瓷片和唐代瓷器等。

第3层：厚0～150、深25～375厘米。黄褐色沙性土，夹石灰粒，土质疏松。主要分布在西

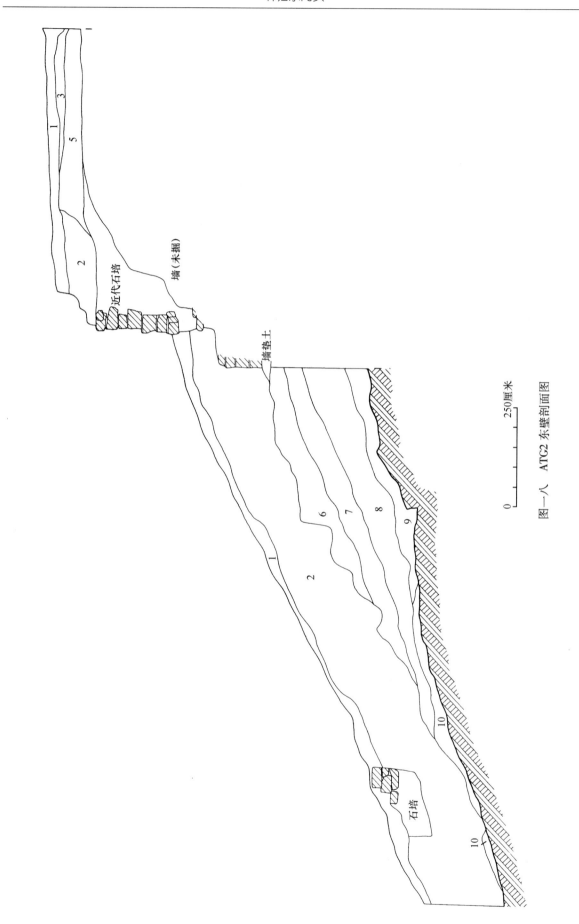

图一八　ATG2 东壁剖面图

部。含近现代瓷片等。一座近现代水池开口在此层下。

第4层：厚0～100、深35～150厘米。黄色黏土，夹石灰粒，土质硬。主要分布在南部。含少量近现代瓷片。

第5层：厚0～65、深60～210厘米。黄褐色黏土，夹碎石，土质较硬。分布在南部。含近现代瓷片。其下叠压一座近现代石培。城墙开口在此石培下。

第6层：厚0～100、深140～265厘米。黄灰褐色沙土，土质疏松。分布在中东部。含釉陶片、厚瓦片等。被城墙垫土叠压。

第7层：厚0～75、深200～315厘米。黄灰色沙土。土质疏松。分布在中东部。含釉陶片、灰陶片等。

第8层：厚0～95、深215～425厘米。黄褐色沙土，土质疏松。分布在中东部。含釉陶片、灰陶片等。

第9层：厚0～60、深320～465厘米。黑褐色沙土，土质疏松。分布在中东部。含釉陶片等。

第10层：厚0～90、深210～450厘米。黄色沙土，夹粗沙、少量烧土粒和炭粒。土质疏松。分布在北部。含陶片和少量兽骨。

第11层：厚0～145、深220～415厘米。黄色沙土，夹少量炭粒。分布在中西部。含少量兽骨。

第12层：黑色黏土，夹沙石。分布在中部。含灰陶较多，纹饰有篮纹、附加堆纹等。其下为生土。

为全面反映东门头遗址的文化堆积情况，现将A区、B区、C区和D区探方、探沟的层位关系介绍如下（→表示叠压打破关系，下同）。

DT1：①→②→③→④→⑤→⑥→⑦→⑧→⑨→⑩→生土

DT2：①→②→③→④→⑤→⑥→生土

DT3：①→②→③→④→⑤→⑥→生土

DT4：①→②A→②B→③→④→⑤→生土

DT5：①→②→③→④→⑤→⑥→生土

DT6：①→②→③→④→生土

DT7：①→②→生土

DT8：①→②→③→生土

DT9：①→②→生土

DT10：①→②→③→生土

DT11：①→②→生土

DT12：①→生土

DT13：①→②→生土

DT14：①→②→③→④→⑤→⑥→⑦→⑧→⑨→⑩→生土

DT15：①┬②→③→④→⑤→⑥→H5→⑧→⑨→⑨A→⑩→⑪→生土
　　　　 └⑦→K1───────────────────┘

DT16：①→②→③→［④→⑤→⑥→⑦→⑧→⑨→［K2／Y3］→⑩→⑪→［遗迹1／⑫］→⑬→生土　K3

DT17：①→②→③→F20→④→⑤→⑥→⑦→⑧→生土

DT18：①→②→③→④→⑤→⑥→生土

DT19：①→②→生土

DT20：①→②→③→④→生土

DT21：①→②→③→④→⑤→⑥→生土

DT22：①→②→③→④→⑤→生土

DT23：①→②A→②B→③→④→⑤→⑥→生土

DT24：①→②→Y5→③→④→⑤→⑥→生土

DT25：①→②→③→④→⑤→⑥→生土

DT26：①→②→③→④A→④B→④C→⑤→⑥→生土

DT27：①→②→③→④→⑤→生土

DT28：①→②→③→④→生土

DT29：①→②→③→④→⑤→⑥→生土

DT30：①→②→③→④→⑤→生土

DT31：①→②→③→④A→④B→⑤→生土

DT32：①→②→③A→③B→④→⑤→生土

DT33：①→②→③→④→生土

DT34：①→②→③A→③B→③C→④→生土

DT35：①→②→③→④→⑤→⑥→生土

DT36：①→②→③→④→⑤→生土

DT37：①→②→③→④→⑤→生土

DT38：①→②→③→④→⑤→⑥→生土

DT39：①→②→③A→③B→④→⑤→⑥→生土

DT40：①→②→③A→③B→④→生土

DT41：①→②→③→生土

DT42：①→②→③→生土

DT43：①→②→③→④→生土

DT44：①→②→③→④→生土

DT45：①→②→③→④→⑤→⑥→生土

DT46：①→［②→H17→③→④→生土／Y7→H18］

DT47：①→②→③→生土

DT48：①→②→③→生土

DT49：①→②→③→生土

DT50：①→②→Y6→③→生土

DT51：①→②→③A→③B→H16→④→⑤→生土

DT52：①→②→未发掘

DT53：①→②→未发掘

DT54：①→②→③→④→⑤→未发掘

DT55 ~ DT69：①→淤沙

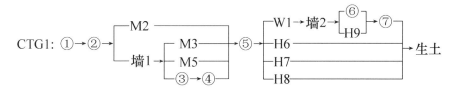

CT1：①→②（墙1）→③（墙2）→④（墙3）→生土

CT2：①→┌F16→河卵石摆塑龙→未发掘
　　　　　└②→③→Y2→④→⑤→┌Z1→墙1→⑧→墙2（未发掘）
　　　　　　　　　　　　　　　└⑥→⑦→F18→未发掘

CT3：①→┌F16→河卵石摆塑龙→未发掘
　　　　　└②→③（Y2）→G3→④→⑤→⑥→┌⑦→台阶→未发掘
　　　　　　　　　　　　　　　　　　　├⑧→F18→未发掘
　　　　　　　　　　　　　　　　　　　└墙1→⑨→墙2→墙3（未发掘）

CT4：①→┌F16→③→河卵石摆塑龙
　　　　　└F17→④→┌墙1
　　　　　　　　　　└台阶→⑤→⑥→墙2→M1→墙3→未发掘

CT5：①→┌F17→F19→未发掘
　　　　　└②→┌墙1→墙2→墙3→H3
　　　　　　　　└③→④→⑤→⑥→⑦→生土

CT6：①→②→③→④→⑤→⑥→F21→⑦→⑧→⑨→⑩→石板道路→Z4→未发掘

CT7：①→②→③→④→⑤→⑥→┌Y2
　　　　　　　　　　　　　├Y4
　　　　　　　　　　　　　└⑦→F21→⑧→⑨→石板道路→未发掘

CT6、CT7北扩：①→②→③→④→⑤→⑥→┌Y2
　　　　　　　　　　　　　　　　　├⑦→⑧→⑨→⑩→⑪→石板道路→未发掘
　　　　　　　　　　　　　　　　　└Y4

CT8：①→②→③→④→⑤→⑥→⑦→⑧→F21→⑨→⑩→┌M4
　　　　　　　　　　　　　　　　　　　　　　　　└⑪→生土

CT9：①→②→③→④→⑤→⑥→F21→⑦→生土

CT10：①→②→生土

CT11：①→②→③→生土

CT12：①A→①B→墙 1→③→生土

CT13：①A→①B→墙 1→③→④→生土

CT14: ①A→①B→①C→②A→②B→墙1→M7→[M8 / M9]→④→生土

CT15: ①A→①B→①C→②A→墙1→[M8 / M12]→④→生土

CT16: ①→[M6 ┐ / ②A→[M10 ┐ / ②B→②C→②D→墙1]]→③→M11→Y8→生土

BT1: ①→[培1 ┐ / ②→③→F14→⑦（未发掘）]

BT2: ①→②→③→④→⑤→[培1 / ⑥]→F14→Y1→墙1→墙2→未发掘

BT3：①→②→③→④→培 1→F14→⑥→⑦→Y1→墙 1→墙 2→未发掘

BT4: ①→培1→②→③→④→⑤→[墙1 / G1]→未发掘

BT5: ①→②→[G1→未发掘 / 墙1→墙2→墙3→H1→⑩→生土]

BT6: ①→[培3 ┐ / ②→③→④→⑤→⑥→⑦→G1→墙2→未发掘]

BT7: ①→②→[墙1 / G1]→未发掘

BT5 南扩: ①→②→墙1→[墙2→墙3→[H2 / ⑨]→生土 / ④]

BT5 北扩: ①→培 3→G1→墙 2

BT7南扩: ①→[墙1、G1→墙3、G2 ┐ / ②→③→④→⑤→⑥→⑦→⑧→⑨]→生土

BT8：①→生土

BT9：①→F39→②→生土

BT10：①→F39→②→生土

BT11：①→⌈F11⌉→②→生土
　　　　　⌊F39⌋

BT12：①→F39→生土

BT13：①→②→F41→未发掘

BT14：①→②→F41→未发掘

BT15：①→②→

BT16：①→②→F40→③（未发掘）

BT17：①→F41→未发掘

BT18：①→F41→未发掘

BT19：①→②→⌈水沟⌉
　　　　　　⌈F41⌉→未发掘
　　　　　　⌊F46⌋

BT20：①→②→F46→未发掘

BT21：①→②→③→F45→④→F46→⑤→⑥→⑦→⑧（未发掘）

BT22：①→②→③→④→F45→⑤→⑥

BT23：①→②→③→④→F45→⑤→⑥（未发掘）

BT24：①→②A→②B→③→④→F14→未发掘

BT25：①→水沟→②→未发掘

BT26：①→培→②→水沟（未发掘）

BT27：①→⌈②⌉→③→未发掘
　　　　　⌊墙⌋

BT28：①→②→墙→③→未发掘

BT29：①→F15→生土

BT30：①→F15→生土

BT31：①→F15→②（未发掘）

BT32：①→F15→②（未发掘）

ATG1：①→②→③→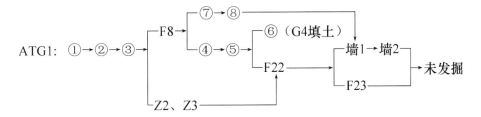

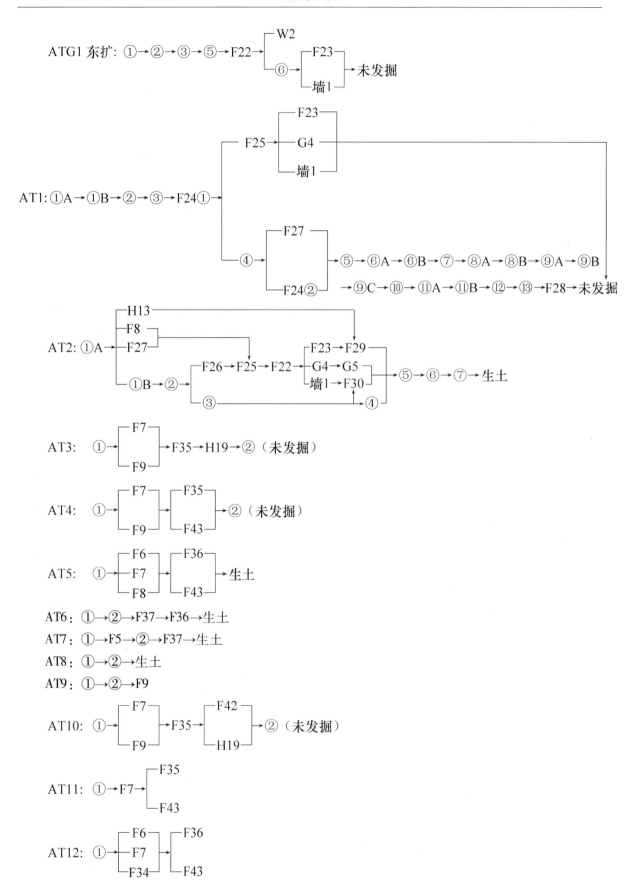

AT13：① ┬ F6→F37→F36
　　　　　└ F34

AT14：① → ┌ F31 ┐ → F37
　　　　　　└ F32 ┘

AT15：①→②→F44→生土
AT16：①→②→F44→生土

AT17：①→②→③→Z7→④→F33→⑤→⑥→ ┌ 墙 ┐ →⑦（未发掘）
　　　　　　　　　　　　　　　　　　└ 沟 ┘

AT18：①→②→③→④→F38→⑤→ ┌ 墙 ┐ →未发掘
　　　　　　　　　　　　　　　└ 沟 ┘

二、遗址分期

东门头遗址年代跨度大，文化内涵比较复杂，为了便于叙述，根据层位关系和遗物的总体特征，我们将该遗址分为新石器时代、商代、周代、汉代、唐代、宋元和明清七个较大的发展阶段。每一发展阶段的分期单独表述。

属于新石器时代的文化堆积单位主要有：遗迹 1，DT1 第 8～10 层，DT2 第 6 层，DT3 第 6 层，DT4 第 5 层，DT5 第 6 层，DT6 第 3、4 层，DT7 第 2 层，DT8 第 2、3 层，DT9 第 2 层，DT10 第 3 层，DT13 第 2 层，DT14 第 8～10 层，DT15 第 9～11 层，DT16 第 11～13 层，DT19 第 2 层，DT20 第 4 层，DT21 第 6 层，DT22 第 5 层，DT23 第 6 层，DT24 第 6 层，DT25 第 6 层，DT26 第 6 层，DT27 第 5 层，DT28 第 4 层，DT29 第 6 层，DT30 第 5 层，DT31 第 5 层，DT32 第 4、5 层，DT33 第 4 层，DT34 第 4 层，DT35 第 6 层，DT36 第 5 层，DT38 第 6 层，DT39 第 6 层，DT41 第 3 层，DT42 第 3 层，DT43 第 4 层，DT 44 第 4 层，DT46 第 4 层，DT47 第 3 层，DT 48 第 3 层，DT49 第 3 层，DT50 第 3 层。

属于商代的文化堆积单位主要有：H3，H4，CTG1 第 6、7 层，CT5 第 7 层，CT13 第 4 层，CT14 第 4 层，CT15 第 4 层。

属于周代的文化堆积单位主要有：H16，H17，H18，K1，DT5 第 5 层，DT15 第 8 层，DT16 第 10 层，DT23 第 3、4 层，DT24 第 3、4 层，DT25 第 3、4 层，DT26 第 3～4C 层，DT35 第 4 层，DT37 第 5 层，DT40 第 4 层，DT45 第 6 层，DT51 第 4、5 层 。

属于汉代的文化堆积单位主要有：CTG1 墙 2，CT4 墙 3，CT5 墙 3，H1，H2，H6，H7，H8，H9，H19，Y3，Y5，Y6，Y7，Y8，K2，K3，W1，W2，M3，M5，M6，M7，M8，M9，M10，M11，M12，DT14 第 7 层，DT15 第 7 层，DT17 第 6～8 层，DT18 第 6 层，DT45 第 5 层，DT46 第 2 层，DT54 第 4、5 层，CTG1 第 4、5 层，CT16 第 3 层，BT5 第 10 层，BT7 南扩第 9 层。

属于唐代的文化堆积单位主要有：M1。

属于宋元时期的文化堆积单位主要有：CTG1 墙 1，CT1 墙 2、墙 3，CT2～CT5 墙 1，CT2～CT5 墙 2，CT12～CT16 墙 1，B 墙 2，B 墙 3，ATG1 墙 2，城门，石板道路，F16，F17，F18，F19，F28，F29，F30，F36，F37，F42，G2，G5，97 暗道，Z1，Z4，H13，M2，CT2 第 4～7 层，CT3 第

4~8层，CT4第3~6层，CT5第3~6层，CT7第9层，CT7北扩第10、11层，CT11第2层，CT12第3层，CT13第3层，BT7南扩第4、5层，AT1第11B~12层，AT2第4~7层。

属于明清时期的文化堆积单位主要有：B墙1，ATG1墙1，ATG2墙，AT1墙1，AT2墙1，AT17~AT18墙，F14，F15，F20~F27，F31~F35，F38~F41，F43~F46，Z2-Z3，Z7，G1，G3，G4，H5，H10，H11，Y1，Y2，Y4，M4，DT5第2层，DT16第8、9层，DT17第4、5层，DT18第3、4层，DT23第2层，DT29第5层，DT44第2层，DT51第2层，DT54第3层，CT2第2层，CT5第2层，CT7第6~8层，CT8第2~10层，CT9第6层，CT12~CT15第1B~2B层，97T1第4、5层，97T2第6层，BT1第2、3层，BT2第2~6层，BT3第3~7层，BT4第3~5层，BT5南扩第2层，BT6第3~7层，BT7南扩第3层，BT13第2层，BT14第2层，BT15第2层，BT16第2层，BT21第2、3层，BT22第2~4层，BT24第3层，BT28第2、3层，AT1第3~10层，AT2第2、3层，AT4第2层，AT9第2层，AT17第4~7层，AT18第4、5层，ATG1第5~8层。

叁　新石器时代遗存

一、概　述

东门头遗址的新石器时代遗存集中分布在 D 区。该区临江部分多被雨水冲毁，地表采集遗物的分布范围南北长约 100、东西宽约 15 米。从发掘的情况看，位于西侧的 DT17、DT18、位于北侧的 DT51～DT54、位于东侧的 DT55～DT69 均未发现新石器时代遗存，所见新石器时代遗存处于 DT1～DT50 内，其分布范围南北长约 100、东西宽约 30 米，大体反映出该时期遗址的规模。除 DT14～DT16 等少数探方保存部分当时人类的活动遗迹与文化堆积外（图一九），多数探方的遗物

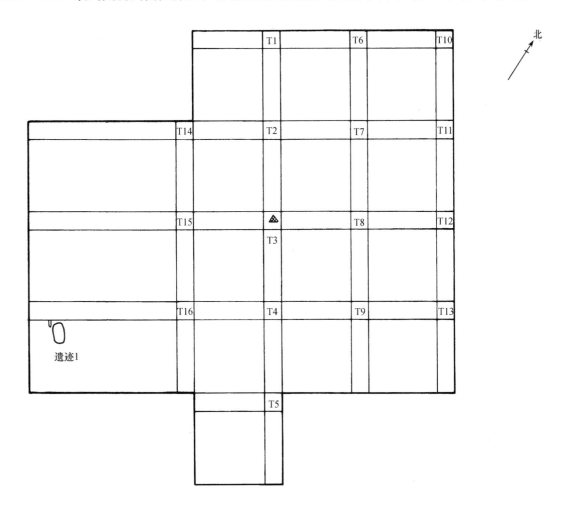

　　△　"太阳人"石刻出土点　　　　　　　　　0　　　　　600厘米

图一九　D 区城背溪文化遗迹分布图

出土在黄沙土洪积层下、碳酸钙结晶层（俗称江巴石）上，可能已非原生文化堆积。出土遗物丰富的探方有 DT1 ~ DT7、DT10、DT14 ~ DT16、DT35、DT36、DT42 等。

出土遗物除动物骨骼外，主要是石器和陶器，另有少量蚌器、骨镞。

石器分打制和磨制两类，以打制石器为主。一般采用锐棱砸击法打击石片，单向和复向加工刃部。器类有斧、刀、铲、凿、砍砸器、刮削器、尖状器、石锤、石砧、砺石、网坠、佩饰等，以斧、砍砸器、刮削器为主。

陶器均破碎，复原者少。夹砂陶占绝大多数，泥质陶和夹炭陶极少。夹砂陶以红褐色为主，黑褐、灰黑色较少。泥质陶多红褐色，黑灰、红色少。夹炭陶多红褐色。一般装饰粗、细绳纹，其他纹饰有镂孔、刻划纹、压印纹、按窝纹、酱褐色陶衣等，素面少（图二〇；图版一二；附表一）。

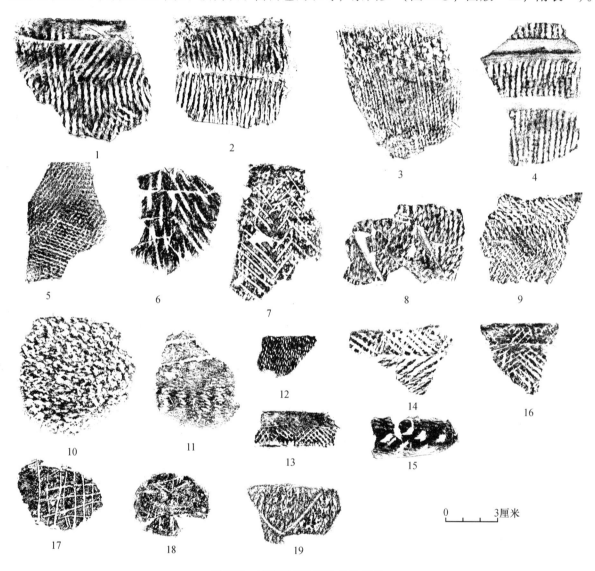

图二〇　城背溪文化陶片纹饰拓片

1. DT7②: 5　2. DT14⑩: 3　3. DT5⑥: 6　4. DT14⑧: 14　5. DT2⑥: 3　6. DT1①: 28　7. DT16⑬: 1　8. DT4⑤: 56　9. DT6④: 26
10. DT4⑤: 58　11. DT7②: 34　12. DT1⑩: 40　13. DT5⑥: 7　14. DT15⑫: 69　15. DT15⑪: 26　16. DT14⑨: 12　17. DT7②: 38
18. DT16 遗迹 1: 10　19. DT4⑤: 57

陶器多采用泥片贴塑法制作而成，经慢轮修整，其口沿和内壁多比较光滑。器耳、圈足等分别制作后与器身粘接。器类有釜、罐、钵、支座、瓮、壶、盘、鼎、碗、碟等，以釜、罐、钵、支座为主。

二、遗 存 介 绍

（一）遗迹

只发现一处，编号遗迹1。

遗迹1　位于DT16的西北部。开口在第11层下，打破第13层。平面呈不规则长方形。长115、宽64、深6~22厘米。斜壁，底较平。灰褐色土内含大量蚌壳、鱼骨等动物骨骼和少量陶钵、壶、支座、石佩饰、砺石等残片。根据其附近发现的与之处于同一层面的网坠、石斧、砺石，以及其内含的动物骨骼多被烧烤等迹象分析，遗迹1可能是当时人类生活活动时留下的遗存（图二一；彩版七，2）。

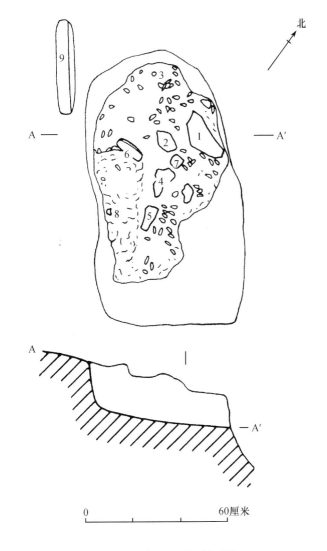

图二一　遗迹1平、剖面图

1. 石片　2、7. 石块　3. 贝壳　4. 鱼骨　5、6. 陶钵　8. 石饰　9. 砺石

陶钵　2件。标本遗迹1:5，夹砂红褐陶。敞口，方唇，腹残。器表磨光。残高2.2厘米（图二二，4）。标本遗迹1:6，夹砂褐陶。敛口，方唇，腹残。残高2.4厘米（图二二，3）。

陶支座　1件。标本遗迹1:10，夹砂红褐陶。蘑菇状顶面近平。圆柱体，器身残。顶面刻划三个符号，器身饰模糊绳纹。顶径4.4、残高2.8厘米（图二二，2；图版一五，6）。

陶壶　1件。标本遗迹1:13，夹砂褐陶。口沿残片。

石佩饰　1件。标本遗迹1:8，黑色粉砂岩。两面和边缘均磨平，可见清晰的磨擦线痕。中部有一个单向圆形钻孔，钻孔一面开口较大，一面开口较小。残长2.7、宽3.3、厚0.2厘米，孔径0.5~0.7厘米（图二二，5；图版一〇，4）。

砺石　1件。标本遗迹1:9，灰绿色细砂岩。长条形。底面略凹，工作面微弧凸，有磨痕。边缘经过些人工简单打修。长43.6、宽23.6、厚5厘米（图二二，1）。

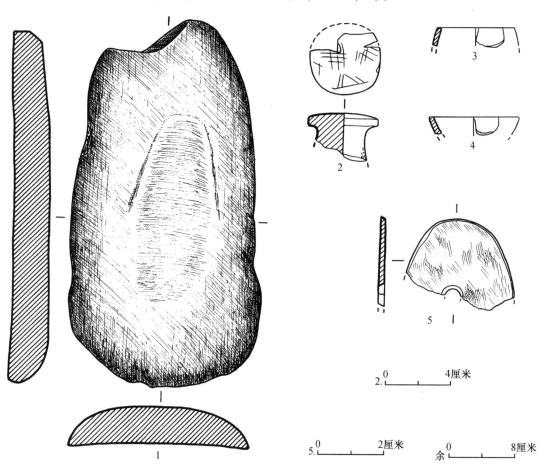

图二二　遗迹1出土石器、陶器

1. 砺石（遗迹1:9）　2. 陶支座（遗迹1:10）　3、4. 陶钵（遗迹1:6、遗迹1:5）　5. 石佩饰（遗迹1:8）

（二）文化层

集中分布在D区T1~T50内，分布范围南北长约100、东西宽约30米。遗物出土丰富的探方有DT1~DT7、DT10、DT14~DT16、DT35、DT36、DT42等。

DT1⑧层　器类有陶罐、钵。

陶罐 1件。标本 DT1⑧:3,夹炭黑胎红陶,质轻。口、腹残,平底。腹饰模糊绳纹。底径7、残高1.4厘米(图二三,11)。

陶钵 1件。标本 DT1⑧:4,夹砂红褐陶,底有烟熏痕。口、腹残,圜底。饰细绳纹。残高2.4厘米(图二三,7)。

DT1⑨层 器类有陶釜、钵和石斧。

陶釜 1件。标本 DT1⑨:3,夹粗砂红褐陶。敞口,圆唇,长颈,腹残。饰模糊绳纹,有刮痕。残高4.6厘米(图二三,8)。

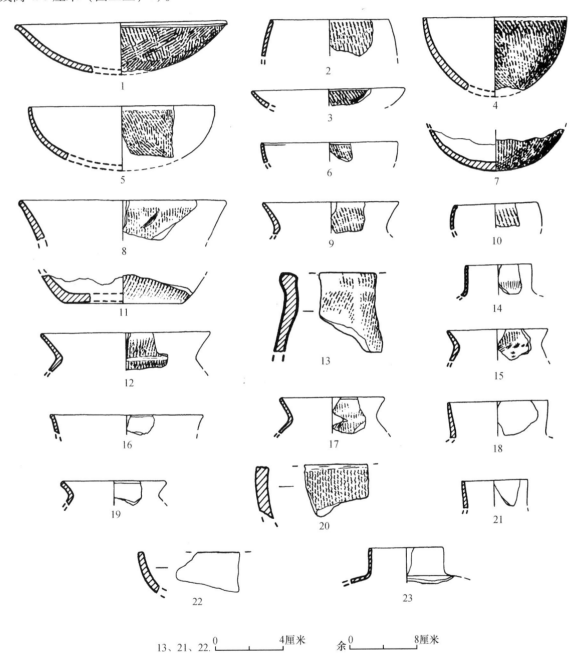

13、21、22. 0 ___ 4厘米   余 0 ___ 8厘米

图二三 D区 T1⑧、T1⑨、T1⑩层出土陶器

1~7、10、20、22. 陶钵(DT1⑩:1、DT1⑩:23、DT1⑩:18、DT1⑩:5、DT1⑩:2、DT1⑩:37、DT1⑧:4、DT1⑩:16、DT1⑨:4、DT1⑩:19) 8、9、12、15、17、19. 陶釜(DT1⑨:3、DT1⑩:25、DT1⑩:27、DT1⑩:33、DT1⑩:31、DT1⑩:34) 11、16. 陶罐(DT1⑧:3、DT1⑩:17) 13. 陶支座(DT1⑩:22) 14、18、21、23. 陶壶(DT1⑩:30、DT1⑩:24、DT1⑩:35、DT1⑩:29)

陶钵　1件。DT1⑨：4，夹砂红褐陶。口微敛，厚方唇，唇面不平，腹残。饰绳纹。泥片贴塑痕迹清晰。残高3厘米（图二三，20）。

石斧　2件。标本DT1⑨：1，灰绿色粉砂岩。原型比较宽大，但无明显打击点，破裂面中部较厚，表面凹凸不平，无放射线及弧形波等特征。以原型较宽的一边为刃位，由背面向破裂面单层锤击修理，刃缘弧形。顶端平齐，单层复向修理，并经过打钝。一侧边经过2层复向锤击修理并打钝，另一侧边向破裂面2层锤击修理并打钝。刃角约29°。长12.2、宽8.2、厚2.5厘米（图二四，7）。标本DT1⑨：2，灰绿色粉砂岩。原型长扁砾。以原型较宽的一端为刃位进行细致的单层锤修，刃缘薄锐，呈规整的弧形。顶端弧形，单面打修。两侧边经过单层复向锤击修理并打钝。表面及侧边留有较多的点坑状使用疤痕。刃角约22°。长13.1、宽7.4、厚2.8厘米（图二四，1；图版一，1）。

DT1⑩层　器类有陶罐、釜、钵、壶、支座和石斧、砍砸器、刮削器、石锤、砺石、磨制石片等。

陶罐　1件。标本DT1⑩：17，夹砂红褐陶。口近直，圆唇，高领，腹残。素面。复原口径18、残高2.4厘米（图二三，16）。

陶釜　10件。均为夹砂红褐陶。侈口。标本DT1⑩：25，圆唇，腹残。饰模糊绳纹。残高3.7厘米（图二三，9）。标本DT1⑩：27，圆唇，腹残。饰绳纹，口沿及颈腹交接处抹平。残高4.4厘米（图二三，12）。标本DT1⑩：31，圆唇，束颈，腹残。饰模糊绳纹。残高4.2厘米（图二三，17）。标本DT1⑩：33，圆唇，腹残。饰模糊绳纹，颈腹交接处有按压痕。残高3.3厘米（图二三，15）。标本DT1⑩：34，方唇，腹残。素面。复原口径12、残高2.9厘米（图二三，19）。

陶钵　9件。均为夹砂红褐陶。标本DT1⑩：1，复原。敞口，圆唇，圜底。唇面抹平，外沿不平整。饰交错绳纹。口径25、高6厘米（图二三，1；图版一三，5）。标本DT1⑩：2，敞口，圆唇，腹残。饰交错细绳纹，口沿处抹平。残高6厘米（图二三，5）。标本DT1⑩：5，口近直，圆唇抹平近方，圜底残。饰交错绳纹。口径9、复原高9.2厘米（图二三，4；图版一三，6）。标本DT1⑩：16，敛口，圆唇，腹残。饰绳纹，口沿处抹平。残高2.7厘米（图二三，10）。标本DT1⑩：18，敞口，圆唇，腹残。饰交错绳纹，唇沿抹平。残高2厘米（图二三，3）。标本DT1⑩：19，敞口，圆唇，腹残。素面。残高2.3厘米（图二三，22）。标本DT1⑩：23，敛口，圆唇，腹残。饰模糊绳纹。残高4.2厘米（图二三，2）。标本DT1⑩：37，口微敛，方唇，腹残。饰模糊绳纹，唇沿抹平。残高2.3厘米（图二三，6）。

陶壶　5件。标本DT1⑩：29，夹砂褐陶。小口，圆唇，直领，鼓腹残。颈、腹交接处有抹痕，素面。复原口径10、残高4.2厘米（图二三，23）。标本DT1⑩：24，夹砂红褐陶。小口，圆唇，直领，腹残。素面。残高4厘米（图二三，18）。标本DT1⑩：30，夹砂褐陶。小口，圆唇，直领，鼓腹残。颈部有刮划条痕。残高3.4厘米（图二三，14）。标本DT1⑩：35，泥质红褐陶。小口，方唇，直领，腹残。施酱色陶衣。残高3厘米（图二三，21）。

陶支座　1件。标本DT1⑩：22，夹砂红褐陶，器身不平。圆筒形，顶面不平，束身，底残。饰绳纹。残高4.6厘米（图二三，13）。

石斧　3件。标本DT1⑩：4，灰色粉砂岩。长条形。顶残，弧刃。原型背面为砾面。刃部一面磨光，两侧边进行2层复向锤击修理并打钝。有使用疤痕。残长5.2、宽3.4、厚1.4厘米（图二四，10）。标本DT1⑩：8，灰绿色粉砂岩。顶残、刃残。表面有锤砸使用疤痕。残长10、宽6.6、厚4.4厘米（图二四，9）。

刮削器　1件。标本DT1⑩：9，灰绿色石英砂岩。原型锐棱砸击石片，台面薄锐，打击点宽大，

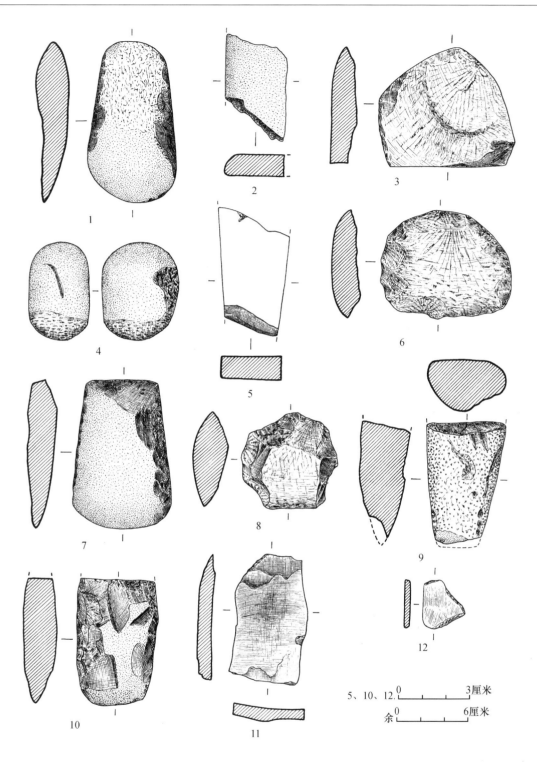

图二四　D 区 T1⑨、T1⑩层出土石器

1、7、9、10. 石斧（DT1⑨:2、DT1⑨:1、DT1⑩:8、DT1⑩:4）　2、5. 残石器（DT1⑩:6、DT1⑩:10）　3. 刮削器
（DT1⑩:9）　4. 石锤（DT1⑩:7）　6、8. 砍砸器（DT1⑩:12、DT1⑩:11）　11. 砺石（DT1⑩:42）　12. 磨制石
片（DT1⑩:43）

半锥体不甚发育，放射线分布区域宽，弧形波带清晰。在原型的边缘 2 层复向修理出宽大的单凸刃。刃角约 28°。长 9.7、宽 11.5、厚 2.2 厘米（图二四，3）。

砍砸器　2 件。标本 DT1⑩:11，灰绿色粉砂岩。原型锐棱砸击石片。由背面向破裂面 2 层锤击修理出盘状刃。修疤多呈扇形，个别呈长条形。刃角约 30°～49°。长 7.9、宽 8、厚 3 厘米（图二四，8；图版五，5）。标本 DT1⑩:12，酱褐色花岗斑岩。原型锐棱砸击石片。由背面向破裂面单层锤击修理出盘状刃。修疤主要呈宽型。刃角约 29°～37°。长 9、宽 11.1、厚 2.3 厘米（图二四，6；图版五，4）。

石锤　1 件。标本 DT1⑩:7，酱褐色花岗岩。椭圆形扁砾。在扁砾一端和侧面，都留有集中的锤砸痕。侧面的疤痕呈破片状，端部的疤痕呈比较密集的点状。长 8、宽 6.4、厚 5 厘米（图二四，4）。

砺石　1 件。标本 DT1⑩:42，灰色砂岩。不规则长条形。一面微凹，有磨砺使用痕。长 10.6、宽 6.4、厚 1.2 厘米（图二四，11）。

磨制石片　1 件。标本 DT1⑩:43，黑色粉砂岩。残，面平。在石片的扁平面及边缘，均经过较细的磨制，并留有比较清晰的沟状直线条痕。用途不明。残长 2、残宽 1.8、厚 0.25 厘米（图二四，12）。

残石器　2 件。标本 DT1⑩:6，灰绿色粉砂岩。三面残。一个侧边自然磨圆，上下两个平面经过轻微磨制。残长 4.3、残宽 2.55、厚 0.9 厘米（图二四，2）。标本 DT1⑩:10，灰绿色粉砂岩。两端断缺。表面经过轻微磨制。残长 5.2、宽 2.9、厚 1 厘米（图二四，5）。

DT2⑥层　器类有陶罐、钵、壶、支座和石锤、蚌器等。

陶罐　1 件。标本 DT2⑥:6，夹砂红褐陶。直口，厚圆唇，颈残。饰模糊绳纹。残高 1.5 厘米（图二五，18）。

陶钵　3 件。标本 DT2⑥:7，夹砂红褐陶。敞口，圆唇，腹残。饰粗绳纹。残高 4 厘米（图二五，1）。标本 DT2⑥:9，夹砂红褐陶。敞口，方唇，腹残。饰竖绳纹。残高 4 厘米（图二五，2）。标本 DT2⑥:11，夹砂红褐陶。敛口，圆唇，腹残。饰模糊绳纹，口沿处抹平。残高 2.6 厘米（图二五，10）。

陶壶　1 件。标本 DT2⑥:12，夹砂红褐陶。小口，方唇，直颈残。素面。残高 3.8 厘米（图二五，13）。

陶支座　1 件。标本 DT2⑥:8，夹砂红褐陶。顶残，圈足，底面平。饰模糊绳纹。残高 4.2 厘米（图二五，15）。

蚌器　1 件。标本 DT2⑥:1，长梯形，边缘磨光。长 3.6、宽 2.2、厚 2 厘米（图二六，9；图版一〇，5）。

石锤　1 件。标本 DT2⑥:2，灰色细砂岩。原型椭圆形扁砾。在原型略平的一面和一侧缘，分别留有一些砸击缺损疤坑。疤坑呈长型或不规则型。长 7.6、宽 7.1、厚 5.6 厘米（图二六，8）。

DT3⑥层　器类有陶罐、釜、钵、壶、盘、支座和石斧、砍砸器、刮削器、石刀、石锤、石砧等。

陶罐　5 件。标本 DT3⑥:28，夹砂红褐陶。大口直，方唇，高领，鼓腹残。饰模糊绳纹，领上部及颈腹交接处抹平，颈腹部可见抹痕。复原口径 18、残高 13.2 厘米（图二七，11）。标本 DT3⑥:30，夹砂红褐陶。中口直，圆唇，直领，腹残。饰模糊绳纹，颈腹处抹平。复原口径 12、残高 5 厘米（图二七，13）。标本 DT3⑥:32，夹砂黑胎红褐陶。口微敛，方唇，高领，腹残。饰模糊绳纹。复原口径 18、残高 4 厘米（图二七，14）。标本 DT3⑥:36，夹砂红褐陶。小口，圆唇，直

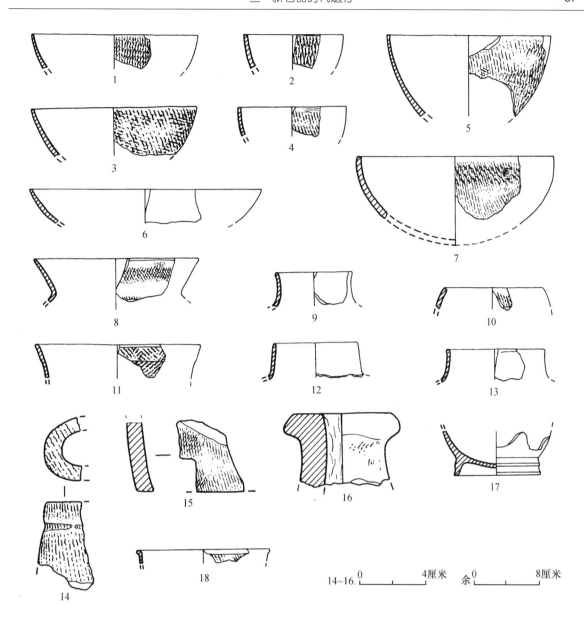

图二五 D 区 T2⑥、T5⑥、T6③层出土陶器

1~7、10. 陶钵（DT2⑥:7、DT2⑥:9、DT6③:2、DT5⑥:10、DT6③:5、DT5⑥:5、DT5⑥:6、DT2⑥:11） 8. 陶釜（DT5⑥:14）
9、11、12、18. 陶罐（DT5⑥:11、DT5⑥:7、DT6③:3、DT2⑥:6） 13. 陶壶（DT2⑥:12） 14~16. 陶支座
（DT5⑥:16、DT2⑥:8、DT5⑥:13） 17. 陶碗（DT6③:1）

领，鼓腹残。饰绳纹。复原口径 10、残高 3.2 厘米（图二七，19）。标本 DT3⑥:44，夹细砂红褐陶。小口，尖圆唇，直领。饰模糊绳纹，施酱色陶衣。复原口径 9、残高 3.2 厘米（图二七，3）。

另有陶罐耳 1 件。标本 DT3⑥:71，夹砂红褐陶。桥形耳。饰绳纹。长 4.4、宽 3.2 厘米（图二七，22）。

陶釜 12 件。标本 DT3⑥:8，夹砂红褐陶。侈口，圆唇，腹残。饰粗绳纹，比较模糊，口沿及颈腹交接处抹平。复原口径 24、残高 7 厘米（图二七，2）。标本 DT3⑥:11，夹砂褐陶。侈口，方唇，腹残。饰绳纹，口沿外抹平。复原口径 19、残高 4.2 厘米（图二七，6）。标本 DT3⑥:38，夹砂黑褐陶。侈口，圆唇，鼓腹残。饰模糊绳纹，颈腹交接处有抹痕。复原口径 10、残高 2.8 厘米（图二七，4）。标本 DT3⑥:41，夹砂红褐陶。侈口，方唇，腹残。素面，颈腹交接处有抹痕。复原

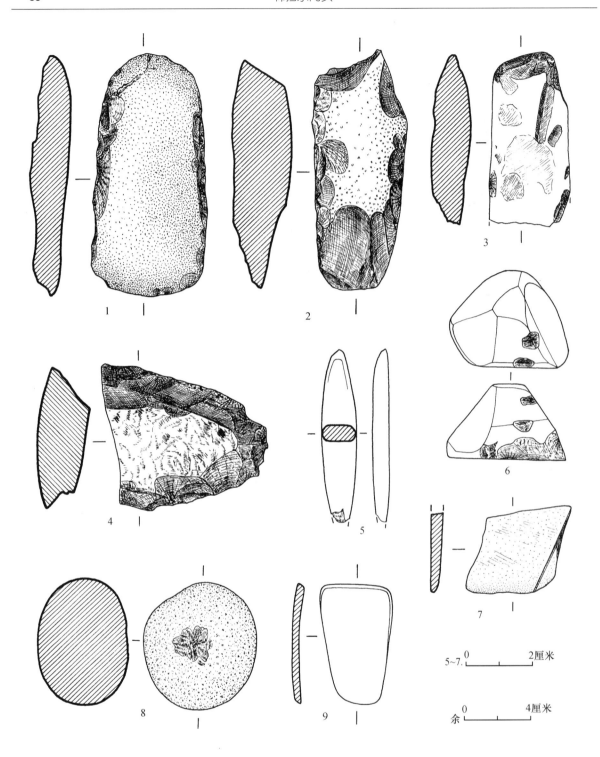

图二六　D 区 T2⑥、T4⑤、T5⑥层出土石器、骨器、蚌器

1~3. 石斧（DT5⑥:1、DT4⑤:4、DT5⑥:2）　4. 石镐（DT5⑥:4）　5. 骨镞（DT4⑤:9）　6. 磨制石块（DT4⑤:65）

7. 磨制石片（DT4⑤:66）　8. 石锤（DT2⑥:2）　9. 蚌器（DT2⑥:1）

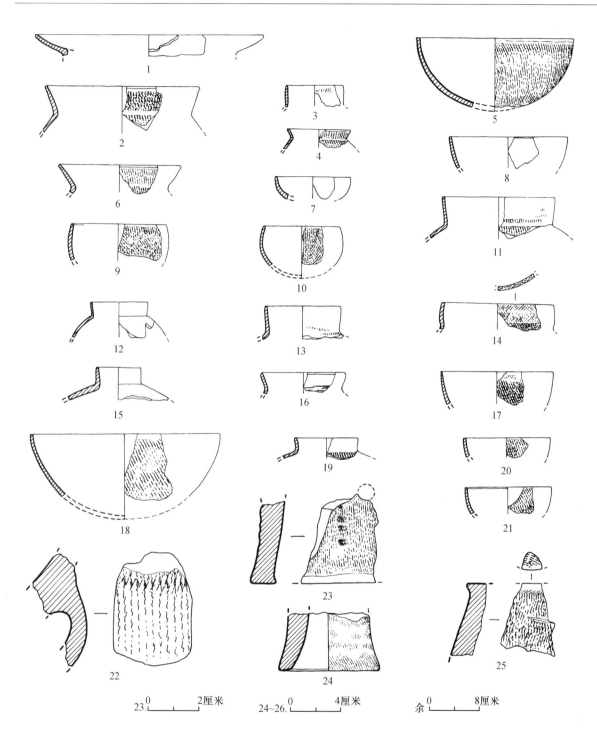

23. 0 2厘米
24~26. 0 4厘米
余 0 8厘米

图二七 DT3⑥层出土陶器

1. 陶盘（DT3⑥:49） 2、4、6、16. 陶釜（DT3⑥:8、DT3⑥:38、DT3⑥:11、DT3⑥:41） 3、11、13、14、19、22. 陶罐
（DT3⑥:44、DT3⑥:28、DT3⑥:30、DT3⑥:32、DT3⑥:36、DT3⑥:71） 5、7~10、17、18、20、21. 陶钵（DT3⑥:5、
DT3⑥:55、DT3⑥:52、DT3⑥:7、DT3⑥:58、DT3⑥:61、DT3⑥:10、DT3⑥:62、DT3⑥:57） 12、15. 陶壶（DT3⑥:27、
DT3⑥:6） 23~25. 陶支座（DT3⑥:17、DT3⑥:47、DT3⑥:48）

口径13、残高3.4厘米（图二七，16）。

陶钵 15件。标本DT3⑥:5，夹砂褐陶。口近直，圆唇，圜底残。饰绳纹，唇沿有抹痕。口径25、复原高11.2厘米（图二七，5；图版一四，1）。标本DT3⑥:7，夹砂黑胎褐陶。敛口，方唇，腹残。饰模糊绳纹。复原口径15、残高5.5厘米（图二七，9）。标本DT3⑥:10，夹砂褐陶。敞口，方唇，圜底残。饰模糊粗绳纹。复原口径30、残高9.6厘米（图二七，18）。标本DT3⑥:52，泥质黑陶。敞口，圆唇，腹残。素面。复原口径19、残高4.8厘米（图二七，8）。标本DT3⑥:55，夹砂红褐陶。敞口，圆唇，腹残。素面。复原口径12、残高3.4厘米（图二七，7）。标本DT3⑥:57，夹砂红褐陶。敞口，方唇内斜，腹残。饰斜绳纹。复原口径14、残高4.2厘米（图二七，21）。标本DT3⑥:58，夹砂红褐陶。敛口，方唇，圜底残。饰模糊绳纹，口沿处抹平。口径12、腹径13.2、复原高8厘米（图二七，10）。标本DT3⑥:61，夹砂红褐陶。敞口，尖圆唇，腹残。饰模糊交错绳纹，上部抹光。复原口径18、残高5厘米（图二七，17）。标本DT3⑥:62，夹砂红褐陶。口近直，方唇，腹残。饰模糊绳纹，上部抹光。复原口径14、残高3厘米（图二七，20）。

陶壶 6件。标本DT3⑥:6，夹砂红褐陶。小口，方唇，直颈，鼓腹残。素面。颈腹交接处有抹痕。泥片贴塑痕清晰。口径7.2、残高5厘米（图二七，15）。标本DT3⑥:27，泥质红褐陶。小口，圆唇，直领，束颈，鼓腹残。施酱色陶衣。颈腹交接处有抹痕。口径9、残高7.5厘米（图二七，12）。

陶盘 1件。标本DT3⑥:49，夹炭黄陶。敞口，圆唇，浅盘，圈足残。素面。复原口径36、残高3.3厘米（图二七，1）。

陶支座 3件。标本DT3⑥:17，夹砂黄褐陶。顶残，喇叭形座，底面平。饰模糊绳纹、圆形镂孔和按压窝。复原底径10、残高6.8厘米（图二七，23）。标本DT3⑥:47，夹砂黄褐陶。顶残，喇叭形座，底面平。饰模糊绳纹。复原底径8、残高4.5厘米（图二七，24）。标本DT3⑥:48，夹砂红褐陶。圆形顶面平，圆柱体，上身微束，下身残。顶面饰绳纹，器身饰绳纹、刻划纹。残高5.5厘米（图二七，25）。

石斧 1件。标本DT3⑥:1，灰绿色粉砂岩。原型长扁砾。在原型较宽的一端从两面磨制成规整的弧形刃。顶端残缺。两侧及扁平面磨制。在两侧及一扁平面的中部留有深浅不一的点坑状锤砸痕。刃缘有使用缺损。刃角约42°。残长9.1、宽6.8、厚2.8厘米（图二八，7）。

砍砸器 2件。标本DT3⑥:16，红白色石英岩。原型锐棱砸击石片。在原型的远缘由背面向破裂面锤击修出单直刃。修疤比较宽大。刃角约47°。长9.4、宽12.4、厚3.3厘米（图二八，4）。标本DT3⑥:22，灰白色石英岩。盘刃。原型锐棱砸击石片。由破裂面向较凸的砾面2层锤击修理出盘状刃。刃角约48°~88°。长5.9、宽5.8、厚2.2厘米（图二八，9；图版五，3）。

刮削器 2件。标本DT3⑥:21，黑色燧石。原型角砾。在原型一端打击出的倾斜面边缘2层锤击修理单边刃。远层修疤比较宽，近层修疤比较碎细。刃角约30°。长6、宽7、厚3.6厘米（图二八，8）。标本DT3⑥:19，灰绿色石英砂岩。原型锐棱砸击石片。在原型远缘及两侧相连的部位由背面向破裂面单层锤击修理出一个近圆形的宽弧刃。刃角约20°。长7.5、宽9.4、厚1.7厘米（图二八，3）。

石刀 1件。标本DT3⑥:15，银灰色粉砂岩。原型页状石片。在原型的一个长侧边从2面磨制出平直的钝刃。背缘比较平直，经过简单的磨制。刃角约56°。长16.1、宽8、厚1.1厘米（图二八，6；图版五，2）。

雕刻器 1件。标本DT3⑥:70，黑色燧石。原型锤击石片。在石片远端修理出凿状刃。刃角约10°。长4、宽2.8、厚0.6厘米（图二八，10；图版一〇，3）。

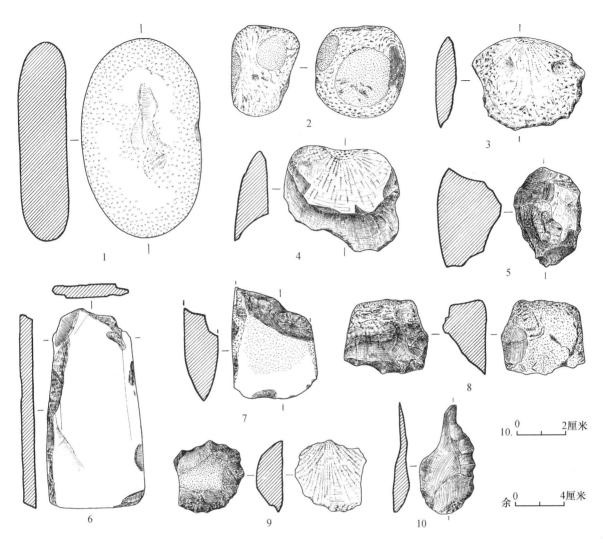

图二八 DT3⑥层出土石器

1. 石砧（DT3⑥:18） 2. 石锤（DT3⑥:3） 3、8. 刮削器（DT3⑥:19、DT3⑥:21） 4、9. 砍砸器（DT3⑥:16、DT3⑥:22）
5. 石核（DT3⑥:12） 6. 石刀（DT3⑥:15） 7. 石斧（DT3⑥:1） 10. 雕刻器（DT3⑥:70）

石砧 1件。标本DT3⑥:18，灰色细砂岩。原型长扁砾。在原型较平的一扁平面中部有较集中的宽槽形浅凹坑分布区。长16、宽9.5、厚4.1厘米（图二八，1）。

石锤 1件。标本DT3⑥:3，白色石英岩。原型椭圆形扁砾。在原型较凸的周缘，留有较重的锤击疤痕。长7.4、宽7.4、厚5.5厘米（图二八，2；图版七，6）。

石核 1件。标本DT3⑥:12，酱褐色细砂岩。原型长扁砾。原型表面大部分布满锤击产生的打击方向不一的片疤痕，仅有一面保存砾面。台面角约75°～92°。长8、宽5.4、厚5.4厘米（图二八，5）。

DT4⑤层 器类有陶罐、釜、钵、瓮、支座、碟和石斧、磨制石片、骨镞等。

陶罐 8件。标本DT4⑤:8，夹砂红褐陶。小口，圆唇，直领，鼓腹，圜底。领部施酱色陶衣，器身上部饰细绳纹。口径9、腹径26、复原高28厘米（图二九，8；彩版一二，3；图版一三，1）。标本DT4⑤:12，夹细砂红褐陶。小口，圆唇，直领，鼓腹残。领部施酱色陶衣，腹饰交错绳纹。口径9、残高6厘米（图二九，15）。标本DT4⑤:19，夹砂灰褐陶。敞口，方唇，束颈，鼓腹残。颈部饰模糊绳纹，腹饰绳纹。复原口径14、残高3.7厘米（图二九，10）。标本DT4⑤:36，夹砂红褐陶。小口，圆唇，直领，鼓腹残。腹饰细绳纹。复原口径10、残高6厘米（图二九，18）。

陶釜　15件。标本DT4⑤:2，夹砂褐陶。侈口，方唇，鼓腹残。颈部饰模糊绳纹，腹饰竖绳纹。口径21、腹径28.8、残高16.4厘米（图二九，16）。标本DT4⑤:13，夹砂灰褐陶。侈口，圆唇，腹残。饰模糊绳纹，颈腹交接处抹平。复原口径16、残高3.5厘米（图二九，11）。标本DT4⑤:17，夹砂红褐陶。侈口，圆唇，腹残。饰细绳纹，上部抹平。复原口径14、残高3厘米（图二九，17）。标本DT4⑤:21，夹砂黑陶。侈口，方唇，腹残。唇面饰压印纹，颈部饰模糊交错绳纹，上沿有一道抹痕。复原口径16、残高3.2厘米（图二九，13）。标本DT4⑤:68，夹砂黑胎红褐陶。侈口，圆唇，腹残。饰模糊绳纹，颈腹交接处抹光。复原口径12、残高3.3厘米（图二九，19）。

陶钵　12件。标本DT4⑤:1，夹砂红褐陶。口近直，方唇，深腹残。饰交错细绳纹。泥片贴塑痕清晰，内壁比较光滑，有指抹痕。复原口径26、残高7.2厘米（图二九，2）。标本DT4⑤:3，夹砂黄褐陶。敞口，圆唇，腹残。饰模糊交错粗绳纹，上部抹平。复原口径18、残高7厘米（图二九，6）。标本DT4⑤:5，夹砂红褐陶。敛口，方唇，腹残。饰模糊粗绳纹。复原口径18、残高6厘米（图二九，5）。标本DT4⑤:7，夹砂褐陶。敛口，圆唇，腹残。饰模糊绳纹。复原口径13、残高6.6厘米（图二九，12）。标本DT4⑤:37，夹砂红褐陶。口近直，圆唇，腹残。饰模糊交错细绳纹，上部抹平。复原口径22、残高8.4厘米（图二九，3）。标本DT4⑤:42，夹砂灰黑陶。口近直，方唇，腹残。饰模糊交错绳纹，上部抹平。复原口径22、残高9.3厘米（图二九，4；图版一四，2）。标本DT4⑤:50，夹砂红褐陶。敞口，圆唇，圜底。饰模糊绳纹。口径28、高7.2厘米（图二九，1；图版一四，3）。

陶瓮　1件。标本DT4⑤:35，夹砂褐陶。敛口，圆唇，腹残。饰模糊绳纹，口沿抹平。泥片贴塑痕清晰，器表凹凸不平。口径12、残高3.4厘米（图二九，22）。

陶支座　5件。标本DT4⑤:6，夹砂黄褐陶。顶残，喇叭形座，底面平。饰模糊绳纹。底径9、残高4.3厘米（图二九，9）。标本DT4⑤:52，夹砂红褐陶。顶残，喇叭形座，底面平。饰模糊绳纹。底径10、残高6.2厘米（图二九，21）。标本DT4⑤:53，夹砂黄褐陶。顶残，喇叭形座，底缘尖圆。饰模糊绳纹和按窝纹。底径12、残高4.7厘米（图二九，20）。标本DT4⑤:55，夹砂红褐陶。圆桶形。顶部椭圆形，上身微束，下残。饰绳纹、按窝和压印条纹。有手捏痕。残高6厘米（图二九，7）。

陶碟　1件。标本DT4⑤:60，夹砂黑褐陶。口、腹残，假圈足。素面。泥片贴塑痕清晰。底径11.8、残高1.4厘米（图二九，14）。

骨镞　1件。标本DT4⑤:9，梭形。面平，一端残。磨光。残长5.2、宽1.1、厚0.5厘米（图二六，5）。

石斧　1件。标本DT4⑤:4，灰色粉砂岩。原型长扁砾。原型顶部用2层复向打修成较窄的弧形刃。两侧边经过细致的2层复向修理，并经过打钝。在石斧较凸的扁平面上，分布有点坑状锤砸痕。顶端刃约39°。长14.2、宽5.8、厚3.7厘米（图二六，2）。

磨制石片　1件。标本DT4⑤:66，灰色粉砂岩。残。原型为小石片。石片面平，表面有成组的方向不一的细沟状磨砺痕。在一个平面的边沿有一条刻划沟，刻划沟较深，断面呈"V"形，可能是对小石片进行分割所至。残长3.2、宽2.6、厚0.4厘米（图二六，7；图版一〇，6）。

磨制石块　1件。标本DT4⑤:65，紫红色粉砂岩。不规则形角砾。角砾的各个面及边棱均进行磨制。用途不明。长2.9、宽3.6、厚2.2厘米（图二六，6；图版九，5）。

DT5⑥层　器类有陶罐、釜、钵、支座和石斧、石镐等。

陶罐　2件。标本DT5⑥:7，夹粗砂红褐陶。敞口，圆唇，厚沿，颈残。厚沿部饰交错绳纹，

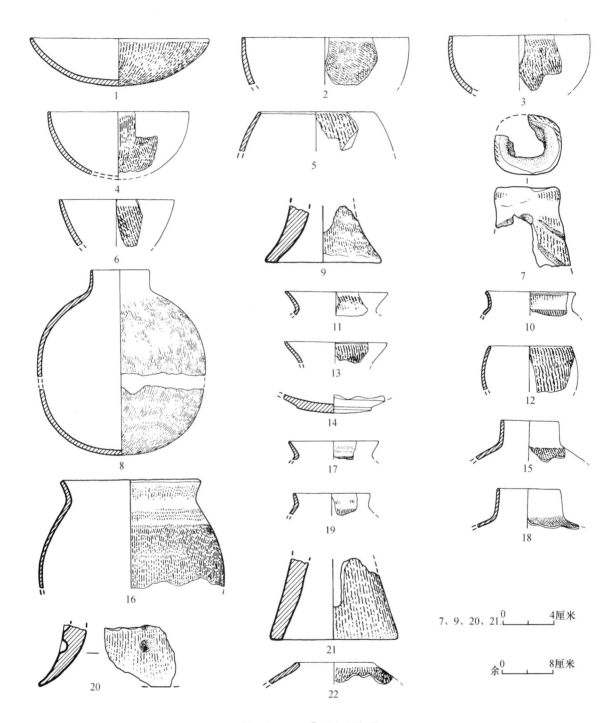

图二九 DT4⑤层出土陶器

1～6、12. 陶钵（DT4⑤:50、DT4⑤:1、DT4⑤:37、DT4⑤:42、DT4⑤:5、DT4⑤:3、DT4⑤:7）　7、9、20、21. 陶支座（DT4⑤:55、DT4⑤:6、DT4⑤:53、DT4⑤:52）　8、10、15、18. 陶罐（DT4⑤:8、DT4⑤:19、DT4⑤:12、DT4⑤:36）　11、13、16、17、19. 陶釜（DT4⑤:13、DT4⑤:21、DT4⑤:2、DT4⑤:17、DT4⑤:68）　14. 陶碟（DT4⑤:60）　22. 陶瓮（DT4⑤:35）

颈部饰粗斜绳纹。残高 4 厘米（图二五，11）。标本 DT5⑥:11，夹砂红褐陶。小口，圆唇，直领，腹残。素面。复原口径 9、残高 4.2 厘米（图二五，9）。

陶釜 3 件。标本 DT5⑥:14，夹砂黑褐陶。侈口，圆唇，束颈，腹残。细绳纹模糊，上部及颈腹交接处抹平。残高 5 厘米（图二五，8）。

陶钵 3 件。标本 DT5⑥:5，泥质黑陶。敞口，圆唇，腹残。素面。残高 4 厘米（图二五，6）。标本 DT5⑥:6，夹砂红褐陶。敞口，方唇，腹残。饰粗斜绳纹，上部抹平，有一修补留下的对钻孔。复原口径 24、残高 7.4 厘米（图二五，7）。标本 DT5⑥:10，夹砂红褐陶。口近直，方唇，腹残。饰模糊绳纹，上部抹平。复原口径 13、残高 3.5 厘米（图二五，4）。

陶支座 2 件。标本 DT5⑥:13，夹砂红褐陶。圆筒形。顶面平，上身微束，下残。饰模糊绳纹。复原顶径 7、残高 4.4 厘米（图二五，16）。标本 DT5⑥:16，夹砂红褐陶。圆筒形，顶面平，上身微束，下残。饰模糊绳纹和按窝纹。残高 5.2 厘米（图二五，14）。

石斧 2 件。标本 DT5⑥:1，青灰色粉砂岩。原型为扬子石片。以原型较宽的一端为刃位，单层复向修理成为弧刃。顶端窄而薄锐，单层复向修理。两侧 2 层复向打钝。刃角约 36°。长 14.4、宽 7.1、厚 2.4 厘米（图二六，1）。标本 DT5⑥:2，灰绿色粉砂岩。原型长扁砾。在原型较宽的一端复向打修成直刃，刃缘残缺。顶端窄而薄锐，单层复向打修。两侧经过单层复向打修并磨光，较平齐。刃角约 43°。长 10.4、宽 4.9、厚 2.4 厘米（图二六，3；图版一，4）。

石镐 1 件。标本 DT5⑥:4，褐红色角岩。原型是一较宽厚的石片，背面为砾面，正面为破裂面，中部微凸，未见放射线、弧形波带等特征。在原型的近端、远端，分别由背面向破裂面 2 层锤击修理成一个钝尖。尖端也由背面向破裂面作 2 层锤击修理。修疤呈长条形、长三角形、不规则梯形等。尖刃角约 45°。长 10.3、宽 8.4、厚 3.1 厘米（图二六，4）。

DT6③层 器类有陶罐、钵、碗和石斧等。

陶罐 1 件。标本 DT6③:3，夹砂红褐陶。小口微敛，直领，腹残。腹饰绳纹。口径 10、残高 4.1 厘米（图二五，12）。

陶钵 2 件。标本 DT6③:2，夹砂红褐陶。敞口，方唇，腹残。饰模糊粗绳纹。复原口径 20、残高 5.6 厘米（图二五，3）。标本 DT6③:5，夹砂红褐陶。敞口，方唇，腹残。饰细绳纹，上部抹平。复原口径 20、残高 9.4 厘米（图二五，5）。

陶碗 1 件。标本 DT6③:1，夹炭外红内黑陶，质轻。口残，斜壁，圜底，矮圈足。器表施红衣。底径 10.6、残高 5.2 厘米（图二五，17）。

石斧 1 件。标本 DT6③:4，灰绿色粉砂岩。原型长扁砾。在原型较宽的一端，从两面磨制一个规整而锋利的弧形刃。侧缘和顶端都有 2 层修疤并打钝。一个扁平面和一个侧缘有磨制痕。刃角约 32°。长 8.2、宽 6.8、厚 2 厘米（图三一，8；图版一，2）。

DT6④层 器类有陶釜、罐、钵、支座、鼎和石斧、石锤、石砧等。

陶釜 7 件。标本 DT6④:1，夹砂黑褐陶。侈口近直，圆唇，深弧腹，圜底。饰交错粗绳纹，口沿处抹平。内壁有指压痕。口径 13、腹径 15、高 14 厘米（图三〇，15；彩版一二，1；图版一三，3）。标本 DT6④:11，夹砂褐陶。侈口，圆唇，鼓腹残。腹饰粗绳纹，颈腹交接处有抹痕和按窝。复原口径 16、残高 7.4 厘米（图三〇，6）。标本 DT6④:25，夹砂褐陶。侈口，圆唇，腹残。饰模糊绳纹。残高 4.6 厘米（图三〇，3）。标本 DT6④:28，夹砂黑胎褐陶。侈口，圆唇，鼓腹残。饰模糊绳纹。复原口径 12、残高 5.4 厘米（图三〇，4）。

陶罐 2 件。标本 DT6④:7，夹砂褐陶。小口，圆唇，直领，鼓腹残。饰交错绳纹，领部绳纹抹平、模糊。口径 12、残高 6 厘米（图三〇，7）。标本 DT6④:10，夹砂褐陶。口近直，圆唇，曲

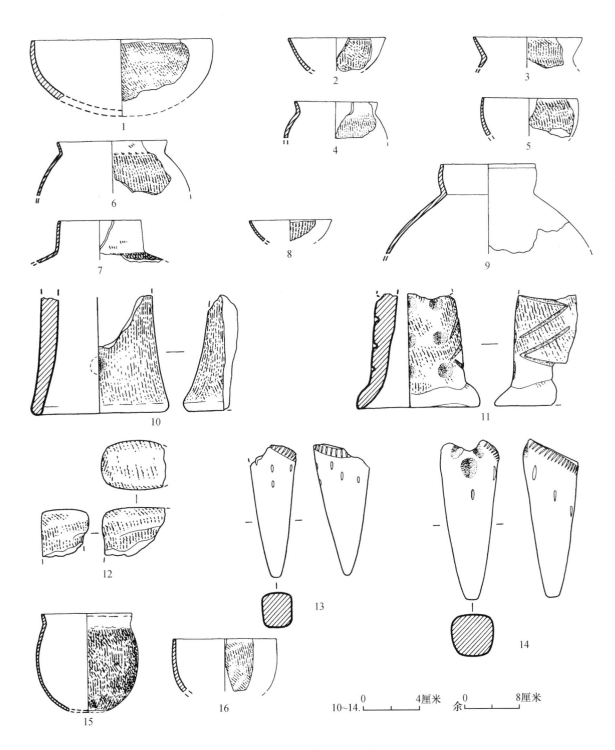

图三〇　DT6④层出土陶器

1、2、5、8、16. 陶钵（DT6④：13、DT6④：38、DT6④：12、DT6④：36、DT6④：9）　3、4、6、15. 陶釜（DT6④：25、DT6④：28、

DT6④：11、DT6④：1）　7、9. 陶罐（DT6④：7、DT6④：10）　10 ~ 12. 陶支座（DT6④：16、DT6④：15、DT6④：24）

13、14. 陶鼎足（DT6④：19、DT6④：20）

领，鼓腹残。素面。口沿及领腹处有抹痕。口径14、残高12.6厘米（图三〇，9）。

陶钵　6件。标本DT6④:9，夹砂灰黑陶。口近直，方唇，深腹残。饰交错细绳纹，上部抹平。复原口径16、残高7.4厘米（图三〇，16）。标本DT6④:12，夹砂褐陶。直口，圆唇，深腹残。饰交错绳纹，上部抹平。复原口径14、残高5.4厘米（图三〇，5）。标本DT6④:13，夹砂红褐陶。口近直，圆唇，圜底残。饰模糊绳纹。唇部不规整。口径26、复原高10.8厘米（图三〇，1；图版一四，4）。标本DT6④:36，夹砂褐陶。敞口，圆唇，浅腹残。饰模糊绳纹，上部抹平。复原口径12、残高3.2厘米（图三〇，8）。标本DT6④:38，夹砂褐陶。敞口，方唇外斜，腹残。饰模糊绳纹。复原口径14、残高5厘米（图三〇，2）。

陶支座　3件。标本DT6④:15，夹砂红褐陶。顶残，喇叭形座底。饰模糊绳纹、按窝纹和刻划纹。器表凹凸不平。残高8厘米（图三〇，11；图版一五，5）。标本DT6④:16，夹砂红褐陶。顶残，喇叭形座底不规则。饰绳模糊纹和对钻镂孔。残高8.2厘米（图三〇，10）。标本DT6④:24，夹砂褐陶。椭圆形顶面较平，上部微束，器身残。饰模糊绳纹。残高3.4厘米（图三〇，12）。

陶鼎足　2件。标本DT6④:19，夹炭红陶，质轻。圆锥形足。饰戳印纹，施酱色陶衣。残高9.3厘米（图三〇，13）。标本DT6④:20，夹炭红陶，质轻。圆锥形足。上部饰戳印纹和按窝纹，施酱色陶衣。残高11.2厘米（图三〇，14）。

石斧　2件。标本DT6④:4，青灰色粉砂岩。原型扬子石片。在石片较宽的右缘2层复向打击修理出规整的弧形刃。弧形顶端单层复向打击修理。两侧边复向修理并打钝，比较平齐。修理疤主要呈宽型疤。刃角约32°。长15.6、宽9、厚3.9厘米（图三一，10；图版一，5）。标本DT6④:5，灰绿色石英砂岩。原型长扁砾。在原型较宽的一端从两面磨制出一个凸弧刃。顶端单层复向打修成弧刃状。扁平面及侧面都留有大面积的点坑状或盆坑状砸击使用痕。刃角约43°，顶端刃角约53°。长13.2、宽5.8、厚3.4厘米（图三一，1；图版一，6）。

石锤　2件。标本DT6④:2，灰色粉砂岩。不规则圆形砾。器身有锤击疤点。长9.7、宽10.7、厚9.7厘米（图三一，3）。标本DT6④:3，灰绿色石英岩。原型长扁砾。在原型两端、侧边的一些部位，都留有砸击使用痕。长12、宽7.8、厚6.4厘米（图三一，9；彩版一一，4；图版八，1）。

石砧　1件。标本DT6④:17，灰绿色粉砂岩。原型为近于三棱形的长扁砾。表面留有几处集中的条坑状深痕分布区，最长的条坑长约1.2、宽约0.3、深约0.2厘米。长19.2、宽7.7、厚5.1厘米（图三一，6）。

使用石片　2件。标本DT6④:21，黄褐色石英砂岩。原型锐棱砸击石片。原型台面薄锐，打击点宽大。半锥体不发育，放射线稀疏，微见弧形波带。石片右下角较薄锐的边缘部位，有一段较密集的使用痕。使用痕主要为宽型破损浅疤。刃角约19°。长7.5、宽10.4、厚1.4厘米（图三一，15）。标本DT6④:22，灰色粉砂岩。原型锐棱砸击石片。原型台面薄锐，打击点宽大。在破裂面上有2道清楚的弧形波带。石片薄锐的左侧缘留有使用痕。使用痕为比较宽、浅的破损疤或弧形凹缺。刃角约18°。长10.6、宽13.6、厚1.8厘米（图三一，2）。

DT7②层　器类有陶釜、罐、钵、支座和石斧、石铲、石锤、砍砸器等。

陶釜　8件。标本DT7②:5，夹砂灰褐陶。侈口，圆唇，高颈，腹残。口部附加一周泥条，饰粗交错绳纹。复原口径14、残高6.6厘米（图三二，8）。标本DT7②:7，夹砂红褐陶。侈口，方唇，束颈，鼓腹残。颈部饰模糊绳纹，腹饰交错细绳纹，颈腹交接处抹平。口径24、残高12厘米（图三二，1）。标本DT7②:28，夹砂红褐陶。侈口，方唇，束颈，腹残。饰模糊绳纹。口部及颈腹交接处有抹痕。复原口径18、残高5厘米（图三二，6）。

陶罐　2件。标本DT7②:22，夹砂红褐陶。敞口，厚圆唇，高颈，腹残。饰模糊绳纹。复原口

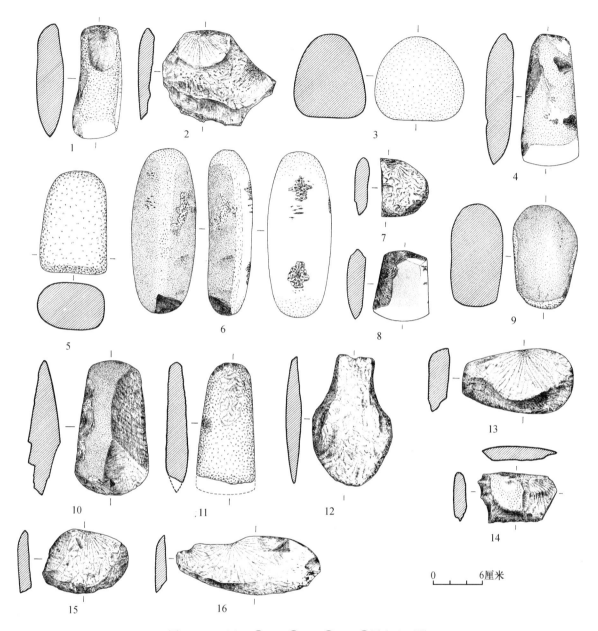

图三一　D区 T6③、T6④、T6②、T9②层出土石器

1、4、8、10、11. 石斧（DT6④：5、DT7②：1、DT6③：4、DT6④：4、DT7②：2）　2、15. 使用石片（DT6④：22、DT6④：21）

3、5、9. 石锤（DT6④：2、DT7②：9、DT6④：3）　6. 石砧（DT6④：17）　7、13、14. 砍砸器（DT7②：15、DT7②：20、

DT7②：3）　12. 石铲（DT7②：10）　16. 石刀（DT9②：1）

径18、残高4厘米（图三二，7）。标本 DT7②：24，夹砂褐陶。小口，直领，圆唇，腹残。素面。
复原口径8、残高4.4厘米（图三二，2）。

陶钵　4件。标本 DT7②：11，泥质灰胎黑皮陶。敞口，圆唇，浅腹，圜底。素面。口径23、
高6.2厘米（图三二，3；图版一四，5）。标本 DT7②：40，夹砂红褐陶。敛口，圆唇，腹残。饰模
糊绳纹，上部抹平。复原口径12、残高3.2厘米（图三二，5）。标本 DT7②：41，夹砂红褐陶。口
近直，方唇，深腹残。饰模糊粗绳纹。复原口径15、残高2.6厘米（图三二，4）。标本 DT7②：43，
夹砂褐陶。敞口，方唇，深腹残。饰模糊粗绳纹和刻划纹，上部抹平。复原口径16、残高5.5厘米
（图三二，12）。

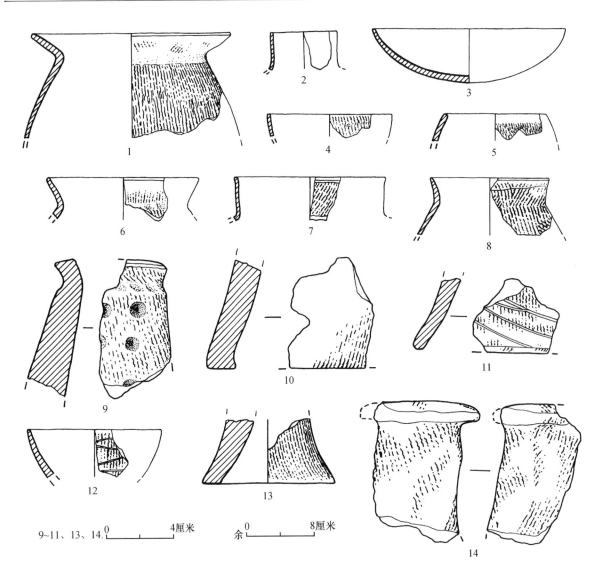

图三二　DT7②层出土陶器

1、6、8. 陶釜（DT7②:7、DT7②:28、DT7②:5）　2、7. 陶罐（DT7②:24、DT7②:22）　3～5、12. 陶钵（DT7②:11、DT7②:41、DT7②:40、DT7②:43）　9～11、13、14. 陶支座（DT7②:4、DT7②:31、DT7②:32、DT7②:33、DT7②:6）

陶支座　7件。标本DT7②:4，夹砂红褐陶。圆筒形。顶面平斜，上身内束，器身残。饰模糊绳纹和圆形按窝纹。残高8厘米（图三二，9）。标本DT7②:6，夹砂红褐陶。蘑菇形。顶面微弧，上身内束，器身残，内空。饰模糊绳纹。残高8.1厘米（图三二，14）。标本DT7②:31，夹砂黄褐陶。顶残，喇叭形座，底面平。饰模糊绳纹。残高6.4厘米（图三二，10）。标本DT7②:32，夹砂红褐陶。顶残，喇叭形座。饰模糊绳纹和刻划纹。残高4.2厘米（图三二，11）。标本DT7②:33，夹砂红褐陶。顶残，喇叭形座，底面平。饰模糊绳纹。底径8、残高3.7厘米（图三二，13）。

石斧　2件。标本DT7②:1，黄褐色石英砂岩。原型长扁砾。在原型较宽的一端从两面磨制出弧形刃。弧形顶端单层复向打修，修疤连续，可能做临时性的刃缘使用。一侧边单层打修并打钝。器身中上段有大面积的点坑状砸击使用痕。刃角38°，顶端刃角48°。长15.3、宽6.9、厚3.4厘米（图三一，4；彩版一一，3；图版二，1）。标本DT7②:2，灰绿色粉砂岩。原型长扁砾。刃残。顶端凸弧形，单层复向打修成凸弧刃。扁平面和侧边布满砸击产生的盆状坑疤。顶端刃角45°。长

14.1、宽7、厚2.7厘米（图三一，11；图版二，2）。

砍砸器 3件。标本DT7②:3，灰绿色粉砂岩。原型锐棱砸击石片。刃缘位于原型较宽的左边，刃位残。顶端较窄薄，向破裂面打修。两侧边较直，2层复向修理。在较厚的一侧边和一扁平面上留有砸击使用痕。长5.6、宽9.8、厚1.6厘米（图三一，14）。标本DT7②:20，灰绿色石英岩。原型锐棱砸击石片。原型的打击点宽大，放射线和弧形波带都很清晰。原型两端都经过单层复向打修。有砍砸使用痕，使用痕多呈宽浅的破损疤，主要向背面破裂。刃角约30°。长7.4、宽13.5、厚2.6厘米（图三一，13）。标本DT7②:15，黄褐色石英岩。原型锐棱砸击石片，残断。在原型的远缘单层复向锤击修理，使用痕主要为细密的小浅疤。刃角约39°。长5.6、宽6.8、厚1.7厘米（图三一，7）。

石铲 1件。标本DT7②:10，黄褐色粉砂岩。原型锐棱砸击石片。背面为砾面，正面为破裂面。刃缘较凸，单层复向打修。两肩较薄，锤击修理。刃缘有破损和崩缺痕。刃角约26°。长15.3、宽9.7、厚1.9厘米（图三一，12；彩版一〇，4；图版九，3）。

石锤 1件。标本DT7②:9，灰色细砂岩。原型长扁砾。在原型的侧面、扁平面、端部等均留有砸击使用痕。使用痕主要呈条状坑和不规则盆形片状坑。长12、宽8.1、厚5.5厘米（图三一，5）。

DT8②层

陶片 1件。标本DT8②:1，夹砂褐陶。泥片贴塑痕清晰。每层泥片上均压印绳纹（图三三，1）。

DT9②层 器类有陶釜和石刀等。

陶釜 2件。均为口沿残片。夹砂红褐陶。侈口，方唇。饰模糊绳纹。

石刀 1件。标本DT9②:1，石英砂岩。原型石片。一侧边见磨光、磨圆痕。使用痕主要向石片背面破损，多呈宽浅的破损疤。刃角约19°。长17.4、宽6.8、厚1.2~1.4厘米（图三一，16；图版七，3）。

DT10③层 器类有陶釜、钵、支座和石斧、砍砸器、刮削器、石锤、石砧、砺石等。

陶釜 7件。标本DT10③:83，夹砂褐陶。侈口，圆唇，束颈，腹残。饰模糊绳纹。颈部有抹痕。复原口径10、残高3.4厘米（图三三，6）。标本DT10③:91，夹砂红褐陶。侈口，圆唇，鼓腹残。饰粗绳纹。颈部有抹痕。复原口径20、残高6厘米（图三三，4）。

陶钵 3件。标本DT10③:99，夹砂褐陶。敞口，圆唇，腹残。饰模糊斜绳纹。上部有抹痕。复原口径18、残高3.4厘米（图三三，8）。标本DT10③:100，夹砂红褐陶。敞口，方唇，腹残。素面。复原口径16、残高3.1厘米（图三三，3）。标本DT10③:107，夹砂红褐陶。直口，圆唇，直腹残。饰绳纹。残高3.4厘米（图三三，9）。

陶支座 4件。标本DT10③:98，夹砂黄褐陶。顶残，喇叭形座底。饰绳纹和按窝纹。足径11、残高4厘米（图三三，5）。

石斧 6件。标本DT10③:1，灰绿色细砂岩。弧形刃缘单层复向打击修理。弧形顶端单层复向修理。两面及两侧边布满砸击使用形成的点状坑疤或盆形坑疤。刃角约40°，顶端刃角43°。长17.5、宽6.7、厚3.5厘米（图三四，3；彩版一一，1；图版二，3）。标本DT10③:4，灰色变质岩。原型长扁砾。在原型较宽的一端单层复向加工呈凸弧刃，修疤多为扇形。顶端留有垂直砸击的断缺痕。刃角约48°。长25.4、宽15.8、厚5厘米（图三四，7）。标本DT10③:37，灰绿色粉砂岩。原型长扁砾。刃缘2层复向修理呈规整的弧形。顶端略凸，单层复向修理。两侧边先向同一面锐棱砸击，然后进行2层复向修理并打钝。刃角约36°。长18.7、宽6.2、厚3.2厘米（图三四，

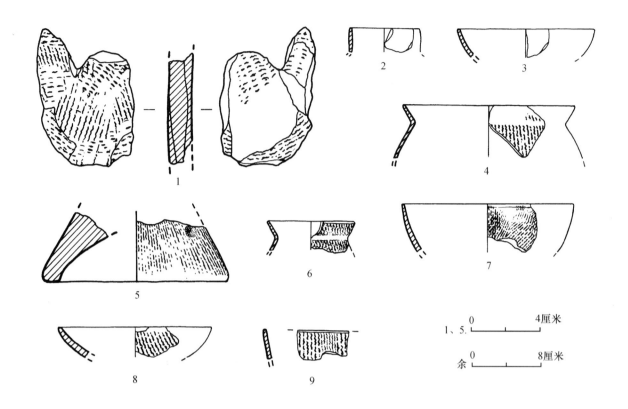

图三三　D 区 T8②、T10③、T19②层出土陶器

1. 陶片（DT8②:1）　2. 陶罐（DT19②:2）　3、7~9. 陶钵（DT10③:100、DT19②:3、DT10③:99、DT10③:107）

4、6. 陶釜（DT10③:91、DT10③:83）　5. 陶支座（DT10③:98）

6；图版二，4）。标本 DT10③:36，灰绿色粉砂岩。原型长扁砾。刃缘 2 层打修。顶端留有锤砸使用痕。长侧边较厚的部位单层复向修理。长 16.6、宽 7.6、厚 4.6 厘米（图三四，10）。标本 DT10③:41，灰绿色粉砂岩。原型长扁砾。刃断缺。器身布满点坑状锤砸痕。长 14.4、宽 7.3、厚 4.3 厘米（图三四，11）。标本 DT10③:77，酱褐色细砂岩。原型长扁砾。刃缘略凸，进行 2 层锤击修理。刃角约 50°。长 11.5、宽 7.2、厚 5.6 厘米（图三四，12）。

砍砸器　10 件。标本 DT10③:3，红褐色角岩。原型锐棱砸击石片。在原型较宽的边缘向破裂面进行锤击修理，打击点比较宽，修疤呈梯形或宽三角形。刃角约 45°。长 7.7、宽 9.5、厚 2 厘米（图三四，23）。标本 DT10③:9，红褐色角岩。盘状。背面为砾面。破裂面中部较厚，表面无表现打击方向的放射线等特征。在原型周边向破裂面进行连续的锤击修理。修疤多为宽型，刃缘较规整。刃角约 38°~46°。长 8.6、宽 10.2、厚 2.2 厘米（图三四，21；彩版一〇，5；图版五，6）。标本 DT10③:8，褐色石英岩。原型锐棱砸击石片。背面为砾面，台面及打击点特征保存较好。在原型的周缘向破裂面进行连续的锤击修理，片疤多呈不规则形。刃角约 38°~47°。长 6.3、宽 8、厚 3.2 厘米（图三四，1）。标本 DT10③:15，红褐色砾岩。原型锐棱砸击石片。背面为砾面，破裂面分布有宽广的放射线区域，弧形波带特征较清晰。在原型周边向破裂面连续单层锤击修理，近盘状。修疤比较轻微。刃角约 27°。长 8.5、宽 8.8、厚 1.4 厘米（图三四，26）。标本 DT10③:19，灰褐色石英斑岩。原型长扁砾。对原型两长边进行修理，在其较窄的一端相汇成钝尖。尖刃角约 50°。长 9.8、宽 9.6、厚 4.3 厘米（图三四，8）。标本 DT10③:29，褐色石英砂岩。原型扁砾。残。刃缘凸，进行 2 层锤击修理。刃角 46°。残长 5.6、宽 11、厚 4.4 厘米（图三四，15）。标本 DT10③:6，灰绿色粉砂岩。原型扁砾。在扁砾周边由较平面向较凸面进行 2 层锤击加工，盘状。刃角约

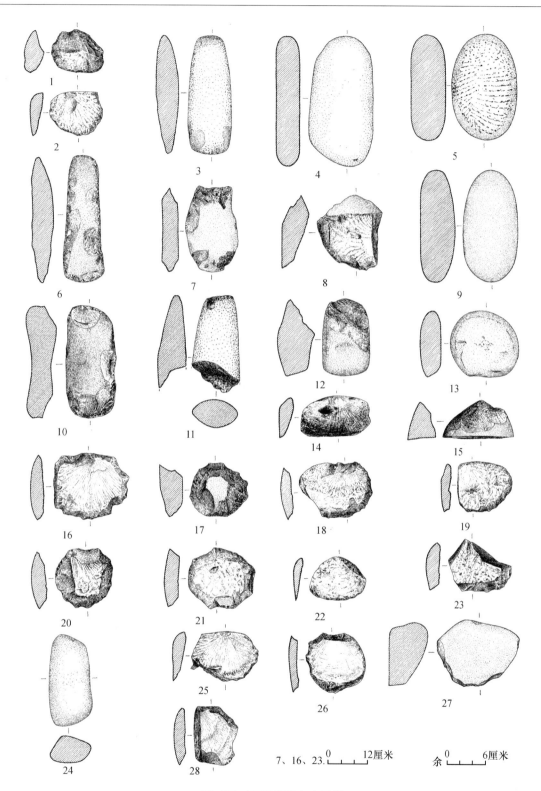

图三四 DT10③层出土石器

1、8、15~17、20、21、23、26、27. 砍砸器（DT10③：8、DT10③：19、DT10③：29、DT10③：73、DT10③：6、DT10③：76、DT10③：9、DT10③：3、DT10③：15、DT10③：50） 2、14、22. 使用石片（DT10③：47、DT10③：20、DT10③：11） 3、6、7、10~12. 石斧（DT10③：1、DT10③：37、DT10③：4、DT10③：36、DT10③：41、DT10③：77） 4. 砺石（DT10③：2） 5、9. 石锤（DT10③：18、DT10③：38） 13、24. 石砧（DT10③：5、DT10③：16） 18、19、25、28. 刮削器（DT10③：7、DT10③：48、DT10③：34、DT10③：75）

47°~51°。长16、宽18、厚7厘米（图三四，17；图版六，1）。标本DT10③:50，灰色粉砂岩。原型扁砾。在较凸的一个侧边向凸面进行2层锤击修理。刃缘较规则。刃角约79°。长9.6、宽12.6、厚6厘米（图三四，27）。标本DT10③:73，灰褐色石英岩。原型锐棱砸击石片。由背面向破裂面进行连续的单层锤击修理，近盘状。刃角约39°。长9.8、宽11.4、厚2.1厘米（图三四，16）。标本DT10③:76，灰褐色石英斑岩。原型锐棱砸击石片。在原型周边进行锤击修理，修疤排列紧密，刃缘较规则。刃角约41°。长8.8、宽8.8、厚2.2厘米（图三四，20）。

刮削器　8件。标本DT10③:7，灰绿色角岩。原型锐棱砸击石片。背面为砾面，打击点被修理掉，但放射线区域、弧形波带等特征保存较好。在原型的近端、远端和右缘由背面向破裂面进行单层锤击修理出凸边刃。修疤紧密，多呈扇形或长形。刃角约38°。长8.2、宽11、厚1.7厘米（图三四，18）。标本DT10③:34，红褐色角岩。原型锐棱砸击石片。在原型一侧单层复向修理出一个凸弧刃。修疤排列紧密。刃角29°。长7.4、宽10.2、厚1.9厘米（图三四，25）。标本DT10③:48，酱褐色角岩。原型锐棱砸击石片。原型左边断缺。在远缘向破裂面单层锤修出一个凸弧刃。修疤紧密。刃角约47°。长7.3、宽8.4、厚1.7厘米（图三四，19；图版六，2）。标本DT10③:75，青灰色角岩。原型锐棱砸击石片。原型左半边断裂。向破裂面单层锤修出一个凸边刃。刃角约39°。长8.6、宽6.7、厚1.8厘米（图三四，28）。

石锤　2件。标本DT10③:18，灰色细砂岩。原型椭圆形扁砾。在扁砾扁平面、侧边及端部均可见砸击使用痕。使用痕多呈长型坑疤。长15.5、宽10.1、厚5.3厘米（图三四，5）。标本DT10③:38，褐绿色石英砂岩。原型长扁砾。在原型较粗一端的侧边留有集中的锤砸使用痕。长16.5、宽8.4、厚5.3厘米（图三四，9）。

石砧　2件。标本DT10③:5，灰色石英砂岩。原型椭圆形扁砾。在较平的平面上有集中的使用痕。长9.8、宽10.6、厚3.2厘米（图三四，13）。标本DT10③:16，灰色细砂岩。原型长扁砾。在扁平面上有一些近似于长形或盆形的浅凹坑。长26.8、宽12.6、厚8厘米（图三四，24）。

砺石　1件。标本DT10③:2，灰色细砂岩。原型长扁砾。在较宽的一扁平面上留有磨砺痕，磨砺方向与长扁砾长轴同向。长19.1、宽9.6、厚3.7厘米（图三四，4）。

使用石片　12件。标本DT10③:11，灰色粉砂岩。原型锐棱砸击石片。在原型的远缘有一些连续的使用缺损痕。刃角约10°。长6.5、宽8.5、厚1.2厘米（图三四，22）。标本DT10③:20，灰绿色石英砂岩。原型锐棱砸击石片。远缘薄锐而平直，留有切割使用痕迹。刃角约26°。长6、宽10.5、厚2.3厘米（图三四，14）。标本DT10③:47，褐色花岗斑岩。原型锐棱砸击石片。向破裂面单向修理刃部。长6.4、宽8.1、厚2厘米（图三四，2）。

DT14⑧层　器类有陶釜、罐、钵、支座和刮削器、磨制石片、砺石、石锤等。

陶釜　1件。标本DT14⑧:4，夹砂褐陶。侈口，圆唇，腹残。饰模糊绳纹（图三五，5）。

陶罐　4件。标本DT14⑧:7，夹砂褐陶。小口，圆唇，高领，腹残。素面。复原口径11、残高4.5厘米（图三五，14）。标本DT14⑧:22，夹砂黑褐陶。直口，方唇，矮领，束颈，鼓腹残。饰绳纹。复原口径13、残高5.4厘米（图三五，12）。标本DT14⑧:24，夹砂黑褐陶。直口，圆唇，矮领，鼓腹残。饰模糊绳纹。口沿及腹壁处有抹痕。器形不规整。口径14、残高4.2厘米（图三五，13）。

陶钵　6件。标本DT14⑧:2，夹砂褐陶。敞口，方唇，腹残。饰模糊绳纹，上部抹平。复原口径24、残高5厘米（图三五，6）。标本DT14⑧:6，夹砂红褐陶。敛口，圆唇，腹残。饰模糊绳纹。复原口径16、残高3.5厘米（图三五，7）。标本DT14⑧:20，夹砂褐陶。敞口，圆唇，圜底残。素面。口径8.4、复原高3.1厘米（图三五，11；图版一四，6）。标本DT14⑧:21，夹砂褐陶。直口，方唇，腹残。饰模糊绳纹。复原口径15、残高4.4厘米（图三五，8）。标本DT14⑧:25，泥质橘黄

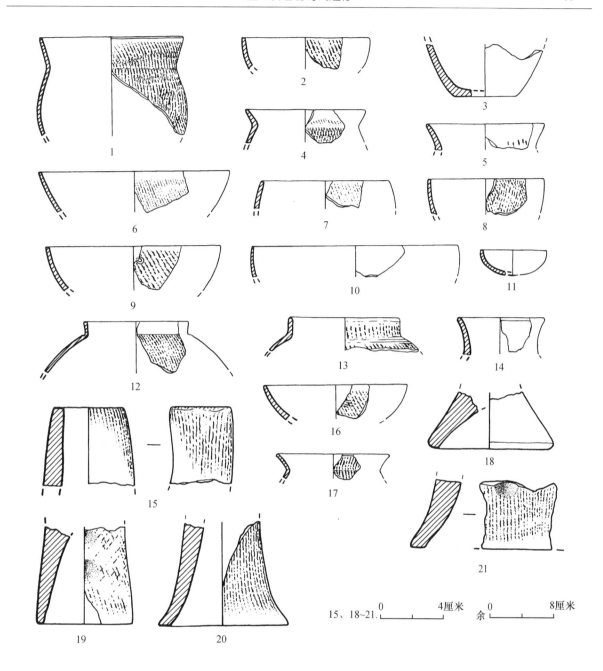

图三五 D 区 T14⑧、T14⑨、T14⑩层出土陶器

1、4、5、17. 陶釜（DT14⑩:3、DT14⑩:4、DT14⑧:4、DT14⑨:14） 2、6~11、16. 陶钵（DT14⑩:21、DT14⑧:2、DT14⑧:6、DT14⑧:21、DT14⑨:8、DT14⑧:25、DT14⑧:20、DT14⑨:10） 3、12~14. 陶罐（DT14⑩:8、DT14⑧:22、DT14⑧:24、DT14⑧:7） 15、18~21. 陶支座（DT14⑨:13、DT14⑨:16、DT14⑧:5、DT14⑧:23、DT14⑨:15）

陶。口微敛，圆唇，腹残。素面。器表光滑。复原口径 26、残高 3.7 厘米（图三五，10）。

陶支座 2件。标本 DT14⑧:5，夹砂黄褐陶。顶残，喇叭形底座。饰模糊绳纹和按窝纹。底径6、残高 6 厘米（图三五，19）。标本 DT14⑧:23，夹砂红褐陶。顶残，喇叭形底座。饰绳纹。底径8.2、残高 6.4 厘米（图三五，20）。

砺石 1件。标本 DT14⑧:1，灰色细砂岩。在原型较宽的一面有集中的磨砺工作面。工作面有2 条与原型长轴方向一致的磨砺凹槽。长 25.2、宽 17.8、厚 3.4 厘米（图三七，3）。

石锤 1件。标本 DT14⑧:10，灰色细砂岩。原型长扁砾。两端、两侧及表面均有锤击使用痕。

长 18.8、宽 8.3、厚 5.2 厘米（图三七，4）。

磨制石片　2 件。标本 DT14⑧:17，黑色粉砂岩。石片两个平面均磨制，并留有小沟纹。边缘见磨痕。长 2.9、宽 1.5、厚 0.3 厘米（图三七，10）。标本 DT14⑧:16，黑色粉砂岩。石片的两个平面均磨制。一边缘见磨痕。长 3、宽 1.8、厚 0.5 厘米（图三七，6）。

刮削器　2 件。标本 DT14⑧:19，黑色燧石。形状不规则。侧边有使用小疤痕。长 2.4、宽 1.45、厚 0.5 厘米（图三七，8）。标本 DT14⑧:18，黑色燧石。在原型较宽而凸的一端进行细致的单层锤击修理，修疤连续排列，打击点不明显，呈宽浅的半圆形小疤。刃角约 42°。长 3.1、宽 2.6、厚 0.8 厘米（图三七，11）。

DT14⑨层　器类有陶釜、钵、支座和石斧、石锤、磨制石片等。

陶釜　2 件。标本 DT14⑨:14，夹砂灰褐陶。侈口，方唇，腹残。饰交错绳纹。复原口径 14、残高 3 厘米（图三五，17）。

陶钵　3 件。DT14⑨:8，夹砂红褐陶。敞口，方唇，弧腹残。上腹有圆形修补穿孔。腹饰粗绳纹，近口处抹平。复原口径 22、残高 5.4 厘米（图三五，9）。标本 DT14⑨:10，夹砂褐陶。敞口，圆唇，腹残。饰模糊细绳纹，上部抹平。复原口径 18、残高 4.2 厘米（图三五，16）。

陶支座　3 件。标本 DT14⑨:13，夹砂褐陶。圆筒形，底残。饰模糊绳纹。口径 4.4、残高 5 厘米（图三五，15）。标本 DT14⑨:15，夹砂黄褐陶。顶残，喇叭形底座。饰绳纹和按窝纹。复原底径 12、残高 4.2 厘米（图三五，21）。标本 DT14⑨:16，夹砂黄褐陶。顶残，喇叭形底座。素面。底径 7.6、残高 3.5 厘米（图三五，18）。

石斧　1 件。标本 DT14⑨:6，灰绿色粉砂岩。原型长扁砾。弧形刃部 2 层复向修理，较规则。顶端微弧，单层修理。侧边 2 层复向修理。刃角约 48°。长 20.8、宽 11.2、厚 4.8 厘米（图三七，5）。

石锤　2 件。标本 DT14⑨:1，灰绿色粉砂岩。原型长扁砾。在原型中部的侧面及表面有砸击使用疤痕。长 22.4、宽 9.6、厚 6.3 厘米（图三七，1）。标本 DT14⑨:3，灰绿色花岗斑岩。球形。有锤击疤痕。长径 6.6、短径 5.6 厘米（图三七，2）。

磨制石片　1 件。标本 DT14⑨:2，黑色粉砂岩。在 2 个平面及 3 个较平的侧边均有磨制痕迹。磨制面上有细沟纹。长 1.8、宽 1.1、厚 0.2 厘米（图三七，9）。

使用石片　1 件。标本 DT14⑨:5，花岗斑岩。原型锐棱砸击石片。在原型较薄锐的远缘有明显的使用痕。刃角约 27°。长 9.6、宽 12.8、厚 2.3 厘米（图三七，7）。

DT14⑩层　器类有陶釜、罐、钵和石斧、砍砸器、石砧、蚌器等。

陶釜　2 件。标本 DT14⑩:3，夹粗砂黑褐陶。敞口，圆唇，高领，弧腹残。饰交错粗绳纹，近口处抹平。内壁光滑。复原口径 18、残高 12 厘米（图三五，1）。标本 DT14⑩:4，夹砂褐陶。侈口，圆唇，腹残。粗模糊绳纹，上部抹平。复原口径 15、残高 4 厘米（图三五，4）。

陶罐　1 件。标本 DT14⑩:8，夹炭黑胎黄褐陶。口残，斜壁，平底。素面。底径 8、残高 6.4 厘米（图三五，3）。

陶钵　1 件。标本 DT14⑩:21，夹砂红褐陶。口近直，方唇，腹残。饰粗绳纹。复原口径 16、残高 3.8 厘米（图三五，2）。

石斧　4 件。标本 DT14⑩:1，灰绿色粉砂岩。原型长扁砾。刃部两面磨制，近半圆形。顶端微凸，单层复向修理并磨制。两侧面单层复向修理，经过打钝及简单磨制。扁平面及侧边的部分区域有锤砸使用疤。刃角约 38°。长 13.1、宽 5.2、厚 2.2 厘米（图三六，6；图版二，5）。标本 DT14⑩:9，褐色角岩。原型锐棱砸击石片。背面为砾面。在原型两端向破裂面单层复向修理，修疤排列紧密。右边断面的边缘有轻微的打钝，左边刃缘薄锐有使用痕。刃角约 23°。长 9.2、宽 7.2、

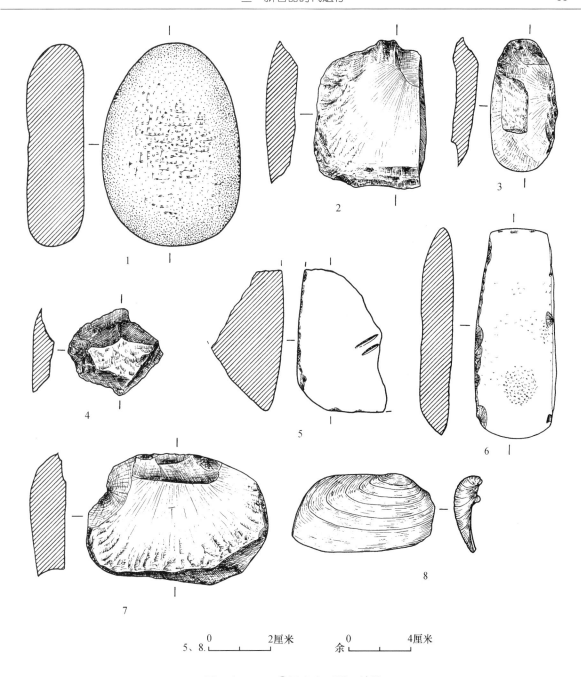

图三六　DT14⑩层出土石器、蚌器

1. 石砧（DT14⑩：18）　　2、3、5、6. 石斧（DT14⑩：9、DT14⑩：17、DT14⑩：15、DT14⑩：1）　　4. 砍砸器（DT14⑩：16）

7. 使用石片（DT14⑩：19）　　8. 蚌器（DT14⑩：5）

厚 2 厘米（图三六，2）。标本 DT14⑩：15，黑色粉砂岩。残断。两面磨光，局部有划痕。残长 4.3、残宽 2.7、厚 2.4 厘米（图三六，5）。标本 DT14⑩：17，灰绿色粉砂岩。原型锐棱砸击石片。刃部有轻微的单层复向修理痕。顶端有锤砸使用痕。一侧边经过打钝修理。刃角约 20°。长 8.3、宽 4.4、厚 1.8 厘米（图三六，3）。

　　石砧　1 件。标本 DT14⑩：18，灰色细砂岩。原型长扁砾。面平，边圆。两个扁平面上均有不规则形或长形浅坑使用。一侧边有锤击使用痕。长 12.7、宽 8.9、厚 3.8 厘米（图三六，1；图版八，2）。

　　砍砸器　1 件。标本 DT14⑩：16，褐色角岩。残。背面为砾面，向破裂面加工刃部。长 5.5、宽

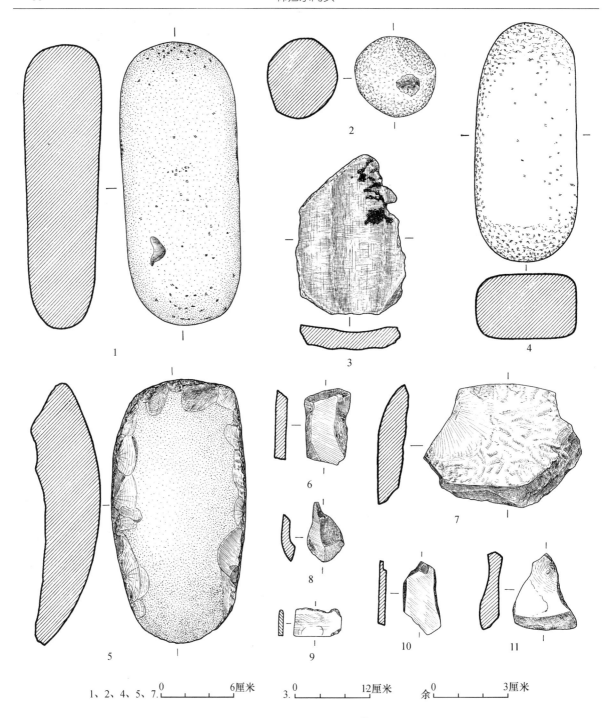

1、2、4、5、7. _____0_____6厘米 3. _____0_____12厘米 余 _____0_____3厘米

图三七　D区T14⑧、T14⑨层出土石器

1、2、4. 石锤（DT14⑨:1、DT14⑨:3、DT14⑧:10）　3. 砺石（DT14⑧:1）　5. 石斧（DT14⑨:6）　6、9、10. 磨制石片
（DT14⑧:16、DT14⑨:2、DT14⑧:17）　7. 使用石片（DT14⑨:5）　8、11. 刮削器（DT14⑧:19、DT14⑧:18）

6.2、厚1.5厘米（图三六，4）。

　　使用石片　3件。标本DT14⑩:19，灰绿色细砂岩。原型锐棱砸击石片。向破裂面加工刃部，有使用痕。长7.8、宽11.7、厚2.5厘米（图三六，7）。

　　蚌器　1件。标本DT14⑩:5，原型圆顶珠蚌。壳顶端较圆，壳表面环绕顶端有较清楚的生长线。咬合齿凸起较高，珍珠层厚度中等。边缘有磨痕。长4.5、宽2.4厘米（图三六，8）。

DT15⑨层　器类有陶罐、钵、支座等。

陶罐　4件。标本 DT15⑨: 17，夹砂褐陶。小口，圆唇，直领，腹残。饰模糊绳纹。口径12、残高3.6厘米（图三八，7）。标本 DT15⑨: 23，夹砂褐陶。小口，圆唇，直领，腹残。饰模糊绳纹，有抹痕。复原口径13、残高4.7厘米（图三八，5）。

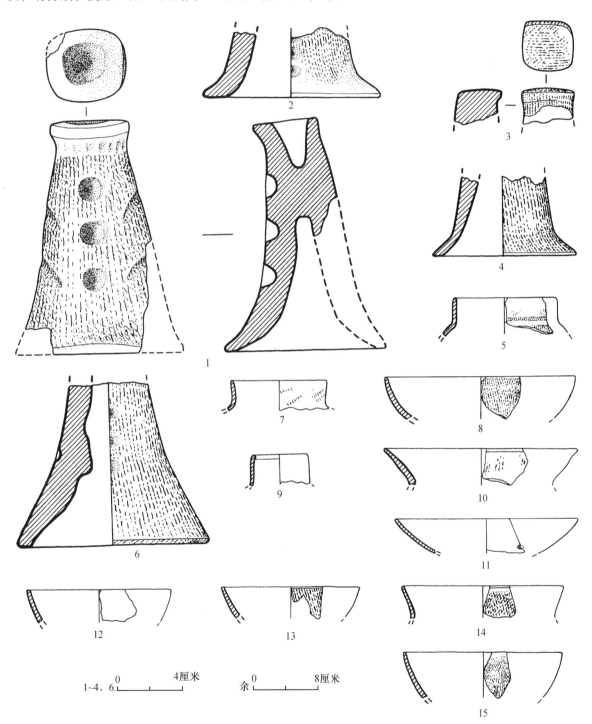

图三八　D 区 T15⑨、T15⑨A 层出土陶器

1~4、6. 陶支座（DT15⑨: 5、DT15⑨: 13、DT15⑨: 10、DT15⑨: 12、DT15⑨: 9）　5、7. 陶罐（DT15⑨: 23、DT15⑨: 17）

8、11~13、15. 陶钵（DT15⑨: 1、DT15⑨A: 2、DT15⑨A: 1、DT15⑨A: 9、DT15⑨A: 11）　9. 陶壶（DT15⑨A: 10）

10、14. 陶釜（DT15⑨A: 7、　DT15⑨A: 8）

陶钵　1件。标本DT15⑨：1，夹砂红褐陶。敞口，圆唇，弧腹残。腹饰模糊绳纹，近口沿处抹平。复原口径24、残高5厘米（图三八，8）。

陶支座　7件。标本DT15⑨：5，夹砂红褐陶。圆柱体。椭圆形顶面略斜，顶面中间有一圆形深凹窝，器身微内凹曲，喇叭形座，内空。顶面和器身饰模糊粗绳纹，内曲面饰三个圆形按窝纹，其两侧分别饰绳压印纹。器身上部有指压痕。顶径4.2～4.8、底径8.4～10、高13.2～14厘米（图三八，1；彩版一二，5；图版一五，3）。标本DT15⑨：9，夹砂红褐陶。顶残，喇叭形底座。饰绳纹和按窝纹。底径9.5～10.5、残高9.6厘米（图三八，6）。标本DT15⑨：10，夹砂红褐陶。顶面近平，上身微束，器身残。顶面及器身饰绳纹。残高2.2厘米（图三八，3）。标本DT15⑨：12，夹砂黄褐陶。顶残，喇叭形底座外撇。器身饰模糊细绳纹。底径9、残高4.8厘米（图三八，4）。标本DT15⑨：13，夹砂红褐陶。顶残，喇叭形底座外撇。器身饰模糊细绳纹和按窝纹。底径11、残高4.2厘米（图三八，2）。

DT15⑨A层　器类有陶釜、钵、壶和石斧等。

陶釜　2件。标本DT15⑨A：7，夹砂褐陶。侈口，圆唇近方，腹残。施酱色陶衣。复原口径24、残高4.4厘米（图三八，10）。标本DT15⑨A：8，夹砂褐陶。侈口，方唇，腹残。饰模糊绳纹，施酱色陶衣。复原口径20、残高3.8厘米（图三八，14）。

陶钵　4件。标本DT15⑨A：1，夹砂褐陶。敞口，方唇，腹残。施酱色陶衣。复原口径18、残高4厘米（图三八，12）。标本DT15⑨A：2，泥质灰黑陶。敞口，圆唇，斜弧壁残。残存一个单向修补圆孔。器表光滑。复原口径23、残高4.1厘米（图三八，11）。标本DT15⑨A：9，夹砂红陶。敞口，方唇，腹残。饰细绳纹，施酱色陶衣。内壁光滑。复原口径17、残高3.8厘米（图三八，13）。标本DT15⑨A：11，夹砂褐陶。敞口，圆唇，腹残。饰模糊细绳纹，施酱色陶衣。内壁光滑。复原口径20、残高5.4厘米（图三八，15）。

陶壶　1件。标本DT15⑨A：10，泥质褐陶。小口内敛，圆唇，直领，腹残。施酱色陶衣。口径7、残高3.6厘米（图三八，9）。

石斧　1件。标本DT15⑨A：4，残。

DT15⑩层　器类有陶釜、罐、钵和砍砸器、石刀等。

陶釜　5件。标本DT15⑩：3，夹砂红褐陶。敞口，圆唇，高领，腹残。领部饰模糊绳纹，口部绳纹抹光。泥片贴塑痕清晰。复原口径24、残高6.4厘米（图三九，1）。标本DT15⑩：23，夹砂红褐陶。侈口，厚圆唇，腹残。饰模糊绳纹，上部抹平。复原口径24、残高4厘米（图三九，3）。标本DT15⑩：30，夹砂黑胎褐陶。口残，圜底。饰模糊绳纹。泥片贴塑痕清晰。残高6.4厘米（图三九，7）。

陶罐　2件。标本DT15⑩：22，夹砂红褐陶。小口，圆唇，直领，腹残。饰模糊绳纹。复原口径12、残高4.8厘米（图三九，4）。标本DT15⑩：27，夹砂黑褐陶。小口近直，圆唇，长颈残。饰模糊细绳纹，口部抹平。复原口径14、残高3.3厘米（图三九，5）。

陶钵　1件。标本DT15⑩：29，夹砂红褐陶。器表不平。敞口，圆唇，腹残。素面。复原口径8、残高3.2厘米（图三九，2）。

砍砸器　2件。标本DT15⑩：1，灰绿色细砂岩。原型锐棱砸击石片。打击点和放射线明显。弧刃，复向加工刃部。长10.5、宽12.3、厚2.2厘米（图四〇，1）。标本DT15⑩：18，灰绿色花岗斑岩。原型锐棱砸击石片。由砾面向破裂面单向锤击修理刃部，有使用痕。长9.1、宽9.5、厚2.9厘米（图四〇，5；图版八，3）。

石刀　1件。标本DT15⑩：31，灰色砂岩。不规则形，残。一面微内凹，三边磨制单刃。长

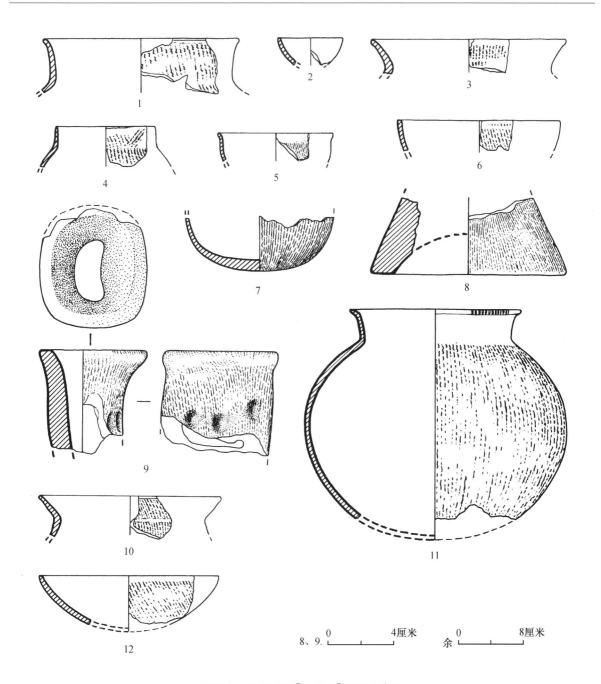

图三九　D区T15⑩、T16⑪层出土陶器

1、3、7、10. 陶釜（DT15⑩：3、DT15⑩：23、DT15⑩：30、DT16⑪：11）　2、6、12. 陶钵（DT15⑩：29、DT16⑪：12、

DT16⑪：13）　4、5、11. 陶罐（DT15⑩：22、DT15⑩：27、DT16⑪：34）　8、9. 陶支座（DT16⑪：14、DT16⑪：15）

6.4、宽8、厚0.6厘米（图四〇，15）。

　　残石器　1件。标本DT15⑩：2，灰色砂岩。面平，磨光。一边直，磨光；另一边有打击疤痕，局部磨光。残长6.9、宽4.5～4.9、厚0.9～1厘米（图四〇，8）。

　　DT15⑪层　器类有陶釜、罐、钵、支座、壶、盘和石斧、砍砸器、刮削器、石凿、石砧、石锤、砺石、磨制石片等。

　　陶釜　8件。标本DT15⑪：22，夹砂红褐陶。侈口，方唇，腹残。饰绳纹，有抹痕。泥片贴塑痕清晰。复原口径24、残高5.4厘米（图四一，18）。标本DT15⑪：69，夹砂红褐陶。侈口，方唇，

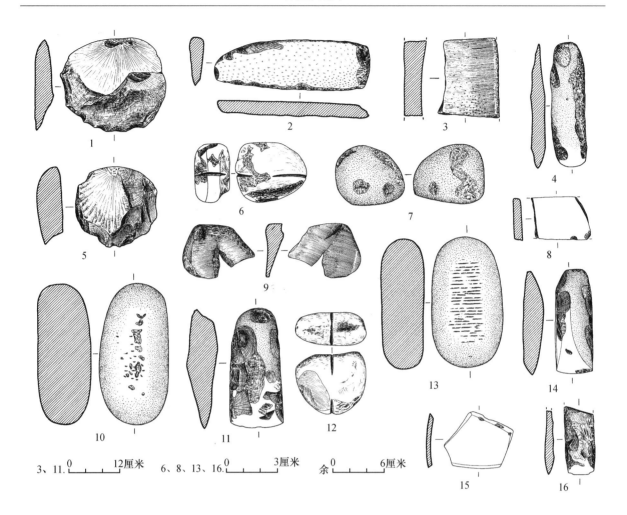

图四〇　D 区 T15⑩、T16⑪层出土石器

1、5. 砍砸器（DT15⑩:1、DT15⑩:18）　2、4、11、14. 石斧（DT16⑪:7、DT16⑪:3、DT16⑪:10、DT16⑪:8）　3、9. 砺石
（DT16⑪:1、DT16⑪:5）　6、12. 网坠（DT16⑪:9、DT16⑪:6）　7. 石锤（DT16⑪:20）　8. 残石器（DT15⑩:2）
10、13. 石钻（DT16⑪:27、DT16⑪:22）　15. 石刀（DT15⑩:31）　16. 石凿（DT16⑪:2）

腹残。饰交错粗绳纹。复原口径 26、残高 4.2 厘米（图四一，15）。

陶罐　5 件。标本 DT15⑪:4，夹砂红褐陶。小口，圆唇，直领，鼓腹残。腹饰细绳纹，领腹交接处留有一周抹痕。泥片贴塑痕清晰，内壁比较光滑。口径 6.4、残高 6.4 厘米（图四一，17）。标本 DT15⑪:18，夹砂灰黑陶。口微敞，圆唇，双桥形耳，直领，鼓腹残。领饰斜细绳纹，耳、腹饰交错细绳纹，领腹交接处抹平。泥片贴塑痕清晰，内壁光滑。复原口径 14.6、残高 6.6 厘米（图四一，12）。标本 DT15⑪:19，夹砂褐陶。小口，圆唇，直领，鼓腹残。腹饰模糊细绳纹。复原口径 8、残高 6.2 厘米（图四一，13）。

另有器耳 1 件。标本 DT15⑪:3，泥质褐陶。环状。素面。直径 2.8、孔径 1 厘米（图四一，14）。

陶钵　8 件。标本 DT15⑪:1，夹砂红褐陶。敞口，圆唇，斜弧壁，圜底残。腹饰细绳纹，近口沿处抹平。口径 18、残高 7.8 厘米（图四一，1；彩版一二，4；图版一五，1）。标本 DT15⑪:5，夹细砂褐陶。敞口，方唇，腹残。腹饰模糊绳纹，上部抹平，施酱色陶衣。内壁光滑。复原口径 20、残高 4 厘米（图四一，5）。标本 DT15⑪:17，夹砂红褐陶。敞口，圆唇，斜弧壁，深腹残。腹

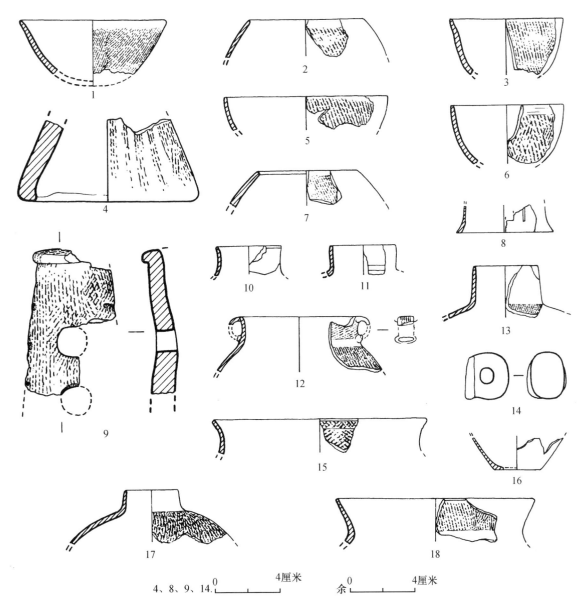

图四一 DT15⑪层出土陶器

1~3、5~7、16. 陶钵（DT15⑪：1、DT15⑪：96、DT15⑪：87、DT15⑪：5、DT15⑪：17、DT15⑪：97、DT15⑪：98） 4、9. 陶支
座（DT15⑪：86、DT15⑪：21） 8. 陶盘（DT15⑪：70） 10、11. 陶壶（DT15⑪：67、DT15⑪：68） 12、13、17. 陶罐
（DT15⑪：18、DT15⑪：19、DT15⑪：4） 14. 器耳（DT15⑪：3） 15、18. 陶釜（DT15⑪：69、DT15⑪：22）

饰粗绳纹，上部抹平。复原口径14、残高7.2厘米（图四一，6）。标本DT15⑪：87，夹砂红褐陶。
敞口，圆唇，深腹残。腹饰模糊细绳纹。器表不平。复原口径14、残高6.6厘米（图四一，3）。标
本DT15⑪：96，夹砂红褐陶。敛口，圆唇，鼓腹残。腹饰模糊粗绳纹，上部抹平。器表不平。复原
口径14、残高4.4厘米（图四一，2）。标本DT15⑪：97，夹砂黑褐陶。敛口，方唇，鼓腹残。腹饰
模糊绳纹，上部抹平。复原口径12、残高4.2厘米（图四一，7）。标本DT15⑪：98，泥质黑陶。口
残，斜壁，平底。器表光滑，有使用留下的刮削痕。底径5.6、残高3.9厘米（图四一，16）。

陶支座 4件。标本DT15⑪：21，夹砂红褐陶。蘑菇状，圆筒形，中空。顶面斜平，器身微曲，
下残。饰绳纹、圆形镂孔和按窝纹。残高8.8厘米（图四一，9）。标本DT15⑪：86，夹砂黄褐陶。
顶残，喇叭形底座，底面平。饰模糊绳纹。底径11、残高4.9厘米（图四一，4）。

陶壶　2件。标本DT15⑪:67，泥质黑胎红褐陶。小口，圆唇，直领，腹残。施酱褐色陶衣。复原口径8、残高3.4厘米（图四一，10）。标本DT15⑪:68，泥质红褐陶。小口，圆唇，直领，腹残。领部内外施酱褐色陶衣。口径复原8、残高3.6厘米（图四一，11）。

陶盘　1件。标本DT15⑪:70，夹炭黑胎红褐陶。残存圈足，足底平。饰长方刻划纹和长条形镂孔。泥片贴塑痕清晰。复原足径12、残高3.2厘米（图四一，8）。

石斧　9件。标本DT15⑪:8，灰绿色粉砂岩。原型长扁砾。弧刃两面磨制，顶部有打击疤痕，器身表面有大面积砸击使用痕，侧边复向锤击修理。刃角约58°。长15.9、宽9、厚3.3厘米（图四二，15；图版二，6）。标本DT15⑪:10，青灰色粉砂岩。原型长扁砾。弧刃两面磨制，扁平面和侧面均有锤砸使用疤痕。长13.6、宽6、厚2.2厘米（图四二，11；图版三，1）。标本DT15⑪:11，青灰色粉砂岩。原型长扁砾。弧刃两面磨制。顶端和侧面略见单层复向修理疤，并经过打钝或磨制。在较凸的一扁平面上有锤砸疤痕。刃角约47°。长10.3、宽5.8、厚2厘米（图四二，18；图版三，2）。标本DT15⑪:13，灰绿色石英砂岩。体厚。一面为破裂面，一面为自然砾面。弧顶，弧刃。破裂面上可见锐棱砸击留下的宽广放射线及弧形波带。两侧边二层复向修理打钝，较平直。自然砾面中部有一"U"形琢痕带。长15.6、宽9.1、厚4.3厘米（图四二，3；图版三，3）。标本DT15⑪:31，灰绿色粉砂岩。原型角砾。残。在角砾的扁平面及一较圆的侧棱上，分布有锤砸疤痕。残长10.9、宽8.4、厚5.3厘米（图四二，13；图版三，4）。标本DT15⑪:38，灰色石英砂岩。原型锐棱砸击石片。顶端轻微打钝，两侧向破裂面单层打修，刃部使用痕为向破裂面破损的短而宽的小片疤，并且有较重的磨圆磨钝迹象。刃角约22°。长10.4、宽17.1、厚2.1厘米（图四二，16；图版七，4）。

砍砸器　2件。标本DT15⑪:51，灰绿色粉砂岩。原型为宽厚石片。背面为砾面，破裂面上无一般石片特征。侧缘向破裂面进行2层打修，修疤排列紧密，刃略凸。刃角约48°。长12.1、宽12、厚4.8厘米（图四二，5）。标本DT15⑪:108，灰绿色石英砂岩。弧顶，单凸刃。在长扁砾一端单向二层打击修理刃部，修疤比较宽大。长12、宽13.6、厚4厘米（图四二，12；图版六，3）。

刮削器　4件。标本DT15⑪:26，褐绿色砾岩。原型锐棱砸击石片。原型右边向破裂面修理出凸弧形边刃，修疤单层，排列紧密。原型左边打钝。刃角约38°。长9.3、宽10.3、厚2.3厘米（图四二，10）。标本DT15⑪:42，红褐色角岩。一面为破裂面，一面为自然砾面。两边较直，弧刃。由自然砾面向破裂面单向锤击修理刃部，修疤排列紧密。长6.3、宽6、厚2.3厘米（图四二，9）。标本DT15⑪:52，红褐色角岩。原型锐棱砸击石片。原型左边的背面亦为破裂面。由背面向破裂面锤击修理刃缘，修疤紧密。刃角约52°。长7.4、宽11.7、厚1.7厘米（图四二，14）。

石砧　2件。标本DT15⑪:12，灰黄色粗砂岩。原型椭圆形扁平砾。两面有不规则形使用坑疤。长18、宽9.8、厚3.8厘米（图四二，2）。标本DT15⑪:109，灰色细砂岩。原型长扁砾。扁平面表面有不规则浅坑状或条形坑状使用疤痕。长16.4、宽10.4、厚5.4厘米（图四二，1）。

石锤　5件。标本DT15⑪:16，黄褐色细砂岩。原型长扁砾。在原型两端留有较重的锤击使用疤。长14.6、宽6.8、厚5.1厘米（图四二，20）。标本DT15⑪:28，灰绿色花岗斑岩。原型角砾。在原型棱角部留有2小块集中的锤砸痕。残长9、宽8.5、厚4.1厘米（图四二，8）。

石凿　1件。标本DT15⑪:44，小长条型扁砾。刃断缺，顶端有砸击使用痕。残长7、宽3、厚1.7厘米（图四二，17）。

砺石　1件。标本DT15⑪:14，白色石英砂岩。原型长型石英砂岩片。边棱自然磨圆，平面上留有磨砺使用痕，工作面略微内凹，表面平滑，无明显固定的磨砺凹槽。长27.8、宽14.8~17.2、厚4.4~5.2厘米（图四二，4；图版八，4）。

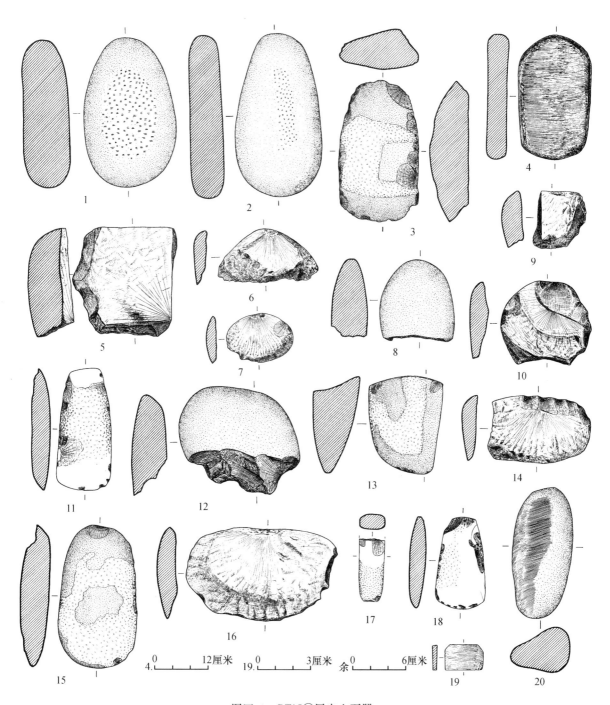

图四二 DT15⑪层出土石器

1、2. 石砧（DT15⑪：109、DT15⑪：12） 3、11、13、15、16、18. 石斧（DT15⑪：13、DT15⑪：10、DT15⑪：31、DT15⑪：8、DT15⑪：38、DT15⑪：11） 4. 砺石（DT15⑪：14） 5、12. 砍砸器（DT15⑪：51、DT15⑪：108） 6、7. 使用石片（DT15⑪：36、DT15⑪：57） 8、20. 石锤（DT15⑪：28、DT15⑪：16） 9、10、14. 刮削器（DT15⑪：42、DT15⑪：26、DT15⑪：52） 17. 石凿（DT15⑪：44） 19. 磨制石片（DT15⑪：6）

磨制石片 1件。标本 DT15⑪：6，黑色粉砂岩。长方形。平面与边缘均磨制。磨制面可见排列成组、方向不一的细沟痕。长2.2、宽1.4、厚0.15～0.25厘米（图四二，19）。

使用石片 4件。标本 DT15⑪：36，褐绿色石英岩。原型锐棱砸击石片。背面为砾面。向破裂面打击刃部。长 5.5、宽 7.6、厚 1.2 厘米（图四二，6）。标本 DT15⑪：57，灰色粉砂岩。原型锐棱砸击石片。有使用痕。长 6、宽 11.3、厚 1.5 厘米（图四二，7）。

DT16⑪层　器类有陶釜、罐、钵、支座和石斧、石凿、砺石、石砧、石锤、网坠等。

陶釜　2 件。标本 DT16⑪：11，夹砂褐陶。侈口，圆唇，腹残。饰竖绳纹，颈部抹平。复原口径 22、残高 5 厘米（图三九，10）。

陶罐　1 件。标本 DT16⑪：34，夹砂红褐陶。折沿，圆唇，长颈，鼓腹，圜底残。唇部饰四组压印纹，腹部饰模糊粗绳纹。口径 21、腹径 32、复原高 27.2 厘米（图三九，11；彩版一二，2；图版一三，2）。

陶钵　2 件。标本 DT16⑪：12，夹砂黑褐陶。敞口，方唇，腹残。饰模糊绳纹，上部抹平。复原口径 20、残高 3.8 厘米（图三九，6）。标本 DT16⑪：13，夹砂黑褐陶。敞口，圆唇，斜弧壁，浅腹残。腹饰模糊粗绳纹，上部抹平。复原口径 22、残高 5.9 厘米（图三九，12；图版一五，2）。

陶支座　2 件。标本 DT16⑪：14，夹砂褐陶。顶残，喇叭形底座。饰细绳纹。底径 12、残高 4.6 厘米（图三九，8）。标本 DT16⑪：15，夹砂褐陶。圆筒形。椭圆形顶，上部微束，器身残。饰绳纹和按窝纹。口径 6.6～7.2、残高 6.2 厘米（图三九，9）。

石斧　4 件。标本 DT16⑪：3，灰绿色石英砂岩。体薄。一面为破裂面、一面为自然砾面。顶较平、弧刃。两侧边单层复向修理打钝，较直。刃部磨光。刃角为 23°。长 14、宽 4、厚 1.7 厘米（图四〇，4；图版三，5）。标本 DT16⑪：7，灰绿色粉砂岩。长条形。弧刃单层复向修理，两侧单层复向修理并打钝。原型的背面布满锤砸使用形成的窝坑。刃角约 32°。长 1.8、宽 5.7、厚 1.8 厘米（图四〇，2；图版三，6）。标本 DT16⑪：8，灰绿色粉砂岩。原型长扁砾。弧刃两面磨制。两侧边 2 层复向修理并简单磨制。刃角约 40°。长 11.8、宽 4.4、厚 2.5 厘米（图四〇，14；图版四，1）。标本 DT16⑪：10，青灰色石英岩。一面为破裂面，一面为自然砾面。弧顶，弧刃。顶端单层复向修理。两侧边二层复向修理打钝，平直。刃部磨光。长 13.5、宽 6.2、厚 3.7 厘米（图四〇，11；图版四，2）。

石凿　1 件。标本 DT16⑪：2，灰绿色粉砂岩。原型长扁砾。刃端略凸，两面磨制。顶残。两侧较平直，2 层复向加工并打钝。刃角约 19°。残长 7.7、宽 3.5、厚 1 厘米（图四〇，16）。

砺石　2 件。标本 DT16⑪：1，灰黄色细砂岩。残存部分呈长方形。两面均有磨砺使用痕，一面较平，一面内弧。同时，磨砺面上有作石砧使用的坑疤。残长 18、残宽 13.4、厚 4.4～5.4 厘米（图四〇，3；彩版一一，2；图版九，1）。标本 DT16⑪：5，灰白色石英砂岩。边缘自然磨圆。两面有磨砺使用痕。残长 12.4、宽 17、厚 4.2 厘米（图四〇，9；图版八，6）。

石砧　2 件。标本 DT16⑪：22，灰色砂岩。原型长扁砾。一面有条状使用坑疤。长 14.7、宽 8.3、厚 4.7～5 厘米（图四〇，13）。标本 DT16⑪：27，灰绿色砂岩。原型长扁砾。一面有使用坑疤。长 15.9、宽 8.1、厚 6.2 厘米（图四〇，10；图版八，5）。

石锤　1 件。标本 DT16⑪：20，酱褐色砂岩。不规则圆形。表面有锤击疤痕。长 6.7、宽 8 厘米（图四〇，7；图版九，2）。

网坠　2 件。标本 DT16⑪：6，灰色粉砂岩。不规则椭圆形。两边中部对称刻划一道细凹槽，其中一面的两侧凹槽基本衔接。长 4.1、宽 3.4、厚 1.8 厘米，凹槽宽 0.2～0.25、深 0.2 厘米（图四〇，12；图版九，6）。标本 DT16⑪：9，灰色粉砂岩。原型角砾。表面简单磨制，在两端对称性刻划出凹槽，两端的凹槽未连接。长 4.2、宽 3.4、厚 2 厘米，凹槽宽 0.2、深 0.2 厘米（图四〇，6；图版一〇，1）。

DT16⑬层　器类有陶罐、钵、支座和砍砸器、刮削器、尖状器等。

　　陶罐　1件。标本DT16⑬:15，夹砂褐陶。直口，圆唇，高领残。饰模糊粗绳纹。残高3.2厘米（图四三，8）。

　　陶钵　1件。标本DT16⑬:4，夹砂褐陶。敞口，圆唇，腹残。饰交错细绳纹。复原口径15、残高4.2厘米（图四三，3）。

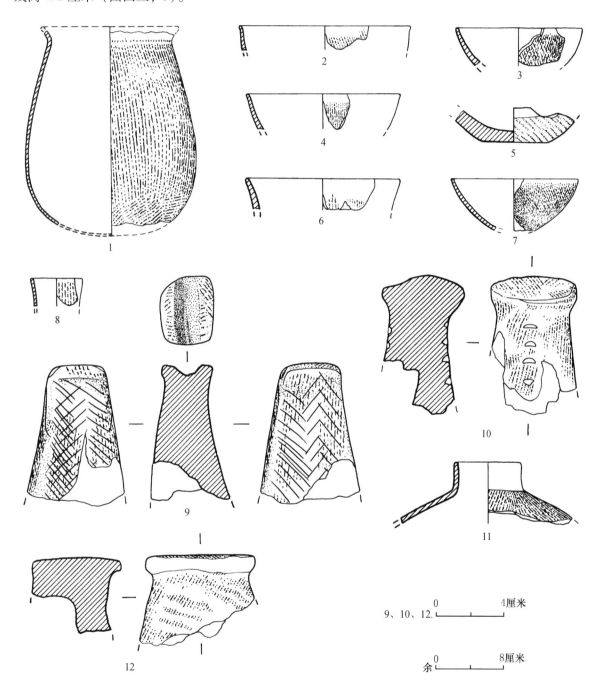

图四三　D区T16⑬、T21⑥、T43④、T47③层出土陶器

1、6. 陶釜（DT47③:3、DT21⑥:1）　　2~4、7. 陶钵（DT21⑥:2、DT16⑬:4、DT21⑥:3、DT47③:1）　　5、8、11. 陶罐

（DT43④:8、DT16⑬:15、DT21⑥:4）　　9、10、12. 陶支座（DT16⑬:1、DT43④:2、DT43④:3）

陶支座 1件。标本DT16⑬:1，夹砂红褐陶。扁方柱体。顶部呈马鞍形，器身微内曲，底残。顶面饰模糊绳纹，器身四面在模糊绳纹的基础之上饰交叉刻划纹，刻划方向比较规则，从右向左分三组依次刻划斜线。残高8厘米（图四三，9；彩版一二，6；图版一五，4）。

砍砸器 2件。标本DT16⑬:8，灰绿色砂岩。两侧残断。向破裂面单层修理刃部。长12.3、宽12.2、厚3.4厘米（图四四，7）。标本DT16⑬:13，褐绿色花斑岩。向破裂面单层修理刃部。长9.8、宽13.6、厚3.2厘米（图四四，6）。

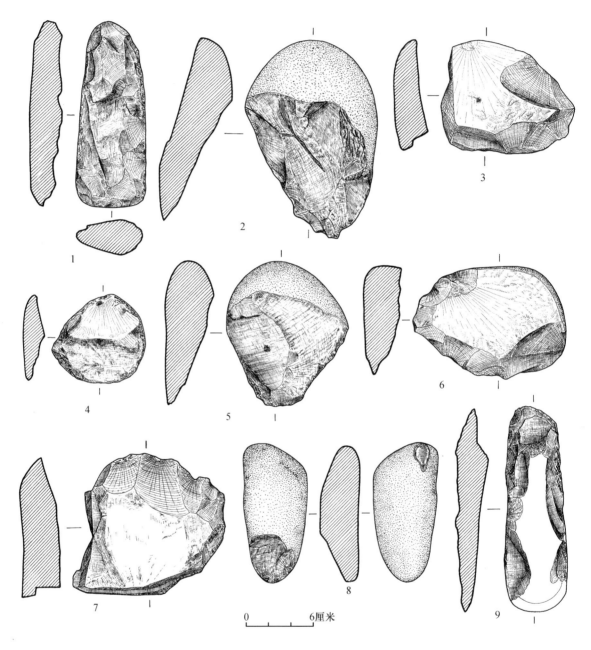

图四四 D区T16⑬、T19②、T25⑥、T26⑥、T30⑤层出土石器

1、9. 石斧（DT30⑤:3、DT30⑤:2） 2、6、7. 砍砸器（DT19②:1、DT16⑬:13、DT16⑬:8） 3、5. 尖状器（DT16⑬:14、DT26⑥:1） 4. 刮削器（DT16⑬:11） 8. 石锤（DT25⑥:1）

刮削器　1件。标本DT16⑬：11，褐色花斑岩。复向修理刃部。长7.7、宽8.4、厚1.9厘米（图四四，4）。

尖状器　1件。标本DT16⑬：14，灰绿色砾石。顶残，两侧复向修理刃部呈尖状。残长12、宽9.5、厚2.9厘米（图四四，3）。

DT19②层　器类有陶罐、钵和砍砸器等。

陶罐　1件。标本DT19②：2，夹砂褐陶。小口，圆唇，直领。素面。复原口径8、残高2.8厘米（图三三，2）。

陶钵　1件。标本DT19②：3，夹砂黑褐陶。敞口，圆唇，腹残。饰交错绳纹，上部抹平。复原口径20、残高5.4厘米（图三三，7）。

砍砸器　1件。标本DT19②：1，青绿色角砾。弧顶，向破裂面修理尖刃。长17.1、宽11.8、厚4.4厘米（图四四，2；彩版一〇，1；图版六，4）。

DT21⑥层　器类有陶釜、罐、钵等。

陶釜　1件。标本DT21⑥：1，夹砂红褐陶。侈口，圆唇，腹残。饰模糊绳纹。复原口径18、残高3.6厘米（图四三，6）。

陶罐　1件。标本DT21⑥：4，夹砂红褐陶。小口，方唇，直领，鼓腹残。饰交错粗绳纹，领腹交接处有抹痕。口径8、残高7厘米（图四三，11）。

陶钵　2件。标本DT21⑥：2，夹砂褐陶。敞口，圆唇，腹残。饰模糊绳纹，上部及内壁施酱褐陶衣。复原口径20、残高2.7厘米（图四三，2）。标本DT21⑥：3，夹砂褐陶。敞口，圆唇，腹残。饰模糊绳纹，上部抹平。残高4.2厘米（图四三，4）。

DT25⑥层　器类有石锤等。

石锤　1件。标本DT25⑥：1，酱褐色砾岩。在较窄的一端有锤击疤痕。长12.1、宽5.6、厚3.4厘米（图四四，8）。

DT26⑥层　器类有尖状器等。

尖状器　1件。标本DT26⑥：1，绿色砾岩。弧顶，在两侧单向打击边刃呈尖状，向破裂面加工刃部。长12.6、宽10.8、厚4.3厘米（图四四，5；彩版一〇，3；图版六，5）。

DT30⑤层　器类有石斧等。

石斧　2件。标本DT30⑤：2，灰绿色细砂岩。原型长扁砾。弧刃，两面磨制。尖顶单向打击修理，两侧边复向打修并局部磨制。长17.9、宽5.7、厚3厘米（图四四，9；图版四，3）。标本DT30⑤：3，灰黄色砂岩。原型长扁砾。多层复向修理刃部，顶与两侧边有打击疤痕。长16.3、宽6.3、厚3厘米（图四四，1）。

DT32④层　器类有石斧、砍砸器等。

石斧　1件。标本DT32④：3，青灰色细砂岩。原型长扁砾。刃残，顶端有锤砸使用痕。残长11.2、宽6.9、厚3.8厘米（图四五，2）。

砍砸器　2件。标本DT32④：2，褐色石英砂岩。原型长扁砾。向破裂面进行单层锤击修理，形成单凸刃。刃角约46°。长10.7、宽14.5、厚2.9厘米（图四五，1）。标本DT32④：4，红褐色石英砂岩。原型锐棱砸击石片。在原型周边向破裂面单层连续锤击修理，刃缘较规则。刃角约39°。长9.2、宽9.8、厚2.6厘米（图四五，20；图版六，6）。

石核　1件。标本DT32④：1，黑色燧石。顶面有小部分砾面，其余都为锤击破裂痕。长4.1、宽2.5、厚1.5厘米（图四五，4；图版九，4）。

DT35⑥层　器类有石斧、砍砸器、刮削器、尖刃器、石锤等。

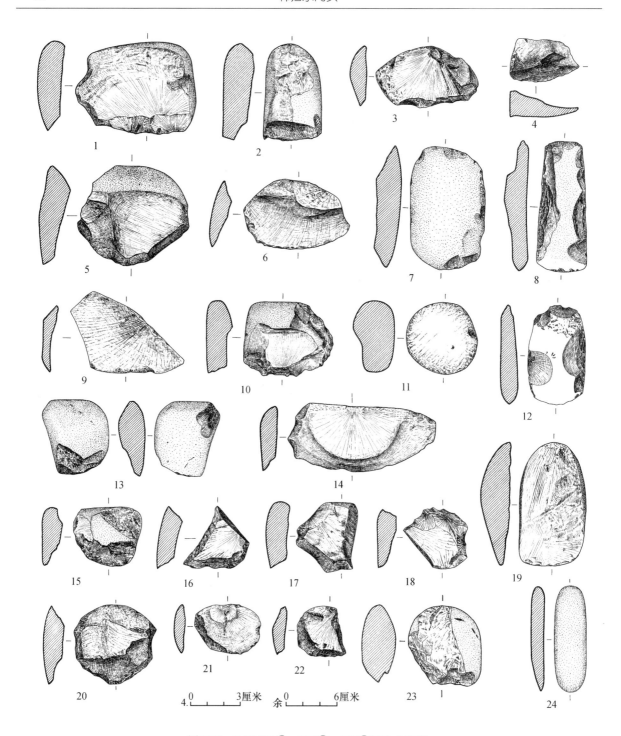

图四五 D 区 T32④、T35⑥、T38⑥层出土石器

1、5、10、13、15、20. 砍砸器（DT32④：2、DT35⑥：3、DT35⑥：20、DT35⑥：30、DT35⑥：4、DT32④：4） 2、7、8、12、
19、24. 石斧（DT32④：3、DT35⑥：25、DT35⑥：1、DT38⑥：1、DT38⑥：4、DT35⑥：2） 3、16、18、22. 刮削器（DT38⑥：3、
DT35⑥：9、DT35⑥：8、DT35⑥：29） 4、23. 石核（DT32④：1、DT35⑥：24） 6、9、14、21. 使用石片（DT35⑥：36、DT35⑥：
17、DT35⑥：35、DT35⑥：27） 11. 石锤（DT35⑥：6） 17. 尖刃器（DT35⑥：5）

　　石斧　3 件。标本 DT35⑥：1，灰绿色石英砂岩。原型长扁砾。弧刃，双面磨制。顶端较平，单层复向修理。两侧边 2 层复向修理。刃角约 39°。长 15.1、宽 6、厚 2.7 厘米（图四五，8）。标本 DT35⑥：2，灰绿色粉砂岩。原型长扁砾。弧顶，弧刃。刃部一面进行打修并磨制。刃角约 19°。长

12.2、宽3.8、厚1.6厘米（图四五，24；图版四，4）。标本DT35⑥:25，灰绿色石英砂岩。原型长扁砾。弧刃，2层复向修理。顶端零星打修。两侧边单层复向打修并打钝。扁平面有锤砸痕。刃角约33°。长14.2、宽9、厚3.2厘米（图四五，7）。

砍砸器　4件。标本DT35⑥:3，酱褐色粉砂岩。原型扁砾。顶部边缘为砾面，侧边2层复向修理，形成凸边刃。刃角约38°。长11.5、宽13.4、厚3厘米（图四五，5）。标本DT35⑥:4，酱褐色细砂岩。原型扁砾。在其较凸的一侧边复向修理刃部，刃缘较规则。刃角约29°。长7、宽8.2、厚2.5厘米（图四五，15）。标本DT35⑥:20，灰绿色花斑岩。原型扁砾。顶部边缘为砾面。侧边向破裂面修理刃部，呈钝尖。尖刃角约55°。长8.6、宽10.6、厚3.1厘米（图四五，10；彩版一〇，6；图版七，1）。标本DT35⑥:30，酱褐色细砂岩。原型长扁砾。在其较凸的一长侧边进行2层锤击修理，呈凸边刃。修疤排列紧密，刃缘较为规则。刃角约32°。长9.2、宽9、厚3.6厘米（图四五，13）。

刮削器　3件。标本DT35⑥:8，褐色角岩。断片。在薄锐的一边进行单层锤击修理，形成规则的凸边刃。在断片的其他部位进行向破裂面单层锤击打钝修理。刃角约37°。长7.2、宽7.7、厚2.3厘米（图四五，18）。标本DT35⑥:9，褐色花岗斑岩。断片。在其较凸的一长侧边向破裂面进行单层锤击修理。修疤排列紧密，刃缘较凸。刃角约38°。长7.2、宽8、厚2.4厘米（图四五，16）。标本DT35⑥:29，灰绿色角岩。原型锐棱砸击石片。在原型左边和远缘加工出一个较长的单凸刃。左边向背面单层修理，远缘向破裂面单层修理。刃角约29°。长5.9、宽5.8、厚1.6厘米（图四五，22）。

尖刃器　1件。标本DT35⑥:5，灰色石英砂岩。原型扁砾。由背面向破裂面修理出两个短边，两边在较薄的一端相交成锐尖。修疤单层，比较宽大。尖的另一端为一个较齐的断裂面。锐尖有使用疤，已残缺。刃角约31°。长8.1、宽7.3、厚2.6厘米（图四五，17）。

石锤　1件。标本DT35⑥:6，灰白色细砂岩。原型椭圆形扁砾。在其较凸的侧边上有锤击使用痕。长8.5、宽8.3、厚5厘米（图四五，11）。

石核　1件。标本DT35⑥:24，白色石英岩。原型小扁砾。在小扁砾长轴较大一端，有一个小而集中的打击点。在打击点相对端，有受反作用力造成的逆向破损。该破损向两面产生片疤，并且使底端变锐。长4.5、宽4.4、厚2厘米（图四五，23）。

使用石片　5件。标本DT35⑥:17，灰绿色粉砂岩。原型锐棱砸击石片。打击点宽大，向内凹缺。打击点背面有很小的半圆形片疤。半锥体扁平，放射线不太清晰，弧形波带微见。原型左下角断缺。以右下角的边缘为刃位，刃部磨钝。刃角约21°。长9.4、宽13.6、厚1.7厘米（图四五，9）。标本DT35⑥:27，青灰色石英斑岩。原型锐棱砸击石片。在远缘、右边薄刃部分有使用痕。刃角约22°。长5.8、宽8、厚1.5厘米（图四五，21）。标本DT35⑥:35，灰绿色石英砂岩。原型宽锐石片。在石片远缘和两边，均有使用痕。刃角约27°。长8、宽17.6、厚2.1厘米（图四五，14；图版七，5）。标本DT35⑥:36，粉砂岩。原型台面薄锐。背面为砾面，破裂面无明显受力方向，放射线等特征不清晰。以石片远缘为刃位，有破损及磨圆现象。刃角约31°。长8.1、宽12.6、厚2.2厘米（图四五，6）。

DT36⑤层　器类有石斧、砍砸器、刮削器、砺石等。

石斧　5件。标本DT36⑤:1，灰色变质岩。顶残，弧刃复向打钝，一侧边单层复向修理，另一侧边有细小的使用磨损痕。刃角约28°。残长8、宽6、厚1.8厘米（图四六，11）。标本DT36⑤:2，青灰色粉砂岩。原型长扁砾。弧刃两面磨制，顶端窄凸，两侧边复向修理并打钝。刃角约38°。长15.7、宽6.4、厚2.8厘米（图四六，4；图版四，5）。标本DT36⑤:4，黄褐色石英砂岩。原型长扁砾。弧形刃局部磨制，弧顶，侧边有锤击痕，一面中部有一条锤击凹槽。刃角约31°。长17.3、宽 10.7、厚 3.6 厘米（图四六，5；彩版一〇，2；图版四，6）。标本 DT36⑤:7，灰色石英砂岩。弧刃单层复向修理，顶端单层复向修理，侧边复向修理打钝。刃角约 25°。长 16.1、宽 6.5、厚 1.8 厘米（图四六，3）。

　　砍砸器　4 件。标本 DT36⑤:12，红褐色角岩。原型锐棱砸击石片。背面为砾面，破裂面上有较细、广的放射线，微见弧形波带。由背面向破裂面单层加工出盘状刃。刃角约 46°。长 6.9、宽 6、厚 1.7 厘米（图四六，14）。标本 DT36⑤:15，红褐色角岩。原型的台面薄锐而宽，打击点背面也形成破裂。石片中部稍厚，破裂面凹凸不平。在原型较锐的远缘，向破裂面单层加工一凸刃。刃

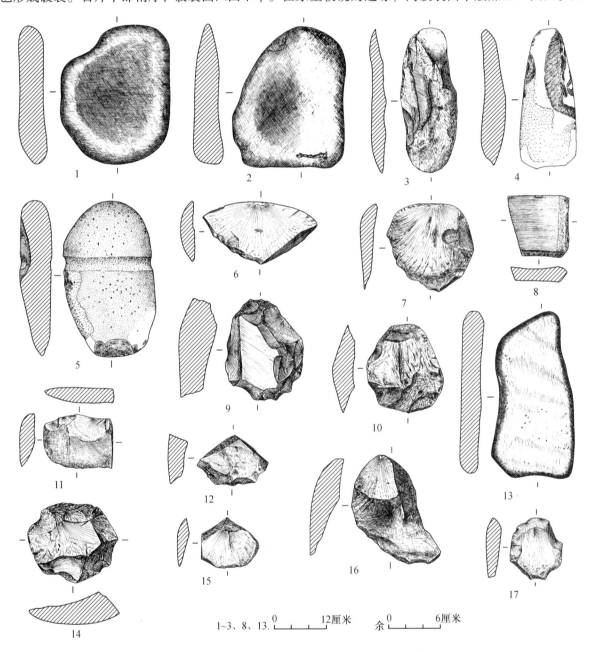

图四六　D 区 T36⑤、T41③、T46④层出土石器

1、2、8、13. 砺石（DT36⑤:17、DT36⑤:18、DT36⑤:14、DT41③:1）　　3~5、11. 石斧（DT36⑤:7、DT36⑤:2、DT36⑤:4、DT36⑤:1）　　6、7、12、15、16. 刮削器（DT36⑤:33、DT46④:1、DT36⑤:30、DT36⑤:5、DT36⑤:38）　　9、10、14、17. 砍砸器（DT36⑤:32、DT36⑤:15、DT36⑤:12、DT36⑤:16）

角约23°。长9.8、宽8.7、厚2.3厘米（图四六，10）。标本DT36⑤：16，绿色砾岩。原型锐棱砸击石片。由背面向破裂面单层锤击修理出盘状刃。刃角约38°～47°。长8.8、宽10.4、厚3.3厘米（图四六，17）。标本DT36⑤：32，褐绿色角岩。在原型较宽的一端，由背面向破裂面进行2层锤击修理，修疤排列紧密。刃角约68°。长11.2、宽9、厚4.4厘米（图四六，9）。

刮削器 4件。标本DT36⑤：5，青灰色石英岩。原型锐棱砸击石片。原型台面被打修掉，左边和左上角断裂。由背面向破裂面单层修理出单凸刃，刃缘长而规则。刃角约26°。长5.6、宽6.7、厚1.6厘米（图四六，15）。标本DT36⑤：30，褐绿色砾岩。原型背面为砾面，两侧断裂。向破裂面单层打修单凸刃，修疤排列紧密。刃角约31°。长5.7、宽8.3、厚2.4厘米（图四六，12）。标本DT36⑤：33，灰绿色粉砂岩。原型锐棱砸击石片。原型右下角沿节理面断缺。在左下角向破裂面单层锤修出略凸的长刃。刃角约27°。长6.9、宽13.2、厚1.7厘米（图四六，6）。标本DT36⑤：38，褐色粉砂岩。原型锐棱砸击石片。原型右边断缺，在原型左下角向破裂面单层锤击修理出凸边刃。刃角约39°。长12.2、宽10.2、厚3.1厘米（图四六，16）。

砺石 3件。标本DT36⑤：14，灰色粉砂岩。残。2个工作面均有磨砺痕迹，其中一面已明显内凹。残长13.8、残宽14、厚3.5厘米（图四六，8）。标本DT36⑤：17，灰色细砂岩。边缘自然磨圆。一面有磨砺痕，无明显凹槽。长31.2、宽25.2、厚6.2厘米（图四六，1）。标本DT36⑤：18，灰色细砂岩。边缘自然磨圆。一面有磨砺痕，磨砺面内凹。在凸起的远缘面上有作为石砧使用的疤痕。长31.4、宽26.2、厚7厘米（图四六，2；图版五，1）。

DT38⑥层 器类有石斧、刮削器等。

石斧 2件。标本DT38⑥：1，青灰色花斑岩。原型长扁砾。弧刃两面磨制，顶端和两侧均经过单层复向修理，修疤排列较紧密。刃角约43°。长11.5、宽6.9、厚2.1厘米（图四五，12；图版一，3）。标本DT38⑥：4，灰绿色粉砂岩。原型锐棱砸击石片。原型远缘比较薄锐，向背面锤击修理刃部。一面留有2块较集中的锤砸使用痕。刃角约38°。长14.3、宽7.9、厚3.5厘米（图四五，19）。

刮削器 1件。标本DT38⑥：3，褐红色流纹岩。原型锐棱砸击石片。在原型的近端和远缘，由背面向破裂面单层锤击修理刃部，修疤排列紧密，以宽型疤为主。刃角约49°。长7.2、宽12.2、厚2厘米（图四五，3）。

DT41③层 器类有砺石等。

砺石 1件。标本DT41③：1，灰色细砂岩。原型边缘自然磨圆。一扁平面上有磨砺使用痕。长37.2、宽18.8、厚5厘米（图四六，13）。

DT42③层 器类有石斧、刮削器、尖状器、网坠等。

石斧 1件。标本DT42③：1，灰绿色粉砂岩。原型长扁砾。弧刃单层复向打修，并简单磨制。弧顶单层复向修理。两侧边均2层复向修理，并经过打钝。刃角约38°。长13.7、宽5.1、厚2.8厘米（图四七，1）。

刮削器 2件。标本DT42③：8，乳白色石英岩。原型锤击石片。背面为砾面。在原型远端较厚的部位向破裂面锤击打修，形成单凸刃。刃角约37°。长3.2、宽2.8、厚0.8厘米（图四七，5）。标本DT42③：9，褐绿色粉砂岩。原型锤击石片。原型破裂面上可见大而微凸的半锥体，短而稀疏的放射线。以原型远缘为刃位，向破裂面单层锤击修理。修疤排列紧密，刃缘呈半圆形。刃角约40°。长8.6、宽7.8、厚2.2厘米（图四七，4）。

尖状器 1件。标本DT42③：4，褐绿色砾岩。原型锐棱砸击石片。原型台面已被打修掉，破裂面上无半锥体，但放射线、弧形波带等特征明显。两边向破裂面单层锤击修理成尖角，修疤排列紧

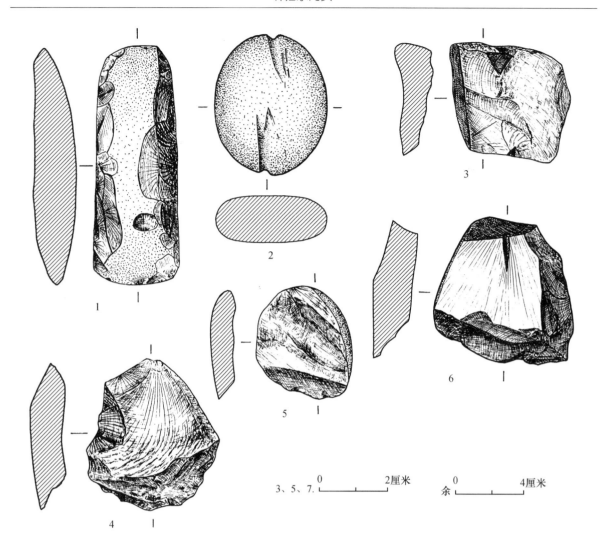

图四七　DT42③层出土石器

1. 石斧（DT42③:1）　2. 网坠（DT42③:2）　3. 锤击石片（DT42③:6）　4、5. 刮削器（DT42③:9、DT42③:8）

6. 尖状器（DT42③:4）

密，边缘较规则。尖刃角约46°。长8.4、宽8.2、厚2.4厘米（图四七，6；图版七，2）。

网坠　1件。标本DT42③:2，灰色石英砂岩。原型小扁砾。在小扁砾长轴的两端各刻划出一个凹槽，两凹槽大小基本对称。凹槽宽约0.3、深约0.25厘米。长4、宽3.3、厚1.4厘米（图四七，2；彩版一一，5；图版一〇，2）。

锤击石片　1件。标本DT42③:6，黑色燧石。石片台面破损，可见打击点、放射线、半锥体、腰带形等特征。石片背面为破裂面，破裂面上的锤击特征典型。长3.4、宽3.6、厚1.2厘米（图四七，3）。

DT43④层　器类有陶罐、支座等。

陶罐　1件。标本DT43④:8，夹砂褐陶。口残，斜壁，平底。素面，器身有斜划痕。底径8、残高3.8厘米（图四三，5）。

陶支座　2件。标本DT43④:2，夹砂褐陶。蘑菇形。顶面微弧，上部微束，圆柱体，器身残。饰绳纹和按窝纹。残高7.8厘米（图四三，10）。标本DT43④:3，夹砂褐陶。蘑菇形。顶面平，上身微束，圆柱体，器身残。顶面及器身饰绳纹和绳压窝纹。残高5.2厘米（图四三，12）。

DT46④层　器类有刮削器等。

刮削器　1件。标本DT46④:1，青色石英斑岩。原型锐棱砸击石片。背面为砾面。破裂面上半锥体不发育，但放射线分布区域宽广，弧形波带在远缘微见。向破裂面单层锤击修理出一凸边刃，修疤排列紧密。刃角约28°。长9.2、宽10.1、厚2厘米（图四六，7）。

DT47③层　器类有陶釜、钵等。

陶釜　1件。标本DT47③:3，夹砂褐陶。侈口残，深弧腹下垂，圜底残。饰绳纹。复原口径16、腹径20、高23.6厘米（图四三，1；图版一三，4）。

陶钵　1件。标本DT47③:1，夹砂褐陶。敞口，圆唇，弧壁残。饰模糊绳纹。复原口径15、残高5.9厘米（图四三，7）。

（三）其他

在D区还采集一批石制品，择要介绍如下。

石斧　标本D采:7，粉砂岩。原型长扁砾。弧刃两面磨制。一扁平面上有密集的锤砸痕。长20.3、宽9.6、厚3.2厘米（图四八，5）。标本D采:10，粉砂岩。原型锐棱砸击石片。刃部磨制。长8.9、宽4、厚1.1厘米（图四八，3）。标本D采:14，粉砂岩。原型长扁砾。刃部两面磨制。长17.8、宽7.9、厚3厘米（图四八，8）。标本D采:17，粉砂岩。原型长扁砾。弧刃，向破裂面单层修理。弧顶，向破裂面进行打钝。两侧边锤击修理。刃角30°。长15.6、宽8.6、厚3厘米（图四八，10）。

砍砸器　标本D采:47，粉砂岩。原型扁砾。向较凸面边缘打修成盘状陡刃。长9.8、宽10、厚2.6厘米（图四八，6）。标本D采:53，砾岩。原型长扁砾。在两侧边向较凸面打修出凸边刃，两边相汇成一钝尖。尖刃角56°。长7.8、宽8.5、厚2.4厘米（图四八，7）。标本D采:54，粉砂岩。原型长扁砾。在长侧边向较凸面2层打修出直刃。刃角50°。长8.9、宽10.9、厚4.8厘米（图四八，9）。

石锛　标本D采:11，粉砂岩。原型长扁砾。向凸面单面磨制刃部，刃缘规则、略凸。顶端单层复向修理。两侧边单层复向修理并打钝。长7.4、宽4.3、厚1.4厘米（图四八，2）。

尖状器　标本D采:56，粉砂岩。原型长扁砾。在原型的一端向较凸面修理两边，两边相夹成一钝尖。尖刃角51°。长21.2、宽11.9、厚6.6厘米（图四八，1）。

砺石　标本D采:40，细砂岩。一面有磨砺凹槽。长23.8、宽10.4、厚6厘米（图四八，4）。

"太阳人"石刻　1件。标本D采:127，灰色砂岩。长条形。表面平整，两侧打制比较规则，背面则凸凹不平。在表面上端凿刻一光芒四射的太阳，中部凿刻一细长简练的男性，其脸面清晰，身躯四肢写意，男根写真。在此男性腰部两侧分别凿刻两个好似星辰的圆形体。整个图案浑然一体，形象生动，宛若天成。长105、宽20、厚12厘米（图四九；图版一一）。

三、小　结

（一）分期与年代

东门头遗址的新石器时代遗存多被破坏，仅在DT14、DT15、DT16等少数探方保存部分原生堆

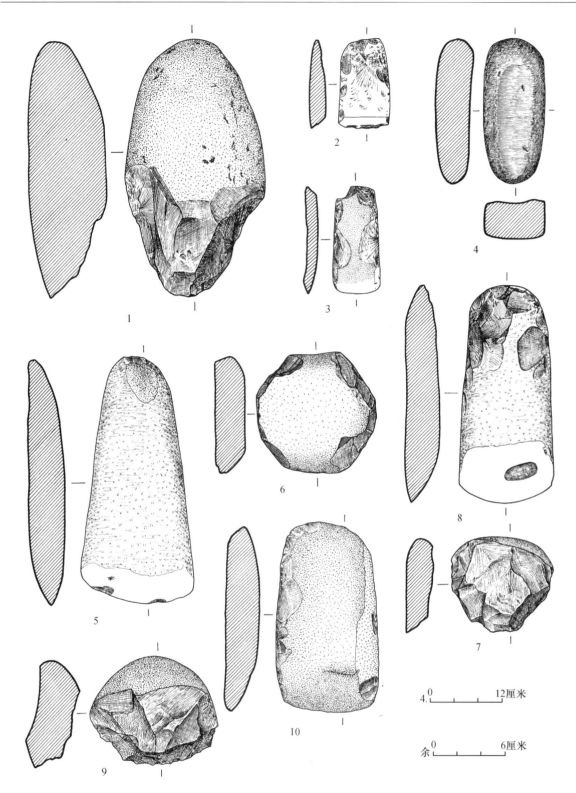

图四八　D区采集石器

1. 尖状器（D采:56）　2. 石锛（D采:11）　3、5、8、10. 石斧（D采:10、D采:7、D采:14、D采:17）　4. 砺石（D采:40）　6、7、9. 砍砸器（D采:47、D采:53、D采:54）

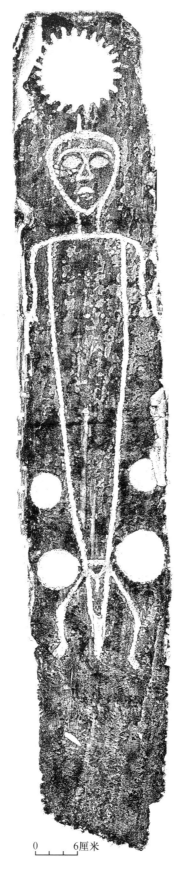

0　　6厘米

图四九　"太阳人"石刻（D 采: 127）

积。所见具有年代变化线索的层位关系只有六组：

(1) DT1 第 8 层→第 9 层→第 10 层；

(2) DT6 第 3 层→第 4 层；

(3) DT8 第 2 层→第 3 层；

(4) DT14 第 8 层→第 9 层→第 10 层；

(5) DT15 第 9 层→第 9A 层→第 10 层→第 11 层；

(6) DT16 第 11 层→遗迹 1→第 13 层。

　　但是，上述六组层位关系中诸单位的主要陶器如釜、罐、钵、支座等的型式变化不明显，难以进行有效的型式划分，其分期意义有限，在一定程度上也反映出它们的年代跨度较小。

　　整体上观察，东门头遗址以釜、罐、钵、支座为基本陶器组合的遗存，多夹砂红褐陶，泥质陶和夹炭陶较少，多饰绳纹、刻划纹、按窝和镂孔，有少量的酱褐色陶衣，一般采用泥片贴塑法制陶，口沿多经过慢轮修整。这些特征与宜昌路家河 T6 第 8 层[①]、宜昌窝棚墩[②]、秭归朝天嘴 G7[③]、宜都城背溪 H1[④] 等为代表的遗存相似，可归入城背溪文化的系统之中。

　　城背溪文化是一支主要分布在江汉平原地区西侧山前地带和长江三峡河谷阶地的考古学文化，它主要源于洞庭湖地区的彭头山文化，大体可分为早晚四期，年代约在距今 7800～6900 年[⑤]。其陶器的总体变化趋势是：釜、罐类器的口沿由侈沿向折沿演变，腹部由深到浅，绳纹从杂乱到规整，口沿部分的绳纹逐渐消失；钵类器在早期主要为敞口、圜底，晚期出现敛口、平底；支座类由弯头曲身向平头直身演变，纹饰逐渐复杂规整；晚期出现彩陶。东门头遗址的城背溪文化遗存中不见彩陶、装饰复杂规整的支座等以秭归柳林溪为代表的城背溪文化晚期遗存[⑥]，其年代无疑早于后者。另一方面，东门头遗址的城背溪文化遗存中虽然存在部分形态特征偏早的釜、罐、钵类器，但也出现部分形态特征偏晚的敛口钵、罐类器，说明其年代相对晚于宜都城背溪 H1 为代表的城背溪文化早期遗存。据此，我们认为东门头遗址的城背溪文化遗存年代大体相当于城背溪文化的二期和三期，宜昌路家河遗址夹炭陶片标本（ZK-2645）的 ^{14}C 测定数据 5740BC～5540BC（经树轮校正）基本反映出其年代刻度[⑦]。

　　需要指出的是，尽管东门头遗址的新石器时代遗存总体上属于城背溪文化，但少量遗物如 DT6 ③:1 碗、DT4⑤:60 碟等明显具有大溪文化早期的特点，显示出城背溪文化之后大溪文化的居民曾经在此生活的线索，只是其原生文化堆积已毁殆尽。

（二）城背溪文化的基本特点

　　东门头遗址的城背溪文化遗存虽然多遭破坏，但特点比较鲜明，大体可归纳为以下几个方面。

　　(1) 城背溪文化是三峡地区目前所见最早的新石器时代文化，但发现的若干遗址基本不见当时人们的活动遗迹，其文化遗物往往含于倾斜的地层中。鉴于三峡地区特殊的地理环境及常见再生地

---

① 长江水利委员会：《宜昌路家河——长江三峡考古发掘报告》，科学出版社，2002 年。

② 湖北省文物考古研究所：《宜昌窝棚墩遗址的调查与发掘》，《江汉考古》1994 年第 1 期。

③ 国家文物局三峡考古队：《朝天嘴与中堡岛》，文物出版社，2001 年。

④ 湖北省文物考古研究所：《宜都城背溪》，文物出版社，2001 年。

⑤ 孟华平：《长江中游史前文化结构》，长江文艺出版社，1997 年。

⑥ 国务院三峡工程建设委员会办公室、国家文物局：《秭归柳林溪》，科学出版社，2003 年。

⑦ 长江水利委员会：《宜昌路家河——长江三峡考古发掘报告》，科学出版社，2002 年。

层堆积等现象，如何准确判断该地区城背溪文化的内涵和年代关系无疑是需要解决的重要问题之一，东门头遗址发现的城背溪文化原生文化堆积与遗迹显然有助于加深对城背溪文化的认识和理解。同时，东门头遗址城背溪文化的原生文化堆积与遗迹分布在海拔 90 米以上的区域，其下的临江地带多被雨水冲毁，此特点可能是探索三峡地区城背溪文化原生堆积分布的重要线索。

（2）东门头遗址的城背溪文化遗存位于长江与卜庄河的交汇地带，分布范围约 3000 平方米，大致反映出当时人们对环境的选择与聚落的规模。

（3）东门头遗址城背溪文化的石器制作比较粗糙，除部分刃部磨光的斧类器外，多打制石器，特别是打制的刮削器、砍砸器等，其加工方法与形态特征与三峡地区旧石器时代晚期的石器特点类似，显示出该地区旧石器时代石器加工技术的传承性及与新石器时代文化的关联性。同时，出土的石器主要集中在 DT1、DT3、DT6、DT7、DT10、DT15、DT35 等部分区域内，且石器类别比较齐全，既有石器加工工具如砺石、石砧、石锤等，又有石器成品、半成品如斧、砍砸器、刮削器等，还有废弃的石片、石核等，部分石器、石片更可以拼合，说明该遗址可能存在专门生产石器的区域。

（4）东门头遗址城背溪文化的动物遗骸均属野生动物。既有长江干流中的大型蚌类、鱼类，也有陆上其他水域环境的螺类和中小型蚌类；既有峡谷里的喜热动物熊猴、小麂、水鹿、爪哇野牛，也有峡谷两岸高海拔山区的普氏野马。这种不同水域、不同海拔和不同生境的动物群体，反映当时居民的活动范围较为宽广，同时反映出当时居民较强的渔猎能力和专业技术。结合遗迹 1 所见动物骨骼多被烧烤及发现的网坠等迹象分析，东门头遗址城背溪文化居民的经济生活以渔猎经济为主。

（5）东门头遗址发现的"太阳人"石刻虽然没有明确的地层依据，但"太阳人"石刻表面附着的碳酸钙结晶只见于该遗址城背溪文化时期的遗物，它来源于被城背溪文化地层叠压的碳酸钙结晶层。同时，"太阳人"石刻的构图古朴，其形象明显比三峡地区大溪文化时期巫山大溪遗址出土的人面玉饰①、秭归柳林溪遗址出土的石雕人像②原始。因此，有理由将"太阳人"石刻的年代归入城背溪文化时期。这是我国目前发现的年代最早的"太阳人"石刻，丰富了城背溪文化时期的精神文化内涵。

---

① 《长江三峡文物存真》，重庆出版社，2000 年。
② 国务院三峡工程建设委员会办公室、国家文物局：《秭归柳林溪》，科学出版社，2003 年。

肆 商 代 遗 存

一、概 述

东门头遗址的商代遗存主要分布于 C 区，除少量灰坑外（图五〇），多属文化层堆积。文化层堆积只在 CTG1、CT5、CT13、CT14、CT15 等探方有部分保留，其余均遭破坏。另在 A 区、B 区发现少量该时期的遗物。

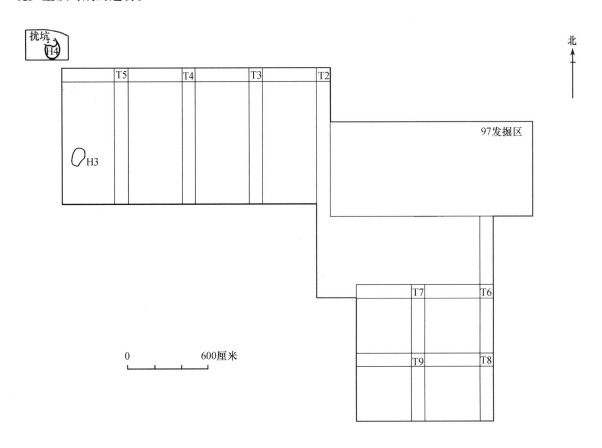

图五〇 C 区商代遗迹分布图

出土遗物除动物骨骼外，主要为陶器，石器、骨器、铜器等极少。

陶器多夹砂陶，泥质陶次之，夹炭陶少。夹砂陶多呈褐色，有部分呈黑色、灰色、灰黑色、红色、橙黄色及褐胎黑皮等；泥质陶多呈褐色，也有部分呈黑色、灰色、灰褐色及褐胎黑皮等；夹炭陶多呈褐色。除部分素面外，陶器装饰以绳纹为主，另有方格纹、弦纹、镂孔、刻划乳钉"麦"状纹、戳印"S"纹等。部分陶器上还装饰弦纹与"S"纹、绳纹与方格纹及弦纹等组合纹饰（图五一；图版一六、图版一七；附表二）。夹砂陶多手制，泥条盘筑而成，部分器壁上尚保留手制的印痕，器类以釜为主；泥质陶多轮制而成，器类以罐、杯、豆等为主。豆盘与圈足则分别制作后粘接而成。陶器的器类有釜、罐、瓮、缸、盆、盂、杯、豆、盖、灯形器、拍等。

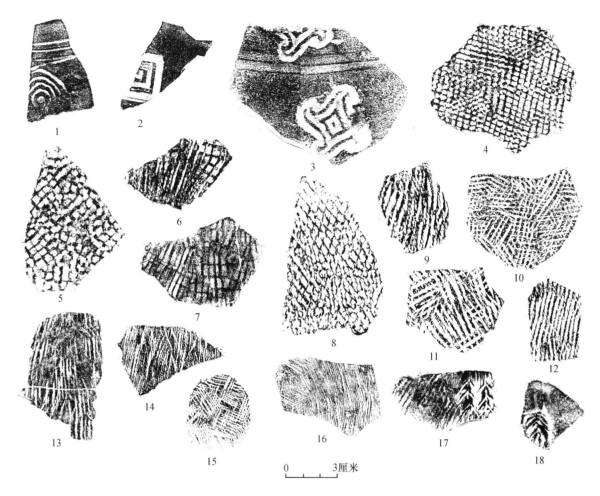

图五一，1 商代陶片纹饰拓片

1. CT5⑦:9 2. CT13④:254 3. CT11②:6 4. CTG1⑥:214 5. CT13④:303 6. CTG1⑥:211 7. CT13④:304 8. CT5⑦:13
9. CT13④:306 10. CT13④:308 11. CT13④:287 12. CT13④:286 13. CT13④:288 14. CT13④:301 15. CT13④:30 16. CT13④:294
17. CTG⑥:862 18. CT13④:270

二、遗存介绍

（一）灰坑

只发现 2 个灰坑，编号 H3、H4。

H3 位于 CT5 的中南部。开口在墙 3 下，距地表深 385 厘米。打破第 7 层和生土。平面呈葫芦形，北宽南窄。坑口南北长 132、东西宽 54~100、深 85~120 厘米。口小底大，呈袋形，弧壁，底较平，未见加工痕迹。坑内填土分四层（图五二；彩版八，1）。

第 1 层：厚 13~25 厘米。灰色土，含少量红烧土。包含物有陶釜、罐及动物骨骼等。

第 2 层：厚 35~48 厘米。灰黑色土，含大量草木灰，土质松散。包含物有陶釜及大量动物骨骼等。

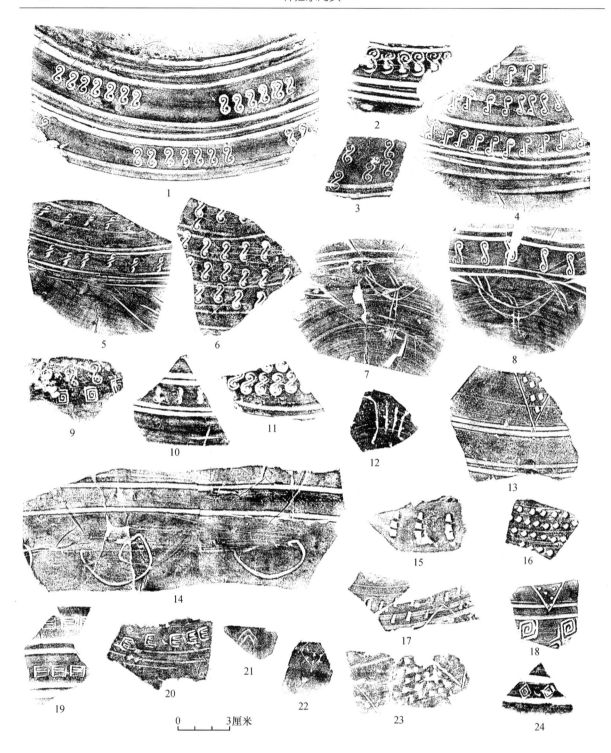

图五一，2　商代陶片纹饰拓片

1. CT13④: 8　2. CTG1⑥: 186　3. CTG1⑥: 203　4. CTG1⑥: 184　5. CTG1⑥: 165　6. CT13④: 280　7. CTG1⑥: 252　8. CTG1⑥: 252
9. CTG1⑥: 188　10. CT13④: 192　11. CT13④: 226　12. CTG1⑥: 201　13. CTG1⑥: 218　14. CTG1⑥: 242　15. CT13④: 244
16. CT13④: 193　17. CT13④: 227　18. CTG1⑥: 169　19. CT13④: 214　20. CT13④: 253　21. CTG1⑥: 244　22. CTG1⑥: 234
23. CT13④: 243　24. CT13④: 195

第3层：厚15~51厘米。灰色土，土质松散。包含物有陶釜、盆、豆、骨镞及大量动物骨骼等。

第4层：厚0~23厘米。灰褐色土。包含物有陶釜、豆及大量动物骨骼等。

陶罐 2件。标本H3①：1，泥质灰陶。卷沿，厚圆唇，长颈，腹残。口径17.4、残高5厘米（图五三，1）。标本H3①：5，泥质灰褐陶。敞口，圆唇，长颈残。素面。复原口径15、残高3.2厘米（图五三，3）。

陶釜 13件。标本H3①：3，夹砂褐胎黑陶。侈口，圆唇，腹残。饰绳纹。口径12.4、残高4.4厘米（图五三，2）。标本H3①：4，夹砂灰褐陶。卷沿，圆唇，束颈，腹残。饰绳纹。口径9.2、残高4厘米（图五三，4）。标本H3②：1，夹砂褐胎黑陶。卷沿，圆唇，束颈，鼓腹残。腹饰竖绳纹。颈部有按窝痕。口径21、腹径24.4、残高11.4厘米（图五四，1）。标本H3②：2，夹砂褐胎黑陶。卷沿，圆唇，束颈，鼓腹，圜底残。饰模糊绳纹。乳钉剥落。口径8、腹径12、复原高11.2厘米（图五四，4；图版一八，1）。标本H3②：3，夹砂褐胎黑陶。卷沿，厚圆唇，束颈近直，鼓腹残。腹饰绳纹。颈部有按窝痕。口径18、残高4.4厘米（图五四，5）。标本H3②：4，夹砂灰陶。卷沿，圆唇，长颈，腹残。饰交错绳纹。口径25、残高11厘米（图五四，3）。标本H3②：10，夹砂褐胎黑陶。敞口，长颈，鼓腹，圜底。饰绳纹。内壁有按窝痕。口径7.6、腹径11.2、高11.8厘米（图五四，7）。标本H3②：11，夹砂褐胎黑陶。侈口，圆唇，鼓腹残。饰竖绳纹。口径16厘米、腹径20、残高14.2厘米（图五四，2；图版一八，2）。标本H3③：2，夹砂褐陶。卷沿，圆唇，束颈，鼓腹残。饰模糊绳纹。椭圆形乳钉上刻划"麦"状条纹。口径11.2、腹径14.4、残高8厘米（图五五，1）。

陶盆 1件。标本H3③：12，泥质灰褐陶。卷沿，圆唇，深腹残。素面。复原口径13、残高2.8厘米（图五五，2）。

陶豆 2件。标本H3③：11，泥质灰褐陶。折沿面微凹，圆唇，折腹残。饰"S"纹。复原口径13、残高2.4厘米（图五五，3）。标本H3④：1，泥质褐胎黑陶。卷沿，圆唇，折壁下残。饰"S"纹和凹弦纹。复原口径18、残高5.2厘米（图五四，6）。

陶圈足 1件。标本H3①：2，泥质褐胎黑陶，厚胎。口残，斜壁，圈足残。器表有刮划痕。残高4厘米（图五三，5）。

骨镞 1件。标本H3③：1，不规则菱形。磨光。圆铤残。残长9.3、宽1厘米（图五五，4；图版二〇，5）。

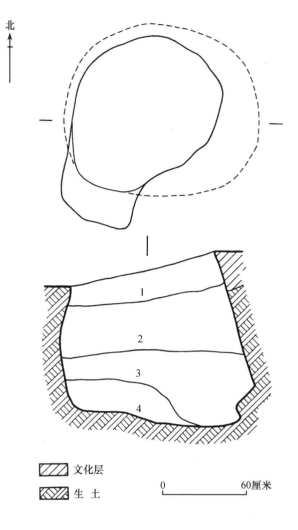

北

⬜ 文化层
⬜ 生土

0　　　　　　60厘米

图五二 H3 平、剖面图

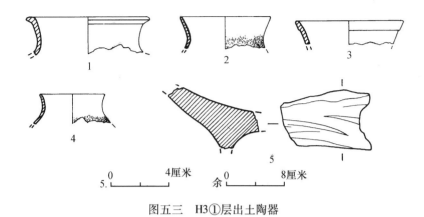

图五三　H3①层出土陶器

1、3. 陶罐（H3①:1、H3①:5）　2、4. 陶釜（H3①:3、H3①:4）　5. 陶圈足（H3①:2）

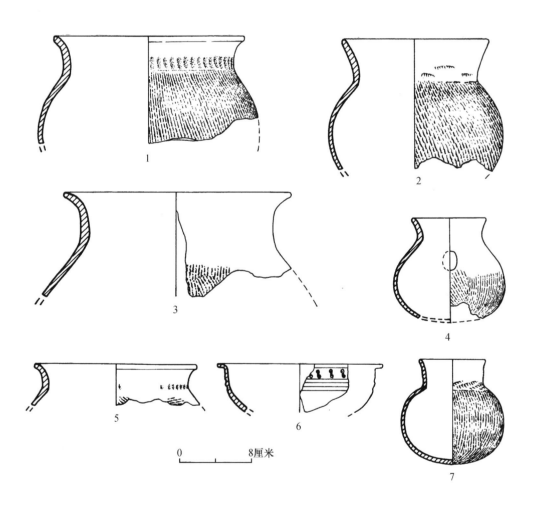

图五四　H3②、H3④层出土陶器

1~5、7. 陶釜（H3②:1、H3②:11、H3②:4、H3②:2、H3②:3、H3②:10）　6. 陶豆（H3④:1）

H4 位于 CT5 北隔梁外，南距 CT5 西北角约 2.5 米。部分开口在墙 3 下，北部被现代扰乱坑打破，打破的地层同 CT5 第 7 层。平面呈椭圆形。南北长 80、东西宽 74、残深 2～12 厘米。坑口由南向北倾斜，坑壁较斜，底较平。灰黑色填土，含大量草木灰和红烧土。包含物有少量陶片及大量动物骨骼。器类有陶釜、杯等（图五六）。

陶釜 1 件。标本 H4：4，夹砂褐胎黑陶。卷沿，圆唇，束颈，腹残。腹饰竖绳纹。复原口径 17、残高 5.8 厘米（图五七，2）。

陶杯 1 件。标本 H4：3，泥质褐胎黑陶。口残，折腹，尖底残。饰凹弦纹。腹径 9.2、残高 7 厘米（图五七，1）。

（二）文化层

主要分布在 C 区，遗物集中在 CTG1、CT5、CT13、CT14 等探方内。另在 B 区 T5、A 区 TG2 等探方内出土少量遗物，可能该区域内也存在本时期的文化堆积。

CTG1⑥层 器类有陶釜、罐、杯、缸、豆、盖、拍和骨镞等。

陶釜 28 件。标本 CTG1⑥：1，夹砂褐胎黑陶。敞口，卷沿，圆唇，束颈，鼓腹，圜底。底、腹饰方格纹。内壁有按窝痕。口径 8、腹径 12、高 11.4 厘米（图五八，3；彩版一三，3；图版一八，3）。标本 CTG1⑥：10，夹砂褐胎灰黑陶。敞口，卷沿，圆唇，束颈，鼓腹残。颈部饰模糊横绳纹，腹饰竖细绳纹。口径 17、残高 6.8 厘米（图五八，8）。标本 CTG1⑥：11，夹砂黑褐陶。敞口，卷沿，圆唇，束颈，鼓腹残。腹饰方格纹。内壁有按窝痕。残高 8.3 厘米（图五八，4）。标本 CTG1⑥：33，夹砂褐陶。敞口，卷沿，圆唇，束颈，鼓腹残。腹部饰方格纹。残高 6 厘米（图五八，14）。标本 CTG1⑥：38，夹砂褐胎黑皮陶。口微敞，圆唇，矮颈，腹残。腹饰绳纹。复原口径 9、残高 4.2 厘米（图五八，10）。标本 CTG1⑥：43，夹砂褐胎黑皮陶。侈口，尖圆唇，腹残。腹部饰细绳纹。复原口径 20、残高 4.6 厘米（图五八，11）。标本 CTG1⑥：67，夹砂黑陶。小口微敞，圆唇，束颈，鼓腹，圜底残。腹饰方格纹。器表凹凸不平，内壁有按窝痕。口径 7、腹径 10.8、残高 9 厘米（图五八，1；图版一八，4）。标本 CTG1⑥：68，夹砂褐胎黑皮陶。卷沿，圆唇，微束颈，鼓腹残。腹饰绳纹。口径 7、残高 6.6 厘米（图五八，7）。标本 CTG1⑥：69，夹

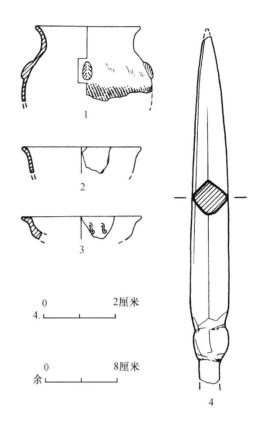

图五五 H3③层出土陶器、骨器
1. 陶釜（H3③：2） 2. 陶盆（H3③：12）
3. 陶豆（H3③：11） 4. 骨镞（H3③：1）

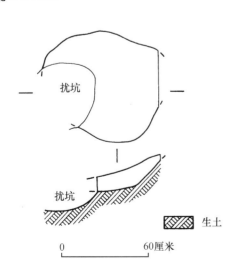

图五六 H4 平、剖面图

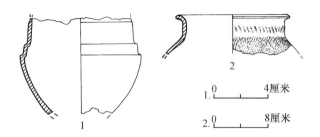

图五七　H4 出土陶器

1. 陶杯（H4：3）　2. 陶釜（H4：4）

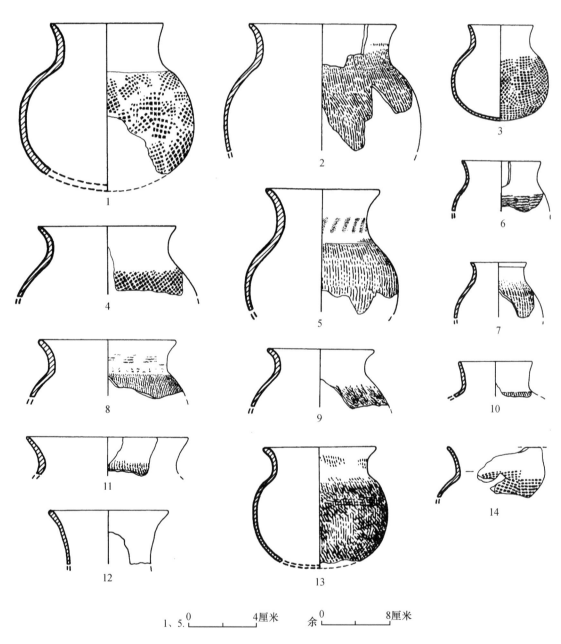

图五八　CTG1⑥层出土陶器

1～11、13、14. 陶釜（CTG1⑥：67、CTG1⑥：85、CTG1⑥：1、CTG1⑥：11、CTG1⑥：70、CTG1⑥：69、CTG1⑥：68、CTG1⑥：10、
CTG1⑥：81、CTG1⑥：38、CTG1⑥：43、CTG1⑥：220、CTG1⑥：33）　12. 陶罐（CTG1⑥：114）

砂褐胎黑陶。敞口，卷沿，圆唇，微束颈，鼓腹残。腹饰横细绳纹。复原口径9.4、残高6厘米（图五八，6）。标本CTG1⑥:70，夹砂褐胎黑皮陶。敞口，卷沿，圆唇，束颈，鼓腹残。腹饰细竖绳纹。颈部有按窝痕。口径7、腹径9.5、残高7.4厘米（图五八，5）。标本CTG1⑥:81，夹砂褐胎黑皮陶。敞口，卷沿，圆唇，束颈，鼓腹残。腹饰交错绳纹。口径13、残高7厘米（图五八，9）。标本CTG1⑥:83，夹砂褐陶。敞口，卷沿，圆唇，束颈，鼓腹残。腹部饰方格纹。颈部有按窝痕。复原口径9.2、残高5.2厘米（图五九，10）。标本CTG1⑥:85，夹砂褐胎黑陶。敞口，卷沿，圆唇，束颈，鼓腹，圜底残。颈部饰模糊绳纹，腹饰细绳纹。口径18、腹径24、残高15厘米（图五八，2）。标本CTG1⑥:86，夹砂褐胎黑皮陶。小口，卷沿，圆唇，颈部微束，鼓腹，圜底残。饰绳纹和刻划"麦"状乳钉纹。口部磨光。口径8.4、残高7.4厘米（图五九，8）。标本CTG1⑥:109，夹砂褐黑陶。口微敞，圆唇，矮颈，鼓腹残。腹饰模糊绳纹。口径9、残高7.8厘米（图五九，5）。标本CTG1⑥:138，夹砂褐胎黑皮陶。小口微敞，圆唇，矮颈，深弧腹残。腹饰压印小方格纹。口径7.4、残高5.8厘米（图五九，6）。标本CTG1⑥:220，夹砂黑褐陶。敞口，卷沿，圆唇，束颈，鼓腹，圜底残。颈部饰模糊绳纹，腹饰交错绳纹。内壁有按窝痕。口径14、腹径16.4、复原高14.4厘米（图五八，13；彩版一三，2；图版一八，5）。

陶罐　3件。标本CTG1⑥:4，夹砂褐胎黑皮陶，黑皮多脱落。小口，直颈，唇沿略残，鼓肩，弧腹，平底。肩部饰两组"S"纹和四组不规则凹弦纹。口径10、腹径28.8、底径10.4、高28.2厘米（图五九，2；彩版一三，1；图版一八，6）。标本CTG1⑥:114，泥质褐胎黑皮陶。敞口，圆唇，长颈，腹残。素面。轮制。口径15、残高6.4厘米（图五八，12）。标本CTG1⑥:125，泥质褐胎黑皮陶。敞口，厚圆唇，长颈，腹残。饰凹弦纹和压印"回"纹。残高7.5厘米（图五九，4）。

另有罐底1件。标本CTG1⑥:144，口、腹残，平底。器壁不平整。底径9、残高3厘米（图五九，3）。

陶杯　9件。标本CTG1⑥:117，泥质褐胎黑皮陶，黑皮剥落。敞口，长颈，圆唇，腹残。饰凹弦纹和"S"纹。轮制。复原口径10、残高4.9厘米（图六〇，8）。标本CTG1⑥:122，泥质褐胎黑皮陶，黑皮多剥落。敞口，圆唇，长颈，腹残。饰凹弦纹和"S"纹。轮制。复原口径12、残高5.5厘米（图六〇，12）。标本CTG1⑥:131，泥质褐胎黑皮陶，黑皮剥落。敞口，尖唇，长颈，腹残。饰弦纹。复原口径12、残高5.5厘米（图六〇，5）。标本CTG1⑥:137，泥质褐胎黑皮陶。敞口，长颈，腹残。饰凹弦纹和"S"纹。内壁有轮制旋痕。口径15、残高5.4厘米（图六〇，4）。标本CTG1⑥:149，泥质褐胎黑皮陶。口残，长颈，折腹，尖底残。饰凹弦纹。腹径11、残高12.1厘米（图六〇，11）。CTG1⑥:252，泥质褐胎黑皮陶。口残，长颈，鼓肩，斜腹，尖底。颈、肩饰凹弦纹和"S"纹，下腹残存两个刻划鸟纹（烧后刻）。轮制。腹径11.6、残高12.4厘米（图六〇，10；彩版一三，4；图版一九，1）。

另有杯底2件。标本CTG1⑥:141，泥质褐胎黑皮陶。口残，斜壁，尖底。器表有旋痕。残高5.5厘米（图六〇，6）。标本CTG1⑥:142，泥质灰胎黑皮陶。口残，斜壁，尖底。素面。器表有旋痕。残高6厘米（图六〇，9）。

陶缸　1件。标本CTG1⑥:6，夹砂红陶。敞口，圆唇，曲腹，尖底。口部饰凹弦纹和模糊绳纹，腹饰方格纹，尖底饰细绳纹。口径34、腹径28.4、底径1.4、通高36.2厘米（图五九，1；彩版一三，5；图版一九，2）。

陶豆　3件。标本CTG1⑥:113，泥质褐胎灰陶。口、腹残，喇叭形圈足。饰凹弦纹。底径14.6、残高5.6厘米（图五九，9）。标本CTG1⑥:162，泥质灰胎黑皮陶，黑皮剥落。子口残，斜壁，圈足残。素面。残高4.4厘米（图五九，7）。标本CTG1⑥:247，泥质褐胎黑皮陶。豆盘、豆

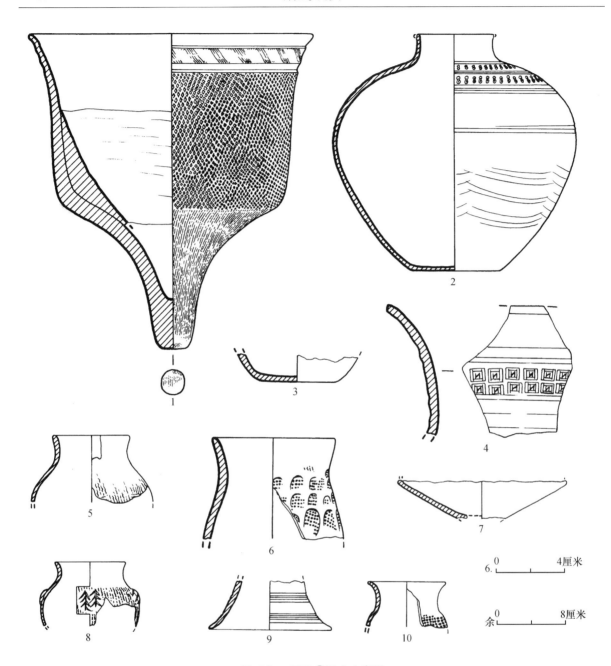

图五九　CTG1⑥层出土陶器

1. 陶缸（CTG1⑥:6）　　2～4. 陶罐（CTG1⑥:4、CTG1⑥:144、CTG1⑥:125）　　5、6、8、10. 陶釜（CTG1⑥:109、CTG1⑥:
138、CTG1⑥:86、CTG1⑥:83）　　7、9. 陶豆（CTG1⑥:162、CTG1⑥:113）

座残，细柄。饰凹弦纹、镂孔。残高 13.2 厘米（图六〇，2）。

陶盖　1 件。标本 CTG1⑥:250，泥质灰胎黄褐陶。杯形钮，盖盘残。素面。残高 3.5 厘米（图六〇，7）。

陶拍　1 件。标本 CTG1⑥:249，夹砂褐陶。环状，底微弧。饰模糊绳纹。复原长 13.6、宽7.2、高 8 厘米（图六〇，1）。

骨镞　1 件。标本 CTG1⑥:2，菱形。磨制。骨铤残，铤部微曲。长 5.5 厘米（图六〇，3；图版二〇，6）。

CTG1⑦层　器类有陶釜、杯等。

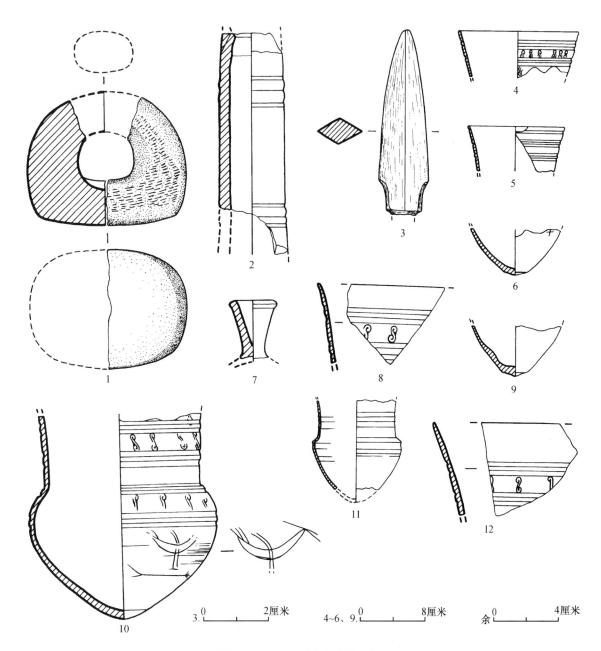

图六〇　CTG1⑥层出土陶器、骨器

1. 陶拍（CTG1⑥：249）　2. 陶豆（CTG1⑥：247）　3. 骨镞（CTG1⑥：2）　4～6、8～12. 陶杯（CTG1⑥：137、CTG1⑥：131、
CTG1⑥：141、CTG1⑥：117、CTG1⑥：142、CTG1⑥：252、CTG1⑥：149、CTG1⑥：122）　7. 陶盖（CTG1⑥：250）

　　陶釜　1件。标本 CTG1⑦：7，夹砂褐胎黑皮陶。口微敞，卷沿，圆唇，长颈，鼓腹残。饰压印细密方格纹，肩部抹平。口径 14、残高 12 厘米（图六一，5）。

　　陶杯　1件。标本 CTG1⑦：3，泥质褐胎黑皮陶。敞口，尖圆唇，长颈，腹残。饰凹弦纹。口径12、残高 7 厘米（图六一，3）。

　　CT5⑦层　器类有陶釜、杯、盂等。

　　陶釜　8件。标本 CT5⑦：4，夹砂褐胎黑陶。卷沿，圆唇，束颈，鼓腹残。饰细绳纹。口径24、残高 9.2 厘米（图六一，2）。标本 CT5⑦：7，夹砂褐胎黑陶。卷沿，圆唇，颈微束，腹残。饰竖细绳纹。复原口径 16、残高 7.2 厘米（图六一，1）。标本 T5⑦：10，夹砂褐陶。卷沿，圆唇，束颈，腹残。素面。复原口径20、残高4.2厘米（图六一，9）。

陶杯　2件。标本CT5⑦:1，泥质褐胎黑陶。口微敛，圆唇，弧腹，平底。上腹饰两圆形镂孔，腹部饰对称"麦"状乳钉纹四个。器表不平。口径6.4、腹径9.6、底径4.6、高6~6.7厘米（图六一，4；彩版一三，6；图版一九，3）。标本CT5⑦:16，泥质灰胎黑陶。敞口，圆唇，长颈残。饰凹弦纹。残高3.6厘米（图六一，7）。

陶盂　1件。标本CT5⑦:17，泥质褐胎黑陶，黑皮已剥落。口微敞，圆唇，折腹残。饰凹弦纹。复原口径14、残高3.2厘米（图六一，8）。

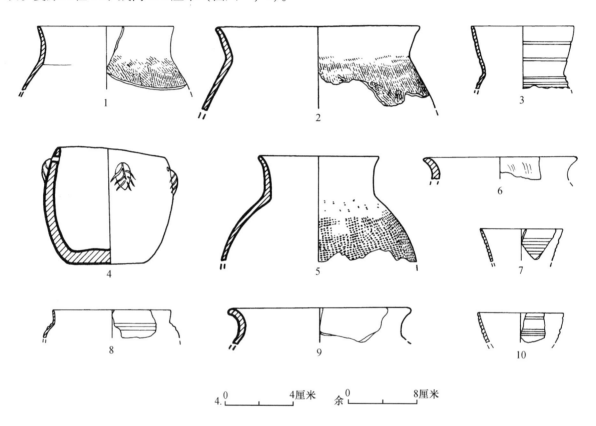

图六一　C区T5⑦、T14④、TG1⑦层出土陶器

1、2、5、6、9. 陶釜（CT5⑦:7、CT5⑦:4、CTG1⑦:7、CT14④:1、CT5⑦:10）　3、4、7、10. 陶杯（CTG1⑦:3、CT5⑦:1、
CT5⑦:16、CT14④:4）　8. 陶盂（CT5⑦:17）

CT13④层　器类有陶釜、罐、瓮、杯、盆、豆、钵等。

陶釜　58件。标本CT13④:2，夹砂褐黑陶。敞口，卷沿，圆唇，束颈，鼓腹，圜底残。腹饰细绳纹。口径8、腹径12、复原高11.2厘米（图六二，3；图版一九，4）。标本CT13④:3，夹砂褐胎黑陶。敞口，卷沿，圆唇，束颈，鼓腹，圜底残。上部绳纹抹光，下部饰细绳纹。口径9、腹径12、复原高10.8厘米（图六二，6；图版一九，5）。标本CT13④:4，夹砂灰陶。敞口，卷沿，圆唇，束颈，鼓腹残。颈部戳印纹，腹部饰交错绳纹。口径12.4、腹径21.6、残高11.6厘米（图六二，10）。标本CT13④:5，夹砂黑褐陶。敞口，卷沿，圆唇，束颈，鼓腹残。唇部饰绳压纹，腹部饰交错绳纹。内壁有按窝痕。口径19、腹径23.2、残高12厘米（图六二，7）。标本CT13④:6，夹砂褐胎黑陶。侈口，圆唇，上沿有一圈凹槽，束颈，腹残。颈、腹交接处饰模糊绳纹，下腹饰细绳纹。口径13.6、腹径16、残高8.2厘米（图六二，5）。标本CT13④:25，夹砂褐胎黑陶。敞口，卷沿，圆唇，束颈，鼓腹下残。腹部饰竖绳纹。颈部有按压痕。口径22、残高10.8厘米（图六二，

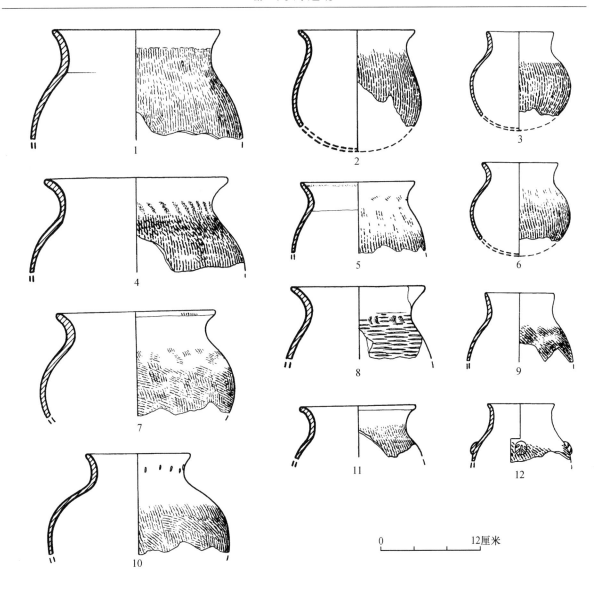

图六二　CT13④层出土陶器

1~12. 陶釜（CT13④: 33、CT13④: 117、CT13④: 2、CT13④: 25、CT13④: 6、CT13④: 3、CT13④: 5、CT13④: 94、CT13④: 79、
CT13④: 4、CT13④: 123、CT13④: 31）

4）。标本 CT13④: 28，夹砂褐胎黑陶。敞口，卷沿，圆唇，鼓腹残。腹饰斜绳纹。口径 18、残高 9.2 厘米（图六三，4）。标本 CT13④: 29，夹砂褐胎黑陶。敞口，卷沿，圆唇，微束颈，腹残。饰方格纹。口径 16、残高 10.6 厘米（图六三，5）。标本 CT13④: 31，夹砂褐胎黑陶。小口微卷，圆唇，束颈，鼓腹残。饰绳纹和刻划"麦"状乳钉纹。内壁有按窝痕。口径 8、残高 6.8 厘米（图六二，12）。标本 CT13④: 33，夹砂褐胎黑皮陶，黑皮剥落。敞口，卷沿，圆唇，束颈，鼓腹残。饰模糊细绳纹。口径 20、残高 12.8 厘米（图六二，1）。标本 CT13④: 34，夹砂褐胎黑陶。卷沿，圆唇，束颈，鼓腹残。腹饰交错绳纹。口径 14、残高 7.2 厘米（图六三，6）。标本 CT13④: 36，夹砂黑陶。小口近直，圆唇，长颈，腹残。素面。复原口径 8.8、残高 5.2 厘米（图六三，14）。标本 CT13④: 43，夹砂褐胎黑陶。卷沿，厚圆唇，束颈，腹残。颈部饰戳印纹。有按窝痕。口径 18.4、残高 4 厘米（图六三，13）。标本 CT13④: 79，夹砂褐胎黑陶。卷沿，圆唇，束颈，鼓腹残。腹饰斜绳纹。口径 8.6、残高 8 厘米（图六二，9）。标本 CT13④: 94，夹砂褐胎黑陶。卷沿，圆唇，束颈，鼓

腹残。腹饰篮纹。颈部有按窝痕。复原口径16、残高8.4厘米（图六二，8）。标本CT13④:103，夹砂褐胎黑陶。卷沿，圆唇，束颈，腹残。饰模糊方格纹。口径24、残高7.2厘米（图六三，2）。标本CT13④:108，夹砂褐胎黑陶。卷沿，圆唇，束颈，鼓腹残。腹饰方格纹。复原口径17、残高6.1厘米（图六四，4）。标本CT13④:117，夹砂褐胎黑陶。卷沿，圆唇，束颈，深腹残。饰竖细绳纹。口径14、腹径15.2、残高11.2厘米（图六二，2）。标本CT13④:123，夹砂褐胎黑陶。卷沿，厚圆唇，束颈，鼓腹残。饰模糊细绳纹。口径14、残高6厘米（图六二，11）。标本CT13④:188，夹砂褐陶。卷沿，圆唇，束颈，鼓腹残。饰模糊绳纹，圆乳钉上压印三道条纹。口径7.6、残高5.5厘米（图六三，17）。

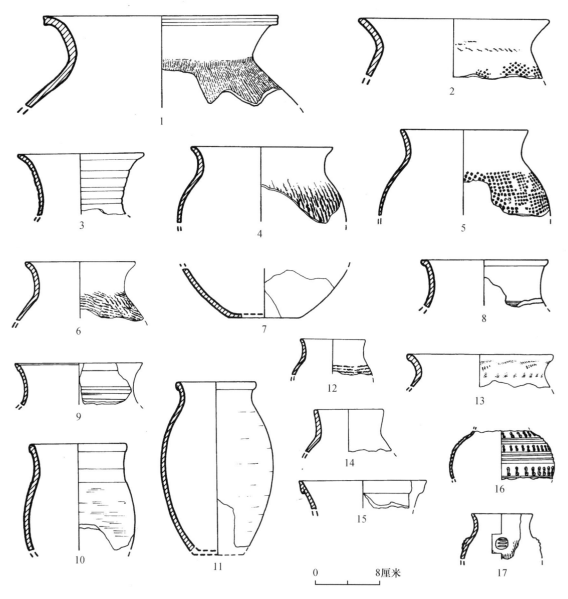

0 8厘米

图六三 CT13④层出土陶器

1. 陶瓮（CT13④:13） 2、4～6、13、14、17. 陶釜（CT13④:103、CT13④:28、CT13④:29、CT13④:34、CT13④:43、CT13④:36、CT13④:188） 3、7～12、15、16. 陶罐（CT13④:131、CT13④:163、CT13④:132、CT13④:176、CT13④:130、CT13④:128、CT13④:19、CT13④:150、CT13④:240）

陶罐 11件。标本CT13④:19,泥质褐胎黑皮陶,黑皮光亮。卷沿,圆唇,束颈,腹残。腹饰横向绳纹。口径8、残高4.4厘米（图六三,12）。标本CT13④:128,泥质灰陶。口微敞,厚圆唇,束颈,深腹,底残。器表不平,有不规则的划痕。口径10、腹径14.4、残高20.2厘米（图六三,11;图版一九,6）。标本CT13④:130,泥质褐胎黑陶。口微敞,厚圆唇,束颈,深腹残。器表不平,有不规则划痕。口径12、腹径14、残高13厘米（图六三,10）。标本CT13④:131,泥质褐胎黑皮陶,黑皮剥落。敞口,圆唇,长颈,腹残。颈部饰凹弦纹。口径16、残高7.4厘米（图六三,3）。标本CT13④:132,泥质褐胎黑皮陶,黑皮剥落。敞口,厚圆唇,长颈内束,腹残。颈腹部饰凹弦纹。口径16、残高6厘米（图六三,8）。标本CT13④:150,泥质黑陶。敞口,叠唇,长颈残。素面。轮制。复原口径16、残高3.6厘米（图六三,15）。标本CT13④:176,泥质褐胎黑陶。敞口,沿微折,沿面微凹,圆唇,长颈,腹残。饰凹弦纹。复原口径16、残高5.3厘米（图六三,9）。标本CT13④:240,泥质褐胎黑皮陶。口残,鼓腹,底残。饰凹弦纹、戳印"S"纹。腹径13、残高6厘米（图六三,16）。

另有罐底1件。标本CT13④:163,泥质褐胎黑皮陶,黑皮剥落。口残,斜壁,平底。素面。底径9、残高5.8厘米（图六三,7）。

陶瓮 2件。标本CT13④:13,夹砂黑褐陶,厚胎。敞口,卷沿,方唇,束颈,腹残。唇面有一圈凹槽,腹饰细绳纹。口径30、残高10.8厘米（图六三,1）。标本CT13④:127,泥质褐胎灰陶。卷沿,厚圆唇,束颈,腹残。颈部饰不规则凹弦纹。口径16、残高6.8厘米（图六四,2）。

陶杯 6件。标本CT13④:173,泥质褐胎黑陶。敞口,尖唇,长颈残。饰凹弦纹。口径8、残高2.5厘米（图六四,17）。标本CT13④:191,泥质褐胎黑陶。敞口,圆唇,长颈残。饰凹弦纹、"S"纹。复原口径13、残高3厘米（图六四,18）。标本CT13④:192,泥质黑陶。敞口,圆唇,长颈残。饰凹弦纹、"S"纹和"X"形刻划纹。复原口径14、残高4.8厘米（图六四,16）。标本CT13④:193,泥质黑陶。口残,长颈,折腹残。饰凹弦纹和戳印纹。残高8.1厘米（图六四,20）。标本CT13④:225,泥质褐胎黑陶。敞口残,长颈,折腹,尖底残。饰凹弦纹、"S"纹。腹径12、残高7.2厘米（图六四,15）。标本CT13④:239,泥质褐胎黑皮陶。敞口残,长颈,弧腹,尖底残。饰凹弦纹、"S"纹。腹径10、残高10厘米（图六四,21）。

另有杯底2件。标本CT13④:158,泥质褐胎黑皮陶。口、腹残,尖底。素面。残高2.5厘米（图六四,11）。标本CT13④:159,泥质灰黑陶。口残,弧腹,尖底。饰凹弦纹。残高5.3厘米（图六四,19）。

陶盆 5件。标本CT13④:7,泥质黑陶,黑皮剥落。敞口,卷沿,圆唇,束颈,折腹,底残。饰凹弦纹和不规则刻划纹。口径19、腹径16.6、残高7.6厘米（图六四,10）。标本CT13④:16,夹砂褐胎黑皮陶。敞口,卷沿,圆唇,折腹下残。素面。器表不平。复原口径13、残高4.8厘米（图六四,13）。标本CT13④:143,泥质褐陶。敞口,折沿沿面微凹,折腹,平底微圜。口径24、腹径21.6、底径9、高12厘米（图六四,6;图版二〇,1）。标本CT13④:145,泥质红陶,薄胎。卷沿,圆唇,深腹残。素面。复原口径13、残高4.5厘米（图六四,3）。标本CT13④:185,泥质褐胎黑陶。卷沿,圆唇,束颈,弧腹,平底残。饰"S"纹、凹弦纹。器表、内壁有不规则划痕。口径24、残高16.4厘米（图六四,1;图版二〇,2）。

陶豆 3件。标本CT13④:8,泥质灰胎黑皮陶。敞口残,斜壁,细柄残。饰凹弦纹和两组"S"纹,上组"S"纹由3组7个"S"纹和1组6个"S"纹组成,下组"S"纹由3组6个"S"纹和1组7个"S"纹组成。残高23.8厘米（图六四,12;图版二〇,3）。标本T13④:144,夹砂褐胎黑皮陶。残存圆柱体形细柄。残高5.5厘米（图六四,5）。标本CT13④:157,泥质黑陶。子口微

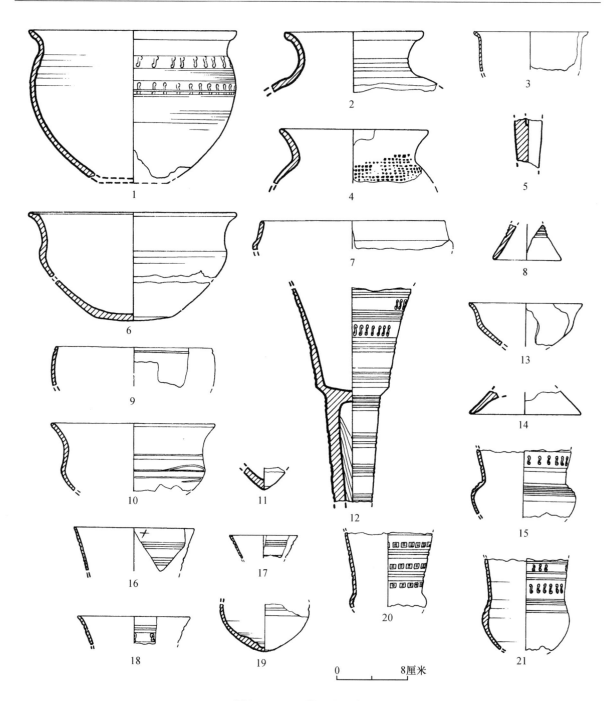

图六四　CT13④层出土陶器

1、3、6、10、13. 陶盆（CT13④:185、CT13④:145、CT13④:143、CT13④:7、CT13④:16）　2. 陶瓮（CT13④:127）　4. 陶釜
（CT13④:108）　5、7、12. 陶豆（CT13④:144、CT13④:157、CT13④:8）　8、14. 圈足（CT13④:168、CT13④:48）　9. 陶钵
（CT13④:14）　11、15~21. 陶杯（CT13④:158、CT13④:225、CT13④:192、CT13④:173、CT13④:191、CT13④:159、
CT13④:193、CT13④:239）

敛，方唇，腹残。素面。轮制。复原口径21、残高3.1厘米（图六四，7）。

　　另有圈足2件。标本CT13④:48，夹砂褐胎黑皮陶。喇叭形矮圈足。素面。座径13、残高2.8
厘米（图六四，14）。标本CT13④:168，泥质灰黑陶。喇叭形圈足。饰凹弦纹。底径8、残高4厘
米（图六四，8）。

陶钵 1件。标本 CT13④:14，泥质褐胎黑皮陶，黑皮剥落。敛口，圆唇，腹残。上部有一圈凹弦纹。复原口径18、残高4.5厘米（图六四，9）。

CT14④层 器类有陶釜、杯等。

陶釜 1件。标本 CT14④:1，夹砂褐胎黑皮陶。卷沿，圆唇，束颈，腹残。颈部饰模糊绳纹。复原口径18、残高2.6厘米（图六一，6）。

陶杯 1件。标本 CT14④:4，泥质褐胎黑皮陶。敞口，圆唇，长颈残。饰凹弦纹。复原口径10、残高3.4厘米（图六一，10）。

（三）其他

因扰动所致，东门头遗址晚于商代的文化堆积中也出土少量该时期的遗物，器类有陶釜、罐、杯、灯形器和石斧、贝饰、铜镞等。兹择要介绍如次。

陶罐 标本 CTG1⑤:2，夹砂褐胎灰黑陶。敞口，圆唇，矮颈，深腹，平底。器表有划痕。口径15、腹径22.4、底径9、高34.8厘米（图六五，1；图版二〇，4）。标本 CTG1⑤:1，泥质褐胎黑皮陶。直颈，厚圆唇，腹残。唇外一圈凹槽。口径11、残高6厘米（图六五，3）。标本 CTG1⑤:3，泥质灰陶。敞口，圆唇，长颈，腹残。唇下一圈凹槽。口径16、残高7.6厘米（图六五，2）。标本 ATG2⑫:3，夹砂灰褐陶。小直口，圆唇，鼓肩，斜腹残。素面。口径15、腹径17.6、残高8.6厘米（图六六，1）。

陶杯 标本 BT5 南扩⑨:1，泥质褐胎黑陶。敞口，圆唇，斜壁残。器表有刮划痕。口径10.8、残高6.8厘米（图六六，8）。标本 BT5 南扩⑨:3，泥质褐胎黑陶。口残，尖底。素面。残高2.8厘米（图六六，3）。

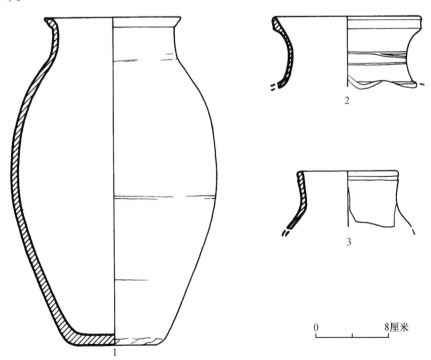

0   8厘米

图六五 CTG1⑤层出土陶器

1～3. 陶罐（CTG1⑤:2、CTG1⑤:3、CTG1⑤:1）

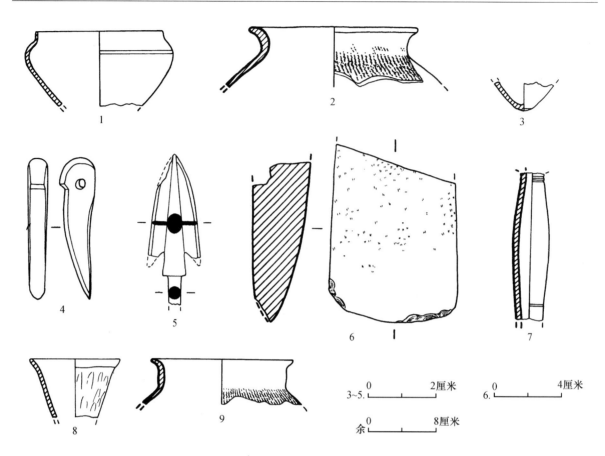

图六六　其他单位出土商代陶器、铜器、石器、贝饰

1. 陶罐（ATG2⑫:3）　2、9. 陶釜（ATG2⑨:7、CT5 墙3:1）　3、8. 陶杯（BT5 南扩⑨:3、BT5 南扩⑨:1）　4. 贝饰
（CT9⑥:2）　5. 铜镞（BT5 墙2②:3）　6. 石斧（BT5 墙2①:2）　7. 灯形器（BT5 北扩⑥:3）

　　灯形器　标本 BT5 北扩⑥:3，夹细砂褐胎灰陶。残存细长柄，中空。饰凹弦纹。残长 17 厘米
（图六六，7）。

　　陶釜　标本 ATG2⑨:7，夹砂灰陶。敞口，卷沿，圆唇，束颈，鼓腹残。饰绳纹。口径 19.2、
残高 7 厘米（图六六，2）。标本 CT5 墙3:1，夹砂褐陶。卷沿，圆唇，束颈，鼓腹残。饰细绳纹。
口径 17、残高 5.2 厘米（图六六，9）。

　　石斧　标本 B T5 墙2①:2，磨制。弧刃，边直，顶残。刃部有使用疤痕。残长 10.2、刃宽
7.6、厚 3.5 厘米（图六六，6）。

　　贝饰　标本 CT9⑥:2，角形。弧顶，面平，尖刃。顶部一圆形穿孔。长 4.1、宽 1.05、厚 0.6、
孔径 0.3 厘米（图六六，4）。

　　铜镞　标本 B T5 墙2②:3，双翼，圆铤残。残长 4.4、宽 1.6 厘米（图六六，5）。

三、小　　结

　　东门头遗址的商代遗存存在二组层位关系：

（1）CTG1 第 6 层→第 7 层；

（2）H3→CT5 第 7 层。

但是，上述二组层位关系中诸单位的主要陶器如釜、钵等的型式变化不明显，难以进行有效的

型式划分，其分期意义有限。其他单位如 CT13 第 4 层、CT14 第 4 层和 CT15 第 4 层等所见陶器特征也与前者大同小异，显示它们的年代相当，可作为一个整体看待。

　　整体而言，东门头遗址的商代遗存特征鲜明，陶器的器类比较简单，以夹砂圜底釜、尖底缸、泥质尖底杯、罐、豆、盆为基本组合，纹饰除绳纹、方格纹外，刻划乳钉"麦"状纹、戳印"S"纹以及其组合纹饰等风格典型。此类遗存在三峡地区的秭归王家坝[①]、长府沱[②]、何光嘴[③]、朝天嘴、宜昌中堡岛[④]、路家河[⑤]等遗址中均有发现，是该地区商代文化的代表性遗存，有的研究者将此类遗存命名为路家河文化[⑥]。

　　东门头遗址的商代遗存中缺乏朝天嘴、中堡岛等遗址中常见的夹砂深腹平底罐、花边口罐、鼓肩尖底方唇罐、鸟首形器把等二里头文化晚期和早商时期的典型器，所见尖底缸（CTG1⑥:6）与路家河遗址 H1 出土的缸（H1:7）相似，后者出土木炭标本（ZK-2646）所测 ^{14}C 数据树轮校正值为 1428BC～1114BC[⑦]。鉴于该地区商代考古学文化的年代序列尚未完整建立，我们推测东门头遗址商代遗存的年代大体相当于商代晚期。

　　东门头遗址的商代遗存分布范围有限，一定程度上体现出其聚落规模较小的特点。从出土的动物骨骼看，没有发现对肉食资源价值较小的螺、蚌的利用，在水生动物中只选择性捕获个体较大的青鱼、草鱼、中华鲟。青鱼、草鱼、中华鲟个体数，占商代全部动物最小个体数的 84%。其中，青鱼的捕捞量可能最大，在同时期动物最小个体数所占比例达 63%。显示当时居民的主要肉食来源是依靠渔业捕捞。同时，小鹿、水鹿、梅花鹿、青羊、苏门羚等野生动物的存在以及约占该时期全部动物 7% 的狗和猪 2 种家畜的出现，说明狩猎与家畜饲养也是当时经济生活的重要补充。

① 湖北省文物考古研究所：《秭归王家坝遗址发掘简报》，《湖北库区考古报告集·第一卷》，科学出版社，2003 年。
② 宜昌博物馆：《秭归长府沱商代遗址发掘报告》，《湖北库区考古报告集·第一卷》，科学出版社，2003 年。
③ 国务院三峡工程建设委员会办公室、国家文物局：《秭归何光嘴》，科学出版社，2003 年。
④ 国家文物局三峡考古队：《朝天嘴与中堡岛》，文物出版社，2001 年。
⑤ 长江水利委员会：《宜昌路家河——长江三峡考古发掘报告》，科学出版社，2002 年。
⑥ 长江水利委员会：《宜昌路家河——长江三峡考古发掘报告》，科学出版社，2002 年。
⑦ 长江水利委员会：《宜昌路家河——长江三峡考古发掘报告》，科学出版社，2002 年。

伍 周代遗存

一、概　述

东门头遗址的周代遗存主要分布在 D 区，另在 B 区发现零星同时期的遗物。D 区所见遗迹仅少量灰坑和坑（图六七），其余皆文化层堆积。长方形坑的形态特别且保存较好，但圆形和不规则椭圆形灰坑破坏比较严重。文化层堆积只在 DT5、DT15、DT16、DT23、DT24、DT25、DT26、DT35、DT37、DT40、DT45 、DT46、DT51 等探方有部分保留，其余多被破坏。

出土遗物除动物骨骼外，多为陶器。

陶器以夹砂陶为主，泥质陶较少。夹砂陶多呈褐色，但色彩不一，有黄褐、灰褐、黑褐、红褐之别，另有部分呈黑色、黑皮等。泥质陶多呈灰色、黑色，部分呈褐色、黑皮等。除部分素面外，陶器装饰以绳纹为主，方格纹、弦纹、镂孔、暗划纹等较少（附表三）。夹砂陶多手制，泥条盘筑而成，部分器壁上尚保留手制的印痕，器类以釜、鼎为主；泥质陶多轮制而成，器类以豆为主。鼎足单独制作后用泥钉与器腹衔接而成，豆盘与圈足则分别制作后粘接而成。陶器的器类有釜、鼎、瓿、鬲、罐、簋、盆、豆、盂、盖、板瓦、纺轮等。

二 、遗 存 介 绍

（一）灰坑

共发现 3 个灰坑，编号 H16、H17、H18。

H16　位于 DT51 的西部，西部被隔梁所压。开口在第 3B 层下，距地表深约 375 厘米。打破第4 层、第 5 层。平面呈圆形。南北长 114、残深 8 ~ 16 厘米。斜壁，底较平。填土为灰烬，土质松软。包含物有陶片和动物骨骼。器类有陶釜、簋、豆等（图六八）。

陶簋　1 件。标本 H16：3，夹砂黑胎黄褐陶。侈口，圆唇，沿面内凹，弧腹，圈足残。素面。口径 18.4、腹径 16.4、残高 12.4 厘米（图六九，1 ；图版二一，2）。

陶豆　1 件。标本 H16：6，泥质黑陶。敞口，圆唇，腹残。素面。复原口径 21、残高 2.3 厘米（图六九，2）。

H17　位于 DT46 的西部。开口在第 2 层下，距地表深 76 厘米。打破第 3 层，其底部至基岩。平面呈不规则椭圆形。南北长 218、东西宽 112、深 40 ~ 48 厘米。坑口南部略高，壁较斜，底凹凸不平。浅灰褐色沙质填土。包含物有陶片和动物骨骼。器类有陶釜、盆、豆等（图七〇）。

陶釜　1 件。标本 H17：7，夹砂褐陶。卷沿，圆唇，束颈，鼓腹残。饰竖绳纹。口径 16、残高7 厘米（图七一，4）。

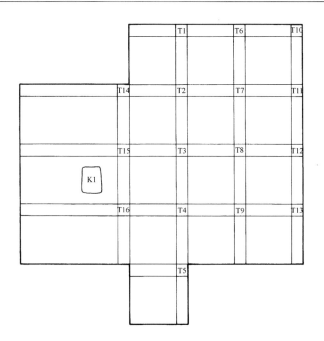

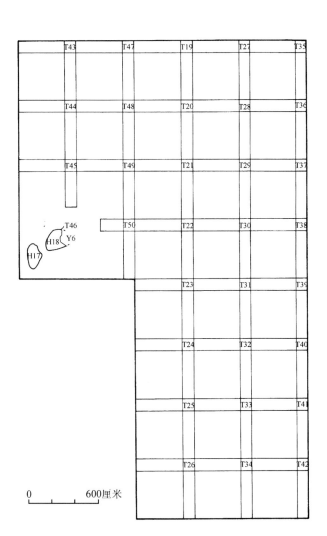

图六七，1　D区周代遗迹分布图

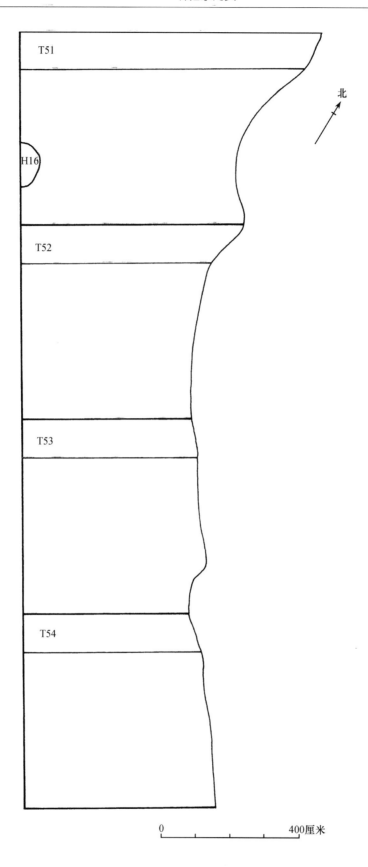

北

图六七，2   D区周代遗迹分布图

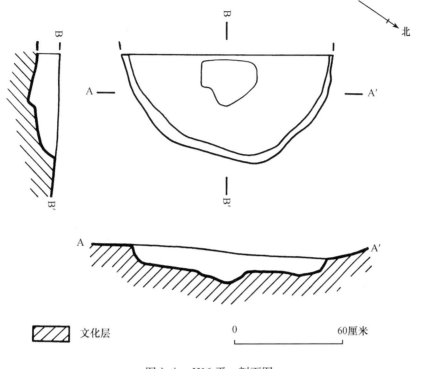

图六八 H16 平、剖面图

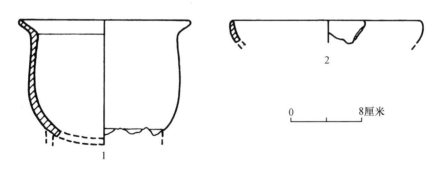

图六九 H16 出土陶器
1. 陶簋（H16:3） 2. 陶豆（H16:6）

陶盆 1件。标本 H17:8，泥质灰陶。口微敛，折沿下垂，沿面有一周凹槽，方唇，束颈，腹残。饰凹弦纹。口径32、残高3.8厘米（图七一，1）。

陶豆 2件。标本 H17:5，泥质灰陶。直口，圆唇，弧腹残。腹部有旋痕。口径18、残高4.4厘米（图七一，2）。标本 H17:6，泥质褐陶。敞口，圆唇，浅弧腹，圈足残。素面。口径14、残高3.2厘米（图七一，5）。

板瓦 标本 H17:9，泥质灰陶。残。方唇。饰模糊细绳纹。残长10.8、残宽8.8厘米（图七一，3）。

H18 位于 DT46 的东北部，部分被北隔梁所压。开口在 Y7 之下，距地表深约50～70厘米。打破第4层，东部被 Y6 打破。平面呈不规则椭圆形，东西残长约180、南北残宽167、深32～41厘米。坑口由西向东倾斜，坑壁较直，坑底西高东低，坡度30°。浅灰褐色沙质填土。包含物有陶片和动物骨骼。器类有陶鼎、罐等（图七二）。

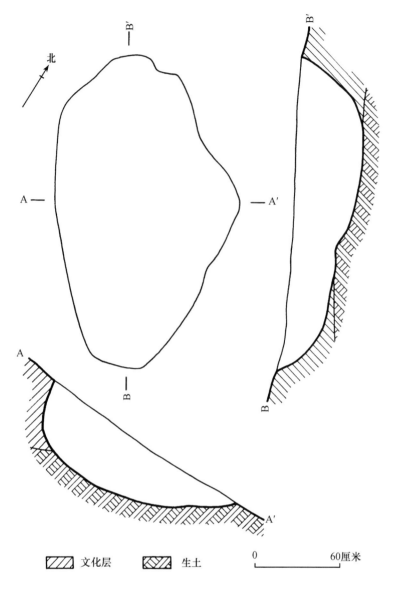

图七〇　H17 平、剖面图

（二）坑

只发现 1 个坑，编号 K1。

K1　位于 DT15 的东部。开口在第 7 层下，距地表深 125 厘米。打破第 9A 层及第 11 层。平面呈长方形。坑口南北长 203、东西宽 176 厘米，坑底南北长 192、东西宽 68 厘米，深 8～30 厘米。坑口由西向东倾斜，斜壁，底较平。坑底有两条交叉状的浅槽，呈"X"形。灰色填土夹黄斑，土质紧密。包含物有陶片。器类有陶鼎、豆等（图七三；彩版八，2）。

陶鼎　1 件。标本 K1：3，夹砂红陶。卷沿，圆唇，束颈，腹残。饰竖绳纹。复原口径 18、残高 6.9 厘米（图七四，1）。

另有陶鼎足 1 件。标本 K1：2，夹砂褐陶。圆柱体，平根。饰绳纹。残高 3.8 厘米（图七四，3）。

陶豆 1件。标本 K1:1，夹砂黑陶。敞口，圆唇，斜壁残。素面。复原口径16、残高3.6厘米（图七四，2）。

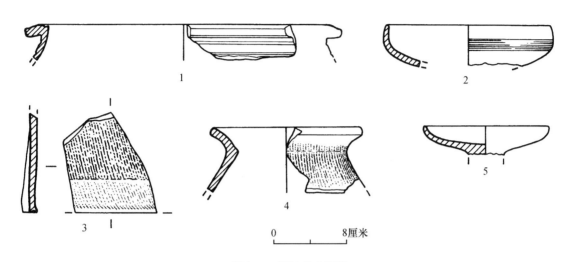

图七一 H17 出土陶器

1. 陶盆（H17:8） 2、5. 陶豆（H17:5、H17:6） 3. 陶板瓦（H17:9） 4. 陶釜（H17:7）

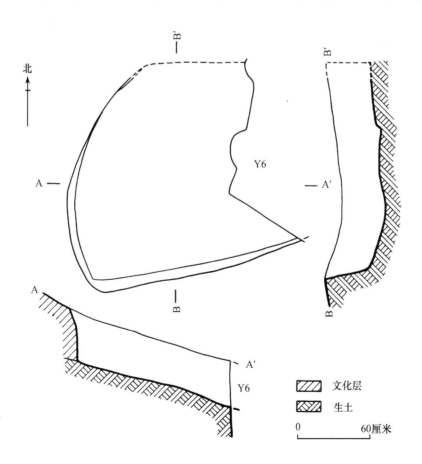

图七二 H18 平、剖面图

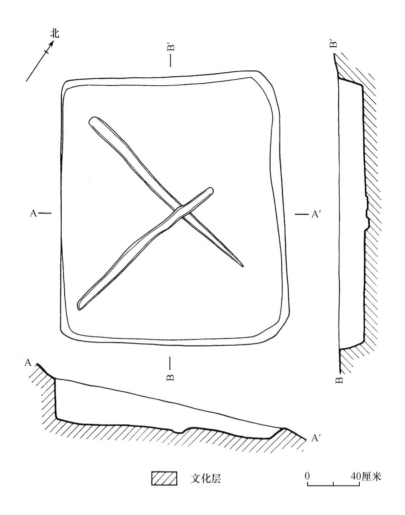

文化层　　　　　　0　　　　40厘米

图七三　K1 平、剖面图

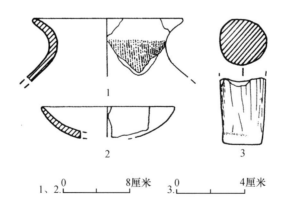

1、2. 0　　　　8厘米　　3. 0　　　　4厘米

图七四　K1 出土陶器

1. 陶鼎（K1:3）　2. 陶豆（K1:1）　3. 陶鼎足（K1:2）

（三）文化层

主要分布在 D 区，出土遗物比较丰富的探方有 DT15 、DT16、DT24、DT51 等。另在 B 区 T5 等探方内出土少量遗物，可能该区域内也存在本时期的文化堆积。

DT15⑧层　器类有陶釜、鼎、豆、盂、盖、纺轮等。

釜（鼎）　2 件。均口沿残片，可能为釜类器，也可能为鼎类器。标本 DT15⑧：1，夹砂红胎黑皮陶。卷沿，圆唇，束颈，鼓腹残。饰竖绳纹。复原口径 14、残高 5.5 厘米（图七五，7）。标本 DT15⑧：5，夹砂褐陶。卷沿，圆唇，束颈，鼓腹残。颈部饰模糊绳纹，腹部饰细竖绳纹。口径 12、残高 6.9 厘米（图七五，6）。

另有鼎足 2 件。标本 DT15⑧：6，夹砂红褐陶。圆柱形足，平根。饰细绳纹模糊。有刮削痕。残高 11 厘米（图七五，1）。标本 DT15⑧：10，夹砂褐陶。圆柱形足残，平根。饰细绳纹模糊。残高 7.2 厘米（图七五，3）。

陶豆　1 件。标本 DT15⑧：7，夹砂灰褐陶。敞口，圆唇，斜壁残。素面。复原口径 22、残高 5.2 厘米（图七五，11）。

另有圈足 1 件。标本 DT15⑧：3，夹砂灰褐陶。喇叭形圈足。素面。底径 11、残高 6.2 厘米（图七五，20）。

陶盂　1 件。标本 DT15⑧：9，泥质黑褐陶。子口，圆唇，斜壁残。饰凹弦纹。复原口径 18、残高 4.4 厘米（图七五，8）。

陶盖　1 件。标本 DT15⑧：2，泥质黑褐胎黑皮陶。杯形钮，弧壁，圆唇。素面。口径 16、高 5 厘米（图七五，10；图版二一，4）。

陶纺轮　1 件。标本 DT15⑧：4，夹砂黑褐陶。底、面平，弧壁中部起棱。素面。直径 2.8 ~ 4.4、孔径 0.8、高 2.8 厘米（图七五，2；图版二一，5）。

DT16⑩层　器类有陶釜、罐等。

陶釜　2 件。标本 DT16⑩：1，夹砂褐陶。敞口，卷沿，圆唇，束颈，腹残。腹饰竖绳纹。复原口径 8、残高 3.4 厘米（图七五，22）。标本 DT16⑩：3，夹砂褐陶。敞口，卷沿，圆唇，束颈，鼓腹残。腹饰竖细绳纹。颈部有抹痕。口径 15、残高 6.4 厘米（图七五，15）。

陶罐　2 件。标本 DT16⑩：2，泥质红胎黑皮陶。直口，平折沿，尖圆唇，矮颈，腹残。素面。复原口径 16、残高 4.1 厘米（图七五，4）。

DT23④层　器类有陶甗等。

陶甗　1 件。标本 DT23④：3，夹砂褐陶。残存腰部。饰细绳纹模糊。腰径 11.8、残高 4.8 厘米（图七五，5）。

DT24③层　器类有陶釜、鼎、罐、豆等。

陶釜　5 件。标本 DT24③：11，夹砂黑陶。敞口，卷沿，圆唇，腹残。腹饰竖绳纹。复原口径 16、残高 4.3 厘米（图七六，11）。标本 DT24③：14，夹砂灰黑陶。敞口，卷沿，圆唇，束颈，腹残。颈部饰模糊绳纹，腹饰竖绳纹。内壁有按压痕。复原口径 21、残高 5.2 厘米（图七六，7）。标本 DT24③：22，夹细砂黑陶。小口，卷沿，圆唇，弧腹。饰交错绳纹。复原口径 7.6、残高 4.3 厘米（图七六，9）。标本 DT24③：23，夹砂黑褐陶。敞口，卷沿，厚圆唇，束颈，腹残。沿面有一周凹槽。器表有划痕。口径 16、残高 6.8 厘米（图七六，2）。

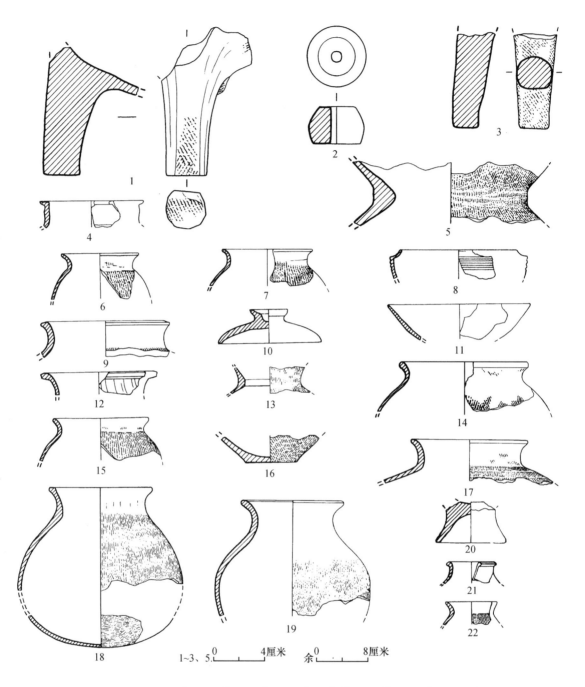

图七五　D 区 T15⑧、T16⑩、T23④、T24④、T37⑤、T51④、T51⑤层出土陶器

1、3. 鼎足（DT15⑧：6、DT15⑧：10）　2. 陶纺轮（DT15⑧：4）　　4、9、12、16、17、21. 陶罐（DT16⑩：2、DT24④：1、DT24④：4、DT37⑤：9、DT24④：2、DT24④：3）　5、13、14. 陶瓶（DT23④：3、DT51④：1、DT51⑤：1）　6、7. 陶釜（鼎）（DT15⑧：5、DT15⑧：1）　8. 陶盂（DT15⑧：9）　10. 陶盖（DT15⑧：2）　11. 陶豆（DT15⑧：7）　15、18、19、22. 陶釜（DT16⑩：3、DT51④：4、DT37⑤：8、DT16⑩：1）　20. 圈足（DT15⑧：3）

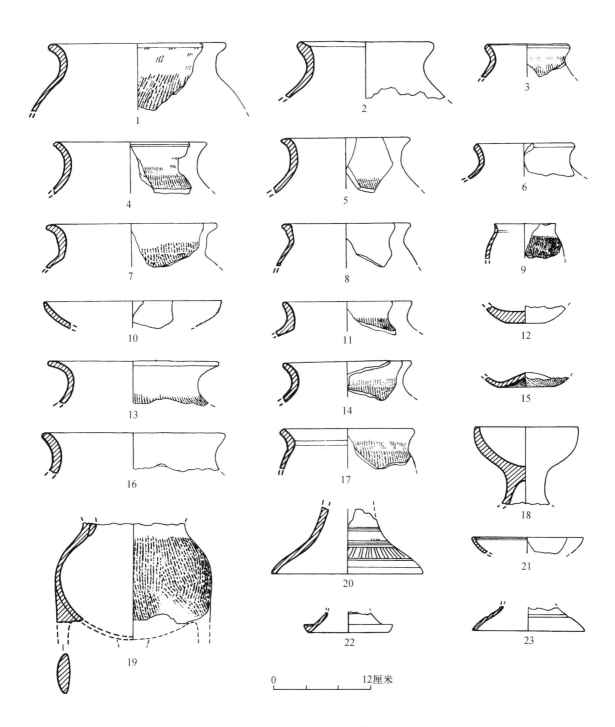

图七六　DT24③层出土陶器

1、4、5、13、14、16、17. 釜（鼎）（DT24③:13、DT24③:24、DT24③:9、DT24③:21、DT24③:25、DT24③:19、DT24③:17）

2、7、9、11. 陶釜（DT24③:23、DT24③:14、DT24③:22、DT24③:11）　　3、6、8、12、15. 陶罐（DT24③:12、DT24③:16、

DT24③:18、DT24③:29、DT24③:27）　　10、18、21. 陶豆（DT24③:31、DT24③:8、DT24③:32）　　19. 陶鼎（DT24③:20）

20、22、23. 圈足（DT24③:35、DT24③:28、DT24③:30）

陶鼎　2件。标本DT24③:20，夹砂褐陶。口残，束颈，鼓腹，底残，足残。腹饰绳纹，颈部绳纹抹平。内壁有按窝痕。腹径19.2、残高12厘米（图七六，19）。标本DT24③:38，夹砂黑褐陶。残存部分弧腹和附足。饰模糊绳纹。残高5.4厘米（图七七，5）。

另有鼎足5件。标本DT24③:3，夹砂黑褐陶。椭圆形柱足残。足面饰交错绳纹，内侧有刮削痕。用泥钉与腹部衔接。残高10.8厘米（图七七，2）。标本DT24③:4，夹砂褐陶。圆柱形足残。饰细绳纹，局部抹光。用泥钉与腹部衔接，衔接面保留细绳纹痕。残高6厘米（图七七，3）。标本DT24③:5，夹砂褐陶。圆柱形足，平根。足面刮削痕明显，腹部饰模糊绳纹。用泥钉与腹部衔接。足内侧与腹部交接处附加泥条。残高14.5厘米（图七七，1）。标本DT24③:6，夹砂褐陶。圆柱形足，平根。饰模糊绳纹。用泥钉与腹部衔接。残高10.1厘米（图七七，4）。标本DT24③:7，夹砂褐陶。圆柱形足残，平根。饰粗绳纹，有刮削痕。残高8.3厘米（图七七，6）。

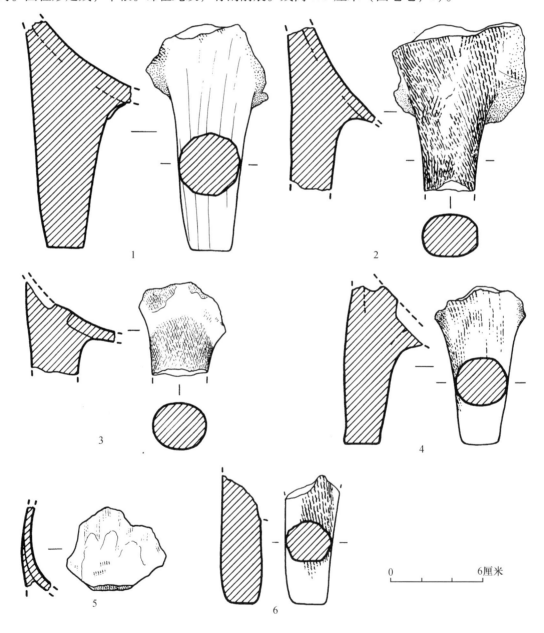

图七七　DT24③层出土陶器

1~4、6. 鼎足（DT24③:5、DT24③:3、DT24③:4、DT24③:6、DT24③:7）　5. 陶鼎（DT24③:38）

釜（鼎）　8件。均口沿残片，可能为釜类器，也可能为鼎类器。标本 DT24③:9，夹砂灰褐陶。卷沿，尖唇，束颈，腹残。腹饰细绳纹。复原口径16、残高6.6厘米（图七六，5）。标本 DT24③:13，夹砂黑褐陶。敞口，卷沿，厚圆唇，束颈，腹残。颈部饰模糊绳纹，腹饰竖绳纹。内壁有按压痕。复原口径22、残高8厘米（图七六，1）。标本 DT24③:17，夹砂灰黑陶。敞口，卷沿，圆唇，束颈，腹残。颈部饰模糊绳纹，腹饰竖绳纹。复原口径16、残高4.8厘米（图七六，17）。标本 DT24③:19，夹砂褐陶。敞口，卷沿，圆唇，束颈，腹残。素面。口径22、残高4.8厘米（图七六，16）。标本 DT24③:21，夹砂褐陶。敞口，卷沿，方唇，束颈，腹残。饰模糊绳纹。口径20、残高5厘米（图七六，13）。标本 DT24③:24，夹砂褐陶。敞口，卷沿，尖圆唇，束颈，腹残。腹饰细竖绳纹，颈部饰模糊绳纹，上部有一周凹槽。复原口径19、残高6.3厘米（图七六，4）。标本 DT24③:25，夹砂褐陶。敞口，卷沿，圆唇，束颈，腹残。腹饰细绳纹，颈部绳纹抹平。内壁有抹痕。复原口径16、残高4.7厘米（图七六，14）。

陶罐　3件。标本 DT24③:12，夹砂黑陶。敞口，卷沿，方唇，腹残。饰模糊细绳纹。复原口径10、残高3.9厘米（图七六，3）。标本 DT24③:16，夹砂褐陶。敞口，卷沿，厚方唇，束颈，腹残。素面。复原口径12、残高4.4厘米（图七六，6）。标本 DT24③:18，夹砂褐胎黑皮陶。口近直，平沿，圆唇，矮颈，腹残。素面。复原口径16、残高5.4厘米（图七六，8）。

另有罐底2件。标本 DT24③:27，夹砂红褐陶。口腹残，凹底。腹底饰绳纹。底径7.2、残高1.8厘米（图七六，15）。标本 DT24③:29，夹砂褐胎黑皮陶。口腹残，平底。素面。底径4.8、残高2厘米（图七六，12）。

陶豆　3件。标本 DT24③:8，夹砂褐陶。敞口，厚方唇，弧腹，喇叭形足残。素面。口径13、残高9.2厘米（图七六，18；图版二一，3）。标本 DT24③:31，夹砂褐胎黑皮陶。敞口，尖圆唇，斜壁残。素面。复原口径22、残高3.2厘米（图七六，10）。标本 DT24③:32，泥质褐胎黑皮陶。敞口，圆唇，斜壁残。素面。复原口径14、残高2.1厘米（图七六，21）。

另有圈足3件。标本 DT24③:35，泥质褐胎黑皮陶。喇叭形圈足残。饰凹弦纹、暗划纹和镂孔。底径18.8、残高8厘米（图七六，20）。标本 DT24③:28，泥质褐陶。喇叭形圈足残。饰凹弦纹。底径10、残高2.5厘米（图七六，22）。标本 DT24③:30，夹细砂黑陶。喇叭形圈足残。饰凹弦纹。底径14、残高3.2厘米（图七六，23）。

DT24④层　器类有陶罐等。

陶罐　4件。标本 DT24④:1，夹砂褐陶。敞口，卷沿，圆唇，束颈，腹残。唇面有一周凹槽，腹饰绳纹。口径18.4、残高5.4厘米（图七五，9）。标本 DT24④:2，夹砂红褐陶。敞口，卷沿，圆唇，束颈，鼓腹残。颈部饰模糊绳纹，腹饰弦断绳纹。口径18、残高6.6厘米（图七五，17）。标本 DT24④:3，夹砂褐胎黑皮陶。敞口，卷沿，圆唇，束颈，腹残。素面。复原口径7、残高3.2厘米（图七五，21）。标本 DT24④:4，泥质褐陶。敞口，卷沿，方唇，束颈，腹残。唇面有一圈凹槽。颈部有划痕。复原口径18、残高3.5厘米（图七五，12）。

DT35④层　器类有陶罐等。

陶罐　1件。标本 DT35④:1，夹砂黑褐陶。侈口，沿面微内凹，方唇，深腹残。腹饰竖细绳纹。口沿有慢轮修整痕。口径20、残高6.4厘米（图七八，10）。

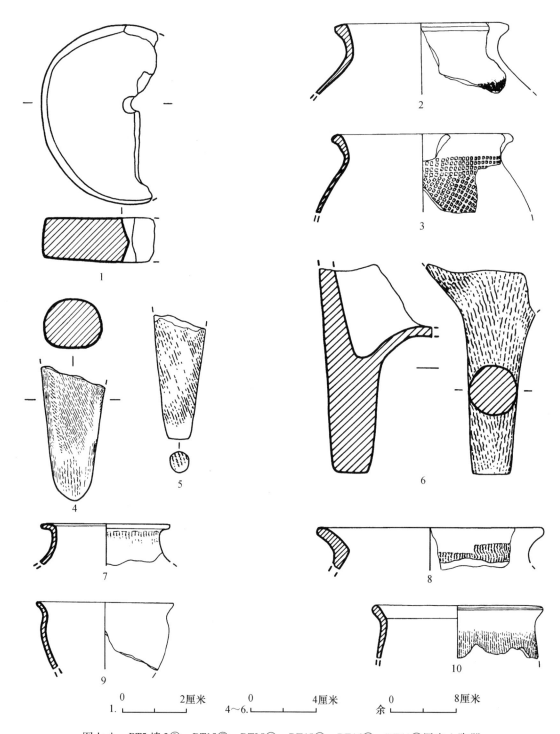

图七八　BT5 墙3①、DT15⑦、DT35④、DT45⑥、DT46②、DT54③层出土陶器

1. 陶纺轮（DT54③:2）　2. 陶瓮（DT15⑦:13）　3、8. 陶釜（DT15⑦:14、DT46②:4）　4、5. 陶鼎（DT45⑥:3、DT45⑥:4）　6. 陶鬲（BT5 墙3①:1）　7、10. 陶罐（DT46②:3、DT35④:1）　9. 陶盂（DT15⑦:11）

DT37⑤层 器类有陶釜、罐等。

陶釜 1件。标本 DT37⑤：8，夹砂黑褐陶。敞口，卷沿，圆唇，束颈，鼓腹残。口沿一圈凹槽，腹饰细绳纹。内壁有按窝痕。口径 16、腹径 24、残高 17.4 厘米（图七五，19）。

陶罐 1件。标本 DT37⑤：9，夹砂褐陶。口残，斜腹下内收，平底。腹饰绳纹。底径 8、残高 4 厘米（图七五，16）。

DT45⑥层 器类有陶鼎等。

陶鼎 2件。标本 DT45⑥：3，夹砂红褐陶。残存鼎足。圆锥形。饰细绳纹。残高 8 厘米（图七八，4）。标本 DT45⑥：4，夹砂褐陶。残存鼎足。圆柱形，平根。饰绳纹。残高 7.4 厘米（图七八，5）。

DT51④层 器类有陶甗、釜等。

陶甗 1件。标本 DT51④：1，夹砂红胎灰陶。残存腰部。饰模糊细绳纹。腰径 9.6、残高 4 厘米（图七五，13）。

陶釜 1件。标本 DT51④：4，夹砂灰褐陶。敞口，卷沿，圆唇，束颈，鼓腹，圜底残。颈部饰模糊绳纹，腹饰细绳纹。内壁有按窝痕。口径 16、腹径 25.6、复原高 24.6 厘米（图七五，18；图版二一，1）。

DT51⑤层 器类有陶甗等。

陶甗 1件。标本 DT51⑤：1，夹砂黑褐陶。敞口，卷沿，厚圆唇，束颈，鼓腹残。颈部饰绳纹平，腹饰交错细绳纹。复原口径 20、残高 7.4 厘米（图七五，14）。

（四）其他

因扰动所致，东门头遗址晚于周代的部分文化层和遗迹中也出土少量该阶段的遗物。兹择要介绍如次。

陶釜 标本 DT15⑦：14，夹砂褐胎黑皮陶，黑皮剥落。卷沿，圆唇，束颈，鼓腹残。颈部饰模糊绳纹，腹饰模糊方格纹。复原口径 21、残高 9.6 厘米（图七八，3）。标本 DT46②：4，夹砂褐陶。卷沿，厚圆唇，束颈，腹残。饰模糊绳纹。口径 28、残高 5 厘米（图七八，8）。

陶罐 标本 DT46②：3，夹砂褐陶。口近直，折沿，圆唇，高颈，腹残。颈部饰模糊绳纹。复原口径 16、残高 5 厘米（图七八，7）。

陶鬲 标本 B T5 墙 3①：1，夹砂褐陶。残存鬲足。圆柱足，平跟。饰绳纹。残高 12.5 厘米（图七八，6）。

陶瓮 标本 DT15⑦：13，夹砂褐陶。直领，厚唇，深腹残。饰模糊绳纹。复原口径 19、残高 4.4 厘米（图七八，2）。

陶盂 标本 DT15⑦：11，夹砂褐胎黑皮陶。卷沿，圆唇，束颈，深腹残。素面。复原口径 17、残高 8 厘米（图七八，9）。

陶纺轮 标本 DT54③：2，泥质红陶。扁平，边较直，对钻孔。直径 5.3、孔径 0.4～0.5、厚 1.3 厘米（图七八，1；图版二一，6）。

三、小 结

东门头遗址的周代遗存虽然多遭破坏，所见陶器均残片，但相关层位关系及陶器的形态特征与组合仍然提供了分析其年代关系的可能。

东门头遗址的周代遗存存在四组层位关系：

（1）H16→DT51 第 4 层→第 5 层；

（2）DT24 第 3 层→第 4 层；

（3）DT25 第 3 层→第 4 层；

（4）DT26 第 3 层→第 4 层（含 A、B、C 三小层）。

其中，3 组和 4 组的诸单位无陶器可资比较，不具备进一步分析其年代关系的条件。

从 1 组的 3 个单位看，第 5 层与第 4 层均共存甗，但两者残存的部位有别，不能直接类比，据第 5 层所见甗的口部特点与第 4 层所见釜的特点相同推测，它们的年代相当。而 H16 之簋、豆组合不见于第 5 层和第 4 层，显示它们之间可能存在年代距离。

从 2 组的 2 个单位看，第 4 层不见第 3 层的釜、鼎组合，且第 4 层所见罐的形态特征也有别于第 3 层的罐，显示它们存在一定的年代距离。同时，第 3 层所见釜（鼎）的口部特点（如 DT24 ③：13、DT24③：25 等）与 1 组第 4 层的釜相同，说明它们的年代相当。

据此，我们将上述二组层位关系中的 5 个单位分为相对早晚的三段：

一段：以 DT24 第 4 层为代表；

二段：以 DT24 第 3 层为代表，包括 DT51 第 4 层和第 5 层；

三段：以 H16 为代表。

与之比较，K1 的鼎、H18 的鼎、DT15 第 8 层的釜（鼎）、DT16 第 10 层的釜、DT23 第 4 层的甗、DT37 第 5 层的釜及 DT45 第 6 层的鼎等均与二段为代表的同类器特征相似，显示它们的年代相当，可作整体归入二段。但 H17 所见盆、板瓦等不见于以上各单位，其年代关系另述。

整体而言，东门头遗址以釜、鼎为主要代表的周代二段遗存特征鲜明，其陶器多夹砂褐陶，主要装饰绳纹，陶胎较厚，制作粗糙。此类遗存与三峡地区的秭归官庄坪遗址 H16、H19[1]、秭归柳林溪遗址 F1[2] 等春秋晚期单位中同类器特征相同，说明它们的年代相当，即二段的年代相当于春秋晚期。一段的年代相对早于二段，其罐与柳林溪遗址 H15 等春秋中期单位中的同类器形态相似[3]，推测一段的年代相当于春秋中期。三段的年代相对晚于二段，但三段所见簋、豆的形态特征并不晚于三峡地区春秋晚期之后的同类器，暂将三段的年代归于春秋晚期。

另外，H17 所见板瓦与秭归柳林溪遗址 H18 的同类器相同，后者的年代相对晚于柳林溪遗址 F1，年代大约属于战国早期[4]，推测 H17 的年代相当于战国早期。

综上，东门头遗址的周代遗存大体可分为三期：

一期：以 DT24 第 4 层为代表，年代相当于春秋中期；

二期：以 DT24 第 3 层为代表，包括 K1、H16、H18、DT51 第 4 层和第 5 层、DT15 第 8 层、DT16 第 10 层、DT23 第 4 层、DT37 第 5 层及 DT45 第 6 层，年代相当于春秋晚期；

三期：以 H17 为代表，年代相当于战国早期。

需要指出的是，与二期特征相似的釜、鼎类遗存最早见于宜昌路家河遗址 H4，其年代大约相当于西周早期[5]。在秭归柳林溪、官庄坪等遗址中，此类遗存往往与鬲、盂、罐等为代表的典型楚

① 国务院三峡工程建设委员会办公室、国家文物局：《秭归官庄坪》，科学出版社，2005 年。

② 国务院三峡工程建设委员会办公室、国家文物局：《秭归柳林溪》，科学出版社，2003 年。

③ 国务院三峡工程建设委员会办公室、国家文物局：《秭归柳林溪》，科学出版社，2003 年。

④ 国务院三峡工程建设委员会办公室、国家文物局：《秭归柳林溪》，科学出版社，2003 年。

⑤ 长江水利委员会：《宜昌路家河——长江三峡考古发掘报告》，科学出版社，2002 年。

文化遗存共存，但东门头遗址的周代二期中少见典型楚文化遗存，从而为探讨此类遗存的流变及与楚文化的关系提供了新的证据。

东门头遗址的周代遗存分布范围较小，其聚落规模不大。从出土的动物骨骼看，水生动物最小个体数占全部动物个体比例的74%，野生动物水鹿、猪獾等占全部动物个体比例的11%，说明渔猎经济仍是当时经济生活的重要组成部分。家畜种类虽然比商代有所提高，出现狗、猪、山羊、鸡4种家畜，但其数量只占全部动物个体比例的15%，说明当时的家畜经济生产规模方面较小，明显落后于我国其他地区同时期的家畜经济生产规模，反映出该地区家畜经济生产的严重滞后性。

陆　汉代遗存

一、概　述

东门头遗址的汉代遗存比较丰富，在 A 区、B 区、C 区和 D 区均有分布。发现的遗迹除一段城墙体外（CTG1 墙 2、CT3 墙 3、CT4 墙 3、CT5 墙 3），还有灰坑（H1、H2、H6、H7、H8、H9、H19）、坑（K2、K3）、窑（Y3、Y5、Y6、Y7、Y8）、墓葬（W1、W2、M3、M5、M6、M7、M8、M9、M10、M11、M12）等（图七九）。文化层堆积主要在 DT14、DT15、DT17、DT18、DT45、DT46、DT54、CTG1、CT16、BT5、BT7 等探方有部分保留，其余多遭破坏。

灰坑平面多呈圆形、椭圆形和长方形。窑的平面以长方形为主，少量呈橄榄形。坑的平面有圆形和方形之分。

墓葬分长方形土坑竖穴墓和瓮棺两类。其中，长方形土坑竖穴墓均单人小型墓，墓向多东西向，少数南北向。有随葬品的墓葬中，随葬品普遍较少，其组合形式为：陶罐；铜钱、陶饼、石片；铜钱、铜簪。

出土遗物除动物骨骼外，陶器占绝大多数，铜器、铁器、石器少。

陶器以泥质陶为主，夹砂陶少。泥质陶多呈灰色，部分呈黑皮、褐色等。夹砂陶多呈灰色，少量黑色。陶器装饰以绳纹和弦断绳纹为主，方格纹、附加堆纹、布纹、麻点纹、指甲纹、弦纹、篮纹等较少。陶器制作比较规整，多轮制。器类有罐、盆、甑、瓮、豆、钵、板瓦、筒瓦、纺轮、网坠、陶饼等。

铜器多铜钱，削刀、镞、簪、镜等少。

铁器仅见环，可能为棺饰。

二、遗 存 介 绍

（一）城墙

仅分布于 C 区，在 CTG1、CT3 ~CT5 的南部均有暴露，编号为 CTG1 墙 2、CT3 墙 3、CT4 墙 3、CT5 墙 3（参见图七九，2）。

CTG1 墙 2　开口在第 5 层下，被 W1 打破，叠压 H9 和第 6 层。南北残宽约 850、残高 525 厘米。墙底依地势南高北低呈坡状（参见图一一）。

CT3 墙 3、CT4 墙 3 和 CT5 墙 3　均开口在墙 2 下，被 M1 打破，叠压 H3 和 CT5 第 7 层。东西长 1150、南北宽 380 ~480、残高 120 厘米。黑色土堆筑而成，土质硬结，可能经过夯打，但未发现夯窝。内含少量陶筒瓦、罐残片（参见图一○）。

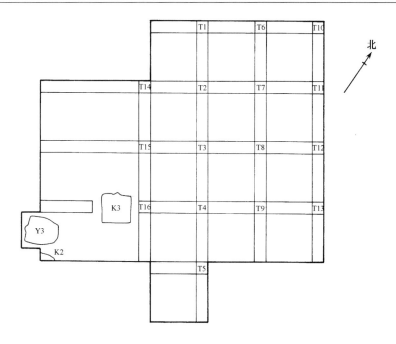

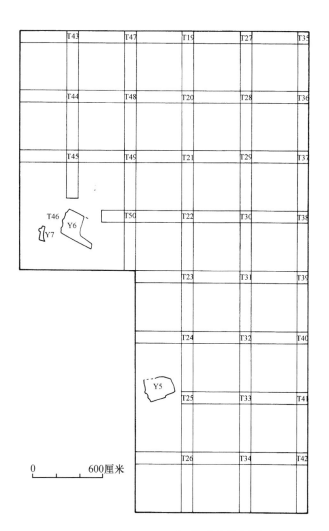

图七九，1　D区汉代遗迹分布图

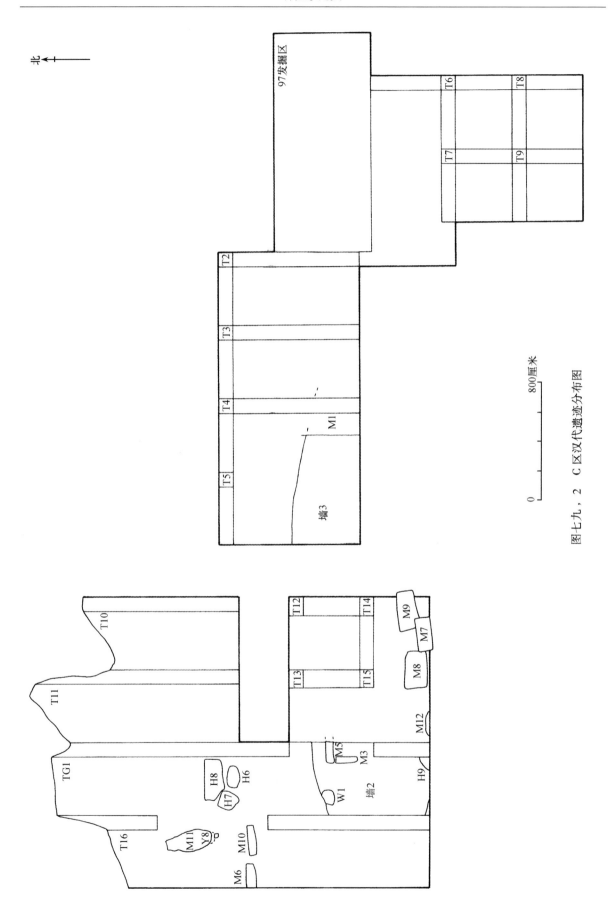

北 ←

0　　　　　800厘米

图七九，2　C区汉代遗迹分布图

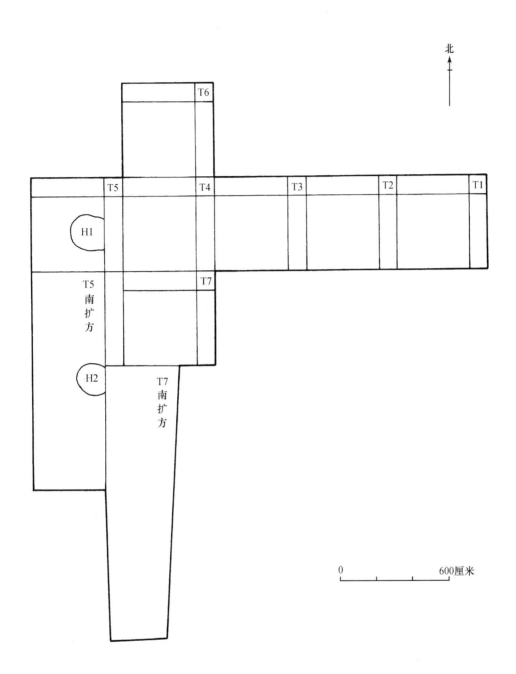

图七九，3　B区汉代遗迹分布图

CTG1 墙 2 与 CT3 墙 3、CT4 墙 3、CT5 墙 3 的堆积结构相似，年代相当，属于同一城墙体堆积。由于该区域多数探方只发掘至宋元时期的城墙，该城墙体的整体面貌并不清楚。从暴露的堆积看，该城墙体呈东西向，可见长度约 3300 厘米，其走向与叠压在之上的宋元时期的城墙基本一致。

陶筒瓦　标本 CT5 墙 3∶2，泥质灰陶。短舌，厚圆唇，瓦身残。残长 4.2 厘米（图八〇）。

（二）窑

共发现 5 座。除 1 座位于 C 区外，均分布在 D 区。编号 Y3、Y5、Y6、Y7、Y8。

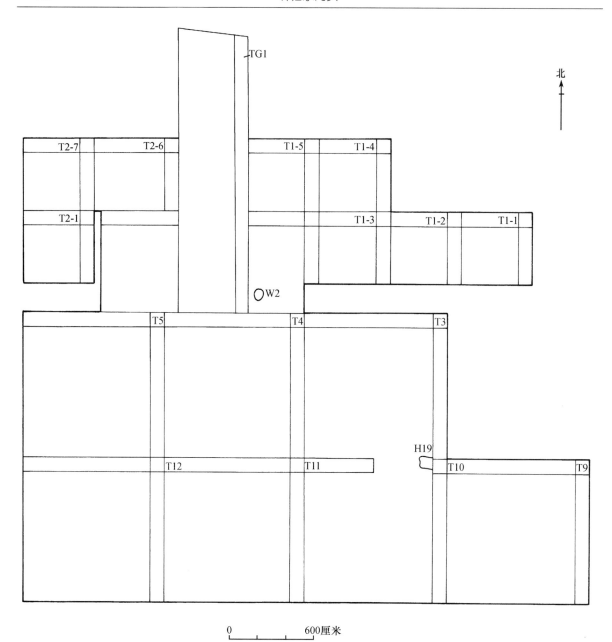

图七九，4　A区汉代遗迹分布图

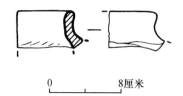

图八〇　CT5 墙 3 出土筒瓦（CT5 墙 3:2）

Y3 位于DT16的西部。开口在第9层下，打破第10层、第11层。坐西朝东，方向56°。窑顶残，表面西高东低。只存窑室、火膛和火道的部分残迹（图八一；图版二五，1）。

窑室平面呈不规则方形，西壁较直，南、北壁斜直，平底。南北上宽220、下宽200、深50～124厘米，东西长约200厘米。

火膛残，呈箕形，斜壁，底略向窑室朝下倾斜。南北宽约110～186、东西残长54、深约40厘米。

窑壁已烧烤成灰黑色硬面，厚约5～8厘米。

窑室西壁中部有一条向外凸出的火道，宽约18、深约34、高约124厘米。窑内填土可分二层。第1层厚约40～58厘米，多红烧土及毁坏的窑壁残渣，含大量的盆、瓮、筒瓦、板瓦等残陶片。第2层厚约4～30厘米，黑灰色土，夹木炭灰烬，含较多瓮、盆、甑等灰陶片。另在第2层下的火膛面上有一层灰白色土，厚约10～12厘米，无包含物。

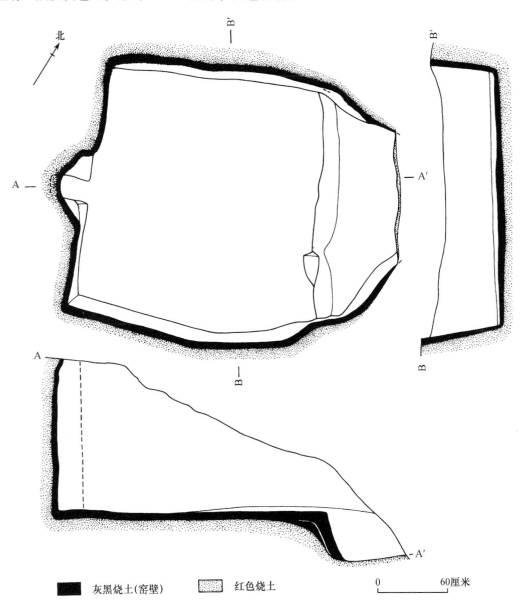

北

灰黑烧土(窑壁)　　红色烧土　　0　　60厘米

图八一 Y3 平、剖面图

　　陶盆　4件。标本Y3①:2,泥质灰陶,轮制。直口,折沿下垂,圆唇,沿面有二周凹槽,束颈,深腹残。腹饰绳压附加堆纹和弦断粗绳纹。口径44、残高21.8厘米(图八二,1)。标本Y3①:3,泥质灰陶。口近直,折沿下垂,沿面有一周凹槽,圆唇,束颈,腹残。腹饰粗绳纹。器形变形,内壁有施痕。口径31.4、残高8厘米(图八二,4)。标本Y3①:4,泥质灰陶。直口,折沿下垂,沿面有一圈凹槽,圆唇,束颈,腹残。腹饰粗绳纹,内壁有施痕。复原口径38、残高6厘米(图八二,2)。标本Y3②:3,泥质灰陶。轮制。直口,折沿下垂,圆唇,沿面有二周凹槽,束颈,深腹残。腹饰绳压附加堆纹和弦断粗绳纹。内壁有旋痕。口径47.6、残高9.6厘米(图八三,6)。

　　陶瓮　3件。标本Y3②:2,泥质灰陶。轮制。口微敛,折沿近平,圆唇,沿面有一周凹槽,束颈,溜肩,鼓腹,凹底残。上腹饰模糊弦断粗绳纹,下腹饰模糊绳纹。口径18、腹径36.8、底径约11、高约29.8厘米(图八三,2;图版二七,6)。标本Y3②:5,泥质灰陶。轮制。口微敛,折沿下垂,圆唇,沿面有一周凹槽,束颈,溜肩,鼓腹残。腹饰弦断粗绳纹。口径22、残高9.2厘米(图八三,5)。标本Y3②:6,泥质灰陶。直口,折沿,沿面有二道凹槽,圆唇,束颈,溜肩,腹残。腹饰弦断粗绳纹。口径25、残高6.8厘米(图八三,4)。

　　陶甑　2件。标本Y3②:1,泥质灰陶。直口,折沿下垂,圆唇,沿面有一周凹槽,束颈,深腹,凹底。颈部和底面饰模糊绳纹,上腹饰粗绳纹,底部由外向内有规律地戳12个圆形箅孔。内壁有平行旋纹。口径27.6、底径9、高16.8厘米(图八三,1;图版二八,1)。标本Y3②:4,泥质灰陶。残存底部。凹底。圆形箅孔。底内饰交错绳纹。底径16、残高2.4厘米(图八三,3)。

　　陶筒瓦　1件。标本Y3①:1,夹砂深灰色陶。半圆形,短舌,圆唇,瓦身残。舌部饰模糊绳纹,瓦身外饰粗绳纹。轮制,边有切割痕。残长6.4厘米(图八二,3)。

　　陶板瓦　1件。标本Y3①:5,泥质灰陶。方唇,残。上部饰瓦棱纹,下部饰拍印绳纹,内壁饰麻点纹。器表不平。残长40、残宽17.6厘米(图八二,5)。

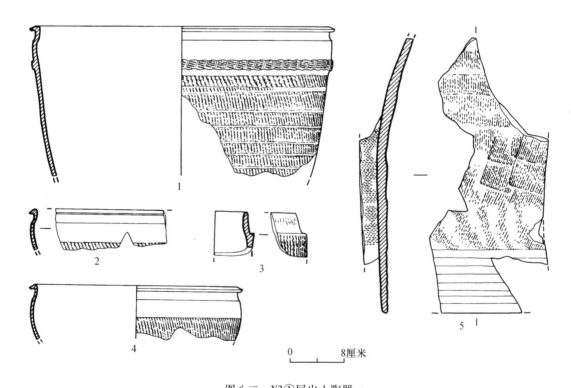

0　　　　8厘米

图八二　Y3①层出土陶器

1、2、4. 陶盆(Y3①:2、Y3①:4、Y3①:3)　3. 筒瓦(Y3①:1)　5. 板瓦(Y3①:5)

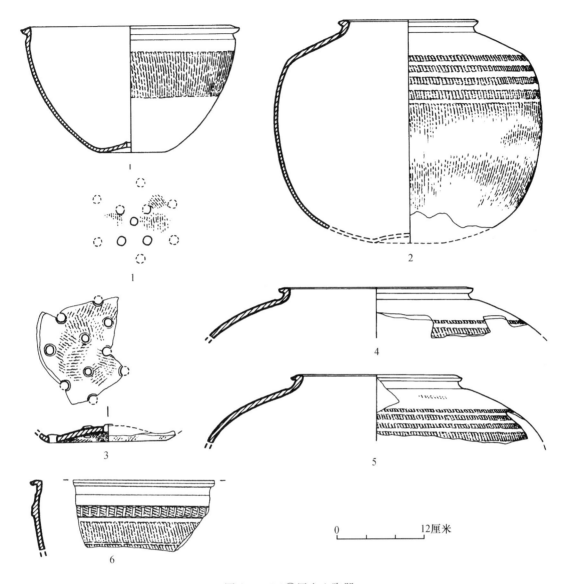

图八三 Y3②层出土陶器

1、3. 陶甑（Y3②:1、Y3②:4） 2、4、5. 陶瓮（Y3②:2、Y3②:6、Y3②:5） 6. 陶盆（Y3②:3）

Y5 位于 DT24 的南部和 DT25 的北部。开口在第 2 层下，打破第 3 层。平面呈梯形，坐西南朝东北。窑顶残，表面由西南向东北倾斜。残长 274、宽 114～200、残高 20～126 厘米。残存窑门、窑室、窑床、火膛、火道和烟道等部分（图八四；图版二五，2）。

窑门位于东北部，与火膛相连，已残。

窑室位于烟道与火膛之间，窑床与火道的上方，平面近方形。长 172～200、宽 138～170、残高 22～110 厘米。窑室上小下大，顶已坍塌无存，残存底部。窑壁经烧烤呈灰白色，厚 3～6 厘米。由于受热力的影响，窑壁外侧还有一层递减的红烧土感染层，厚约 10～15 厘米。

窑床位于窑室与火道的底部，前接火膛，后连烟道。窑床呈方形。长 180～200、宽 187 厘米。底较平坦，系一层厚 2～4 厘米的红烧土结面，底面有一薄层灰烬。

火膛位于窑门与窑膛之间，呈喇叭状，低于窑床 34 厘米。长 114～160、残宽 74～88、残高 34 厘米。

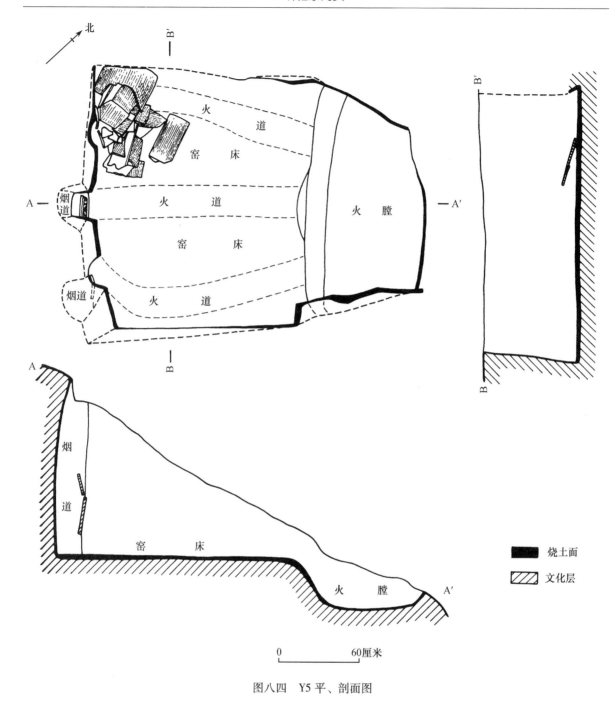

图八四 Y5 平、剖面图

火道位于窑床上，有三条深灰色的痕迹，两端分别与火膛和烟道连接。左火道略弧，长165、宽18～23厘米，中火道较直，长150、宽22厘米；右火道弧形，长152、宽14～22厘米。

烟道位于窑后壁。在后壁挖三条凹槽，用板瓦封口而形成烟道，瓦凸面朝窑室，外抹有一层泥，下部留有进烟口与火道相通。左烟道斜形，平面为弧形凹槽，较浅，用板瓦封口，进烟孔已残，烟道宽16～22、深4、残高106厘米；中烟道较直，平面为方形凹槽，较深，用板瓦封口，底部留有进烟孔，孔宽22～32、深18～22厘米，烟道残高126厘米；右烟道斜形，平面为弧形凹槽，较深，用板瓦封口，底部留有进烟孔，孔宽30、高10厘米，烟道宽22～34、深12、残高120厘米。

窑内填土分二层：第1层为窑的坍塌堆积，夹大量窑壁烧土块，包含物有少量陶片。第2层为废弃堆积，包含物有粗绳纹板瓦和筒瓦陶片。

另在窑床的西北角第2层废弃堆积下有规律地堆放大量已烧制好的筒、板瓦，推测此窑是烧制建筑材料的瓦窑。

筒瓦　标本Y5:7，泥质褐胎黑皮陶。残。短舌，圆唇。瓦身外饰粗绳纹，内饰布纹。残长32.8、宽16、厚1.1~1.4、舌长2.6厘米（图八五，4）。标本Y5:8，泥质褐胎黑皮陶。短舌，圆唇。瓦身外饰粗绳纹，内饰布纹。长40.4、宽15、厚1.2、舌长2.8厘米（图八五，1；图版二九，2）。标本Y5:9，泥质灰陶。短舌，圆唇。瓦身外饰粗绳纹，内饰布纹。长40、宽15、厚0.8~1.2、舌长2.8厘米（图八五，3；图版二九，4）。

板瓦　标本Y5:5，泥质揭胎黑皮陶。长方形，方唇。饰粗绳纹。长49.6、宽39、厚16厘米（图八五，2）。

Y6　位于DT46东北部和T50西北部。开口在第2层下，打破第3层和H18。平面呈长方形，坐西朝东，表面由西向东倾斜。残长334、宽224、残高35~132厘米。残存窑室、窑床、烟道等部分（图八六；图版二六，1）。

窑室位于窑床的上方，烟道的东侧。窑顶已坍塌无存，残存底部，平面呈长方形，残长153~220、宽220、残高35~126厘米。窑壁较直，经烧烤呈灰白色，厚5~8厘米。由于受热力的影响，窑壁外侧还有一层递减红烧土感染层，厚约8~12厘米。

窑床位于窑室的下方，烟道的东侧。平面呈长方形，较平坦，残长166、宽218厘米。

烟道位于窑后壁。在后壁挖三条凹槽，用板瓦封口而形成烟道，瓦凸面朝窑室，外抹有一层泥，下部留有进烟口与火道相通。左烟道斜形，平面为弧形凹槽，较深，用板瓦封口，底部留有进烟孔，孔宽22、高38厘米，烟道宽16~26、深12~20、残高95厘米；中烟道较直，平面为凹弧形槽，较深，封口的板瓦已脱落，底部进烟孔不明，烟道宽32、深15、残高125厘米；右烟道斜形，平面为弧形凹槽，较浅，封口的板瓦已脱落，底部进烟孔不明，烟道宽18~30、深7~15、残高96厘米。

窑内填土分二层：第1层为窑垮塌的堆积，灰褐色沙质黏土，夹小炭粒，包含物有少量弦断绳纹陶片，器类有罐、盆、瓮、钵、豆等。第2层为废弃堆积，包含物有绳纹板瓦。

另在窑床南部第2层废弃堆积下有规律地竖立排列一堆还没有烧成的泥瓦坯，推测此窑是烧制建筑材料的瓦窑。

陶罐　1件。标本Y6:8，泥质灰陶。直口，平折沿，方唇，唇面有一周凹槽，长颈，腹残。颈部绳纹模糊。口径22、残高6厘米（图八七，7）。

陶盆　1件。标本Y6:13，泥质灰陶。直口，折沿下垂，沿面有一周凹槽，圆唇，深腹残。饰弦断粗绳纹。口径48、残高20厘米（图八七，4）。

陶瓮　1件。标本Y6:12，泥质灰陶。口近直，平折沿，方唇，唇面有一凹槽，短颈，鼓腹残。饰弦断粗绳纹。口径25.6、残高18厘米（图八七，1）。

陶钵　2件。标本Y6:7，泥质褐胎灰陶。口微敛，圆唇，弧腹残。素面。复原口径14、残高4.3厘米（图八七，6）。标本Y6:6，夹砂褐胎黑陶。口近直，圆唇，弧腹残。素面。复原口径13、残高4厘米（图八七，2）。

陶豆　2件。标本Y6:9，泥质灰陶。子口，圆唇，斜壁残。复原盘径16、残高4厘米（图八七，3）。标本Y6:11，夹砂灰陶。敞口，圆唇，斜壁，细柄残。口径15、残高6.4厘米（图八七，5）。

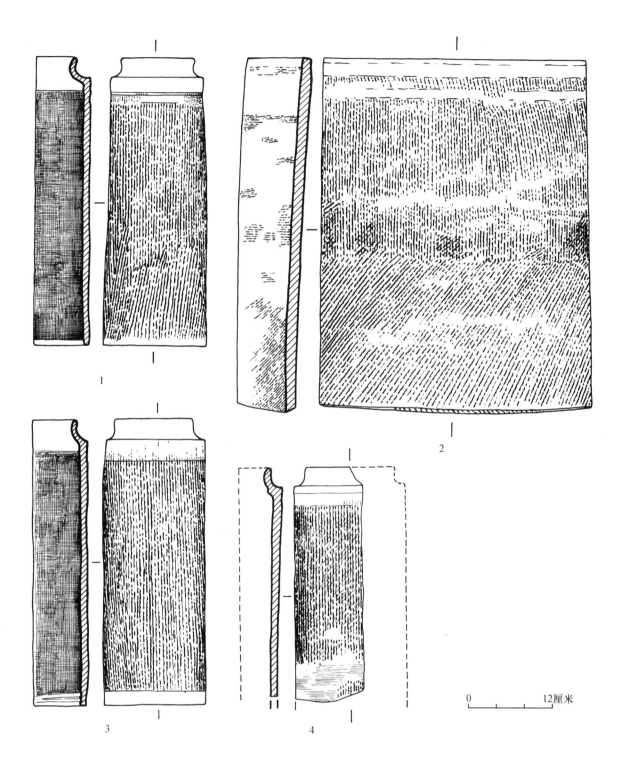

图八五　Y5 出土陶瓦

1、3、4. 筒瓦（Y5∶8、Y5∶9、Y5∶7）　2. 板瓦（Y5∶5）

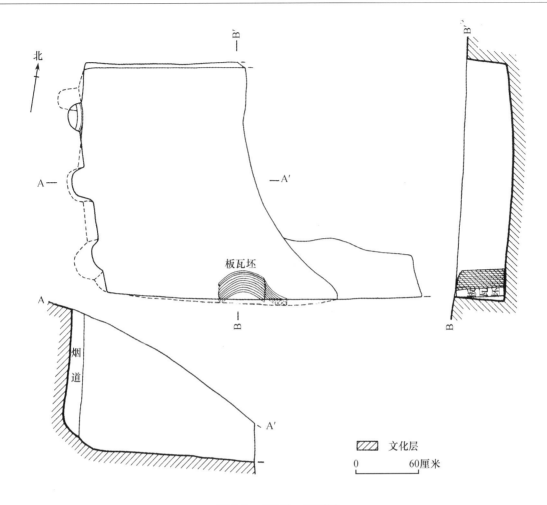

图八六　Y6 平、剖面图

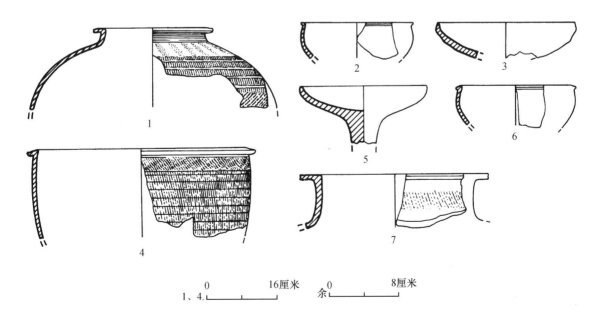

图八七　Y6 出土陶器

1. 陶瓮（Y6∶12）　　2、6. 陶钵（Y6∶6、Y6∶7）　　3、5. 陶豆（Y6∶9、Y6∶11）　　4. 陶盆（Y6∶13）　　7. 陶罐（Y6∶8）

　　板瓦　4件。标本 Y6∶14，泥质灰褐陶。残，方唇。瓦身外饰粗绳纹，内饰粗绳纹和大方格纹。残长 31、宽 28.2 厘米（图八八，4）。标本 Y6∶1，泥质褐陶。长方形，方唇。沿面有线纹，瓦身外饰粗绳纹，内饰粗绳纹和网格纹。长 49.6、宽 31.4、厚 1.6 厘米（图八八，1）。标本 Y6∶2，泥质灰陶。残，圆唇。饰弦断粗绳纹、网格纹。残长 36.4、宽 34 厘米（图八八，3）。标本 Y6∶3，泥质灰陶。梯形。方唇。饰粗绳纹、网格纹。长 50.4、宽 36~44、厚 1.4 厘米（图八八，2）。

　　Y7　位于 DT46 的北部。开口在第 1 层下，打破第 3 层和 H18。平面呈长方形，半地穴式，坐西朝东。残长 52、宽 124、残高 14 厘米。残存窑室、窑床和烟道等部分（图八九）。

　　窑室位于窑床的上部，烟道的东侧。窑顶已坍塌无存，残存底部，平面呈长方形，宽 124、残长 27~52、残高 8 厘米。窑壁较直，经烧烤呈而灰白色，厚 5~8 厘米。由于受热力的影响，窑壁外侧还有一层递减红烧土感染层，厚约 3~6 厘米。

　　窑床位于窑室的下方，烟道的东侧。平面呈长方形，较平坦，宽 122、残长 27~48 厘米。

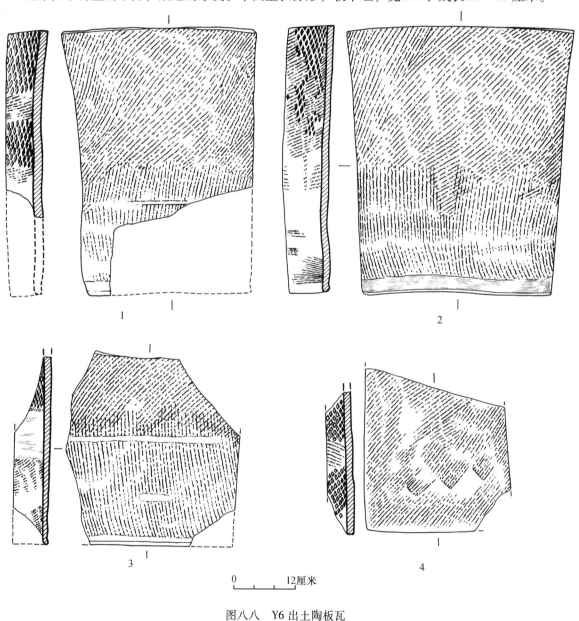

0　　　　12厘米

图八八　Y6 出土陶板瓦
1~4. 板瓦（Y6∶1、Y6∶3、Y6∶2、Y6∶14）

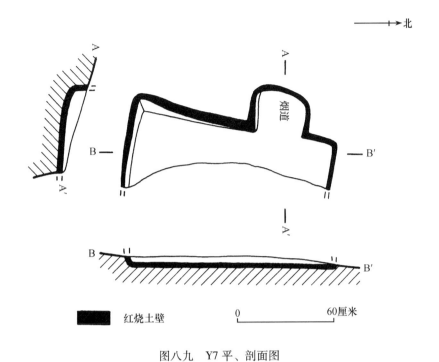

图八九　Y7 平、剖面图

烟道位于窑后壁。在后壁左侧挖一条凹槽形成烟道，未见封口。烟道宽 28、深 25、残高 8 厘米。

窑内填土为浅灰褐色沙质黏土，包含物有陶片及动物骨骼。器类有陶盆、豆、板瓦等。

陶盆　1 件。标本 Y7：1，泥质灰陶。敛口，折沿下垂，沿面有凹槽，尖圆唇，束颈，腹残。饰弦断绳纹。口径 33.6、残高 9.6 厘米（图九○，1）。

陶豆　1 件。标本 Y7：2，泥质褐胎黑皮陶。敞口，尖圆唇，斜壁残。素面。复原口径 12、残高 2.4 厘米（图九○，2）。

板瓦　1 件。标本 Y7：3，泥质灰陶。残。瓦缘饰绳纹，面饰绳纹，内饰麻点纹。残长 7.6 厘米（图九○，3）。

Y8　位于 CT16 的北部。开口在第 3 层下，打破生土层，被 M11 打破。平面呈橄榄形，半地穴式，坐南朝北，表面由南向北倾斜。残长 386、宽 152、残高 140 厘米。残存窑室、窑床、火膛和烟道等部分（图九一；图版二六，2）。

窑室位于窑床上部，烟道与火膛之间。窑顶已坍塌，残存下部，平面呈橄榄形，长 266、宽 136～150、残高 90～140 厘米。窑壁内弧，经烧烤呈红色，厚 2～4 厘米。由于受热力的影响，窑壁外侧还有一层递减红烧土感染层，厚约 5～15 厘米。

窑床位于窑室的下方，烟道与火膛之间。平面呈长方形，底呈坡状，坡度 30°。长 210～220、宽 66～88 厘米。

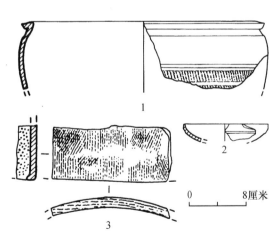

图九○　Y7 出土陶器

1. 陶盆（Y7：1）　2. 陶豆（Y7：2）　3. 板瓦（Y7：3）

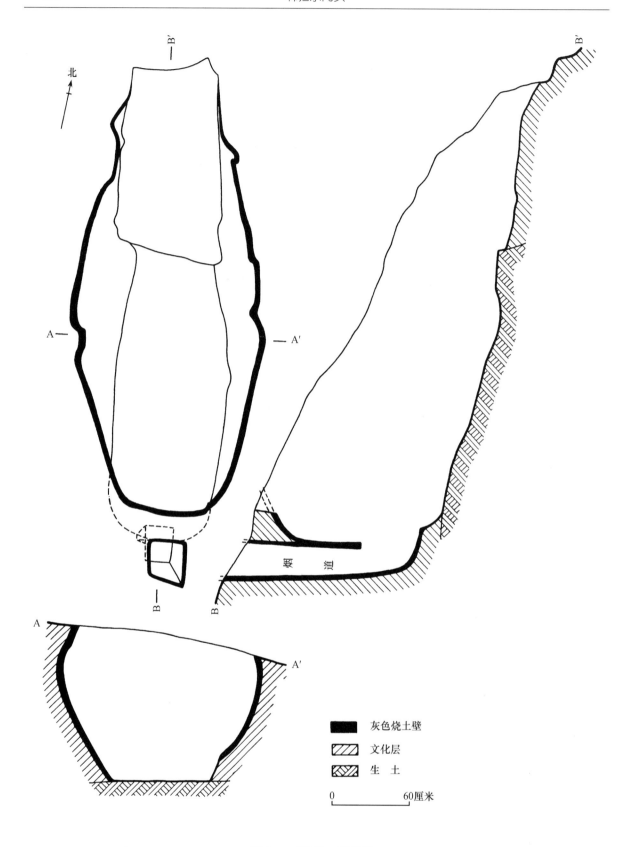

北

B'

B'

A —　　　　　— A'

B'　　B

隧道

A　　　　　　　　　　A'

　　　　　　灰色烧土壁

　　　　　　文化层

　　　　　　生　土

0　　　　　　60厘米

图九一　Y8 平、剖面图

火膛位于窑室的北部,南端与窑床相连。平面呈长方形,底不平。残深130~154、宽68~126、残高24~88厘米。东、西两壁被烧烤成红烧土结面,厚0~4厘米。

烟道位于窑后壁外侧,挖制而成,距窑壁22厘米。平面呈方形,底部与窑室相连,留有进烟孔。烟孔距窑床高20厘米,孔宽22、高45厘米。烟道较直,残留灰黑色的烟炱痕,烟道四壁烧烤成厚5~15厘米的红烧土结面。烟道长26~30、宽20~28、残高150厘米。

窑室北部填土呈灰黑色,土质疏松,含少量石子,无包含遗物。窑室南部填土呈灰白色,含灰、红色红烧土块,土质较硬,无包含遗物。另在烟道附近有大量灰色陶片,器类有陶瓮和筒瓦等。

陶瓮　1件。标本Y8:2,泥质灰陶。弇口,方唇,溜肩,直腹残。饰竖绳纹。口径23.2、残高19.2厘米(图九二)。

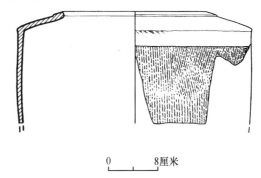

0 ___ 8厘米

图九二　Y8出土陶瓮(Y8:2)

(三) 灰坑

共发现7个,分布在C区、B区和A区。编号H1、H2、H6、H7、H8、H9、H19。

H1　位于BT5的东部,东部被隔梁所压。开口在墙3第2层下,距地表深190~550厘米。打破第10层和生土。平面呈不规则圆形。南北长194、东西残宽188、深30~108厘米。坑口由西南向东北倾斜,坑壁斜直,底不平。填土分二层。

第1层:厚5~63厘米。灰黄色土,含沙较多,土质较松散。包含物有少量的陶瓦片和釉陶残片等。器类有陶饼、筒瓦、板瓦等。

第2层:厚30~60厘米。灰褐色土,含草木灰及少量红烧土。包含物有釉陶和板瓦等碎片(图九三)。

陶饼　2件。标本H1①:1,泥质褐色硬陶。不规则圆形,边缘未磨光。素面。直径5.4、厚1.4厘米(图九四,1)。标本H1①:2,泥质灰陶。不规则圆形,边缘未磨光。外饰粗绳纹,内饰布纹。似板瓦打制而成。直径6~6.2、厚1.8厘米(图九四,2)。

陶板瓦　1件。标本H1①:3,夹砂灰陶。方唇外斜,残。外饰粗斜绳纹,内饰模糊横绳纹。残长13、宽13厘米(图九四,3)。

陶筒瓦　1件。标本H1①:4,泥质灰陶。素面。残长4.6厘米(图九四,4)。

H2　位于BT5南扩的东部,部分被隔梁所压。开口在墙3第2层下,距地表深40~290厘米。打破生土。平面呈不规则圆形。南北长180、东西残宽160、深14~40厘米。坑口由北向南倾斜,坑壁斜直,底不平。底部有一条东北至西南向的凹槽,口长136、宽20~40厘米,底长126、宽10~32、深8~10厘米。灰色填土,含少量红烧土及草木灰。包含物有陶器残片和绳纹瓦片等。器类有陶盆等(图九五,1)。

陶盆　1件。标本H2:1,泥质灰陶。直口,折沿,尖圆唇,腹残。素面。复原口径30、残高2.6厘米(图九五,2)。

H6　位于CTG1的中部。开口在第5层下,距地表深180厘米。打破生土。平面呈不规则椭圆形。东西长150、南北宽90、深98厘米。坑口由东南向西北倾斜,壁较直,坑底不平。褐灰色填土。包含物有绳纹陶片。器类有板瓦等(图九六,1;图版二二,2)。

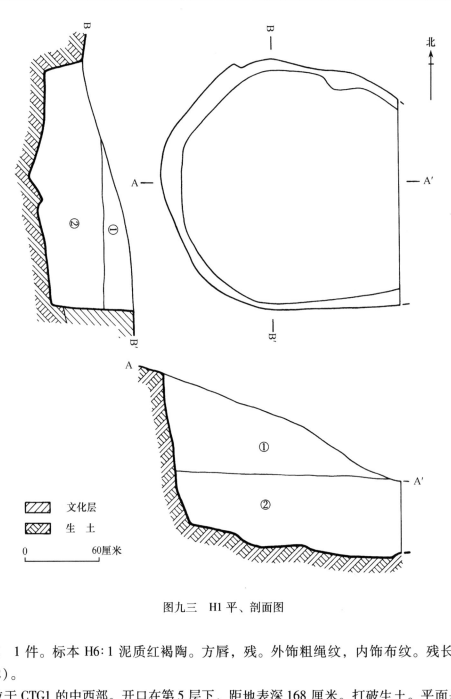

图九三　H1 平、剖面图

　　陶板瓦　1 件。标本 H6∶1 泥质红褐陶。方唇，残。外饰粗绳纹，内饰布纹。残长 10.6 厘米（图九六，2）。

　　H7　位于 CTG1 的中西部。开口在第 5 层下，距地表深 168 厘米。打破生土。平面呈不规则方形。南北长 144、东西宽 125、残深 74 厘米。坑口由南向北倾斜，东西两壁直，南壁呈内弧形，底部北高南低，凹凸不平。褐灰色填土，含大块岩石。包含物有少量陶罐碎片和鱼骨等（图九七；图版二二，2）。

　　H8　位于 CTG1 的中部。开口在第 5 层下，距地表深 207 厘米。打破生土。平面呈不规则长方形。坑口东西长 284、南北宽 72~138 厘米，坑底东西长 268、南北宽 50~82、深 74 厘米。坑口由南向北倾斜，坑壁较斜。褐灰色填土，土质较干硬。包含物有少量碎陶片和鱼骨等。该坑与墓坑相似，可能为墓葬废弃坑（图九八；图版二二，2）。

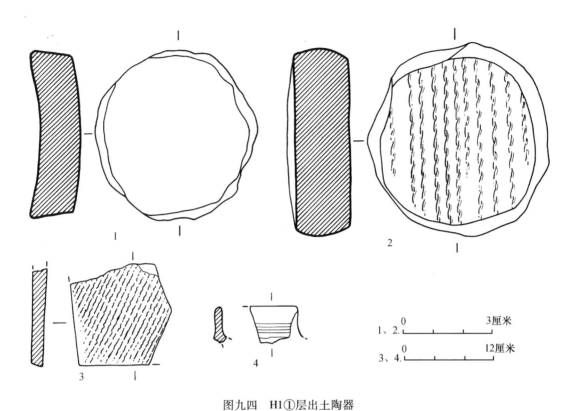

图九四 H1①层出土陶器
1. 硬陶饼（H1①：1） 2. 陶饼（H1①：2） 3. 板瓦（H1①：3） 4. 筒瓦（H1①：4）

H9 位于CTG1的东南角，大部分被隔梁所压。开口在墙2下，距地表深190厘米。打破第7层。平面呈扇形。东西残长95、南北残宽75、深62厘米。坑壁较直，底较平坦。灰黑色填土，含少许碎石，土质松散。包含物有铁环及少量商代的泥质弦纹和"S"纹碎陶片。该坑大部分未发掘，据出土的铁环与同时期墓葬所出相同推测，可能为墓葬（图九九，1）。

铁环 1件。标本H9：1半环形，残。残存木屑朽痕。残长11.5、宽2.5、厚0.2~0.3厘米（图九九，2）。

H19 位于AT10的东北角，东部被隔梁所压。开口在F35下，距地表深190~210厘米。打破第2层。平面呈长方形。坑口东西残长90~94、南北宽80厘米，坑底东西残长86~92、南北宽70、深22~26厘米。坑口由南向北倾斜，坑壁较直，底部南高北低并下凹，坡度16°。灰褐色沙质填土，较松软。包含物有灰色瓦片和陶片等。器类有陶罐、盆、瓮和筒瓦等（图一○○）。

陶罐 1件。标本H19：4，泥质灰陶。平底，腹残。饰瓦棱纹。底径9、残高4.6厘米（图一○一，2）。

陶盆 1件。标本H19：3，泥质灰陶。口微敛，厚叠唇，深腹残。素面。复原口径36、残高8厘米（图一○一，3）。

陶瓮 1件。标本H19：1，夹砂褐胎灰陶。口微敛，沿面有一圈凹槽，圆唇，高领，束颈，腹残。颈部饰模糊绳纹，腹外饰交错绳纹，内沿饰模糊横绳纹。复原口径50、残高11.2厘米（图一○一，1）。

陶筒瓦 1件。标本H19：2，泥质灰陶。短舌，厚圆唇，残。素面。残长5.6厘米（图一○一，4）。

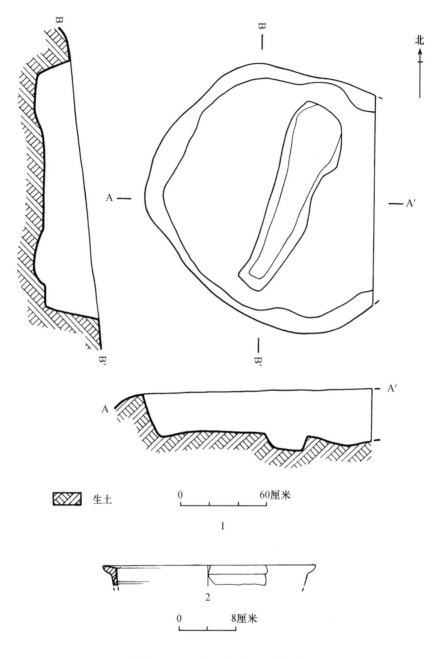

图九五　H2 平、剖面图及出土陶盆
1. H2 平、剖面图　2. 陶盆（H2 : 1）

（四）坑

共发现 2 个，分布在 D 区。编号 K2、K3。

K2　位于 DT16 的西南角，大部分在探方外未予发掘。开口在第 9 层下，打破第 10 层和第 11 层。平面呈不规则圆形。东西残长 132、南北残宽 62、深 70 厘米。斜壁，坑底不平。褐色填土，土质松。包含物有少量绳纹瓦片。器类有陶筒瓦（图一○二，1）。

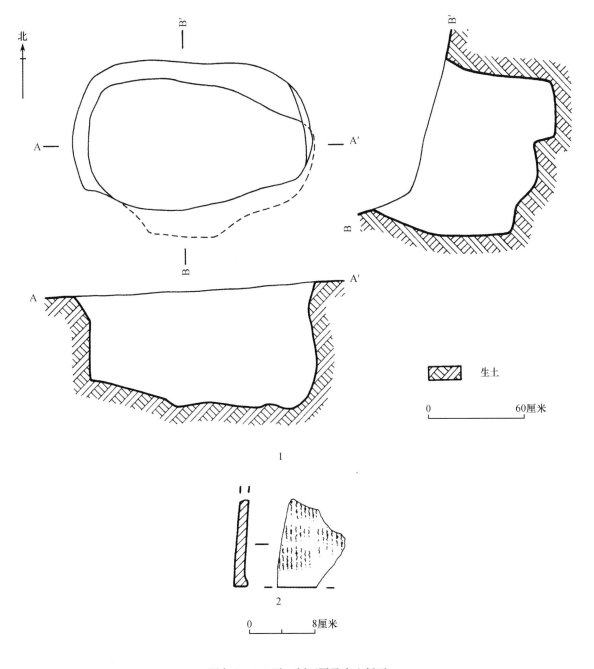

图九六　H6 平、剖面图及出土板瓦

1. H6 平、剖面图　2. 板瓦（H6:1）

　　筒瓦　1 件。标本 K2:1，泥质灰黄陶。半圆形。短舌，方唇，唇面有一周凹槽，瓦身残。舌部素面，瓦身外饰粗绳纹，内有按窝痕。残长 11、宽 13.6 厘米（图一〇二，2）。

　　K3　位于 DT16 的东北部。开口在第 3 层下，打破第 12 层和第 13 层。平面略呈方形。坑口东西长 257、南北宽 256 厘米，坑底东西长 250、南北宽 228、深 20～60 厘米。坑口西北高东南低，坑壁较直，底部平坦。坑底南部有三个不规则形小洞，从东往西依次呈葫芦形、椭圆形、半圆形。坑内填土呈灰褐色，质地较紧密。包含物主要为陶器残片和动物骨骼。器类有陶罐、豆、陶饼及铜镞（图一〇三；图版二二，1）。

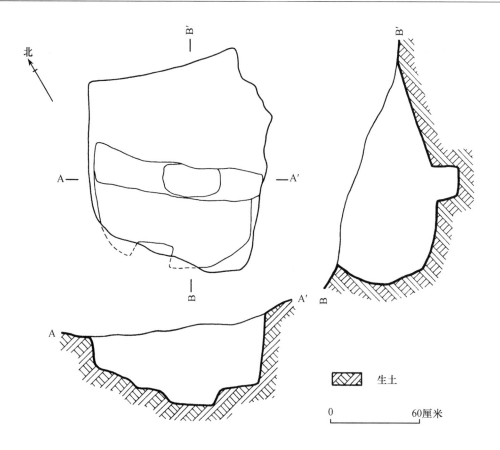

图九七　H7 平、剖面图

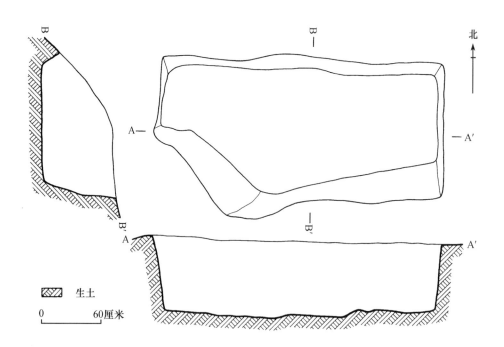

图九八　H8 平、剖面图

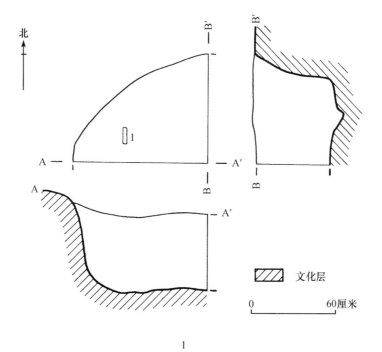

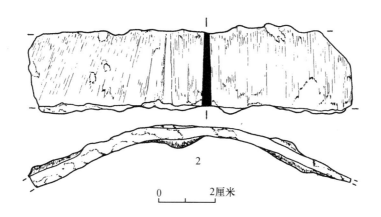

图九九　H9 平、剖面图及出土铁器
1. H9 平、剖面图（1. 铁环）　2. 铁环（H9：1）

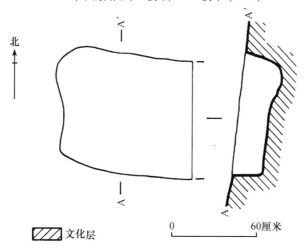

图一〇〇　H19 平、剖面图

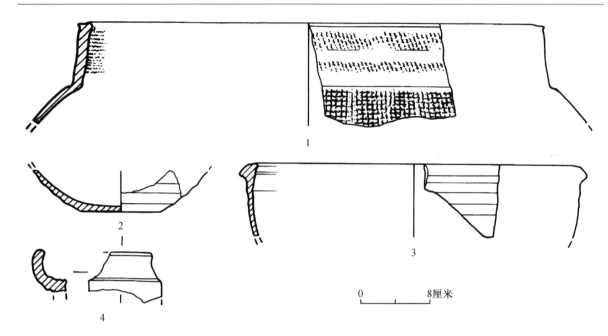

图一〇一　H19 出土陶器

1. 陶瓮（H19:1）　2. 陶罐（H19:4）　3. 陶盆（H19:3）　4. 陶筒瓦（H19:2）

　　陶罐　4 件。标本 K3:8，泥质灰陶。直口，折沿，圆唇，唇面有一周凹槽，长颈，腹残。颈部饰模糊绳纹。复原口径 19、残高 5.2 厘米（图一〇四，4）。标本 K3:9，泥质灰陶。直口，折沿，圆唇，长颈，腹残。颈部饰模糊绳纹。口径 20、残高 6.4 厘米（图一〇四，1）。标本 K3:3，泥质灰陶。直口，平折沿，圆唇，唇面有一周凹槽，束颈，腹残。颈部饰模糊绳纹，腹饰绳纹。口径 19.6、残高 5.2 厘米（图一〇四，2）。标本 K3:4，泥质灰陶。直口，折沿近平，方唇，沿面及唇面有一周凹槽，长颈，鼓腹残。颈部饰模糊细绳纹，腹饰粗绳纹。颈腹交界处有抹痕。轮制。口径 19.6、残高 7.4 厘米（图一〇四，3）。

　　陶豆　3 件。标本 K3:15，泥质红胎黑皮陶。敞口，圆唇，浅盘，细长柄残。素面。豆柄与豆盘分制后粘接。口径 13.6、残高 9.6 厘米（图一〇四，9）。标本 K3:6，泥质灰陶。敞口，圆唇，浅盘，柄残。素面。口径 13.4、残高 2.6 厘米（图一〇四，10）。标本 K3:7，泥质灰陶。敞口，圆唇，浅盘，柄残。素面。口径 13、残高 2.4 厘米（图一〇四，11）。

　　另有豆圈足 5 件。标本 K3:5，泥质灰陶。豆盘残，喇叭形圈足，细长柄。豆盘与豆柄分制后粘接。足径 10、残高 10.4 厘米（图一〇四，7）。标本 K3:1，夹砂褐胎黑皮陶。喇叭形圈足，细柄。饰凹弦纹。足径 7.6、残高 10.6 厘米（图一〇四，5）。标本 K3:2，泥质灰陶。豆盘残，喇叭形圈足，细柄。素面。足径 7.8、残高 10.4 厘米（图一〇四，8）。标本 K3:16，泥质褐胎黑皮陶。喇叭形圈足，细柄。素面。足径 9、残高 9.6 厘米（图一〇四，6）。标本 K3:17，泥质灰陶。喇叭形圈足，细柄残。饰凹弦纹。足径 7.6、残高 5.6 厘米（图一〇四，12）。

　　陶饼　1 件。标本 K3:14，泥质灰陶。不规则圆形，边缘局部磨光。饰弦断绳纹。长 5、宽 4.6、厚 0.65 厘米（图一〇四，14）。

　　铜镞　1 件。标本 K3:10，三棱形。圆形铤残，变形。残长 3.2 厘米（图一〇四，13）。

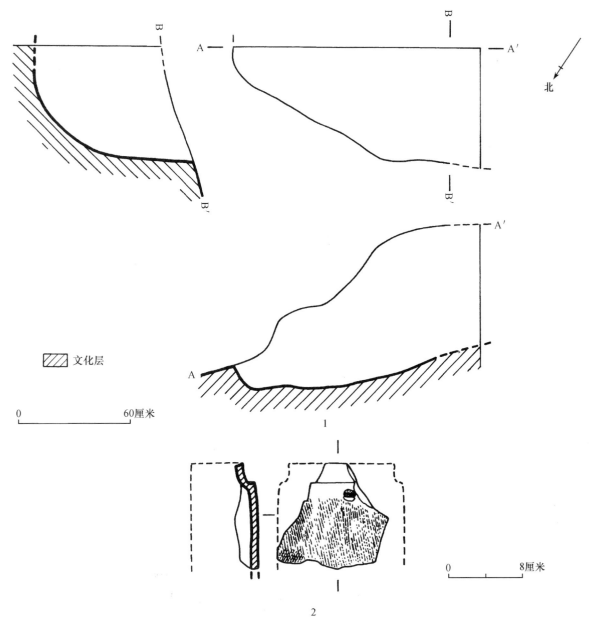

图一〇二 K2 平、剖面图及出土陶筒瓦
1. K2 平、剖面图 2. 陶筒瓦（K2:1）

（五）墓葬

分土坑墓和瓮棺葬两类。

1. 土坑墓

共发现 9 座，分布在 C 区。编号 M3、M5、M6、M7、M8、M9、M10、M11、M12。

M3 位于 CTG1 的南部。开口在墙 1 下，距地表深 165 厘米。打破第 5 层和生土。长方形土坑竖穴墓，北部残，南北向。墓口不规则，呈南高北低的斜坡状，墓口残长 172、宽 52 厘米。直壁，

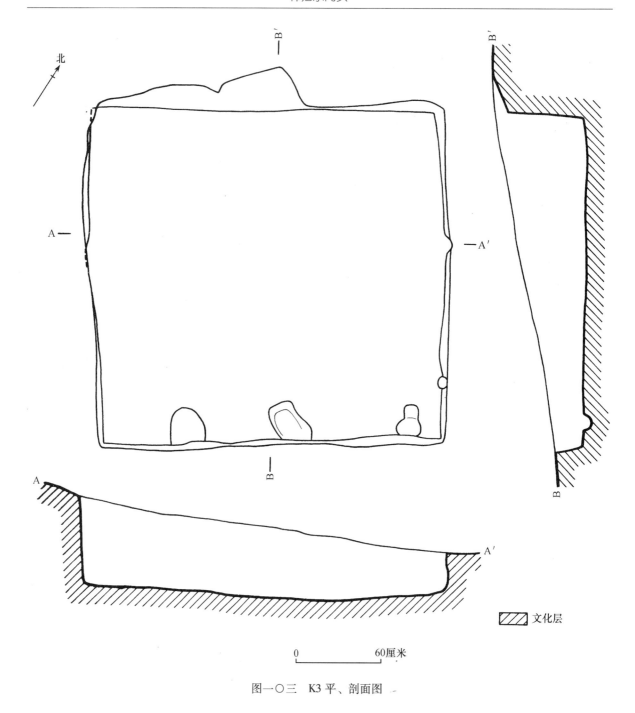

图一〇三 K3 平、剖面图

墓底南高北低，中部微隆，坡度17°，残长170、宽45～50、残深10～19厘米。人骨架保存较差，单人仰身直肢葬，头南足北，面向上，头向180°。性别、年龄不详。葬具已腐烂。坑内填灰褐色土，土质较硬。无随葬品（图一〇五；图版二三，1）。

M5 位于CTG1的东南部，东部被石培叠压未予发掘。开口在墙1下，距地表深280厘米。打破第5层、墙2及第6层。长方形土坑竖穴墓，东西向。墓口残长155、宽55厘米。墓底较平，残长155、宽45、残深6～102厘米。人骨架保存较差，单人仰身直肢葬，双手抱于胸部，头西足东，面向南，头向270°。性别、年龄不详。葬具已腐烂。坑内填灰色土，土质干结，含若干商代夹砂褐陶绳纹釜残片。无随葬品（图一〇六）。

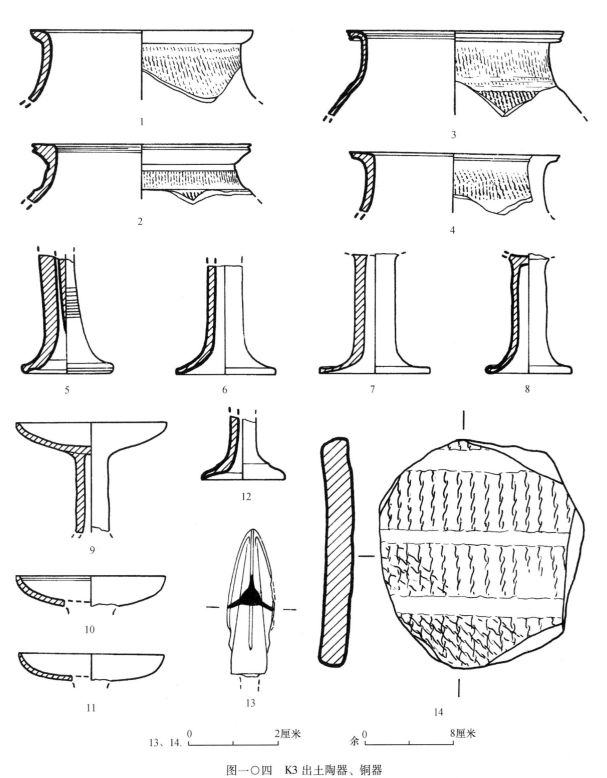

图一〇四　K3 出土陶器、铜器

1～4. 陶罐（K3：9、K3：3、K3：4、K3：8）　　5～12. 陶豆（K3：1、K3：16、K3：5、K3：2、K3：15、K3：6、K3：7、K3：17）

13. 铜镞（K3：10）　　14. 陶饼（K3：14）

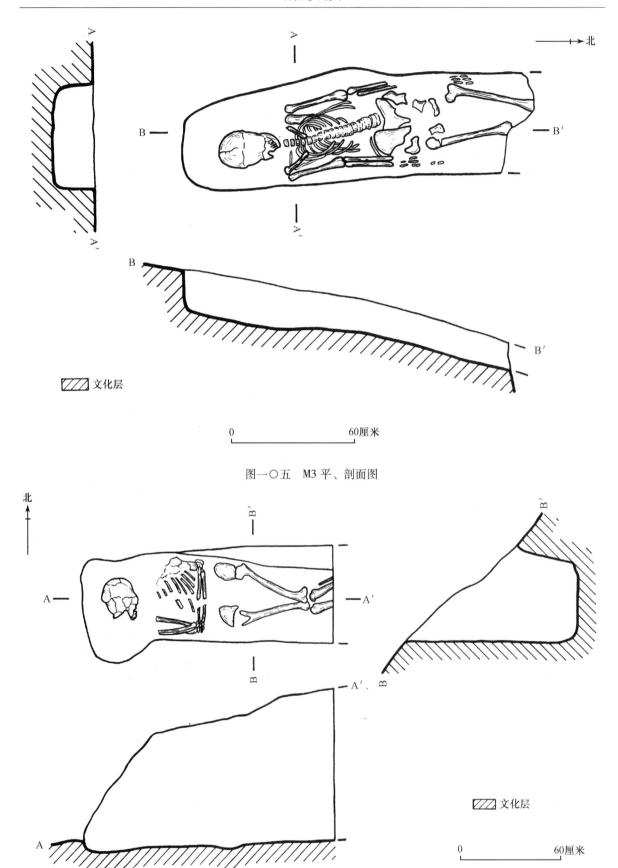

图一〇五　M3 平、剖面图

图一〇六　M5 平、剖面图

M6　位于 CT16 的南部，西部在探方外未予发掘。开口在第 1 层下，距地表深 25 厘米。打破第 3 层。长方形土坑竖穴墓，东西向。墓口残长 168、宽 58～68 厘米。墓底不平整，残长 166、宽 55～65、残深 18 厘米。人骨架保存较差，单人仰身直肢葬，头东足西，头向 90°。性别、年龄不详。葬具已腐烂。坑内填灰黑土。无随葬品（图一○七；图版二三，2）。

M7　位于 CT14 的南部。开口在墙 1 下，距地表深 42 厘米。打破 M8、M9 及第 4 层。长方形土坑竖穴墓，东西向。墓口长 226、宽 100～110 厘米。墓壁比较直，墓底平坦，长 220、宽 96～104、残深 78～88 厘米。人骨架保存较差，单人仰身直肢葬，头西足东，头向 260°。性别、年龄不详。葬具已腐烂，仅见 4 件铁环，可能为棺饰件。坑内填黄夹褐花土，土质松软，呈粉状。随葬品仅见陶罐一件，罐置于头右侧（图一○八；图版二三，3）。

陶罐　1 件。标本 M7：1，泥质褐胎黑皮陶。黑皮剥落。敞口，斜沿，圆唇，长颈，溜肩，鼓腹，凹底。腹饰弦断粗绳纹。口径 11.2、腹径 20.6、底径 6.4、高 18～18.8 厘米（图一一一，1；图版二七，1）。

铁环　4 件。标本 M7：3，残。残存木屑朽痕。残长 9.7、残宽 3.3 厘米（图一一一，2）。

M8　位于 CT14 的西南部。开口在墙 1 下，距地表深 80 厘米。打破第 4 层，被 M7 打破。长方形土坑竖穴墓，东西向。墓口长 246～256、宽 135～168 厘米。墓壁不规整，较直，墓底较平，长 244～258、宽 120～150、残深 92～130 厘米。人骨架仅保存部分下肢和头骨痕迹，单人葬，头西足东，头向 271°。葬式、性别、年龄不详。葬具已腐烂，仅见痕迹，棺痕长 234、宽 98、高 28～36 厘米。坑内填褐夹黄斑花土，土质松软。随葬品仅见陶罐一件，罐置于足右侧（图一○九；图版二四，2）。

陶罐　1 件。标本 M8：1，泥质褐黄陶。直口，折沿下垂，尖圆唇，长颈，溜肩，鼓腹，凹底。下腹饰弦断粗绳纹，肩部饰暗弦纹。口径 10.8、腹径 20.4、底径 7、高 17.4～18 厘米（图一一一，5；图版二七，2）。

M9　位于 CT14 的东南部。开口在墙 1 下，距地表深 35 厘米。打破第 4 层，被 M7 打破。长方形土坑竖穴墓，东西向。墓口长 272、宽 114～160 厘米。墓壁不规整，较直，墓底较平，长 252～258、宽 100～108、残深 104～112 厘米。人骨架仅存部分下肢与头骨痕迹，为单人葬，头西足东，头向 261°。葬式、性别、年龄不详。葬具已腐烂，在墓底四角有 4 件锈蚀严重的铁环，可能为棺饰件。坑内填褐夹黄斑花土，土质松软。随葬品仅见陶罐一件，罐置于右臂外侧（图一一○；图版二四，1）。

陶罐　1 件。标本 M9：1，夹砂灰陶。敛口，沿面有一圈凹槽，方唇面有一圈凹槽，长颈，鼓腹，底微凹。饰弦断粗绳纹。口径 8.6、腹径 20.6、底径 6、高 20～20.8 厘米（图一一一，3；图版二七，3）。

铁环　4 件。标本 M9：5，残。残存木屑朽痕。残长 6.3、宽 3.3、厚 0.6 厘米（图一一一，4）。

M10　位于 CT16 的东部。开口在第 2A 层下，距地表深 85 厘米。打破第 3 层和生土。长方形土坑竖穴墓，东西向。墓口长 197～200、宽 53 厘米。墓壁不规整，斜直，墓底平坦，长 188～190、宽 46、残深 6～12 厘米。人骨架保存较差，单人仰身直肢葬，左手放于腹部，右手放于胸部。头东足西，头向 84°。性别、年龄不详。葬具已腐烂。坑内填浅黄色土，土质坚硬。随葬品共 9 件，器类有陶饼、石片、铜钱等。主要置于骨架的右侧（图一一二；图版二四，3）。

陶饼　1 件。标本 M10：1，夹砂灰陶。不规则圆形。边缘未磨平。饰绳纹模糊。直径 4.8、厚 0.7 厘米（图一一三，1）。

石片　1 件。标本 M10：2，灰色扁砾。仅在扁砾一端有单向打击疤，未见使用痕。长 4.4、宽 3.35、厚 0.8 厘米（图一一三，2）。

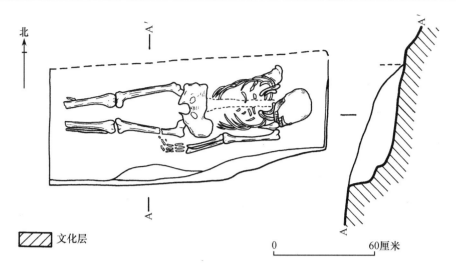

图一〇七　M6 平、剖面图

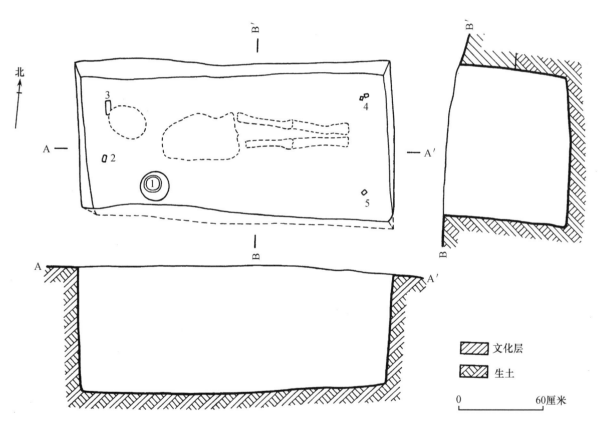

图一〇八　M7 平、剖面图

1. 陶罐　2~5. 铁环

铜钱　7 枚（附表七）。

M11　位于 CT16 的北部。开口在第 3 层下，距地表深 301 厘米。打破 Y8。长方形土坑竖穴墓，南北向。残长 338、宽 66~86、残深 30~145 厘米。中部有两块石头横置于墓底。人骨架保存较差，头北足南，头向 350°，头偏于西侧，置于中部石头之上，从残存的人骨朽痕看，属于仰身直肢葬。性别、年龄不详。葬具已腐烂。坑内填灰黑土，土质松软。随葬品 14 件（套），除 1 件铜簪置于两膝之间外，其余铜钱均散落于上肢四周（图一一四，1；图版二三，4）。

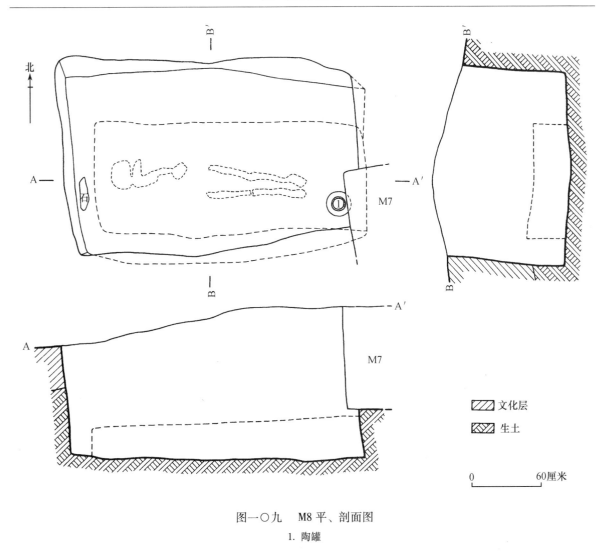

图一〇九 M8 平、剖面图
1. 陶罐

铜簪 1 件。标本 M11：12，长圆锥形。顶残。残长 2.9、直径 0.1 厘米（图一一四，2）。

铜钱 75 枚（图一一五；附表四）。

M12 位于 CT15。开口在墙 1 下，打破第 4 层。大部分被现代民居叠压，未予发掘。

2. 瓮棺

共发现 2 座，分布在 C 区和 A 区。编号 W1、W2。

W1 位于 CTG1 的中南部。开口在第 5 层下，打破墙 2 及生土。圆形土坑瓮棺葬。墓口残，平面呈圆形，直径 102 厘米。坑底呈锅底状，残深 25 厘米。陶瓮侧卧于坑中，口西底东，瓮内未发现人骨架痕迹。坑内填黄褐色土，土质较硬。无随葬品（图一一六，1；图版二二，4）。

陶瓮 1 件。标本 W1，泥质灰陶。弇口，圆唇，溜肩，深腹，圈底。饰弦断绳纹、交错绳纹、附加堆纹和压印方格纹。口径 36.8、腹径 55.2、通高 66 厘米（图一一六，2；图版二八，3）。

W2 位于 ATG1 东扩的西南部。开口在 F22 第 4 层下，打破生土。圆形土坑瓮棺葬。墓口残，平面不规则圆形，由南向北倾斜，南北长 80、东西宽 66 厘米。坑底呈锅底状，残深 20 厘米。陶瓮置于坑中，瓮内未发现人骨架痕迹。坑内填灰褐色土，土质较硬。无随葬品（图一一七，1；图版二二，3）。

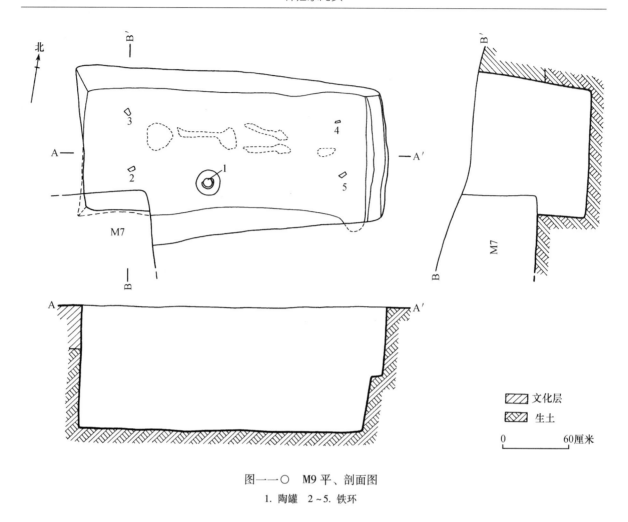

图一一〇　M9 平、剖面图

1. 陶罐　2～5. 铁环

　　陶瓮　1 件。标本 W2，泥质灰陶。直口，厚沿内斜，矮颈，溜肩，鼓腹，底微凹。肩部饰两组指甲纹。口径 34、腹径 61、底径 29、通高 41 厘米（图一一七，2；图版二八，2）。

（六）文化层

　　主要分布在 D 区、C 区和 B 区，遗物多集中在 DT14、DT15、DT17、DT18、DT54、CTG1、CT16 等探方内。另在 A 区 TG2 等探方内出土部分遗物，可能该区域内也存在本时期的文化堆积。

　　DT14⑦层　器类有陶罐、盆、豆、筒瓦等。

　　陶罐　1 件。标本 DT14⑦:5，泥质褐胎黑陶。口残，束颈，弧腹，平底。素面。有轮制旋痕。残高 8.6、腹径 10.4 厘米（图一一八，9）。

　　陶盆　1 件。标本 DT14⑦:6，泥质灰陶。口近直，平折沿，圆唇，束颈，深腹残。腹饰弦断绳纹，上部绳纹模糊。沿面有一周凹槽。口径 40、残高 17.4 厘米（图一一八，7）。

　　陶豆　1 件。标本 DT14⑦:4，泥质灰陶。直口，圆唇，斜壁，细柄残。素面。口径 17、残高 8 厘米（图一一八，8）。

　　陶筒瓦　1 件。标本 DT14⑦:3，泥质灰陶。短舌，圆唇，瓦身残。瓦身外饰粗绳纹，内饰大方格纹。边有切割痕。残长 32、宽 14.4、舌长 3 厘米（图一一八，3）。

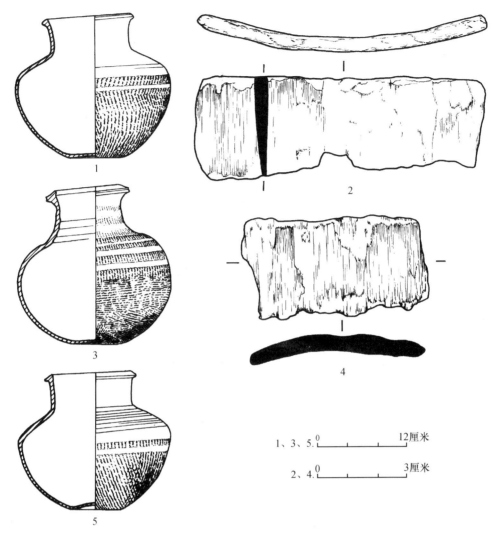

图一一一　M7、M8、M9 出土陶器、铁器

1、3、5. 陶罐（M7:1、M9:1、M8:1）　2、4. 铁环（M7:3、M9:5）

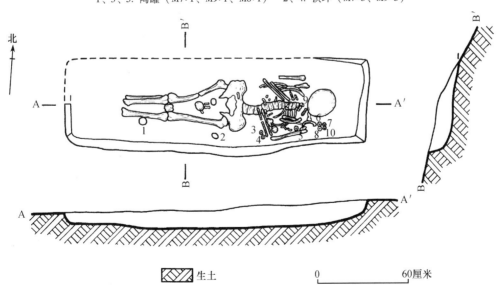

图一一二　M10 平、剖面图

1. 陶饼　2. 石片　3~8、10. 铜钱　9. 牙齿（下颌骨）

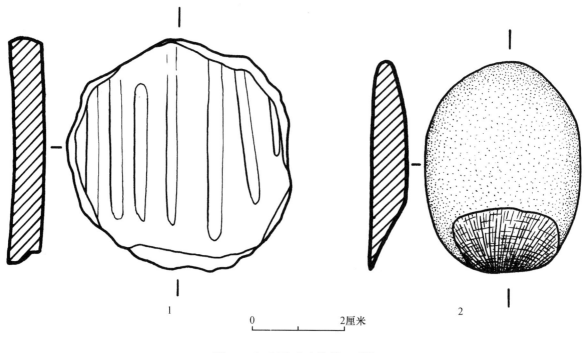

图一一三　M10 出土陶器、石器

1. 陶饼（M10：1）　　2. 石片（M10：2）

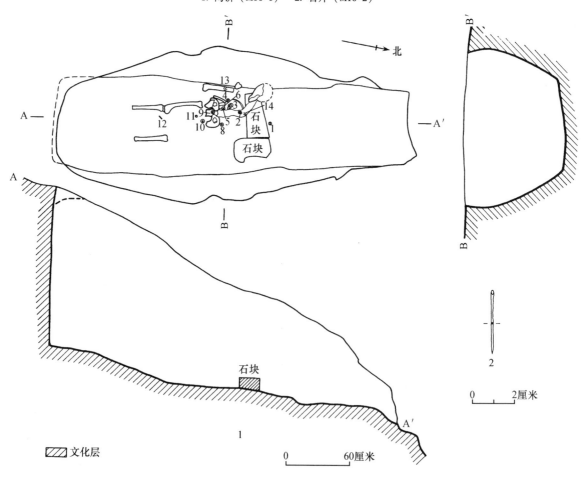

图一一四　M11 平、剖面图及出土铜簪

1. M11 平、剖面图（1～11、13. 铜钱　12. 铜簪）　　2. 铜簪（M11：12）

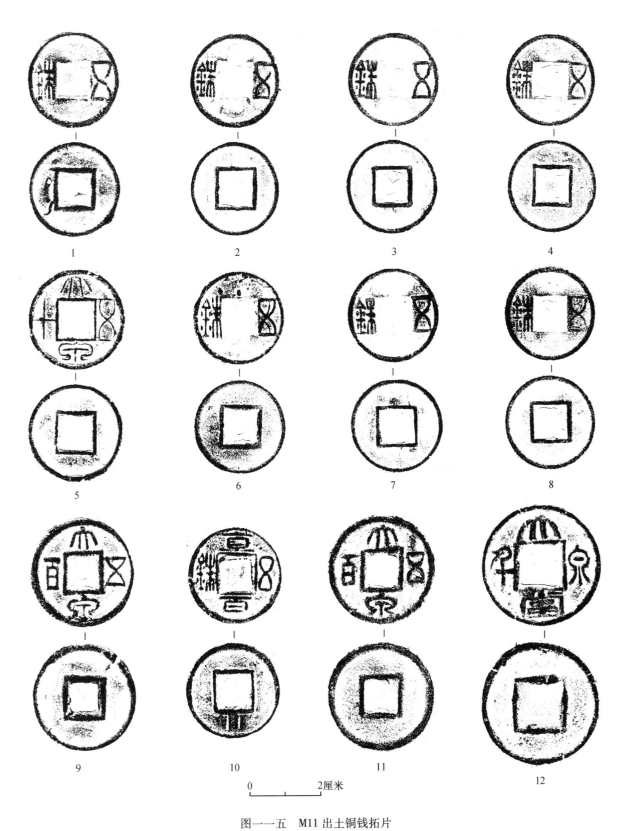

图一一五　M11 出土铜钱拓片

1~4、6~8. 五铢（M11:6-6、M11:7-5、M11:7-6、M11:6-16、M11:6-7、M11:6-12、M11:7-7）　5. 大泉五十（M11:7-2）

9、11. 大泉五百（M11:7-1、M11:3-1）　10. 直百五铢（M11:6-2）　12. 大泉当千（M11:3-2）

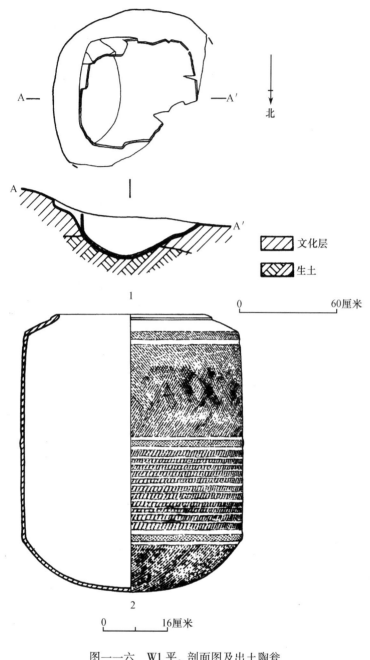

图一一六　W1 平、剖面图及出土陶瓮
1. W1 平、剖面图　2. 陶瓮

DT15⑦层　器类有陶盆、豆、板瓦、纺轮等。

陶盆　1 件。标本 DT15⑦:6，泥质褐胎灰陶。直口，平折沿，圆唇，束颈，深腹残。饰弦断模糊绳纹。复原口径 36、残高 10.8 厘米（图一一九，1）。

陶豆　3 件。标本 DT15⑦:3，泥质灰胎黑陶。直口，圆唇，斜壁，平底，柄残。素面。口径 17、残高 3 厘米（图一一九，3）。DT15⑦:4，泥质灰胎黑陶。直口，圆唇，斜壁，平底，柄残。素面。口径 16、残高 3 厘米（图一一九，4）。标本 DT15⑦:5，泥质灰陶。直口，圆唇，斜壁，平底，柄残。素面。口径 17、残高 3.2 厘米（图一一九，2）。

另有豆圈足 2 件。标本 DT15⑦:2，泥质灰陶。器表不平。喇叭形圈足，细柄残。足径 8、残高9.4厘米（图一一九，8）。标本 DT15⑦:10，泥质褐胎黑陶。喇叭形圈足，细柄残。足径8.2、残高9.2厘米（图一一九，7）。

陶纺轮　1件。标本 DT15⑦:1，夹细砂褐黑陶。一面平，一面微内凹，弧缘起凸棱。直径4~5.6、孔径0.4~0.8、高4厘米（图一一九，6）。

陶板瓦　1件。标本 DT15⑦:15，泥质灰陶。残。外饰弦断绳纹。残长34.6、残宽24.8厘米（图一一九，5）。

DT17⑦层　器类有陶筒瓦、板瓦等。

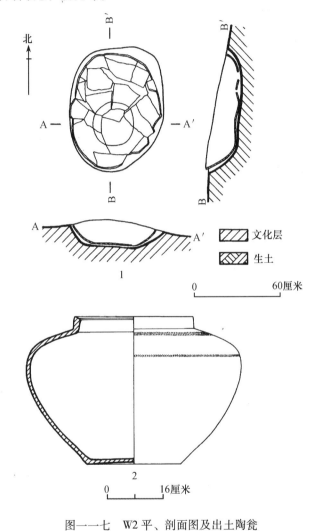

北

文化层

生土

0　　　　　60厘米

0　　　　　16厘米

图一一七　W2平、剖面图及出土陶瓮
1. W2平、剖面图　2. 陶瓮

陶筒瓦　3件。标本 DT17⑦:1，泥质灰陶。短舌，圆唇。瓦身外饰粗竖绳纹和刻划痕，内饰横绳纹。长41.6、宽17~18.8、舌长2.4厘米（图一二〇，2；图版二九，3）。标本 DT17⑦:4，泥质灰褐陶。残。瓦身外饰粗竖绳纹，内饰粗横绳纹。残长20、宽16厘米（图一二〇，5）。标本 DT17⑦:5，泥质灰陶。短舌，瓦身残。瓦身外饰粗竖绳纹、弦纹，内饰粗横绳纹。残长23.8厘米（图一二〇，4）。

陶板瓦　2件。标本 DT17⑦:2，泥质灰褐陶。长方形。缘面与瓦身外饰粗绳纹。长52.4、宽40厘米（图一二〇，3）。标本 DT17⑦:3，泥质灰陶。近长方形。缘面及瓦身外饰粗绳纹，内饰粗绳纹模糊。长 47.6～59.2、宽 37.6～39.6 厘米（图一二〇，1；图版二九，1）。

DT17⑧层　器类有陶豆、盆等。

陶豆　1件。标本 DT17⑧:2，泥质灰褐陶。直口，圆唇，斜壁，柄残。素面。口径 14、残高 3.2 厘米（图一一八，5）。

陶盆　1件。标本 DT17⑧:1，泥质灰陶。直口，平折沿，方唇，束颈，弧腹残。腹饰粗绳纹，上部有抹痕。唇面有一周凹槽。复原口径 33、残高 4 厘米（图一一八，2）。

DT18⑥层　器类有陶钵、豆、筒瓦、板瓦等。

陶钵　1件。标本 DT18⑥:3，泥质灰陶。口微敛，厚方唇，弧壁残。素面。复原口径 25.2、残高 4.6 厘米（图一二一，10）。

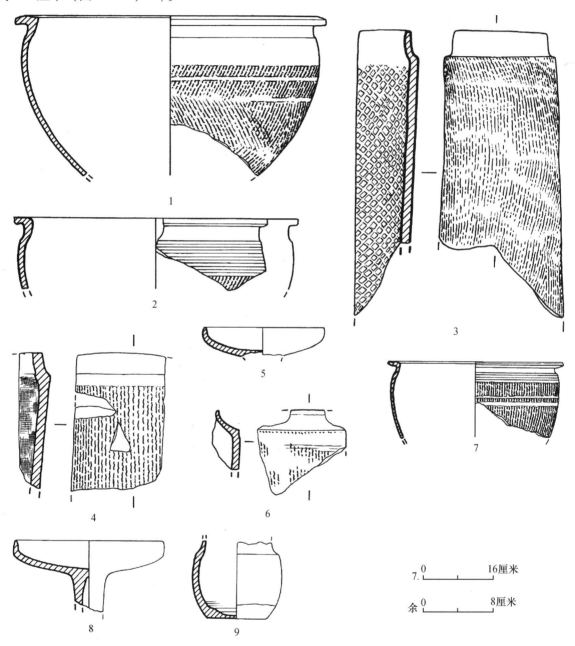

图一一八　D 区 T14⑦、T17⑧、T54④、T54⑤层出土陶器

1、2、7. 陶盆（DT54④:2、DT17⑧:1、DT14⑦:6）　3、4、6. 筒瓦（DT14⑦:3、DT54⑤:1、DT54④:3）　5、8. 陶豆
（DT17⑧:2、DT14⑦:4）　9. 罐（DT14⑦:5）

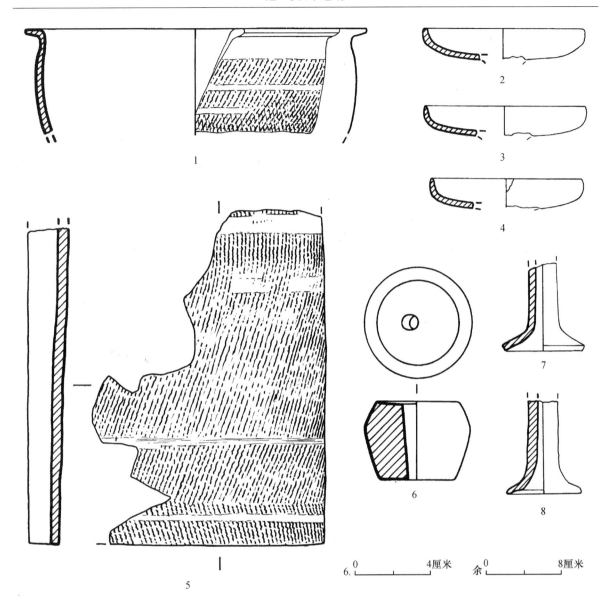

图一一九　DT15⑦层出土陶器

1. 陶盆（DT15⑦：6）　　2～4. 陶豆（DT15⑦：5、DT15⑦：3、DT15⑦：4）　　5. 陶板瓦（DT15⑦：15）　　6. 陶纺轮（DT15⑦：1）
7、8. 豆圈足（DT15⑦：10、DT15⑦：2）

　　陶豆　1件。标本 DT18⑥：5，泥质黄褐色硬陶。敛口，圆唇，斜壁残。复原口径16、残高5.2厘米（图一二一，11）。

　　陶筒瓦　2件。标本 DT18⑥：1，泥质灰陶。短舌，圆唇，瓦身残。瓦身外饰粗竖绳纹，内饰粗横绳纹。瓦身残长10.6、舌长2厘米（图一二一，7）。标本 DT18⑥：4，泥质灰陶。短舌，圆唇，瓦身残。瓦身外饰粗绳纹，内饰布纹模糊。瓦身残长6、宽14、舌长2厘米（图一二一，6）。

　　陶板瓦　1件。标本 DT18⑥：2，泥质褐陶。残。瓦身外饰粗绳纹，方唇缘上有刮划痕。残长24.2、残宽23.6厘米（图一二一，5）。

　　DT45⑤层　器类有陶盆、豆、板瓦等。

　　陶盆　1件。标本 DT45⑤：2，泥质灰陶。直口，平折沿，圆唇，束颈，鼓肩，斜弧腹残。腹饰粗斜绳纹。口径22.4、残高11厘米（图一二一，2）。

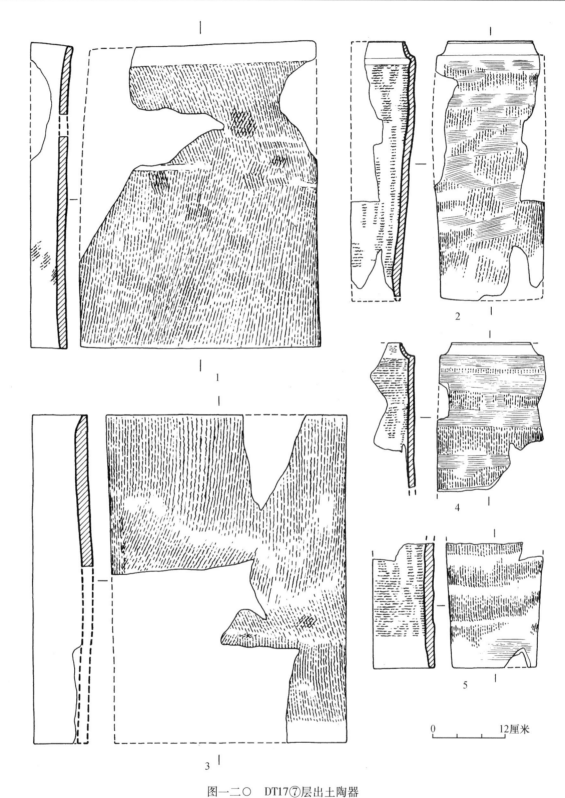

图一二〇　DT17⑦层出土陶器

1、3. 板瓦（DT17⑦:3、DT17⑦:2）　2、4、5. 筒瓦（DT17⑦:1、DT17⑦:5、DT17⑦:4）

陶豆　4件。标本 DT45⑤:6，泥质灰陶。直口，尖圆唇，斜壁残。素面。复原口径18、残高3.8厘米（图一二一，13）。标本 DT45⑤:7，泥质灰陶。口近直，圆唇，弧壁残。素面。残高3.2厘米（图一二一，9）。标本 DT45⑤:8，泥质灰陶。直口，圆唇，斜壁残。素面。残高2.8厘米

（图一二一，8）。标本 DT45⑤：9，泥质灰陶。直口，圆唇，斜壁残。素面。口径 16.4、残高 3.9
厘米（图一二一，12）。

　　另有豆圈足 2 件。标本 DT45⑤：4，泥质灰陶。豆盘残。喇叭形圈足，细柄。素面。足径 8.6、
残高 10 厘米（图一二一，3）。标本 DT45⑤：5，泥质灰陶。喇叭形圈足，细柄残。足径 7、残高
9.6 厘米（图一二一，4）。

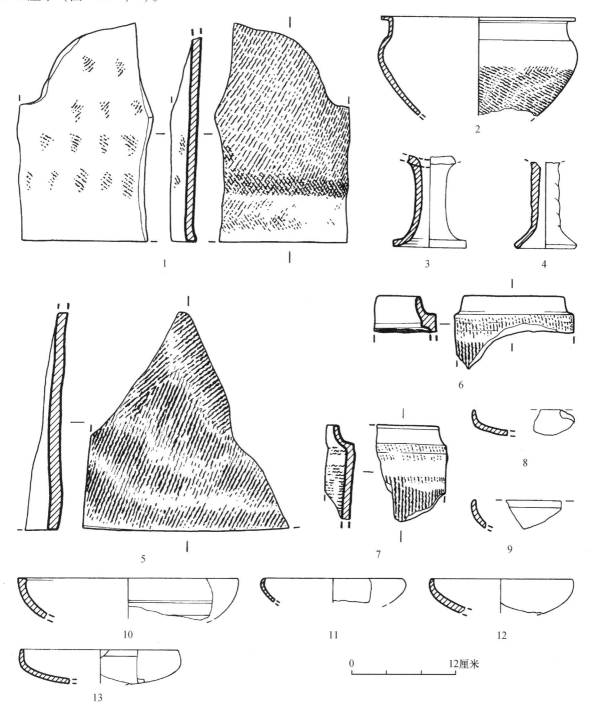

图一二一　D 区 T18⑥、T45⑤层出土陶器

1、5. 板瓦（DT45⑤：3、DT18⑥：2）　2. 陶盆（DT45⑤：2）　3、4. 陶豆圈足（DT45⑤：4、DT45⑤：5）　6、7. 筒瓦（DT18
⑥：4、DT18⑥：1）　8、9、11～13. 陶豆（DT45⑤：8、DT45⑤：7、DT18⑥：5、DT45⑤：9、DT45⑤：6）　10. 陶钵（DT18⑥：3）

　　陶板瓦　1件。标本DT45⑤:3，泥质灰陶。残。瓦身外饰交错绳纹，内饰绳纹模糊。边有切割痕。残长24.4、残宽15.4厘米（图一二一，1）。

　　DT46②层　器类有陶罐、盆、豆、板瓦等。

　　陶罐　1件。标本DT46②:2，泥质灰陶。直口，平折沿，方唇，高颈，腹残。颈部饰绳纹模糊，腹饰绳纹，唇面有一周凹槽。口径19、残高8厘米（图一二二，2）。

　　陶盆　1件。标本DT46②:5，泥质褐胎灰陶。口近直，平折沿，方唇，束颈，深腹残。腹饰交错绳纹，上部有旋痕。沿面有三道凹旋痕，唇面有一周凹槽。口径32、残高15.2厘米（图一二二，1）。

　　陶豆　2件。标本DT46②:6，泥质褐胎灰陶。敞口，方唇，斜腹残。唇面有一周凹槽。口径16、残高3.4厘米（图一二二，3）。标本DT46②:1，夹砂灰陶。口残，斜壁，细柄残。有轮制旋痕。残高6.8厘米（图一二二，5）。

　　陶板瓦　1件。标本DT46②:7，泥质灰陶。残。瓦身饰绳纹。残长10.4、残宽26.4厘米（图一二二，4）。

　　DT54④层　器类有陶盆、筒瓦等。

　　陶盆　1件。标本DT54④:2，泥质褐胎灰陶。口敞敛，平折沿，方唇，束颈，深腹残。腹饰弦断粗绳纹。口径34、残高18厘米（图一一八，1）。

　　陶筒瓦　1件。标本DT54④:3，泥质灰陶。短舌，圆唇，瓦身残。瓦身外饰粗绳纹模糊，内饰布纹模糊。残长9.4厘米（图一一八，6）。

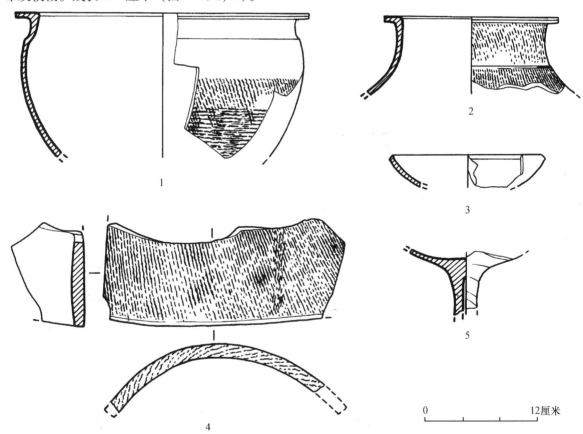

0　　　　　　　　　　　12厘米

图一二二　DT46②层出土陶器

1. 陶盆（DT46②:5）　2. 陶罐（DT46②:2）　3、5. 陶豆（DT46②:6、DT46②:1）　4. 陶板瓦（DT46②:7）

DT54⑤层　器类有陶筒瓦等。

陶筒瓦　1件。标本 DT54⑤:1,泥质褐胎灰陶。短舌,方唇,瓦身残。瓦身外饰粗绳纹,内饰布纹。残长15.6厘米(图一一八,4)。

CTG1④层　器类有陶罐、板瓦等。

陶罐　1件。标本 CTG1④:3,夹砂灰陶。敞口,折沿,厚方唇,长颈残。唇面有一圈凹槽。口径15、残高4.6厘米(图一三二,4)。

陶板瓦　1件。标本 CTG1④:4,夹砂灰陶。残。瓦身外饰粗绳纹,内饰布纹。残长11.6、残宽9厘米(图一三二,3)。

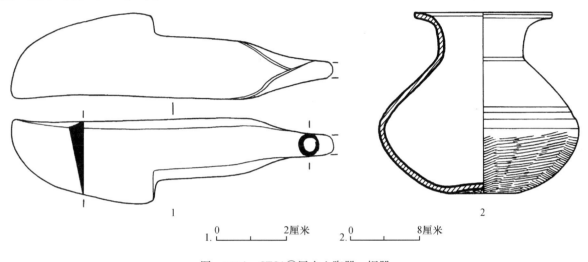

图一二三　CTG1⑤层出土陶器、铜器
1. 铜削刀(CTG1⑤:5)　2. 陶罐(CTG1⑤:4)

CTG1⑤层　器类有陶罐、铜削刀等。

陶罐　1件。标本 CTG1⑤:4,泥质褐胎黑皮陶。敞口,方唇,长颈,折腹,凹底。颈、折腹处饰凹弦纹,下腹、底饰篮纹。唇面有一周凹槽。口径16.4、腹径23.6、底径8、高20.6厘米(图一二三,2;图版二七,4)。

铜削刀　1件。标本 CTG1⑤:5,直柄,弧刃,厚背,把后缘包卷残。残长9.4、宽2.4厘米(图一二三,1;图版二八,4)。

CT16③层　器类有陶瓮、豆、铜镞等。

陶瓮　1件。标本 CT16③:5,泥质灰陶。弇口,圆唇,溜肩,折腹残。腹饰粗绳纹。复原口径31、残高2.6厘米(图一二四,2)。

陶豆　1件。标本 CT16③:4,泥质灰陶。口微敛,圆唇,折壁残,饰一个圆形穿孔。复原口径17、残高4.6厘米(图一二四,4)。

陶饼　1件。标本 CT16③:6,泥质灰陶。呈不规则圆形。边缘磨圆。饰粗绳纹。直径4厘米(图一二四,1)。

铜镞　1件。标本 CT16③:2,三棱形。铤残,尖残。残长3.6、宽0.8厘米(图一二四,3)。

BT5⑩层　器类有陶板瓦等。

陶板瓦　1件。标本 BT5⑩:1,泥质褐陶。残。瓦身外饰粗绳纹,内饰方格纹和粗绳纹。残长49.2、宽37.2、厚2~2.2厘米(图一二五)。

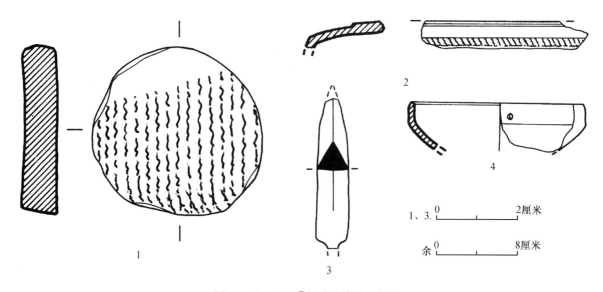

图一二四　CT16③层出土陶器、铜器

1. 陶饼（CT16③:6）　2. 陶瓮（CT16③:5）　3. 铜镞（CT16③:2）　4. 陶豆（CT16③:4）

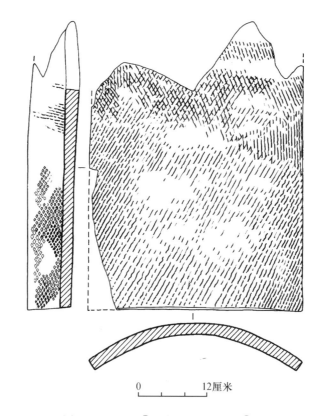

图一二五　BT5⑩层出土板瓦（BT5⑩:1）

（七）其他

东门头遗址晚于汉代的文化堆积中也出土少量该时期的遗物，器类有陶罐、瓮、甑、盆、豆、钵、缸、网坠、板瓦、筒瓦及铜镜、石锛等。兹择要介绍如次。

　　陶罐　标本 ATG2⑨:1,泥质灰陶。直口,平折沿,圆唇,高颈,溜肩,鼓腹,凹底。肩部饰模糊绳纹,腹饰交错绳纹。口径 14、腹径 35.2、底径 8、高 33.2～34 厘米(图一二六,1;图版二七,5)。

　　陶瓮　标本 ATG2⑨:5,夹砂褐胎黑皮陶。直领,厚沿,溜肩残。沿面有凹槽,领内、外部饰模糊绳纹,肩饰方格纹。复原口径 48、残高 10 厘米(图一二六,3)。标本 ATG2⑫:1,泥质灰陶。直口,平沿外斜,圆唇,高颈,鼓肩残。肩部饰暗划纹,内壁饰戳点纹,沿面有一周凹槽。口径 12、残高 9.2 厘米(图一三○,5)。

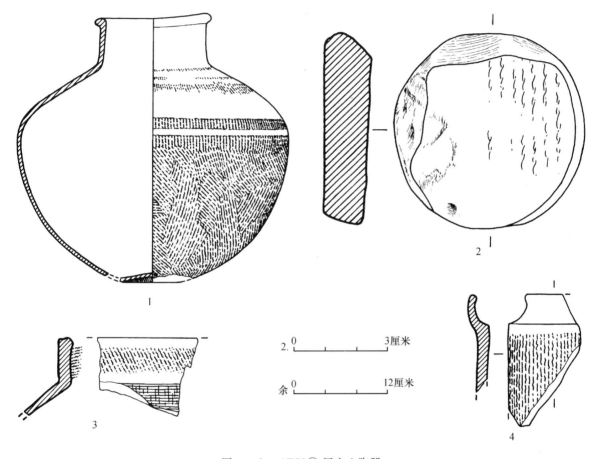

图一二六　ATG2⑨层出土陶器

1. 陶罐(ATG2⑨:1)　2. 陶饼(ATG2⑨:8)　3. 陶瓮(ATG2⑨:5)　4. 陶筒瓦(ATG2⑨:6)

　　陶甑　标本 BT5 北扩⑥:4,泥质灰陶。口残,斜壁,平底。腹饰凹弦纹,底残存三个圆形箅孔。底径 18、残高 4.8 厘米(图一三二,1)。

　　陶钵　标本 ATG2 ①:6,夹细砂灰陶。敞口,圆唇,斜直腹,平底。素面。底有切割痕。口径 11、底径 6、高 4 厘米(图一三二,9)。标本 ATG2 ⑧:3,夹细砂灰陶。口近直,厚圆唇,弧腹残。器表有刮划痕。复原口径 19.4、残高 6.2 厘米(图一二九,4)。

　　陶豆　标本 ATG2 ⑦:3,泥质灰陶。口微敛,平沿外斜,折腹残。素面。复原口径 18、残高 2.8 厘米(图一二八,3)。标本 ATG2⑩:2,泥质灰陶。口残,弧壁,细柄残。饰凹弦纹。残高 6.6 厘米(图一三一,3)。

　　陶盆　5 件。标本 ATG2 ⑧:1,夹砂褐胎灰陶。直口,宽折沿,厚唇,深腹残。腹饰弦断条纹,唇面有一周凹槽。口径 56、残高 11.2 厘米(图一二九,2)。标本 ATG2⑩:1,泥质灰陶。口近直,折沿，尖圆唇，束颈，腹残。沿面有一周凹槽。口径38、残高2.8厘米（图一三一，1）。标本ATG2⑫:2，泥质灰陶。口微敛，平沿外斜，尖圆唇，束颈，深腹残。腹饰附加堆纹和粗绳纹，沿面有一周凹槽。口径40.8、残高10.8厘米（图一三〇，1）。标本ATG2⑫:6，夹砂灰胎黑皮陶，黑皮剥落。直口，折沿，方唇，折腹残。折腹处起凸棱，器表有旋痕。口径40、残高10.4厘米（图一三〇，3）。标本ATG2⑫:7，夹砂褐胎黑皮陶，黑皮剥落。直口，折沿，圆唇，束颈，腹残。腹饰粗绳纹。复原口径28、残高7厘米（图一三〇，4）。标本ATG2⑧:2，泥质褐胎灰陶。口残，直壁，平底。素面。底径22、残高6.4厘米（图一二九，3）。

缸沿　标本CT5墙2②:1，褐陶。复原口径16、残高9.4厘米。

陶筒瓦　标本ATG2⑥:5，泥质灰陶。短舌，瓦身残。瓦身外饰绳纹，内饰模糊方格纹。一边有切割痕。残长10.2厘米。标本ATG2⑦:2，泥质灰陶。短舌，瓦身残。瓦身外饰粗绳纹，内饰布

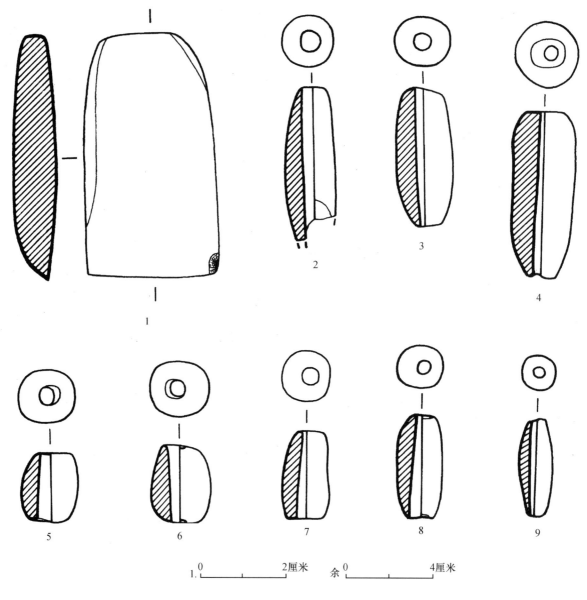

图一二七　ATG2 ②层出土陶器、石器

1. 石锛（ATG2 ②:6）　　2~9. 网坠（ATG2 ②:4、ATG2 ②:11、ATG2 ②:5、ATG2 ②:10、ATG2 ②:9、ATG2②:7、ATG2 ②:8、
ATG2 ②:12）

纹。边有切割痕。残长 11.2、宽 15.8 厘米（图一二八，2）。标本 ATG2 ⑧:4，泥质灰陶。短舌，圆唇，瓦身残。瓦身外饰粗绳纹，内饰布纹。边有切割痕。残长 26.6、宽 14.2 厘米（图一二九，1）。标本 ATG2⑨:6，夹砂褐胎灰陶。长舌，圆唇，瓦身残。瓦身外饰粗绳纹，内饰布纹。边有切割痕。残长 16.8、残宽 9.2 厘米（图一二六，4）。标本 ATG2⑩:4，泥质灰陶。长舌，圆唇，瓦身残。瓦身外饰粗绳纹，内饰布纹。边有切割痕。残长 10.4 厘米（图一三一，2）。

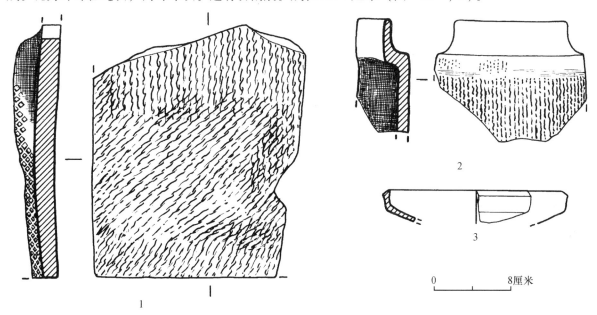

图一二八　ATG2⑦层出土陶器
1. 陶板瓦（ATG2 ⑦:1）　2. 陶筒瓦（ATG2 ⑦:2）　3. 陶豆（ATG2 ⑦:3）

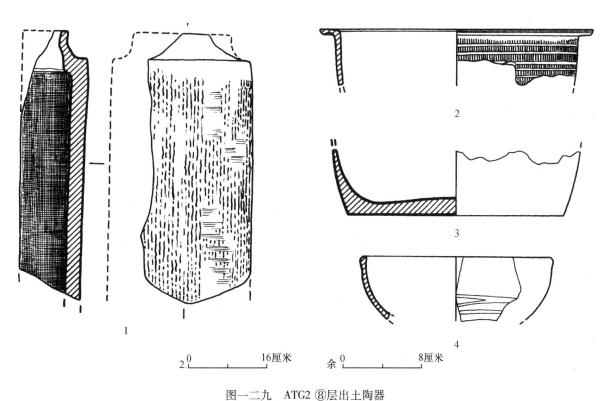

图一二九　ATG2 ⑧层出土陶器
1. 陶筒瓦（ATG2⑧:4）　2、3. 陶盆（ATG2⑧:1、ATG2⑧:2）　4. 陶钵（ATG2⑧:3）

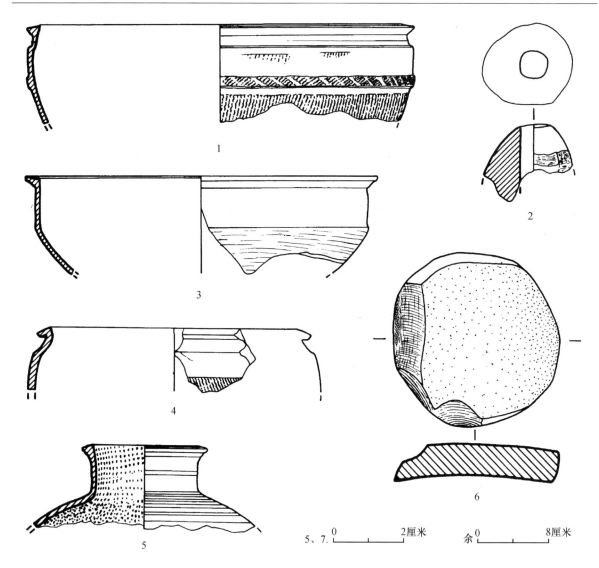

图一三〇　ATG2⑫层出土陶器

1、3、4. 陶盆（ATG2⑫:2、ATG2⑫:6、ATG2⑫:7）　2. 陶网坠（ATG2⑫:8）　5. 陶瓮（ATG2⑫:1）　6. 陶饼（ATG2⑫:9）

陶板瓦　标本 ATG2 ⑦:1，泥质灰陶。残。瓦身外饰交错粗绳纹，内饰布纹和大方格纹。残长 15.4、残宽 12 厘米（图一二八，1）。

陶网坠　标本 ATG2 ①:1，夹砂灰陶。圆筒形。素面。直径 3、孔径 0.8~0.93、长 3.5~3.7 厘米

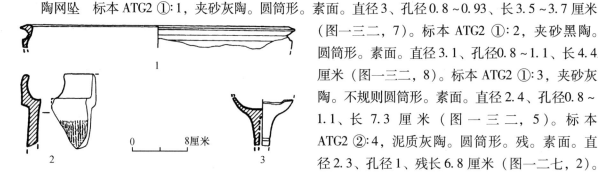

图一三一　ATG2⑩层出土陶器

1. 陶盆（ATG2⑩:1）　2. 陶筒瓦（ATG2⑩:4）

3. 陶豆（ATG2⑩:2）

（图一三二，7）。标本 ATG2 ①:2，夹砂黑陶。圆筒形。素面。直径 3.1、孔径 0.8~1.1、长 4.4 厘米（图一三二，8）。标本 ATG2 ①:3，夹砂灰陶。不规则圆筒形。素面。直径 2.4、孔径 0.8~ 1.1、长 7.3 厘米（图一三二，5）。标本 ATG2 ②:4，泥质灰陶。圆筒形。残。素面。直径 2.3、孔径 1、残长 6.8 厘米（图一二七，2）。标本 ATG2 ②:5，泥质灰褐陶。圆筒形。素面。直径 2.2~2.3、孔径 0.4~0.8、长 6.3 厘米（图一二七，4）。标本 ATG2 ②:7，夹砂灰褐陶。圆

筒形。素面。直径2.6~2.8、孔径0.7~0.8、长3.5厘米（图一二七，7）。标本ATG2 ②:8，泥质灰陶。圆筒形。素面。直径2.2、孔径0.7~0.8、长4厘米（图一二七，8）。标本ATG2 ②:9，夹砂黑陶。圆筒形。素面。直径2.4~2.6、孔径0.8~1、长3.1厘米（图一二七，6）。标本ATG2 ②:10，夹砂褐陶。圆筒形。素面。直径2.9、孔径0.4~0.6、长3厘米（图一二七，5）。标本ATG2 ②:11，夹砂灰褐陶。圆筒形。素面。直径1.9~2.2、孔径0.6~0.8、长4.6厘米（图一二七，3）。标本ATG2 ②:12，夹砂褐陶。圆筒形。残。素面。直径1.6、孔径0.5、残长4.4厘米（图一二七，9）。标本ATG2⑫:8，夹砂灰陶。圆筒形。残。素面。孔径0.8、残长2.2厘米（图一三〇，2）。标本AT2④:1，泥质褐陶。圆筒形。残。素面。直径1.4、孔径0.5、残长3.3厘米。标本CT7北扩⑥:1，夹砂褐陶。圆筒形。素面。直径2.5、孔径1.1~1.6、长3.6厘米（图一三二，6）。

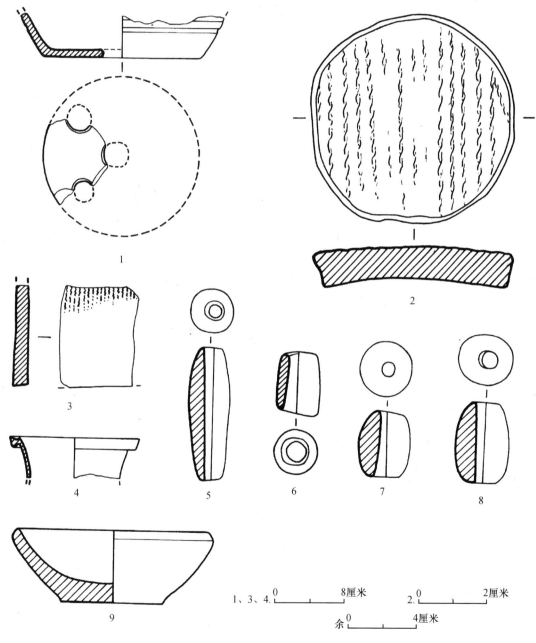

图一三二　ATG2 ①、BT5 北扩⑥、CTG1④层出土陶器

1. 陶甑（BT5 北扩⑥:4）　2. 陶饼（BT5 北扩⑥:8）　3. 陶板瓦（CTG1④:4）　4. 陶罐（CTG1④:3）　5~8. 网坠（ATG2①:3、CT7 北扩⑥:1、ATG2①:1、ATG2①:2）　9. 陶钵（ATG2①:6）

　　陶饼　标本 ATG2⑨:8,夹砂褐胎褐灰陶。圆形。饰绳纹模糊。直径6.2、厚1.5厘米(图一二六,2)。标本 ATG2⑫:9,泥质褐胎灰陶。圆形。素面。边缘磨圆。直径4.7、厚0.9厘米(图一三〇,6)。标本 BT5 北扩⑥:8,泥质灰陶。圆形。边缘磨圆。饰粗绳纹。直径5.9、厚0.9厘米(图一三二,2)。标本 BT5 墙2①:1,泥质红褐陶。圆形。边缘磨圆。饰粗绳纹。直径4.1、厚0.5~0.7厘米。

　　石锛　1件。标本 ATG2②:6,黑色砾石。磨光。平顶圆角,直刃,边直。长5.5、宽3.1、厚1厘米(图一二七,1)。

　　四神博局铜镜　标本 CT6 北扩⑦:1,圆形,桥形钮,双线方格内为十二乳钉纹间以十二地支铭。博局纹将内区分为四方八区,分别配置四神等纹饰。纹饰模糊。直径14.7厘米(图一三三;图版二八,5)。

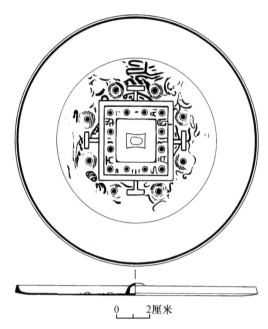

0　　2厘米

图一三三　CT6 北扩⑦ 层出土铜镜(CT6 北扩⑦:1)

三、小　　结

(一) 分期与年代

东门头遗址的汉代遗存存在九组层位关系:

(1) M3、M5→CTG1 第5层→W1→CTG1 墙2→H9;

(2) CTG1 第5层→H6、H7、H8;

(3) M6、M10→CT16 第3层→M11→Y8;

(4) M7→M8、M9;

(5) H1→BT5 第10层;

(6) H19→AT10 第2层;

(7) DT46 第2层→Y6;

（8）DT17 第 7 层→第 8 层；

（9）DT54 第 4 层→第 5 层。

上述九组层位关系中诸单位或无出土遗物，或所见遗物不能直接类比，仅第 3 组的陶瓮、第 7 组的陶盆等可资比较。据层位关系的变化与陶器形态特征，可将以上单位中弇口瓮、折沿盆进行逻辑排序。

弇口瓮　分二式。

I 式　Y8：2、W1：1。

II 式　CT16③：5。

折沿盆　分二式。

I 式　Y6：13。

II 式　DT46②：5、DT17⑧：1、DT54④：2。

与 I 式弇口瓮形态特征相同者见于秭归庙坪遗址 M25：7，后者的年代相当于王莽时期[①]。与 II 式弇口瓮形态特征相似者见于秭归柳林溪遗址六朝时期的 B 型瓮[②]，而层位相对早于 II 式弇口瓮的 M11 所见年代最晚的铜钱如大泉五百、大泉当千等属于三国时期孙吴的货币，可知它们的年代不早于三国时期。考虑到该遗址缺乏三峡地区六朝时期常见的典型瓷器，暂将以 M11、CT16 第 3 层为代表的遗存年代归入三国时期。

与 I 式折沿盆共存的罐、豆等特征同于与 II 式折沿盆共存的罐、豆等，说明它们的年代距离不大，可归于同一时期。此类遗存特征虽然与三峡地区战国时期的同类器相似，但不见典型器陶鬲，其组合特点及特征多见于秭归土地湾遗址的西汉时期遗存中[③]，年代可归于西汉时期。

据此，东门头遗址的汉代遗存大体可分为三期：一期以 Y6 为代表，包括 DT46 第 2 层、DT17 第 8 层、DT54 第 4 层，年代相当于西汉时期；二期以 Y8、W1 为代表，年代相当于王莽时期；三期以 M11、CT16 第 3 层为代表，年代相当于三国时期。

比较而言，Y3、Y5、Y7、K2、K3、DT14 第 7 层、DT15 第 7 层、DT17 第 7 层、DT18 第 6 层、DT45 第 5 层、DT54 第 5 层、BT5 第 10 层的遗物特点与一期相似，可归入一期。M7 虽然相对晚于 M8、M9，但 M7 的陶罐、铁环分别与 M8 的陶罐、M9 的铁环相同，说明其年代距离不大，而 M9 陶罐的特点与秭归柳林溪遗址西汉晚期 M14：1 相似[④]，可将它们归于一期。H9 所见铁环与 M9 的铁环相同，可归入一期。H6、H7 与 H8 均相对早于 CTG1 第 5 层，所见板瓦、陶器碎片的特点与一期的同类器相似，可归入一期。CTG1 第 5 层相对晚于二期，所见陶罐特征不同于一期的陶罐，也晚于三峡地区东汉时期的同类器，暂归于三期。M10 所见年代最晚的铜钱如剪轮五铢等属于东汉时期，出土的陶饼特征与三期相同，可归于三期。H1 所见陶饼特征与 M10 的陶饼相同，可归于三期。W2 的陶瓮、H19 的陶盆分别与秭归庙坪遗址、宜昌路家河遗址六朝时期的同类期相似[⑤]，暂归于三期。M3、M5、M6 均不见随葬品，年代相对晚于三期。CTG1 墙 2（包括 CT3 墙 3、CT4 墙 3、CT5 墙 3）相对早于二期而晚于一期，其年代可能相当于一期偏晚阶段或二期偏早阶段。

① 湖北省文物事业管理局、湖北省三峡工程移民局：《秭归庙坪》，科学出版社，2003 年。

② 国务院三峡工程建设委员会办公室、国家文物局：《秭归柳林溪》，科学出版社，2003 年。

③ 国务院三峡工程建设委员会办公室、国家文物局：《秭归土地湾》，科学出版社，2006 年。

④ 国务院三峡工程建设委员会办公室、国家文物局：《秭归柳林溪》，科学出版社，2003 年。

⑤ 长江水利委员会：《宜昌路家河——长江三峡考古发掘报告》，科学出版社，2002 年。

（二）主要收获

东门头遗址的汉代遗存分布范围较广，但破坏比较严重，残存的部分遗存仍为我们认识该时期的历史文化特点提供了重要资料。

西汉时期的陶窑集中分布于 D 区，墓葬则集中分布于 C 区，初步反映出当时聚落功能的分区。所见陶窑中，Y5 和 Y6 保留了明确烧制陶瓦的证据，功能清楚，是研究该时期陶窑结构、陶瓦生产等课题的重要材料。所见墓葬皆小型土坑竖穴墓，其埋葬特点与三峡地区战国时期的部分墓葬类似，丰富了研究此类遗存流变的新线索。

王莽时期的遗存少，集中分布于 C 区。发现的橄榄式陶窑结构特殊，在三峡地区比较少见。

三国时期的遗存集中分布于 A 区、B 区、C 区，以 M10 、M11 为代表的小型土坑墓结构简单，随葬品少，明显不同于三峡地区东汉以来流行的砖室墓和石室墓，可能是当时社会生活的真实写照。

值得注意的是，尽管目前发现的东西向汉代城墙体长度仅 33 米，其整体结构不明，但揭示的现象丰富了该地区城建发展沿革的内涵，也为宋元时期在此筑城提供了新的历史注脚。

另外，东门头遗址汉代遗存所见动物骨骼中，水生动物的数量较先秦时期有显著变化，仅占该时期动物最小个体数的 25% ，但反映出捕鱼经济在当时社会经济生活中的地位已经明显下降。而家畜饲养经济的地位有所上升，其动物最小个体数的比例已从东周时期的 15% 增加到 38% 。其中，家黄牛的发现是三峡地区的最早实例。

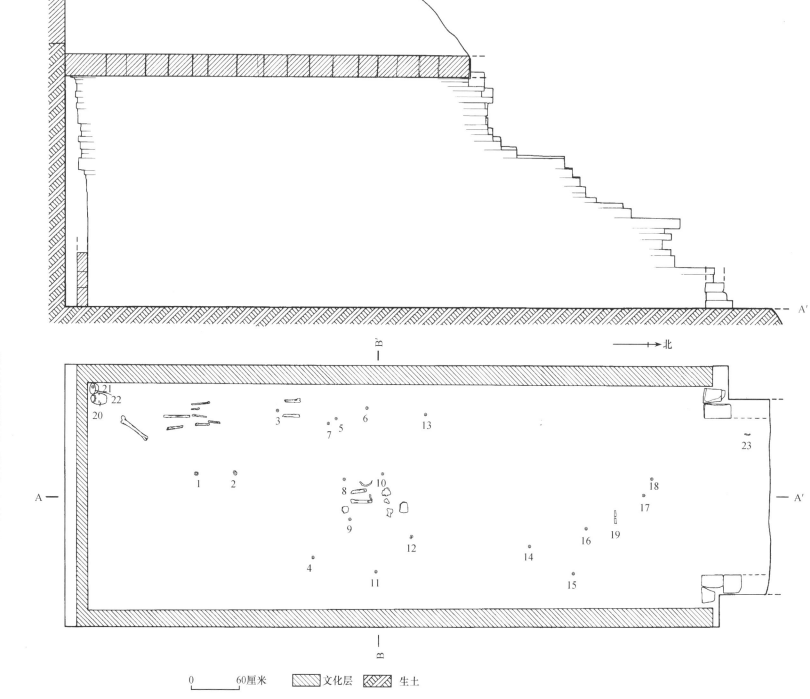

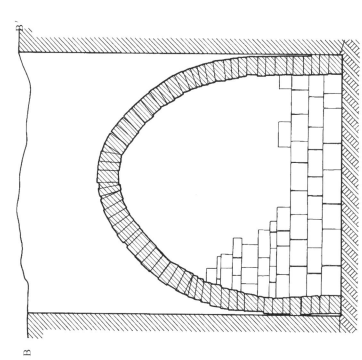

图一三四　M1 平、剖面图

1~18、22. 铜钱（31 枚）　19. 铁器　20. 瓷四系罐　21. 瓷钵　23. 铜笄

柒　唐代遗存

一、概　述

东门头遗址的唐代遗存少，仅在 C 区发现一座墓葬。另在 A 区和 B 区少数探方晚于唐代的堆积中集中出土部分唐代遗物，系扰动所致。

墓葬形制为长方形土圹石室墓，因被扰动，其葬具、葬式不详，随葬品组合也不完整。

唐代的遗物多瓷器，陶器、铜器、玉器等少。

瓷器有细瓷和粗瓷之分。细瓷数量多，胎质细腻，以灰白色为主，施青（绿）釉和白釉，饰压印网格纹、弦纹、褐绿色点彩与花草纹等，器类有碗、罐、钵、壶、唾盂、盖等。粗瓷数量少，夹砂，多红褐色，部分施釉，饰压印网格纹、弦纹等，器类有罐、碗、杯、壶等。需要说明的是，本报告所谓的粗瓷并非一般意义上的瓷器（细瓷），只是为表述方便的初步分类，以区别于烧制火候较低的陶器类，下同。

陶器多泥质灰陶，少量黑陶，饰绳纹、弦纹等，器类有罐、盆。

铜器有铜簪、带扣、铜钱等。

二、遗存介绍

（一）墓葬

只发现一座墓葬，编号 M1。

M1　位于 CT3 西南部和 CT4 东南部。开口在墙 2 下，距地表深 265 厘米。打破墙 3 及生土，北部甬道被河卵石摆塑龙叠压破坏。

长方形土圹石室墓，北部残，南北向，方向 180°。墓口残长 894、宽 308 厘米，圹壁陡直，残深 408 厘米。墓室为长方形石室券顶，券顶仅存南半部，北部石壁遭破坏。石室内空长 780、宽 276、高 280 厘米。甬道呈长方形，残长 65、宽 195 厘米。石壁用人工加工的青灰色沙石块错缝平砌而成。石块最大的长 53、厚 24 厘米，最小的长 20、厚 8 厘米。墓底平坦，不见任何铺地材料。石壁与墓圹之间留有 3 厘米宽的缝隙，用黄褐色土填实，填土中夹大量碎石片。墓室内葬具已毁，人骨较零乱，葬式不详。从破碎的头骨看，共有 6 个个体，其中，可鉴定性别年龄的 5 个个体（3女 2 男）均为成年人。随葬器物摆放零乱，共 23 件（套），器类有瓷四系罐、瓷钵、铜簪、铜钱、铁片等。另在墓室内淤土中散见较多遗物碎片，器类有瓷罐、碗、钵、唾盂，陶盆、罐，料珠、玉串珠，铜簪、铜钱、铜带扣等。从人骨和随葬品的摆放位置观察，该墓已被扰动（图一三四；彩版九，2）。

瓷罐　2 件。标本 M1:20，夹砂红胎。直口，方唇，矮领，溜肩，四桥形系耳，深弧腹，平底。

施绿釉，有聚釉现象，部分露胎。饰弦纹和压印小网格纹。口径9、腹径16.4、底径10、高18厘米（图一三五，1；彩版一四，1；图版三一，5）。标本M1:01，泥质黄胎泛白。直口，方唇，矮领，广肩，四桥形系耳，圆鼓腹，平底。施绿釉，下腹、底露胎。饰弦纹和压印小网格纹。口径11.2、腹径19.2、底径12、高13厘米（图一三六，4；彩版一四，2；图版三一，4）。

瓷碗　1件。标本M1:02，夹砂褐胎。直口，侈沿，圆唇，弧腹，圈底，小饼足微凹。施白釉，外腹下、底露胎。有指印抹痕和拉坯痕。口径17、底径4.4、高7.4厘米（图一三六，5；彩版一四，3；图版三〇，1）。

瓷钵　3件。标本M1:21，灰白胎。敞口，侈沿，圆唇，沿下一周凹槽，弧腹，平底微凹。施青釉，有开片，外腹下、底露胎。饰弦纹。口径13.8、底径9.6、高5厘米（图一三五，2；彩版一四，5；图版三〇，2）。标本M1:08，褐胎。敞口近直，圆唇，沿下两周凹槽，弧腹，平底微凹。施青釉，釉色泛绿，有开片，下腹、底露胎。口径12、底径7、高4.8～5厘米（图一三六，8；图版三〇，3）。标本M1:09，灰白胎。敞口，侈沿，圆唇，沿下一周凹槽，弧腹，平底。施青釉，下腹、底露胎。口径11.6、底径6.4、高4.6厘米（图一三六，9；图版三〇，4）。

瓷唾盂　2件。标本M1:03，灰白胎。盘口，圆唇，矮直颈，溜肩，扁腹，平底微凹。颈内及颈上施青釉，有开片，其余露胎。口径8.5、腹径12.4、底径10、高11.4厘米（图一三六，6；彩版一四，4；图版三〇，5）。标本M1:04，灰白胎。口残，束颈，溜肩，垂腹，平底微凹。颈内及颈上施青釉，有开片，其余露胎。底径11.4、残高9.8厘米（图一三六，7；图版三〇，6）。

陶罐　2件。标本M1:015，泥质灰陶。喇叭口，卷沿，方唇，唇面一周凹槽，束颈，鼓腹，凹底残。饰弦断绳纹和交错绳纹。见拉坯痕。口径17.6、腹径24、底径8.8、高24.4厘米（图一三六，2；图版三一，1）。标本M1:016，泥质灰陶。喇叭口，卷沿，圆唇，束颈，溜肩，鼓腹，双桥形系耳，平底微凹。饰弦断绳纹和交错绳纹。见拉坯痕。口径17.2、腹径28、底径8.8、高28厘米（图一三六，1；图版三一，2）。

陶盆　1件。标本M1:05，泥质灰陶。敛口，折沿，圆唇，束颈，弧腹，平底微凹。饰凹弦纹。见拉坯痕。口径31、腹径33、底径12.8、高17.8厘米（图一三六，3；图版三一，3）。

料珠　1件。标本M1:06，圆形，中穿孔。器表似鎏金，多剥落。直径1.25、孔径0.3厘米（图一三七，4）。

玉串珠　1件。标本M1:07，扁柱体。面平，中穿孔，边微弧。磨光。长1.5、宽0.9、高1.5、孔径0.25厘米（图一三七，3；图版三四，6）。

铜簪　2件。形制相同。标本M1:010，"U"形。长9.6厘米（图一三七，6）。标本M1:23，变形。

铜带扣　9件。据规格大小复原为3套。标本M1:011（图一三七，1、2、5；图版三四，5）。

铜钱　114枚（图一三八；附表五）。

（二）其他

晚于唐代的遗迹和文化层中也出土少量该时期遗物。择要介绍如次。

瓷杯　标本CT7北扩⑪:4，夹砂灰褐胎。敛口，折沿，圆唇，曲腹，假圈足，平底微凹。口部施褐彩弦纹带，上腹部在黄白地上施褐彩，其余露胎。见拉坯痕。口径8、底径4.4、高6.8厘米（图一四三，2；图版三四，1）。

瓷碗　标本ATG2①:9，敞口，厚圆唇，斜直腹，圈底，玉璧底足。施白釉，釉厚细腻，足底露胎。口径14、底径6、高4.8厘米（图一四三，1）。标本ATG2②:2，白胎。敞口，厚圆唇，斜

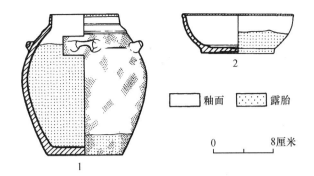

图一三五 M1 出土瓷器

1. 瓷罐（M1:20） 2. 瓷钵（M1:21）

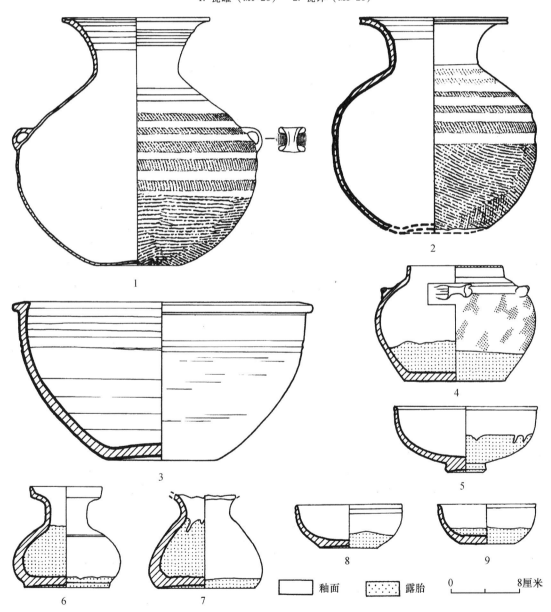

图一三六 M1 淤土出土陶器、瓷器

1、2. 陶罐（M1:016、M1:015） 3. 陶盆（M1:05） 4. 瓷四系罐（M1:01） 5. 瓷碗（M1:02） 6、7. 瓷唾盂（M1:03、M1:04） 8、9. 瓷钵（M1:08、M1:09）

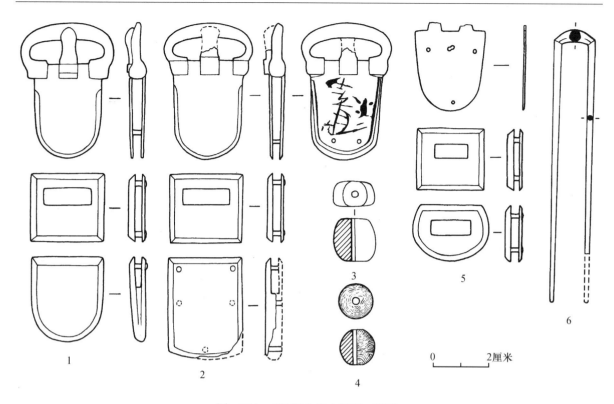

图一三七　M1淤土出土铜器、料器

1、2、5. 铜带扣（M1:011）　3. 串珠（M1:07）　4. 料珠（M1:06）　6. 铜笄（M1:010）

直腹，圜底，玉璧底足残。施白釉。釉厚细腻，外壁饰印花纹模糊。口径13.4、底径6、高4.7厘米（图一四〇，6；图版三四，2）。标本ATG2②:3，灰白胎。敛口，圆唇，斜直腹，圜底，矮圈足。施青釉，足底露胎。口径15、足径4.5、高5.4厘米（图一四〇，4；图版三三，6）。标本ATG2②:17，灰白胎泛黄。敞口，厚圆唇，斜直腹，圜底，玉璧形底足。施白釉，下腹外、底露胎。口径14、底径5.2、高4.8厘米（图一四〇，7；图版三三，5）。标本ATG2②:20，灰胎。敞口，侈沿内凹，厚圆唇，斜直腹，圜底，玉璧底足残。上部施青釉，其余露胎。口径18.8、底径12.8、高5.6厘米（图一三九，1；图版三三，4）。标本ATG2②:21，红褐胎。敞口，厚圆唇，斜直腹，圜底，玉璧底足。施白釉，下腹外、底露胎。口径12.4、底径4.4、高4.8厘米（图一四〇，5）。标本ATG2②:22，灰白胎。敞口，圆唇，弧腹，圜底，玉璧底足。施青釉，下腹外、底露胎。口径12.6、底径4.4、高5.2厘米（图一四〇，3；图版三三，3）。标本ATG2②:24，灰胎。撇口，圆唇，弧腹，平底，矮圈足。施青釉，内壁饰釉下褐绿彩绘花草纹，有脱釉、流釉现象，足底露胎。口径14.5、足径4.5、高6厘米（图一四〇，2；图版三三，2）。标本ATG2②:28，白胎泛黄。口微敛，圆唇，斜直腹，圜底，圈足残。施白釉，部分露胎。口径7.6、足径3.5、高3.2厘米（图一三九，5）。标本ATG2②:29，灰胎。敞口，侈沿，圆唇，弧腹，圜底，矮圈足。施青釉，内壁饰釉下褐绿彩绘花草纹，有流釉现象，足底露胎。口径13.2、足径4.4、高4.8厘米（图一四〇，1；图版三二，6）。标本ATG2②:42，白胎泛黄。口残，弧腹，圜底，矮圈足，足底心一乳突。施褐黄、绿、白釉三彩釉，有垂釉现象，下腹外、底露胎。见修坯痕。足径5.8、残高5.2厘米（图一三九，4；图版三三，1）。

瓷盖　标本ATG2②:1，灰白胎泛黄。蘑菇状顶，直壁，圆唇。施青釉，顶面饰点状绿彩。口径5.4、高2.2厘米（图一三九，8；图版三四，3）。标本ATG2②:19，灰白胎。蘑菇状顶，面弧，圆柱形芯。顶面外施青釉，其余露胎。见旋痕。盖径5.2、高2.3厘米（图一三九，6；图版三四，4）。标本ATG2②:30，灰白胎。弧顶，直壁，圆唇，单扁柄有孔。施青釉，柄盖交接处饰褐彩纹饰，

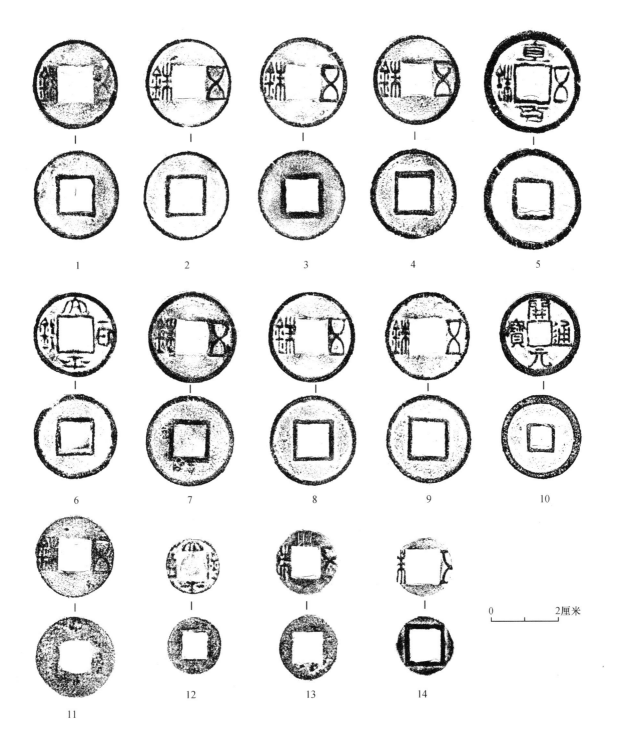

图一三八　M1 出土铜钱拓片

1~4、7~9、11、13、14. 五铢（M1:12-10、M1:10、M1:18、M1:12-5、M1:6-1、M1:12-1、M1:4-1、M1:11、M1:12、M1:16）

5. 直百五铢（M1:15）　6. 太平百钱（M1:12）　10. 开元通宝（M1:12）　12. 太平百金（M1:12）

顶面中间饰一凹弦纹。口径12.8、高4.6厘米（图一四一，9；图版三二，5）。标本ATG2②:39，灰白胎。莲台花瓣钮残，平顶，斜壁残。施青釉。饰二组凹弦纹。残高4厘米（图一三九，7）。

瓷钵　标本ATG2②:23，灰胎。直口，圆唇，口沿外一周凹槽，弧腹，平底微凹。上部施青釉，其余露胎。口径10.6、底径6.2、高4厘米（图一三九，2；图版三二，4）。标本ATG2②:25，灰胎。直口，厚圆唇，口沿外一周凹槽，弧腹，平底残。施青釉，下腹外、底露胎。口径9.6、底径6、高3.4厘米（图一三九，10）。标本ATG2②:27，灰胎。直口，圆唇，弧腹，平底微凹。上半部施青釉，其余露胎，露胎处施一层紫红色化妆土。腹部有三周凹槽。口径14.8、底径9.4、高5.2厘米（图一三九，3）。标本ATG2⑥:1，灰褐胎。直口，圆唇，弧腹，平底微凹。施青釉，有小开片，口、底露胎。饰弦纹。见抹胎痕。口径14.8、底径10.7、高5厘米（图一四二，1；图版三二，3）。标本ATG2⑥:2，灰褐胎。直口，圆唇，弧腹，平底微凹。施青釉，有小开片，口、底露胎。饰弦纹。见抹胎痕和拉坯痕。口径15、底径10.6、高5厘米（图一四二，2；图版三二，1）。标本AT7①:4，直口，圆唇，弧腹，平底微凹。施青釉，有小开片，唇外沿、下腹外、底露胎。口径8.8、底径5.4、高3.2厘米（图一四三，7）。标本B墙2②:4，敞口，方唇，弧腹，平底残。施青釉，釉透泛绿，口部露胎。口径17、底径12.4、高5.4厘米（图一四三，5）。标本B墙2①:3，敞口，方唇，弧腹，平底残。施青釉，有小开片，口、底露胎。口径12.4、底径8.8、高4厘米（图一四三，3）。

瓷罐　标本ATG2②:26，灰白胎。敞口，折沿，圆唇，束颈直，瓜棱腹，假圈足外撇，凹底。施褐青釉，有流釉现象，内腹壁、下腹外、底露胎。见拉坯痕。口径9、腹径10、底径6.8、高13.4厘米（图一四一，2；图版三二，2）。标本ATG2②:31，白胎泛红。敞口，卷沿，圆唇，束颈，溜肩，四系耳，弧腹，假圈足，平底微凹。施青釉，釉不到底，有流釉现象，肩部饰圆点状褐彩。见拉坯痕。口径12、腹径15、底径10.2、高9.4厘米（图一四一，1；图版三一，6）。标本ATG2②:35，灰胎。直口，厚圆唇，短直颈，溜肩，双系耳附贴模印纹铺首，腹残。施青釉，有流釉现象。肩部饰两行褐绿点彩和连珠褐彩。口径15、残高6.8厘米（图一四一，3）。标本ATG2②:36，灰白胎。敞口，卷沿，圆唇，短直颈，溜肩，双系耳附贴模印铺首，腹残。施青釉，肩部饰圆点褐彩。口径16、残高4.6厘米（图一四一，8）。标本ATG2②:38，灰白胎。口残，溜肩，四系耳残，扁弧腹，凹底。施青釉，釉不到底。饰弦纹。腹径12、底径7.2、残高5.6厘米（图一四一，7）。标本ATG2②:41，灰胎。直口，卷沿，圆唇，短颈，溜肩，双系耳附铺首，腹残。施青釉，有流釉现象。口径13、残高6厘米（图一四一，10）。标本ATG2②:43，夹砂灰胎。子口，双圆唇，束颈，四系耳，鼓腹残。施黄绿色青釉，部分露胎。口径18、腹径31.2、残高14厘米（图一四一，6）。标本ATG2②:44，夹砂红褐胎。子口，双圆唇，束颈，四系耳，腹残。施黄绿色青釉，部分露胎。口径22、残高8厘米（图一四一，4）。标本ATG2⑥:7，灰胎。直口微敛，圆唇，溜肩，桥形系耳，腹残。施青釉，唇外沿露胎。饰压印网格纹。复原口径9.4、残高7.4厘米（图一四二，3）。标本ATG2⑥:8，夹砂褐胎，质硬。敞口，折沿，沿面内凹，圆唇，弧腹残。饰凹弦纹和方格纹。口径12、残高4.6厘米（图一四二，5）。标本ATG2⑦:4，削唇无釉。灰白胎。直口，圆唇，溜肩，四桥形系耳，腹残。施青绿釉，有开片和流釉现象，唇外沿露胎。饰凸弦纹和压印网格纹。口径8.4、残高6.6厘米（图一四三，4）。标本97T3⑤:4，夹砂红褐胎。口残，弧腹，平底。施白黄釉，饰褐彩，底露胎。底径8、残高6厘米（图一四三，6）。标本B墙2②:1，夹砂灰胎。敛口，圆唇，溜肩，桥形四系耳，腹残。施褐绿釉，口部露胎。饰凹弦纹和压印网格纹。口径13、残高5.8厘米（图一四三，8）。

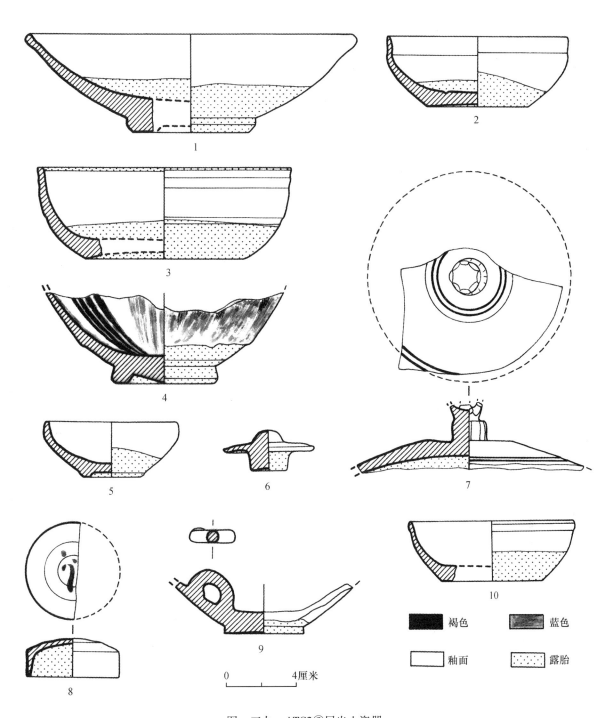

图一三九 ATG2②层出土瓷器

1、4、5. 瓷碗（ATG2②：20、ATG2②：42、ATG2②：28） 2、3、10. 瓷钵（ATG2②：23、ATG2②：27、ATG2②：25）

6~8. 瓷盖（ATG2②：19、ATG2②：39、ATG2②：1） 9. 瓷灯盏（ATG2②：40）

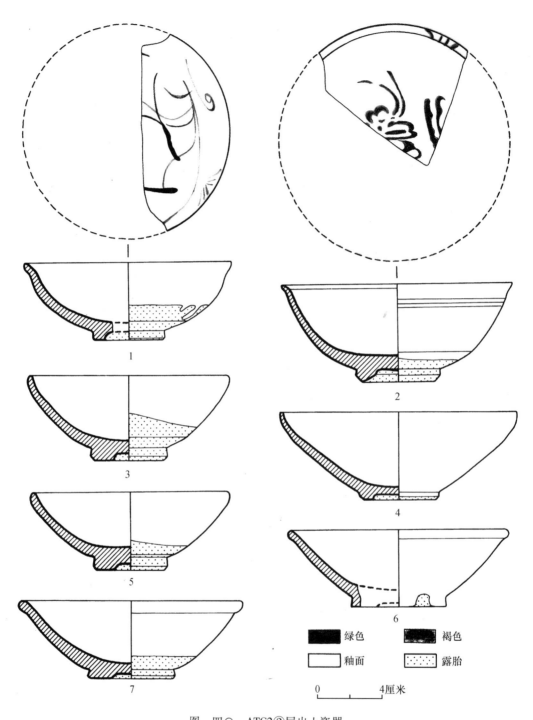

图一四〇　ATG2②层出土瓷器

1~7. 瓷碗（ATG2②:29、ATG2②:24、ATG2②:22、ATG2②:3、ATG2②:21、ATG2②:2、ATG2②:17）

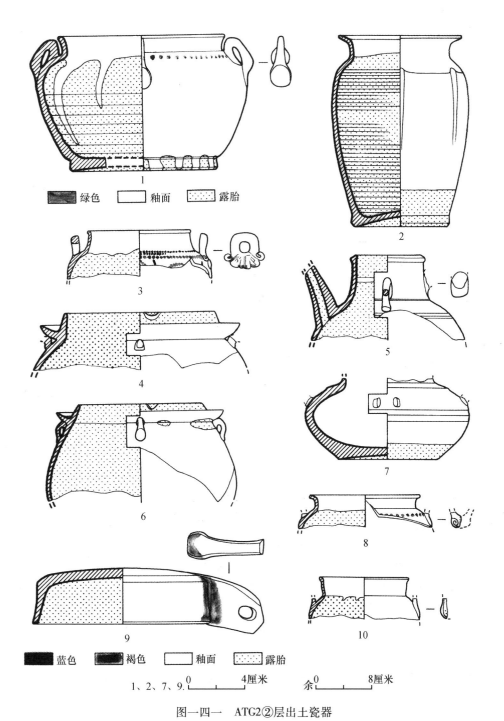

图一四一 ATG2②层出土瓷器

1、7. 瓷四系罐（ATG2②：31、ATG2②：38） 2. 瓷瓜棱罐（ATG2②：26） 3、8、10. 瓷双系罐（ATG2②：35、ATG2②：36、ATG2②：41） 4、6. 瓷双唇四系罐（ATG2②：44、ATG2②：43） 5. 瓷壶（ATG2②：45） 9. 瓷器盖（ATG2②：30）

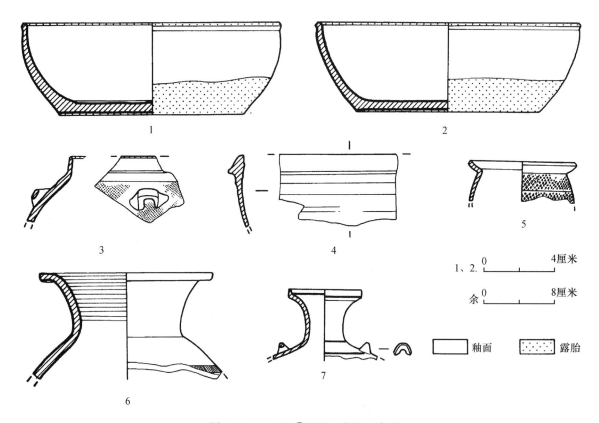

图一四二　ATG2⑥层出土瓷器、陶器

1、2. 瓷钵（ATG2⑥：1、ATG2⑥：2）　3、5. 瓷罐（ATG2⑥：7、ATG2⑥：8）　4. 陶盆（ATG2⑥：3）　6. 陶罐（ATG2⑥：6）
7. 瓷壶（ATG2⑥：4）

　　瓷灯盏　标本 ATG2②：40，灰白胎。口残，斜直腹，内壁附半环系耳，平底。施黑褐色青釉，
有开片和垂釉现象，底露胎。底径4.6、残高2.9厘米（图一三九，9）。

　　瓷壶　标本 ATG2②：45，夹砂灰胎。直口，圆唇，沿下一周凸棱，长直颈，双系耳，管状流，
溜肩，腹残。施褐绿色青釉，部分露胎。肩部饰凹弦纹。口径9.6、残高12厘米（图一四一，5）。
标本 ATG2⑥：4，灰白胎。盘口，圆唇，喇叭形颈，双系耳，肩腹残。施青釉，闪绿，有小开片。
饰凹弦纹。口径8.2、残高8厘米（图一四二，7）。

　　陶盆　标本 ATG2⑥：3，泥质褐胎黑陶。口近直，叠唇，深腹残。饰凹弦纹。轮制。复原口径
37.4、残高8厘米（图一四二，4）。

　　陶罐　标本 ATG2⑥：6，泥质灰陶。敞口，平折沿，圆唇，长颈，溜肩，腹残。腹饰条纹。内
壁见刮划痕。轮制。口径20、残高12厘米（图一四二，6）。

三、小　　结

　　东门头遗址的唐代遗存虽然较少，但特点鲜明，进一步丰富了三峡地区唐代文化的内涵。

　　M1 与三峡地区常见的长方形土圹石室墓结构相同，随葬的铜钱中年代最晚者为唐代早期的开
元通宝，所见瓷罐、钵、唾盂等均具备唐代早期的风格，其年代可归于唐代早期。

　　同时，晚于唐代的堆积中出土的部分唐代瓷器呈现不同窑口的特点，反映出唐代晚期我国瓷器
产品流通的多元状况。如 ATG2②：22 碗、ATG2②：24 碗、ATG2②：29 碗、ATG2②：1 盖、ATG2

②：30盖、ATG2②：31罐、ATG2②：35罐等属于典型长沙窑的产品，ATG2②：9碗、ATG2②：2碗、ATG2②：42碗等属于巩县窑的产品，而97T3⑤：4罐、CT7北扩⑪：4杯等则属于邛窑的产品。

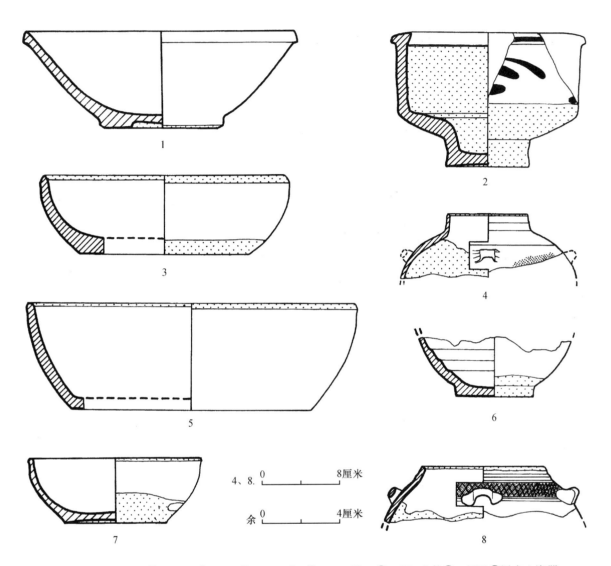

图一四三 ATG2①、ATG2⑦、AT7①、BT5墙2①、BT5墙2②、CT7北扩⑪、97T3⑤层出土瓷器

1. 瓷碗（ATG2①：9） 2. 瓷杯（CT7北扩⑪：4） 3、5、7. 瓷钵（BT5墙2①：3、BT5墙2②：4、AT7①：4） 4、6、8. 瓷罐（ATG2⑦：4、97T3⑤：4、BT5墙2②：1）

捌　宋元时期遗存

一、概　述

东门头遗址宋元时期的文化遗存丰富，集中分布于 A 区、B 区和 C 区。发现的遗迹主要有城墙（CTG1 墙 1、CT1 墙 2、CT1 墙 3、CT2～CT5 墙 1、CT2～CT5 墙 2、CT12～CT16 墙 1、B 墙 2、B 墙 3、ATG1 墙 2）、城门、石板道路、房址（F16、F17、F18、F19、F28、F29、F30、F36、F37、F42）、排水沟（G2、G5、97 暗道）、灶（Z1、Z4）、灰坑（H13）、墓葬（M2）、河卵石摆塑龙等（图一四四）。文化堆积主要在 CT2、CT3、CT4、CT5、CT7、CT7 北扩、CT11、CT12、CT13、BT7 南扩、AT1、AT2 等探方有所保留，其余多被破坏。

城墙多残断，仅临江一线的北城垣比较完整，墙壁主要用不规则石块砌筑，石灰勾缝，外壁粉刷石灰。城门、石板道路、排水沟等与城墙基本构成城址的大体格局。房址主要分布于城内石板道路的两侧，数量不多，除 F36 的结构基本完整外，均遭严重破坏。

灰坑 1 个，内置丰富的遗物，埋藏有序，窖藏性质明显。

墓葬 1 座，属于长方形土坑洞室墓结构，随葬品组合为瓷碗、罐、壶、盏。

出土遗物除动物骨骼外，主要为瓷器、铜器、铁器、陶器，银、骨、石、贝等质地的遗物少。

瓷器分细瓷和粗瓷。细瓷占大多数，胎色多呈灰白色，主要施青（白）釉，另有黑釉、黄釉、卵白釉等，除素面外，纹饰多压印菊花纹、卷草纹、云纹、鹿纹等，器类有碗、罐、盘、壶、盏、杯、盆、炉、瓶、缸、盖等。粗瓷胎色多呈红褐色，主要施酱褐釉，另有黑釉、黄釉等，器类有罐、碗、钵、盏、洗、盆、壶等。

陶器多泥质灰陶，少量泥质黑陶、夹砂褐陶，纹饰有莲花纹、圆点纹、弦纹、附加堆纹等，器类有罐、盆、钵、盏、瓶、炉、盖、瓮、瓦当、滴水、伏虎罗汉等。

铜器有锅、匜、勺、镜、镞、甬、钹、钱等。

铁器多锈蚀，器类有鼎、罐、锅、盆、壶、刀、权、锁、环等。

骨器有簪、梳、针等。

另有银簪、石刀、贝饰等。

二、遗 存 介 绍

（一）城墙

位于 A 区、B 区和 C 区。发掘区域内暴露的城墙堆积分别编号为 97 城墙、CTG1 墙 1、CT1 墙 2、CT1 墙 3、CT2～CT5 墙 1、CT2～CT5 墙 2、CT12～CT16 墙 1、B 墙 2、B 墙 3、ATG1 墙 2。

97 城墙　位于 97 T1～97 T3 内，城门的东、西两侧。开口在第 6 层下。残存部分墙体，东西

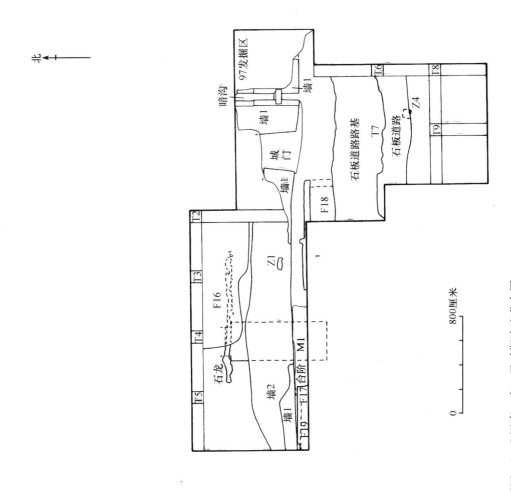

图一四四，1　C区唐、宋、元时期遗迹分布图

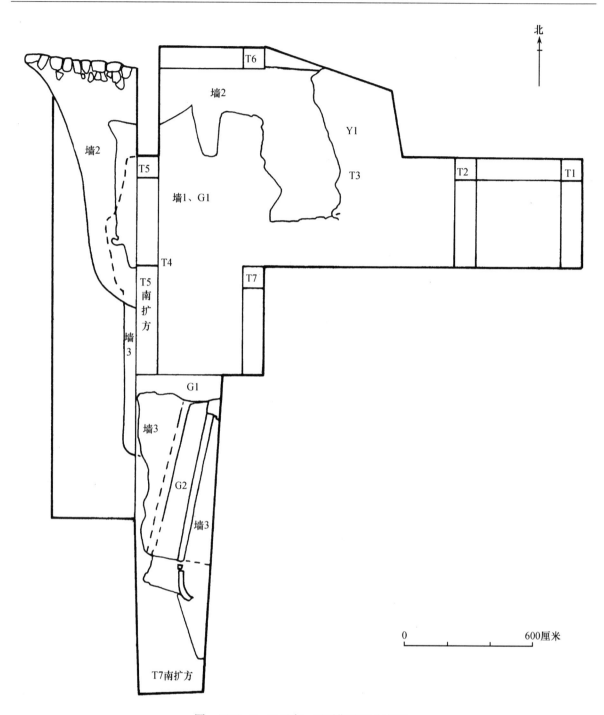

图一四四, 2　B区宋、元时期遗迹分布图

向。城门东侧的墙体东西残长 600、南北残宽 550 厘米，城门西侧的墙体东西残长 300、南北残宽
260 厘米。墙体残高 90 ~ 130 厘米。南侧墙壁（城墙内壁）保存较好，用不规则石块砌筑，石灰勾
缝，外壁粉刷一层厚 0.5 ~ 1 厘米的石灰。石基宽 50 ~ 60 厘米。北侧墙壁（城墙外壁）已损毁。墙
壁中间填土和小石块，结构紧密，经过夯筑，但未见夯窝（图一四五；图版三六，1）。

　　CT1 墙 3　位于"东门头山脊"北部 CT1 的东部，东侧为断崖。被 CT1 墙 2 叠压，直接建筑在
岩石上。平面呈曲尺形，方向 168°。残长 480、宽 140 ~ 340、高 134 厘米。墙体用石块砌筑，因山
势呈二层台状，南高北低。墙面粉刷一层石灰。墙体中间的间隙填充灰黄色土，夹少量石灰粒和碎

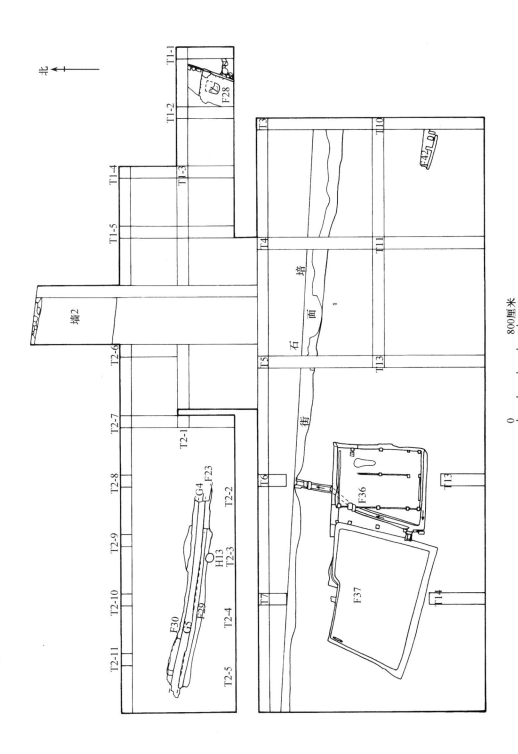

图一四四，3　A区宋、元时期遗迹分布图

北

墙2

石　面　培

街

F28

F42

F36

F37

G4

F23

H13

F30

F29

T1-1 T1-2 T1-3 T1-4 T1-5 T2-6 T2-7 T2-1 T2-8 T2-2 T2-9 T2-3 T2-10 T2-4 T2-11 T2-5

T3 T10 T4 T11 T5 T13 T6 T13 T7 T14

0　　　　　　　　　800厘米

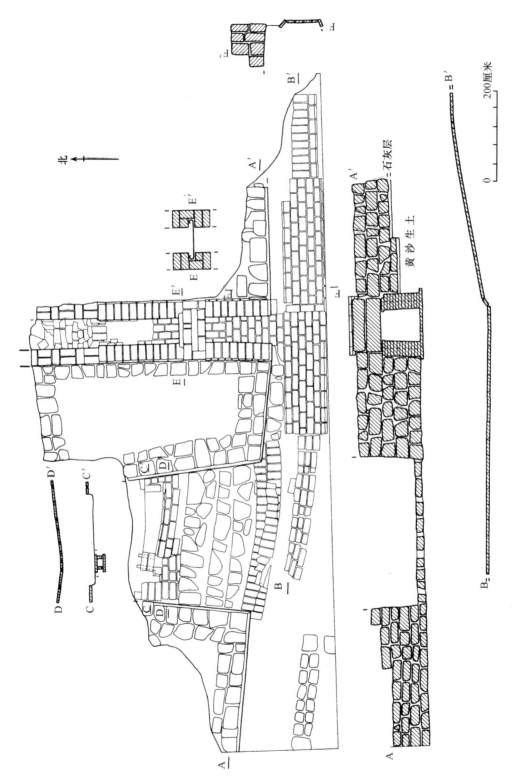

北

图一四五　97 城墙、城门、暗沟平、剖面图

石灰层

黄沙生土

200厘米

0

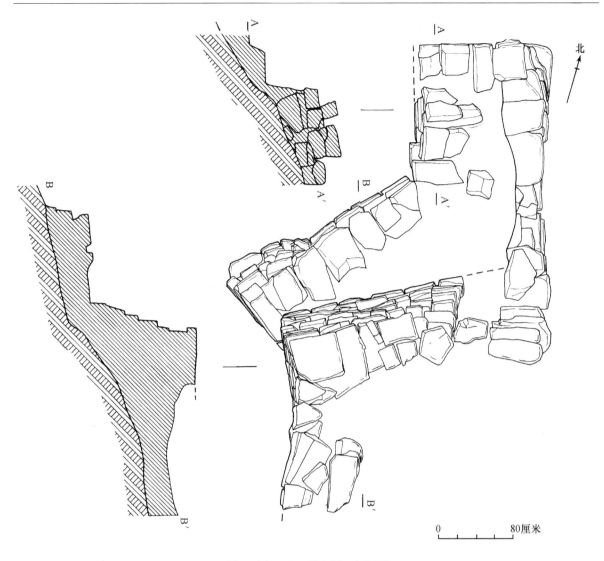

北

0   80厘米

图一四六 CT1 墙 3 平、剖面图

石，未夯打。墙体内侧（西侧）无护坡，系比较陡的基岩，其上有开凿的踏步痕，长 50、宽 16 厘米。未见遗物（图一四六；图版三五）。

CT1 墙 2　位于"东门头山脊"北部 CT1 内，东侧为断崖。被 CT1 墙 1 叠压，叠压 CT1 墙 3 和基岩。平面呈长方形，东、南高，西、北低，方向 182°。南北残长 700、宽约 570、残高 50～125 厘米。墙壁用不规则石块砌筑，石灰勾缝。墙内填多层灰黄色土，土质干硬。每层填土（厚 10～20 厘米）中间平铺一层石片。填土中含少量绳纹、布纹瓦片及灰砖片（图一四七，1）。

CT2～CT5 墙 1　东与 97 城墙相连，属于同一堆积。开口在 CT2 第 5 层下、CT3 第 6 层下、CT4 第 4 层下、CT5 第 2 层下，距地表深 50～195 厘米，被 Z1、F17 等打破，叠压 CT2 第 8 层、CT3 第 9 层、CT4 第 5 层、墙 2。平面呈长条形，东西向。长 1900、残宽 25～145、残高 25～40 厘米。仅残存部分南墙体。墙体的建筑方法与 97 城墙相同（参见图一○；图一四四，1）。

CT2～CT5 墙 2　开口在 CT2 第 8 层下、CT3 第 9 层下、CT4 第 6 层下、CT5 墙 1 下，距地表深 70～200 厘米。平面呈长条形，东西向。残长 1800、残宽 195～490、残高 90～135 厘米。其南侧因被墙 1 所压未予发掘，南墙体的结构尚不清楚。填土分两大层。第 1 层厚 45～57 厘米，黄灰色土相间，可分为 4 个夯层，土质坚硬，夹风化砂岩，含少量瓷片。第 2 层厚 20～65 厘米，灰褐色土，土质紧密，未见夯窝，含少量瓷片（参见图一〇；图一四四，1）。

CT12～CT16 墙 1 与 CTG1 墙 1　属于同一堆积。开口在 CT12 和 CT13 第 1B 层下、CT14 第 2B 层下、CT15 第 2A 层下、CT16 第 2D 层下、CTG1 第 2 层下。平面呈长条形，东西向。长 2000、宽 450～650、残高约 100 厘米。墙体的建筑方法与 97 城墙相同，即墙壁用不规则石块砌筑，外壁粉刷一层石灰，中间填土夯实。填土中含少量陶、瓷片。南墙体保存较差，多残留墙壁石灰痕，其南侧排水沟淤土中含少量瓷片。值得注意的是，在 CT13 西部有近似马面的墙体结构。其与北墙的拐角约 85°，其东北部拐角约 92°，南北长约 210、残宽约 100、残高 100 厘米。其墙体的建筑方法与墙 1 相同，外壁粉刷一层石灰，中间填充小石块（图一四七，2；图版三六，2）。另外，墙 1 北墙基的北部残留一层石灰面，可能是粉刷墙壁所至，属于当时的地面，其上的废弃堆积（编号 C T13 墙 1 废②）中含瓷片、铜片等。

B 墙 2　位于 BT2、BT3、BT5、BT6 的北部。被墙 1 打破，叠压墙 3。平面大体呈东西向，方向 86°。残长 1500、宽 450～1040、高 520 厘米。墙体的建筑方法是墙壁用不规则石块砌筑，石灰勾

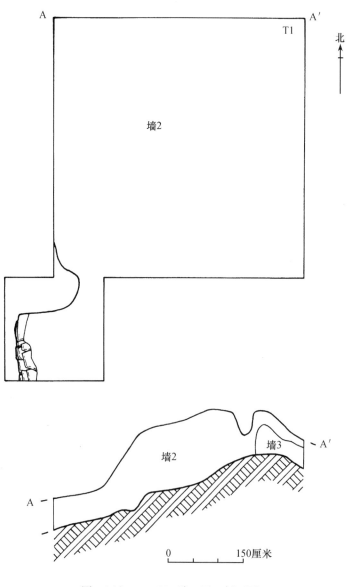

图一四七，1　CT1 墙 2 平、剖面图

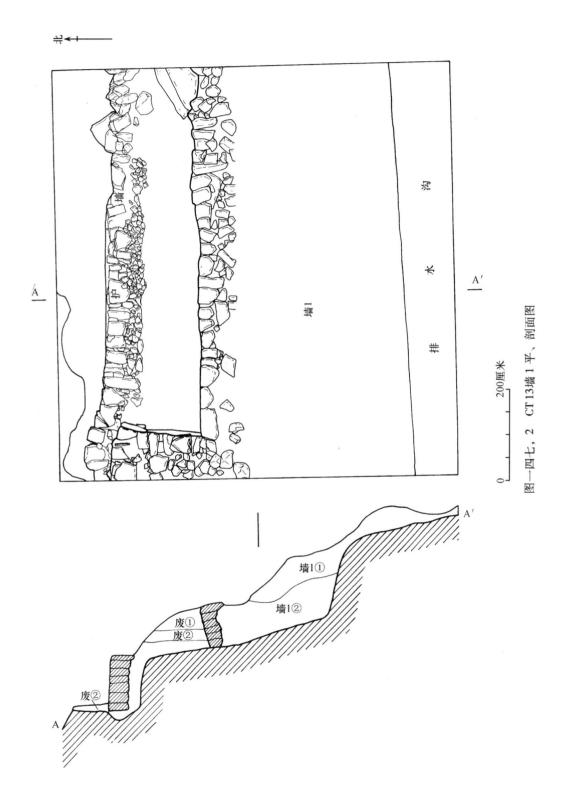

图一四七，2　CT13墙1平、剖面图

缝，中间填土夯实。仅残存部分北墙壁，宽40~50厘米。填土分二层：第1层用黄褐色土夯筑，比较坚硬，夯层厚13~18厘米，未发现夯窝，含陶、瓷片等；第2层用灰色土、红色土、石块相间分层夯筑，夯层厚10~30厘米，石块层厚7~10厘米，未发现夯窝，含陶、瓷片、铜镞等（参见图一四；图一四四，2）。

B 墙3　位于BT5及南扩的东部、BT7南扩的北部。被墙2打破，叠压H1、H2。破坏严重，整体结构不清楚，残存部分墙体和墙基。大致东西向，残长550厘米。墙体宽约620、高约230厘米，墙壁用灰砖错缝砌筑，石灰勾缝，外壁粉刷一层石灰，内用红色、灰色、黄色黏土夹碎石分层夯筑，夯层厚15~20厘米，碎石层厚10~15厘米，未发现夯窝和遗物。墙基残宽1350、高约450厘米，建筑在汉代文化堆积和红色砂岩上，用红褐色、红色黏土夹碎石堆筑而成，其间残存部分用石块错缝叠砌加固基础的迹象，含少量陶、瓷片等（参见图一四；图一四四，2）。

ATG1 墙2　位于ATG1的北部。开口在第8层和墙1下，打破生土。东西向，残长400、残宽620、高50~330厘米。北墙壁用石块砌筑，石灰勾缝。内侧用灰褐色、黄褐色土分层夯筑7大层，含少量遗物（参见图一七；图一四四，3；彩版九，1）。

上述揭露的城墙除CT1墙2、CT1墙3位于"东门头山脊"外，其余均属于东门头遗址北城垣的组成部分。据调查测绘，东门头遗址"东门头山脊"上尚存10段墙体堆积，南侧山冈上有7段墙体堆积，"西门头山脊"上有6段墙体堆积。它们皆利用自然的山脊峭壁为屏障，只在其低平、凹缺处用石块砌筑填土加高而成，其建筑方法与发掘所见的城墙相同，均可视为城墙堆积。从地形和断续分布的城墙堆积分析，东门头遗址东、南、西、北城垣的长度分别为320、550、500、550米，平面呈不规则方形，城内面积约21万平方米。

CTG1 墙1包含器类有瓷碗、钵、罐，陶盖、瓦当等。

瓷钵　1件。标本CTG1墙1：1，夹砂红胎，质硬。敛口，唇面内凹，短流，弧腹，平底残。口沿内壁与上腹外呈褐色，似施釉。内壁饰刻划槽。口径20、底径6、高9.4厘米（图一四八，3）。

瓷碗　2件。标本CTG1墙1：4，夹砂褐胎。口残，弧腹，圜底，矮圈足。施黑釉，胫足露胎。足径3、残高3.9厘米（图一四八，4）。标本CTG1墙1：5，黄白胎。敞口，圆唇，斜直腹残。施青白釉，部分露胎。复原口径12.4、残高4.3厘米（图一四八，2）。

瓷罐　1件。标本CTG1墙1：7，夹砂红褐胎，质硬。敛口，圆唇，沿面内凹，短流，单耳，深弧腹残。口径8.9、腹径10、残高12厘米（图一四八，1）。

陶盖　1件。标本CTG1墙1：6，夹砂褐胎黑陶。花边钮，器身残。素面。残高6.6厘米（图一四八，6）。

陶瓦当　1件。标本CTG1墙1：8，泥质褐胎灰陶。残。当面饰莲花纹。复原直径15厘米（图一四八，5）。

CT5 墙2包含的器类有瓷碗、盖、罐等。

瓷碗　1件。标本CT5墙2①：2，白胎。芒口，方唇，弧腹残。施青白釉，口部露胎。复原口径14、残高3.3厘米（图一四九，2）。

瓷盖　1件。标本CT5墙2①：1，白胎。钮残，折壁，直口，圆唇。施青白釉，部分露胎。口径4.5、残高2.7厘米（图一四九，3）。

瓷罐　1件。标本CT5墙2②：1，褐胎。敛口，圆唇，折沿面内凹，鼓腹残。施青釉，部分露胎。口径16、残高9.4厘米（图一四九，1）。

CT13 墙1废②层包含的器类有瓷碗、铜器等。

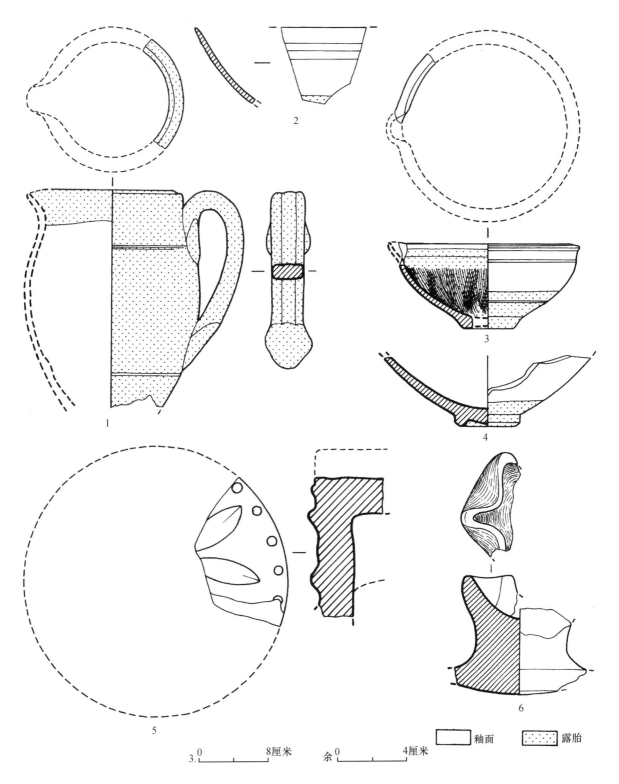

3. ⟨0⎯⎯⎯⎯8厘米⟩　　余 ⟨0⎯⎯⎯⎯4厘米⟩

釉面　　露胎

图一四八　CTG1 墙 1 出土瓷器、陶器

1. 瓷罐（CTG1 墙 1:7）　　2、4. 瓷碗（CTG1 墙 1:5、CTG1 墙 1:4）　　3. 瓷钵（CTG1 墙 1:1）　　5. 陶瓦当（CTG1 墙 1:8）

6. 陶盖（CTG1 墙 1:6）

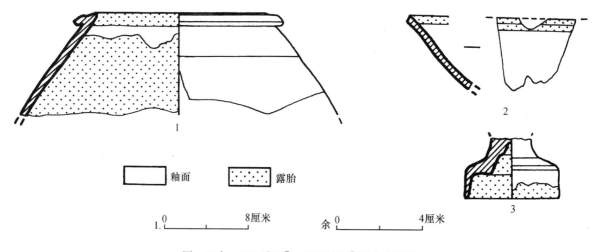

図一四九　CT5 墙2①、CT5 墙2②层出土瓷器
1. 瓷罐（CT5 墙2②:1）　　2. 瓷碗（CT5 墙2①:2）　　3. 瓷盖（CT5 墙2①:1）

瓷碗　4件。标本CT13 墙1 废②:3，黄白胎。敞口，厚圆唇，斜直腹残。口部施黑釉，腹部施黄釉，有开片，部分露胎。复原口径18、残高4.8厘米（图一五〇，3）。标本CT13 墙1 废②:4，白胎。敞口，圆唇，斜直腹残。施青白釉，部分露胎。口径12、残高3.2厘米（图一五〇，2）。标本CT13 墙1 废②:5，白胎。敞口，圆唇，弧腹残。施青釉，有开片，饰刻划菊花暗纹。口径13、残高4厘米（图一五〇，1）。标本CT13 墙1 废②:6，灰胎，紫红化妆土。敞口，圆唇，弧腹残。施黄褐釉，部分露胎。腹饰凹弦纹。残高5厘米（图一五〇，4）。

铜器　1件。器形不明。标本CT13 墙1 废②:1，口微敛，方唇，弧腹残。素面。口径21、残高3.2厘米（图一五〇，5）。

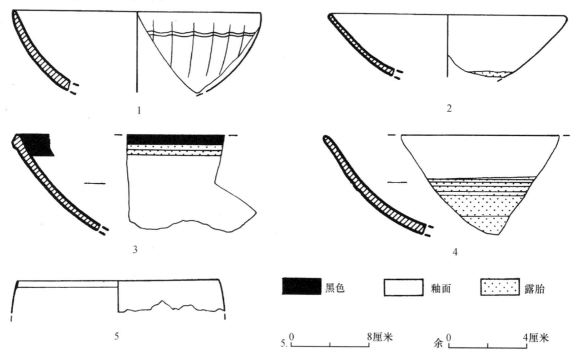

図一五〇　CT13 墙1 废②层出土铜器、瓷器
1～4. 瓷碗（CT13 墙1 废②:5、CT13 墙1 废②:4、CT13 墙1 废②:3、CT13 墙1 废②:6）　　5. 铜器（CT13 墙1 废②:1）

CT16 墙 1 沟包含的器类有瓷碗、陶盏等。

瓷碗　2 件。标本 CT16 墙 1 沟：2，红胎。芒口，方唇，弧腹残。施青白釉，口部露胎。口径 16、残高 2.8 厘米（图一五一，2）。标本 CT16 墙 1 沟：3，白胎。口残，弧腹，圜底，矮圈足。施青白釉，足底露胎。足径 4.8、残高 1.7 厘米（图一五一，1）。

陶盏　1 件。标本 CT16 墙 1 沟：1，泥质灰陶，质硬。敞口，圆唇，浅弧腹，平底微凹。素面。口径 8.2、底径 5.8、高 2.6～2.8 厘米（图一五一，3）。

B 墙 3 包含的器类有瓷碗等。

瓷碗　1 件。标本 BT5 墙 3①：2，黄胎。芒口，方唇，弧腹残。施青釉，口部露胎。复原口径 14、残高 4.7 厘米（图一五二，1）。

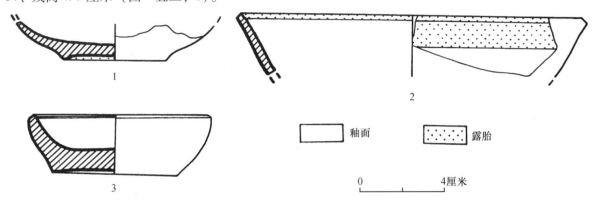

图一五一　CT16 墙 1 沟出土瓷器、陶器

1、2. 瓷碗（CT16 墙 1 沟：3、CT16 墙 1 沟：2）　3. 陶盏（CT16 墙 1 沟：1）

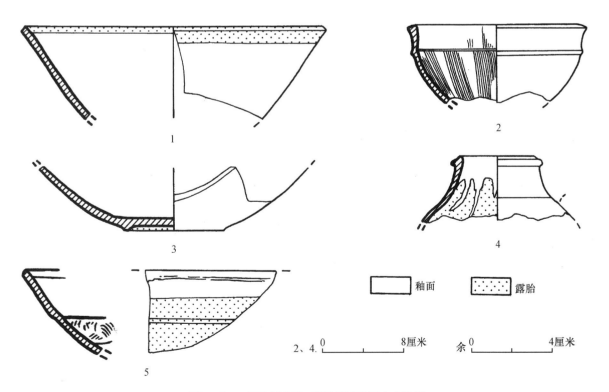

图一五二　BT5 墙 2①、BT5 墙 3①层出土瓷器

1、3、5. 瓷碗（BT5 墙 3①：2、BT5 墙 2①：4、BT5 墙 2①：7）　2. 瓷钵（BT5 墙 2①：5）　4. 瓷罐（BT5 墙 2①：6）

B墙2（包括BT5北扩第6层——实际属于B墙2①层，在此保留原编号）包含的器类有瓷碗、钵、罐，陶盆、钵等。

瓷碗　7件。标本BT5墙2①：4，灰白胎。口残，弧腹，平底，矮圈足。施青白釉，有开片，足底露胎。足径4、残高3厘米（图一五二，3）。标本BT5墙2①：7，褐胎。敞口，侈沿，圆唇，弧腹残。施黄釉，饰印花暗纹，部分露胎。复原口径18、残高4厘米（图一五二，5）。标本BT5北扩⑥：1，黄白胎。口微敛，圆唇，弧腹，平底残。施黑釉，有褐斑，部分露胎。口径10.4、底径4、高4.5厘米（图一五三，1）。标本BT5北扩⑥：2，夹砂灰褐胎。敛口，圆唇，斜直腹，小饼足。施青釉，下腹外露胎。口部饰一周凹槽，小饼足上残存两个支烧钉。口径10.6、底径3、高4.1厘米（图一五三，2）。标本B墙2②：2，灰胎。敞口，圆唇，弧腹残。施黑褐釉，部分露胎。复原口径10、残高4厘米（图一五四，1）。标本B墙2②：5，白胎。口残，弧腹，圜底，矮圈足。施青白釉，足底露胎。足径4、残高2厘米（图一五四，3）。标本B墙2②：6，白胎。口残，斜直腹，圜底，矮圈足。施青白釉，足底露胎。足径3.1、残高2.9厘米（图一五四，2）。

瓷钵　2件。标本BT5墙2①：5，夹砂灰胎。直口，平沿，圆唇，折腹残。施青釉，内饰刻划槽。口径16、残高7.6厘米（图一五二，2）。标本BT5北扩⑥：5，夹砂红褐胎，质硬。敛口，折沿，沿面内凹，方唇，弧腹残。内壁刻划圆圈纹。口径24、残高4.8厘米（图一五三，3）。

瓷罐　1件。标本BT5墙2①：6，夹砂红褐胎。敛口，圆唇下一周凸棱，矮颈，腹残。施青黄釉，有流釉现象，部分露胎。口径7.4、残高6.4厘米（图一五二，4）。

陶盆　1件。标本BT5北扩⑥：6，夹细砂褐陶。口微敛，厚圆唇，弧腹残。口部饰一周凸棱。复原口径36、残高4.4厘米（图一五三，5）。

陶钵　1件。标本BT5北扩⑥：7，夹细砂褐胎灰陶。敞口，厚唇，弧腹残。唇沿饰一周凹槽，内壁饰圆点、凹弦纹等。口径15、残高5.4厘米（图一五三，4）。

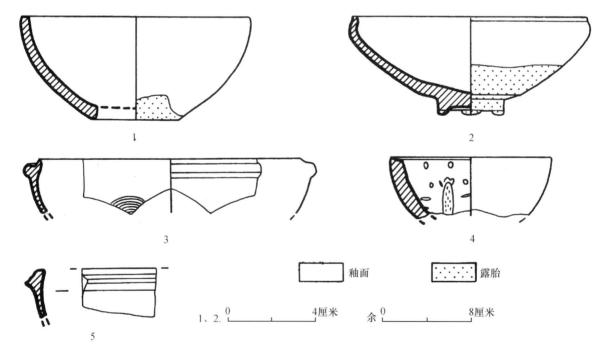

釉面　　　露胎

1、2　0 _____ 4厘米　　　余　0 _____ 8厘米

图一五三　BT5北扩⑥层出土瓷器、陶器

1、2. 瓷碗（BT5北扩⑥：1、BT5北扩⑥：2）　3. 瓷钵（BT5北扩⑥：5）　4. 陶钵（BT5北扩⑥：7）　5. 陶盆（BT5北扩⑥：6）

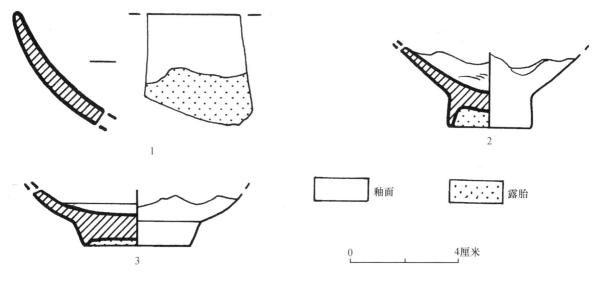

图一五四 B 墙 2②层出土瓷器
1～3. 瓷碗（B 墙 2②: 2、B 墙 2②: 6、B 墙 2②: 5）

（二）城门

只发现 1 座。

位于 97T2、97T3 内。开口在第 6 层下，东、西两侧与 97 城墙相接。

平面呈内"八"字形，北部已毁。南北残长 280、残高 110 厘米。南侧上宽约 340、下宽约 330 厘米，北侧上宽 285、下宽 270 厘米（参见图一四五；图版三六，1）。

城门墙壁用石块砌筑，石灰勾缝，外壁粉刷一层厚 0.5～1 厘米的石灰。门道用不规则石块平铺而成，由南向北梯级而下，残存四级台阶。其中，北侧第四级台阶西部残存一个用灰砖砌成的排水孔。第二级台阶残存一个用灰砖砌成的正方形垛，其底部一块砖面刻有文字。

陶砖 标本 97 城门: 1，泥质灰陶。长方形。表面不平，有刮划痕。刻划"九月二十四日打砖"等字。长 35～36、宽 19、厚 5～6.4 厘米（图一五五；图版四二，1、2）。

图一五五 97 城门出土陶砖（97 城门: 1）

（三）石板道路

在 C 区和 A 区均有发现，位于现代石板道路之下。

C 区的石板道路位于 CT6 和 CT7 的北部。开口在 CT6 第 10 层下、CT7 第 9 层下、CT6 和 CT7 北扩第 11 层下，路面距地表深 110 厘米，路基距地表深 80 ~ 420 厘米。

平面呈长条形，东西向。由路面和路基组成（图一五六）。

路面用石板和河卵石平铺而成，其南侧用河卵石，北侧多用石板。暴露部分长 1200、宽 200 ~ 390 厘米。

路基北侧用石块垒砌成护坡，坡面逐渐向上内收，其东北角残留用砖、石垒砌的三级台阶状迹象。护坡内填土用土、石混筑，未见夯窝等迹象。路基高 400 ~ 450 厘米。

另在 A 区 F36、F37 的北侧也有部分石板道路的残迹，被明清时期的石板道路叠压。

（四）沟

与城墙有关的排水沟分明沟和暗沟两类，分布在 A 区、B 区、C 区。明沟包括 G5、97 排水沟，暗沟包括 G2、97 暗道等。

G2　位于 BT7 南扩的中部。开口在第 8 层下，距地表深 5 ~ 40 厘米。北部被 G1 打破并利用，打破第 9 层。属于墙 3 的排水沟，被墙 3 包含。

平面呈长条形，南北向，残长 880、底宽 105 ~ 120、残深 80 ~ 140 厘米。由墙、底、闸门及导水口等部分组成（图一五七；图版三九，2）。

东、西墙的下层用较规整的石块错缝平砌，石灰浆勾缝，石块长 28 ~ 43、宽 19 ~ 25、厚 12 ~ 25 厘米；上层用灰砖采用二横一丁和一横一丁法错缝叠砌，石灰浆勾缝，砖长 36、宽 17、厚 7 厘米。穹隆顶已毁，结构不清。另外，在东墙的东侧附加一道防护墙，用石块和灰砖混砌，石灰浆勾缝。

沟底用石板错缝叠砌 3 ~ 4 层，石板长 30 ~ 60、宽 25 ~ 45、厚 12 ~ 25 厘米。

闸门位于沟南端的入口处，在东、西墙及沟底预留宽 20、深 10 ~ 20 厘米的凹槽。东墙的凹槽向下深入至沟底，形成长 20、宽 20、深 20 厘米的方洞，用于固定闸门。

在沟南端墙 3 南壁设置一道"八"字形石墙，形成导水口。其墙用石块垒砌，石灰浆勾缝，存在用灰砖修补的迹象，修补痕迹南北长 150、高 160 厘米。

沟内填土分二层。第 1 层厚 10 ~ 75 厘米，黄色淤土，土质较黏，无包含物；第 2 层厚 4 ~ 13 厘米，灰色土，含少量沙石，包含物有铜钱、铁片、瓷片等。

G5　位于 AT2 的中南部，主要分布于 AT2-2 西北部、AT2-3 与 AT2-4 北部、AT2-5 东北部及 AT2-11 的东南部。开口在第 3 层下，距地表深 0 ~ 100 厘米。打破第 5 层，东部被 G4 打破并利用。

平面呈长条形，西北—东南向，残长 1690、宽 75、深 0 ~ 90 厘米。其南壁、北壁略弧。G5 以 F29 北墙为南壁，以 F30 南墙为北壁，用灰砖错缝平砌而成，砖长 34、宽 15、厚 6 厘米。北壁残高 0 ~ 15 厘米，南墙残高 0 ~ 90 厘米。沟底多用半块砖平铺，西高东低。沟壁、底涂抹一层石灰，表面光滑（参见图一四四，3；图版三九，1）。

沟内填土灰绿色泛黄，厚 12 ~ 80 厘米，较疏松，夹杂有较多的动物骨骼，包含物有少量瓷片，器类有碗、罐等。

瓷罐　1 件。标本 G5：14，夹砂褐胎。直口，双唇，唇面有凹槽，流残，桥形单耳，深腹残。

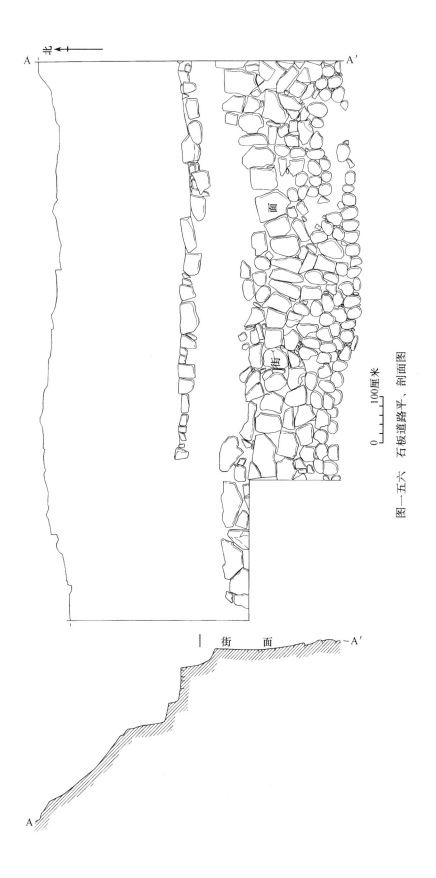

图一五六　石板道路平、剖面图

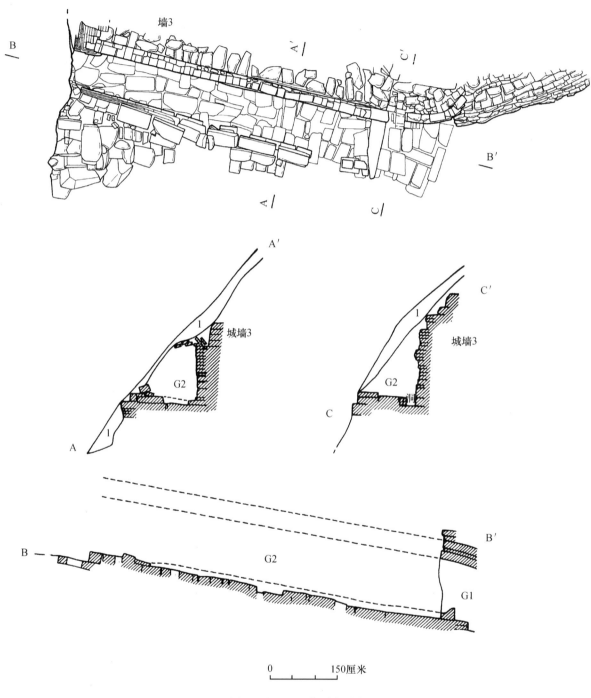

图一五七　G2 平、剖面图

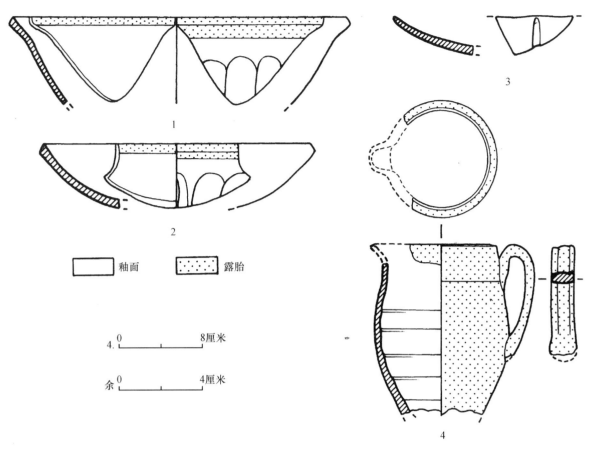

图一五八 G5 出土瓷器
1~3. 瓷碗（G5:13、G5:12、G5:11） 4. 瓷罐（G5:14）

口沿内壁施青釉，有流釉现象，余露胎。口径9.6、腹径13、残高16厘米（图一五八，4）。

瓷碗 3件。标本 G5:11，白胎。花瓣口，圆唇，腹残。施青白釉，开片。残高 1.8 厘米（图一五八，3）。标本 G5:12，白胎。芒口，方唇，腹残。外饰菊瓣，施青白釉。复原口径 13、残高 3 厘米（图一五八，2）。标本 G5:13，白胎。芒口，方唇，腹残。外饰菊瓣，施青白釉。复原口径 16、残高 4.1 厘米（图一五八，1）。

97 暗道 位于97T2 的东部，西距城门约 220 厘米。开口在第 6 层下，被 97 城墙包含。与 97 城墙、97 排水沟存在共生关系（参见图一四五；图版三六，1）。

平面呈长方形，南北残长 550、宽 50～70、残高 80～170。东、西壁用灰砖错缝砌筑，壁直。沟底南高北低，用灰砖错缝平铺，其北部呈不规则台阶状，台阶用灰砖或不规则的石块砌筑。沟顶用不规则条石覆盖。

闸门设置于中南部。在距暗道底约 90 厘米高处先铺设长方形条石，再用灰砖建筑长方形闸门垛。闸门垛中空，与东、西壁凹槽吻合。凹槽宽 14、深 16～20 厘米。凹槽底尚存一块挡水铁板。

暗道淤土中含比较丰富的瓷片和动物骨骼。器类有瓷碗、罐、盏、钵、洗，陶瓶、盆，铁器等。

瓷碗 12件。标本 97 暗道:1，厚胎。敞口，侈沿，圆唇，深腹，平底，矮圈足。施青釉。削足内侧无釉。口径17、足径6、高8.2厘米（图一五九，1）。标本 97 暗道:2，灰胎。直口，侈沿，圆唇，弧腹，平底，喇叭形高足。施青釉，有开片。削足露胎。口径12、足径3.6、高8.8厘米（图一五九，2；图版四二，5）。标本 97 暗道:3-1，黄白胎。芒口，方唇，斜腹，平底下凹，矮圈

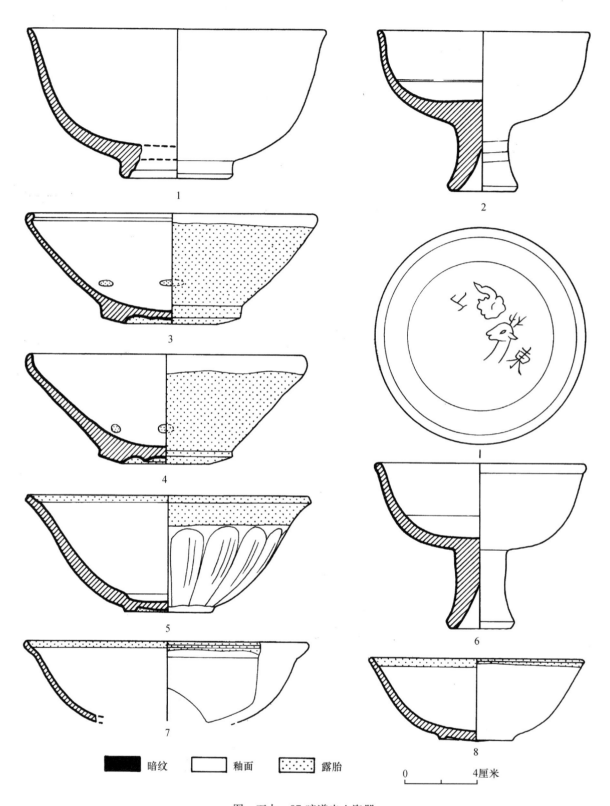

图一五九 97 暗道出土瓷器

1~8. 瓷碗（97暗道:1、97暗道:2、97暗道:6、97暗道:5、97暗道:3-1、97暗道:4、97暗道:13、97暗道:11）

足。施青白釉，有开片。腹外刻削菊纹，口部与足底露胎。底见旋痕。口径16、足径5、高6.4厘米（图一五九，5；图版四二，3、4）。标本97暗道：4，敞口，侈沿，圆唇，弧腹，平底，喇叭形高足。施青釉，有开片。内壁饰印花云纹、鹿纹，刻"东""山"两字。口径11.6、足径3.4、高9.1厘米（图一五九，6；图版四二，6）。标本97暗道：5，夹砂红褐胎。敛口，圆唇，斜直腹，圜底，宽圈足向内斜削，内底中心饼形凸起。施酱褐釉。腹、底外露胎。碗内见3支钉。口径15.6、足径5、高6厘米（图一五九，4）。标本97暗道：6，夹砂红褐胎。敛口，圆唇，斜直腹，圜底，宽圈足向内斜削，内底中心饼形凸起。施青釉，泛月白。腹、底外露胎。碗内见5支钉。口径16、足径5.2、高6.1厘米（图一五九，3；图版四三，1）。标本97暗道：11，灰胎。芒口，方圆唇，弧腹，矮圈足。施青釉。口、足底露胎，有旋痕。碗壁见拉坯痕。口径12、足径4.2、高4.5厘米（图一五九，8）。标本97暗道：13，灰白胎。撇口，方唇，弧腹残。施青釉，口沿露胎。口径16、残高4.4厘米（图一五九，7）。标本97暗道：14，褐黄胎。口残，喇叭形高足。施黑釉。削足无釉。足径3.6、残高4.2厘米（图一六〇，11）。标本97暗道：15，白泛黄胎。敞口，尖唇，斜腹残。施黑褐釉，下腹外露胎。口径10.4、残高3.3厘米（图一六〇，12）。标本97暗道：18，夹砂红褐胎。口残，斜腹，矮圈足。施青釉，底露胎。足径4.8、残高4.4厘米（图一六〇，8）。标本97暗道：20，灰胎。敞口，圆唇，弧腹，足残。施青釉。口径22、残高6.2厘米（图一六〇，10）。

瓷盏　2件。标本97暗道：7，夹砂褐胎。敞口，方唇，斜壁，平底。内壁施酱褐釉，外壁露胎。口径8.6、底径3.4、高2.2厘米（图一六〇，9）。标本97暗道：8，夹砂褐胎。敞口，方唇，斜壁，平底微凹。施酱褐釉，腹、底外露胎。口径8.2、底径3.2、高2厘米（图一六〇，7）。

瓷盒　1件。标本97暗道：12，白泛米黄胎。子母口，圆唇，弧腹，平底微凹。施青白釉，口、底露胎。口径6、底径5.2、高2.3厘米（图一六〇，4）。

瓷钵　2件。标本97暗道：10，夹砂红胎。敛口，圆唇，内折沿，斜直腹残。沿面施青绿釉，内沿施黄彩，腹外施黄橙釉和褐绿彩。内壁露胎。口径12、残高5.9厘米（图一六〇，5）。标本97暗道：19，泥质红胎，质硬。敛口，圆唇，弧腹残。饰凹弦纹和刻槽。口径25.2、残高7.4厘米（图一六〇，2）。

瓷洗　1件。标本97暗道：16，夹砂黄褐胎。微敛口，方圆唇，直腹，平底残。施黑釉。腹饰两排圆鼓钉。内壁与底部分露胎。口径12、底径8、高7.4厘米（图一六〇，6）。

瓷罐　3件。标本97暗道：17，夹砂褐胎。残存腹片。白釉上施褐彩，白釉下及内壁施褐釉（图一六〇，3）。标本97暗道：24，白胎。敛口，圆唇，腹残。施青白釉，有开片。口径16、残高4.6厘米（图一六〇，1）。标本97暗道：26，夹砂褐胎。敛口，平折沿，方唇，束颈，腹残。施酱色釉，唇沿压印花边。复原口径28、残高6.7厘米（图一六〇，14）。

陶瓶　1件。标本97暗道：25，泥质灰胎黑皮陶，黑皮剥落。喇叭形花边口，长颈腹残。颈部有刮划痕，内壁见轮制施痕。口径10.4、残高8.6厘米（图一六一，2）。

陶盆　2件。标本97暗道：27，泥质灰陶。口残，斜壁，平底。腹饰附加堆纹，内底饰凹弦纹和刮划条纹。底径24、残高8厘米（图一六一，3）。标本97暗道：21，泥质灰陶。折沿，沿面内凹，圆唇，斜腹，平底残。有轮制旋痕。复原口径24.6、高11厘米（图一六一，1）。

陶滴水　1件。标本97暗道：22，泥质褐陶。当面呈花边形，饰莲花纹。瓦身外素面，内饰布纹。滴水长9厘米（图一六一，4）。

铁器　1件。标本97暗道：28，残。不规则形。残长18.2厘米（图一六〇，13）。

97排水沟　位于97T1～97T3的南部。开口在第6层下。与城门和97暗道存在共生关系。

平面呈长条形，东西向，残长1120、宽约90厘米。沟底用灰砖四路平铺而成，南北两侧竖砌一路砖。沟底呈坡状向97暗沟倾斜，东侧的坡度较大，西侧的坡度较缓（参见图一四五）。

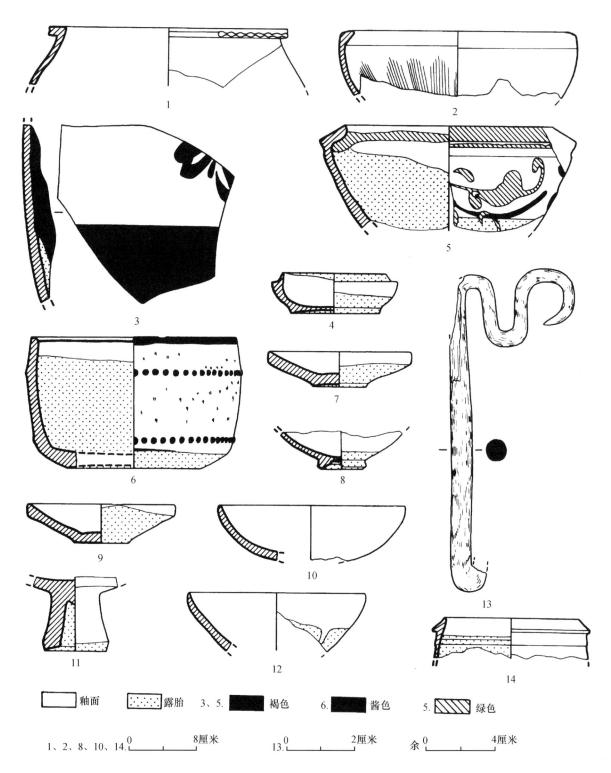

图一六〇　97 暗道出土瓷器、铁器

1、3、14. 瓷罐（97 暗道：24、97 暗道：17、97 暗道：26）　2、5. 瓷钵（97 暗道：19、97 暗道：10）　4. 瓷盒（97 暗道：12）
6. 瓷洗（97 暗道：16）　7、9. 瓷盏（97 暗道：8、97 暗道：7）　8、10 ~ 12. 瓷碗（97 暗道：18、97 暗道：20、97 暗道：14、
97 暗道：15）　13. 铁器（97 暗道：28）

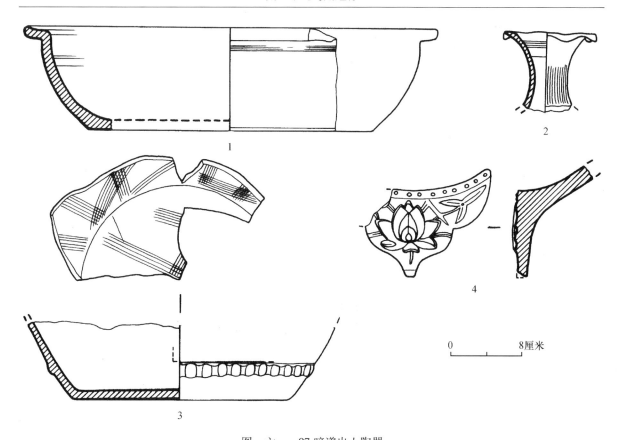

图一六一　97 暗道出土陶器

1、3. 陶盆（97 暗道∶21、97 暗道∶27）　　2. 陶瓶（97 暗道∶25）　　4. 陶滴水（97 暗道∶22）

（五）房址与灶

1. 房址

共发现房址 10 座，分布在 A 区和 C 区。编号 F16、F17、F18、F19、F28、F29、F30、F36、F37、F42。

F16　位于 CT2、CT3 的北部和 CT4 的东北角，部分被隔梁所压未予发掘。开口在第 1 层下，距地表深 10～80 厘米。叠压河卵石摆塑龙。

房址大部分被破坏，仅存部分墙基、台阶和垫土。平面大体呈长方形，东西残长 1050、南北残宽 410 厘米（图一六二）。

墙基呈长条形，残长 590、宽 25～30 厘米。建筑方法是先挖基槽，用石块垒砌墙基，再在其上用灰砖砌墙。基槽深约 30 厘米，石块长 40～70、宽 25～30、厚 15～40 厘米，砖长 36、宽 17、厚 7 厘米或长 30、宽 16、厚 5 厘米。

台阶位于东北角，用条石分四级砌成。平面呈方形，残长 120、宽 130、残高 65 厘米。条石长 130、宽 35、厚 20 厘米。

垫土分二层。第 1 层厚 5～55 厘米，黄色土，土质松散，含较多石灰渣、砖块及少量兽骨。包含物有陶、瓷片等，器类有瓷碗、盏，陶罐，银簪等。第 2 层厚 10～55 厘米，红褐色土，土质结构紧密，含少量碎石、红烧土、石灰渣等。包含物有瓷片等，器类有瓷碗、铜钱。

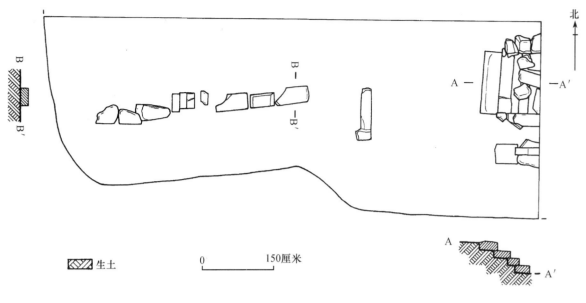

图一六二　F16 平、剖面图

瓷碗　11 件。标本 F16①：3，胎白。口微敛，尖圆唇，腹斜收，圈足残。内外施玳瑁釉。下部及底露胎。口径 10.8、足径 3.2、高 5.1 厘米（图一六三，3；图版四三，4）。标本 F16①：4，泥质红褐胎。口微敛，尖圆唇，唇下微凹，下腹斜收，小环形矮圈足，脊平削。内壁施月白釉，外壁上半部施一截月白釉，其余均露胎。口径 9.8、足径 3.2、高 4.7 厘米（图一六三，5）。标本 F16①：5，胎白。敞口，方唇，腹残。口沿施一周酱黄釉，饰刻划菊瓣暗纹，内外壁施青白釉。口径 15.2、残高 4.5 厘米（图一六三，9）。标本 F16①：8，胎灰白。微敛口，圆唇，沿内附加一层，斜壁，矮圈足。内壁饰潦草的浅黄梅花，施黑釉；外壁黑釉到底，有流釉现象；圈足无釉。口径 12.4、足径 3.6、高 4.5 厘米（图一六三，2；图版四三，3）。标本 F16①：9，胎灰白。口残，斜壁，矮圈足。内壁施玳瑁黄褐釉；外壁上部施釉，有流釉现象；外壁下部与圈足无釉。足径 3.2、残高 3.4 厘米（图一六三，6）。标本 F16①：11，夹砂褐胎。微敛口，口沿内外均有一圈圆缓的凹槽，圆唇，下腹斜收。内外施黑釉，外壁大部露胎。口径 11.8、残高 4 厘米（图一六三，4）。标本 F16①：12，胎白，有黑点。口残，斜壁，矮圈足。饰弦纹，施青白釉，砂底。足径 5.6、残高 3.1 厘米（图一六三，10）。标本 F16②：1，白胎。芒口，方唇，内削平，腹残。可见拉坯痕。口部无釉，腹施青白釉和竖刻划纹。复原口径 17、残高 4.9（图一六四，1）。标本 F16②：4，白胎。芒口，方唇，内削平，腹残。口部无釉，腹施青白釉、刻花菊瓣暗纹与弦纹。釉面有开片。残高 3.9 厘米（图一六四，2）。标本 F16②：5，口残，饼足。内外施青白釉，有开片，砂底。底径 5、残高 4 厘米（图一六四，4）。标本 F16②：3，白胎。芒口，方唇，腹残。见拉坯痕。施青白釉，有开片。复原口径 14、残高 3.1 厘米（图一六四，3）。

瓷盏　1 件。标本 F16①：7，夹砂褐胎。敞口，厚圆唇，斜壁，小平底。内施酱褐釉，口唇及外壁露胎。口径 9.6、底径 3.8、高 3.3 厘米（图一六三，7）。

陶罐　1 件。标本 F16①：1，夹砂红褐陶。直口，平唇，带流，鼓腹，单柄，底残。柄上饰一组凹槽。口径 13.6～14.2、腹径 16、残高 17.2 厘米（图一六三，1）。

陶伏虎罗汉　1 件。标本 F16①：6，泥质红陶。头残。一罗汉手持拂尘，身穿三层衣服，衣袖宽大，端坐于老虎身上，下面承莲瓣台座。宽 7.9、残高 17.3 厘米（图一六三，8；　彩版一六，5；图版四三，2）。

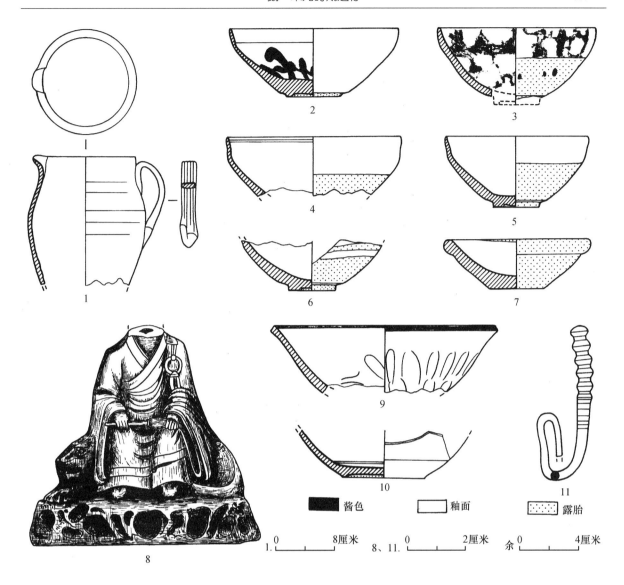

图一六三　F16①层出土银器、陶器、瓷器

1. 陶罐（F16①:1）　　2~6、9、10. 瓷碗（F16①:8、F16①:3、F16①:11、F16①:4、F16①:9、F16①:5、F16①:12）　7. 瓷
盏（F16①:7）　8. 陶伏虎罗汉（F16①:6）　11. 银簪（F16①:2）

银簪　1件。标本 F16①:2，残。塔形顶。残长10厘米（图一六三，11）。

铜钱　2枚（附表七）。

F17　位于 CT4 和 CT5 的南部，探方外的部分未发掘。开口在第1层下，打破 F19 和 CT4 第4层。

仅见部分残墙基。墙基用石块和灰砖砌成，石灰浆勾缝。平面呈长条形，东西残长540、南北残宽100、残高35厘米。填土分二层：第1层厚25~75厘米，灰色土，土质松散，含碎石和红烧土块；第2层厚0~23厘米，灰褐色土，土质较硬，未见遗物（图一六五）。

F18　位于 CT2 和 CT3 的南部，探方外的部分未发掘。开口在 CT2 第7层下、CT3 第8层下，距地表深90~195厘米。其下未清理。

仅见部分残墙基。墙基用石块错缝叠砌而成。平面呈长条形，东西残长570、南北残宽20~30、残高20~55厘米。未见遗物（图一六六）。

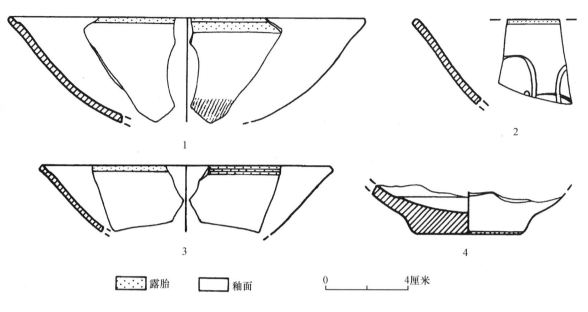

露胎　　釉面　　0   4厘米

图一六四　F16②层出土瓷器

1~4. 瓷碗（F16②:1、F16②:4、F16②:3、F16②:5）

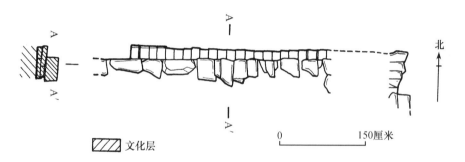

文化层　　0   150厘米

图一六五　F17 平、剖面图

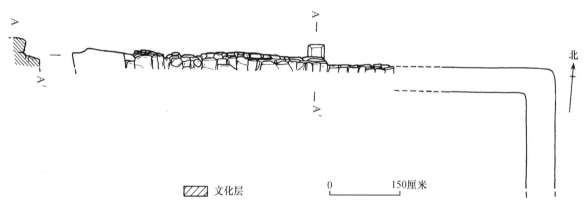

文化层　　0   150厘米

图一六六　F18 平、剖面图

　　F19　位于 CT5 的南部，探方外的部分未发掘。开口在 F17 之下，距地表深 80 ~ 105 厘米。打破墙 2。

　　仅见部分残墙基。墙基用石块平铺而成，中间以土填实。平面呈长条形，东西残长 400、南北残宽 55 ~ 70 厘米。未见遗物（参见图一四四，1）。

　　F28　位于 AT1-1 内，探方外的延伸部分未发掘。开口在第 13 层下，距地表深 100 ~ 400 厘米。

　　房址的整体结构不明，所揭露的部分保留有墙基、居住面、灶等迹象（图一六七）。

　　保留的四段墙基用乱石叠砌而成，随地势深度不等，高差在 30 ~ 80 厘米之间。南部、北部的南北向东墙基相连，高差达 70 厘米。其中，南部的东墙基南高北低呈坡状，北部的东墙基近平。北部的东西向墙基残高 70 厘米。东南部的东西向墙基近平，比相邻的东墙基低 40 厘米。

　　居住面除东部被毁外，南部、北部的居住面保存较好。均为红烧土硬面，表面与墙基相平。北部的居住面近平，硬面厚 5 ~ 6 厘米。南部的居住面依地势由南向北倾斜，坡度约 14°，硬面厚 5 ~ 8 厘米。

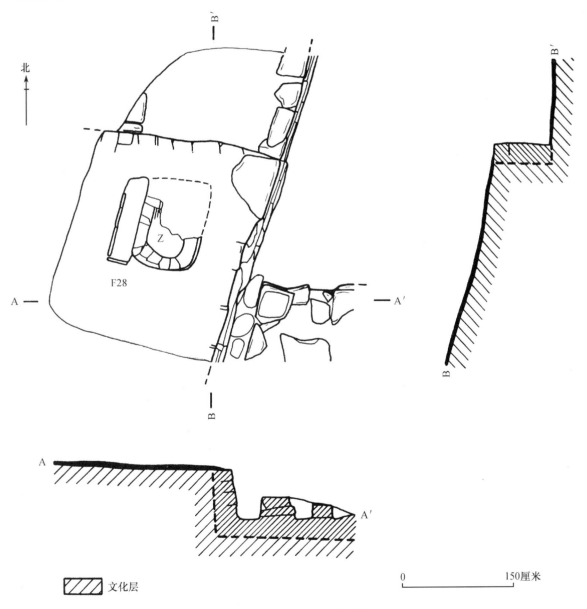

图一六七　F28 平、剖面图

　　从墙基和红烧土硬面的分布情况看，该房址由东、南、北三个相连的小房组成，已揭露的部分长 425、宽 250~400 厘米，面积约 11.5 平方米。

　　灶位于南部居住面的东北角。平面近方形，坐东朝西，方向 174°。长 130、宽 84、残高 60 厘米。灶基由石块构筑，其上用青灰砖砌壁。砖长 30、宽 15、厚 5 厘米，多残断。灶外壁有一层厚约 1 厘米的红膏泥，其外涂有一层极薄的石灰面。尚保存灶门、火膛、壁龛、通风口、出灰槽等部分残迹（图一六八；图版三七，2）。

　　灶门位于西部，与火膛相通，分南、北两个，北侧灶门已残，南侧灶门保留完好，内壁涂一层厚 1 厘米左右的红泥，并已被烧结，宽 20、高 22、深 16 厘米，高于居住面 31 厘米。壁龛位于两灶门之间，距北灶门 14 厘米，距南灶门 9 厘米，呈长方形，内壁保存一层石灰面，宽 11、高 18、深 15 厘米，高于居住面 26 厘米。火膛位于东部，西与灶门相通，下与通风口相连，分南、北两个，残存南火膛的大部分，平面近圆形，锅底状，四周有一层厚 2 厘米的红烧土结面，直径 44、残深 24 厘米。出灰槽位于灶前，平面呈长方形，残长 130、宽 28、深 12 厘米。出灰槽的南端和西侧还保留有竖立的石挡板。出灰槽内的堆积为白色灰烬层，厚 6 厘米，包含物有一件铁刀。

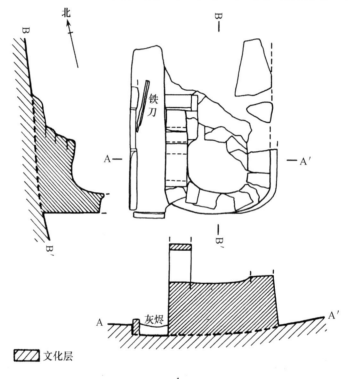

1

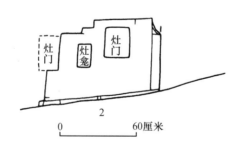

2

0 ————————— 60厘米

图一六八　F28 灶平、剖面图及灶门侧视图
1. 平、剖面图　2. 灶门侧视图

居住面下为黄色垫土，厚5～15厘米，含少许瓷片。器类有瓷碗、瓷盘、铜钱等。

瓷碗 1件。标本F28:01，胎白闪灰。侈口，圆唇，深腹，底残。施青釉和暗弦纹。口径20、残高5.8厘米（图一六九，1）。

瓷盘 1件。标本F28:02，胎白闪灰。敞口，圆唇，腹残。轮制拉坯痕明显。施青白釉。口径17.2、残高2.8厘米（图一六九，2）。

铁刀 1件。标本F28:1，残。厚背。残长23.3、宽2.5～4.3厘米（图一六九，3；图版四三，5）。

铜钱 1枚（附表七）。

F29 位于AT2的南部，主要分布在AT2-2～AT2-5内，南侧被现代路基叠压未予发掘。开口在第3层下。打破第5层，被G4、F23、H13打破。与G5、F30存在共生关系。

房址大部分已毁，仅存一条东西向墙基残迹和部分红烧土居住面。平面略呈长方形，残长1880、残宽270～550厘米（图一七○）。

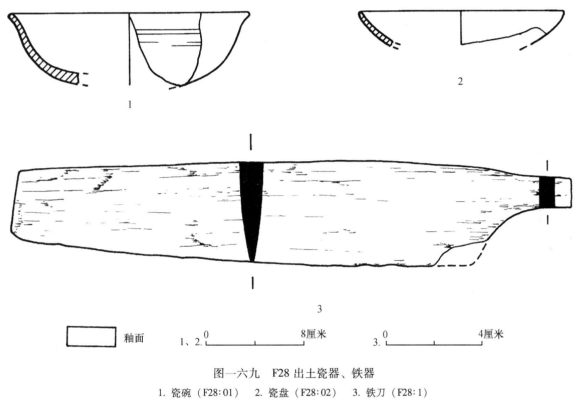

图一六九 F28出土瓷器、铁器

1. 瓷碗（F28:01） 2. 瓷盘（F28:02） 3. 铁刀（F28:1）

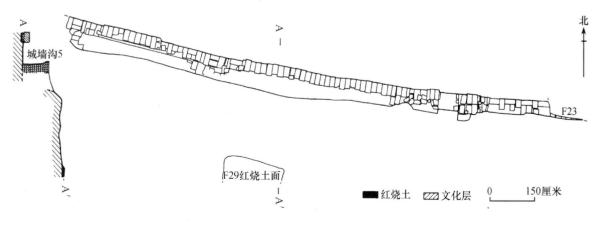

图一七○ F29平、剖面图

墙基呈长条形，属于房址北墙基的一部分，残长1880、宽40～90、残高20～100厘米。建筑方法是先挖基槽，再用砖错缝平铺叠压垒砌墙基。墙基外侧较平整，内侧参差不齐，墙表面涂抹石灰。砖长34、宽15、厚6厘米。

红烧土面居住面仅在AT2-4内有部分残留，烧烤火候较低，厚3～5厘米。

烧土面下的垫土呈黄色泛白，含较多的小石子。其他区域的垫土部分呈褐黄色。由于未向下发掘，垫土的厚度不详。没有发现遗物。

F30　位于AT2的中部。主要分布在AT2-2、AT2-3、AT2-4、AT2-10和AT2-11内。开口在第3层下。打破第5层，被F23、墙1、G4打破。与G5、F29存在共生关系。

房址大部分已毁，仅存一条东西向墙基残迹，不见居住面、门槛、门道、灶等设施，其内部结构及附属建筑不明（图一七一）。

墙基呈长条形，属于房址南墙基的一部分，残长1580、残宽20～65、残高0～20厘米。建筑方法是先挖基槽，再用砖错缝平铺叠压垒砌墙基。墙基外侧规整，内侧参差不齐。砖长34、宽15、厚6厘米。

F36　位于AT5、AT6、AT12和AT13内。开口在F6之下，距地表深210～240厘米。西部被F37打破，其下为基岩。房址保存较好，尚存墙基、居住面、柱础、排水沟等残迹（图一七二；图版三八，1）。

房址平面近方形，坐南朝北，方向6°。南北长800、东西宽730～800厘米。

墙基建筑在开凿的山体岩石上，南侧的岩石断壁尚高出房址地面160厘米。墙基用石块砌成，但南、北墙基的石块规整，东侧墙基的石块比较碎小，西侧墙基被F37破坏。墙基宽30～50、残高20厘米。其上用砖砌墙。

墙基内有规则地分布五排四列方形石柱础，柱础的大小基本相同，长30、宽30厘米。其中，东北部的3个柱础已缺失。

据石柱础的排列分析，该房址为面阔三间的建筑结构。中间的房址面阔270、进深720厘米。右侧的房址面阔210、进深700厘米。左侧的房址不太规则，略呈梯形，宽150～200、进深700厘米。房址之间的隔墙墙基用薄砖相连，其上的结构已毁。

右侧房址第2进的中部残存一个平面呈葫芦形的灶坑，南北长185、东西宽40～80、残深50厘米。

排水沟由明沟和暗沟组成。明沟位于北墙基与南侧的岩石之间，由东向西流入暗沟，东西长约670、南北宽约30～50厘米。暗沟由左侧房址西南—东北向经过中间房址的西北角朝北穿过活动场地，长约1150厘米。暗沟壁用石块叠砌而成，其上用石板覆盖，内空宽30～40、深20厘米。

居住面平整。房址北侧残存部分活动场地，南北残宽250～320厘米。

房址内的废弃堆积分二层。第1层厚30～50厘米，主要为红烧土，含较多瓦片、瓷片及铁钉、铁器等，器类有瓷碗、盘、盏、罐、瓶，铁权，铜钱、铜饰，贝饰等。第2层厚约3厘米，主要为黑色灰烬、炭末等。

从居住面、墙基等处所见烟熏火烤的痕迹看，该房子可能毁于火灾。

瓷碗　8件。标本F36:1，泥质褐胎。敛口，圆唇，斜壁，矮圈足，足脊外低内高。碗内有6个支烧痕。内壁和外壁上部施青釉。口径16.6、足径5.4、高5.6～6厘米（图一七三，3；图版四四，1）。标本F36:7，敞口，厚圆唇，深腹，小饼足微内凹。内壁和外壁上部施黑釉。外壁下部及底无釉。有拉坯痕。口径19、底径5.6、高9厘米（图一七三，8；图版四四，2）。标本F36:9，灰胎。直口，侈沿，圆唇，弧腹，平底，喇叭形高圈足。内外壁均施黑釉。圈足脊无釉。有抹坯痕。

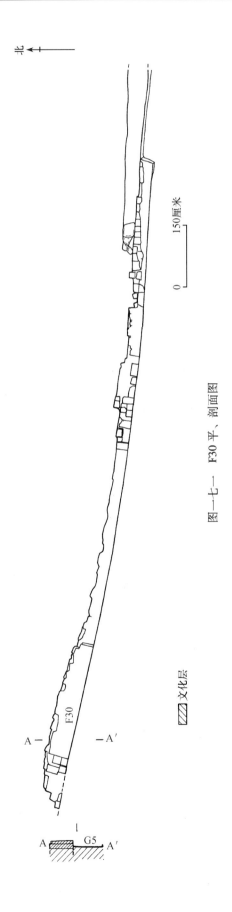

图一七一 F30 平、剖面图

口径11.6、足径4.2、高8.8厘米（图一七三，1；图版四四，3）。标本 F36:15，芒口，方唇，内削平，浅腹，矮圈足。口部无釉，足内壁无釉，余施青白釉。口径12、足径4.5、高4.3厘米（图一七三，13；图版四四，4）。标本 F36:20，黑灰胎。直口，侈沿，尖唇，弧腹，碗心有一乳突，喇叭形高圈足。足脊斜削无釉，余施黑釉。口径10.8、足径3.8、高7.1～7.7厘米（图一七三，6；彩版一五，6；图版四四，5）。标本 F36:21，灰胎。直口，侈沿，圆唇，弧壁，底平，喇叭形高足。内外壁施青白釉和暗弦纹，足底面无釉。口径10.6、足径3.6、高7.8厘米（图一七三，10；图版四四，6）。标本 F36:24，褐白胎。敞口，圆唇，斜直壁，环形矮圈足，内高外低。足内无釉，碗内一圈露胎带，外壁下部无釉，余施青釉，有脱釉现象，有开片，所有露胎处见旋痕。口径18、足径6.4、高5.2厘米（图一七三，2；图版四五，1）。标本 F36:25，胎白。口残，喇叭形高圈足。内底面无釉，余施卵白釉。足径3.6、残高6.8厘米（图一七三，7）。

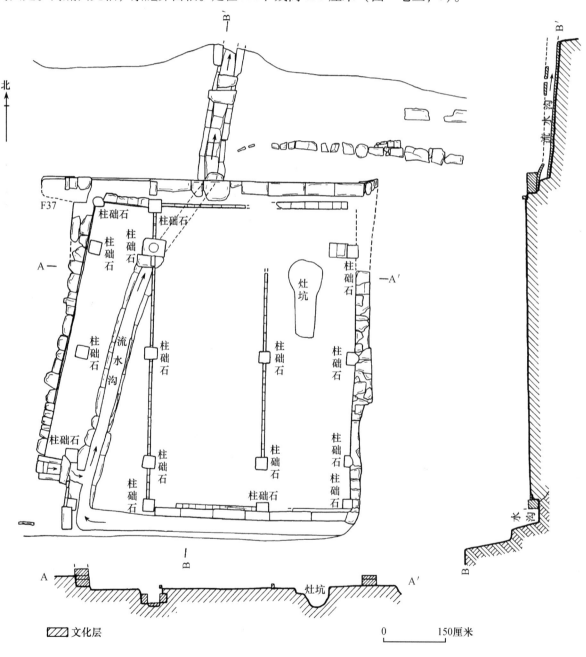

图一七二　F36 平、剖面图

　　瓷盘　1件。标本 F36：22，白胎。敞口，圆唇，盘心下凹，矮圈足。足墙外撇，外墙斜削，足脊尖。削足无釉，底无釉露胎，余施白釉。口径 17.2、足径 10.4、高 3 厘米（图一七三，9；图版四五，2）。

　　瓷盏　3件。标本 F36：2，敞口，方唇，浅腹，小平底微内凹。施酱褐釉，部分露胎。口径 8、底径 3.5、高 2.2 厘米（图一七三，4）。标本 F36：14，夹砂灰胎。敞口，方唇，浅腹，小平底。内壁施酱青褐釉，外壁露胎。口径 8、底径 3.2、高 1.5~2.1 厘米（图一七三，5）。标本 F36：23，夹

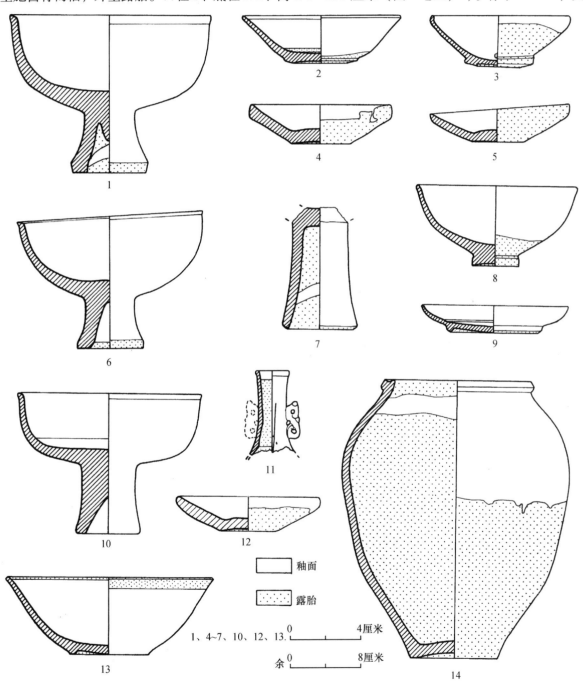

图一七三　F36 出土瓷器

1、6、7、10. 瓷高足碗（F36：9、F36：20、F36：25、F36：21）　　2、3、8、13. 瓷碗（F36：24、F36：1、F36：7、F36：15）

4、5、12. 瓷盏（F36：2、F36：14、F36：23）　　9. 瓷盘（F36：22）　　11. 瓷瓶（F36：17）　　14. 瓷罐（F36：13）

砂灰黑胎。敞口，方唇，浅腹，小平底。内壁和外壁上部施酱青釉，余露胎。口径 8.2、底径 3.7、高 1.9 厘米（图一七三，12；图版四五，3）。

瓷瓶　1件。标本 F36:17，白胎。口微侈，圆唇，细长颈，附耳残。口沿上部及外壁施卵白釉，有开片。口径 4、残高 9.4 厘米（图一七三，11）。

瓷罐　1件。标本 F36:13，褐灰胎。敛口，沿面内凹，方唇，束颈，溜肩，深腹，凹底。口沿内外和上腹部施青釉，余露胎，有流釉现象。口径 17.2、腹径 26.4、底径 10.4、高 31 厘米（图一七三，14；图版四五，4）。

铜饰件　1件。标本 F36:3，残。胎薄，鎏金。饰卷云、兽首等纹饰，浮雕感强（图一七四，7；图版四五，5）。

铜勺　1件。标本 F36:11，长椭圆形勺，曲柄。残长 11.8，勺残长 3.5、宽 2 厘米，柄长 8.8 厘米（图一七四，4）。

铜钱　1枚（附表七）。

铁权　1件。标本 F36:12，亚腰形。圆孔方形钮，束腰，平底。底径 11.8、高 19 厘米（图一七四，1；图版四五，6）。

铁门扣　1件。标本 F36:5，圆环，双环首钉。环直径 4、孔径 3 厘米（图一七四，9）。

铁器　1件。标本 F36:4，器形不明。曲尺形。长 16.8、柄径 0.5 厘米（图一七四，2）。

铁钉　3件。标本 F36:6，残长 13 厘米（图一七四，6）。标本 F36:10，长 14.7 厘米（图一七四，3）。标本 F36:16，长 7.8 厘米（图一七四，5）。

贝饰　1件。标本 F36:19，白色。上部有一圆形穿孔。长 2.15、宽 1.4 厘米（图一七四，8）。

F37　位于 AT6、AT7、AT13 和 AT14 内。开口在 AT7 第 2 层下、AT6、AT13 和 AT14 第 1 层下，距地表深 80～100 厘米。被 F5、F6、F31、F32 打破，打破 F36 和生土。房址破坏比较严重，残存部分墙基等（图一七五；图版三八，2）。

平面呈不规则方形，方向 14°。东西长 500～575、南北宽 375～450 厘米。墙基先挖基槽，再垫基石，其上砌砖墙。基槽宽度不一，南部基槽宽 35～40 厘米，北部基槽宽 15～30 厘米，基槽深 25～35 厘米。北部基槽的北侧残存部分错缝叠砌的砖墙堆积，可能是砖墙倒塌所致。居住面已遭破坏，房址垫土中含少量瓷片，器类有瓷碗、缸等。

瓷碗　2件。标本 F37:2，白灰色胎。口残，斜壁，矮圈足。施青白釉。足径 6、残高 4 厘米（图一七六，2）。标本 F37:3，灰白胎。敞口，圆唇，弧腹残。施青釉和暗弦纹。可见拉坯痕。复原口径 18、残高 4.6 厘米（图一七六，3）。

瓷缸　1件。标本 F37:1，灰白色胎。残存凹底。内壁施黑釉，砂底无釉。底径 13.2 厘米（图一七六，1）。

F42　位于 AT10 的东部，部分被东隔梁所压未发掘。开口在 F35 之下，打破第 2 层。房址大部分被破坏，仅残存少量墙基、居住面和柱础（图一七七，1；图版三七，1）。

平面大体呈长方形，方向 186°。东西残长 340、南北宽 90～140 厘米。墙基先挖基槽，再用石块垫基。保留的东西向墙基呈长条形，残长 300 厘米，基槽深 20、宽 30 厘米。居住面较平整，包含较多木炭粒，其东北部保留的红烧土居住面厚约 5 厘米。柱础仅存 1 个，正方形，石质，深 10 厘米左右。红烧土居住面上出土一件较完整的瓷盏。

瓷盏　1件。标本 F42:1，夹砂红褐胎。敞口，方唇，浅腹，小平底微内凹。内壁与唇部施酱褐釉，余无釉。口径 8、底径 3.8、高 1.9～2.3 厘米（图一七七，2）。

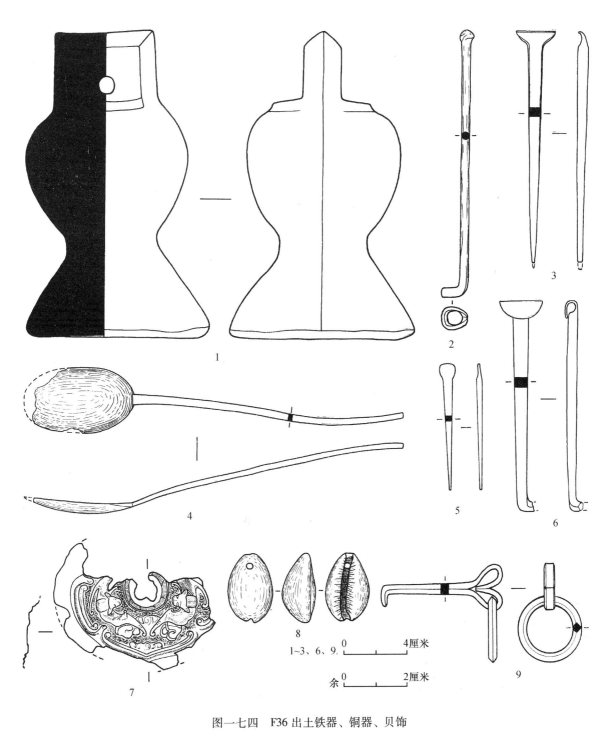

图一七四 F36 出土铁器、铜器、贝饰

1. 铁权（F36∶12） 2. 铁器（F36∶4） 3、5、6. 铁钉（F36∶10、F36∶16、F36∶6） 4. 铜勺（F36∶11） 7. 铜饰件(F36∶3)
8. 贝饰（F36∶19） 9. 铁门扣（F36∶5）

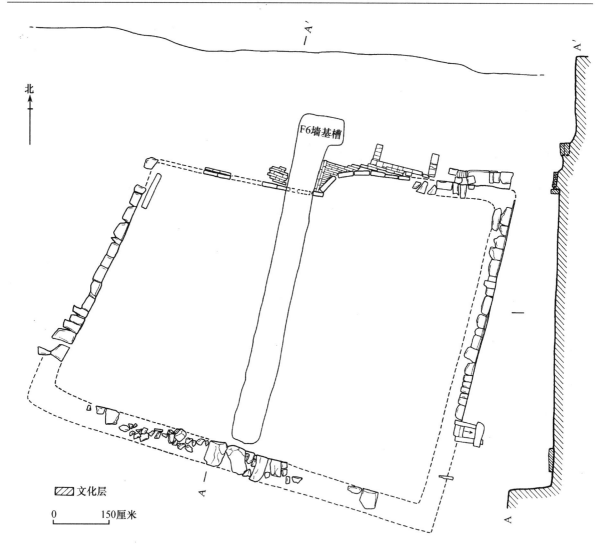

图一七五　F37 平、剖面图

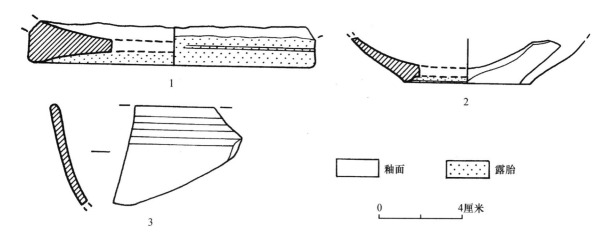

图一七六　F37 出土瓷器

1. 瓷缸（F37:1）　　2、3. 瓷碗（F37:2、F37:3）

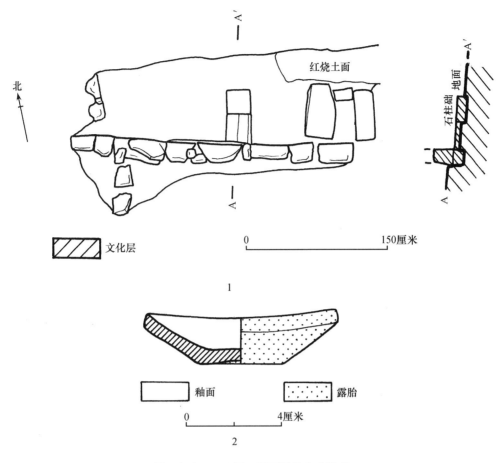

图一七七 F42 平、剖面图及出土瓷盏

1. F42 平、剖面图 2. 瓷盏（F42:1）

2. 灶

只发现 2 座，分布在 C 区。编号 Z1、Z4。

Z1 位于 CT2 西南部。开口在第 5 层下，距地表深 90～110 厘米。打破墙 1。平面呈半圆形，仅存灶底南半部分，残长 100、残宽 44、残高 10 厘米。外侧用青砖垒砌成半圆形，青砖长 30、宽 16、厚 5 厘米。内侧火膛圜底，残长 62、残宽 20、残深 8 厘米。底部有烧结面，厚 3 厘米。灶内堆积为草木灰烬，厚 5 厘米（图一七八）。

Z4 位于 CT6 的西南部。开口在第 10 层下，距地表 300 厘米。西部被 F21 打破，北部被石板道路打破。平面呈正方形，半地穴式，由灶台和火膛组成。火膛平面呈圆形，直径 30、深 20 厘米。火膛四周有一层红烧土面，厚 6～7 厘米。火膛上口有一斜面与灶台面相连，灶面抹有一层石灰，厚 1～1.5 厘米。灶台残长 64、宽 72 厘米。

灶内堆积分二层。第 1 层为灰色土，土质较硬，夹少量红烧土块，无遗物；第 2 层为灰黑色土，土质较松，夹草木灰，无遗物（图一七九）。

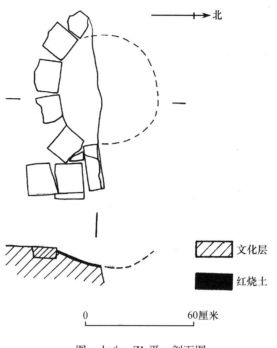

图一七八　Z1 平、剖面图

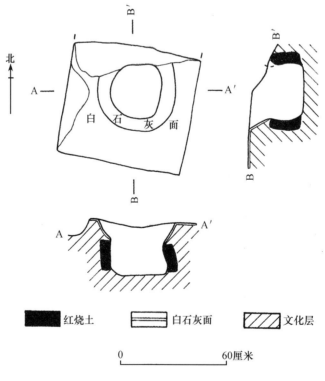

图一七九　Z4 平、剖面图

（六）台阶

只发现 1 处。

位于 CT3、CT4 的南部，其南延部分未予发掘。开口在 CT3 第 7 层下、CT4 第 4 层下，距地表深 83～110 厘米。打破 CT4 第 5 层。与墙 1、F18 存在共生关系。

平面呈长方形，东西长 700、南北残宽 130 厘米。用石块叠砌而成，石块间隙填土。由北向南梯级向上，分三级。第一级宽约 50、高 20 厘米，第二级宽 25、高 23 厘米，第三级宽 20～60、高 16 厘米（图一八〇）。

（七）河卵石摆塑龙

只发现 1 处。

位于 CT2、CT3、CT4 的北部，南临墙 1 外侧墙基，北距长江约 60 米。开口在 CT2 与 CT3 的 F16 之下、CT4 第 3 层下，距地表深 65～120 厘米。打破 M1。平面呈长条形，全长 1088、宽 22～70 厘米。头西尾东，头向长江上游，方向 270°。头低尾高，相对高差约 62 厘米，似逆水而上。该龙用 150 块大小不一的河卵石摆塑成龙形，龙脊用大石块摆塑，腹部则用小石块摆塑。龙首隆起，用双层卵石堆塑，呈圆形。顶部摆两块涂有石灰的卵石，中间用灰砖隔开，象征龙眼，前端弧形下收，似龙嘴；颈部摆两块涂有石灰的卵石，将龙头与龙身隔断；龙身弧形，后部摆有一块涂有石灰的卵石，将其与龙尾隔开；尾前段隆起，中部凹形，尾端竖立一块卵石，象征龙尾。垫土呈红褐色（编号"龙下①层"），含少量瓷片，器类有瓷碗、盏等（图一八一；图版四一，2）。

瓷碗　1 件。标本 CT3 龙下①：1，灰白胎。敞口，圆唇，斜直腹，平底，矮圈足。内壁施白釉和模糊印花纹，外壁施白釉，口、底露胎。口径 18、底径 6.4、高 5.3 厘米（图一八二，1）。

瓷盏　1 件。标本 CT3 龙下①：2，夹砂红胎。敞口，厚圆唇，斜壁残。施黄褐色青釉，外壁部分露胎。口径 8、残高 1.9 厘米（图一八二，2）。

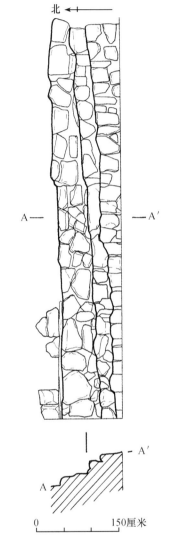

图一八〇　C 区台阶平、剖面图

（八）灰坑

只发现 1 个。编号 H13。

H13　位于 AT2-3 的中北部，北临 F29 墙基。开口在第 1A 层下，距地表深约 150 厘米。打破 F29 垫土及生土。平面呈不规则圆形，斜壁，底较平。坑口南北长 77、东西宽 74、深 68 厘米。灰黄色填土，上部坑边填埋较多大红烧土块，夹少量碎石和大量铁条、铁钉。坑内遗物分二层放置。第 1 层厚 28 厘米左右，共 6 件，中部铜锅内放置铜匜和铁刀，其上用两块方砖压盖，边缘放置 3 件

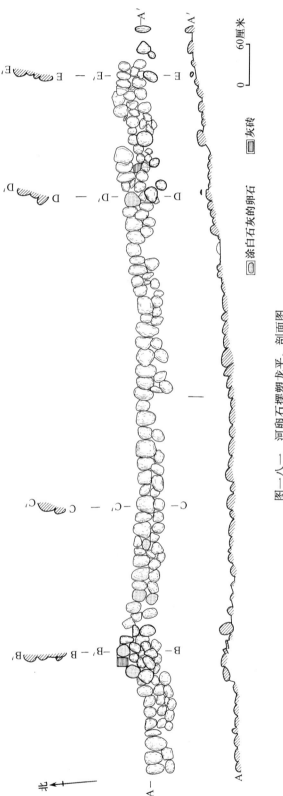

图一八一　河卵石摆塑龙平、剖面图

瓷罐。第2层厚40厘米左右，埋藏的遗物多被铁锈粘接，除13件遗物编号外，余皆整体揭取，器类有瓷罐，铜锅、镜、匜、钱，铁鼎、罐、锅、刀等（图一八三；图版四〇）。

该坑所出遗物多完整，其上部用砖封口，且填埋红烧土块、铁条、铁钉等进行保护，器类除日常用的瓷器外，还有铁刀、铁盆、铁鼎、铁罐、铁壶、铜锅、铜匜等特色鲜明的遗物，这些埋葬特点显示出该坑的窖藏性质，可能与当时的局势动荡有联系。

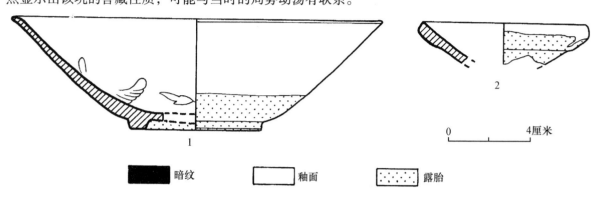

图一八二　CT3 龙下①层出土瓷器

1. 瓷碗（CT3 龙下①:1）　　2. 瓷盏（CT3 龙下①:2）

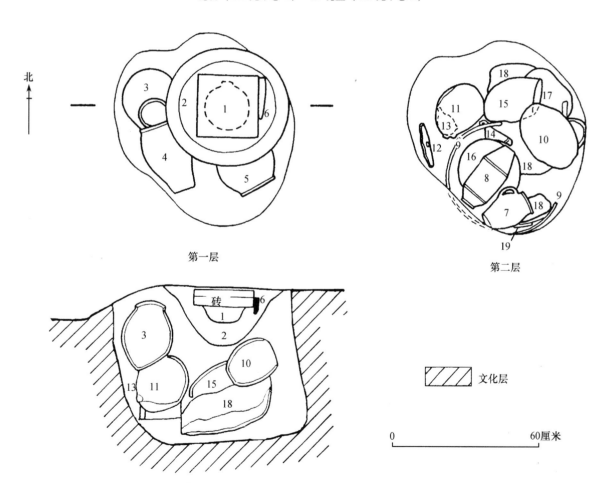

图一八三　H13 平、剖面图

1. 铜匜　2、16. 铜锅　3～5、7、8. 瓷罐　6. 铁刀　9. 铁圈　10、17、18. 铁器　11. 铁鼎　12. 铜镜　13. 铜匜　14. 铜钱

（一串）　15. 铁罐　19. 铁块

　　瓷罐　5件。标本 H13:3，夹砂红褐胎。敛口，折沿，尖唇，沿面平，束颈，广肩，深腹，平底微凹。上腹部施黑褐色釉，余露胎。口径 14、腹径 23、底径 10.4、高 29.6 厘米（图一八四，2；图版四八，1）。标本 H13:4，夹砂红褐胎。敛口，折沿，沿面内凹，方唇面内凹，束颈，溜肩，鼓腹下内收，平底微凹。肩部一周凹旋纹，口沿内施黑釉，沿及上腹施青黄釉，有流釉现象。口径 16、腹径 24.4、底径 11.2、高 26～28 厘米（图一八四，3；图版四八，2）。标本 H13:5，夹砂红褐胎。敛口，折沿，沿面内凹，方唇，束颈，溜肩，鼓腹下内收，平底。口沿至上腹部施青黄釉，流釉明显。口径 17.6、腹径 26.2、底径 11、高 29.6 厘米（图一八四，1；彩版一六，2；图版四八，4）。标本 H13:7，夹砂褐胎。直口，短流，方唇，长颈，扁状单柄，广肩，深腹下内收，平底微内凹。底见旋痕。柄上二条竖凹槽，肩部之上施黑釉，有流釉现象，其余露胎沿。口径 8～8.8、腹径 14.8、底径 8.4、高 20.8 厘米（图一八四，5；图版四八，5）。标本 H13:8，夹砂褐胎。直口，折沿，圆唇，束颈，对称双系，广肩，深直腹下内收，小平底。饰凸弦纹，口沿内施青黄釉，底露胎。口径 5、腹径 14.8、底径 5、高 31.4 厘米（图一八四，4；彩版一六，1；图版四八，3）。

　　铜锅　2件。标本 H13:2，盘口，圆唇，曲腹，圜底。底有疤痕似残断。口径 48.8、高 21 厘米（图一八五，2；图版四六，1）。标本 H13:16，敞口，斜壁，圜底，铁柄残。口径 28.8、高 4.6、

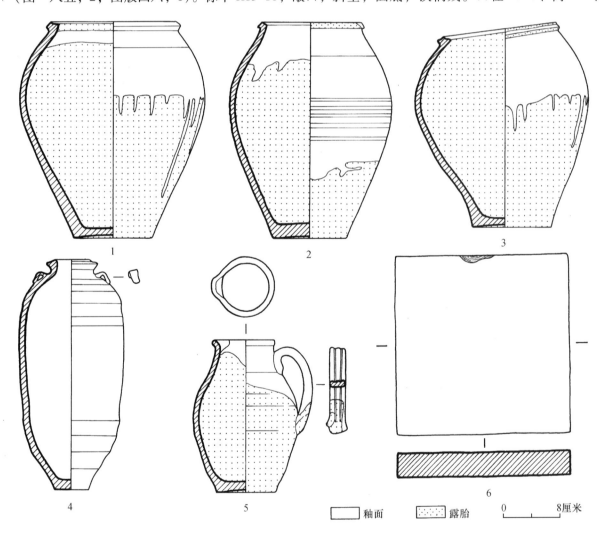

图一八四　H13 出土瓷器、方砖

1～4. 瓷罐（H13:5、H13:3、H13:4、H13:8）　5. 瓷单耳罐（H13:7）　6. 方砖（H13:20）

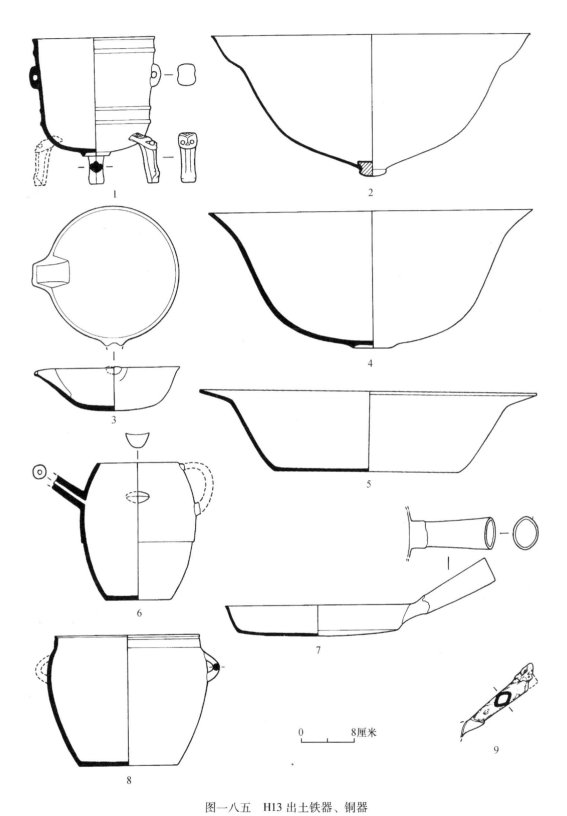

图一八五　H13 出土铁器、铜器

1. 铁鼎（H13：11）　　2、7. 铜锅（H13：2、H13：16）　　3. 铜匜（H13：1）　　4. 铁锅（H13：21）　　5. 铁盆（H13：24）

6. 铁壶（H13：25）　　8. 铁罐（H13：15）　　9. 铁柄铜器（H13：32）

柄长 13.4 厘米（图一八五，7；图版四六，3）。

　　铜匜　1 件。标本 H13:1，敞口，短流，圜底。柄残。口径 20、流长 2.4、柄宽 2.8、高 6.4 厘米（图一八五，3；图版四六，2）。

　　铜镜　1 件。标本 H13:12，花边形。桥形耳。素面。长径 18.8、短径 18 厘米（图一八六，11；图版四六，4）。

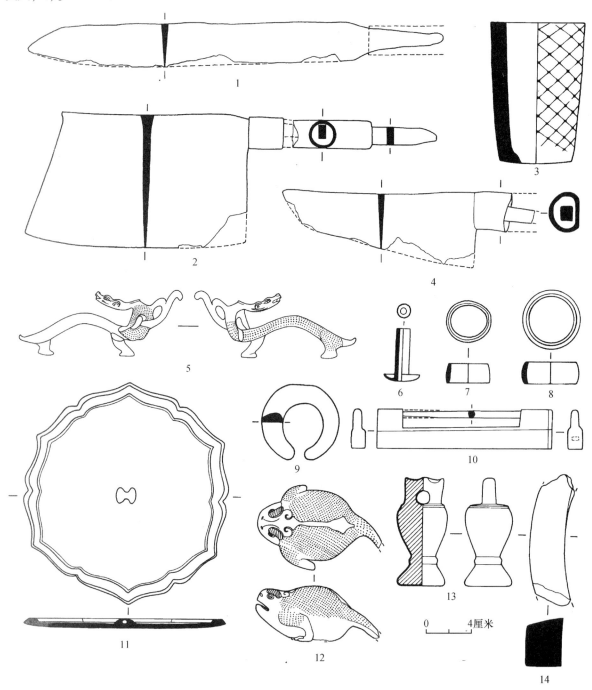

图一八六　H13 出土铜器、铁器

1、2、4. 铁刀（H13:23、H13:22、H13:6）　3. 筒状铁器（H13:10）　5、6. 铜饰件（H13:31、H13:30）　7、8. 铁环（H13:17、H13:28）　9. 铁玦（H13:29）　10. 铁锁（H13:27）　11. 铜镜（H13:12）　12. 铜鼍（H13:13）　13. 铁权（H13:26）　14. 残铁器（H13:18）

铜鼍 1件。标本 H13:13，中空。抬首，张嘴，睁目，隆背，双足，单尾残。残长11.9、宽7.2、高4.7厘米（图一八六，12；图版四六，5）。

铜饰件 2件。标本 H13:31，龙形。长14.3、高5.6厘米（图一八六，5；图版四六，6）。标本H13:30，伞形。中空。长4.5、宽3.6厘米（图一八六，6）。

铜钱 141枚（图一八七；附表六）。

铁柄铜器 1件。标本 H13:32，铜器残。铁柄长13.6厘米（图一八五，9）。

铁鼎 1件。标本 H13:11，直口，方唇，双耳，深腹，圜底，矮圈足残，兽形三足。下腹饰凸棱。口径18.6、圈足径4、高21.8厘米（图一八五，1；图版四七，1）。

铁罐 1件。标本 H13:15，直口，方唇，束颈，双耳，深弧腹，平底。口径21、腹径24.4、底径15、高18.6厘米（图一八五，8）。

铁锅 1件。标本 H13:21，敞口，曲腹，圜底，矮圈足。口径50、底径6、高20.4厘米（图一八五，4）。

铁盆 1件。标本 H13:24，侈口，斜壁，平底。口径52、底径28、高12厘米（图一八五，5）。

铁壶 1件。标本 H13:25，敛口，方唇，深弧腹，平底。流残，单柄残。双鋬，凹棱。口径12.4、腹径17.6、底径10、高20.4厘米（图一八五，6；图版四七，2）。

铁权 1件。标本 H13:26，亚腰形。方形环，圆孔，束腰，平底。底径4.2、高9.2厘米（图一八六，13；图版四七，3）。

铁锁 1件。标本 H13:27，长13.3、宽3.4、厚1.2~1.3厘米（图一八六，10；图版四七，5）。

铁环 2件。标本 H13:17，圆形。直径3.8、孔径3、高1.7厘米（图一八六，7）。标本H13:28，圆形。直径5、孔径4、高1.9厘米（图一八六，8）。

铁玦 1件。标本 H13:29，一面平，一面微弧。直径6.8、孔径3.5、厚0.8厘米（图一八六，9；图版四七，4）。

铁刀 3件。标本 H13:6，残。刀长17、宽6.4厘米，柄残长5、直径3.1厘米（图一八六，4）。标本 H13:22，残。刀长19.5、宽11.3厘米，柄残长16.4厘米（图一八六，2）。标本H13:23，残。残长36.5、宽3.7厘米（图一八六，1）。

筒状铁器 1件。标本 H13:10，残。饰凸棱和网状纹。口径8.4、底径2.6、高12厘米（图一八六，3）。

残铁器 1件。标本 H13:18，器形不明。残。截面近方形。残长11.3、宽3.1、高4.2厘米（图一八六，14）。

方砖 1件。标本 H13:20，泥质灰陶。长25、宽25、厚4厘米（图一八四，6）。

（九）墓葬

只发现1座。编号 M2。

M2 位于 CTG1 的北部。开口在第2层下，距地表深127厘米。打破第5层和生土。长方形土坑洞室墓，东南—西北向。墓口残。洞室弧顶，直壁。墓底平面呈长方形，南高北低，坡度14°。墓底长251、宽54~57、残深12~82厘米。人骨架保存较差，单人仰身直肢葬，头北足南，面向西，头向337°，墓主为35岁左右的女性。葬具已腐烂，仅存棺钉。坑内填灰褐色土，土质松软。随葬品共6件，均置于头端。器形有瓷罐、碗、壶、盏等（图一八八；图版四一，1）。

瓷罐 1件。标本 M2:2，灰白胎。直口，方唇，颈肩接胎处四叠珠状系耳，圆肩，圆鼓六棱

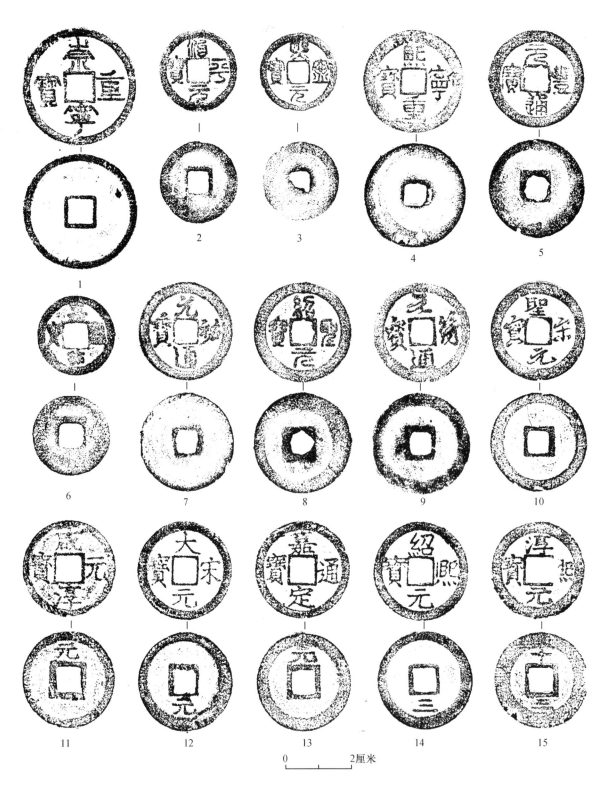

图一八七，1　H13 出土铜钱拓片

1. 崇宁重宝（H13∶14-107）　2. 治平元宝（H13∶14-31）　3. 熙宁元宝（H13∶14-35）　4. 熙宁重宝（H13∶14-38）　5. 元丰通宝（H13∶14-60）　6. 嘉祐通宝（H13∶14-30）　7. 元祐通宝（H13∶14-89）　8. 绍圣元宝（H13∶14-97）　9. 元符通宝（H13∶14-98）　10. 圣宋元宝（H13∶14-100）　11. 咸淳元宝（H13∶14-141）　12. 大宋元宝（H13∶14-140）　13. 嘉定通宝（H13∶14-139）　14. 绍熙元宝（H13∶14-136）　15. 淳熙元宝（H13∶14-135）

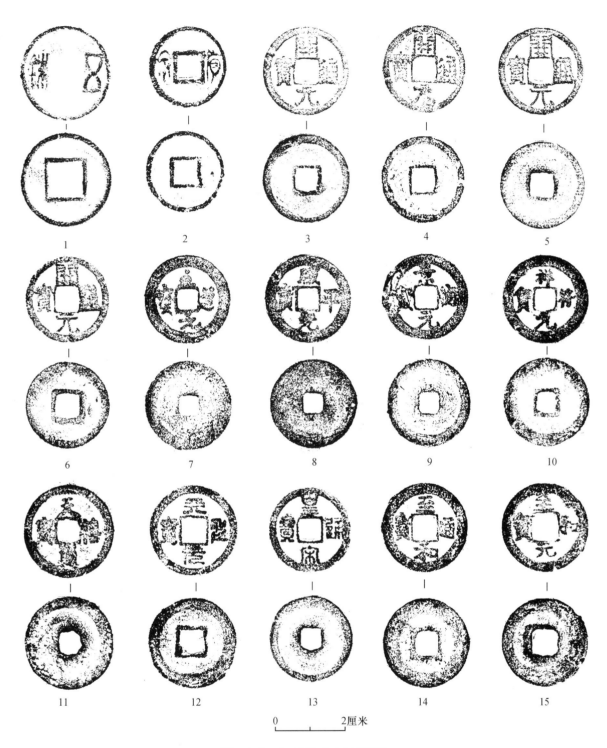

图一八七，2 H13 出土铜钱拓片

1. 五铢（H13:14-1） 2. 货泉（H13:14-2） 3～6. 开元通宝（H13:14-34、H13:14-5、H13:14-6、H13:14-8） 7. 至道元宝
（H13:14-9） 8. 咸平元宝（H13:14-10） 9. 景德元宝（H13:14:11） 10. 祥符元宝（H13:14-12） 11. 天禧通宝
（H13:14-13） 12. 天圣元宝（H13:14-15） 13. 皇宋通宝（H13:14-24） 14. 至和通宝（H13:14-28） 15. 至和元宝
（H13:14-29）

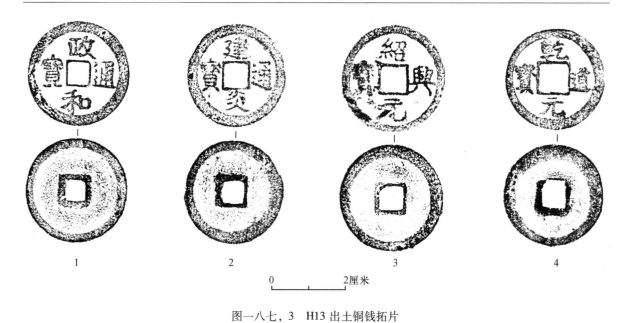

图一八七，3　H13 出土铜钱拓片

1. 政和通宝（H13:14-115）　2. 建炎通宝（H13:14-125）　3. 绍兴元宝（H13:14-130）　4. 乾道元宝（H13:14-132）

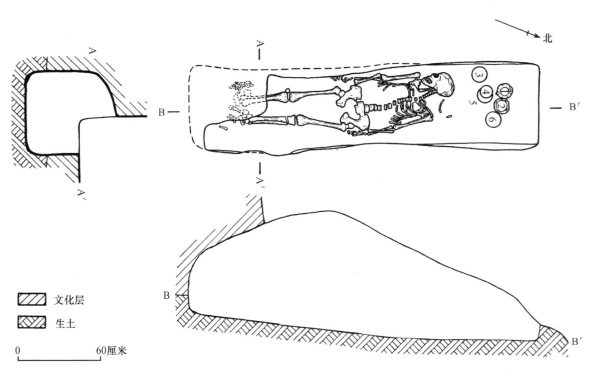

图一八八　M2 平、剖面图

1. 瓷壶　2. 瓷罐　3、5、6. 瓷碗　4. 瓷盏

腹，厚脊矮圈足外撇。底有旋痕，腹见修坯痕。颈中及耳下各一周凹弦纹，口沿内及外壁施青白釉，有流釉现象，底露胎。口径 8.2、腹径 12、足径 5.6、高 14.3 厘米（图一八九，2；彩版一五，2；图版四九，1）。

　　瓷碗　3件。标本 M2:3，灰白胎。敞口，尖唇，外沿加厚一层，斜直腹，碗底中心凸起，矮圈足外撇。底见修坯痕。施青白釉，施釉不均，有开片。足底露胎。口径 11、足径 3.6、高 5.6 厘米

（图一八九，6；彩版一五，4；图版四九，2）。标本 M2:5，特征同标本 M2:3（图一八九，5；图版四九，3）。标本 M2:6，敞口，侈沿，圆唇，深腹，平底微凸，高圈足外撇。足底有旋痕。内外施青白釉，底露胎。口径11.8、足径4.6、高6厘米（图一八九，4；彩版一五，3；图版四九，4）。

瓷盏 1件。标本 M2:4，灰胎。敞口，圆唇，浅腹，平底。施青釉，底露胎。口径8.4、底径3.6、高2.4厘米（图一八九，3；图版四九，5）。

瓷壶 1件。标本 M2:1，灰白胎。敞口，圆唇，长颈，溜肩，管状长流，桥形单执耳，六棱圆鼓腹，矮圈足。有明显修胎痕和拉坯痕。耳饰四条竖弦纹，内颈上部及外壁施青白釉，其余露胎。

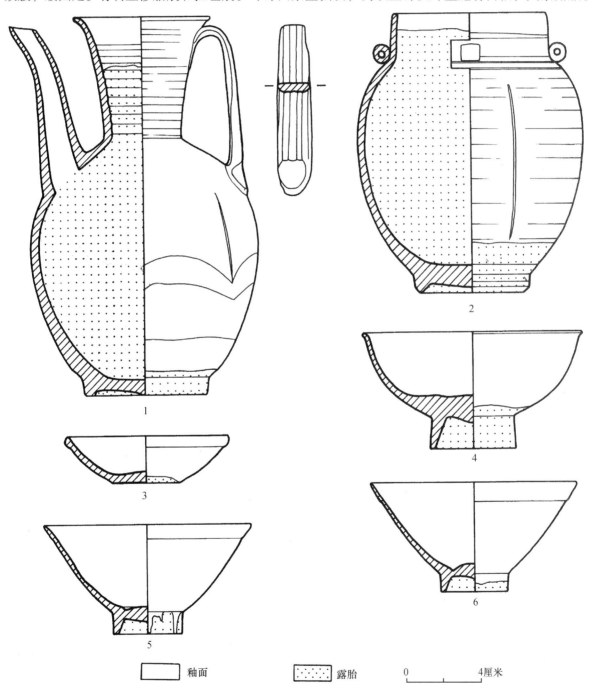

釉面　　　　露胎　　　0　　　4厘米

图一八九　M2 出土瓷器
1. 瓷壶（M2:1）　2. 瓷四系罐（M2:2）　3. 瓷盏（M2:4）　4~6. 瓷碗（M2:6、M2:5、M2:3）

有聚釉现象。口径7.2、腹径12、足径6.4、高19.4厘米（图一八九，1；彩版一五，1；图版四九，6）。

（一〇）文化层

主要分布在C区、B区、A区。遗物集中出土于CT2、CT3、CT4、CT5、AT1、AT2等探方内。

CT2④层　器类有瓷罐、碗、盏，铜镜等。

瓷罐　1件。标本CT2④:1，灰白胎。直口，圆唇，扉沿面曲，直腹微弧，矮圈足外撇。施青白釉，有开片，釉下黑点。外壁刻划大花卉纹。足底露胎，见旋痕。口径13.2、腹径14.8、足径9.6、高12厘米（图一九〇，5；图版五〇，1）。

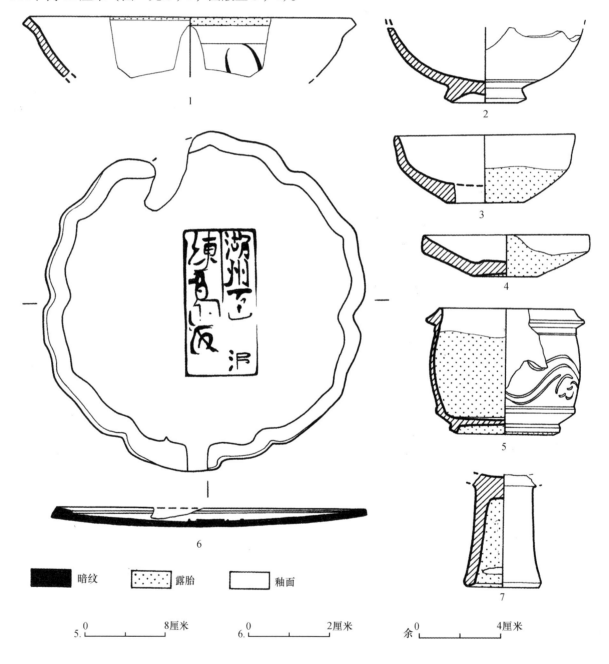

图一九〇　CT2④层出土瓷器、铜器

1~3、7. 瓷碗（CT2④:6、CT2④:5、CT2④:3、CT2④:2）　4. 瓷盏（CT2④:4）　5. 瓷罐（CT2④:1）　6. 铜镜（CT2④:7）

　　瓷碗　4件。标本CT2④:2，白胎。口残，高圈足。施青白釉，削足露胎。足径3.6、残高5.4厘米（图一九〇，7）。标本CT2④:3，灰白胎。敞口，圆唇，折腹，平底。施青釉，有开片。下腹与底露胎。口径8.8、底径3.8、高3.2厘米（图一九〇，3）。标本CT2④:5，灰白胎。口残，弧腹，矮圈足外撇。施青白釉。足径3.2、残高3.6厘米（图一九〇，2）。标本CT2④:6，灰白胎。芒口，方唇，弧腹残。施青白釉和压划花瓣暗纹。口沿酱红色。复原口径16、残高2.9厘米（图一九〇，1）。

　　瓷盏　1件。标本CT2④:4，夹砂灰胎。敞口，方唇，浅斜腹，平底微凹。施酱褐色青釉，腹底部分露胎。口径8.2、底径3.2、高2厘米（图一九〇，4）。

　　铜镜　1件。标本CT2④:7，花边形。面微弧。背刻阳纹"湖州□□　□□□□"字样。直径7.8厘米（图一九〇，6；图版五四，3）。

　　CT2⑤层　器类有瓷罐、碗、钵，陶瓮等。

　　瓷碗　2件。标本CT2⑤:1，敞口，侈沿，圆唇，弧腹，平底，喇叭形高圈足，足底平外削。施青釉，碗内饰压印卷草暗纹和弦纹。见抹坯痕。口径11.8、足径3.8、高7.9厘米（图一九一，1；彩版一五，5；图版五〇，2）。标本CT2⑤:2，灰胎。敞口，圆唇，直腹缓收，平底，圈足残。施酱褐色黑釉。口径11、残高5厘米（图一九一，2）。

　　瓷罐　1件。标本CT2⑤:3，夹砂灰褐胎。口微敛，方唇，单把残，深弧腹，底残。施褐色青釉，下腹露胎。口径8、腹径10.4、残高8.8厘米（图一九一，5）。

　　瓷钵　1件。标本CT2⑤:4，夹砂红褐胎。直口，平沿，圆唇，弧腹残。施酱褐色青釉，内壁饰刻槽，外壁有一周凸棱。口径30、残高5.4厘米（图一九一，3）。

　　陶瓮　1件。标本CT2⑤:5，泥质褐胎灰陶。敛口，卷沿，圆唇，束颈，腹残。有旋痕。残高12.6厘米（图一九一，4）。

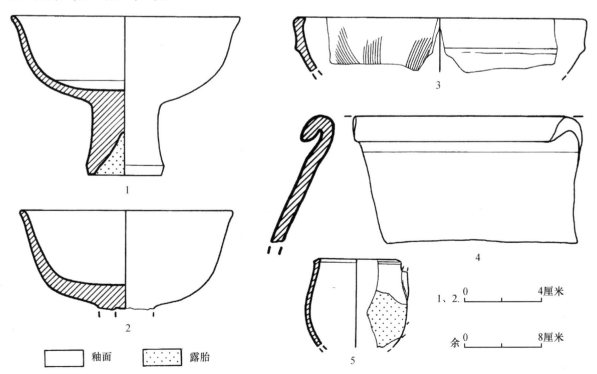

釉面　　　露胎

图一九一　CT2⑤层出土瓷器、陶器

1、2. 瓷碗（CT2⑤:1、CT2⑤:2）　3. 瓷钵（CT2⑤:4）　4. 陶瓮（CT2⑤:5）　5. 瓷罐（CT2⑤:3）

CT2⑥层 器类有瓷碗、罐等。

瓷碗 1件。标本CT2⑥:1，芒口，方唇，斜弧腹残。施青白釉，饰凹弦纹。口部露胎。口径11、残高3.4厘米（图一九二，2）。

瓷罐 1件。标本CT2⑥:2，口微敛，圆唇，扉沿面曲，直腹微弧，残。施青白釉，有开片。饰凹弦纹。口径8、残高4.8厘米（图一九二，1）。

CT2⑦层 器类有瓷碗、钵等。

瓷碗 2件。标本CT2⑦:2，灰白胎。口、腹残，矮圈足，底有乳突。施青白釉，有开片。足径3.2、残高1.7厘米（图一九二，5）。标本CT2⑦:3，灰胎。芒口，方唇，弧腹残。施青白釉，口部露胎。口径11、残高2.5厘米（图一九二，4）。

瓷钵 1件。标本CT2⑦:1，夹砂红褐胎。口残，斜壁，平底微凹。施青釉，内壁饰刻槽。底径9.6、残高8厘米（图一九二，3）。

CT3④层 器类有瓷碗、铜钹等。

瓷碗 3件。标本CT3④:1，灰胎。敞口，圆唇，折腹残。施黑釉，下腹外露胎。口径11.6、残高3.3厘米（图一九三，4）。标本CT3④:2，芒口，方唇，弧腹，圜底，矮圈足外撇，底有乳突。施青白釉，口部露胎。口径8.8、足径3、高4.9厘米（图一九三，5）。标本CT3④:5，白胎。撇口，方唇，弧腹残。口沿施红褐釉，腹施青白釉。残高3.9厘米（图一九三，3）。

铜钹 1件。标本CT3④:3，覆盘形。弧顶中部一方形孔。直径10、高1.6、孔径0.4厘米（图一九三，6）。

CT3⑤层 器类有瓷碗、罐等。

瓷碗 1件。标本CT3⑤:2，灰黑胎，红褐色化妆土。敞口，圆唇，斜直腹残。施月白釉，下腹外露胎。复原口径17、残高2.8厘米（图一九三，1）。

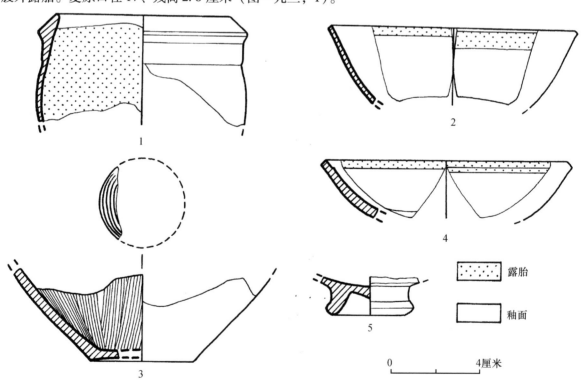

图一九二 C区T2⑥、T2⑦层出土瓷器

1. 瓷罐（CT2⑥:2） 2、4、5. 瓷碗（CT2⑥:1、CT2⑦:3、CT2⑦:2） 3. 瓷钵（CT2⑦:1）

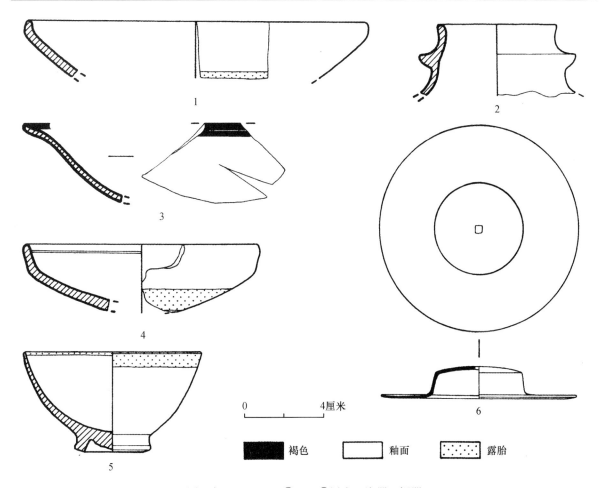

图一九三　C区T3④、T3⑤层出土瓷器、铜器

1、3~5. 瓷碗（CT3⑤:2、CT3④:5、CT3④:1、CT3④:2）　2. 瓷罐（CT3⑤:1）　6. 铜钹（CT3④:3）

　　瓷罐　1件。标本CT3⑤:1，褐胎。小口近直，圆唇，曲颈，腹残。施黄褐色青釉，颈部有一周凸棱。口径4、残高3.5厘米（图一九三，2）。

　　CT3⑥层　器类有瓷碗、罐等。

　　瓷碗　4件。标本CT3⑥:1，灰胎。芒口，方唇，弧腹，圜底，矮圈足。施青白釉，碗内一周露胎带，口、足露胎。底见修坯痕、旋痕。口径12、足径4.4、高5.5厘米（图一九四，4）。标本CT3⑥:2，白胎。口残，弧腹，圜底，假圈足微凹。施青白釉和印花暗纹，碗内饰一圈凹弦纹。足径5.4、残高3厘米（图一九四，2）。标本CT3⑥:3，芒口，方唇，弧腹残。施青白釉，有开片。饰印花暗纹和凹弦纹。复原口径14、残高3厘米（图一九四，3）。标本CT3⑥:4，撇口，方唇，弧腹残。口沿施红褐釉，腹施青白釉。口径16、残高2.9厘米（图一九四，1）。

　　瓷罐1件。标本CT3⑥:5，残存腹片。夹砂红陶胎。施褐、绿、黄三彩（图一九四，5）

　　CT3⑦层　器类有瓷碗、罐、盏、陶纺轮等。

　　瓷碗　1件。标本CT3⑦:1，褐胎。口微敛，圆唇，斜直腹，圜底，矮圈足，底中心圆饼形凸起。施青褐釉，有流釉、聚釉现象。碗内有三支钉痕。见细旋痕和拉坯痕。口径15.6、足径5.2、高5.5厘米（图一九五，1；图版五〇，3）。

　　瓷罐　2件。标本CT3⑦:2，夹砂红褐胎。直口，圆唇，长颈，广肩，四系耳，深弧腹，平底微凹。施黑釉，有流釉现象。颈部饰一周凸棱。口径8、腹径16、高26.8厘米（图一九五，2）。

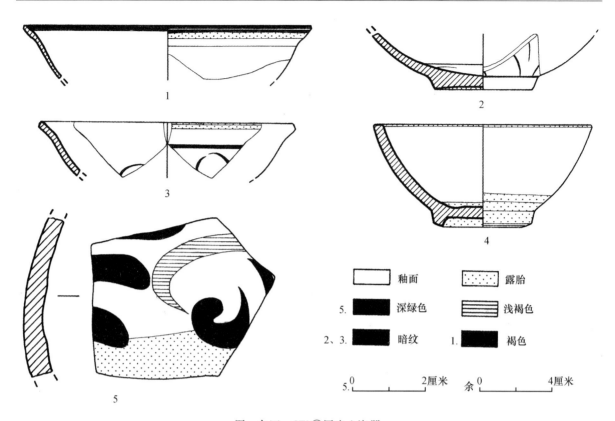

图一九四　CT3⑥层出土瓷器
1~4. 瓷碗（CT3⑥:4、CT3⑥:2、CT3⑥:3、CT3⑥:1）　5. 瓷罐（CT3⑥:5）

标本 CT3⑦:5，夹砂红胎。敛口，圆唇，束颈，鼓腹残。施青黄釉。口径9、腹径15.2、残高7.6厘米（图一九五，3）。

瓷盏　1件。标本 CT3⑦:4，夹砂灰胎。敞口，方唇，浅腹，底微凹。施酱褐色青釉，腹底露胎。口径8.6、底径3.2、高2厘米（图一九五，4）。

陶纺轮　1件。标本 CT3⑦:3，夹细砂褐陶。梯形。顶面、底平，边缘微曲。饰刻划条纹。直径2.3~4、高2.6厘米（图一九五，5）。

CT3⑧层　器类有瓷碗、罐等。

瓷碗　5件。标本 CT3⑧:1，白胎。芒口，方唇，弧腹，平底，矮圈足。施青白釉，足底露胎。口径14、足径5.2、高5.6厘米（图一九六，2）。标本 CT3⑧:4，白胎微黄。敞口，圆唇，弧腹，胫部平削，圜底，矮圈足。施玳瑁釉，有聚釉、流釉现象。下腹与底露胎。口径10.2、足径2.8、高4.8厘米（图一九六，4）。标本 CT3⑧:8，白胎。口残，弧腹，假圈足微凹。施青白釉和印花暗纹。底边外削露胎。底径5.4、残高4.7厘米（图一九六，3）。标本 CT3⑧:9，白胎。芒口，方唇，弧腹残。唇部施红褐釉，腹部施青白釉和印花暗纹。口径16、残高4.9厘米（图一九六，1）。标本 CT3⑧:10，灰胎。口微敛，圆唇，曲腹残。施酱黑色釉，下腹外露胎。残高3.4厘米（图一九六，6）。

瓷罐　2件。标本 CT3⑧:3，夹砂灰胎。直口，折沿下垂，圆唇，束颈，鼓腹残。施青釉，釉色泛黄。口径8、腹径14.4、残高6.8厘米（图一九六，7）。标本 CT3⑧:11，夹砂灰褐胎。敛口，圆唇，曲领，单把，鼓腹残。施青釉。口径5、残高4.9厘米（图一九六，5）。

CT4③层　器类有瓷碗、盏、钵等。

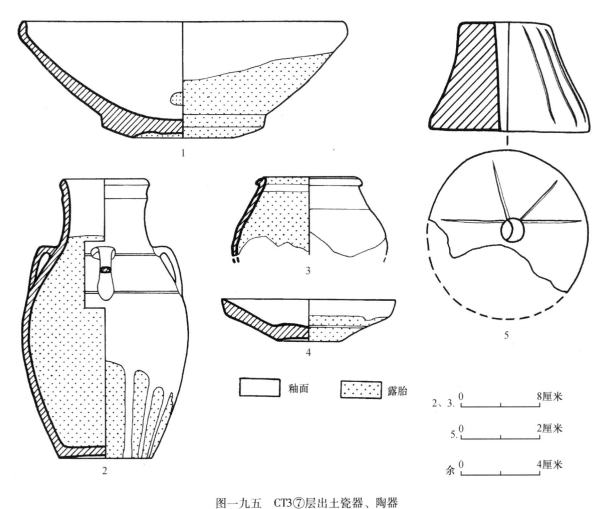

图一九五　CT3⑦层出土瓷器、陶器

1. 瓷碗（CT3⑦:1）　2、3. 瓷罐（CT3⑦:2、CT3⑦:5）　4. 瓷盏（CT3⑦:4）　5. 陶纺轮（CT3⑦:3）

瓷碗　5件。标本CT4③:1，灰褐胎。敞口，圆唇，斜直腹残。施黄褐釉，下腹外露胎。内壁饰印花暗纹，外饰凹弦纹。口径16、残高5厘米（图一九七，1）。标本CT4③:2，白胎。敞口，折沿，圆唇，弧腹，平底，矮圈足。施粉青釉，有大开片。外饰菊瓣暗纹。削足露胎。口径13.6、足径7.4、高4.6厘米（图一九七，2）。标本CT4③:5，泥质红胎。敛口，圆唇，斜直腹残。施月白色青釉，下腹外露胎。口径16、残高4.8厘米（图一九七，3）。标本CT4③:6，敞口，圆唇，斜直腹，平底，矮圈足。施黑釉，呈兔毫斑。胫部及底露胎。口径12.8、足径4、高5.1厘米（图一九七，4）。标本CT4③:7，灰胎。敞口，侈沿，圆唇，弧腹残。施黑褐釉。口径11、残高4.3厘米（图一九七，6）。

瓷盏　2件。形态相同。标本CT4③:3，夹砂灰胎。敞口，厚方唇，浅斜腹，平底。施酱褐釉。下腹外与底露胎。口径7.8、底径3、高2.3厘米（图一九七，7）。

瓷钵　1件。标本CT4③:8，灰褐胎，质硬。敛口，沿面有一周凹槽，厚方唇，弧腹残。内壁饰刻划凹槽。口径22、残高6.2厘米（图一九七，5）。

CT4④层　器类有瓷碗、罐、炉等。

瓷碗　6件。CT4④:1，灰白胎。敞口，圆唇，弧腹残。施青釉，有小开片。口径9.2、残高4.4厘米（图一九八，8）。标本CT4④:2，黄胎。敞口，圆唇，弧腹残。施玫瑰釉，下腹外露胎。口径10.4、残高3.5厘米（图一九八，7）。标本CT4④:3，灰白胎。敞口，侈沿，圆唇，弧腹残。

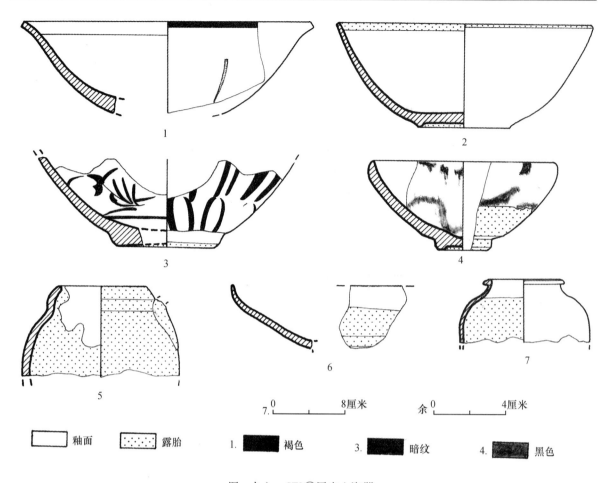

图一九六　CT3⑧层出土瓷器

1~4、6. 瓷碗（CT3⑧：9、CT3⑧：1、CT3⑧：8、CT3⑧：4、CT3⑧：10）　5、7. 瓷罐（CT3⑧：11、CT3⑧：3）

施青釉。口径 12、残高 2.7 厘米（图一九八，5）。标本 CT4④：4，芒口，方唇，弧腹残。施青白釉，有开片。口沿露胎。口径 14.8、残高 4.8 厘米（图一九八，4）。标本 CT4④：5，黄胎。芒口，方唇，弧腹残。施青白釉，有开片。口部露胎。口径 16、残高 4.1 厘米（图一九八，2）。标本 CT4④：8，芒口，方唇，弧腹残。施青白釉，口部露胎。外壁饰菊花暗纹。口径 16、残高 3.6 厘米（图一九八，1）。

　　瓷罐　1 件。标本 CT4④：6，夹砂红褐胎。敛口，平沿，圆唇，四系耳残，鼓腹残。部分施黑釉，有垂釉现象。口径 16、腹径 23.2、残高 16.4 厘米（图一九八，6）。

　　瓷炉　1 件。标本 CT4④：7，白胎泛黄。敛口，内折沿，方唇，沿面微凹，弧腹，平底，三扁状兽足。施青白釉，有开片，底露胎。腹饰二周圆鼓钉。口径 10.6、腹径 13.6、底径 12、高 7.5 厘米（图一九八，3；图版五〇，4）。

　　CT4⑥层　器类有瓷碗、盏等。

　　瓷碗　3 件。标本 CT4⑥：1，口残、圜底、喇叭形高圈足。施青白釉，足底露胎。足径 4、残高 3.9 厘米（图一九九，2）。标本 CT4⑥：2，灰胎。芒口，方唇，弧腹，平底，矮圈足。施青白釉，口部露胎。口径 13.8、足径 5.2、高 4.7 厘米（图一九九，1）。标本 CT4⑥：4，夹砂灰褐胎。口微敛，圆唇，弧腹残。施黑釉，下腹外露胎。内壁饰一周凸棱。口径 12、残高 4 厘米（图一九九，3）。

　　瓷盏　1 件。标本 CT4⑥：3，夹砂红褐胎。敞口，厚方唇，浅斜腹，平底微凹。施酱褐釉，外腹、底露胎。口径 8.3、底径 4、高 2 厘米（图一九九，4）。

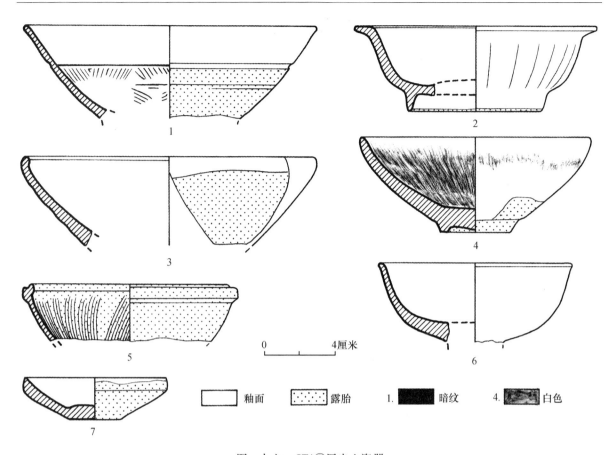

图一九七　CT4③层出土瓷器

1~4、6. 瓷碗（CT4③:1、CT4③:2、CT4③:5、CT4③:6、CT4③:7）　5. 瓷钵（CT4③:8）　7. 瓷盏（CT4③:3）

CT5③层　器类有瓷碗、盏等。

瓷碗　3件。标本 CT5③:1，白胎。敞口，圆唇，深弧腹，圜底，矮圈足外撇，底心有乳突。施青釉和刻划菊瓣暗纹，有开片。口径13.4、足径3.6、高6.4厘米（图二〇〇，4）。标本CT5③:2，薄胎。敞口，尖唇，深弧腹，圜底，矮圈足。施青白釉，内壁饰刻划花草暗纹，外壁饰刻划菊瓣暗纹。足内底露胎。有不规则旋痕和抹胎痕。口径11.4、足径3.2、高6厘米（图二〇〇，2）。标本 CT5③:4，敞口，圆唇，斜直腹，圈足残。施青釉，釉色泛绿。口径18、复原高5厘米（图二〇〇，1）。

瓷盏　1件。标本 CT5③:3，夹砂灰胎。敞口，圆唇，浅斜腹，平底微凹。唇沿附一小捏钮。内施黑釉，外露胎。口径8.5~9.4、底径3.4、高2.3厘米（图二〇〇，3）。

CT5④层　器类有瓷碗、陶盖、铜镞等。

瓷碗　2件。标本 CT5④:1，褐胎。敞口，圆唇，斜弧腹，平底微凹，矮圈足外撇，底心有饼状凸起。施青黄色釉，口沿一周白釉弦带，有流釉现象，下腹外、底露胎。碗内底有四个支烧钉。口径17.8、足径8.4、高6.2厘米（图二〇一，1）。标本 CT5④:3，红胎。敞口，圆唇，斜弧腹，平底，矮圈足外撇。施青黄色釉，下腹外、底露胎。碗内底有三个椭圆形支烧钉，足内旋痕细密。口径12.4、足径6.6、高4.6厘米（图二〇一，3）。

陶盖　1件。标本 CT5④:4，泥质灰陶。杯形钮，平顶，斜壁残。器表有旋痕。钮径5.6、残高11.6厘米（图二〇一，2）。

铜镞　1件。标本 CT5④:2，菱形，双翼，铤残。残长6、宽2.8厘米（图二〇一，4）。

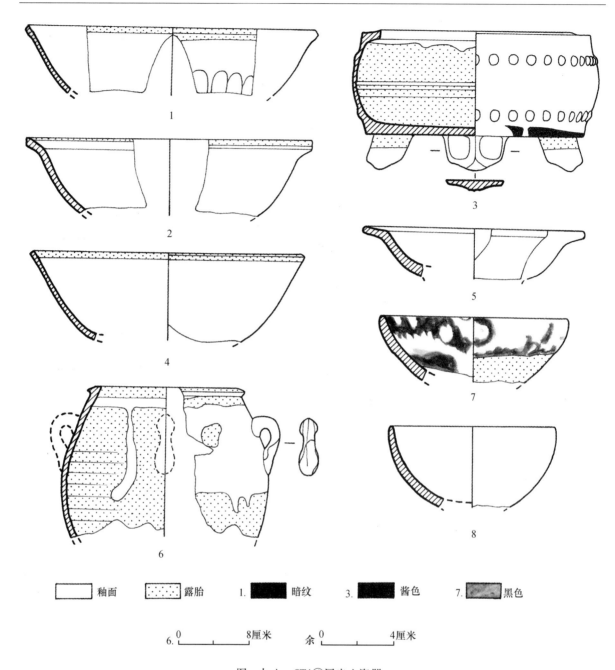

图一九八　CT4④层出土瓷器

1、2、4、5、7、8. 瓷碗 (CT4④:8、CT4④:5、CT4④:4、CT4④:3、CT4④:2、CT4④:1)　3. 瓷炉 (CT4④:7)　6. 瓷罐 (CT4④:6)

CT7⑨层　器类有瓷碗、盏、罐，石刀，骨簪等。

瓷碗　4件。标本 CT7⑨:4，白胎。芒口，尖圆唇，斜直腹，平底下凹，矮圈足。施青白釉，足底露胎。口径 15、足径 4.8、高 5 厘米（图二〇二，7；图版五〇，5）。标本 CT7⑨:5，白胎。芒口，方圆唇，斜直腹，平底微凹，矮圈足。唇部施酱色釉，腹施青白釉，足底露胎。见放射状跳刀痕。口径 16.8、足径 5.5、高 5.4 厘米（图二〇二，6；图版五〇，6）。标本 CT7⑨:6，褐胎。敞口，侈沿，圆唇，斜直腹，圜底，矮圈足。施褐黄色釉，下腹外、底露胎。内底中心模印复瓣菊纹，胫部饰三层莲瓣印纹和二周弦纹。碗内有五个支烧钉，圈足外残存四个支烧钉。口径 20.5、足径 6.8、高 7.6 厘米（图二〇二，1）。标本 CT7⑨:10，黄白胎。敞口，尖唇，弧腹残。施褐黄色玳

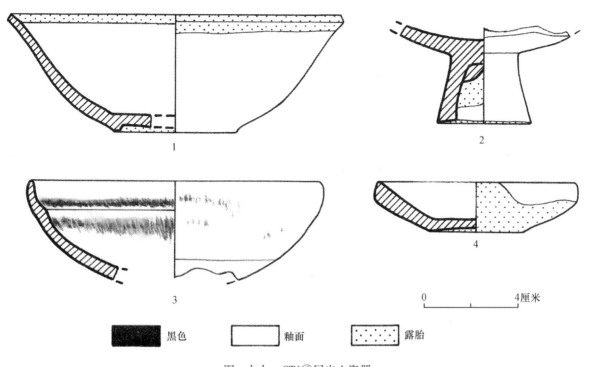

图一九九 CT4⑥层出土瓷器

1~3. 瓷碗（CT4⑥：2、CT4⑥：1、CT4⑥：4） 4. 瓷盏（CT4⑥：3）

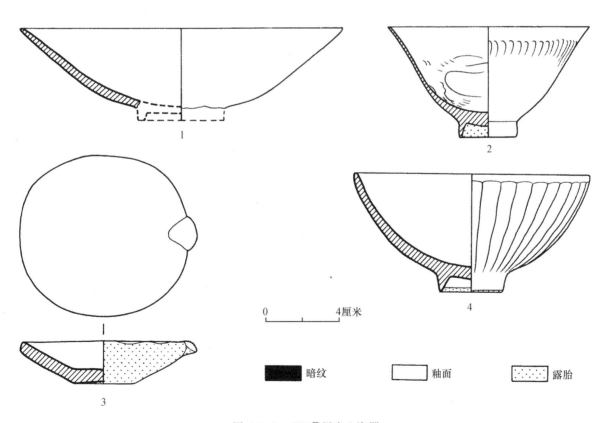

图二○○ CT5③层出土瓷器

1、2、4. 瓷碗（CT5③：4、CT5③：2、CT5③：1） 3. 瓷盏（CT5③：3）

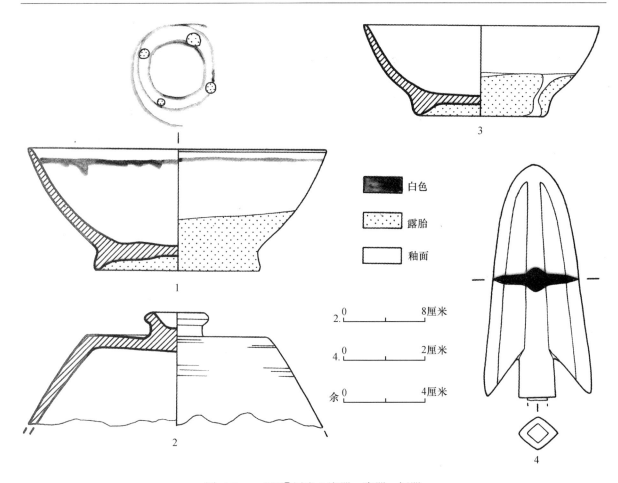

图二○一 CT5④层出土瓷器、陶器、铜器

1、3. 瓷碗（CT5④:1、CT5④:3） 2. 陶盖（CT5④:4） 4. 铜镞（CT5④:2）

瑂釉，下腹外露胎。口径10.8、残高3.5厘米（图二○二，5）。

瓷盏 2件。标本CT7⑨:2，夹砂红褐胎。敞口，方唇，浅斜腹，平底微凹。施酱褐釉，腹、底外露胎。口径9、底径3.6、高2厘米（图二○二，3）。标本CT7⑨:3，夹砂灰胎。敞口，方唇，浅斜腹，小平底。施酱褐釉，外部露胎。口径8、底径3、高2.1厘米（图二○二，4）。

瓷罐 1件。标本CT7⑨:9，白胎。口残，弧腹下内收，平底微凹。外腹上部施青白釉，余露胎。饰刻划菊纹。底径6.4、残高3.4厘米（图二○二，2）。

石刀 1件。标本CT7⑨:8，青石。磨制。平面，边直，刃直，残。残长8、残宽4.8厘米（图二○二，8）。

骨簪 1件。标本CT7⑨:1，扁长条形。一面平，一面微弧。长9.15、宽0.6、厚0.15厘米（图二○二，9）。

CT7北扩⑩层 器类有骨针等。

骨针 1件。标本CT7北扩⑩:1，磨光。圆锥形。残。残长5.8厘米。

CT7北扩⑪层 器类有瓷碗、盏、盘、钵，骨针，贝扣等。

瓷碗 1件。标本CT7北扩⑪:9，白胎。口残，斜直腹，平底下凹，矮圈足。施青白釉，开片。足底露胎。足径5.2、残高1.2厘米（图二○三，4）。

瓷盏 1件。标本CT7北扩⑪:3，夹砂红胎。敞口，圆唇，浅斜腹，平底微凹。施褐釉，腹底外露胎。口径8、底径3.2、高2.2厘米（图二○三，5）。

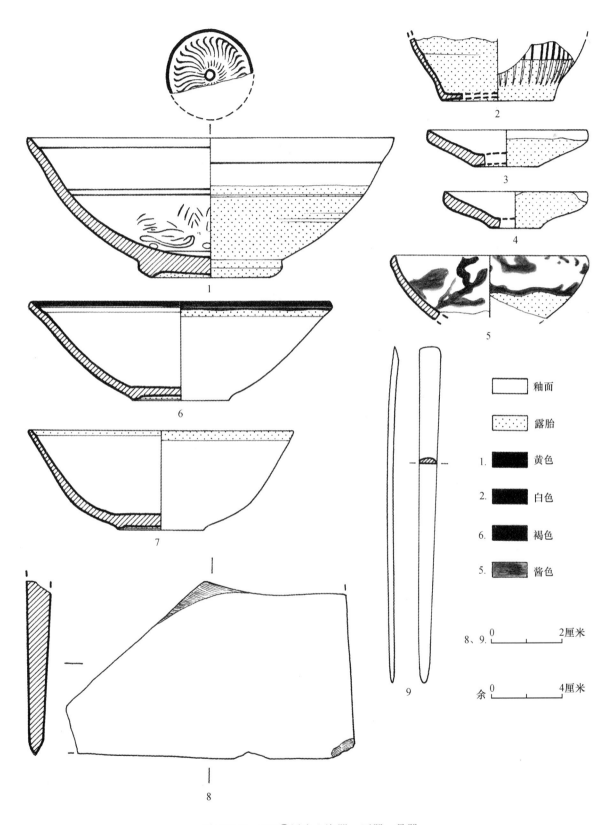

图二〇二　CT7⑨层出土瓷器、石器、骨器

1、5~7. 瓷碗（CT7⑨:6、CT7⑨:10、CT7⑨:5、CT7⑨:4）　　2. 瓷罐（CT7⑨:9）　　3、4. 瓷盏（CT7⑨:2、CT7⑨:3）

8. 石刀（CT7⑨:8）　　9. 骨簪（CT7⑨:1）

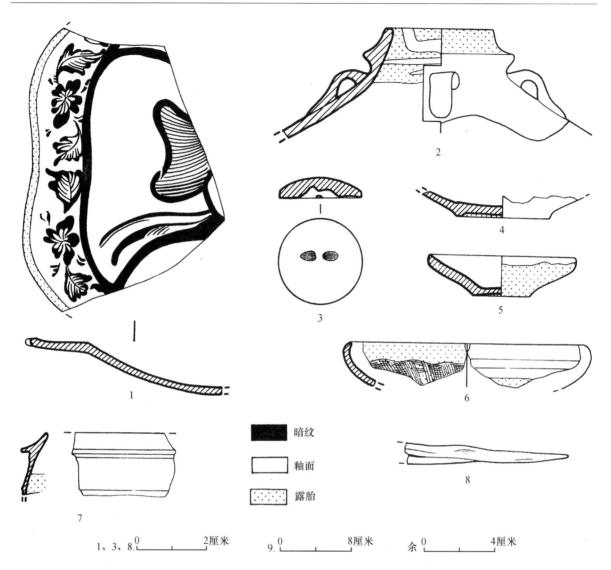

图二〇三　CT7 北扩⑪层出土瓷器、骨器、贝器

1. 瓷盘（CT7 北扩⑪:6）　2、7. 瓷罐（CT7 北扩⑪:5、CT7 北扩⑪:7）　3. 贝扣（CT7 北扩⑪:2）　4. 瓷碗（CT7 北扩⑪:9）　5. 瓷盏（CT7 北扩⑪:3）　6. 瓷钵（CT7 北扩⑪:8）　8. 骨针（CT7 北扩⑪:1）

　　瓷罐　2 件。标本 CT7 北扩⑪:5，红褐胎。敛口，圆唇，扁棱沿，束颈，溜肩，四系耳，腹残。施青釉，青釉泛绿，口沿露胎。口径 6、残高 6 厘米（图二〇三，2）。标本 CT7 北扩⑪:7，白胎。敛口，尖唇，扁棱沿，腹残。施青白釉。复原口径 15.4、残高 3.4 厘米（图二〇三，7）。

　　瓷盘　1 件。标本 CT7 北扩⑪:6，白胎。花边口，折沿，圆唇，弧腹残。施青白釉，唇部露胎。饰印花暗纹。残高 2.8 厘米（图二〇三，1）。

　　瓷钵　1 件。标本 CT7 北扩⑪:8，夹砂红褐胎。敛口，尖唇，弧腹残。施青釉，内壁饰波浪纹与刻槽。口径 26、残高 4.8 厘米（图二〇三，6）。

　　骨针　1 件。标本 CT7 北扩⑪:1，磨光。圆锥形。残。残长 4.5 厘米（图二〇三，8）。

　　贝扣　1 件。标本 CT7 北扩⑪:2，白色。弧顶，平底，面有一穿孔。直径 2.3、厚 0.6 厘米（图二〇三，3）。

　　CT11②层　器类有瓷碗、盏、罐，陶罐等。

　　瓷碗　1 件。标本 CT11②:3，白胎。敞口，圆唇，斜弧腹，圜底，矮圈足。施白釉，削足露胎。口径 13.2、足径 5.2、高 6 厘米（图二〇四，2；图版五一，1）。

瓷盏 1 件。标本 CT11②:4，夹砂红褐胎。敞口，圆方唇，浅斜腹，平底。施青釉，有流釉现象。部分露胎。口径 8.8、底径 2.5、高 2.5 厘米（图二〇四，4）。

瓷罐 1 件。标本 CT11②:2，夹砂红胎。直口，圆唇，流残，弧腹，单耳，平底微凹。施青釉，下腹外、底露胎。腹部饰一组凸弦纹。复原口径 6.4、腹径 10、底径 6.4、高 12.4 厘米（图二〇四，3）。

陶罐 1 件。标本 CT11②:1，夹砂灰陶。小直口，折沿，圆唇，束颈，深弧腹，平底，矮圈足外撇。素面。口径 10、腹径 17.8、足径 11.6、高 30.4 厘米（图二〇四，1）。

CT13③层 器类有瓷碗等。

瓷碗 1 件。标本 CT13③:1，白胎。口残，弧腹，圜底下凹，矮圈足。施青白釉，有开片，足底露胎。腹部有弦痕。足径 6、残高 5 厘米（图二〇五，3）。

BT7 南扩④层 器类有瓷碗等。

瓷碗 1 件。标本 BT7 南扩④:1，白黄胎。口残，弧腹，圜底，矮圈足外撇。施白釉，足底露胎。足径 8、残高 3 厘米（图二〇五，1）。

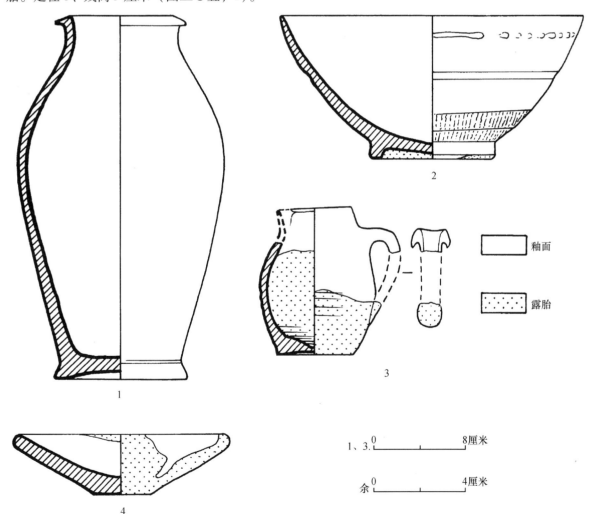

釉面

露胎

1、3.　0 ⊢━━━┷━━━┥ 8厘米

余　0 ⊢━━━┷━━━┥ 4厘米

图二〇四　CT11②层出土陶器、瓷器

1. 陶罐（CT11②:1）　2. 瓷碗（CT11②:3）　3. 瓷罐（CT11②:2）　4. 瓷盏（CT11②:4）

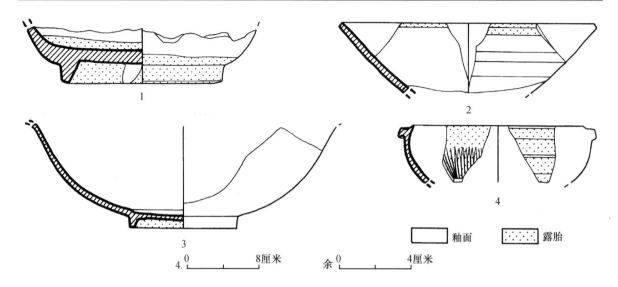

图二〇五　BT7 南扩④、BT7 南扩⑤、CT13③层出土瓷器

1~3. 瓷碗（BT7 南扩④:1、BT7 南扩⑤:2、CT13③:1）　4. 瓷钵（BT7 南扩⑤:1）

BT7 南扩⑤层　器类有瓷碗、钵等。

瓷碗　1 件。标本 BT7 南扩⑤:2，芒口，方唇，斜直腹残。施青白釉，口部露胎。见拉坯痕。复原口径 14、残高 3.8 厘米（图二〇五，2）。

瓷钵　1 件。标本 BT7 南扩⑤:1，夹细砂褐胎，质硬。敛口，折沿，沿面内凹，方唇，弧腹残。内壁饰刻划纹。口径 19、残高 6.2 厘米（图二〇五，4）。

AT1⑪B 层　器类有瓷碗、盏、罐、陶板瓦等。

瓷碗　5 件。标本 AT1⑪B:1，残存喇叭形高圈足。施青白釉，饰印花暗纹。残高 3.2 厘米（图二〇六，6）。标本 AT1⑪B:2，敞口，厚圆唇，深弧腹，圜底，小饼足内凹。施黑釉，下腹外、底露胎。见拉坯痕和旋痕。口径 17.6、足径 5.4、高 8.8 厘米（图二〇六，2；图版五一，3）。标本 AT1⑪B:3，敞口，侈沿，圆唇，深弧腹，圜底，喇叭形高圈足残。施卵白釉，饰印花暗纹。口径 11、残高 4.6 厘米（图二〇六，4）。标本 AT1⑪B:4，敞口，厚圆唇，深弧腹残。施青白釉。外壁饰三条篦划水波暗纹，内壁饰卷草等印花暗纹。口径 17.6、残高 6.4 厘米（图二〇六，1）。标本 AT1⑪B:13，灰胎。敛口，圆唇，弧腹残。施黑褐色釉。口径 15、残高 4.8 厘米（图二〇六，3）。

瓷盏　1 件。标本 AT1⑪B:5，夹砂红褐胎。敞口，方唇，斜直腹，平底微凹。施青釉，部分露胎。口径 8.2、底径 3.4、高 2.2 厘米（图二〇六，8）。

瓷罐　3 件。标本 AT1⑪B:10，夹砂灰褐胎。口残，鼓腹，单耳，平底微凹。施黑釉，有褐斑，下腹外、底露胎。腹径 8.8、底径 3.4、残高 8.8 厘米（图二〇六，5）。标本 AT1⑪B:11，灰胎。口残，深直腹，小平底微凹。施青釉。见拉坯痕。底径 6、腹径 16.4、残高 19.8 厘米（图二〇六，10）。标本 AT1⑪B:12，黄白胎。口近直，圆唇，深腹残。施黄褐釉，腹内露胎。饰剔花纹，口部有一周凸棱。口径 12.8、残高 6 厘米（图二〇六，7）。

陶板瓦　1 件。标本 AT1⑪B:9，泥质灰陶。残。瓦身外素面，内饰布纹。边有切割痕。残长 14.8、宽 9 厘米（图二〇六，9）。

AT1⑫层　器类有瓷碗、盏、杯、盆、盘、罐、炉，铜管，骨簪等。

瓷碗　8 件。标本 AT1⑫:2，红褐胎。敛口，圆唇，斜直腹，圜底，矮圈足，足内饼状突起，中心有拇指撩印旋转痕。施酱褐釉，下腹外、底露胎。内底饰模印莲纹，残存二个支烧钉。口径

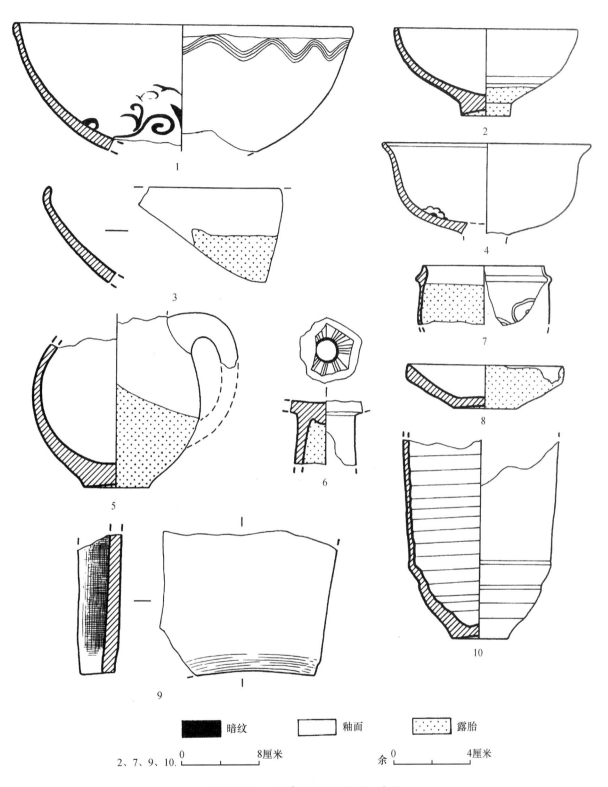

图二〇六　AT1⑪B层出土瓷器、陶器

1~4、6. 瓷碗（AT1⑪B：4、AT1⑪B：2、AT1⑪B：13、AT1⑪B：3、AT1⑪B：1）　8. 瓷盏（AT1⑪B：5）　　5、7、10. 瓷罐
（AT1⑪B：10、AT1⑪B：12、AT1⑪B：11）　　9. 陶板瓦（AT1⑪B：9）

18.8、足径7、高8.4厘米（图二〇七，9）。标本 AT1⑫:3，红褐胎。敛口，圆唇，斜直腹，圜底，矮圈足，足内饼状突起。施酱褐釉，有流釉现象，部分露胎。内底残存3个支烧钉。口径15.4、足径6.2、高5.7厘米（图二〇七，3）。标本 AT1⑫:5，残存喇叭形竹节状高圈足。施青白釉。足径3.8、残高7.9厘米（图二〇七，6）。标本 AT1⑫:6，胎厚重。敞口，多沿，圆唇，深弧腹，圜底，矮圈足。施青釉，足底露胎。碗内饰压印弦纹和模糊印花暗纹。口径16.4、足径6.2、高7.5厘米（图二〇七，2；图版五一，4）。标本 AT1⑫:7，直口，多沿，圆唇，弧腹，平底，喇叭形高圈足。施青釉，足脊露胎。饰压印缠枝花卉暗纹和弦纹。口径12.8、足径4.2、高9.2厘米（图二〇七，1；图版五一，5）。标本 AT1⑫:15，口残，弧腹，圜底，矮圈足。施青釉，下腹外、底露胎，内壁一周露胎带。足径10、残高2.8厘米（图二〇七，8）。标本 AT1⑫:16，灰白胎。口残，弧腹，平底，喇叭形高圈足。施青白釉，饰模印缠枝花卉暗纹。足径3、残高5.9厘米（图二〇七，7）。标本 AT1⑫:17，敞口，圆唇，弧腹残。施青白釉，有开片。饰篦划水波形暗纹。口径19、残高6.7厘米（图二〇七，5）。

　　瓷盏　1件。标本 AT1⑫:4，夹砂红褐胎。敞口，方唇，浅斜腹，平底微凹。施青釉，部分露胎。口径8、底径3.2、高1.7厘米（图二〇八，5）。

　　瓷盘　1件。标本 AT1⑫:1，胎厚重。敞口，圆唇，浅弧腹，平底，矮圈足。施青釉，釉色泛绿，足内露胎。饰压印弦纹和模糊印花暗纹，有旋痕。口径16.1、足径5.6、残高4.3厘米（图二〇七，4；图版五一，6）。

　　瓷杯　1件。标本 AT1⑫:8，芒口，圆唇，腹较直，平底残。施青白釉，口、底露胎。口径6.8、底径4.5、高2.8厘米（图二〇八，7）。

　　瓷盆　1件。标本 AT1⑫:9，夹砂红褐胎。敛口，平折沿，圆唇，斜直腹，平底微凹。施酱褐釉，有流釉现象。部分露胎。器形不规整，制作粗糙。口径26、底径15、高11.2厘米（图二〇八，1）。

　　瓷炉　1件。标本 AT1⑫:11，红胎。直口，平折沿，圆唇，直腹，平底微凹，三蹄足残。施青白釉，有开片，内壁下和底露胎。饰回形暗纹。口径14、底径8.8、残高5.4厘米（图二〇八，3）。

　　瓷罐　1件。标本 AT1⑫:18，夹砂红褐胎。敛口，折沿，沿面内凹，方唇，束颈，鼓腹残。施青釉，有流釉现象，部分露胎。口径16、腹径24、残高14厘米（图二〇八，2）。

　　另有瓷器1件。标本 AT1⑫:10，白胎。口残，直腹，平底，喇叭形圈足。施青白釉，有流釉现象，内壁与足底露胎。饰莲花暗纹。足径6、残高4.6厘米（图二〇八，6）。

　　铜管　1件。标本 AT1⑫:13，残。长圆筒形。残长9.8、直径0.15~0.3厘米（图二〇八，10）。

　　骨簪　1件。标本 AT1⑫:12，残。长扁圆形。磨光。残长4.9厘米（图二〇八，9）。

　　AT2④层

　　瓷碗　1件。标本 AT2④:3，口残，弧腹，平底，矮圈足。施褐黄釉，足底露胎。内底有五个支烧钉。足径6.8、残高3.6厘米（图二〇八，8）。

　　AT2⑤层　器类有瓷碗等。

　　瓷碗　1件。标本 AT2⑤:1，红褐胎。敞口，圆唇，弧腹残。施黄釉，下腹外露胎。复原口径20、残高4.7厘米（图二〇八，4）。

（一）其他

　　晚于宋元时期的遗迹和文化层中也出土大量该时期的遗物，择要介绍如次。

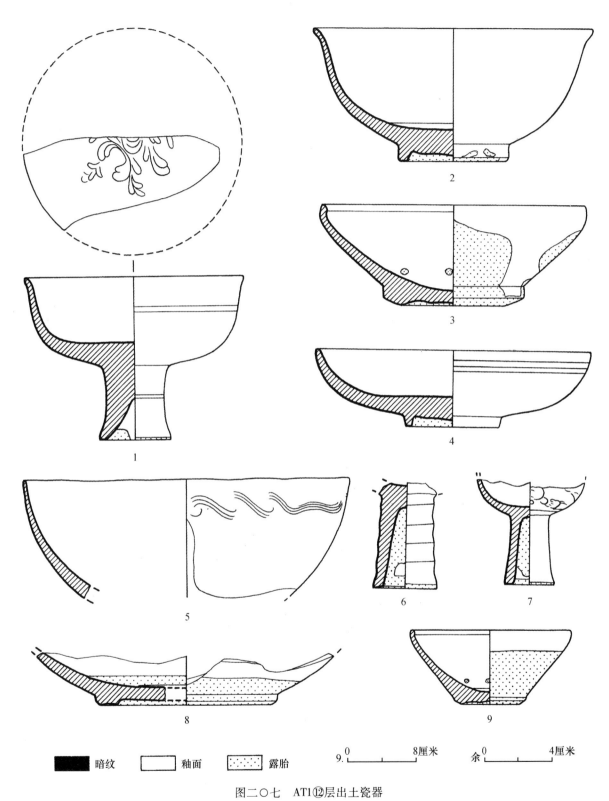

图二〇七　AT1⑫层出土瓷器

1~3、5~9. 瓷碗（AT1⑫：7、AT1⑫：6、AT1⑫：3、AT1⑫：17、AT1⑫：5、AT1⑫：16、AT1⑫：15、AT1⑫：2）
4. 瓷盘（AT1⑫：1）

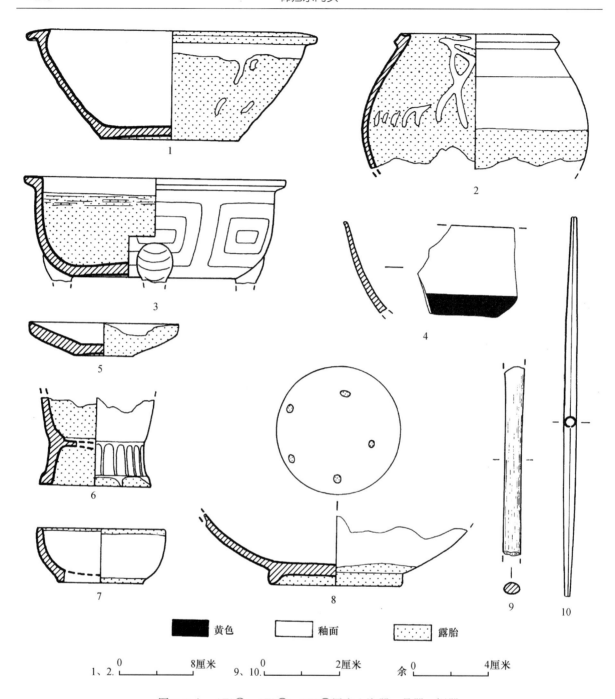

黄色　　　　釉面　　　　露胎

1、2. 0　　　　8厘米　　　9、10. 0　　　　2厘米　　　余 0　　　　4厘米

图二〇八　AT1⑫、AT2④、AT2⑤层出土瓷器、骨器、铜器

1. 瓷盆（AT1⑫:9）　 2. 瓷罐（AT1⑫:18）　 3. 瓷炉（AT1⑫:11）　 4、8. 瓷碗（AT2⑤:1、AT2④:3）　 5. 瓷盏
（AT1⑫:4）　6. 瓷器（AT1⑫:10）　7. 瓷杯（AT1⑫:8）　9. 骨簪（AT1⑫:12）　10. 铜管（AT1⑫:13）

1. C 区

瓷碗　标本 CT3②:1，黄白胎。口微敛，圆唇，弧腹，圈底，矮圈足外撇。施玳瑁釉，有流釉
现象，下腹外、底露胎。口径 10、足径 3.6、高 4.3 厘米（图二〇九，9）。标本 CT5②:3，白胎。
芒口，方唇，弧腹，底残。施青白釉和刻花暗纹，口部露胎。器表有弦痕。口径 15、残高 5.8 厘米
（图二〇九，8）。标本 CT7 北扩⑤:1，灰褐胎。敞口，圆唇，斜直腹，圈底，矮圈足。施褐釉，下

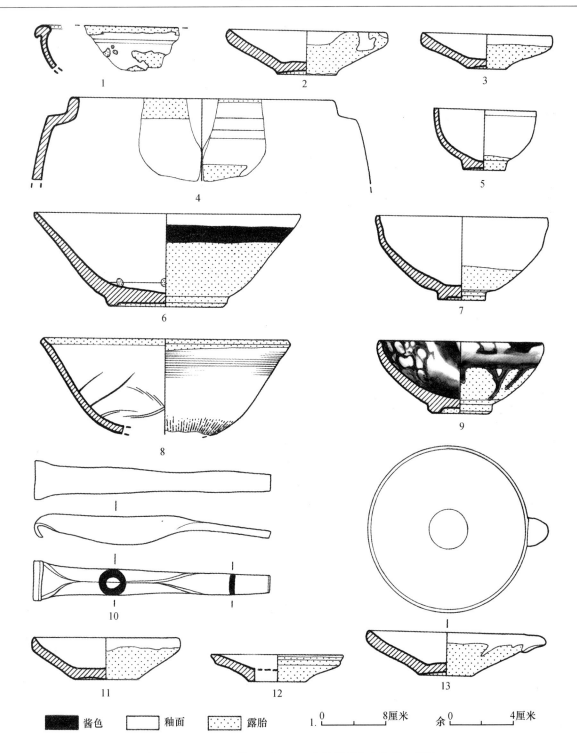

图二〇九　C 区 T3②、T5②、T7 北扩⑤层出土瓷器、铜器

1、5. 瓷钵（CT5②：9，CT7 北扩⑥：4）　　2、3、11、12、13. 瓷盏（CT5②：5、CT5②：6、CT5②：4、CT3②：2、CT5
②：7）　　4. 瓷罐（CT3②：8）　　6 ~ 9. 瓷碗（CT7 北扩⑤：1、CT7 北扩⑥：5、CT5②：3、CT3②：1）　　10. 铜器
（CT3②：3）

腹外、底露胎。内壁残存支烧钉。口径 16.4、足径 7、高 5.6 厘米（图二〇九，6）。标本 CT7 北扩
⑥：5，夹砂红褐胎。口微敛，圆唇，弧腹上部微内曲，小平底下凹，矮圈足。施酱褐釉，胫足露
胎，胫部有折痕。口径 10.4、足径 3、高 5 厘米（图二〇九，7）。标本 CT7⑧：6，灰褐胎。芒口，

方唇，浅弧腹，平底微凹。内壁施褐釉，其余露胎。口径 6.6、底径 3.6、高 1.8 厘米（图二一二，5）。标本 CT7⑧：7，芒口，方唇，斜直腹，圜底，饼足微凹。施青釉，釉色泛灰绿，口部露胎。口径 9.4、底径 3.4、高 4.2 厘米（图二一二，2）。标本 CT8②：1，粉红胎。敞口，圆唇，弧腹，圜底，矮圈足。施黄褐釉，有聚釉、流釉、开片现象，下腹外、底露胎。碗内模印莲花暗纹，残存二个支烧钉。口径 16、足径 6.4、高 5.6 厘米（图二一二，3）。标本 CT9⑥：6，夹砂红胎。敞口，方唇，浅弧腹，平底微凹。内壁施黑釉，其余露胎。口径 6.4、底径 3.2、高 1.8 厘米（图二一二，8）。标本 CT9⑥：7，夹砂灰胎。敞口，方唇，浅弧腹，平底微凹。内壁施黑釉，其余露胎。口径 6.5、底径 3.5、高 2 厘米（图二一二，7）。标本 CT13 城 1 废①：2，白胎泛黄。口近直，侈沿，圆唇，外沿有一周凹槽，弧腹，圜底，矮圈足残。施黑釉，下腹外、底露胎。口径 12.4、足径 4.4、高 5.6 厘米（图二一三，5）。标本 CT13 城 1 废①：3，夹砂灰胎。微敛口，圆唇，外沿有一周凹槽，弧腹，平底，矮圈足。施黑褐釉，下腹外、底露胎。底有修坯旋痕。口径 11、足径 3.2、高 4.4 厘米（图二一三，8）。标本 CT13 城 1 废①：7，敞口，折沿，圆唇，弧腹，底残，矮圈足外撇。施青釉，釉色青翠，有开片，足底露胎。腹饰刻划菊瓣暗纹。口径 14、足径 7.6、高 4.8 厘米（图二一三，9）。标本 CT13 城 1 废①：8，敞口，圆唇，弧腹，圜底，矮圈足。施青釉，足底露胎。腹饰刻划菊瓣暗纹。口径 14、足径 4、高 5 厘米（图二一三，7）。标本 CT16②：1，白胎泛黄。敞口，侈沿，圆唇，弧腹上部微曲，圜底，矮圈足。施黑釉，胫足露胎。口径 15.4、足径 4.8、高 6 厘米（图二一三，6）。标本 97T1⑤：20，夹砂褐胎。敞口，圆唇，斜直腹，平底下凹，矮圈足。施黄褐釉，有现象流釉，部分露胎。内壁有 5 个支烧钉，见旋痕。口径 14、足径 6.4、高 5 厘米（图二一〇，4；图版五一，2）。标本 97T1⑤：21，白胎泛黄。口微敛，尖圆唇，弧腹，圜底，矮圈足，足底心一乳突。施玳瑁釉，有流釉、聚釉现象，下腹外、底露胎。口径 10.8、足径 3、高 4.6 厘米（图二一〇，6）。标本 97T2⑤：2，芒口，方唇，弧腹，平底下凹，矮圈足。施青釉，口、足底露胎。见抹胎痕。口径 14.2、足径 4.2、高 5.2 厘米（图二一〇，1）。标本 97T2⑥：5，灰白胎。芒口，方唇，弧腹，底残，矮圈足。施青釉，口、足底露胎。见旋痕和拉坯痕。口径 14、足径 5、高 5.2 厘米（图二一〇，2）。标本 97T2⑥：6，夹砂红褐胎。敞口，圆唇，沿下一周凹槽，斜直腹，平底下凹，矮圈足。施酱褐釉，下腹外、底露胎。口径 10.8、足径 3.2、高 4.5 厘米（图二一〇，7）。标本 97T3⑤：7，芒口，方唇，弧腹，圜底，矮圈足。施青白釉，有开片，口、足底露胎。见旋痕和拉坯痕。口径 13.4、足径 4.2、高 4.7 厘米（图二一一，4）。标本 97T3⑤：20，褐胎。敞口，圆唇，斜直腹，圜底，矮圈足。施青釉，下腹外、底露胎。内壁残存 2 个支烧钉。口径 14.4、足径 5.6、高 6.1 厘米（图二一一，2）。

瓷盏　标本 CT3②：2，夹砂褐胎。敞口，方唇，曲腹，平底残。内壁施酱褐色青釉，其余露胎。唇面有一周凹槽。口径 8.2、底径 3.6、高 1.6 厘米（图二〇九，12）。标本 CT5②：4，夹砂灰胎。敞口，圆唇，斜直腹，平底。施酱褐釉，下腹外、底露胎。口径 9.2、底径 4、高 2.5 厘米（图二〇九，11）。标本 CT5②：5，夹砂灰胎。敞口，圆唇，斜直腹，平底微凹。施酱褐釉，下腹外、底露胎。口径 9.6、底径 3.6、高 3.6 厘米（图二〇九，2）。标本 CT5②：6，夹砂灰胎。敞口，圆唇，斜直腹，平底微凹。施褐釉，下腹外、底露胎。口径 8、底径 2.4、高 2.1 厘米（图二〇九，3）。标本 CT5②：7，夹砂灰胎。敞口，圆唇，斜直腹，平底微凹。唇侧附一捏钮。施褐釉，有流釉现象，下腹外、底露胎。口径 9.6、底径 3.4、高 2.6 厘米（图二〇九，13）。标本 CT13 墙 1 废①：9，夹砂褐胎。敞口，厚圆唇，浅弧腹，平底。内壁施青黄釉，其余露胎。口径 8.6、底径 3、高 3 厘米（图二一二，4）。标本 97T1④：6，夹砂红胎。敞口，方唇，斜直腹，平底微凹。施酱褐釉，部分露胎。口径 8.4、底径 2.6、高 2.1 厘米（图二一一，8）。标本 97T1⑤：22，夹砂红胎。敞

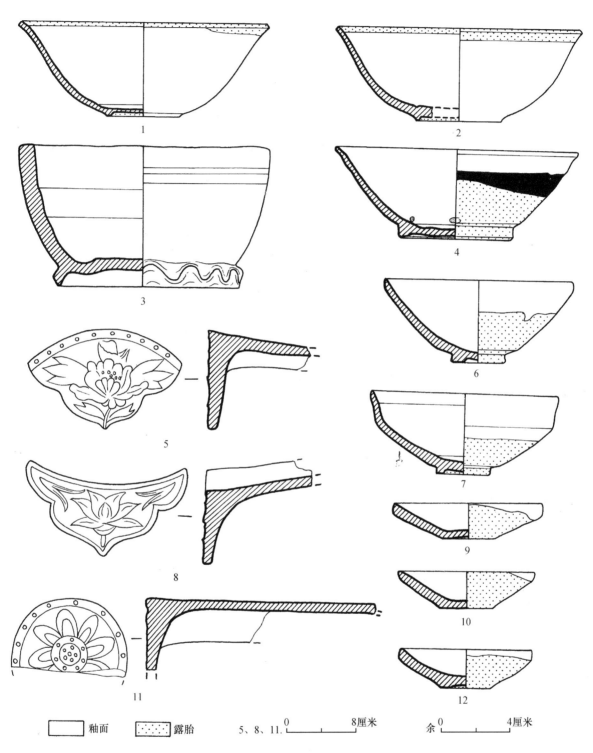

图二一〇　97T1⑤、97T2⑤、97T2⑥层出土陶器、瓷器

1、2、4、6、7. 瓷碗（97T2⑤：2、97T2⑥：5、97T1⑤：20、97T1⑤：21、97T2⑥：6）　3. 陶钵（97T2⑤：1）　5、8. 陶滴水
（97T1⑤：25、97T1⑤：24）　9、10、12. 瓷盏（97T2⑥：4、97T1⑤：22、97T2⑥：2）　11. 陶瓦当（97T1⑤：26）

口，方唇，斜直腹，平底。施酱褐釉，部分露胎。口径 8、底径 3.2、高 2 厘米（图二一〇，10）。
标本 97T2⑥：2，夹砂红褐胎。敞口，方唇，斜直腹，平底微凹。施褐釉，部分露胎。口径 7.6、底
径 3、高 2.2 厘米（图二一〇，12）。标本 97T2⑥：4，夹砂红褐胎。敞口，方唇，斜直腹，平底微
凹。施酱褐釉，部分露胎。口径 8.6、底径 3.2、高 2 厘米（图二一〇，9）。标本 97T3⑤：8，夹砂
褐胎。敞口，方唇，斜直腹，平底微凹。施酱褐釉，部分露胎。口径 8.3、底径 3.6、高 2 厘米
（图二一一，9）。

　　瓷罐　标本 CT3②：8，夹砂褐胎。子口，圆唇，折肩，腹残。施酱褐釉，口部与下腹部露胎。
复原口径 16、残高 4.9 厘米（图二〇九，4）。标本 CT7 北扩⑧：3，夹砂灰胎。敛口，折沿面内凹，
圆唇，鼓腹残。施青釉，部分露胎。口径 16、残高 10.4 厘米（图二一二，1）。标本 97T1④：1，灰
胎。敛口，折沿面内凹，方唇，束颈，鼓腹残，四个半环形系耳。施褐色青釉，部分露胎。口径
21.2、残高 8.8 厘米（图二一一，5）。

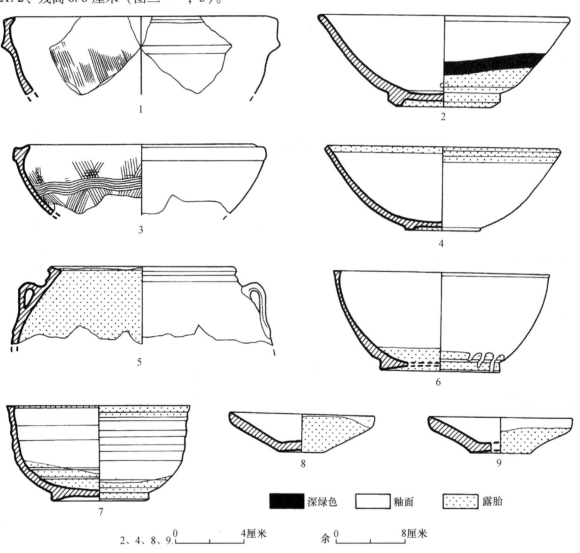

图二一一　97T1④、97T3⑤层出土瓷器

1、3、6. 瓷钵（97T3⑤：18、97T3⑤：16、97T3⑤：13）　　2、4. 瓷碗（97T3⑤：20、97T3⑤：7）　　5. 瓷罐（97T1④：1）　　7. 瓷
盆（97T3⑤：5）　　8、9. 瓷盏（97T1④：6、97T3⑤：8）

瓷钵　标本 CT5②：9，夹砂红胎。敛口，卷沿，圆唇，弧腹残。施青釉，部分露胎。残高 5.2 厘米（图二〇九，1）。标本 CT7 北扩⑥：4，白胎。直口，圆唇，弧腹，圈底，小饼足微凹。施卵白釉，胫部及足露胎。口径 6.4、底径 2.6、高 3.6 厘米（图二〇九，5）。标本 CT8②：3，夹砂红褐胎。敛口，圆唇，短流，弧腹残。施青釉，部分露胎。内壁饰刻划槽。口径 16、残高 4 厘米（图二一二，9）。标本 CT8⑧：1，敛口，圆唇，斜直腹，平底残。施褐釉，口部露胎。饰凹弦纹和刻划竖槽。口径 14.4、底径 6.8、高 8.8 厘米（图二一三，4）。标本 97T3⑤：13，夹砂黄胎。敛口，平沿，尖唇，弧腹，圈底，假圈足。施褐釉，有流釉现象，部分露胎。口径 25、底径 14、高 11 厘米（图二一一，6）。标本 97T3⑤：16，青釉。夹砂红褐胎。敛口，折沿面内凹，方唇，弧腹残。施青釉，内壁饰刻划波浪纹和凹槽。口径 26、残高 8 厘米（图二一一，3）。标本 97T3⑤：18，夹砂红褐胎。敛口，圆唇，弧腹残。施青釉，饰凸棱和刻划凹槽。口径 29.2、残高 8.8 厘米（图二一一，1）。

瓷杯　标本 CT16②：2，白胎泛黄。直口，圆唇，弧腹，平底微凹。施青釉，胎釉结合处窑红，底露胎。口径 7.4、底径 5、高 3.4 厘米（图二一三，3）。

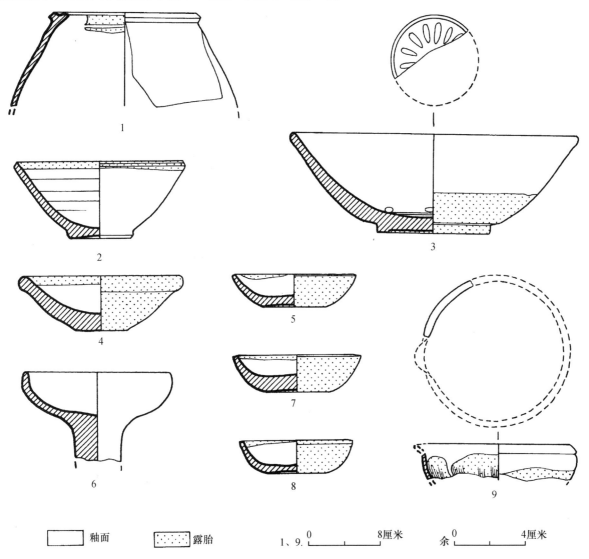

| 釉面 | 露胎 | 1、9. | 0 | 8厘米 | 余 | 0 | 4厘米 |

图二一二　C 区 T7 北扩⑧、T7⑧、T8②、T8④、T9⑥、T13 墙 1 废①层出土瓷器、陶器

1. 瓷罐（CT7 北扩⑧：3）　　2、3、5、7、8. 瓷碗（CT7⑧：7、CT8②：1、CT7⑧：6、CT9⑥：7、CT9⑥：6）　　4. 瓷盏（CT13 墙 1 废①：9）　　6. 陶灯盏（CT8④：3）　　9. 瓷钵（CT8②：3）

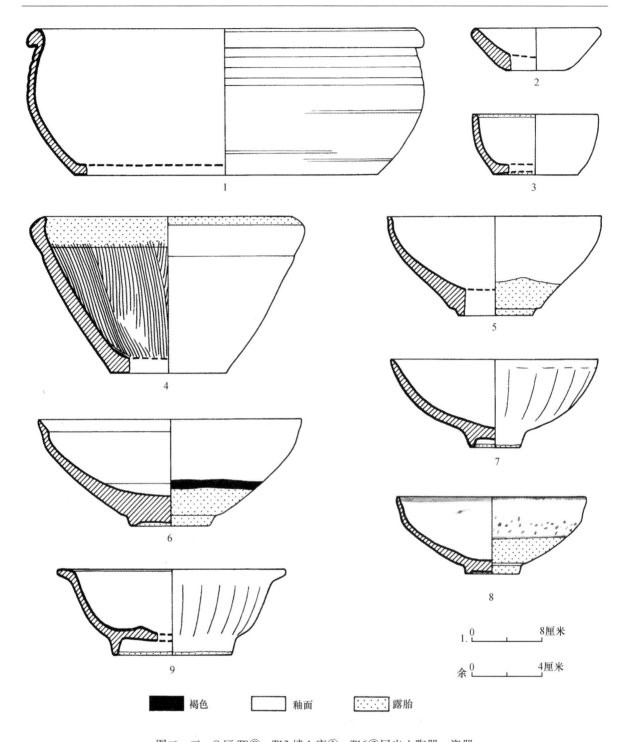

1. 褐色　　　釉面　　　露胎

图二一三　C区T8⑧、T13墙1废①、T16②层出土陶器、瓷器
1. 陶盆（CT8⑧:2）　2. 陶盏（CT8⑧:4）　3. 瓷杯（CT16②:2）　4. 瓷钵（CT8⑧:1）　5~9. 瓷碗（CT13墙1废①:2、
CT16②:1、CT13墙1废①:8、CT13墙1废①:3、CT13墙1废①:7）

　　瓷盆　标本97T3⑤:5，黄白胎。直口，平沿，尖唇，弧腹，圜底，矮圈足。施褐釉，部分露胎。饰凹弦纹。见修坯痕。口径21.6、足径10.8、高10.6厘米（图二一一，7；图版五二，2）。
　　陶灯盏　标本CT8④:3，夹砂红陶。敞口，圆唇，弧腹，细柄残。整体光滑，有烟熏痕迹。口径8.2、残高4.9厘米（图二一二，6）。

陶盆　标本 CT8⑧:2，泥质灰陶。敛口，卷沿，厚圆唇，弧腹，平底残。饰凹弦纹。口径44、底径35.2、高16.4厘米（图二一三，1）。

陶盏　标本 CT8⑧:4，泥质黑陶。敞口，圆唇，斜直腹，平底残。素面。口径7、底径3.5、高2.4厘米（图二一三，2）。

陶钵　标本 97T2⑤:1，泥质灰陶。敞口，厚圆唇，弧腹，底残，花边形圈足。器形不规整，见拉坯痕。口径14.4、足径10.5、高7.9厘米（图二一〇，3）。

陶滴水　标本 97T1⑤:24，泥质灰陶。残。面呈花边形，饰莲花纹。瓦身残，内壁饰布纹。残长12、宽18、高8.4厘米（图二一〇，8；图版五四，6）。标本 97T1⑤:25，泥质褐胎灰陶。面呈花边形，饰莲花纹。瓦身残，内壁饰布纹。残长12、宽17.6、高10.8厘米（图二一〇，5）。

陶瓦当　标本 97T1⑤:26，泥质褐胎灰陶。当面呈圆形，饰莲花纹。瓦身残，内壁饰布纹。残长27.2、当径13.2厘米（图二一〇，11；图版五四，5）。

铜器　标本 CT3②:3，长条形柄，中部卷页包合，弯勾。长14.5厘米（图二〇九，10）。

2. A 区

瓷碗　标本 ATG1扩⑤:1，芒口，方唇，弧腹，平底下凹，矮圈足。施青白釉，有开片，口、底露胎。有跳刀痕。口径13.6、足径4.6、高5.3厘米（图二一六，1）。标本 ATG1⑥:2，夹砂红褐胎。口近直，圆唇，沿下一周凹槽，弧腹，圜底，矮圈足。施黑褐釉，下腹外、底露胎。口径10.2、足径3.2、高4.2厘米（图二一四，7）。标本 ATG1⑥:6，敞口，圆唇，弧腹，圜底，矮圈足，足底心一乳突。施青釉，足底露胎。腹饰刻划菊瓣暗纹。口径11、足径3.2、高4.9厘米（图二一四，5；图版五二，1）。标本 ATG1扩⑥:1，芒口，方唇，弧腹，平底下凹，矮圈足。施青白釉，口、足底露胎。见旋痕和拉坯痕。口径12.8、足径4.4、高4.8厘米（图二一四，6）。标本 ATG1扩⑥:2，芒口，方唇，弧腹，圜底，矮圈足。施青白釉，有开片，口、足底露胎。见旋痕和拉坯痕。口径14.4、足径4.5、高5.8厘米（图二一四，2）。标本 ATG1扩⑥:4，白胎。敞口，侈沿，圆唇，弧腹，底残。施青白釉，内壁饰刻划花草暗纹，外壁饰刻划二层菊瓣暗纹。口径17、残高5厘米（图二一四，1）。标本 ATG1扩⑥:7，芒口，方唇，弧腹，平底，矮圈足。施青白釉，有小开片，口、足底露胎。腹饰刻划菊瓣暗纹。见跳刀痕。口径15.6、足径4.8、高6厘米（图二一四，3；图版五二，3）。标本 ATG1扩⑥:8，芒口，方唇，弧腹，平底下凹，矮圈足。施青白釉，口、足底露胎。见旋痕和拉坯痕。口径13.4、足径4.6、高5.2厘米（图二一四，4；图版五二，4）。标本 ATG1⑦C:1，红胎。口微敛，尖圆唇，沿下一周凹槽，斜直腹，圜底，矮圈足残。施月白釉，下腹外、底露胎。口径9.8、足径3、高4.7厘米（图二一五，6）。标本 ATG1⑦C:4，灰胎。芒口，方唇，弧腹，平底下凹，矮圈足。施青白釉，口、足底露胎。见跳刀痕、旋痕和拉坯痕。口径15.4、足径4.8、高5.9厘米（图二一五，1）。标本 AT1④B:1，褐胎，敛口，圆唇，斜直腹，圜底，矮圈足，足内饼形凸起。施青釉，下腹外、底露胎。内壁残存二个支烧钉。口径9.6、足径8、高4.1厘米（图二一九，12）。标本 AT1⑩:6，灰胎。直口，卷沿，圆唇，直腹下折，足残。口沿、上腹外施黑褐釉，其余露胎。口径10.4、残高5.7厘米（图二一六，6）。标本 AT1⑩:17，白胎。口残，弧腹，圜底，喇叭形高圈足。施青白釉，有开片，足底露胎。碗内饰刻花暗纹。足径3.8、残高4.7厘米（图二一六，4）。

瓷灯盏　标本 ATG1⑦C:2，夹砂红胎。敞口，平沿，圆唇，斜直腹，平底，底心灯柱残。内壁施青黄釉，其余露胎。口径8、底径3.6、高1.7厘米（图二一五，4）。标本 ATG2①:4，夹砂红褐胎。分三部分。上部碗形，敞口，侈沿，圆唇，曲腹，凹底，一插烛孔。中部为弦纹细长柄，单把。下部托盘形，敞口，平折沿，圆唇，曲腹，平底。施青釉，托盘露胎。口径 8.2、盘径 13、底径 12、高 18 厘米（图二一六，3）。

瓷盏　标本 ATG1⑥:3，夹砂灰胎。敞口，厚圆唇，斜直腹，平底。内壁施青釉，有流釉现象，其余露胎。口径 9、底径 3、高 2.9 厘米（图二一四，8）。标本 ATG1⑥:7，夹砂红褐胎。敞口，方唇，斜直腹，平底微凹。施青釉，下腹外、底露胎。口径 8.4、底径 3、高 2.2 厘米（图二一四，9）。标本 ATG1⑦C:3，夹砂红褐胎。敞口，方唇，斜直腹，平底残。施酱褐釉，部分露胎。口径 9、底径 3.6、高 2.2 厘米（图二一五，3）。

瓷盆　标本 AT1⑨A:13，夹砂红褐胎。敞口，厚圆唇，斜直腹，平底残。施酱褐釉，部分露胎。内壁见拉坯痕。口径 22.4、底径 8.8、高 12 厘米（图二一六，5）。

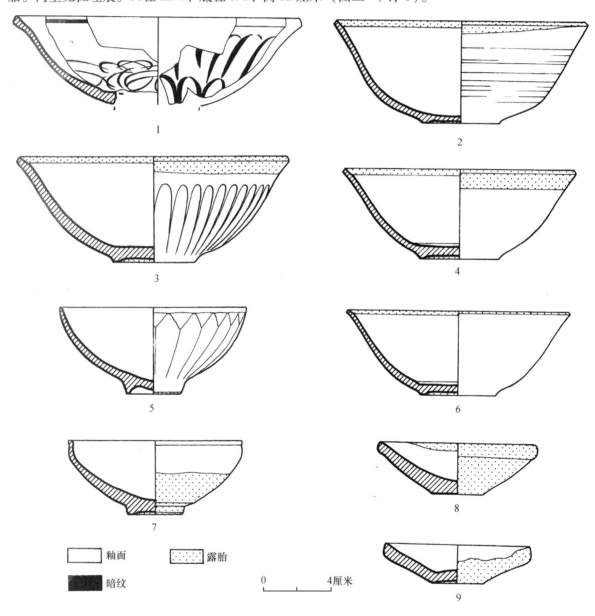

图二一四　A 区 TG1⑥、TG1 扩⑥层出土瓷器

1~7. 瓷碗（ATG1 扩⑥:4、ATG1 扩⑥:2、ATG1 扩⑥:7、ATG1 扩⑥:8、ATG1⑥:6、ATG1 扩⑥:1、ATG1⑥:2）　8、9. 瓷盏（ATG1⑥:3、ATG1⑥:7）

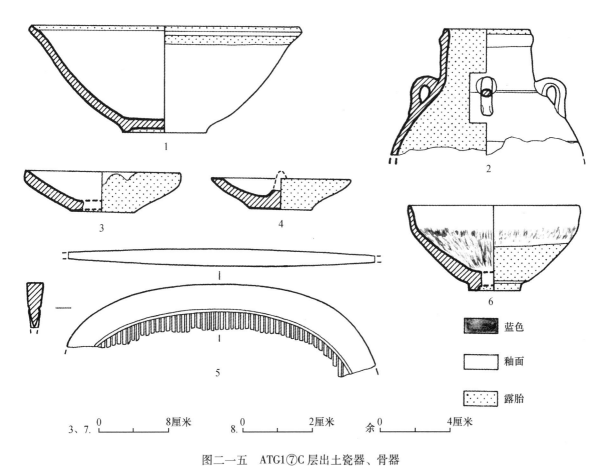

图二一五　ATG1⑦C层出土瓷器、骨器
1、6. 瓷碗（ATG1⑦C:4、ATG1⑦C:1）　2. 瓷罐（ATG1⑦C:8）　3. 瓷盏（ATG1⑦C:3）　4. 瓷灯盏（ATG1⑦C:2）
5. 骨梳（ATG1⑦C:5）

　　瓷钵　标本 AT1⑩:4，夹砂红褐胎。敞口，圆唇，弧腹，平底残。施酱色釉，下腹外、底露胎。抹胎痕明显。口径17.4、底径7.5、高5.7厘米（图二一六，2）。

　　瓷罐　标本 ATG1⑦ C:8，夹砂红胎。直口，方唇，沿下一周凸棱，直颈，溜肩，鼓腹残，四个半环形系耳。施青黄釉，口部、内壁露胎。口径9.6、残高14厘米（图二一五，2）。

　　瓷壶　标本 ATG1墙1外:1，直口，折沿，方唇，长颈，溜肩，双系耳，管状长流，扁宽单执耳残，深弧腹，平底微凹。施影青釉，有开片，口、底露胎。颈饰一周凹弦纹，肩饰一周压印曲折纹，腹饰二层模印折枝大朵花卉纹、一周莲瓣纹和两周凸弦纹。沿面有跳刀痕。口径6.4、腹径15.2、底径7.4、高19.3厘米（图二一七；图版五二，5）。

　　骨梳　标本 ATG1⑦C:5，灰白色。残，半圆形。残长8.8、厚0.5厘米（图二一五，5；图版五四，4）。

3. D区

　　瓷碗　标本 DT17④:1，白胎。口微敛，尖圆唇，弧腹，矮圈足。施玳瑁釉，有聚釉、流釉现象。下腹外及底露胎。口径12、足径3.2、高4.8厘米（图二一九，6）。标本 DT18④:3，灰白胎。敞口，圆唇，弧腹，圜底，矮圈足，底心有乳突。施青釉，釉色泛黄绿，有开片，足底露胎。见旋痕。口径9.6、足径2.5、高4.2厘米（图二一八，6；图版五二，6）。标本 DT18④:5，灰胎。敞口，圆唇，弧腹，圜底，矮圈足。施青釉，釉色泛黄，有开片，足底露胎。有修坯痕迹。口径

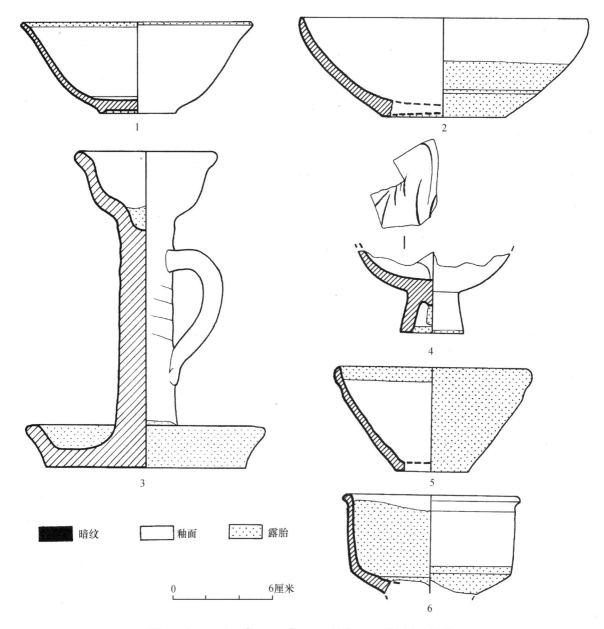

图二一六　A 区 T1⑨A、T1⑩、TG1 扩⑤、TG2①层出土瓷器

1、4、6. 瓷碗（ATG1 扩⑤：1、AT1⑩：17、AT1⑩：6）　2. 瓷钵（AT1⑩：4）　3. 瓷灯盏（ATG2①：4）　5. 瓷盆（AT1⑨A：13）

10.6、足径 3.2、高 4.5 厘米（图二一八，5）。标本 DT18④：7，白胎。敞口，侈沿，圆唇，弧腹残。施青釉，有开片，饰印花暗纹。口径 12、残高 4.3 厘米（图二一八，4）。标本 DT38④：1，青釉酱口碗。灰胎。芒口，尖圆唇，弧腹，平底下凹，矮圈足。唇部施酱釉，腹青釉，沿面与足底露胎。有削坯痕。口径 16、足径 5.6、高 5.3 厘米（图二一九，8）。

　　瓷盏　标本 DT17④：2，灰胎。敞口，方唇，浅斜腹，平底。施酱褐釉，下腹外、底露胎。口径 8.5、底径 3、高 2 厘米（图二一九，11）。标本 DT17⑤：1，夹砂红褐胎。敞口，方唇，浅斜腹，平底微凹。施酱褐釉，下腹外、底部露胎。口径 8.2、底径 3.2、高 2.1 厘米（图二一九，5）。

　　瓷罐　标本 DT18③：1，褐胎。口残，深直腹下内收，双系耳残，平底。施青釉。底径 5.6、残高 18 厘米（图二一九，14）。标本 DT18④：11，夹砂红胎。敛口，折沿面凹，圆唇，束颈，腹残。施青釉，有流釉现象。口径 17、残高 6 厘米（图二一八，2）。标本 DT18④：13，夹砂红胎。敛口，

图二一七　ATG1 墙 1 外出土瓷壶（ATG1 墙 1 外:1）

折沿面凹，圆唇，束颈，腹残。施青釉，釉色泛黄，口部露胎。口径 13、残高 5.2 厘米（图二一八，7）。

　　瓷杯　标本 DT18③:2，白胎。直口，圆唇，弧腹，平底。施青白釉，唇部露胎。口径 6.8、底径 5.2、高 3 厘米（图二一九，4）。

　　瓷钵　标本 DT18④:6，夹砂红褐胎。敞口，平折沿，圆唇，束颈，弧腹，平底微凹。施青釉，下腹外、底露胎。内壁饰刻划槽。口径 15.6、底径 6.6、高 6.8 厘米（图二一八，1）。

　　瓷缸　标本 DT18④:12，夹砂红褐胎。敛口，厚沿，圆唇，折肩，腹残。施釉褐，口部露胎。残高 14.8 厘米（图二一八，3）。

　　铜勺　标本 DT18④:4，曲柄，椭圆形勺残。残长 14.7、勺宽 2 厘米（图二一八，8）。

　　铁权　标本 DT17③:1，亚腰形。桥形方耳，圆孔，平底。底径 4.2~4.4、高 6.1 厘米（图二一九，13；图版五四，2）。

4. B 区

　　瓷碗　标本 BT1③:8，红褐胎。敛口，圆唇，斜直腹，圜底，矮圈足，宽足脊。施青釉，下腹外、底露胎。内壁有六个支烧钉。口径 16.6、足径 4、高 6.6 厘米（图二一九，7）。标本 BT2⑦:1，黄白胎。芒口，方唇，弧腹，圜底，矮圈足。施青灰釉，口、足底露胎。见旋痕和拉坯痕。口径 11.8、足径 4.4、高 4.2 厘米（图二二一，10）。标本 BT3③:1，夹砂灰胎。敞口，圆唇，沿下一周凹槽，斜直腹，平底，小饼足底有一圈凹痕。施褐釉，部分露胎。口径 10、底径 2.8、高 3.9 厘米（图二一九，2）。标本 BT3③:6，红褐胎。敛口，圆唇，斜直腹，平底，矮圈足，足内一饼形凸起。施褐黄色青釉，下腹外、底露胎。内壁有 6 个支烧钉。口径 16.4、足径 8、高 6.4 厘米（图二一九，1）。标本 BT3③:7，白胎。芒口，方唇，弧腹，圜底，饼足。施青白釉，足底有缩釉现象，口部露胎。拉坯痕明显。口径 11.8、底径 4、高 4.4 厘米（图二一九，3）。标本 BT3③:8，白胎。芒口，方唇，弧腹，圜底，矮圈足。施青白釉，口部露胎。拉坯痕明显。口径 14.5、足径 5、高 5.2 厘米（图二一九，10）。标本 BT3⑥:2，褐红胎。敛口，圆唇，斜直腹，圜底，矮圈足，足内底有乳突。施褐黄色青釉，有垂釉、流釉现象，下腹外、底露胎。内壁有六个支烧钉。口径 16、

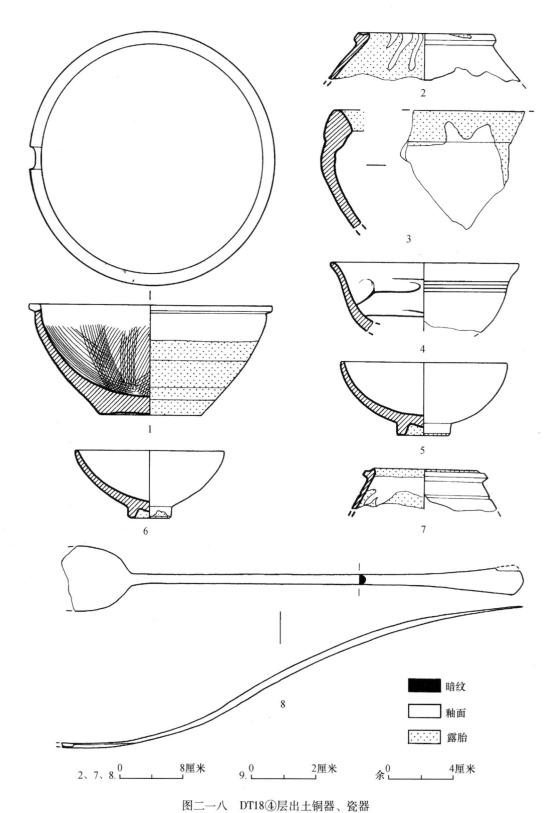

图二一八　DT18④层出土铜器、瓷器

1. 瓷钵（DT18④:6）　2、7. 瓷罐（DT18④:11、DT18④:13）　3. 瓷缸（DT18④:12）　4～6. 瓷碗（DT18
④:7、DT18④:5、DT18④:3）　8. 铜勺（DT18④:4）

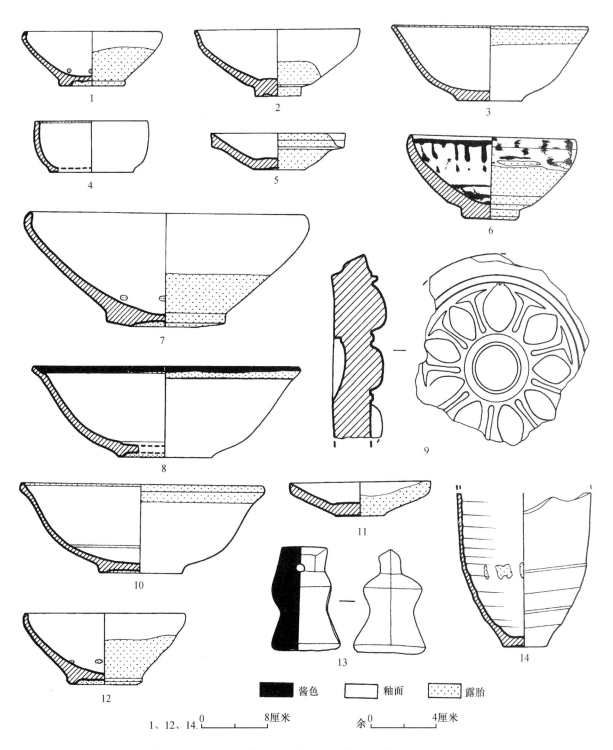

图二一九　BT1③、BT3③、DT17④、DT17⑤、DT38④、AT1④B 层出土瓷器、铁器、陶器

1~3、6~8、10、12. 瓷碗（BT3③:6、BT3③:1、BT3③:7、DT17④:1、BT1③:8、DT38④:1、BT3③:8、AT1④B:1）　　4. 瓷
杯（DT18③:2）　　5、11. 瓷盏（DT17⑤:1、DT17④:2）　　9. 陶瓦当（BT3③:2）　　13. 铁权（DT17③:1）　　14. 瓷罐
（DT18③:1）

足径 5.6、高 6.4 厘米（图二二〇，2）。标本 BT3⑥:3，褐红胎。敛口，圆唇，斜直腹，圜底，矮圈足，足内底有圆饼形乳突。施褐黄色青釉，下腹外、底露胎。内壁有六个支烧钉。口径 18.8、足径 7.5、高 8.8 厘米（图二二〇，4；图版五三，1）。标本 BT3⑥:4，灰褐胎。芒口，方唇，弧腹，圜底，矮圈足。施青釉，口、足底露胎。见修胎痕。口径 11.8、足径 4.4、高 3.8 厘米（图二二〇，1）。标本 BT3⑥:5，红褐胎。敛口，圆唇，斜直腹，圜底，矮圈足。施褐黄色青釉，有垂釉、流釉现象。口径 16.8、足径 6.4、高 6.2 厘米（图二二〇，3）。标本 BT3⑥:9，白胎。口、腹残。喇叭形竹节状高圈足。施青白釉，足底露胎。饰刻花暗纹。足径 3.4、残高 5.9 厘米（图二二〇，6）。标本 BT4③:5，口微敛，圆唇，斜直腹，圜底，矮圈足，足脊宽。施青黄釉，足底露胎。内壁有六个支烧钉。口径 17.6、足径 4.4、高 5.6 厘米（图二二〇，7；图版五三，2）。标本 BT4⑤:1，红褐胎。口微敛，圆唇，弧腹，圜底，矮圈足。施青釉，釉色泛黄，厚釉处见月白色，部分露胎。内壁有 6 个支烧钉。口径 16.8、足径 4.6、高 5.6 厘米（图二二一，1）。标本 BT4⑤:2，撇口，圆唇，弧腹，平底下凹，小饼足内凹。施青白釉，有缩釉现象，足底露胎。见拉坯痕。口径

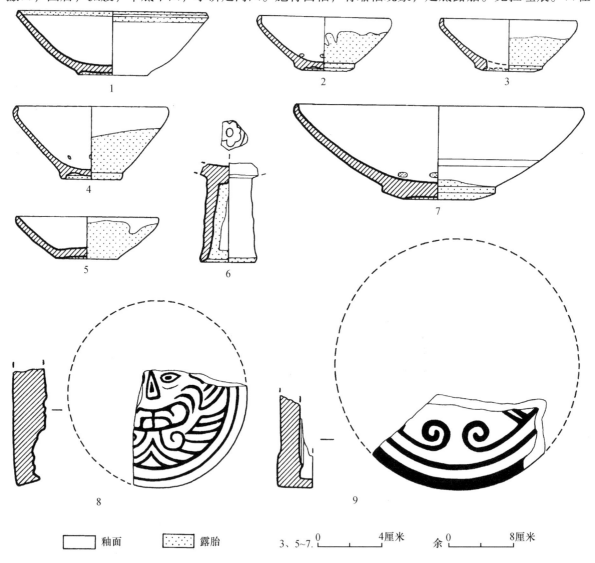

图二二〇　B 区 T3⑥、T4③层出土陶器、瓷器

1~4、6、7. 瓷碗（BT3⑥:4、BT3⑥:2、BT3⑥:5、BT3⑥:3、BT3⑥:9、BT4③:5）　5. 瓷盏（BT4③:9）　8、9. 陶瓦当（BT4③:6、BT4③:7）

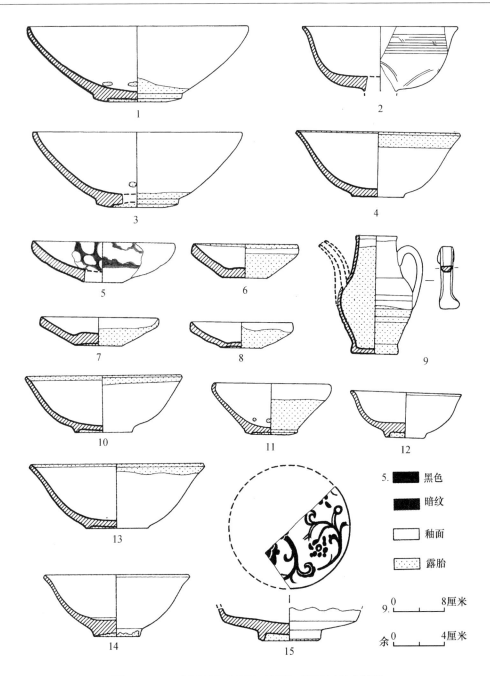

图二二一 B区T2⑦、T4⑤、T6③、T6④层出土瓷器

1~4、10~15. 瓷碗（BT4⑤:1、BT6③:17、BT6⑤:4、BT4⑤:3、BT2⑦:1、BT6③:5、BT6③:8、
BT6③:12、BT4⑤:2、BT6③:13） 5~8. 瓷盏（BT4④:2、BT6④:6、BT6④:14、BT6③:11）
9. 瓷壶（BT6④:1）

11、底径3.4、高4.6厘米（图二二一，14）。标本BT4⑤:3，灰白胎。芒口，方唇，弧腹，圜底，小
饼足。施青釉。见拉坯痕。口径12.5、底径4、高4.8厘米（图二二一，4）。标本BT6③:5，敛口，
圆唇，圆唇，斜直腹，圜底，矮圈足，足内一圆饼形突起。施褐黄色青釉，釉厚处见月白色，下腹外、
底露胎。见抹胎痕，内壁有六个支烧钉。口径17.6、足径5.6、高7.6厘米（图二二一，11；图版五
三，3）。标本BT6③:8，敞口，侈沿，圆唇，弧腹，平底，矮圈足。施青釉，有开片。见修坯痕。口
径17.4、足径5.6、高6.8厘米（图二二一，12）。标本BT6③:12，芒口，方唇，弧腹，圜底，矮圈

足。施青釉，口、足底露胎。见旋痕。口径 13.2、足径 4.8、高 4.8 厘米（图二二一，13；图版五三，4）。标本 BT6③:13，白胎。口残，折腹，圈底，矮圈足。施青白釉，足底露胎。内壁饰印花缠枝花卉暗纹。见施痕。足径 4.4、残高 2.4 厘米（图二二一，15）。标本 BT6③:17，灰白胎。敞口，侈沿，圆唇，弧腹，平底，高圈足残。施青釉，有开片。饰弦纹和印花菊瓣暗纹。口径 12、残高 4.8 厘米（图二二一，2）。标本 BT6⑤:4，红褐胎。口微敛，圆唇，弧腹，圈底，矮圈足。施青黄釉，足底露胎，露胎处有红色红妆土。见拇指捺印修坯痕，内壁残存支烧钉痕。口径 16、足径 4、高 5.6 厘米（图二二一，3）。标本 BT17①:4，敞口，圆唇，弧腹，圈底，矮圈足。施青白釉，有开片，足底露胎。内壁饰一周刻划弦纹，外壁饰刻划菊瓣暗纹。见旋痕。口径 13.6、足径 4.8、高 5 厘米（图二二二，3）。标本 BT17①:5，敞口，方唇，弧腹，圈底，饼足底微凹。施青白釉，酱釉口，足底露胎。饰刻划菊瓣暗纹。见旋痕。口径 14.2、底径 4.5、高 5.2 厘米（图二二二，4）。标本 BT17①:6，敞口，侈沿，方

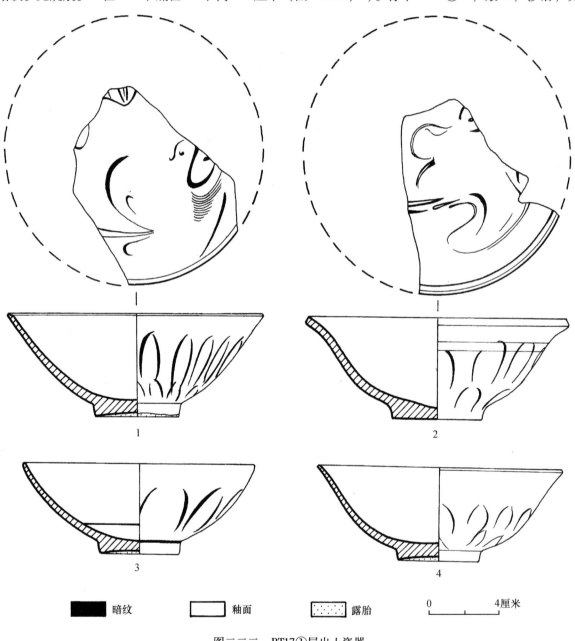

图二二二　BT17①层出土瓷器

1～4. 瓷碗（BT17①:6、BT17①:7、BT17①:4、BT17①:5）

唇，弧腹，圜底，饼足底微凹。施青白釉，酱釉口，足底露胎。内壁饰刻划兰草暗纹，外壁饰刻划菊瓣暗纹。口径 14.8、底径 5、高 5.7 厘米（图二二二，1）。标本 BT17①:7，敞口，侈沿，方唇，弧腹，圜底，饼足底平。施青白釉，足底露胎。内壁饰刻划花草暗纹，外壁饰刻划菊瓣暗纹。口径 15、底径 5.2、高 5.6 厘米（图二二二，2）。标本 BT22②:3，芒口，方唇，弧腹，圜底，矮圈足。施青白釉，酱釉口。内底饰凹弦纹。见拉坯痕。口径 14.2、足径 5.4、高 5.4 厘米（图二二三，1）。标本 BT28②:8，敞口，折沿，圆唇，弧腹，平底，矮圈足。施青釉，足底露胎。见旋痕。口径 13、足径 5.4、高 3.4 厘米（图二二三，2）。标本 BT28②:10，花边口，方唇，直腹，平底残，矮圈足。施青釉，足底露胎。腹饰一周凸棱。见旋痕。口径 11.4、足径 7.6、高 3.9 厘米（图二二三，4）。标本 BT28③:1，芒口，方唇，弧腹，圜底，矮圈足，足内心一乳突。施白釉，有开片，口、足露胎。见拉坯痕和旋痕。口径 8.6、足径 2.8、高 4.5 厘米（图二二五，5）。标本 BT28③:2，撇口，圆唇，折腹，平底，矮圈足外撇。施青白釉，足底露胎。内壁饰印花暗龙纹，外壁饰弦纹。见旋痕。口径 12.8、足径 4.4、高 5.1 厘米（图二二五，2）。标本 BT28③:3，夹砂灰胎。口微敛，圆唇，弧腹，平底，矮圈足。施黄褐色青釉，下腹外、底露胎，露胎处施红色化妆土。口径 10.6、足径 3.6、高 4.8～5.5 厘米（图二二四，6；图版五三，5）。标本 BT28③:5，撇口，圆唇，折腹，

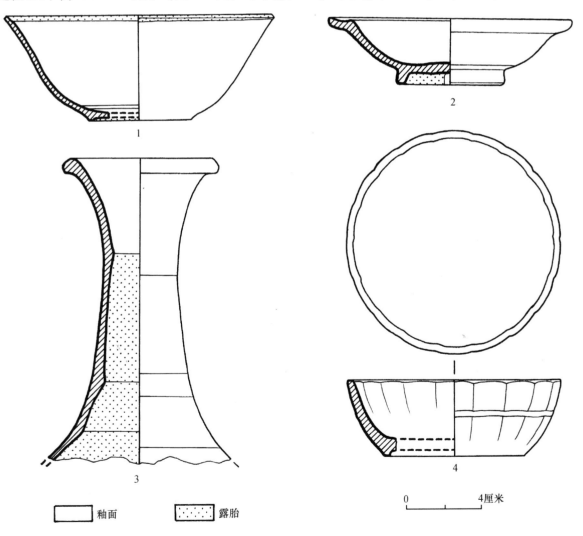

图例　□ 釉面　　∴ 露胎

0　　　　　4厘米

图二二三　B 区 T22②、T28②层出土瓷器

1、2、4. 瓷碗（BT22②:3、BT28②:8、BT28②:10）　3. 瓷瓶（BT28②:15）

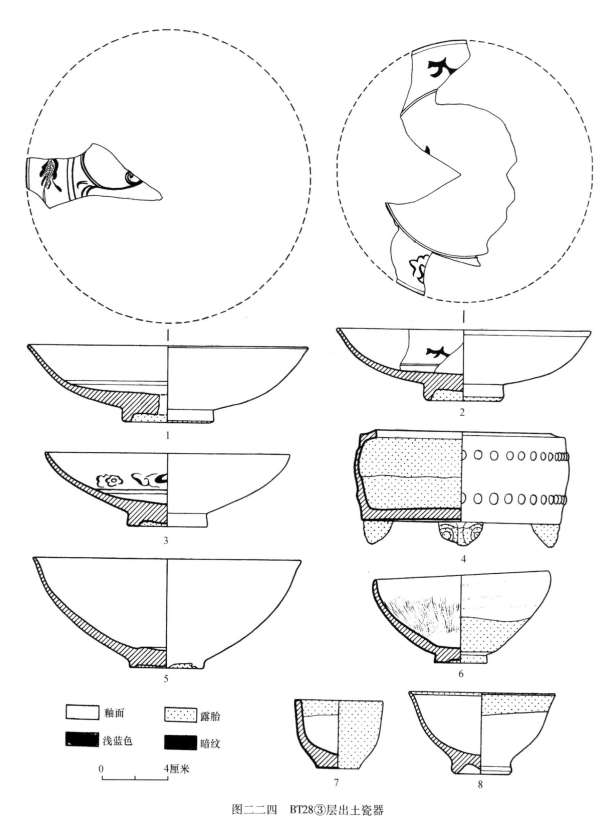

图二二四　BT28③层出土瓷器

1～3. 瓷盘（BT28③:13、BT28③:4、BT28③:8）　4. 瓷炉（BT28③:15）　5、6、8. 瓷碗（BT28③:7、BT28③:3、

BT28③:6）　7. 瓷杯（BT28③:14）

平底，矮圈足外撇。施青白釉，足底露胎。内壁饰印花暗纹，外壁饰弦纹。见旋痕。口径12.2、足径3.8、高5厘米（图二二五，1；图版五三，6）。标本BT28③:6，灰白胎。芒口，方唇，弧腹，圜底，矮圈足外撇，足底心一乳突。施青白釉，有开片，口、足底露胎。见拉坯痕和旋痕。口径8.8、足径3.2、高5.6厘米（图二二四，8；图版五四，1）。标本BT28③:7，白胎。敞口，侈沿，圆唇，弧腹，凹底，矮圈足。施青白釉，足底露胎，露胎处施红色化妆土。修坯不规整。口径16.4、足径4.6、高6.4厘米（图二二四，5）。

瓷盏 标本BT4③:9，夹砂红胎。敞口，方圆唇，斜直腹，平底微凹。施黄褐色青釉，部分露胎。口径9、底径3.8、高2.5厘米（图二二〇，5）。标本BT4④:2，黄白胎。口微敛，尖唇，浅弧腹，圜底，平底微凹。施玳瑁釉，部分露胎。口径10.8、底径3、高3厘米（图二二一，5）。标本BT6③:11，夹砂红褐胎。敞口，方唇，斜直腹，平底微凹。施褐黄色青釉，部分露胎。见抹坯痕。口径7.8、底径3.2、高1.9厘米（图二二一，8）。标本BT6④:6，夹砂红褐胎。敞口，方唇，斜直腹，平底。施黄褐色青釉，部分露胎。见抹坯痕。口径8、底径3.2、高2.5厘米（图二二一，6）。标本BT6④:14，夹砂红褐胎。敞口，方唇，斜直腹，平底微凹，盘内底一周凹槽。施酱褐色青釉，部分露胎。见抹坯痕。口径9、底径3.8、高2.1厘米（图二二一，7）。

瓷杯 标本BT28③:14，夹砂红褐胎。直口，方唇，直腹下内收，平底。施半截酱褐釉，其余露胎。口径5.4、底径2.5、高4厘米（图二二四，7）。

瓷炉 标本BT28③:15，敛口，内折沿，沿面内凹，方唇，弧腹，平底，兽面足。施青白釉，部分露胎。腹饰二周乳钉纹。见旋痕。口径10.6、底径12、高6.7厘米（图二二四，4）。

瓷壶 标本BT6④:1，夹砂红胎。直口，方圆唇，长颈，溜肩，单耳，流残，弧腹下内收，假圈足，平底。施褐釉，部分露胎。腹饰瓦棱纹。口径6.4、腹径11.6、底径7.2、高17.6厘米（图二二一，9）。标本BT28③:16，口残，长颈，铺首双环耳残，鼓腹，平底，喇叭形圈足。施青白釉，有开片，足底露胎。见旋痕。腹径20、足径11.2、残高33.2厘米（图二二五，3）。

瓷罐 标本BT28③:22，白胎。敛口，圆唇，直腹，平底，矮圈足外撇。施青白釉，有开片，部分露胎。腹饰模压动物、波浪等暗纹。口径16、足径13.6、复原高16厘米（图二二五，4）。

瓷瓶 标本BT28②:15，喇叭口，卷沿，圆唇，长颈，腹残。施青白釉。见拉坯痕。口径7.6、残高15.6厘米（图二二三，3）。

瓷盘 标本BT28③:4，敞口，圆唇，弧腹，平底，矮圈足。施青白釉，足底露胎。内壁饰压印缠枝花暗纹。见旋痕，修坯不规整。口径15.6、足径4.4、高4.2厘米（图二二四，2）。标本BT28③:8，敞口，圆唇，弧腹，圜底，矮圈足。施青白釉，足底露胎。内壁饰压印梅花暗纹。见旋痕。口径15、足径5、高4.3厘米（图二二四，3）。标本BT28③:13，敞口，圆唇，弧腹，平底，矮圈足。施青白釉，足底露胎。内壁饰压印卷草暗纹。见旋痕。口径17.2、足径5.2、高4.5厘米（图二二四，1）。

陶炉 标本BT28③:9，泥质灰陶。敞口，平折沿，圆唇，直腹，平底，三棱形足。素面。见手指按痕。口径15.8、底径9.8、高7厘米（图二二五，6）。

陶瓦当 标本BT3③:2，泥质灰陶。残。当面呈圆形，饰莲瓣纹。残径11、厚3.2厘米（图二一九，9）。标本BT4③:6，泥质灰陶。圆形当面残。饰莲花云纹。复原直径11、厚2.1厘米（图二二〇，8）。标本BT4③:7，泥质灰陶。圆形当面残。饰卷云纹。复原直径15、厚2.2厘米（图二二〇，9）。

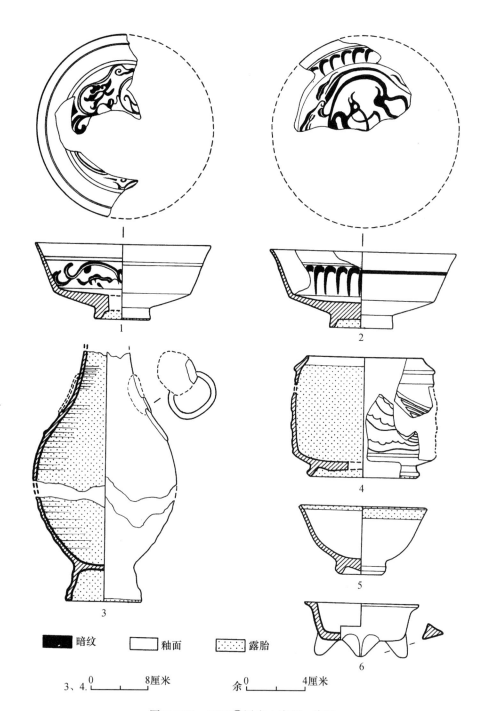

图二二五　BT28③层出土瓷器、陶器

1、2、5. 瓷碗（BT28③:5、BT28③:2、BT28③:1）　3. 瓷壶（BT28③:16）　4. 瓷罐（BT28
③:22）　6. 陶炉（BT28③:9）

三、小　　结

（一）分期与年代

东门头遗址宋元时期的遗存主要存在 12 组层位关系：

（1）CT1 墙 2→墙 3；

（2）B 墙 2→B 墙 3；

（3）H13→F29；

（4）F16→河卵石摆塑龙；

（5）AT1 第 11B 层→第 12 层→第 13 层→F28；

（6）F37→F36；

（7）G5→AT2 第 5 层；

（8）CT2 第 5 层、CT3 第 6 层、CT4 第 4 层→CT2～CT5 墙 1→CT2 第 8 层、CT3 第 9 层、CT4 第 6 层→CT2～CT5 墙 2；

（9）CT2 第 7 层、CT3 第 8 层→F18；

（10）CT2 第 5 层→Z1→CT2～CT5 墙 1；

（11）F17→F19→CT2～CT5 墙 2；

（12）CT6 第 10 层→石板道路→Z4。

上述层位关系中诸单位或无出土遗物、或所见遗物不能直接对比、或有同类器（如瓷碗、罐、钵等）但型式变化不明显，因此，仅据这些层位关系虽然可知它们的相对早晚关系，但分期意义有限。

整体而言，东门头遗址宋元时期的遗存中，除 M2 的特征比较突出外，其他单位的遗物特征相似，显示其年代距离比较接近。

M2 的土坑洞室墓结构及随葬的瓷罐、壶、碗的特征与秭归庙坪遗址北宋晚期的墓葬相似[①]，它们的年代相当。

其他单位所见遗物则多具南宋晚期和元代的特点。如：H13 所见瓷罐是南宋晚期的典型器，出土铜钱中年代最晚的是咸淳元宝，其年代不早于公元 1265～1274 年；河卵石摆塑龙下垫土所见瓷碗、盏及 F42 所见瓷盏属南宋晚期的典型器；F36 所见瓷碗、瓶、盏，AT1 第 11B 层所见瓷碗、罐，AT1 第 12 层所见瓷碗、罐、盘、炉，G5 淤土所见瓷碗、罐，97 暗道淤土所见瓷碗，F16 所见瓷碗，B 墙 2、B 墙 3 填土所见瓷碗，CT2～CT5 墙 2 填土所见瓷碗、罐，CT4 第 4 层所见瓷碗、炉，CT2 第 5 层所见瓷碗等均具南宋晚期和元代的特点。

据此，我们将东门头遗址宋元时期的遗存分为早晚两期：

早期：以 M2 为代表，年代相当于北宋晚期。

晚期：以 H13、F36、F16 为代表，年代相当于南宋晚期和元代。

考虑到晚期遗存中实际存在的相对早晚关系及遗迹之间的共生关系与特点，晚期遗存大体可分为相对早晚的一、二段。一段包括 97 城墙、CTG1 墙 1、CT1 墙 2、CT1 墙 3、CT2～CT5 墙 1、

[①]　湖北省文物事业管理局、湖北省三峡工程移民局：《秭归庙坪》，科学出版社，2003 年。

CT2 ~ CT5 墙 2、CT12 ~ CT16 墙 1、B 墙 2、B 墙 3、ATG1 墙 2、城门、F18、F28、F29、F30、F36、F42、G2、G5、97 暗道、石板道路、河卵石摆塑龙等，代表城址使用时期的堆积状况，H13 标志城址使用时期的终结，年代属于南宋晚期。二段包括 CT2 第 4 层 ~ 第 7 层、CT3 第 4 层 ~ 第 8 层、CT4 第 4 层、CT5 第 3 层 ~ 第 6 层、CT6 第 10 层、CT7 第 9 层、CT7 北扩第 10 层、第 11 层、CT11 第 2 层、CT12 第 3 层、CT13 第 3 层、AT1 第 11B 层 ~ 第 13 层、F16、F17、F19、Z1、G2 淤土、G5 淤土、97 暗道淤土等，代表城址废弃时期的堆积状况，年代属于元代。

（二）城址的布局与特点

根据发掘与调查的资料综合分析，东门头南宋晚期城址平面呈不规则方形，其东、南、西、北城垣的长度分别为 320、550、500、550 米，城内面积约 21 万平方米。除临江的北城垣属人工整体构筑外，东、南和西城垣皆以自然的山脊峭壁为屏障，只在其低平、凹缺处用石块砌筑填土加高而成。城址北临长江，南倚高山，西隔冲沟，东依卜庄河，地理位置十分重要，易守难攻。

城垣构筑坚固，墙壁用不规则石块砌筑，石灰勾缝，外壁粉刷石灰。墙壁之间填筑土和小石块，结构紧密。局部存在马面结构。

发现的城门位于北城垣的东部，平面呈内"八"字形，门道用不规则石块平铺而成，由南向北梯级而下。在北城垣中西部 A 区与 B 区之间存在一条冲沟，未见城墙痕迹，其附近发现的排水沟（G2、G5）特点与上述城门附近的 97 暗道和 97 排水沟相似，推测该处可能是另一城门所在。

城内保留的遗迹比较少，主要分布在北城垣内侧的地势低缓区域。一条东西向石板道路基本与北城垣平行，房屋遗迹等则位于石板道路的南北两侧。因地势高低不平，石台阶成为连接房址、石板道路的重要设施。城内的排水系统设计科学，通过明沟与暗沟集中将水排入城外的长江之中。

（三）主要收获

东门头遗址宋元时期的遗存丰富，虽然破坏比较严重，但揭示的若干现象对于认识理解三峡地区的历史文化具有重要价值。

（1）土坑洞室墓是三峡地区唐宋时期出现的一种比较特殊的文化现象，主要集中于湖北秭归、巴东和重庆奉节一带[①]。东门头遗址北宋晚期土坑洞室墓的发现，进一步充实了此类墓葬的分布范围及内涵。

（2）东门头遗址南宋晚期城址的发现在证明相关文献记载的同时，也补充了文献记载的不足。《元史·地理志》明确记载了秭归县治南迁的时间、原因与地点：宋端平三年（公元 1236 年），元兵至江北，遂徙郡治（秭归）于江南曲沱，次新滩，又次白沙、南浦，今州治是也。东门头南宋晚期城址的选址、建筑特点、使用废弃时间及宋元时期遗物共存等方面的信息基本符合南宋晚期筑城以抗元兵的历史背景，且秭归香溪宽谷长江南侧目前发现的南宋晚期城址只有东门头一处，因此，我们认为，《元史》所谓的"江南曲沱"位于东门头遗址一带，换言之，东门头南宋晚期城址即当时南迁的秭归县治所在。

（3）三峡地区少见南宋时期的窖藏，东门头遗址 H13 的发现填补了此类空白。该坑所出遗物多完整，其上部用砖封口，且填埋红烧土块、铁条、铁钉等进行保护，埋藏的遗物除日常用的瓷器

---

① 孟华平：《三峡地区土坑洞室墓初探》，《江汉考古》2004 年第 2 期。

外，铁鼎、铁壶、铁盆、铁罐、铁刀、铁权、铁锁、铜锅、铜匜、铜钱等特色鲜明，其埋葬特点可能与当时局势动荡、城址被毁的历史背景存在关联。

（4）东门头遗址宋元时期的 F36 保存较好，丰富了三峡地区宋元时期房屋建筑的资料。其平面近方形，坐南朝北，面阔三间。墙基用石块砌成，建筑在开凿的山体岩石上，房间之间的隔墙墙基用薄砖相连。房址的排水系统完整，由明沟和暗沟组成。

（5）与东门头遗址南宋晚期城址同时的河卵石摆塑龙位于城门附近，用 150 块大小不一的河卵石摆塑而成，全长 10.88 米，是目前国内发现的一条最长的河卵石摆塑龙形象。其造型优美，动感强烈，昂首、屈身、尾上翘，呈腾飞状。从所处的位置看，它背对长江，头向西，尾朝东，恰与北城垣和长江的走势相仿，寓意耐人寻味。

（6）东门头遗址宋元时期的瓷器多日常生活用品，主要属于龙泉、景德镇、吉州等窑口的产品，反映出宋元时期我国瓷业生产的繁荣与产品流通的多元状况。如 AT1⑫: 6 碗、CT2⑤: 1 碗、CT5③: 1 碗、97 暗道: 2 碗、AT1⑫: 1 盘等属于典型龙泉窑的产品，AT1⑫: 11 炉等属于典型景德镇窑的产品，F16①: 4 碗、BT5 北扩⑥: 2 碗等属于典型衡山窑的产品，CT4⑥: 4 碗、CT7⑨: 10 碗等属于典型吉州窑的产品，F36: 9 碗、CT2⑤: 2 碗等属于典型湖田窑的产品，M2: 2 罐、M2: 1 壶、M2: 6 碗等属于典型湖泗窑的产品。值得注意的是，东门头遗址宋元时期的瓷器中还出土少量卵白釉瓷，如 CT2④: 2 碗、AT1⑩: 17 碗等，此类瓷是元代出现的一种新的釉色品种，又称"枢府瓷"，于景德镇创烧，可作为元代的典型器。

玖　明清时期遗存

一、概　　述

东门头遗址明清时期的遗存在 A 区、B 区、C 区和 D 区均有分布，除地面所见清代晚期的房屋、道路、水井等建筑外，发现的遗迹主要有城墙（CT1 墙 1、B 墙 1、ATG1 墙 1、ATG2 墙、AT1 墙 1、AT2 墙 1、AT17 ~ AT18 墙）、房址（F14、F15、F20 ~ F27、F31 ~ F35、F38 ~ F41、F43 ~ F46）、灶（Z2-Z3、Z7）、排水沟（G1、G3、G4）、灰坑（H5、H10、H11）、窑（Y1、Y2、Y4）、墓葬（M4）等（图二二六），文化层堆积在 DT5、DT16、DT17、DT18、DT23、DT29、DT44、DT51、DT54、CT2、CT5、CT7、CT8、CT9、CT12 ~ CT15、97T1、97T2、BT1、BT2、BT3、BT4、BT5、BT6、BT7、BT13、BT14、BT15、BT16、BT21、BT22、BT24、BT28、AT1、AT2、AT4、AT9、AT17、AT18、ATG1 等探方有所保留。

城墙仅存部分残迹，主要建筑在宋元时期的墙体之上，基本构筑方式与宋元时期的城墙体相似。

房址 23 座，平面多呈长方形，破坏严重，残存部分墙基、地面、台阶、排水沟等。

灰坑 3 个，平面呈不规则圆形、椭圆形、圆角方形等，H5 出土的大量陶钟范残片显示可能与钟的铸造有联系。

窑 3 座，窑室平面分圆形、长方形两类，与烧制陶瓦有关。

墓葬 1 座，规模小，长方形土坑墓，无随葬品。

出土遗物丰富，除动物骨骼外，瓷器占大宗，陶器、铜器、铁器其次，骨器、石器、玉器等少。

瓷器分细瓷和粗瓷。细瓷占大多数，胎色多呈灰白色，主要施青（白）釉，另有黑釉、月白兔毫釉等，多饰青花花草纹、缠枝莲纹、葵花纹、柿蒂纹、松竹梅纹、条带纹、几何纹、贝叶连缀纹、水波纹、卷云纹、瑞兽纹、夔龙纹、"喜"字纹等，点彩、粉彩等少，器类有碗、罐、盘、壶、盏、杯、碟、盆、勺、瓶、盖等。粗瓷胎色多呈红褐色，主要施酱褐釉，另有黑釉、青釉等，饰镂孔、拍印篮纹、压印方格纹、压印方框团花纹等，器类有罐、碗、钵、盏、缸、盆、壶、盖等。

陶器多泥质灰陶，少量泥质红陶、夹砂褐陶、夹砂白陶。纹饰有弦纹、波浪纹、布纹、连花纹、"十"字纹等。器类有盆、盏、缸、瓦当、板瓦、钟范等。

铜器有锅、镜、剑、锁、匙、勺、耳挖、簪、镊子、烟斗、钱等。

铁器有权、叉、剪、火钳、勺、环等。

骨器有梳、簪、骨饰等。

另有少量石纺轮、围棋子、砺石、玉饰、珍珠等。

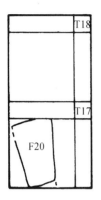

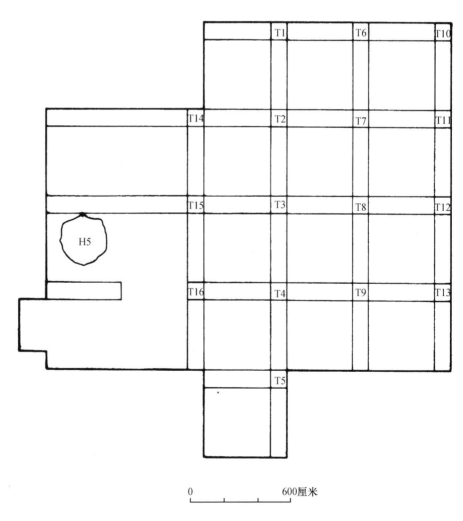

图二二六，1　D区明、清时期遗迹分布图

二、遗 存 介 绍

（一）城墙

位于 A 区、B 区和 C 区。发掘区域内暴露的城墙堆积分别编号为 CT1 墙 1、B 墙 1、ATG1 墙 1、ATG2 墙、AT1 墙 1、AT2 墙 1、AT17～AT18 墙。

CT1 墙 1　位于"东门头山脊"北部 CT1 的西部。开口在第 1 层下，叠压墙 2。东西向，与西侧地表所见的墙体相接。东西残长 275、南北宽 570、高约 140 厘米。主要用石块砌筑，石块大小不一，堆积比较松散，无遗物（图二二六，6）。

B 墙 1　位于 BT1～BT5 的南部、BT7 南扩的北部。被 Y1、F14 等打破，叠压墙 2、墙 3。平面呈长条形，东西向，方向 96°。东西残长 1370、残宽 770、残高 30～195 厘米。北墙壁用比较规则的石块错缝浇石灰浆叠砌，石块长 20～45、宽 15～30、厚 25～30 厘米。北墙壁的南侧用小石块浇石灰浆层层叠砌，宽约 170 厘米，每层厚约 8～13 厘米。南部（内侧）用灰土、黄土夯筑，夯层厚 15～25 厘米，未发现夯窝，含少量瓷片等，器类有瓷碗、盆、陶拍等（参见图一四；图二二六，3）。

ATG1 墙 1、AT1 墙 1、AT2 墙 1　暴露的墙体相互连接，属于同一堆积。开口在 ATG1 第 8 层下，被 F22、F25 等打破，叠压墙 2。平面呈长条形，东西向。残长约 3000、宽约 630、高约 565 厘米。南、北墙壁用比较规则的石块错缝浇石灰浆叠砌，外壁粉刷一层石灰。内填土、石夯筑，未发现夯窝（参见图一七；图二二六，4；彩版九，1）。

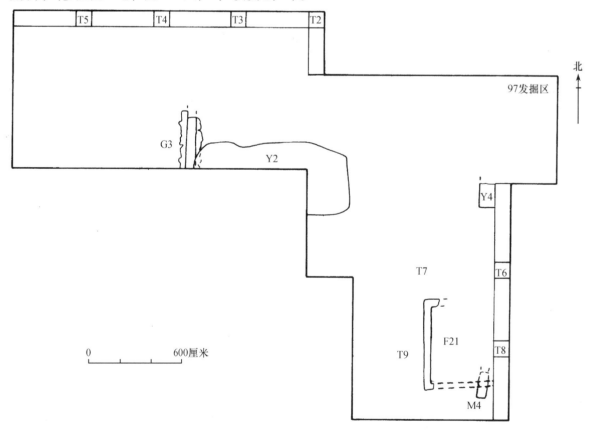

图二二六，2　C 区明、清时期遗迹分布图

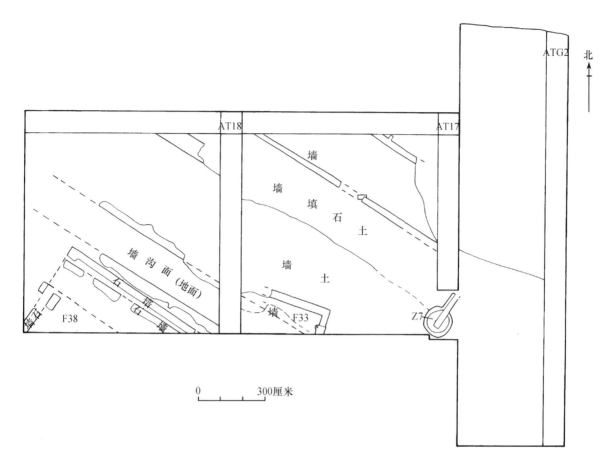

图二二六，5　A区明、清时期遗迹分布图

ATG2 墙　位于 ATG2 的南部。开口在第 5 层下，叠压第 6 层。西北—东南向。残长 400、残宽约 850、残高 500 厘米。北墙壁用比较规则的石块错缝浇石灰浆叠砌，外壁粉刷一层石灰。内填土、石夯筑，未发现夯窝（参见图一八；图二二六，5）。

AT17 ~ AT18 墙　位于 AT17 的西南部、AT18 的东北部。开口在 AT17 第 7 层下、AT18 第 5 层下，其下未发掘。西北—东南向。残长约 1600、宽 680 厘米。南、北墙壁用比较规则的石块错缝浇石灰浆叠砌，外壁粉刷一层石灰。内填土、石夯筑，未发现夯窝。南墙的南侧为宽约 170 厘米的排水沟，沟内淤土中含少量瓷片，器类有瓷碗、杯等（参见图二二六，5）。

上述揭露的城墙除 CT1 墙 1 位于“东门头山脊”外，其余均属于东门头遗址北城垣的组成部分。据 CT1 墙 1 与调查测绘的东门头遗址东北部的墙体相连以及发掘区的墙体多叠压宋元时期的城墙等情况分析，其城墙格局大体与宋元时期的格局相似，只是北城垣的东、西侧略有变化。

B 墙 1 包含的器类有瓷碗、盆、陶拍等。

瓷碗　1 件。标本 B 墙 1:3，灰白胎。口残，弧腹，平底，矮圈足。饰青花条带纹和花卉纹，足底露胎。足径 5.6、残高 3.3 厘米（图二二七，3）。

瓷盆　1 件。标本 B 墙 1:2，夹砂黄胎。敛口，折沿，沿面有一周凹槽，圆唇，斜直腹残。施黄褐釉，口、下腹外露胎。腹饰压印方格暗纹。口径 32、残高 13.8 厘米（图二二七，1）。

陶拍　1 件。标本 B 墙 1:1，泥质灰陶。圆柱形柄内凹，扁圆形拍面弧。素面。拍径 7.6、柄径 3.8、高 7.5 厘米（图二二七，2）。

AT18 墙沟（南墙壁南侧排水沟的简称）包含的器类有瓷碗、杯等。

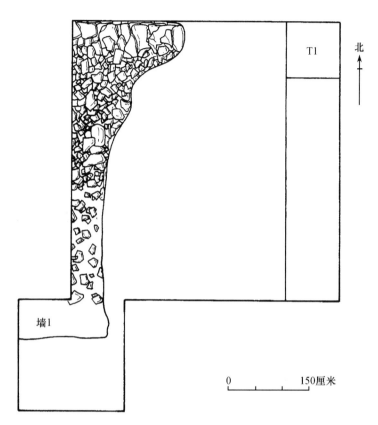

图二二六，6　CT1 墙 1 平面图

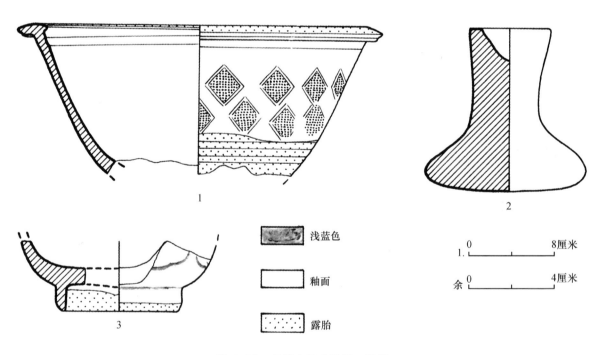

图二二七　B 墙 1 出土瓷器、陶器

1. 瓷盆（B 墙 1:2）　2. 陶拍（B 墙 1:1）　3. 瓷碗（B 墙 1:3）

瓷杯 1件。标本AT18墙沟:1，敞口，侈沿，圆唇，弧腹，圜底，矮圈足，足底心一乳突。外饰青花点彩纹，花色兰。釉色青，足底露胎。见旋痕。口径5.8、足径2.2、高3.8厘米（图二二八，2）。

瓷碗 1件。标本AT18墙沟:2，黄胎。口、腹残，圜底，矮圈足，足底心一乳突。内施青花花卉纹，花色黑暗。足底露胎。见跳刀痕。足径6、残高2.2厘米（图二二八，1）。

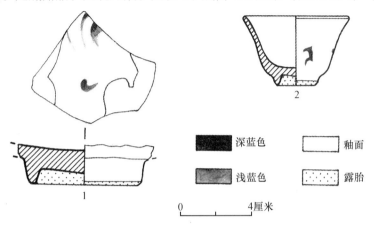

深蓝色　　釉面

浅蓝色　　露胎

0　　　　4厘米

图二二八　AT18墙沟出土瓷器

1. 瓷碗（AT18墙沟:2）　　2. 瓷杯（AT18墙沟:1）

（二）沟

分布在A区、B区和C区，属于城墙的排水沟，分明沟和暗沟两类。明沟编号G3、G4，暗沟编号G1。

G1 位于BT4、BT5、BT6、BT7、BT5北扩与BT7南扩内。开口在BT4第5层下、BT5第2层下、BT6第7层下、BT7第2层下，距地表深20~45厘米。打破G2、墙2和墙3，与墙1存在共生关系。

平面呈长条形，南北向，残长1450厘米。由南部的涵洞和北部的"八"字形流两部分组成（图二二九；图版五八，1）。

涵洞在墙1下，部分被墙1包含，系墙1的附属建筑，与城墙1同时修筑。其南端打破并利用G2。分沟底、沟壁、券顶三部分，砖石结构，长885、口宽85~100、券顶距沟底垂直高130厘米。沟底用石板斜铺两层，南高北低。东、西沟壁用条石和灰砖错缝砌筑，砖石之间用石灰浆勾缝，高80厘米。条石长34~76、宽30~50、厚16~20厘米，灰砖长35、宽17、厚7厘米。券顶用楔形灰砖砌筑两层，石灰浆勾缝。

"八"字形流在墙1北侧，南接涵洞。与墙1的石墙未发生咬合，似补建，年代相对晚于墙1。平面呈"八"字形，部分暴露于地表，长565、南端上部残宽175、北端底宽150厘米。由东西石壁、护坡和盖板组成。东、西石壁用较规整的方石和条石错缝磊砌，石灰浆勾缝，石壁略向下倾斜。东石壁打破墙2，残高28~260厘米。西石壁地势较低，残长150、残高160~260厘米。西石壁西侧筑有护坡。护坡分二层：第1层厚10~80厘米，距地表深20~115厘米，黄色粉状土，土质坚硬，经过夯打；夯层厚15~20厘米；夯窝圆形，直径5~7、深2~6厘米；夯层之间夹一层石灰碴，厚3~5厘米。第2层厚60~135厘米，灰色填土，内含石灰碴及大石块，土质松散，未经夯打。盖板位于"八"字形流南端中部，用四层石板铺盖，其下沟口呈倒梯形，残长108、宽80~95、高105厘米。

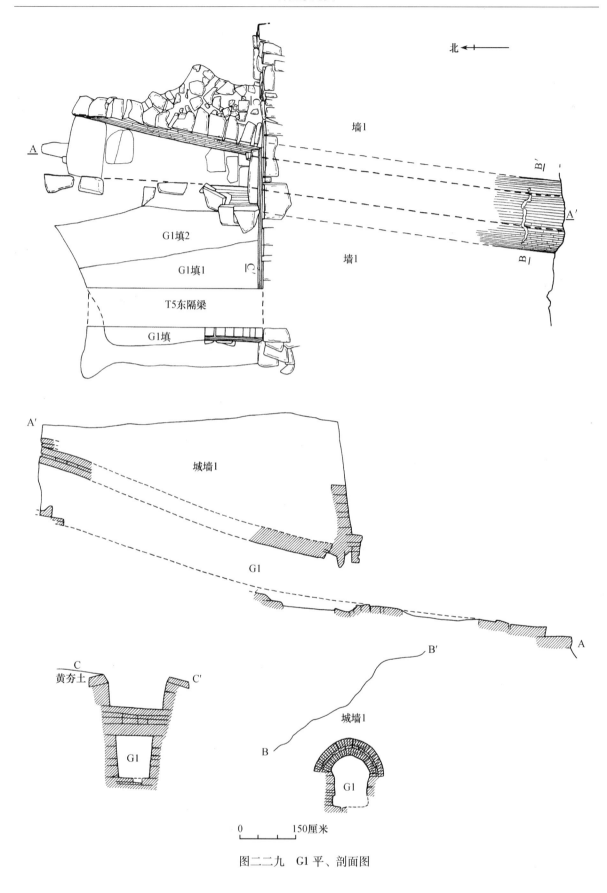

图二二九 G1 平、剖面图

　　涵洞内淤土只清理其北端约108厘米长的区域。分二层。第1层厚60~70厘米，黄色淤积土，土质较黏，夹少量砂石，包含物有"开元通宝"铜钱、瓷碗、钵残片等。第2层厚5~12厘米，灰色淤积土，土质疏松，夹较多砂石，包含物有铜钱、铜簪、铁器残片、瓷碗、盏、钵、罐等。

　　瓷碗　9件。标本G1①:4，灰白胎。敞口，方唇，腹残。饰刻花暗纹，饰青白釉。复原口径14、残高4厘米（图二三〇，2）。标本G1②:1，白胎。芒口，方唇，斜腹缓收，矮圈足。饰凹弦纹，饰青白釉。口、底露胎。口径12.8、足径5、高5厘米（图二三〇，1）。标本G1②:2，夹砂灰胎。微敛口，圆唇，斜直腹，平底（残）。施黑釉，似兔毫。底露胎。口径10.4、底径4、高4.6厘米（图二三〇，4；图版七一，2）。

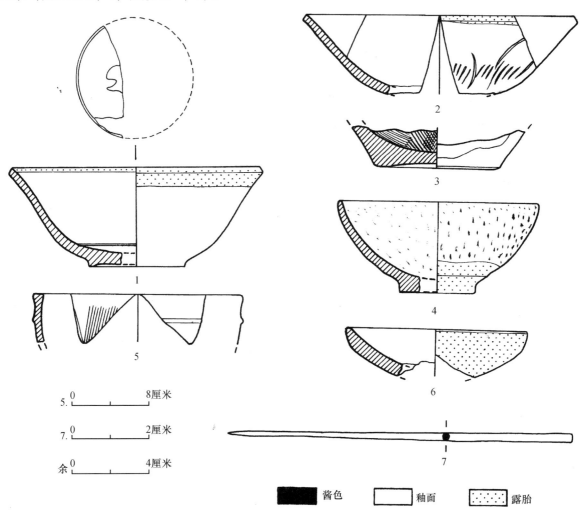

图二三〇　G1①、G1②层出土瓷器、铜器

1、2、4. 瓷碗（G1②:1、G1①:4、G1②:2）　3、5. 瓷钵（G1①:1、G1②:8）　6. 瓷盏（G1②:10）　7. 铜簪（G1②:5）

　　瓷钵　2件。标本G1①:1，夹砂红褐胎。口、腹残，平底微凹。内饰刻槽，外施褐色青釉。底径13、残高4厘米（图二三〇，3）。标本G1②:8，夹砂灰褐胎。直口，平沿，圆唇，腹残。内饰刻槽，外施青釉。口径22、残高5厘米（图二三〇，5）。

　　瓷盏　1件。标本G1②:10，夹砂褐胎。敞口，圆唇，腹残。施酱褐釉。口径9.6、残高2.4厘米（图二三〇，6）。

　　铜簪　1件。标本G1②:5，长圆锥形。顶残。残长9厘米（图二三〇，7）。

　　铜钱　28枚（图二三一；附表七）。

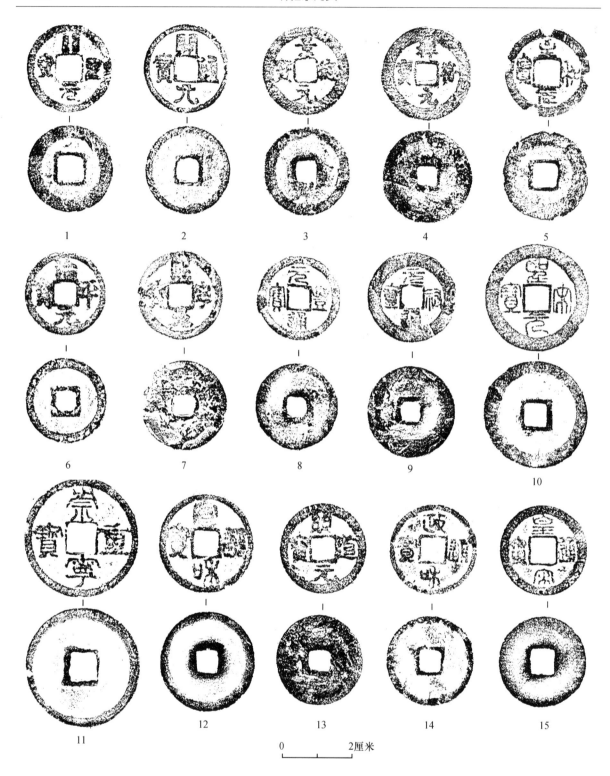

图二三一　G1①、G1②层出土铜钱拓片

1. 绍圣元宝（G1①:2）　2. 开元通宝（G1②:3-1）　3. 景德元宝（G1②:3-3）　4. 祥符元宝（G1②:3-4）　5. 至和元宝（G1②:3-5）　6. 治平元宝（G1②:3-6）　7. 熙宁元宝（G1②:3-7）　8. 元丰通宝（G1②:3-8）　9. 元祐通宝（G1②:3-9）　10. 圣宋元宝（G1②:3-13）　11. 崇宁重宝（G1②:3-14）　12. 宣和通宝（G1②:3-15）　13. 明道元宝（G1②:4-2）　14. 政和通宝（G1②:4-9）　15. 皇宋通宝（G1②:2）

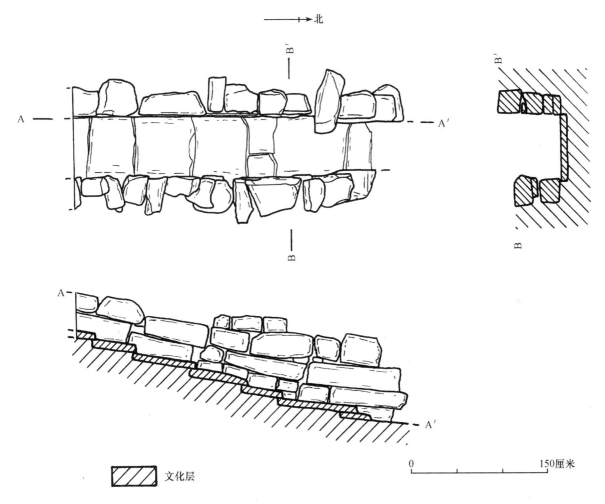

图二三二　G3 平、剖面图

G3　位于 CT3 的南部。开口在第 3 层下，距地表深 55～70 厘米。打破第 4 层、第 5 层、第 6 层。平面呈长条形。残长 365、内宽 65、深 30～85 厘米（图二三二）。

沟墙用乱石块垒砌，石灰浆勾缝，沟内壁较规整，外壁凹凸不平，石块长 30～50、宽 30～40、厚 20～30 厘米。

沟底南高北低。用青石板叠涩法铺垫。石板长 50～70、宽 14～56、厚 10 厘米。

沟内填土分二层。第 1 层厚 10～15 厘米，黑色土，土质疏松，包含物有瓷碗、盏、杯、陶板瓦等残片。第 2 层厚 20～35 厘米，黄色土泛红，土质较紧密，包含物有瓷片、陶板瓦、瓦当等。

瓷碗　3 件。标本 G3①:1，白胎。口残，弧腹，矮圈足。饰青花条带纹和花纹。削足无釉。足径 5.2、残高 3 厘米（图二三三，3）。标本 G3①:3，黄白胎。敞口，尖圆唇，腹斜收，残。施玳瑁釉，下腹露胎。口径 10.6、残高 3.7 厘米（图二三三，2）。标本 G3①:5，白胎。口残，弧腹，底微凸，矮圈足。饰青花"寿"字纹，削足露胎。足径 5.2、残高 2.5 厘米（图二三三，1）。

瓷盏　1 件。标本 G3①:2，夹砂褐胎。敞口，圆唇，斜壁，平底。施酱褐釉，腹底部分露胎。口径 8.6、底径 3.2、高 2 厘米（图二三三，4）。

瓷杯　1 件。标本 G3①:4，敞口，圆唇，深腹，圜底，矮圈足。施青白釉，削足无釉。口径 5、足径 2.2、高 3 厘米（图二三三，5）。

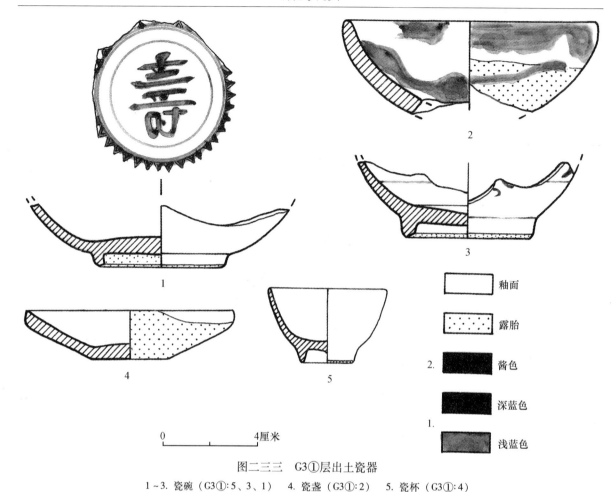

图二三三　G3①层出土瓷器

1~3. 瓷碗（G3①: 5、3、1）　　4. 瓷盏（G3①: 2）　　5. 瓷杯（G3①: 4）

　　陶筒瓦　1件。标本 G3②:3，泥质灰陶。舌呈梯形，削边。瓦身内饰布纹，外素面有石灰。长24、宽12厘米，舌长1.8厘米（图二三四，2）。

　　陶板瓦　1件。标本 G3②:2，泥质灰陶。梯形。瓦面素面，内饰布纹，边有切割痕。长25.2、上宽16.4、下宽19、厚1.2厘米（图二三四，1 ）。

　　陶瓦当　1件。标本 G3②:1，泥质灰陶。舌呈梯形，削边。当面饰莲花纹，瓦身内饰布纹，外素面有石灰。长24.8、宽12厘米，舌长3、直径12.8厘米（图二三四，3；图版七一，4）。

　　G4　位于 AT1、AT2 和 ATG1 的南部。被 F22、F23、F24、F25、F26 打破，距地表深100～220厘米。打破并利用 G5。与墙1存在共生关系。

　　平面呈长条形，东西向，方向173°。残长2740、口宽50～85、底宽40～65、残深5～95厘米。南、北沟壁斜直，用乱石砌成，石灰勾缝，壁宽30～75厘米。沟底平，西高东低，用薄板砖平铺而成，砖长35、宽18、厚2厘米。沟底和沟壁均涂一层厚0.1～0.5厘米的石灰（图二三五；图版五八，3）。

　　沟内淤土呈黄绿色，沙质土，厚5～95厘米，包含物有大量的动物骨骼和陶、瓷片。器类有瓷罐、碗、壶、缸、陶钵等。

　　瓷罐　1件。标本 G4:6，白胎。口残，深腹，底残。饰莲瓣、花朵纹，施青白釉。腹径8、残高6.4厘米（图二三六，6）。

　　瓷缸　1件。标本 G4:4，夹砂红胎。敛口，折沿，方唇，束颈，广肩，圆腹残。施青釉，有流釉现象。口径17、腹径34.6、残高29.8厘米（图二三六，1）。

瓷壶 1件。标本 G4：5，直口，圆唇，长曲颈，双柱形半环耳，深腹残。饰凹弦纹，施青釉。口径7.5、残高13.2厘米（图二三六，5）。

瓷碗 2件。标本 G4：3-1，红褐胎。口近直，尖圆唇，斜直腹，矮圈足。施月白兔毫釉。口径10.2、足径3、高4.2厘米（图二三六，7；图版五九，1）。标本 G4：3-2，红褐胎。口近直，尖圆唇，斜直腹，矮圈足。施月白兔毫釉。口径10.2、足径3、高4.4厘米（图二三六，4；图版五九，2）。

陶钵 2件。标本 G4：2，夹砂红褐陶。敛口，沿面内凹，厚方唇，斜直腹，小平底微内凹。内饰刻槽。口径20.4、底径7、高12厘米（图二三六，2；图版五九，3）。标本 G4：1，夹砂红褐陶。敛口，沿面内凹，厚方唇，弧腹残。内饰刻槽。口径21.6、残高6.2厘米（图二三六，3）。

板瓦 1件。标本 G4：7，泥质灰陶。残。边有切割痕，内饰布纹。长27.6、残宽15.4厘米（图二三六，8）。

骨梳 1件。标本 G4：8，残，半圆形。残长7.7、残宽2.7、厚0.5厘米（图二三六，9；图版七二，1）。

（三）房址与灶

1. 房址

共发现23座，主要分布在 A 区和 B 区。编号 F14、F15、F20、F21、F22、F23、F24、F25、F26、F27、F31、F32、F33、F34、F35、F38、F39、F40、F41、F43、F44、F45、F46。

F14 位于 BT1、BT2 的南部和 BT24 的北部。开口在 BT1 第3层下、BT2 第6层下、BT24 第4层下，距地表深85～125厘米。打破 Y1 和墙1。

平面呈长方形，方向358°。东西长1400、南北残宽约360厘米。残存墙基、碾压槽痕等（参见图二二六，3）。

墙基仅存北墙基和部分东、西墙基，建筑方法是先挖基槽再用石块垫基筑墙，基槽宽90、深30厘米。北墙基保存比较完整，用比较规整的石块错缝叠砌，外壁向上逐层斜收，宽30～60、高290～320厘米。石块长35～55、宽30～60、厚20～35厘米。内侧填土形成台基。

碾压槽痕位于房址东北部，呈同心圆状，土质紧密，外径370～400厘米。

填土分三层。第1层厚25～70厘米，灰色土，土质较硬，夹草木灰和少量碎石，含青花瓷片等，器类有瓷碗、盘。第2层厚12～70厘米，灰黄色土，夹少量小石块，含少量青花瓷、瓦片，器类有瓷碗、杯、铜钱等。第3层厚10～125厘米，红黄色土，土质较硬，夹少量碎石，含青花瓷片等，器类有瓷碗、盘。

瓷碗 7件。标本 F14①：2，敞口，侈沿，圆唇，腹较直，平底，圈足。内底饰青花双圈"寿"字，外壁饰二行青花寿字，足墙饰青花条带纹。足脊圆润，足内饰双圈"寿"字款，款残。口径10、足径4.8、高4.8厘米（图二三七，2）。标本 F14②：6，敞口，圆唇，折腹残。饰青花贝叶连缀纹带。口径18、残高3.5厘米（图二三八，2）。标本 F14②：7，口残，平底，矮圈足。饰青花花草纹，足内底饰青花双圈"福"款。削足无釉。足径5.4、残高2.9厘米（图二三八，1）。标本 F14③：2，口残，矮圈足。足内露胎，有跳刀痕。饰青花花草纹。足径5、残高2.9厘米（图二三九，2）。

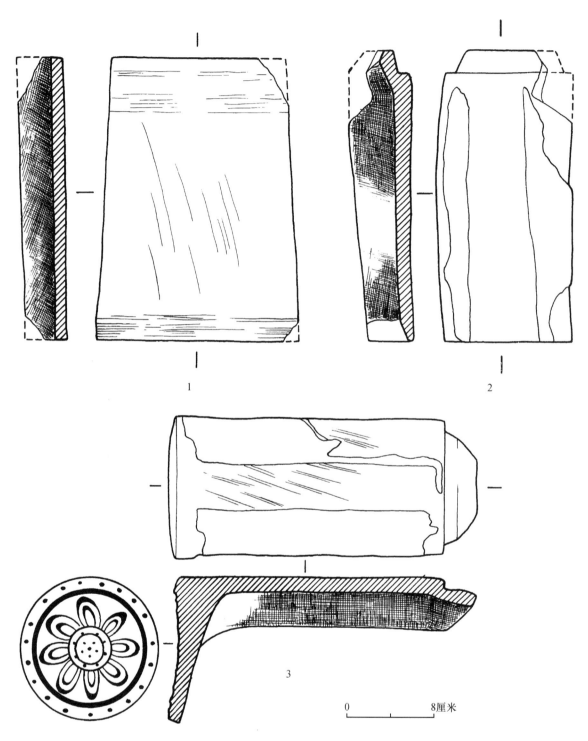

图二三四　G3②层出土陶瓦
1. 板瓦（G3②:2）　2. 筒瓦（G3②:3）　3. 瓦当（G3②:1）

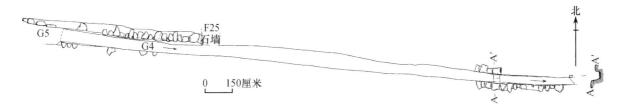

图二三五 G4平、剖面图

瓷杯 1件。标本F14②:4,敞口,侈沿,圆唇,深腹,矮圈足。外壁饰蓝、绿、矾红粉彩。足底部分露胎。口径4.4、足径2.1、高2.4厘米(图二三八,3)。

瓷盘 2件。标本F14①:1,敞口,圆唇,平底,矮圈足。削足无釉。饰青花朵花纹和变形莲瓣纹,足内底饰青花双圈豆腐款。口径15、足径9.4、高3.1厘米(图二三七,1)。标本F14③:1,白胎。口残,矮圈足。饰青花条带纹和水波纹。足径13、残高2.5厘米(图二三九,1)。

铜钱 2枚(附表七)。

F15 位于BT29~BT32内。开口在第1层下,打破第2层和生土。

平面近长方形,坐南朝北,方向345°。东西长1850、南北宽1300厘米。残存墙基、台阶、门道、地面、排水沟等迹象(图二四〇)。

墙基保存较完整,建筑方法是先挖基槽再垫基石,其上用条石错缝砌筑墙体。基槽宽40~50厘米。条石比较规整,长75~145、宽45、厚25~30厘米。残存的部分墙体高10~115厘米。

房址共七间,分南北两排,南高北低,其高差达105厘米。

北排的三间进深450厘米。居中的房间呈长方形,东西长910厘米。其东侧的北部存在类似天井的石结构,石板地面。其东侧南部正中存在八级台阶与南排正房相接,台阶长125、宽195厘米。西侧房间内宽370厘米,在与居中房间的隔墙南部设置石门坎,门坎两侧有门墩,门宽100厘米。东侧房间内宽410厘米,在与居中房间的隔墙北部西侧存在一块垫石,可能为门道台阶。

南排的三间进深720厘米。居中的房间内宽475厘米,与东侧房间的隔墙北端设置门道,其转轴轴距110厘米。东侧房间内宽410厘米,与北排东侧房间的隔墙东端设置门道,其转轴轴距120厘米。西侧房间内宽390厘米,与北排居中房间的隔墙西端设置门道,其转轴轴距120厘米。

另在南排西侧房间的西墙外附设一间小房,东西宽415、南北长325厘米。其西墙北部之西存在4级台阶,台阶长115、宽85厘米。

排水沟屋位于房址南侧,绕山坡底部边缘用不规整的花岗岩石砌筑而成,沟底东高西低,部分用石板或石块封盖。沟长2150、宽35~100、深30厘米。

房址的废弃堆积为灰褐色土,含少量青瓷片和民国时期的铜钱等。

F20 位于DT17内,北部被北隔梁所压未发掘。开口在第3层下,距地表深约120厘米。打破第4层,东部被第2层破坏。

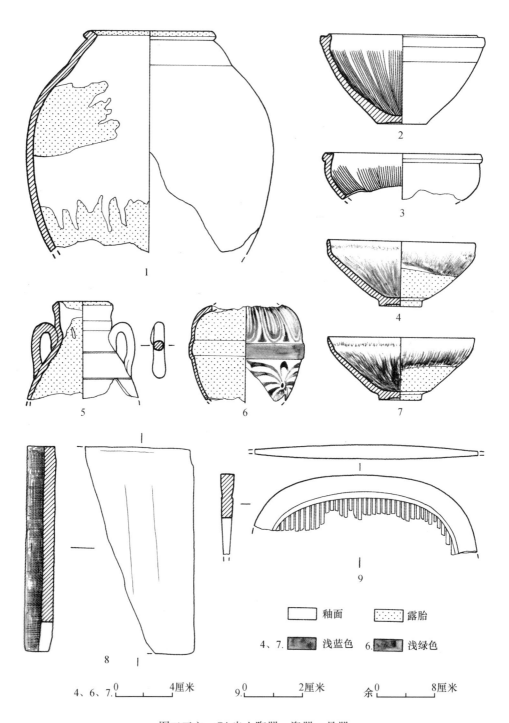

图二三六　G4 出土陶器、瓷器、骨器

1. 瓷缸（G4:4）　2、3. 陶钵（G4:2、G4:1）　4、7. 瓷碗（G4:3-2、G4:3-1）　5. 瓷壶
（G4:5）　6. 瓷罐（G4:6）　8. 板瓦（G4:7）　9. 骨梳（G4:8）

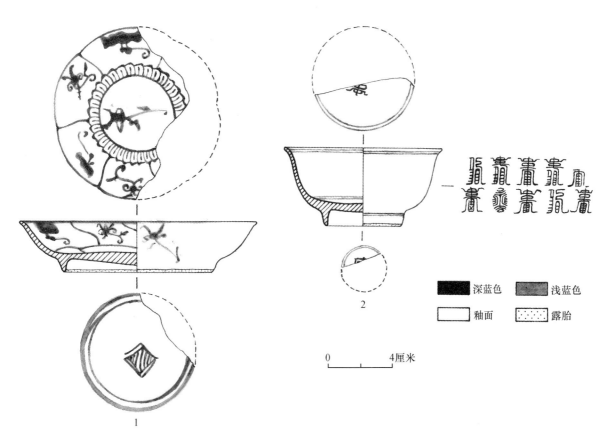

图二三七　F14①层出土瓷器
1. 瓷盘（F14①:1）　2. 瓷碗（F14①:2）

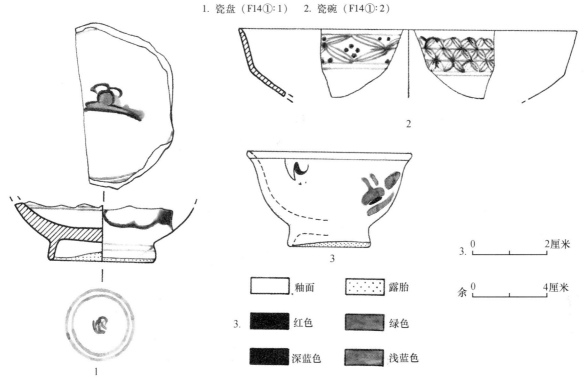

图二三八　F14②层出土瓷器
1、2. 瓷碗（F14②:7、F14②:6）　3. 瓷杯（F14②:4）

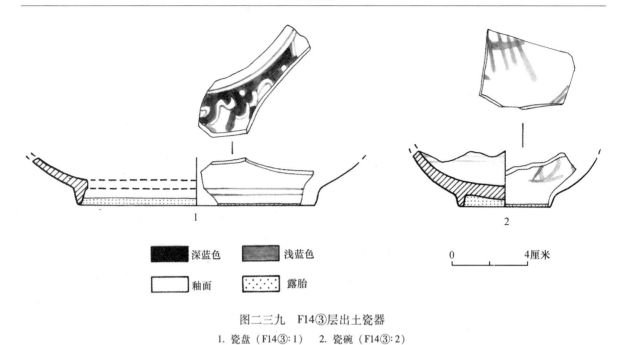

图二三九　F14③层出土瓷器
1. 瓷盘（F14③:1）　2. 瓷碗（F14③:2）

平面呈长方形，残长 372、残宽 220～290 厘米。残存部分墙基和地面（图二四一）。

墙基仅存西侧部分，呈西北—东南向，方向 308°。用大小不齐的石块铺成，残长 366、宽 80、残高 14 厘米。

墙基东侧残存小部分红烧土地面，西高东低，坡度 17°。其上为一层厚约 35～85 厘米的红烧土废弃堆积。在西南部红烧土地面上比较集中地放置 10 件遗物。器类有瓷碗、罐、盆和铁铲、铁钉等。

瓷碗　1 件。标本 F20:1，灰白胎。敞口，圆唇，弧腹，矮圈足。饰青花条带纹和朵花纹，足内底饰青花双圈豆腐干款。削足无釉。口径 16、足径 6.8、高 7.6 厘米（图二四二，1；图版五九，4）。

瓷罐　5 件。标本 F20:2，夹砂红褐胎。卷沿，圆唇，束颈，溜肩，弧腹，平底微凹。施青釉，砂底。有拉坯凹旋痕。口径 9.8、腹径 13.6、底径 10.8、高 13 厘米（图二四二，4；图版五九，5）。标本 F20:3，夹砂红胎。敛口，折沿，圆唇，矮颈，溜肩，深腹下收，平底微凹。施青釉，砂底。口径 9.2、腹径 19.6、底径 11.6、高 28.2 厘米（图二四二，8；图版五九，6）。标本 F20:4，夹砂褐灰胎。口残，深腹下收，底平微凹。上壁施青釉，下壁无釉。有拉坯痕。底径 12.4、残高 14.8 厘米（图二四二，5）。标本 F20:5，夹砂褐胎。直口，圆唇，短流，单耳，深弧腹，平底微凹。施黑釉，有流釉现象。内壁、口沿外壁和底无釉。可见拉坯痕。口径 9.6、腹径 14、底径 10、高 17.4 厘米（图二四二，6；图版六○，1）。标本 F20:6，夹砂褐胎。直口，圆唇，短流，单耳，深弧腹，平底。施黑釉，有流釉现象。口、底无釉。口径 8.8～9.8、腹径 12、底径 9.6、高 14.8 厘米（图二四二，7）。

瓷盆　2 件。标本 F20:7，夹砂红胎。口近直，厚圆唇，腹下收，平底微凹。施青釉，有流釉现象。口、底无釉。有拉坯痕。口径 34、底径 18.8、高 18.4 厘米（图二四二，2；图版六○，2）。标本 F20:8，夹砂红胎。直口，平折沿，尖唇，腹下收，平底微凹。施酱色釉和印纹，有流釉现象。砂底。有拉坯痕。口径 26.8、底径 16.8、高 15.6 厘米（图二四二，3；图版六○，3）。

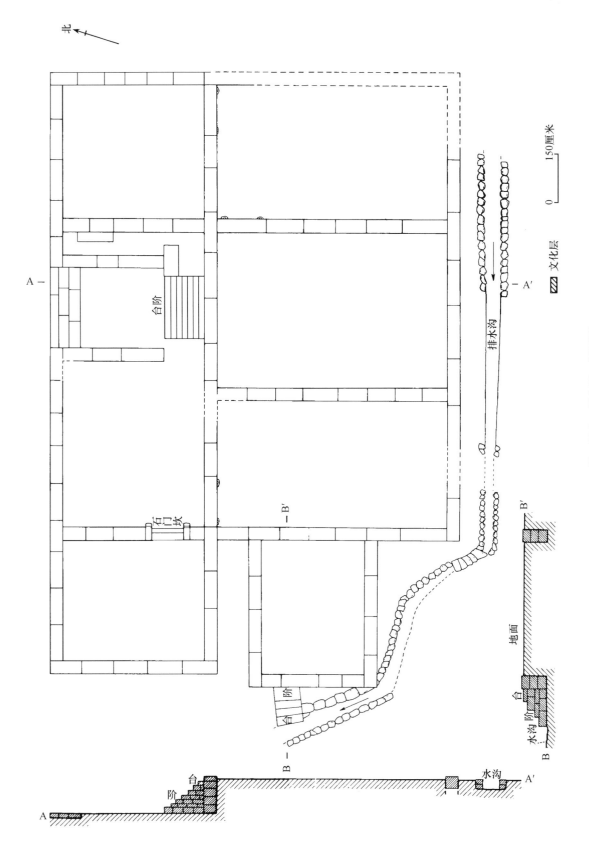

图二四〇　F15 平、剖面图

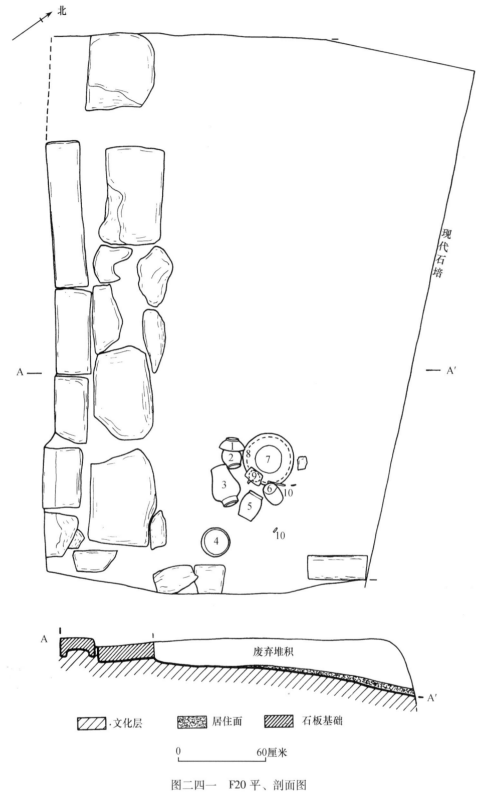

图二四一　F20 平、剖面图

1. 瓷碗　2~6. 瓷罐　7、8. 瓷盆　9. 铁铲　10. 铁钉

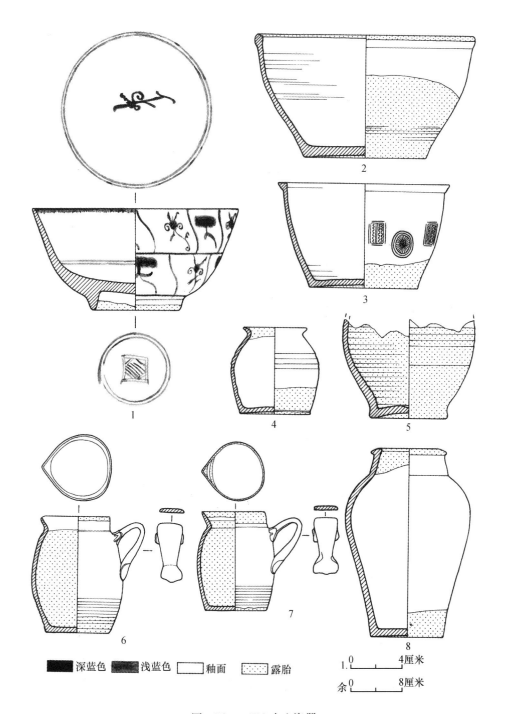

图二四二　F20 出土瓷器

1. 瓷碗（F20:1）　　2、3. 瓷盆（F20:7、F20:8）　　4~8. 瓷罐（F20:2、F20:4、F20:5、F20:6、F20:3）

F21　位于 CT6~CT9 内。开口在 CT6 第 6 层下、CT7 第 7 层下、CT8 第 8 层下、CT9 第 6 层下，打破 CT6 第 7 层、CT7 第 8 层、CT8 第 9 层、CT9 第 7 层。残存部分墙基和灶底。从残存情况看，似为长方形地面建筑，东西残长 450、南北宽 575 厘米。

墙基仅西墙保存较完整。用石块错缝垒砌墙基，其上残留少量灰砖，可能是墙体的残余。宽约42、残高 10~42 厘米。

灶位于西北角，用灰砖砌筑。仅残留少部分灶底，有草木灰烬、烧烤痕迹。

居住面被破坏。

填土较杂，主要为灰黄、灰绿色土，夹碎石子、红烧土块、草木灰等。包含物有瓷片、铁片等（图二四三）。

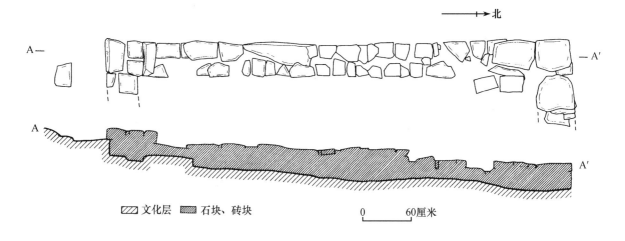

图二四三　F21 平、剖面图

F22　位于 ATG1 的南部和 AT2 的东南部。开口在 ATG1 第 5 层下，被 Z2、Z3、H10、H11、F25、F26 打破，打破墙 1 及 F23。

房址破坏严重，大致可分三间。东西残长 1220、南北残宽 720 厘米。残存部分墙基、地面等（图二四四）。

墙基用乱石或砖砌筑，宽 20～80、残高 15～50 厘米。

居住面均为比较平整的红烧土硬面，厚约 5 厘米。北部房间的红烧土硬面比南部房间的红烧土硬面低 70 厘米，南部房间的红烧土硬面比其东侧房间的红烧土硬面高 25 厘米。

柱础仅存一个，位于南部房间红烧土硬面的中南侧，石质，规格 35 厘米×35 厘米×15 厘米。

房址的垫土厚 30 厘米，灰褐色土，夹红烧土粒，含瓷片等。

房址的废弃堆积分二层。第 1 层厚 30 厘米，黄褐色土，夹红烧土块，含青花瓷片等。第 2 层厚 30～50 厘米，灰褐色土，夹石灰粒，含瓷片等。

器类有瓷碗、盘、钵、碟、盏，陶盏、铜耳挖、铜钱等。

瓷碗　12 件。标本 F22:5，白胎。芒口，方圆唇，腹斜收，矮圈足。施青白釉，口、底露胎。口径 14.2、足径 4.6、高 6.2 厘米（图二四六，2）。标本 F22:6，胎白。敞口，卷沿，方唇，腹较直，底平，矮圈足。饰青花条带纹和卷云纹。碗内一周露胎带，底露胎，削足无釉。跳刀痕明显。口径 14.8、足径 5.6、高 5.6 厘米（图二四五，3；图版六一，4）。标本 F22:7，灰白胎。敞口，卷沿，圆唇，腹较直，底平，矮圈足。饰青花四朵缠枝莲纹和双圈“福”字。足内露胎有旋痕，足上粘窑砂。削足无釉。口径 12.8、足径 5、高 5.9 厘米（图二四五，4；图版六〇，5）。标本 F22:8，白胎。敞口，卷沿，圆唇，腹较直，底平，矮圈足。饰青花条带纹和卷云纹。碗内一周露脐带，削足无釉。有跳刀痕。口径 14.2、足径 5.2、高 6.1 厘米（图二四五，2；图版六〇，6）。标本 F22:9-2，白胎。敞口，卷沿，圆唇，腹较直，底平，矮圈足。饰青花四枝秋葵花纹和双圈一枝秋葵花。削足无釉，有跳刀痕。足脊平，粘窑砂。口径 15.5、足径 5.8、高 6.5 厘米（图二四五，1；图版六一，1）。标本 F22:10-1，白胎。敞口，卷沿，圆唇，腹较直，底平，矮圈足。饰青花勾连莲

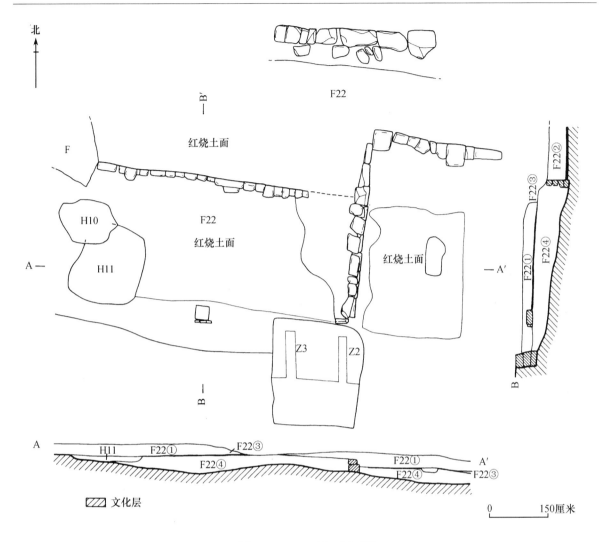

图二四四　F22 平、剖面图

花纹和双圈朵花纹。削足无釉。足脊施釉，中有乳尖，釉面有开片。口径 13、足径 5、高 5.8 厘米（图二四六，4；图版六一，2）。标本 F22:10-2，灰白胎。敞口，卷沿，圆唇，腹较直，平底，矮圈足。饰青花几何纹花边带、花瓣纹和双圈松、竹、梅纹。削足无釉。足粘窑砂。口径 14.5、足径 5.2、高 6.1 厘米（图二四五，5；图版六一，3）。标本 F22:13，夹砂褐胎。敛口，圆唇。弧腹残。施黑釉，有褐斑。下腹露胎。复原口径 15、残高 5.8 厘米（图二四七，3）。标本 F22:21，白胎。芒口，方唇，腹较深，矮圈足。饰青白釉菊瓣暗纹，足底无釉。碗内一周凹痕似烧痕。口径 10.4、足径 3.6、高 4.9 厘米（图二四七，2）。

　　瓷盘　2 件。标本 F22:3，白胎。敞口，圆唇，浅腹，平底，矮圈足。内外施白釉，足内饰一小双框青花"福"款。削足无釉，足内有缩釉现象。口径 15、足径 7.8、高 3.6 厘米（图二四六，1）。标本 F22:18，黄白胎。敞口，菱花边，方唇，浅腹，矮圈足。盘内绘二周青花带纹，外施豆青釉。削足无釉。口径 19.4、足径 11.4、残高 4.9 厘米（图二四七，1）。

　　瓷钵　1 件。标本 F22:1，夹砂红褐胎。口近直，厚唇，束颈，斜直腹，平底。内饰竖划纹，外施酱黑釉，上腹有一个圆形镂孔。口径 26.4、底径 15.2、高 19 厘米（图二四六，3；图版六〇，4）。

深蓝色　　　浅蓝色　　　釉面　　　露胎　　　0　　　4厘米

图二四五　F22 出土瓷器

1~5. 瓷碗（F22:9-2、F22:8、F22:6、F22:7、F22:10-2）

　　瓷碟　1件。标本 F22:20，红褐胎。敞口，尖唇，浅腹，平底微凹。内壁施黄褐青釉，外壁无釉。口径8、底径3、高2.1厘米（图二四七，8）。

　　瓷盏　1件。标本 F22:12，夹砂红褐胎。敞口，方唇，浅腹，平底微凹。施酱褐色釉，底露胎。口径9、底径3.4、高2.6厘米（图二四七，7）。

　　陶盏　1件。标本 F22:4，泥质灰陶。微敛口，圆唇，浅弧腹，平底。口径8、底径2.6、高1.6厘米（图二四六，5）。

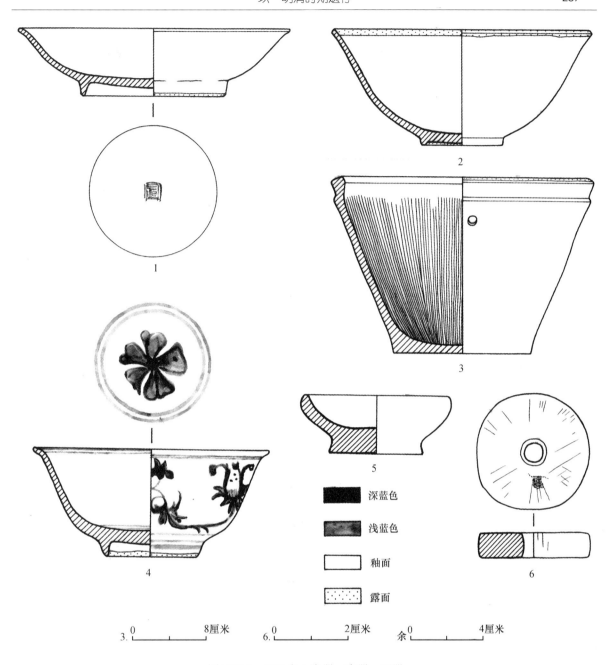

图二四六　F22 出土瓷器、陶器、石器

1. 瓷盘（F22:3）　2、4. 瓷碗（F22:5　F22:10-1）　3. 瓷钵（F22:1）　5. 陶盏（F22:4）　6. 石纺轮（F22:2）

　　石纺轮　1件。标本 F22:2，灰色砂岩。面平。一面有模糊放射线划纹，似太阳。直径3.1、弦径0.5~0.7、厚0.7厘米（图二四六，6）。

　　铜耳挖　1件。标本 F22:19，残。扁长条形，一端弯曲成勺状。残长6.25、宽0.8厘米（图二四七，4）。

　　铜器　1件。标本 F22:22，敛口，平沿，方唇，深弧腹残。口径16、残高8.6厘米（图二四七，5）。

　　铜钱　1枚（附表七）。

　　铁器　1件。标本 F22:24，残，圆锥形，中空。残长13.3厘米（图二四七，6）。

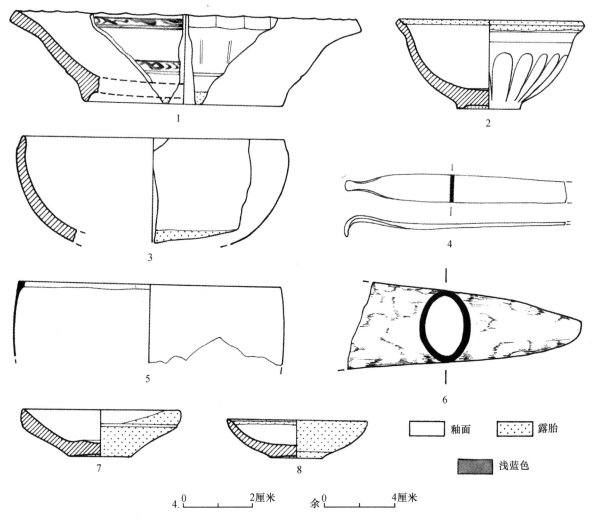

图二四七 F22 出土瓷器、铜器、铁器

1. 瓷盘（F22：18）　　2、3. 瓷碗（F22：21、F22：13）　　4. 铜挖耳（F22：19）　　5. 铜器（F22：22）　　6. 铁器（F22：24）

7. 瓷盏（F22：12）　　8. 瓷碟（F22：20）

F23　位于 ATG1、AT1、AT2 的南部。开口在 ATG1 第 6 层下，被 F22、F24 打破，打破 F29。与 G4、墙 1 存在共生关系。

房址破坏严重，整体结构不明，保存部分大致呈长条状，东西残长约 2750、南北宽约 350 厘米。残存部分墙基和地面（参见图二二六，4）。

北部墙基北临 G4，残长约 2750、宽约 30 厘米。用石块砌筑，外壁直，残高 40～50 厘米。

南部墙基残长 300、宽约 30 厘米。用石块砌筑。

墙基之间填灰褐色土，土质坚硬。局部残留红烧土面。

F24　位于 AT1 内，北部石培延至 ATG1 和 AT2 的北部。距地表深 0～260 厘米。分两个层面：F24①开口在第 3 层下，打破第 4 层；F24②开口在第 4 层下。打破 F25、F27、墙 1。

房址平面呈多边形，不甚规整，揭露面积约 100 平方米，门道方向不清。其中：F24①包括石墙 1、2，石板面 1、2，排水沟 1、2，护墙 1、2，台阶 1，石墙基，砖墙和石培；F24②包括台阶 2，护墙 3，石墙 3（图二四八；图版五五）。

（1）石墙基：位于 F24 的南部，与石板面 2 相连，二者之间间隙用石灰粘接。墙基分东、北段，曲尺形连接，转角近 90°。北段残长 810 厘米，东段已揭露部分长 300 厘米。墙基上宽 90～

125、底宽 55~80、深约 75 厘米。东段由南向北倾斜,高差超过 70 厘米。墙基由乱石拌黄土砌筑。墙基内外侧垫土。

(2)石培:位于 F24 的北部,分北段和东段,曲尺形连接,转角近 90°。东段石培方向 80°,北段石培方向 173°。外壁斜直,倾斜度 7°,高 370 厘米。北段长 950 厘米,东段长 215 厘米,宽 50~80 厘米。外侧用略加打制的石块砌筑,石块宽 30~50 厘米,厚 30 厘米左右。内侧填碎石。石培低于石板面 1 约 20~30 厘米。

(3)石板面 1:位于排水沟 1 的北面,被石墙 1、2、排水沟 1 与砖墙所围,近长方形,长 700~750、宽 360~425 厘米。用长方形规整的薄石板南北向平铺而成,石板厚 6~10 厘米。石板除底面外,均凿制平整。石板之间用石灰粘缝。其下叠压 F27 的石墙基和 F24 的第 1 层垫土(编号 F24①)。因部分下沉、错位或断裂,石板面 1 表面不平。

(4)石板面 2:位于石墙基北侧,西接 F25 东石墙基,东连台阶 1。近长方形,长 700~750、宽 150~180 厘米。由南向北倾斜,北端与排水沟 1 平齐,高差 30~45 厘米。石板不规整,厚 5~10 厘米。其下叠压 F24①。

(5)石墙 1:即 F24 北部的西墙,近南北向,长 290 厘米。其北端叠压 F27 的石墙基,南端与 F25 东石墙相接,且成直线。用凿制平整的条石砌筑两层。下层条石厚 20、宽 33~34 厘米,与石板面 1 表面相平;上层条石厚 30、宽 33~34 厘米,高出石板面 1 表面约 30 厘米。

(6)石墙 2:即 F24 北部的东墙,近南北向,长 440 厘米。直接叠压在 F27 的石墙基上。用凿制整齐的条石砌成,北端与石培外壁相齐,南端与排水沟 1 的盖板石相接。条石宽 30、厚约 30 厘米。

(7)石墙 3:位于石墙基东北角外侧,与台阶 1、2 相邻,被石墙基打破。用条石垒成,其外露面凿制平整,条石间隙用石灰粘缝。东段残长 275 厘米,北段长 240 厘米。高出台阶 1、2 约 0~50 厘米。

(8)砖墙:即 F24 北部的北墙,叠压在石培上,用青灰色薄板砖砌筑。板砖规格为 25 厘米× 15 厘米×2 厘米。东半部仅残留 4 层平铺板砖,高 8 厘米。西半部平铺板砖上残留格子墙,即用板砖围砌,格子内填碎石,厚 25 厘米左右。整个砖墙均低于石板面 1 约 5~15 厘米。

(9)排水沟 1:位于 F24 的中部,西部在石板面 1、2 之间,东部在台阶 1、护墙 1 之间。呈长条形,西端已毁,残长 815 厘米。西高东低,高差 180 厘米。中段保存盖板石,盖板石厚 5~30 厘米,暗沟长 180 厘米。中段与护墙 1、台阶 1 表面近平。东段叠压在台阶 2 和第 4 层上,由八块石槽连接而成。石槽块长 80~125、宽约 36、厚约 5~10 厘米。石槽内呈弧形凹,宽 20~25、深 5~8 厘米。除底部外,石槽均凿制。

(10)排水沟 2:位于石板面 2 与台阶 1 之间,由两个石槽衔接而成,西高东低,长约 90 厘米。西石槽压在石板面 2 之下,叠压 F24①,东端与台阶 1 表面近平。石槽凿制不规整,长约 50、宽约 25 厘米。石槽内弧凹,宽 14、深 5 厘米。

(11)护墙 1:位于排水沟 1 的北侧,呈钝角向东北转弯。用乱石砌筑。近东西向一段长 400、高约 80、宽 20~45 厘米,高出排水沟 1 东段 20~50 厘米。近东北向一段长 220、高 100、宽 30~50 厘米,高出台阶 2 约 60~175 厘米。叠压第 4 层。

(12)护墙 2:位于 F24 的东部,台阶 2 的东侧,用乱石砌筑。残长 215、宽 75~85、残高 35~50 厘米。护墙 2 叠压护墙 3 和第 4 层,与护墙 3 不完全重合。与护墙 1 大体平行,二者相距约 200 厘米,高出台阶 2 约 50~180 厘米。

（13）护墙3：位于F24的东部，台阶2的东侧，长条形，南高北低，用乱石砌筑。南部仅保留墙基，表面略低于台阶2表面。北部保存高出台阶2约30～65厘米的石墙壁。墙基深30～100厘米，揭露长度595、宽70～80厘米。

（14）台阶1：位于排水沟1和石墙3（北段）之间，东西向，用打制的长条石铺成。全长280、宽200～250厘米。共五阶，西高东低，高差100厘米。东三阶台面较窄，宽25～35厘米，阶高差10～16厘米；西二阶台面分别为40、100厘米，阶高差16厘米。西端与排水沟1的盖板石相连，东端叠压台阶2。

（15）台阶2：位于F24的东部，石墙3与护墙3之间，近南北向，用打制的长方形条石铺成。南高北低，共揭露17阶，长600、宽约220～300厘米，高差345厘米。台面宽30～40厘米，相邻两阶高差12～18厘米。台面均略向北倾斜。底垫小石头。北部西侧被排水沟1、台阶1、护墙1所压未掘。

（16）门墩石与条石：门墩石位于石板面1的中东部，长68、宽23、厚30厘米。门墩石中部南侧南北向放置一长方形条石，长94、宽34、厚30厘米。可能是扰动所至。

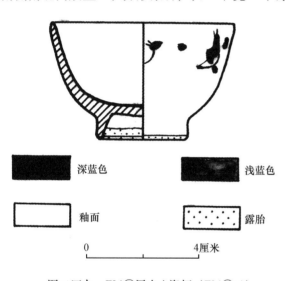

图二四九　F24③层出土瓷杯（F24③:1）

房址的垫土分三层。第1层厚5～90厘米，黄褐色土，夹较多石灰粉粒和小碎石，分布于石墙基南北两侧，包含几块青花瓷片。第2层厚0～40厘米，黄花土，黏而纯，分布于石墙基的南部，无遗物。第3层厚8～75厘米，灰褐土，分布于石墙基的南部，含动物骨骼和少量青花瓷片，器类有瓷杯等。

瓷杯　1件。标本F24③:1，敞口，圆唇，深直腹，平底，矮圈足。饰青花朵花纹。削足无釉。口径6.5、足径3、高4厘米（图二四九）。

F25　位于AT1-5、ATG1、AT2-6内。开口在F24、F26、F27下，距地表深25～65厘米。打破F22、G4及墙1。

平面呈长方形，东西长1235、南北宽515厘米，面积约63.6平方米。残存部分墙基、居住面、排水沟等（图二五〇）。

北墙基长1235厘米，方向176°，高出F27墙基约150厘米，外壁斜直，坡度约4°，其西部内侧被现代猪圈破坏。东墙基残长400厘米，方向86°。西墙基南端打破并利用G4的北壁石墙，长515厘米。南墙基可能直接利用G4的北壁石墙。墙基的建筑方法是先挖基槽再用石块砌筑。墙基宽80～100、深208厘米，其外侧用30～50厘米宽的条石错缝垒砌，内侧用乱石填充。条石长短不一，厚26或34厘米，其外侧打制平整。石缝间用石灰黏结。

居住面仅在房址的西部残留小部分，平整坚硬，呈灰红色，系烧烤所至，面积约7平方米，厚约7厘米。

排水沟位于房址的东部，从西向东略倾斜，东与F24的排水沟相连，残长205、宽35厘米左右。东墙基留有一宽35、高11厘米的长方形石孔与之相连。排水沟由盖板石和石槽组成，盖板石之间、盖板石与石槽之间用石灰黏结。盖板石宽35、厚10厘米。石槽宽33、厚5厘米。石槽内凹弧，宽20、深约5厘米。

未发现包含物。

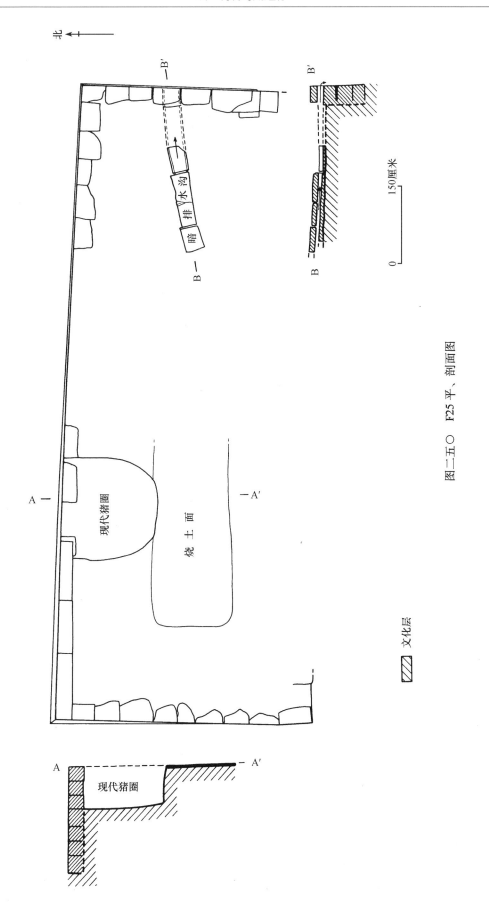

图二五〇　F25 平、剖面图

F26　位于 AT2-1、AT2-2、AT2-7、AT2-8 内，部分延至 AT2-6 的西部与 AT2-3 的东部。开口在第 2 层下，距地表深 0～210 厘米。打破 F22、F25、F27、F29、F30、G4、G5。

平面呈长方形，东西残长 1015、南北残宽 885 米。残存部分墙基和台阶（图二五一）。

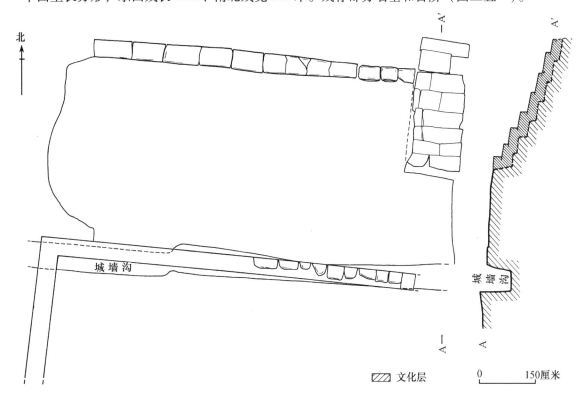

图二五一　F26 平、剖面图

墙基的建筑方法是先挖基槽再用石块砌筑。基槽宽 40～50 厘米。其外侧用较规整的石块垒砌，内侧用土和大小不等的石块填充。墙基内的居住面已毁，房间结构不清。

台阶位于房址东北角，用条石叠涩法平铺而成，南北向，共 8 级，南高北低。台阶长 350、残宽 150、残高 165 厘米，每级台阶高 15～17 厘米。

F27　位于 AT1 的北部、ATG1 的中北部、AT2-6 的北部。开口在 AT1 第 4 层下，距地表深 70～150 厘米。打破 F25 和墙 1，被 F24、F26 打破。

平面呈长条形，揭露面积约 34.7 平方米。仅存部分墙基（图二五二）。

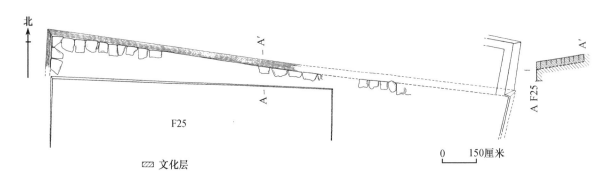

图二五二　F27 平、剖面图

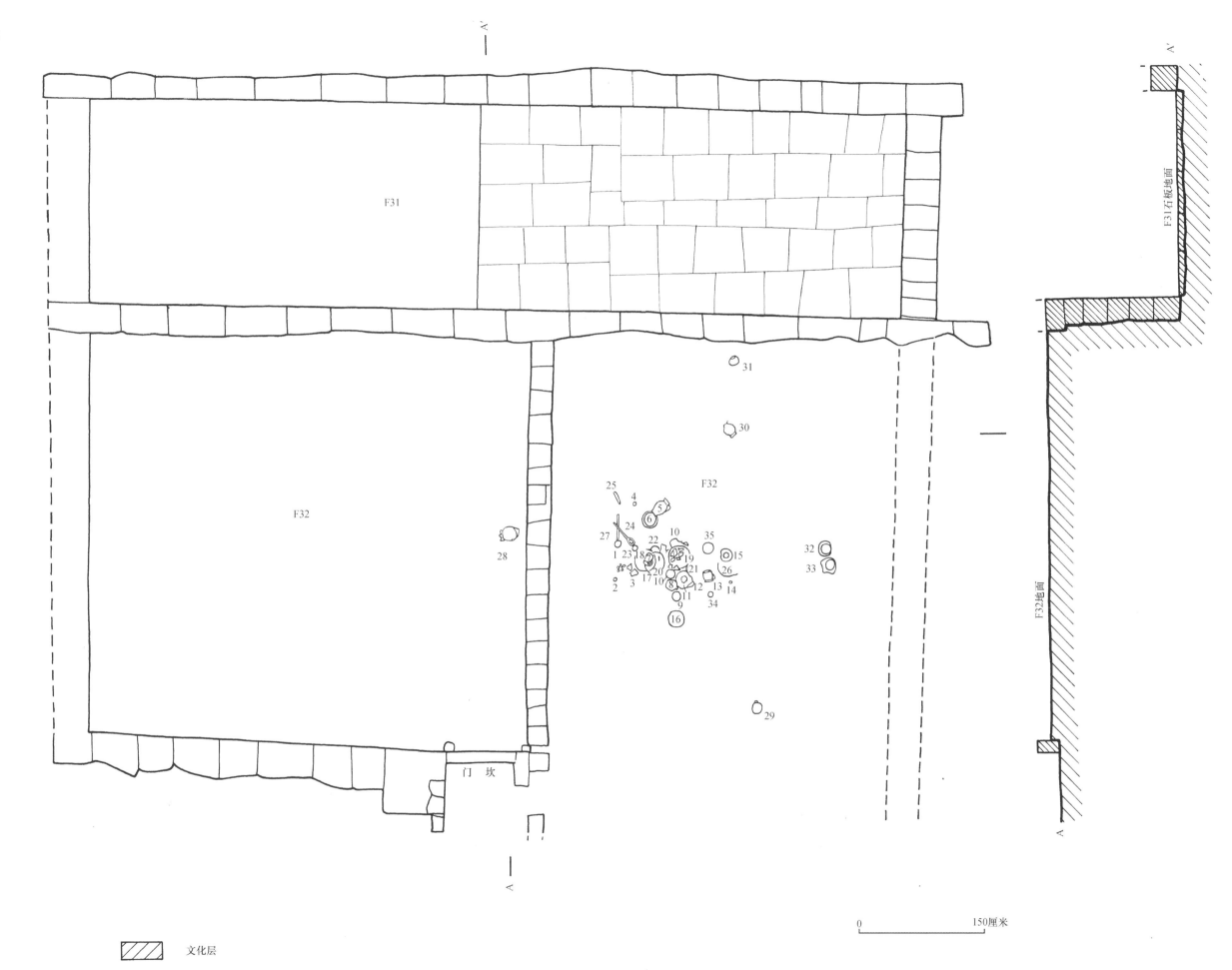

北

F31

F32

F31

F32

F31石板地面

F32地面

门坎

31

30

25
4
5
6
27 24
1 23 18 22 10 35
20 19 15
17 10 21
2 8 26
11 13 14
9 34
16
28
29
32
33

0   150厘米

文化层

图二五三　F31、F32平、剖面图

1. 珍珠（7枚）　2. 瓷盖　3、11、15. 瓷碗　4. 铜耳坠　5、28～30. 瓷壶　6. 瓷灯盏　7、13、32、33. 瓷罐　8、31. 瓷瓶

9. 瓷盖　10. 瓷盏　12. 瓷盒　14. 铁币　16. 陶盆　17～19、26. 铁环　20. 兽牙　21. 骨簪　22、35. 铁勺　23、25. 铁

权　24、27. 铁火钳　34. 铁把

北墙基长 2040 厘米，方向 171°。东墙基长 180 厘米，方向 79°。西墙基长 170 厘米，其南端与 F25 西墙基相接。墙基宽 80、深 220 厘米，其外侧用宽 30~50、厚 30 厘米的长短不一的石块砌筑，内侧填乱石。墙基的外壁较整齐，略向下倾斜，斜度约 9°。

F27 墙基表面低于 F25 墙基表面约 150 厘米，其活动面狭窄，不适宜居住，可能属于 F25 的护培。

F31、F32 位于 AT14 内。开口在第 1 层下，距地表深 80~100 厘米。打破 F37，北部被 F5 破坏。

F31 与 F32 南北相连，东部已毁。F31 位于北部，F32 位于南部，两者共用一条墙基，属于同一建筑。建筑方法是先挖基槽，再用石块平铺错缝砌筑墙基，墙基宽 40~50 厘米（图二五三；图版五六，1）。

F31 平面呈长方形，东西长 1100、南北宽 270 厘米。其东部地面用石板错缝平铺而成，东西长 550 厘米，可能属于居室外的活动场地。其西部为土面，东西长 520 厘米，可能属于居室内的地面。两地平面之间未发现隔墙。其废弃堆积中含瓷碗等残片。

F32 平面呈长方形，东西长 1080、南北宽 610 厘米，高出 F31 地面约 110 厘米。一条南北向墙基将其分成东、西两间。西侧房间近方形，东西长 530、南北宽 465 厘米。其东南角残存门道，门内侧的转轴轴距 90 厘米。东侧房间呈长方形，东西长 415、南北残宽 550 厘米。房间南部地面存在烧烤痕迹，其东侧房间中部地面上残存兽牙和大量器物残片。器类有瓷罐、碗、盖、盘、瓶、壶、灯盏、盒，陶盘，铜钱、铁权、火钳、勺，骨簪等。

瓷碗 5 件。标本 F31:1，灰白胎。口残，弧腹，矮圈足。饰青花条纹和带纹。削足无釉。足径 3、残高 2.5 厘米（图二五四）。标本 F32:3，敞口，圆唇，深腹，圜底，矮圈足。饰青花条带纹和三组双钩勾莲、蝙蝠、"喜"字纹，足内底饰青花单框篆书款残。削足无釉。口径 10.2、足径 4.2、高 6 厘米（图二五五，2；图版六一，5）。标本 F32:11，白胎。敞口，圆唇，大圜底，矮圈足。饰青花条带纹和双钩勾莲纹，足内底饰青花弦纹和单框"大清嘉庆年制"六字篆书款。削足无釉。口径 20.2、足径 7.7、高 6.8 厘米（图二五六；彩版一六，3；图版六一，6）。标本 F32:15，敞口，圆唇，深腹，矮圈足。饰青花条带纹和朵花纹，足内底饰青花双圈双框豆腐块款，青花晕散严重。削足无釉。圈足内墙半截釉，粘有窑砂。口径 15.8、足径 6.2、高 7.7 厘米（图二五五，6；图版六二，1）。标本 F32:36，敞口，圆唇，深腹，圜底，矮圈足。饰青花条带纹和三组双钩勾莲、蝙蝠、"喜"字纹。圈足内墙半截釉。口径 10.2、足径 4.2、高 6.2 厘米（图二五五，1）。

瓷碗盖 1 件。标本 F32:9，白胎。敞口，折沿，圆唇，圈形纽。饰青花条带纹和三组双钩勾莲、蝙蝠、"喜"字纹，圈形纽内底饰青花单框减笔篆字款。纽足无釉。盖径 9.3、纽径 3.7、高 3.1 厘米（图二五五，3；图版六二，2）。

瓷盘 2 件，形态相同。标本 F32:10，敞口，圆唇，浅腹，平底，矮圈足。饰青花条带纹、双钩勾莲纹和花草纹，足内底饰青花单框"大清嘉庆年制"六字篆书款。削足黄色。口径 15.6、足径 8.4、高 2.7 厘米（图二五七；图版六二，3、4）。

瓷瓶 2 件。标本 F32:8，褐红胎。口残，细颈，溜肩，鼓腹下内收，平底。饰弦纹和施青釉，有流釉现象。下腹无釉。腹径 13.6、底径 7.6、残高 14 厘米（图二五八，10）。标本 F32:31，褐胎。小口，尖唇，细颈，溜肩，鼓腹下内收，平底。饰弦纹和施青釉，有流釉现象。下腹无釉。口径 2.4、腹径 12.4、底径 6、高 12.4 厘米（图二五八，9；图版六二，5）。

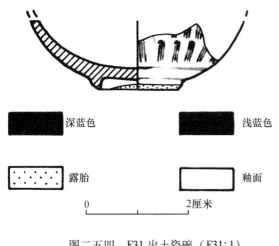

深蓝色　　　　　　　　　浅蓝色

露胎　　　　　　　　　　釉面

0　　　　　　　　　2厘米

图二五四　F31 出土瓷碗（F31:1）

瓷壶　4件。标本 F32：5，灰胎。盘口，方唇，短流，细颈，溜肩，单耳，深腹，矮圈足。施褐黄釉，有流釉现象，釉不到底。上腹有一泥饼残。拉坯痕明显。口径 8.7～9.2、腹径 14、足径 7.7、高 20 厘米（图二五八，3；图版六二，6）。标本 F32：28，夹砂灰胎。口残，细颈，溜肩，单耳，鼓腹下内收，平底微凹。饰瓦棱纹和施青釉，有流釉现象，釉不到底。腹径 18.4、底径 9.6、残高 20.4 厘米（图二五八，8）。标本 F32：29，夹砂褐胎。口残，细颈，溜肩，单耳，鼓腹下内收，平底微凹。施酱褐釉，有流釉现象，釉不到底。拉坯痕明显。腹径 10.4、底径 6.5、残高 11.6 厘米（图二五八，5）。标本 F32：30，泥质灰白胎。盘口，圆唇，细颈，溜肩，单耳残，鼓腹，矮圈足。施黑釉，有一周聚釉现象。下腹与削足无釉。器身有指印痕，拉坯痕明显。口径 8.4、腹径 12.4、足径 6、高 16.4 厘米（图二五八，4）。

瓷盒　1件。标本 F32：12，白胎。子母口，圆唇，弧腹，圈底，小圈足外撇。饰青花条带纹、短条纹和单双钩连枝纹。子口无釉。口径 10.5、足径 3.9、高 5.5 厘米（图二五五，4；图版六三，1）。

瓷灯盏　1件。标本 F32：6，红褐胎。宽折沿，方唇，浅腹，平底。内底中心有一圈凸棱。口沿青釉基本脱落，腹、底无釉。口径 18.2、底径 9.2、高 3.8 厘米（图二五八，2；图版六三，2）。

瓷罐　2件。标本 F32：7，红褐胎。直口，圆唇，短流，深腹，单耳，平底。施褐釉，有流釉现象，口、底无釉。有烟熏痕迹。口径 6.8～8.4、腹径 9.4、底径 7.8、高 9.8 厘米（图二五八，11）。标本 F32：13，红褐胎。特征同标本 F32：7。口径 7.3～7.6、腹径 10.4、底径 7.8、高 10.8 厘米（图二五八，12；图版六三，3）。

另有瓷罐底 2件。标本 F32：32，夹砂褐胎。口残，腹下内收，凹底。腹上部施酱褐釉，下腹与底无釉。底径 13.4、残高 10 厘米（图二五八，7）。标本 F32：33，夹砂红胎。口残，直腹下内收，平底微凹。腹上部施黄褐釉，有流釉现象，下腹与底无釉。底径 13.4、残高 10.4 厘米（图二五八，6）。

瓷盖　1件。标本 F32：2，灰白胎。平顶，直壁，盖盘折沿，圆唇。饰青花条带纹、网带纹和朵花纹。青花晕散。圆唇外露胎。口径 5.8、顶径 3.8、高 1 厘米（图二五五，5；图版六三，4）。

陶盆　1件。标本 F32：16，泥质红陶。敛口，平折沿，圆唇，弧腹下内收，平底微凹。饰一周凹弦纹。口径 19.8、底径 10.5、高 11.6 厘米（图二五八，1；图版六三，5）。

铜钱　1枚（附表七）。

铁权　2件。标本 F32：23，亚腰形。桥形钮，圆孔，平底微凹。两侧有一道凸棱。直径 5.3～5.6、高 6.8 厘米（图二五九，5；图版六四，1）。标本 F32：25，圆柱体。环形钮，圆孔，平底残。底径约 5.8、残高 6.6 厘米（图二五九，4；图版六四，2）。

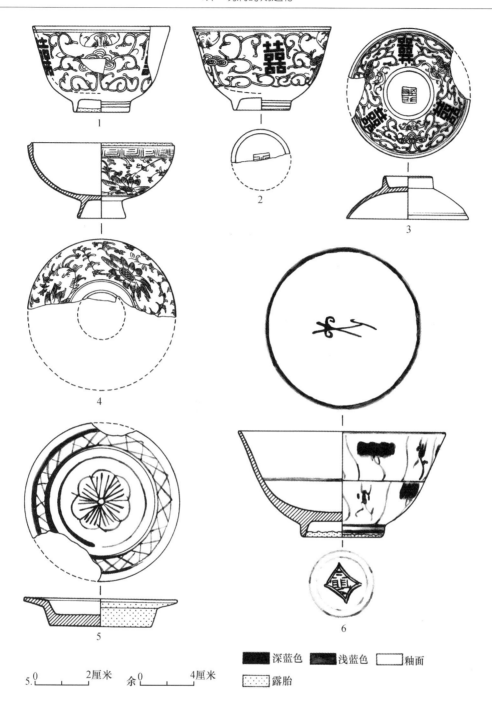

图二五五　F32 出土瓷器

1、2、6. 瓷碗（F32：36、F32：3、F32：15）　3. 瓷碗盖（F32：9）　4. 瓷盒（F32：12）　5. 瓷盖（F32：2）

铁火钳　2 件。形态相同。标本 F32：24，长 44 厘米（图二五九，6）。

铁勺　2 件。形态相同。标本 F32：22，圆形，圜底。柄残。勺径 11、高 2.8 厘米，残柄长 2 厘米（图二五九，2；图版六四，3）。

铁环　4 件。形态相同。标本 F32：17，圆形，残。直径 31.2 ~ 32 厘米（图二五九，1）。

铁把　1 件。标本 F32：34，圆锥形，中空。尖残。直径 3、残长 15 厘米（图二五九，3）。

珍珠　7 件。形态相同。其中，六件白色，一件粉红色。标本 F32：1，扁圆形。饰花纹。直径 1.2 ~ 1.4、孔径 0.3 厘米（图二五九，9、10；图版六四，4）。

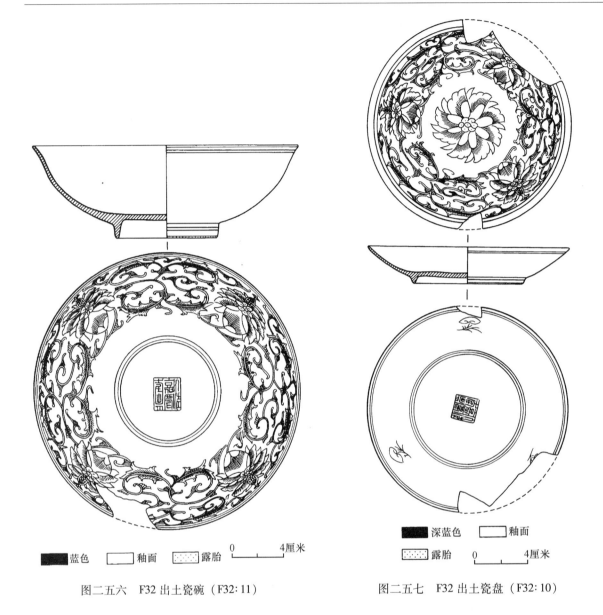

图二五六　F32 出土瓷碗（F32：11）　　　图二五七　F32 出土瓷盘（F32：10）

骨簪　1件。标本F32：21，残，长圆锥形。饰凹弦纹。残长4.85厘米（图二五九，7）。

F33　位于AT17的西南部，南延至探方外的部分未予发掘。开口在第4层下，距地表深80～100厘米。打破第5层。

仅暴露房址东北角的部分墙基。北墙基的西部被破坏，墙基东西残长290、南北残宽120厘米。墙基用石块垒砌，其上用青灰砖做空斗墙，砖长24.5、宽15、厚3厘米，砖墙残高15厘米。

房址废弃堆积为沙性黄土，含少量青花瓷片（图二六○）。

F34　位于AT13的南部和AT12的西南部，北临F6，南延至探方外的部分未予发掘。开口在第1层下，距地表深90～120厘米。打破生土。

房址平面呈长方形，方向3°。东西长1280、南北残宽500～580厘米。残存部分墙基（参见图二二六，4）。

墙基用长条石砌筑而成，宽40、残高30～50厘米。

房址的废弃堆积厚约50厘米，含青花瓷片等。器类有瓷碗、罐、壶、盆、盖及铜簪等。

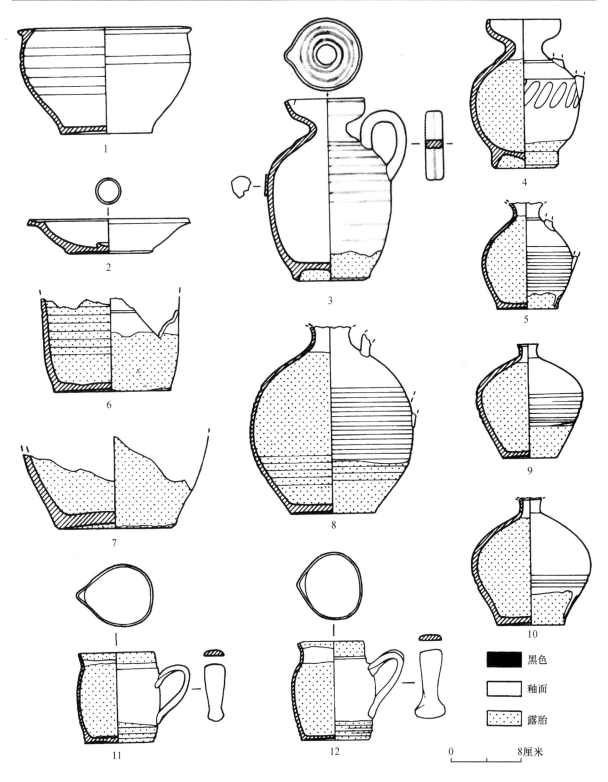

图二五八　F32 出土瓷器、陶器

1. 陶盆（F32:16）　　2. 瓷灯盏（F32:6）　　3～5、8. 瓷壶（F32:5、F32:30、F32:29、F32:28）　　6、7、11、12. 瓷罐
（F32:33、F32:32、F32:7、F32:13）　　9、10. 瓷瓶（F32:31、8）

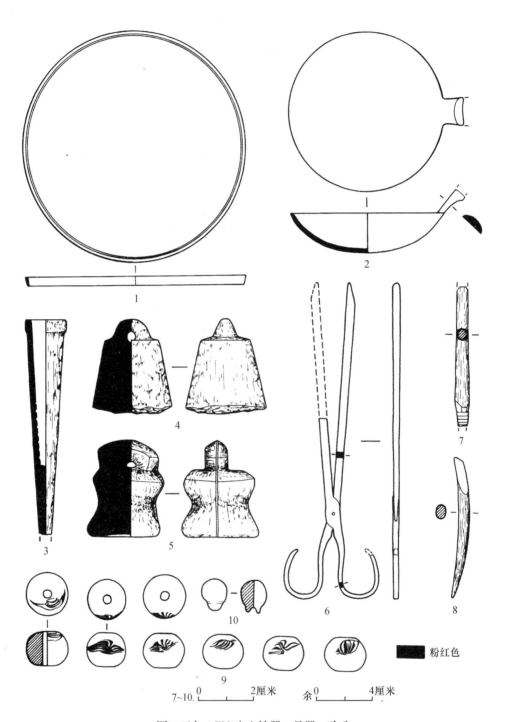

图二五九　F32 出土铁器、骨器、珍珠

1. 铁环（F32:17）　2. 铁勺（F32:22）　3. 铁把（F32:34）　4、5. 铁权（F32:25、F32:23）　6. 铁火
钳（F32:24）　7. 骨簪（F32:21）　8. 兽牙（F32:20）　9、10. 珍珠（F32:1）

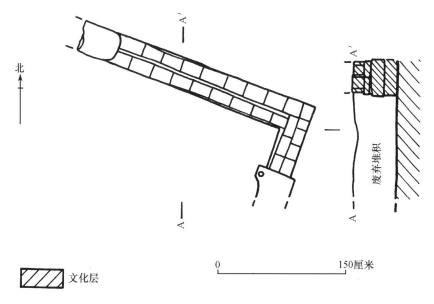

北

文化层

0　　　　　　　　150厘米

图二六〇　F33 平、剖面图

废弃堆积

瓷碗　3 件。标本 F34：3，敞口，圆唇，弧腹，平底，矮圈足。饰青花条带纹、朵花纹、卷草纹和缠枝莲花纹。足内底饰青花减笔"大清嘉庆年制"六字篆书单框款。碗内底烧后刻"年"字。削足无釉。口径 14.6、足径 6.2、高 6.6 厘米（图二六一，2；彩版一六，4；图版六五，1）。标本 F34：4，黄胎。敞口，圆唇，弧腹，圜底，矮圈足。饰青花条带纹、团花纹和几何纹，青花发色黑暗，釉色灰黄。削足无釉，碗内一周露胎痕。口径 17.2、足径 7.8、高 7.5 厘米（图二六一，1；图版六五，2）。标本 F34：6，敞口，圆唇，浅腹，矮圈足，足内一乳状凸起。饰青花条带纹、花卉纹。削足无釉。口径 14.8、足径 7.2、高 5.1 厘米（图二六一，3）。

瓷罐　3 件。标本 F34：2，夹砂褐胎。直口，平沿，圆唇，束颈，溜肩，弧腹下内收，平底微凹。饰弦纹、瓦棱纹，施黄色青釉，有流釉现象。下腹无釉，砂底。口径 12.4、腹径 18.2、底径 12.4、高 17～18 厘米（图二六二，2；图版六五，3）。标本 F34：9，夹砂褐胎。直口，方唇，腹残。口内隔墙中心一个圆孔。外壁施黄褐色青釉，口沿露胎。口径 8.8、腹径 11.2、残高 6.6 厘米（图二六二，6）。标本 F34：8，夹砂红褐胎。敛口，束颈，圆唇。颈外附加侈沿，鼓腹，凹底。饰拍印篮纹，施黄褐色青釉，釉不到底。口径 14.8、腹径 31.6、底径 16.2、高 36 厘米（图二六二，1；图版六三，6）。

瓷壶　1 件。标本 F34：1，夹砂褐胎。小口残，细颈，溜肩，单耳，鼓腹下内收，平底微凹。饰瓦棱纹，施酱褐色青釉，有流釉现象。砂底。腹径 11.6、底径 7.2、残高 12 厘米（图二六二，3；图版六五，4）。

瓷盆　1 件。标本 F34：5，泥质红胎。敛口，附耳，束颈，斜直腹，平底内凹。施黄褐色青釉，有流釉现象。砂底。口径 31.6、底径 25.2、高 15.3 厘米（图二六二，4；图版六五，5）。

瓷盖　1 件。标本 F34：7，夹砂灰褐胎。弧顶，曲壁，方唇。盖顶施酱褐色青釉并印方框团花纹，有流釉现象。余露胎。口径 9.2、高 1.9 厘米（图二六二，7）。

铜簪　1 件。标本 F34：10，圆伞形顶，长圆锥状。锈蚀弯曲。长 9.9 厘米（图二六二，5）。

F35　位于 AT3 的南部、AT10 的北部、AT4 和 AT11 的东部，东侧延至隔梁下未予发掘。开口在 F7 和 F9 下，打破第 2 层。与西侧的 F43 存在共生关系。

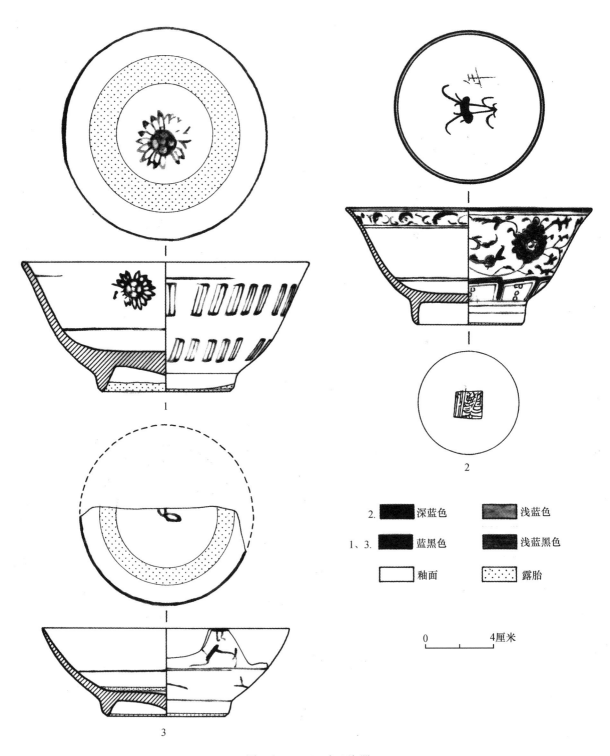

2. ■深蓝色　　　■浅蓝色

1、3. ■蓝黑色　　　■浅蓝黑色

□釉面　　　▦露胎

0　　　　4厘米

图二六一　F34 出土瓷器

1~3. 瓷碗（F34：4、F34：3、F34：6）

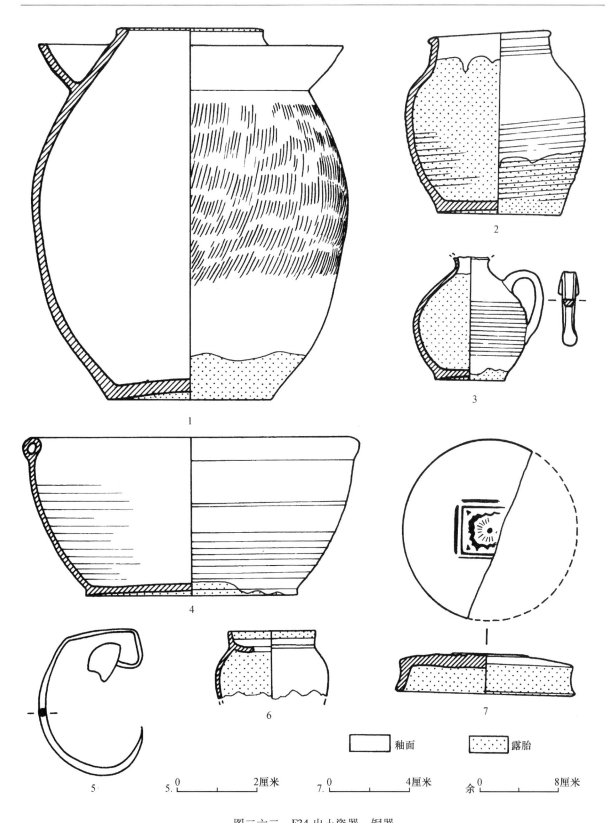

图二六二 F34 出土瓷器、铜器

1、2、6. 瓷罐（F34：8、F34：2、F34：9） 3. 瓷壶（F34：1） 4. 瓷盆（F34：5） 5. 铜箸（F34：10） 7. 瓷盖（F34：7）

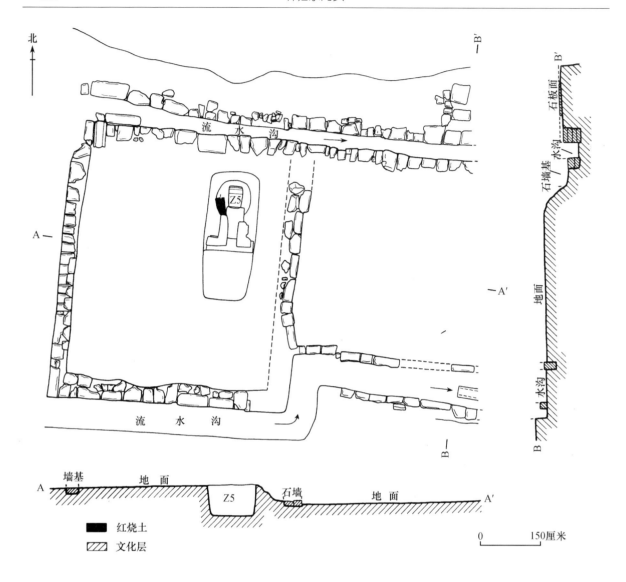

图二六三　F35 平、剖面图

房址平面呈不规则长方形，坐南朝北。东西长 1100、南北宽 500~850 厘米。残存部分墙基、灶、排水沟等（图二六三；图版五六，2）。

墙基用不规整的石块垒砌而成，外侧平齐，内侧不平。基槽宽 40~50、深 10~20 厘米。西侧房间近方形，南北长 550、东西宽 500 厘米。东侧房间呈长方形，南北长 450、东西残宽 440 厘米。

排水沟位于房址南北两侧，沟底西高东低。北侧的排水沟呈长条形，北临东西向石板路，西接 F43 的排水沟，残长 1000、宽 25~50、深 50 厘米。南侧的排水沟呈曲尺形，长 1230、宽 70、深 16 厘米。

灶位于西侧房间的东北部（编号 Z5），平面呈长方形，南北向，半地穴式，南北长 315、东西宽 110~130、残深 50~90 厘米。建筑方法是先挖坑，再砌灶。灶台已破坏殆尽，分灶体和灶坑两部分。灶体位于北部，底部用石块砌成通风出渣口，其上覆盖一层石板，再在石板上用灰砖砌成火道和火膛。通风出渣口呈长方形，宽 37、高 68、进深 147 厘米。火膛与火道连成一体，平面呈葫芦形，与通风口连接部位用铁齿间隔。火膛直径 90、残深 23 厘米。火道宽 22、残高 15 厘米。灶坑位于南部，平面呈梯形，北端略宽，壁陡直并抹一层石灰，底南高北低，南北长 118、东西宽 104~126、深 72~78 厘米。灶内废弃堆积中含一件瓷碗残片（图二六四）。

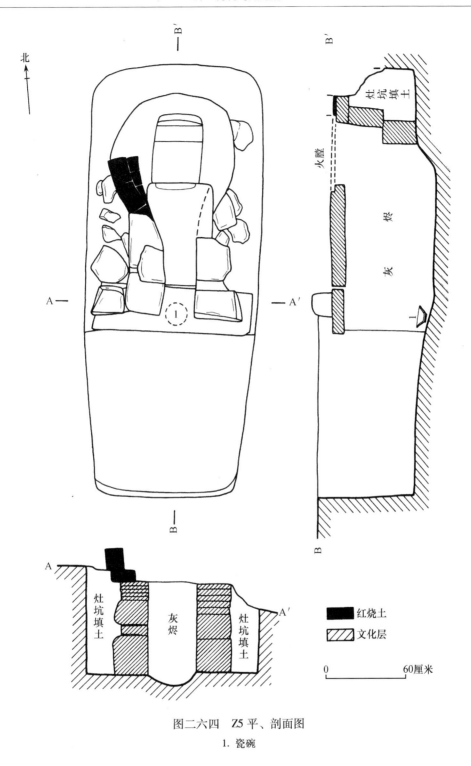

图二六四 Z5 平、剖面图
1. 瓷碗

房址垫土厚约 10 厘米,黄色土,包少量瓷片,器类有瓷勺等。

瓷碗 1 件。标本 Z5:1,灰白胎。敞口,厚圆唇,斜直壁,矮圈足,足内一乳状凸起。施褐釉,有流釉现象。碗内底及足均露胎。口径 17.2、足径 8、通高 4.8 厘米(图二六六;图版六五,6)。

瓷勺 1 件。标本 F35:1,白胎。勺头如斗形状,内平、底凹。柄残。饰青花卷草纹和叶带纹。底外部有一周炻口。口宽 5.3、底长 2.6、底宽 2、残高 2.5 厘米(图二六五)。

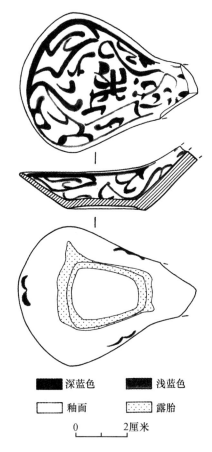

深蓝色　　　　浅蓝色

釉面　　　　露胎

0　　　　　2厘米

图二六五　F35 出土瓷勺（F35:1）

　　F38　位于 AT18 的西南部，南部在探方外未予发掘。开口在第 4 层下，距地表深 65～125 厘米。打破第 5 层。

　　房址平面整体不明，据暴露部分看呈长方形，方向 35°。残存部分墙基和地面（图二六七）。

　　墙基用石块垒砌。北墙基残长 625 厘米，西墙基残长 375 厘米，墙基宽约 40 厘米。房址垫土厚约 20～40 厘米。

　　北墙基北侧用石块砌筑护培，石培宽约 55 厘米。

　　残留的地面仅存局部，用砖平铺而。

　　房址的废弃堆积中含少量青花瓷片。

　　F39　位于 BT9～BT12 内，南与 F11 相接。开口在第 1 层下，距地表深 10～80 厘米。打破第 2 层。

　　房址平面呈长方形，方向 343°。东西长 1350～1390 厘米，南北宽 990～1020 厘米。残存墙基和部分排水沟（图二六八）。

　　墙基保存较完整。建筑方法是先挖基槽再用石块错缝砌筑。基槽宽 28～35、深 105～128 厘米。

　　排水沟位于房址的东部，南北向，用长条石凿沟槽直线排列。残长 510、宽 30 厘米，沟槽宽 15～18、深 20 厘米。

　　房址的废弃堆积厚约 70～95 厘米，褐黄色土，夹碎石和红烧土，含少量青花瓷片等遗物。

　　F40　位于 BT16 的南部，东延至 BT15 的西南部。开口在第 2 层下，打破第 3 层。与东侧的 F41 存在共生关系，与南侧的 F46 可能属于同一建筑。

　　房址平面呈长方形，方向 355°。东西残长 1000、南北宽 350 厘米。残存部分墙基（图二六九）。

　　墙基仅保存部分东墙基和北墙基。建筑方法是先挖基槽再用石块填土砌筑。基槽深 30～70 厘米。

　　F41　位于 BT13～BT15、BT17～BT19 内，南部延至探方外未予发掘。开口在 BT13、BT14、BT15 和 BT19 第 2 层下、BT17 与 BT18 第 1 层下。其下未发掘。与东侧的 F39 存在共生关系。

　　房址平面呈长方形，坐南朝北，方向 340°。东西长 2350、南北宽 1100 厘米。残存部分墙基、地面、石培、排水沟等（图二七○）。

　　墙基可分东西两部分，西部依附东部而建。东部墙基长 1450 厘米，西部墙基长 900 厘米。墙基用石块砌筑而成，东部墙基宽 80～110 厘米，西部墙基宽 65～75 厘米。

　　墙基内垫土分两层，南高北低。地面多被破坏，仅西部房间东南角局部残留，其上有草木灰痕。东部房间内长 1300、宽 950 厘米。西部房间内长 850、宽 950 厘米。一条南北向的墙基又将西部房间分隔成东西两部分。

　　石培位于房址北侧，南距北墙基约 325

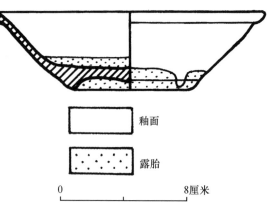

釉面

露胎

0　　　　　　8厘米

图二六六　Z5 出土瓷碗（Z5:1）

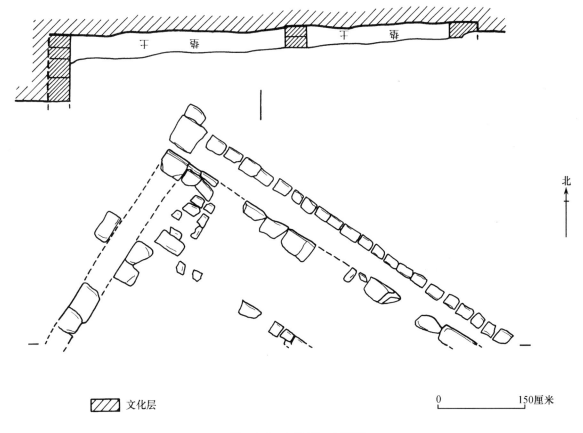

北

文化层　　　　　　　　　　　　　　　　　　　　　0　　　　　　150厘米

图二六七　F38 平、剖面图

厘米，走向与北墙基一致。

　　排水沟位于西墙基的西侧，用石块砌筑而成，南北向，宽 50～100 厘米。北墙基北侧残留两块东高西低的石排水槽朝向排水沟。

　　房址的垫土层内含少量青花瓷片和一枚"康熙通宝"铜钱。

　　F43　位于 AT4 的南部，西延至 AT5 的东部，南延至 AT11 的北部。开口在 F7 下，打破生土。与东侧的 F35 存在共生关系。

　　房址平面呈长方形，坐南朝北，方向 3°。东西长 1410、南北宽 470 厘米。残存部分墙基和排水沟等（图二七一；图版五七，1）。

　　墙基用石块砌筑，宽约 30～70 厘米。墙基内垫黄褐色土，地面较平。一条南北向的隔墙将房址分成东西两间。东侧房间内长约 880 厘米，西侧房间内长约 480 厘米。隔墙宽约 15 厘米。

　　西侧房间的西南部有一用砖铺砌的堆积，平面呈方形，长、宽约 100 厘米。

　　排水沟位于北墙基北侧，北临东西向石板路，东接 F35 的北侧排水沟。沟底西高东低，宽约 70 厘米。

　　房址的废弃堆积厚约 10 厘米，含少量青花瓷片和一枚"乾隆通宝"铜钱。

　　F44　位于 AT16 内，东延至 AT15 的西部。开口在第 2 层下，距地表深 80～125 厘米。打破生土。

　　房址平面呈长方形，方向 10°。东西残长 1100、南北宽 650 厘米。残存部分墙基、居住面、台阶（图二七二）。

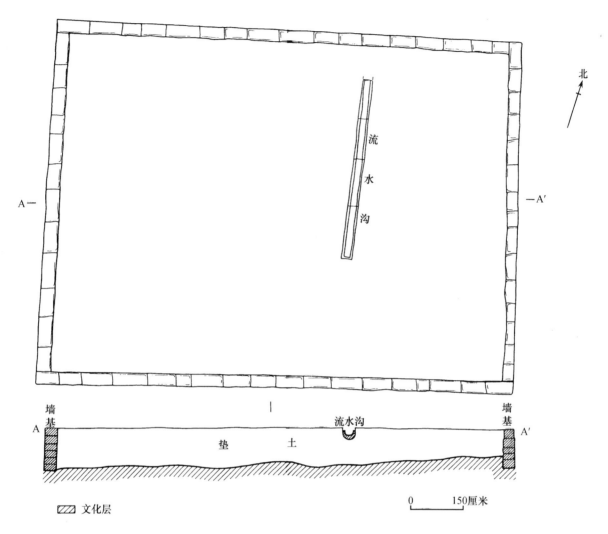

图二六八　F39 平、剖面图

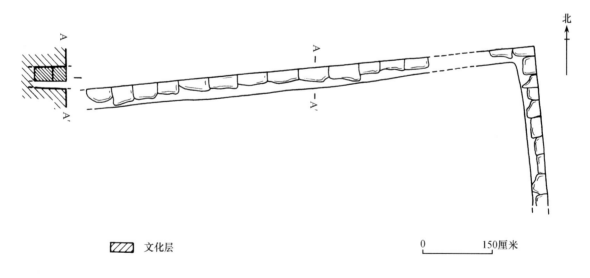

图二六九　F40 平、剖面图

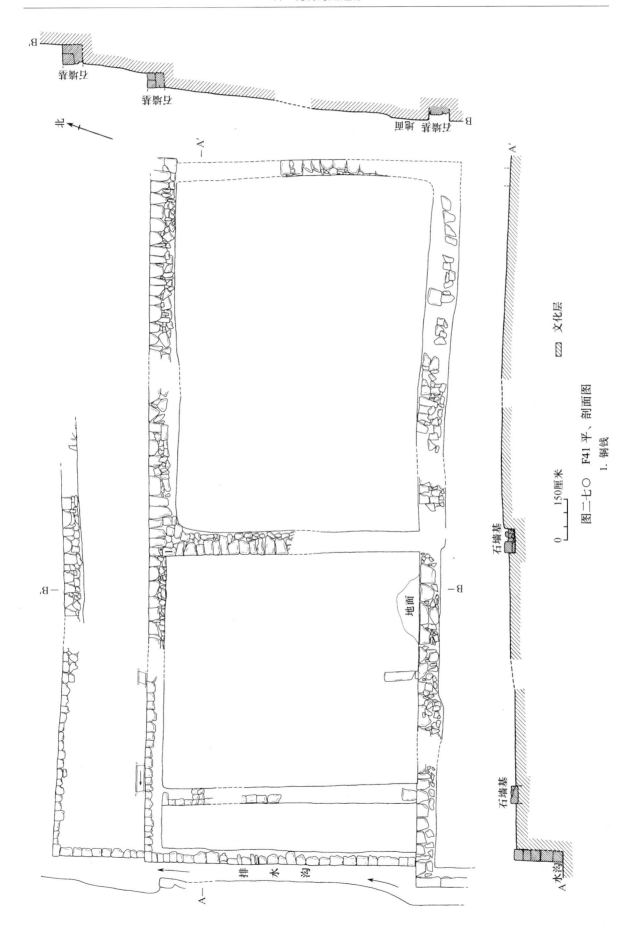

图二七〇　F41 平、剖面图

1. 铜线

石墙基　　　　　文化层

0　　150厘米

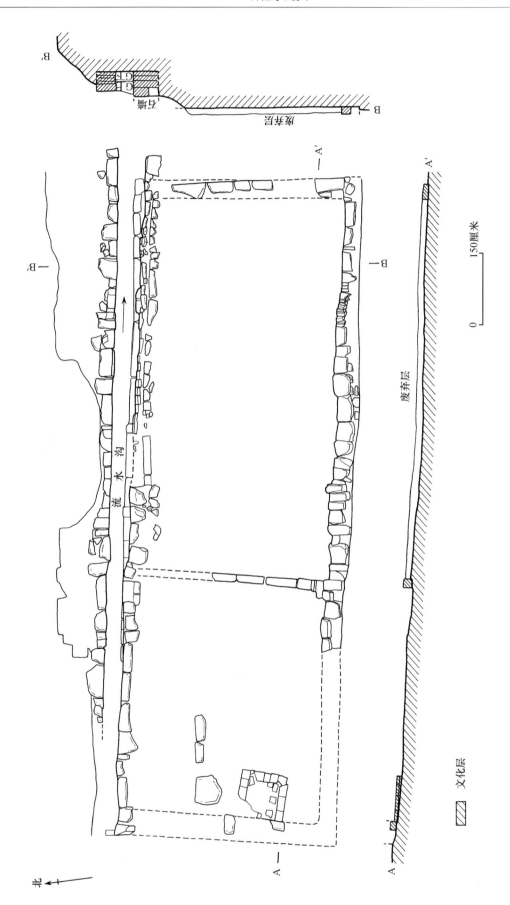

图二七一　F43 平、剖面图

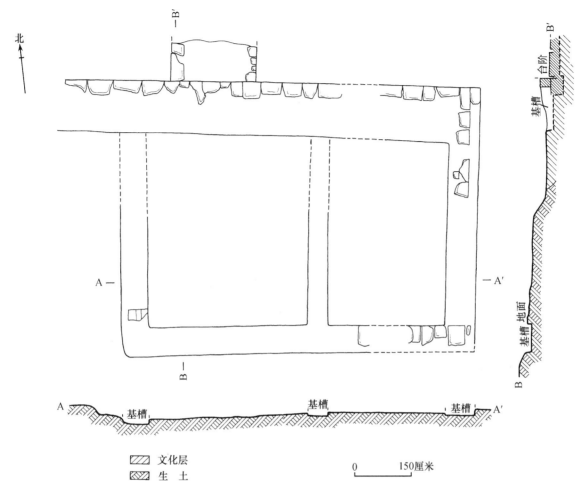

图二七二 F44 平、剖面图

墙基的建筑方法是先挖基槽再用石块砌筑墙基。北基槽宽约130厘米，其他基槽宽约50～80厘米，石墙基宽约40厘米。其上的墙体已毁，建筑材料及方式不清。

东侧房间内残存部分居住面，面平，其上铺垫木炭灰，含少量青花瓷片。

台阶位于西侧房间北墙基中部的北侧，用石条叠砌而成。石台阶宽110、残高60厘米。

F45 位于BT22内，东延至BT21西南部，西延至BT23东部。开口在BT22和BT23第4层下、BT21第3层下，打破BT22和BT23第5层、BT21第4层。

房址平面呈长方形，方向335°。东西宽1350、南北残长500～800厘米。残存部分墙基和台阶（图二七三）。

墙基的建筑方法分两种。北墙基直接用加工的长方形条石错缝垒砌而成，宽40～50、残高80～90厘米。东、西墙基和隔墙基则先挖基槽再用石块填土砌筑。基槽宽40～50、残深25～30厘米。据墙基的布局，房址面阔两间。东侧的房间较窄，宽约350厘米；西侧的房间较宽，宽约880厘米。

台阶位于西侧房间北墙基中部的北侧，叠压F14地面。台阶用条石叠砌而成，残存四级，高约65厘米。

房址废弃堆积中多含青花瓷片。

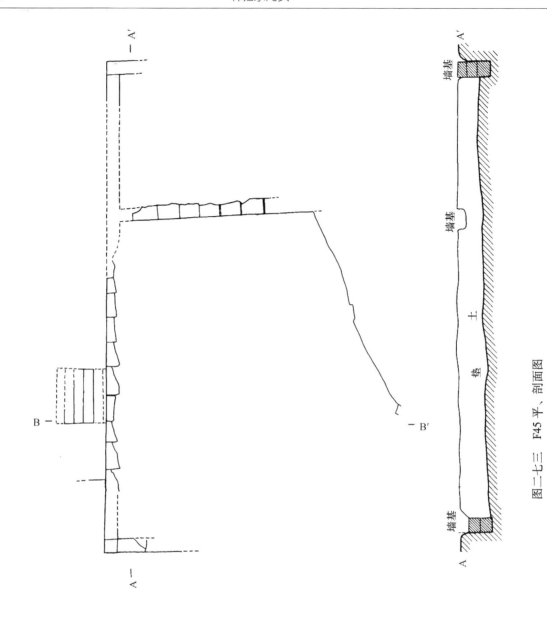

图二七三　F45 平、剖面图

F46　位于 BT20 的中部，东延至 BT19 西部，西延至 BT21 东部。开口在 BT19 与 BT20 第 2 层下、BT21 第 4 层下，打破 BT21 第 5 层。与北侧的 F40 存在共生关系，可能属于同一建筑。

房址平面呈长方形，方向 350°。东西残长约 1700、南北宽约 900 厘米。残存部分墙基、地面、排水沟（图二七四；图版五七，2）。

墙基呈长条形，东墙基、南隔墙基保存较好。建筑方法是先挖基槽再用石块填土砌筑。基槽深 25～50 厘米。

中部保存部分用石板铺设的地面，石板均为长方形，厚约 5～10 厘米。南隔墙基中部北侧有用石条铺设的台阶残迹。

落水井位于东部，圆形，用石块砌成，中间铺滤水铁齿，下接排水沟。排水沟宽约 20 厘米，其上覆盖石板，东北向延伸至东墙基外。

房址石板地面上覆盖一层较纯净的黄色淤沙，系洪水淤积形成。垫土中含青花瓷片，器类有瓷碗、杯等。

瓷碗　4 件。标本 F46：2，白胎。口残，弧腹，平底，矮圈足。饰青花条带纹和朵花纹。足内底饰青花双圈楷书款（残），可见"×化×造"字样。削足无釉。足径 4.2、残高 4.2 厘米（图二七五，1）。标本 F46：4，灰白胎。敞口，圆唇，斜直壁，矮圈足。饰青花条带纹和花卉纹。削足无釉，粘窑砂，跳刀痕明显。口径 16.4、足径 5.6、高 6.3 厘米（图二七五，3）。

瓷杯　1 件。标本 F46：5，直口，圆唇，深弧腹，平底，矮圈足。饰青花条带纹、水藻和鱼纹。足内底饰青花方框"士"字款。削足无釉。口径 6.8、足径 3.4、高 4.1 厘米（图二七五，2）。

2. 灶

2 座。编号 Z2-Z3、Z7。

Z2-Z3　位于 ATG1 的西南角。开口在 F8 下，打破 F22。

平面近长方形，坐南朝北，南北长 248～255、东西宽 200～234、残高 85～95 厘米。由灶台、灶坑两部分组成（图二七六）。

灶台位于北部，平面近长方形，东北角微弧圆，用土坯砖平地砌筑，工作面已残，东西长 232、南北宽 140、残高 86 厘米。灶台呈双连灶结构，由 Z2 和 Z3 组成，两灶之间的南侧有一置放水器的圆形凹窝，残径 44 厘米。凹窝的东西两侧有火道与火膛相通，东侧火道高 19 厘米，西侧火道残高 22 厘米。

Z2 位于灶台东侧。上部为火膛，平面呈圆形，横截面呈倒"凸"字形，残内径 70、残深 34 厘米。火膛内缘已烧结成红烧土面，厚 12～20 厘米。灶门位于南侧，宽 22 厘米。长方形通风口位于下部，周壁用条石磊砌，残高 50、宽 24 厘米。灶内堆积分二层：第 1 层厚约 68 厘米，黄褐色红烧土；第二层厚约 18 厘米，主要为煤渣。

Z3 位于灶台西侧。上部为火膛，平面呈葫芦形，横截面呈倒"凸"字形，残内径 58、残深 30 厘米。火膛内缘已烧结成红烧土面，厚 4 厘米。灶门位于南侧，宽 22 厘米。长方形通风口位于下部，周壁用条石磊砌，残高 52、宽 25 厘米。灶内堆积分二层：第 1 层厚约 74 厘米，黄褐色红烧土；第 2 层厚约 10 厘米，主要为木炭。

灶坑位于灶台南部，平面呈长方形，口大底小，底平坦。口长 200～218、宽 106～113 厘米，底长 186～208、宽 100、深 80～85 厘米。坑西壁中部有一不规则形凹窝，长约 48、高约 36、深约 16 厘米。坑内堆积分三层：第 1 层厚 30 厘米，灰褐色土夹红烧土块；第 2 层厚约 30 厘米，黄褐土夹石块；第 3 层厚约 20 厘米，炭碴。包含物有青花瓷片等，器类有瓷碗、铁勺、骨饰等。

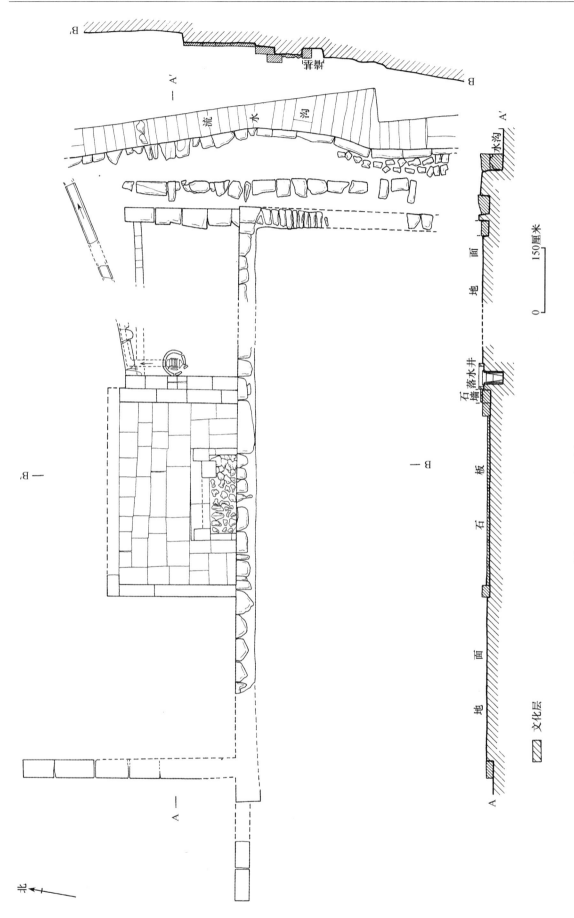

图二七四 F46 平、剖面图

北

流 水 沟

断崖

石落水井

石 板

地 面

水沟

地 面

0 150厘米

文化层

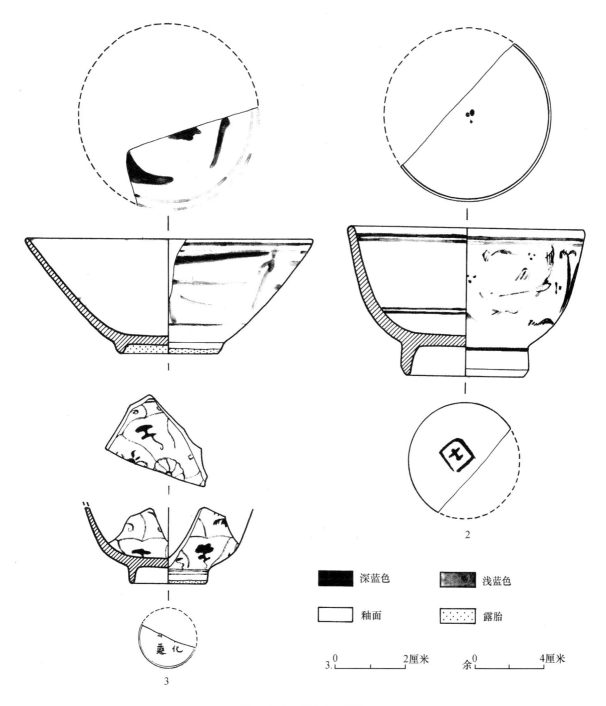

图二七五　F46 出土瓷器

1、3. 瓷碗（F46∶2、F46∶4）　2. 瓷杯（F46∶5）

　　瓷碗　1件。标本 Z2-Z3∶1，灰白胎。口残，弧腹，矮圈足。饰青花条带纹和花卉纹。削足无釉，有跳刀痕。复原足径 7、残高 3 厘米（图二七七，3）。

　　铁勺　1件。标本 Z2-Z3∶3，残长 14.2 厘米（图二七七，1）。

　　骨饰　1件。标本 Z2-Z3∶2，残。棱形，磨光。一面饰圆钻孔（未透），一面刻三条凹槽饰五个圆形钻孔（二组）。残长 6、宽 1.55、孔径 0.1~0.25 厘米（图二七七，2；图版七二，2）。

　　Z7　位于 AT17 的东南角。开口在第 3 层下，距地表深 20~30 厘米。打破第 4 层和第 6 层。平面呈甲字形，半地穴式，坐南朝北。南北残长 226、宽 164、残深 120 厘米。由灶台、火膛、通风口

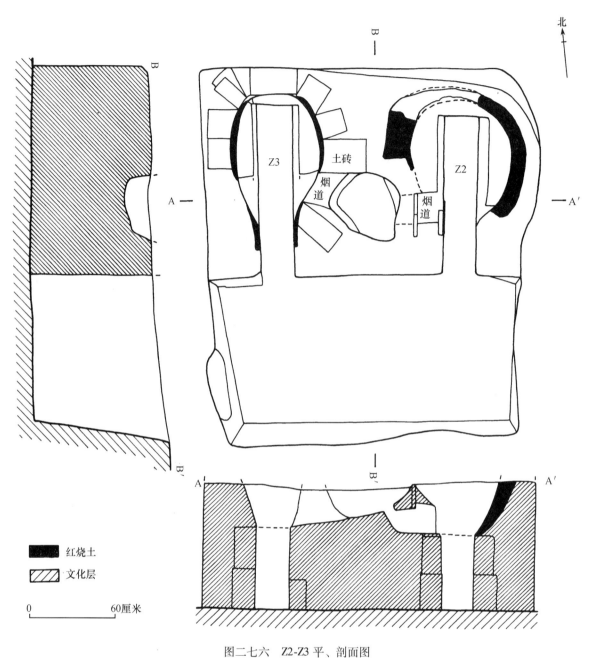

图二七六　Z2-Z3 平、剖面图

等部分组成。

通风口呈长方形，用石块砌筑，残长184、宽28、高60厘米。

灶台位于通风口之上，平面呈圆形，用扁砖和石块砌筑。工作面已毁。

火膛位于灶台内缘，平面呈圆形，直径100、残深38~56厘米。

灶内填土呈灰黄色，略含沙，土质松软，包含少量青花瓷碗残片等（图二七八）。

瓷碗　2件。标本 Z7:2，白胎。敞口，侈沿，圆唇，深直腹，矮圈足。饰青花条带纹、朵花纹和瑞兽纹。瑞兽似龙，张口露齿，瞠目，细颈圆身，四足长尾，髻毛向上后飘。削足无釉。口径11.3、足径5、高5.7厘米（图二七九，1；图版六六，1）。标本 Z7:1，白胎。敞口，圆唇，弧腹，圈足残。饰青花条带纹和山水、树木纹。青花发色灰暗有晕散。口径16.4、残高6厘米（图二七九，2）。

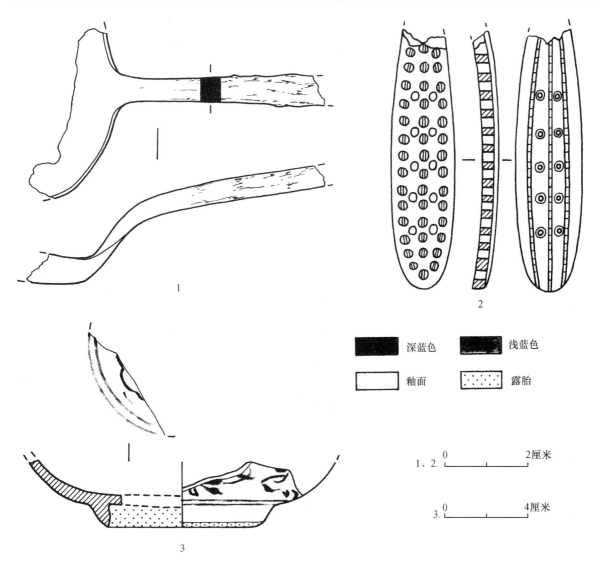

深蓝色　　　浅蓝色

釉面　　　露胎

图二七七　Z2-Z3 出土铁器、骨器、瓷器
1. 铁勺（Z2-Z3：3）　2. 骨饰（Z2-Z3：2）　3. 瓷碗（Z2-Z3：1）

（四）灰坑

共发现 3 个。编号 H5、H10、H11。

H5　位于 DT15 的西部。开口在第 6 层下，距地表深 375 厘米。打破第 8 层～第 11 层及生土。平面呈不规则圆形，坑口由西向东倾斜，斜壁，底不平。坑口直径 300 厘米，坑底东西长 265、南北宽 212、深 40～190 厘米。南壁上部有上下两个凹窝：上部凹窝较深，深 14 厘米；下部凹窝较浅，深 5 厘米。西壁有一个凹窝，深 24 厘米。坑底有 5 个小凹坑，呈梅花状，直径 30～40 厘米，深 5～10 厘米。灰黑色填土，含大量煤渣、铜渣及铁块。包含物有釉陶片、瓷片、铜钱及铁钱等，还有大量熔炉碎块及陶钟范残片。可能是铸造钟的废弃坑。钟范内阴刻有"紫云宫"、"天下太平"、"风调雨顺"、"国泰民安"、"大清道光二十八年□□月□旦宜昌分□……"和捐款人姓名及捐款数量等重要的文字。器类有陶盆、钟范、模具，瓷碗、盘、杯、盒等（图二八〇；图版五八，2）。

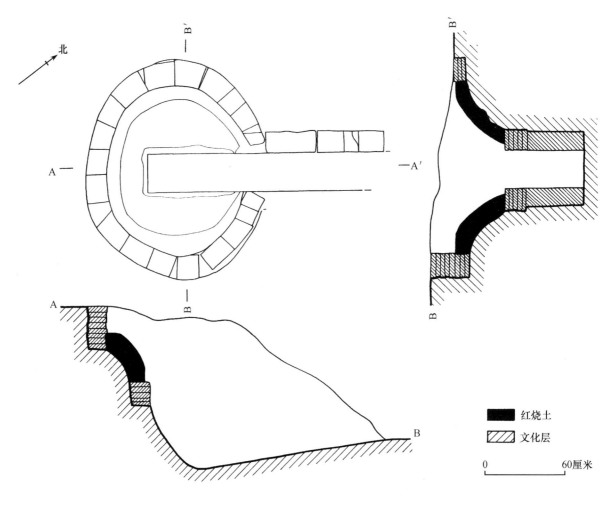

图二七八　Z7 平、剖面图

瓷碗　1 件。标本 H5∶10，敞口，圆唇，斜直腹，平底，矮圈足，内底有乳突。饰青花条带纹、花卉纹和双圈三点彩。削足无釉，粘砂。口径 13.4、足径 6.2、高 6.5 厘米（图二八一，6）。

瓷盘　1 件。标本 H5∶5，敞口，圆唇，浅腹，平底，矮圈足。饰青花条带纹和朵花纹。足内底饰青花双圈豆干款。口径 15、足径 9.2、高 2.9 厘米（图二八一，1；图版六六，2）。

瓷杯　2 件。标本 H5∶3，敞口，圆唇，深腹，平底，矮圈足。饰青花条带纹和朵花纹，唇部绘一周彩纹。削足无釉。口径 7、足径 3.6、高 3.6 厘米（图二八一，3）。标本 H5∶4，敞口，圆唇，斜直腹，圜底，矮圈足。饰青花条带纹和朵花纹。足跟内墙露胎。口径 5.8、足径 2、高 3.4 厘米（图二八一，4）。

瓷盒　1 件。标本 H5∶1，白胎。子母口，弧腹，平底，矮圈足。饰青花条带纹和婴戏纹。唇、足无釉。口径 8.8、足径 9.8、高 5.8 厘米（图二八一，5；图版六六，3）。

陶盆　1 件。标本 H5∶7，泥质红陶。盘口，圆唇，弧腹残。饰波浪纹。口径 30、残高 7.4 厘米（图二八一，2）。

陶钟范　1 件。标本 H5∶11，夹砂褐黑陶。残。弧顶残，斜直壁，敞口，方唇。内壁雕刻云纹和铭文等，可见"大清道光"、"风调雨顺"等铭文。口径 120、复原高 128 厘米（图二八二、图二八三）。

铜钱　4 枚（附表七）。

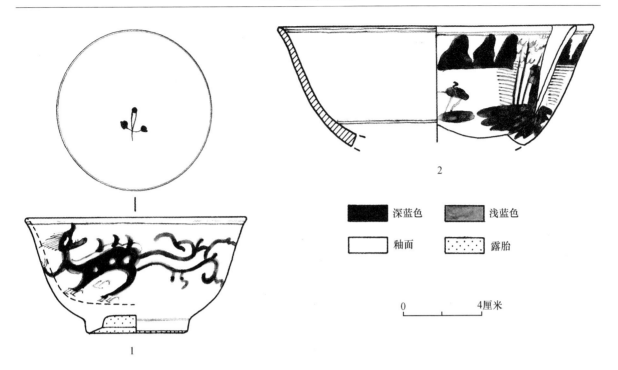

深蓝色　　浅蓝色　　釉面　　露胎

0　　　　4厘米

图二七九　Z7 出土瓷器
1、2. 瓷碗（Z7∶2、Z7∶1）

H10　位于 ATG1 西扩的西部。开口在 F22 第 1 层下，距地表深约 40 厘米。打破 H11。平面呈不规则椭圆形。东西长 146、南北宽 108、深 74 厘米。坑壁部分涂有一层石灰，斜壁，坑底不平。灰褐色填土，含大量石灰颗粒，土质松软。包含青花瓷及白瓷片等，器类有瓷碗、灯盏、铜钱、骨簪等（图二八四）。

瓷碗　1 件。标本 H10∶4，釉色闪青灰，青花发色蓝灰。敞口，圆唇，深腹，平底，矮圈足。饰青花条带纹和朵花纹。足跟露胎。口径 13.6、足径 5.4、高 7 厘米（图二八五，2）。

瓷灯盏　1 件。标本 H10∶3，黄白胎。分碗、柄和托盘三部分。碗敞口、平唇、三唇丁、缓腹圜底，长柄中空饰暗弦纹，托盘敞口、圆唇、斜壁、平底、三条状足。碗、柄、盘施绿釉，足露胎。可见跳刀痕，有烟熏痕迹。口径 7.2、盘径 14.4、足径 11.8、通高 19.8 厘米（图二八五，1；彩版一六，6；图版六六，4）。

铜钱　1 枚（附表七）。

骨簪　1 件。标本 H10∶1，扁长条形。一面较平，一面微弧，后端弯曲成勺形。长 15.2 厘米（图二八五，3；图版七二，3）。

H11　位于 ATG1 西扩的西南部。开口在 F22 第 1 层下，坑口距地表深约 40 厘米。被 H10 打破，打破 F22 第 3 层和第 4 层。平面呈圆角方形，斜壁，底较平。坑口长 194、宽 180、深 22~28 厘米（图二八六）。灰褐色填土，土质松软。包含物仅见几块碎陶片。

（五）窑

共发现 3 座。编号 Y1、Y2、Y4。

Y1　位于 BT2 的西南角和 BT3 的东南角。开口在 F14 和 BT3 第 7 层下，距地表深 150~165 厘米。打破墙 1。残存窑室、火膛、火门和土路等部分（图二八七）。

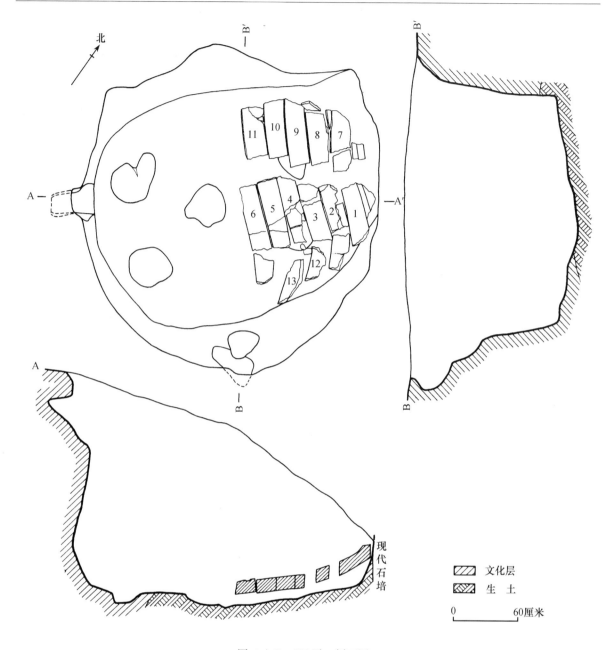

图二八〇　H5 平、剖面图

窑室位于南部，平面呈圆形，半地穴式，坐南朝北。直径265～300 厘米，残高135～175 厘米。利用废弃的墙1挖掘圆形窑坑，再砌筑窑室，底部整平。窑壁下部用石块错缝磊砌，石灰勾缝，上部用土坯砖错缝砌成，土坯砖长32.5、宽22、厚12 厘米。窑壁下部较直，上部内收，顶残，窑壁厚22～30 厘米。窑顶部已塌陷。

火门位于窑底北部，略呈长方形。用石块错缝砌墙，石板盖顶。上宽48、下宽69、高98、上残长61、下残长117 厘米。

火膛位于窑底北部，与火门相接。平面呈不规则方形。用石块与泥土错缝磊砌墙壁，东西长110、南北宽100、深48～62 厘米。

火门南的斜坡上有一条坚硬的灰色路土，表面光洁，其下垫一层石灰碴。长700、宽170～320、厚5～8 厘米。

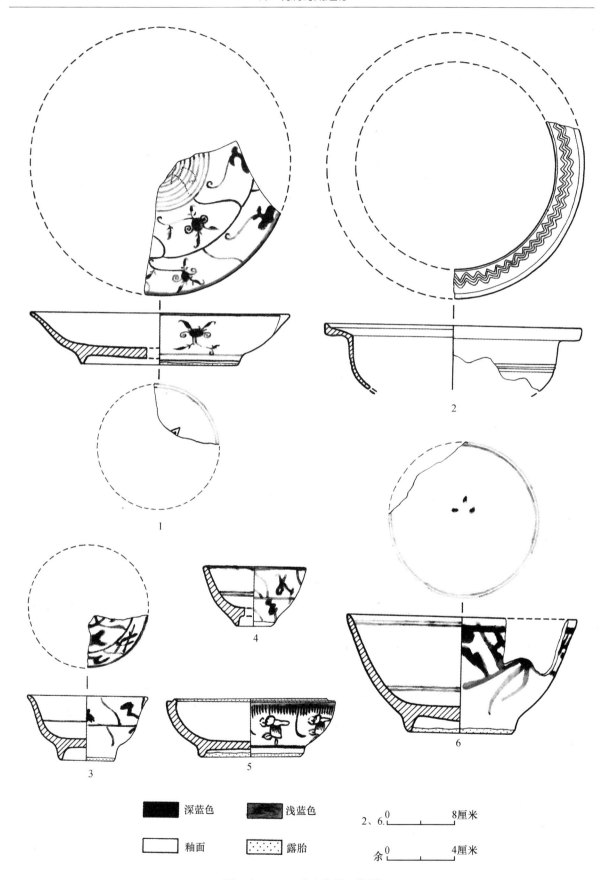

图二八一 H5 出土瓷器、陶器

1. 瓷盘（H5:5）　2. 陶盆（H5:7）　3、4. 瓷杯（H5:3、H5:4）　5. 瓷盒（H5:1）　6. 瓷碗（H5:10）

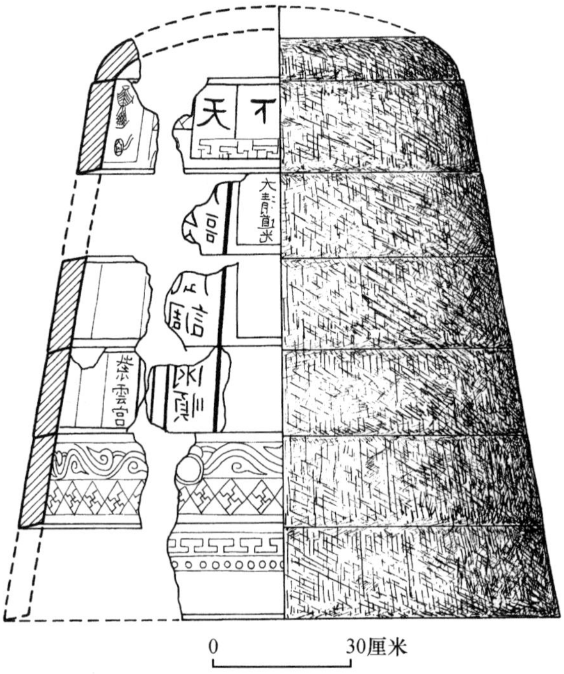

图二八二　H5出土陶钟范复原图（H5:11）

窑坑与窑壁之间的隙缝用土填实。窑室内填土分三层。第1层厚70～100厘米，属于F14的垫土，分布在窑室的上部。灰黄色土，土质硬而黏，夹杂少量石块。包含物有灰色绳纹瓦等残片。第2层厚40～70厘米，属于该窑的废弃堆积，分布在窑室底部。灰黄色沙质土，较松散。包含物有灰陶罐、砖瓦等残片。第3层厚50～80厘米，属于该窑的废弃堆积，分布在火膛和火门的底部。灰色土，夹杂草木灰和瓦碴。包含物有动物骨骼和陶砖瓦、青花瓷片等。

该窑的形状结构与近现代窑相似，据窑内废弃堆积物主要为砖瓦片推测，可能是烧制建筑材料的砖瓦窑。

Y2　位于CT2、CT3的南部、CT7及其北扩的西北部，部分被1997年发掘的探方破坏。开口在CT2第3层下、CT7及其北扩第6层下，距地表深110～255厘米。打破G3、CT2第4层、CT7第8层、CT7北扩第9层。该窑破坏严重，平面呈长方形，坐南朝北，南北残长466、东西残宽273、残高62厘米。残存窑室、窑床和烟道等部分（图二八八）。

窑室位于窑床上方，南北残长420、东西残宽216、残高42～62厘米。窑壁用石块铺底，在石块上用砖垒砌而成，壁厚20～48、残高31～45厘米。窑壁内敷有一层泥，厚1～2厘米，经火烧烤成红烧面。

窑床较平整，系一层厚1～13厘米的红烧土结面，其上遗留一层极薄的草木灰。南北残长420、东西残宽216厘米。

在窑室后壁与右壁的转角处有一凹缺，南北长19、东西宽10、残高26厘米，内有烟熏痕迹，并附着有较多的细小草木灰烬，推测是烟道残迹。

窑内填土呈黄色泛红，夹石灰碴、草木灰等，含大量黄红色布纹瓦片和少量瓷片。根据窑内废弃堆积主要为瓦片推测，该窑可能是烧制建筑材料的瓦窑。

Y4　位于CT7北扩的东北角，大部分延伸至东隔梁内。开口在第6层下，打破第8层。与其西部的Y2处于同一层位。仅残存部分窑室和窑床（参见图二二六，2）。

窑室南北残长112～140、东西残宽100厘米。窑壁用石块和土垒砌，壁厚30～40、残高8～93厘米。壁内侧敷有一层泥，厚2厘米。

窑床残存一层厚2～5厘米的红烧土结面，其上有一层厚0.4厘米的草木灰烬。

窑内填土为瓦砾堆积，厚35～80厘米。根据窑内废弃堆积物主要为瓦片推测，Y4可能是烧制建筑材料的瓦窑。

（六）墓葬

1座。编号M4。

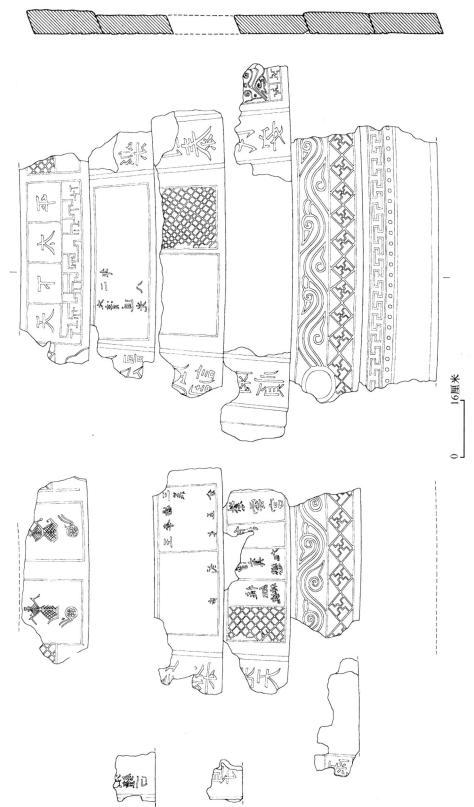

图二八三　H5 出土陶钟范（H5∶11）

0　　　16厘米

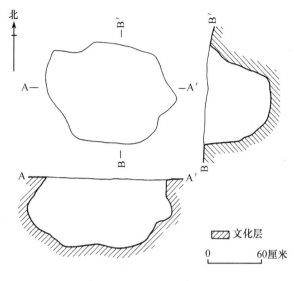

图二八四　H10平、剖面图

M4　位于CT8的东部。开口在第10层下，距地表深260厘米。打破生土。长方形土坑竖穴墓，南北向。墓口残长165、宽52~68厘米。墓底不平，北低南高，残长160、宽38~57、深6~21厘米。人骨保存较差，单人仰身直肢葬，双手交于腹部，头南足北，面向西，头向188°。性别、年龄不详。葬具已腐烂，仅存铁棺钉。灰黑色填土，土质松软，含青花瓷碗碎片。无随葬品（图二八九，1）。

瓷碗　1件。标本M4:01，敞口，侈沿，圆唇，深腹，平底，矮圈足。饰青花条带纹和狐狸、花卉纹。口径14、足径6.2、高7厘米（图二八九，2）。

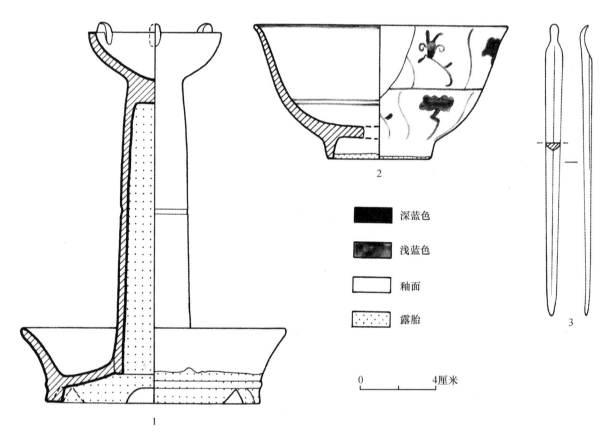

深蓝色
浅蓝色
釉面
露胎

图二八五　H10出土瓷器、骨器

1. 瓷灯盏（H10:3）　2. 瓷碗（H10:4）　3. 骨簪（H10:1）

（七）文化层

A区、B区、C区和D区均有分布。

DT5②层 器类有瓷碗、杯等。

瓷碗 2件。标本DT5②：2，敞口，侈沿，圆唇，弧腹，平底，矮圈足。内饰青花双圈小花纹，外饰青花单枝小花纹，底饰青花双圈小豆干款，后刻一"王"字。削足无釉。口径9、足径4.6、高3.4厘米（图二九○，2）。标本DT5②：3，敞口，圆唇，弧腹，平底，矮圈足。饰青花条带纹、朵花纹等，纹饰简单潦草，削足无釉。见修坯痕。口径13、足径6.6、高5.4厘米（图二九○，1）。

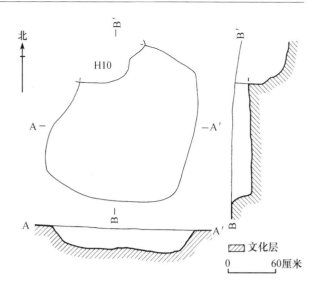

图二八六 H11平、剖面图

瓷杯 1件。标本DT5②：1，敞口，圆唇，弧腹，圜底残，矮圈足。饰青花朵花纹和条带纹。足底露胎。口径7.6、足径3.4、高4厘米（图二九○，3）。

DT17④层 器类有瓷碗等。

瓷碗 5件。标本DT17④：3，敞口，侈沿，圆唇，弧腹，平底，矮圈足。饰青花单圈兰花纹。青白釉，足底露胎，粘砂。口径11.6、足径4.7、高5.9厘米（图二九一，2）。标本DT17④：4，敞口，圆唇，斜直腹，圜底，矮圈足。内壁饰二组青花双圈花卉纹，外壁饰青花三角点彩纹带，花色蓝灰黑。卵青釉，足底露胎，粘砂。见放射状跳刀痕。口径13、足径4.4、高5.3厘米（图二九一，4；图版六六，5）。标本DT17④：5，敞口，侈沿，圆唇，斜直腹，圜底，矮圈足。内壁饰二组青花双圈松竹梅纹，外壁青花潦草，花色灰黑兰。青釉，足底露胎，粘砂。见跳刀痕和旋痕。口径13.6、足径4.6、高4.2厘米（图二九一，1；图版六六，6）。标本DT17④：6，敞口，圆唇，弧腹，平底，矮圈足。内壁饰青花双圈"寿"字纹和重十字菱形小花纹。削足无釉，粘砂。口径13.2、足径5、高4.4厘米（图二九一，3；图版六七，1）。标本DT17④：13，红胎。敞口，圆唇，斜直腹，圜底，矮圈足。饰青花条带纹和点彩小叶纹，花色灰。灰釉橘皮状，有缩釉现象，足底露胎。口径13、足径3.8、高5.4厘米（图二九一，5）。

DT18③层 器类有瓷碗等。

瓷碗 2件。标本DT18③：3，黄胎。敞口，圆唇，斜直腹，矮圈足。饰二组青花双圈夔龙纹，花色蓝黑。青釉，胫足接处缩釉，足底露胎。见放射状跳刀痕。口径12.4、足径5.4、高5厘米（图二九二，8）。标本DT18③：4，黄胎。敞口，侈沿，圆唇，弧腹，底、足残。饰青花云纹。复原口径15、残高5.3厘米（图二九二，1）。

DT18④层 器类有铁叉、剪等。

铁叉 1件。标本DT18④：1，双叉，长条形柄。长28.5、宽8.2厘米（图二九二，2）。

铁剪 1件。标本DT18④：2，残。残长18.2厘米（图二九二，6）。

DT23②层 器类有铜烟斗等。

铜烟斗 1件。标本DT23②：1，圆筒形。长8.2、直径0.7~1厘米（图二九二，7）。

DT29⑤层 器类有玉饰等。

玉饰 1件。标本DT29⑤：2，残。扁圆形。刻凹槽。残长2.5、宽1.1、厚0.4厘米（图

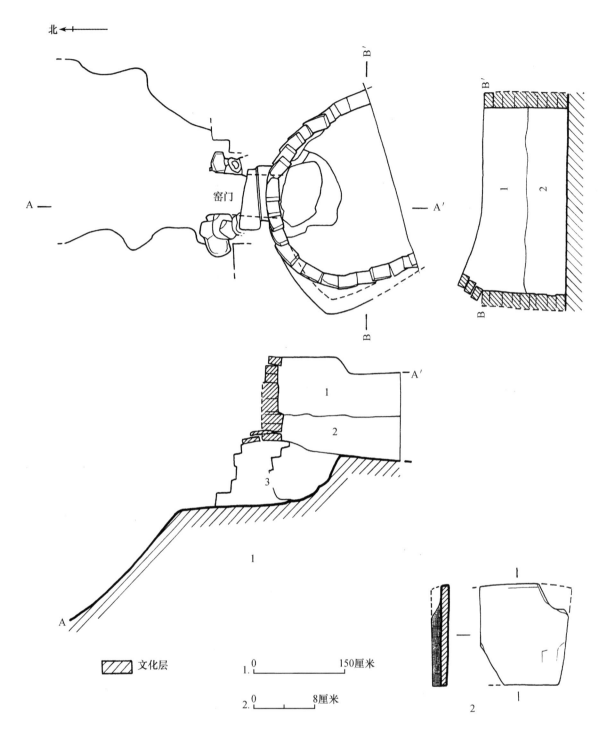

图二八七　Y1 平、剖面图及出土陶板瓦
1. Y1 平、剖面图　2. Y1②层出土陶板瓦（Y1②:1）

二九二，5)。

　　DT44②层　器类有瓷罐等。

　　瓷罐　1 件。标本 DT44②:1，夹砂褐胎。直口，圆唇，短流，束颈，深弧腹，单耳，平底微凹。施黑褐釉，口部露胎。见旋痕和烟熏痕。口径 8.8～9.2、腹径 10.8、底径 9.2、高 12.4～12.6厘米（图二九二，3）。

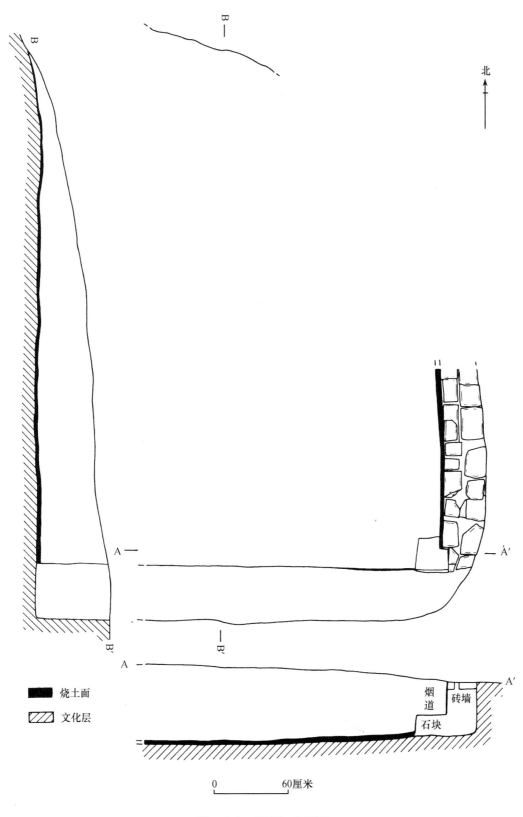

图二八八　Y2 平、剖面图

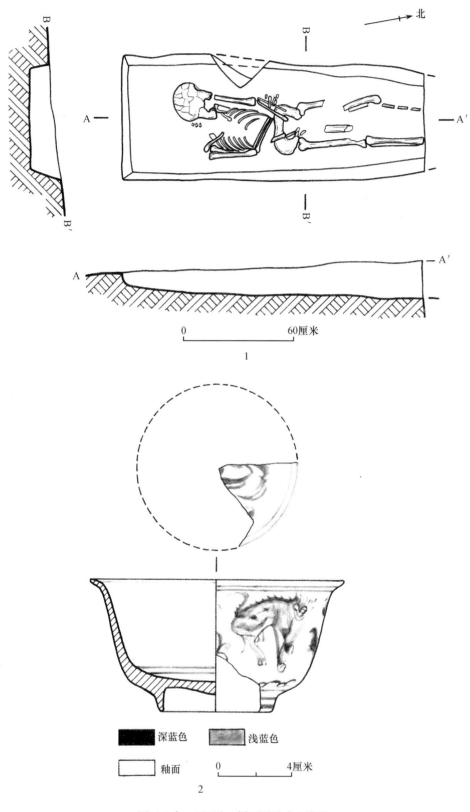

图二八九　M4 平、剖面图及出土瓷碗
1. M4 平、剖面图　2. 瓷碗（M4:01）

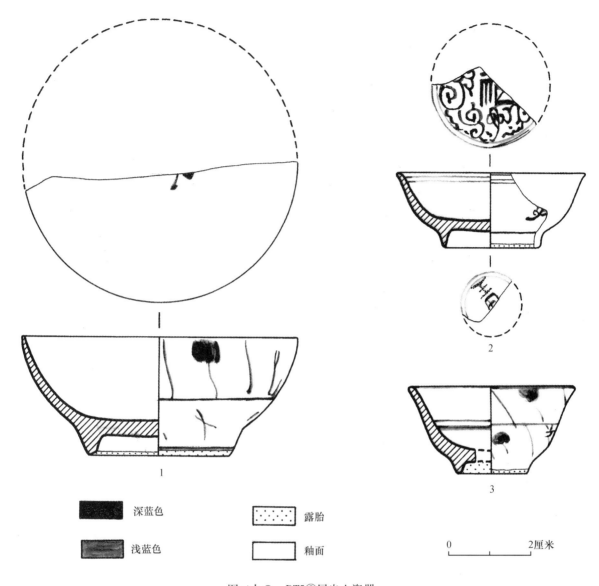

深蓝色

浅蓝色

露胎

釉面

0　　　　　2厘米

图二九〇　DT5②层出土瓷器

1、2. 瓷碗（DT5②:3、DT5②:2）　3. 瓷杯（DT5②:1）

　　DT51②层　器类有瓷碗、陶瓦当等。

　　瓷碗　5件。标本 DT51②:1，敞口，圆唇，弧腹，圜底，矮圈足。腹饰青花过枝龙纹，足底饰青花双圈双框豆干款。花色黑蓝，有色阶。白釉泛青灰，削足露胎。口径18、足径7.6、高7.6厘米（图二九三，5）。标本 DT51②:2，敞口，侈沿，圆唇，斜直腹，圜底，矮圈足。饰晕散青花，图案模糊，花色灰黑。内壁饰刻划暗纹。釉色灰，内壁一周露胎带，足底露胎。口径13.2、足径7.2、高5.3厘米（图二九三，3）。标本 DT51②:3，敞口，侈沿，圆唇，弧腹，平底，矮圈足。饰青花双圈纹和瑞兽纹，花色黑灰。灰釉，削足露胎，粘砂。口径14.6、足径7.6、高6.5厘米（图二九三，2）。标本 DT51②:4，灰白胎。敞口，圆唇，斜直腹，平底，矮圈足，足底心一乳突。饰四朵青花团花纹。内壁一周露胎带，足底露胎。见修坯痕。口径15.5、足径7.5、高5.8厘米（图二九三，1；图版六七，2）。标本 DT51②:5，灰白胎。敞口，侈沿，圆唇，弧腹，平底，矮圈足。饰青花双圈纹和瑞兽纹，花色蓝灰。釉灰青，胎釉结合处有窑红，足底露胎。口径9、足径4.2、高4.9厘米（图二九三，6）。

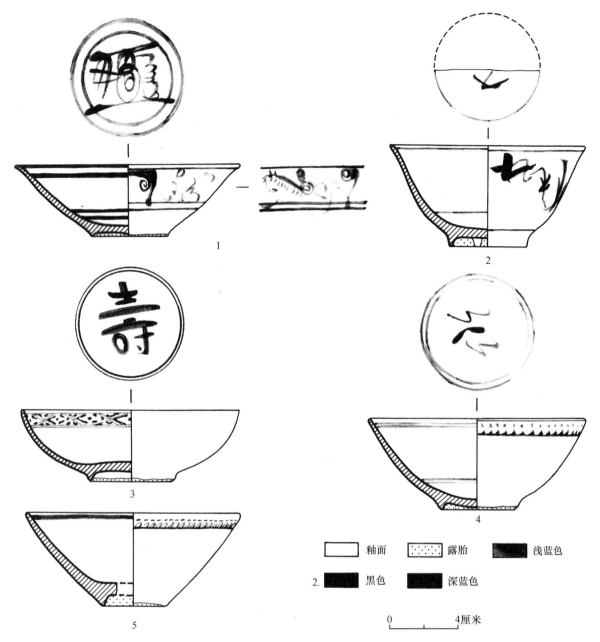

图二九一　DT17④层出土瓷器

1~5. 瓷碗（DT17④:5、DT17④:3、DT17④:6、DT17④:4、DT17④:13）

陶瓦当　2件。标本DT51②:6，夹细砂灰陶。圆形，长方形钮，底平。饰堆塑"十"字纹。直径10.8、厚1.7~2、钮长2.6、宽1.6、高1.5厘米（图二九三，4）。标本DT51②:7，夹细砂灰陶。圆形，面微弧，底微凹。饰刻划荷花纹。直径23、厚1厘米（图二九四）。

DT54③层　器类有瓷碗等。

瓷碗　1件。标本DT54③:1，敞口，方唇，斜直腹，圜底，矮圈足，足底心一乳突。饰青花花草纹和几何纹，花色灰。灰釉，足底露胎，粘砂。见跳刀痕。口径13.2、足径5、高6.1厘米（图二九二，4）。

CT2②层　器类有瓷碗等。

瓷碗　1件。标本CT2②:1，敞口，圆唇，弧腹残。饰青花条带纹和花草纹。口径13、残高

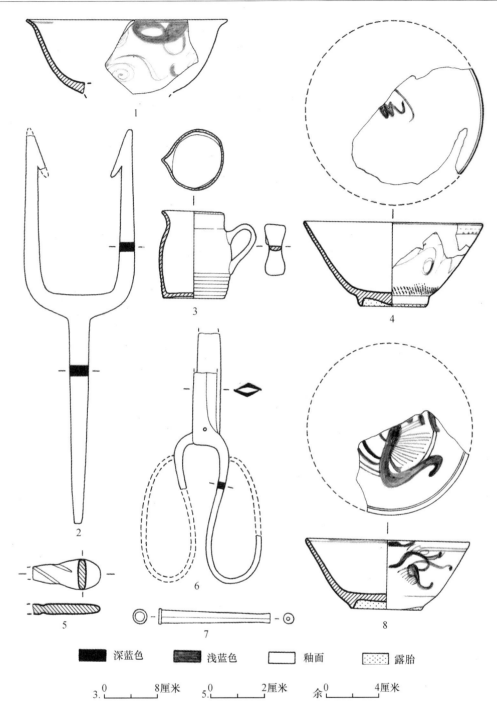

图二九二　D区T18③、T18④、T23②、T29⑤、T44②、T54③层出土铁器、瓷器

1、4、8. 瓷碗（DT18③:4、DT54③:1、DT18③:3）　2. 铁叉（DT18④:1）　3. 瓷罐（DT44②:1）

5. 玉饰（DT29⑤:2）　6. 铁剪（DT18④:2）　7. 铜烟斗（DT23②:1）

4.6厘米（图二九五，1）。

　　CT5②层　器类有铜镜等。

　　铜镜　1件。标本CT5②:1，长柄圆镜。背面饰龟、鹤、王母等形象。直径10、柄长8.4厘米（图二九六；图版七三，6）。

　　CT7⑥层　器类有铜勺、匙等。

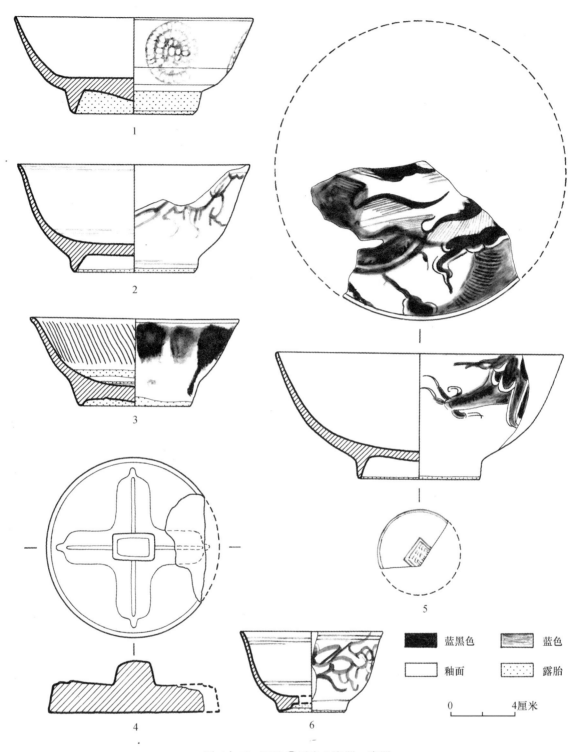

图二九三　DT51②层出土瓷器、陶器

1~3、5、6. 瓷碗（DT51②:4、DT51②:3、DT51②:2、DT51②:1、DT51②:5）　4. 陶瓦当（DT51②:6）

铜勺　1件。标本 CT7⑥:1，圆柱形柄，圆勺。勺径2.8、柄长9.3厘米（图二九七，2）。

铜匙　1件。标本 CT7⑥:2，曲尺形。截面呈长方形。一端有椭圆形孔。长13、宽0.8厘米（图二九七，7）。

CT7⑦层　器类有瓷碗、杯等。

瓷碗 1件。标本 CT7⑦：3，口残，弧腹，圈底，矮圈足。饰青花条带纹和"贵"字款。足底露胎。足径3.8、残高2.5厘米（图二九七，10）。

瓷杯 1件。标本 CT7⑦：4，敞口，侈沿，弧腹，足残。饰青花花卉纹。口径7.2、残高3.5厘米（图二九七，11）。

CT7 北扩③层 器类有瓷碗、罐、铜泡等。

瓷碗 1件。标本 CT7 北扩③：3，白胎。口残，弧腹，平底，矮圈足，底心有乳突。饰青花条带纹和缠枝花纹，削足露胎。足径5.6、残高4厘米（图二九八，2）。

瓷罐 1件。标本 CT7 北扩③：2，白胎。敛口，圆唇，矮领，鼓肩，腹残。饰青花锦纹、柿蒂纹和弦纹。口部露胎。口径16、残高4厘米（图二九八，1）。

铜泡 1件。标本 CT7 北扩③：1，圆形。弧顶，中部一圆形穿孔。直径4.8、高1.2厘米（图二九八，3）。

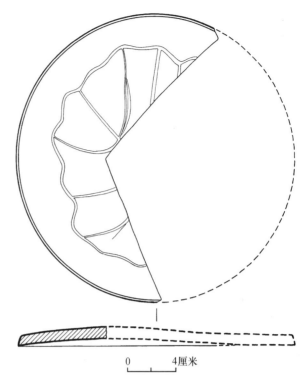

图二九四 DT51②层出土陶瓦当（DT51②：7）

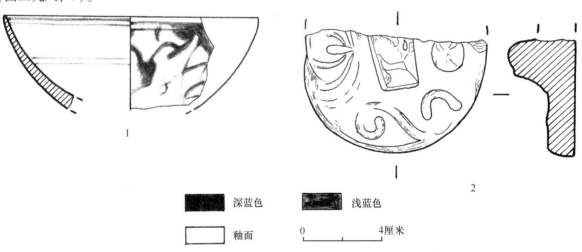

深蓝色 　 浅蓝色
釉面

0　　　　4厘米

图二九五 C区 T2②、T12①B 层出土瓷器、陶器
1. 瓷碗（CT2②：1）　 2. 陶瓦当（CT12①B：1）

CT7 北扩④层 器类有铜法器等。

铜法器 1件。标本 CT7 北扩④：1，长12.5、宽4厘米（图二九八，4；图版七三，5）。

CT7 北扩⑤层 器类有瓷碗等。

瓷碗 1件。CT7 北扩⑤：3，黄白胎。口残，弧腹，圈底，矮圈足。饰青花水草纹，削足露胎。足径5.5、残高2.6厘米（图二九九，2）。

CT7 北扩⑥层 器类有瓷碗、盘等。

瓷碗 1件。标本 CT7 北扩⑥：6，敞口，侈沿，圆唇，深弧腹，平底，矮圈足。饰青花松竹梅

图二九六　CT5②层出土铜镜（CT5②：1）

纹。釉色灰青，有开片。足跟露胎，底足交接处爆釉，胫部有缩釉孔。口径13.2、足径5.7、高6.4厘米（图二九九，4；图版六七，3）。

瓷盘　1件。标本CT7北扩⑥：3，白胎泛红。敞口，花边状折沿，圆唇，斜直腹，平底，矮圈足。施青釉，饰印花菊瓣纹。底足内有一周露胎。口径11.2、足径5.7、高3厘米（图二九九，1）。

CT7⑧层　器类有瓷碗、杯、铜锅、勺、铁权等。

瓷碗　1件。标本CT7⑧：9，口残，弧腹，平底，矮圈足。饰青花云纹，足底露胎。足底粘砂，底有放射状跳刀痕。足径5.5、残高3.3厘米（图二九七，9）。

瓷杯　1件。标本CT7⑧：8，敞口，圆唇，斜直腹，足残。饰青花水波纹。口径9、残高3.2厘米（图二九七，8）。

铜锅　1件。标本CT7⑧：1，敞口，圆唇，折腹，双耳双环，圜底，附圆形矮足。器物变形，有修补痕和烟熏痕迹。口径30、底径4、高2.5厘米（图二九七，1；图版七三，1）。

铜勺　4件。标本CT7⑧：3-1，曲柄，方勺。花边形首上刻太阳纹。勺宽1.4、通长9.4厘米（图二九七，4；图版七三，3）。标本CT7⑧：4-1，曲柄，截面长方形，齿形勺。勺长1.8、宽1.4、通长9.3厘米（图二九七，6）。标本CT7⑧：4-2，曲柄，截面长方形，花边形勺。勺长2、宽2、通长10.5厘米（图二九七，5）。

铁权　1件。标本CT7⑧：2，亚腰形。方形钮，"S"形环，平底。饰凹弦纹。底径3.6、高10.6厘米（图二九七，3；图版七三，2）。

CT8②层　器类有瓷碗等。

瓷碗　1件。标本CT8②：2，灰白胎。口残，斜腹，平底，矮圈足。饰青花，足底露胎。足径5.2、残高1.9厘米（图三〇〇，3）。

CT8④层　器类有瓷碗等。

瓷碗　1件。标本CT8④：1，敞口，侈沿，圆唇，深直腹，平底，矮圈足，底心有乳突。内饰青花双圈"春"字款，外饰青花"金"、"X"、"冬"等文字，足跟露胎。有放射状跳刀痕。口径10、足径4、高4.7厘米（图三〇〇，4）。

CT8⑦层　器类有瓷碗、杯、铜泡、剑等。

瓷碗　1件。标本CT8⑦：4，口残，弧腹，平底，矮圈足，底心有乳突。饰青花条带纹和"雨香斋"三字款。有放射状跳刀痕。足径4.6、残高3.3厘米（图三〇〇，1）。

瓷杯　1件。标本CT8⑦：3，敞口，侈沿，深弧腹，平底，矮圈足。内饰青花双圈花卉纹，外饰青花花卉纹，色灰黑晕散，足底露胎。见修坯痕，足底粘砂。口径9.4、足径3.4、高4.8厘米（图三〇〇，2）。

铜泡　1件。标本CT8⑦：1，圆形。弧顶，边缘有三个圆形穿孔。直径4.5、高0.85厘米（图

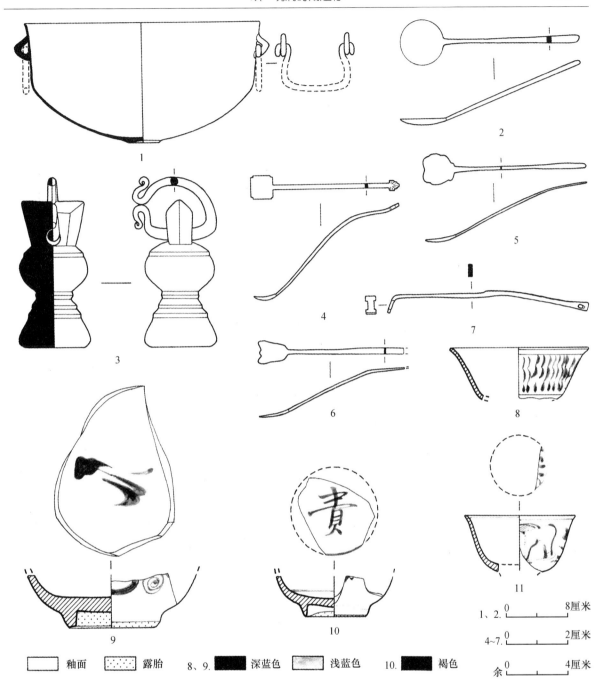

图二九七 C 区 T7⑥、T7⑦、T7⑧层出土瓷器、铁器、铜器

1. 铜锅（CT7⑧:1）　2、4～6. 铜勺（CT7⑥:1、CT7⑧:3-1、CT7⑧:4-2、CT7⑧:4-1）　3. 铁权（CT7⑧:2）　7. 铜匙（CT7⑥:2）　8、11. 瓷杯（CT7⑧:8、CT7⑦:4）　9、10. 瓷碗（CT7⑧:9、CT7⑦:3）

三〇〇，6）。

铜剑 1件。标本 CT8⑦:2，残。菱形。残长 8.2 厘米（图三〇〇，10）。

CT8⑧层 器类有瓷碗等。

瓷碗 1件。标本 CT8⑧:5，白胎。口残，弧腹，平底，矮圈足。饰青花条带纹和花卉纹，削足露胎。足径 4.8、残高 2.6 厘米（图二九九，3）。

CT9⑥层 器类有瓷盘、盖、铜锁等。

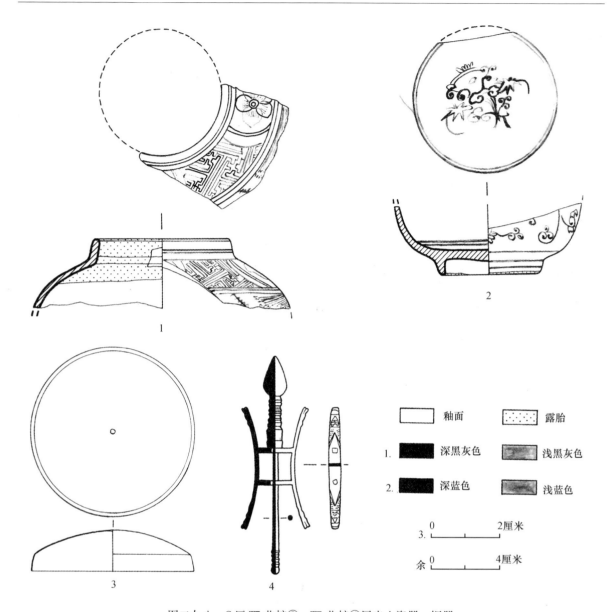

图二九八　C区T7北扩③、T7北扩④层出土瓷器、铜器
1. 瓷罐（CT7北扩③:2）　2. 瓷碗（CT7北扩③:3）　3. 铜泡（CT7北扩③:1）　4. 铜法器（CT7北扩④:1）

　　瓷盘　1件。标本CT9⑥:8，敞口，侈沿，圆唇，弧腹，平底，矮圈足。内饰青花双圈花卉纹，外饰青花折枝花卉纹，足底露胎。口径16.6、足径9.5、高3.2厘米（图三〇〇,8）。

　　瓷盖　1件。标本CT9⑥:5，紫砂，质硬。钮残。子口，圆唇。口径7.2、残高2.7厘米（图三〇〇,7）。

　　铜锁　1件。标本CT9⑥:1，长方形。长7.6、宽3.5厘米（图三〇〇,5；图版七三,4）。

　　铜镊子　1件。标本CT9⑥:3，体薄。长5.1、宽0.4~0.6厘米（图三〇〇,9）。

　　CT12①B层　器类有陶瓦当等。

　　陶瓦当　1件。标本CT12①B:1，夹砂灰陶。底面平，扁方钮。花纹模糊。残径4.6厘米（图二九五,2）。

　　CT13墙1废①层　器类有瓷杯、盘、铁器等。

　　瓷杯　标本CT13墙1废①:4，敞口，侈沿，圆唇，深直腹，平底，矮圈足。足底饰青花"福"

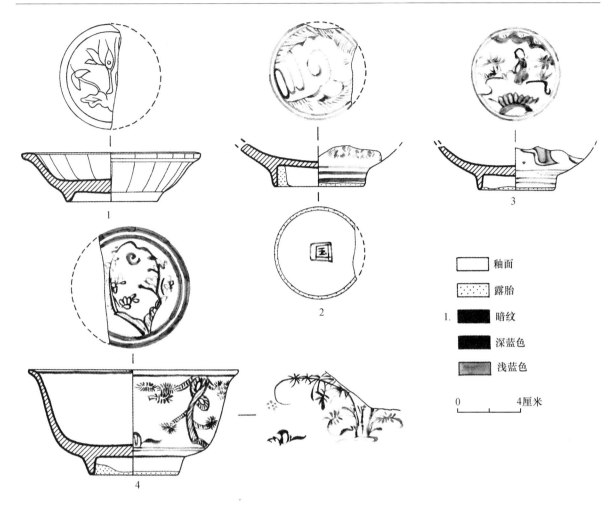

图二九九　C区T7北扩⑤、T7北扩⑥、T8⑧层出土瓷器

1. 瓷盘（CT7北扩⑥:3）　　2~4. 瓷碗（CT7北扩⑤:3、CT8⑧:5、CT7北扩⑥:6）

字款。白釉，内壁一周露胎带，足跟露胎。口径7.6、足径2.8、高3.9厘米（图三〇一，4；图版六七，4）。

　　瓷盘　标本CT13墙1废①:5，白胎。敞口，侈沿，圆唇，浅弧腹，圜底，矮圈足。内饰青花双圈植物花卉纹，外饰青花缠枝莲纹，花色蓝灰，淡雅清丽。釉淡青，削足露胎。口径15、足径7.9、高3.4厘米（图三〇一，3）。标本CT13墙1废①:6，白胎泛黄。撇口，圆唇，弧腹，圜底，矮圈足。内饰青花菱形纹带和双圈花卉纹，外饰青花折枝花卉纹，花色灰暗。釉色黄，有开片，足底露胎。有修坯、跳刀痕。口径20.4、足径10.8、高4.4厘米（图三〇一，1；图版六七，5）。标本CT13墙1废①:10，敞口，圆唇，弧腹，平底，矮圈足。施白釉，削足露胎。口径12、足径6、高2.4厘米（图三〇一，2）。

　　铁器　标本CT13墙1废①:1，圆形柄，长方形体残。残长14.7厘米（图三〇一，5）。

　　97T1④层　器类有瓷碗、杯、盘等。

　　瓷碗　9件。标本97T1④:5，敞口，侈沿，圆唇，斜直腹，平底，矮圈足。内饰青花双圈花卉纹残，外饰青花缠枝莲纹，花色黑灰。釉黄灰，足底露胎，粘砂。口径14、足径6、高6厘米（图三〇二，6）。标本97T1④:7，白胎。敞口，侈沿，弧腹残。饰青花山水纹和条带纹，花色淡雅。口径10.4、残高4.7厘米（图三〇二，7）。标本97T1④:8，胎黄白。敞口，圆唇，弧腹，底饼形凸起，矮圈足。内饰青花双圈花卉纹，外饰青花兰花纹。有缩釉现象，足底露胎。口径12、足径

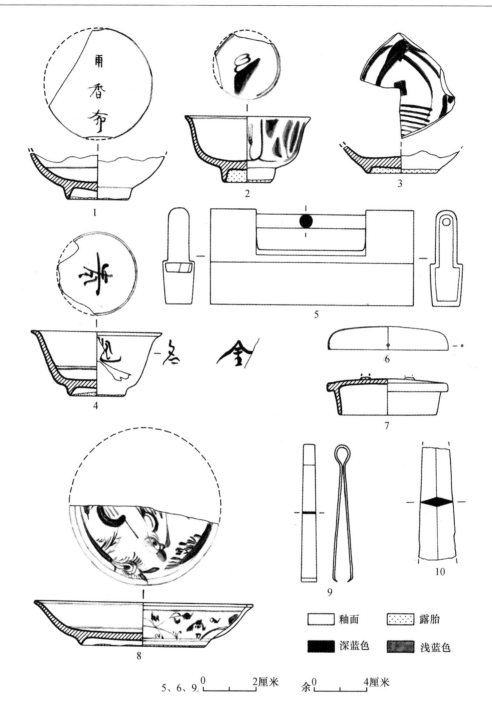

图三〇〇　C区T8②、T8④、T8⑦、T9⑥层出土瓷器、铜器

1、3、4. 瓷碗（CT8⑦:4、CT8②:2、CT8④:1）　2. 瓷杯（CT8⑦:3）　5. 铜锁（CT9⑥:1）

6. 铜泡（CT8⑦:1）　7. 瓷盖（CT9⑥:5）　8. 瓷盘（CT9⑥:8）　9. 铜镊子（CT9⑥:3）

10. 铜剑（CT8⑦:2）

4.6、高5.2厘米（图三〇二，1）。标本97T1④:9，白胎。撇口，圆唇，弧腹残。饰青花花卉纹和条带纹。口径14、残高5厘米（图三〇三，2）。标本97T1④:10，白胎。撇口，圆唇，弧腹残。饰青花菊花纹。口径14、残高3.8厘米（图三〇三，1）。标本97T1④:11，白胎。口、腹残，平底，矮圈足。饰青花双圈花卉纹。削足露胎。足径4.2、残高1.3厘米（图三〇二，3）。标本97T1④:13，白胎。撇口，圆唇，弧腹残。饰青花重十字菱纹和水草纹。口径21、残高7厘米（图三〇二，4）。

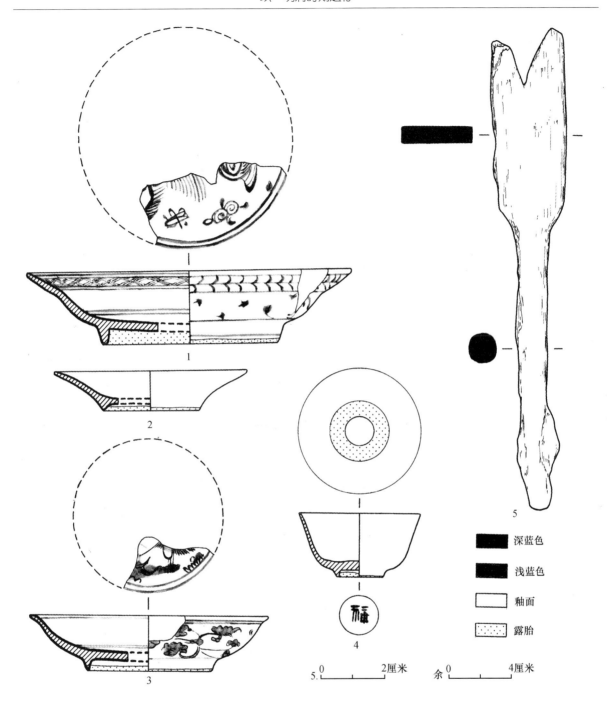

图三〇一　CT13 墙 1 废①层出土瓷器、铁器

1~3. 瓷盘（CT13 墙 1 废①:6、CT13 墙 1 废①:10、CT13 墙 1 废①:5）　4. 瓷杯（CT13 墙 1 废①:4）

5. 铁器（CT13 墙 1 废①:1）

深蓝色

浅蓝色

釉面

露胎

标本 97T1④:17，口残，弧腹，圜底，矮圈足。饰青花花卉纹，花色蓝。釉泛青，削足露胎。足径 4.5、残高 2.2 厘米（图三〇二，2）。标本 97T1④:18，白胎。口残，弧腹，平底，矮圈足。内饰青花双圈花草纹，外饰青花花卉纹，足底施青花楷书"寿"字。足底露胎。足径 3.2、残高 1.5 厘米（图三〇二，5）。

瓷杯　3 件。标本 97T1④:12，撇口，圆唇，深直腹，底残。内饰青花条带纹。口径 7.8、残高 4.1 厘米（图三〇三，6）。标本 97T1④:15，白胎。直口，圆唇，深腹残。饰青花花卉纹和条带纹，

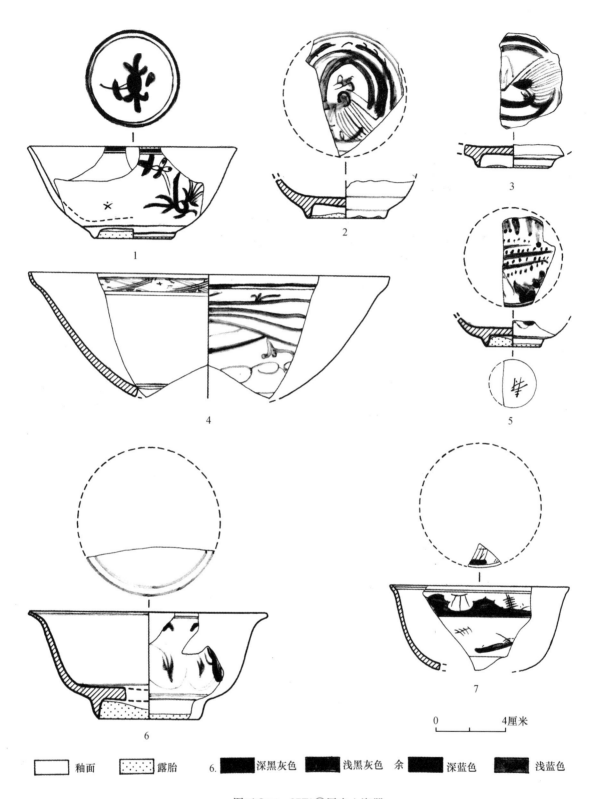

图三〇二　97T1④层出土瓷器

1~7. 瓷碗（97T1④：8、97T1④：17、97T1④：11、97T1④：13、97T1④：18、
97T1④：5、97T1④：7）

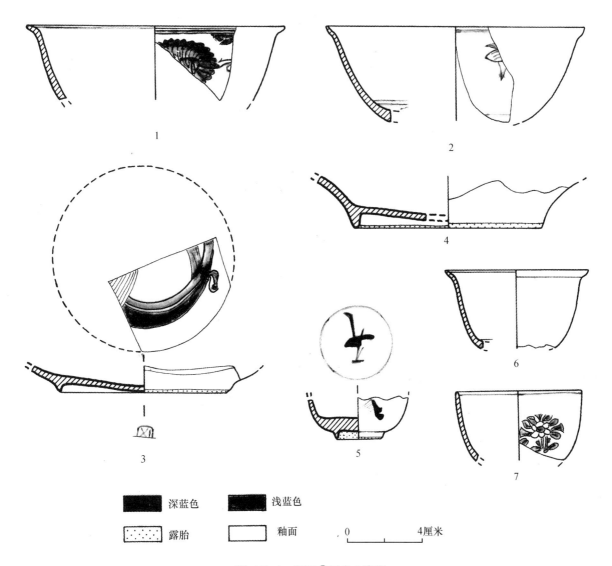

图三〇三　97T1④层出土瓷器

1、2. 瓷碗（97T1④：10、97T1④：9）　3、4. 瓷盘（97T1④：14、97T1④：19）　5～7. 瓷杯
（97T1④：16、97T1④：12、97T1④：15）

花色灰暗，勾线填色。口径7、残高3.7厘米（图三〇三，7）。标本97T1④：16，白胎。口残，弧腹，平底，矮圈足。饰青花朵花纹。足底露胎。足径2.4、残高2.2厘米（图三〇三，5）。

　　瓷盘　2件。标本97T1④：14，白胎。口、腹残，圜底，矮圈足。内饰青花。削足露胎。见跳刀痕。足径9、残高1.4厘米（图三〇三，3）。标本97T1④：19，白胎。口残，弧腹，圜底，矮圈足。施白釉，削足露胎。足径10.2、残高2.7厘米（图三〇三，4）。

　　97T1⑤层　器类有瓷碗等。

　　瓷碗　1件。标本97T1⑤：18，敞口，侈沿，圆唇，弧腹，圜底，矮圈足。内饰青花双圈折枝莲纹，外饰青花缠莲纹，花色灰黑。釉灰，有釉缩现象，削足露胎，粘砂。口径11.2、足径3.2、高4.6厘米（图三〇四，2）。

　　97T2④层　器类有骨簪等。

　　骨簪　1件。标本97T2④：1，方柱体，尖略残。首饰弦纹。残长8.7厘米（图三〇四，3）。

　　97T2⑥层　器类有瓷盘、骨器等。

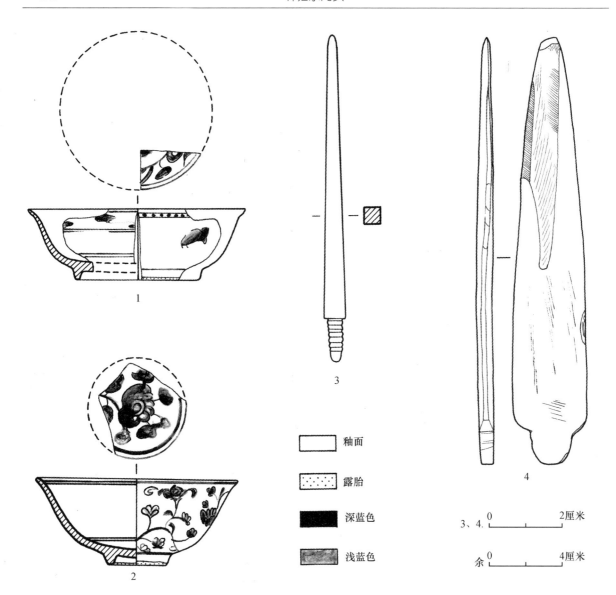

图三〇四　97T1⑤、97T2④、97T2⑥层出土瓷器、骨器

1. 瓷盘（97T2⑥:3）　2. 瓷碗（97T1⑤:18）　3. 骨簪（97T2④:1）　4. 骨器（97T2⑥:1）

　　瓷盘　1件。标本97T2⑥:3，敞口，侈沿，圆唇，弧腹，平底，矮圈足。内饰青花双圈组合花卉纹，外饰青花点彩双弦纹，花色蓝，淡雅。釉青白，削足露胎。口径12、足径6.8、高3.8厘米（图三〇四，1）。

　　骨器　1件。标本97T2⑥:1，扁锥形，面平，圆柄，斜肩。磨光。长11.4、宽2厘米（图三〇四，4;图版七二，4）。

　　BT1②层　器类有瓷杯、灯盏等。

　　瓷杯　1件。标本BT1②:1，敞口，圆唇，弧腹，平底，矮圈足。内饰青花双圈朵花纹，外饰二层青花单线分区朵花纹，花色兰，有晕散。足底露胎。口径6.1、足径2.7、高3.2厘米（图三〇五，1）。

　　瓷灯盏　1件。标本BT1②:4，酱褐釉。子口，弧腹，底心一灯芯孔柱，束柄，喇叭形圈足。施酱褐色青釉，有流釉现象，足底露胎。口径5.4、腹径6、足径4.2、高4.6厘米（图三〇五，3）。

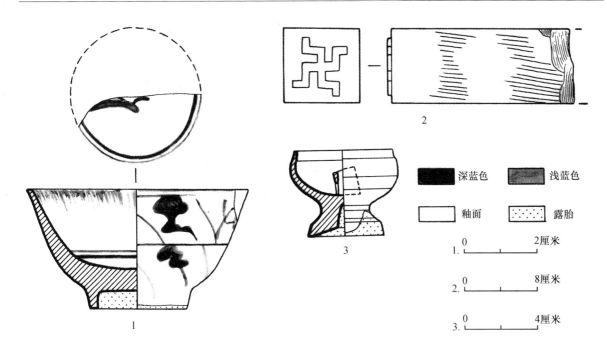

图三〇五　BT1②层出土瓷器、陶器
1. 瓷杯（T1②:1）　2. 陶砖（T1②:3）　3. 瓷灯盏（T1②:4）

陶砖　1件。标本BT1②:3，泥质灰陶。长条形方砖，残。一端附堆"×"形纹。有石灰涂痕。残长20.8、宽8.4、厚8厘米（图三〇五，2）。

BT1③层　器类有瓷碗、杯、盏、罐、盆、盖、陶瓦当等。

瓷碗　7件。标本BT1③:1，敞口，圆唇，弧腹，圜底，矮圈足。饰青花条带纹、花叶纹和菊花纹，削足无釉。见跳刀痕。口径13.2、足径6.4、高7厘米（图三〇六，1）。标本BT1③:2，口残，弧腹，圜底，矮圈足。内饰青花双圈"寿"字纹，外饰青花纹，足底施青花双圈双框豆干款，花色蓝闪紫，晕散。足底露胎。足径6.8、残高4.3厘米（图三〇六，3）。标本BT1③:4，敞口，侈沿，圆唇，弧腹，圜底，矮圈足。饰淡描青花缠枝花卉纹和条带纹。足脊圆润。口径9、足径4.6、高5.4厘米（图三〇六，5）。标本BT1③:6，敞口，圆唇，弧腹，圜底，矮圈足，足底心乳突。饰青花朵花纹、花草纹和条带纹，花色黑暗，晕散。内壁一周露胎带，足底露胎。见旋痕。口径10.2、足径4.8、高4.2厘米（图三〇六，4）。标本BT1③:9，敞口，圆唇，斜直腹，底残，矮圈足。内饰青花单圈菊花纹，外饰青花写意菊纹，花色灰暗。有缩釉现象。削足无釉。口径12.8、足径4、高6厘米（图三〇六，2）。标本BT1③:15，敞口，侈沿，圆唇，弧腹残。饰矾红蝙蝠纹。灰白釉。口径9、残高4.6厘米（图三〇七，7）。

瓷杯　1件。标本BT1③:12，敞口，圆唇，弧腹，圜底，矮圈足。内饰青花单圈朵花纹，外饰二层青花单线分区朵花纹，花色蓝，晕散。足底露胎。口径6.2、足径2.8、高3.2厘米（图三〇七,2）。

瓷盏　1件。标本BT1③:13，敞口，圆唇，斜直腹，平底。内饰青花花卉纹，花色灰暗。外壁有缩釉孔，釉色黄，有开片。口径5.2、底径2、高1.7厘米（图三〇七，6）。

瓷罐　1件。标本BT1③:3，夹砂黄褐胎。敛口，折沿，圆唇，束颈，鼓腹下内收，平底微凹。施青黄釉，釉不到底。口径8、腹径14.4、底径9.4、高15.6厘米（图三〇七，4）。

瓷鸡首　1件。标本BT1③:5，白胎。鸡首残，中空。饰青花，色蓝。残高3.5厘米（图

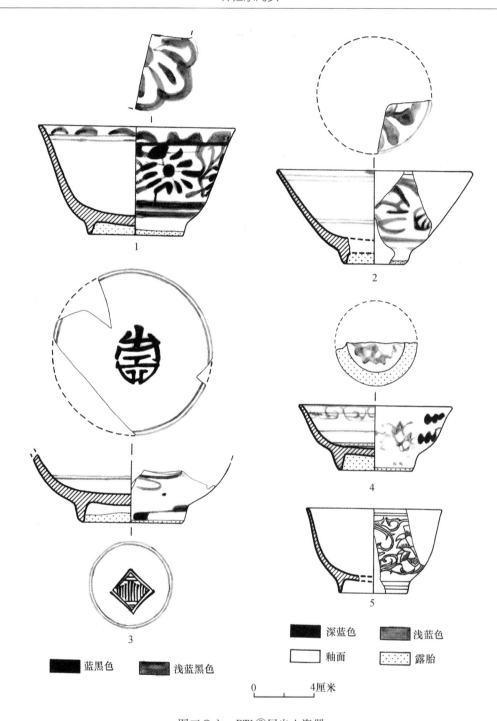

图三〇六　　BT1③层出土瓷器

1 ~ 5. 瓷碗（BT1③:1、BT1③:9、BT1③:2、BT1③:6、BT1③:4）

三〇七,3）。

　　瓷盆　1件。标本 BT1③:7，夹砂褐胎。敞口，平折沿，圆唇，斜直腹，平底微凹。施酱褐色青釉，沿面及底露胎。见撩印痕。口径26、底径16.8、高7厘米（图三〇七,8）。

　　瓷盖　1件。标本 BT1③:10，子口，平顶。顶面饰青花双圈折枝花卉纹，花色蓝。盖沿一周酱釉，子口露胎。口径5、顶径6.2、高1.2厘米（图三〇七,1）。

　　陶瓦当　1件。标本 BT1③:11，泥质灰陶。椭圆形，底面平，斜边，表面中心附桥形钮。表面饰压印叶脉纹，钮上有一小孔。残长5.2、宽4、高1.1厘米（图三〇七,5）。

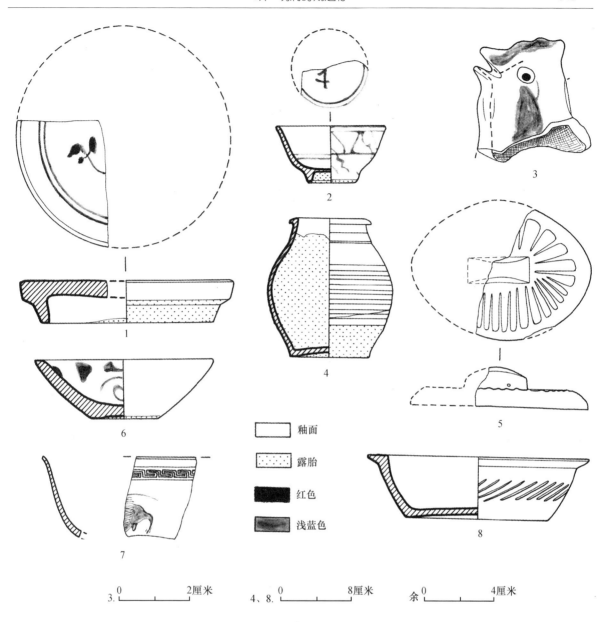

图三○七　BT1③层出土瓷器、陶器

1. 瓷盖（BT1③:10）　2. 瓷杯（BT1③:12）　3. 瓷鸡首（BT1③:5）　4. 瓷罐（BT1③:3）　5. 陶瓦当（BT1③:11）
6. 瓷盏（BT1③:13）　7. 瓷碗（BT1③:15）　8. 瓷盆（BT1③:7）

BT2②层　器类有瓷碗、缸等。

瓷碗　1件。标本BT2②:1，红黄胎。敞口，圆唇，浅弧腹，平底，矮圈足。内壁饰一周青花几何线条纹带，外壁饰青花楼台屋榭、流水、小桥、云纹等图案，花色灰暗。釉色黄，有开片。内壁一周露胎带，足底露胎。口径17.2、足径8、高7.8厘米（图三○八，1；图版六七，6）。

瓷缸　1件。标本BT2②:2，夹砂红褐胎。口残，鼓腹，平底微凹。上腹外施褐釉，有流釉现象，其余露胎。腹径49.6、底径21.6、残高42.8厘米（图三○八，2）。

BT2③层　器类有瓷碗、盘、钵、罐、盖、陶瓦当等。

瓷碗　5件。标本BT2③:1，敞口，侈沿，圆唇，弧腹，圜底，矮圈足。内饰青花双圈纹，外饰青花缠枝花草纹，足底饰青花双圈纹（残），花色黑蓝，有缩釉现象。削足无釉。口径11.4、足径6、高5.6厘米（图三○九，1）。标本BT2③:2，敞口，侈沿，圆唇，弧腹，平底，矮圈足。内

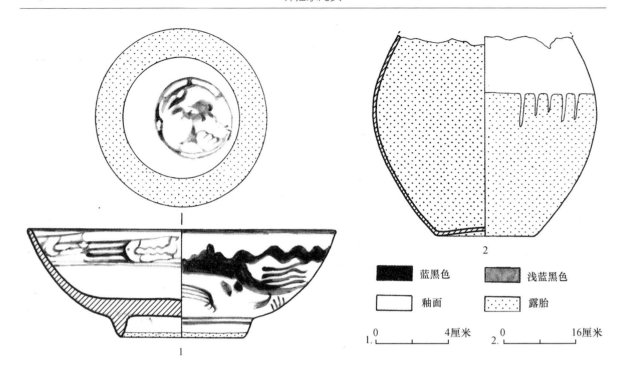

图三〇八　BT2②层出土瓷器
1. 瓷碗（BT2②:1）　2. 瓷缸（BT2②:2）

饰青花双圈纹、花草纹和"永远××"字样，外饰青花花草纹，花色黑蓝。足底露胎。口径9、足径4.2、高5厘米（图三〇九，2）。标本BT2③:3，敞口，圆唇，弧腹，圜底，矮圈足。内饰青花双圈小花纹，外饰青花缠枝花卉纹，足底饰青花双圈纹，花色黑蓝，有黑点。足墙有缩釉孔。口径9、足径4.4、高5.3厘米（图三〇九，5）。标本BT2③:4，敞口，侈沿，圆唇，弧腹，圜底，矮圈足。内饰青花双圈"×"字，外饰青花花卉寿字纹，足底饰青花单圈双框豆干款（残），花色蓝。白釉色，削足露胎。口径7.2、足径3.6、高3.9厘米（图三〇九，6）。标本BT2③:6，敞口，圆唇，弧腹，平底，矮圈足。内饰青花双圈、单圈纹，外饰青花双圈云鹤"寿"纹，足底饰青花单圈纹（残），花色蓝，有黑点。削足露胎。口径9.6、足径3.6、高4.8厘米（图三〇九，3）。

　　瓷盘　1件。标本BT2③:5，敞口，圆唇，弧腹，平底，矮圈足。内饰青花双圈龙纹，外饰青花双圈小花纹，足底饰青花双圈双鱼款，花色蓝。削足露胎。口径11.4、足径6.8、高3.6厘米（图三〇九，4）。

　　瓷钵　1件。标本BT2③:7，夹砂红胎，质硬。敞口，方唇内斜，斜直壁，假圈足，平底微凹。饰凹弦纹。口径17.6、底径11.6、高6.4厘米（图三一〇，4）。

　　瓷罐　2件。标本BT2③:10，夹砂红胎。直口，圆唇，沿外一周凸棱，束颈，鼓腹残，单耳。施青釉，釉色泛黄，釉不到底。腹饰瓦棱纹。口径6、残高7.8厘米（图三〇九，8）。标本BT2③:15,夹砂红褐胎。直口，圆唇，沿外一周凸棱，束颈，鼓腹残。施褐釉，釉不到底。腹饰瓦棱纹。口径9.2、腹径18.4、残高16.8厘米（图三〇九，9）。

　　瓷盖　2件。标本BT2③:8，泥质红胎，质硬。塔形顶，直口，方唇。顶径8.2、口径6、高4厘米（图三一〇，5）。标本BT2③:12，盖顶残，直口，圆唇。饰青花云纹，花色蓝，有黑点。顶面饰二周旋纹。白釉，口部露胎。口径12、复原高3.8厘米（图三〇九，7）。

　　陶瓦当　1件。标本BT2③:9，泥质灰陶。圆形，莲花形边，底平。表面附梯形钮，饰莲花瓣纹。直径12.8、厚1.6厘米（图三一〇，1）。

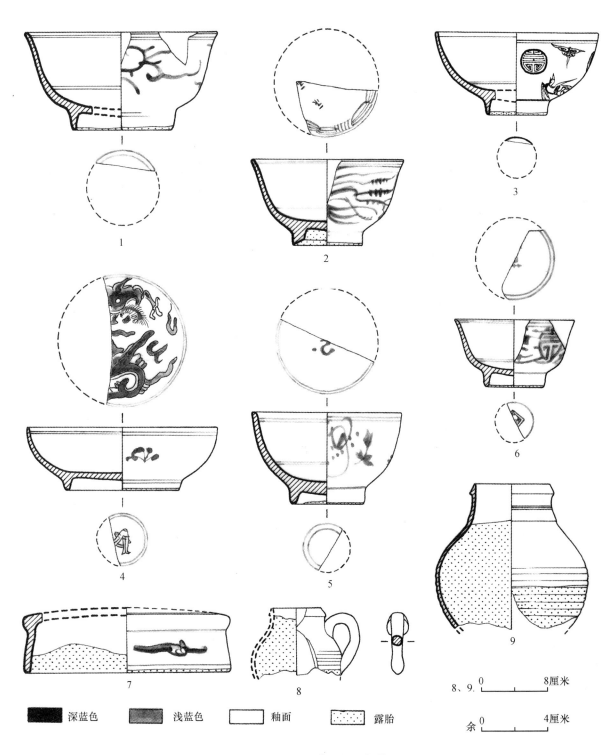

图三〇九　BT2③层出土瓷器

1~3、5、6. 瓷碗（BT2③:1、BT2③:2、BT2③:6、BT2③:3、BT2③:4）　4. 瓷盘（BT2③:5）　7. 瓷盖（BT2③:12）
8、9. 瓷罐（BT2③:10、BT2③:15）

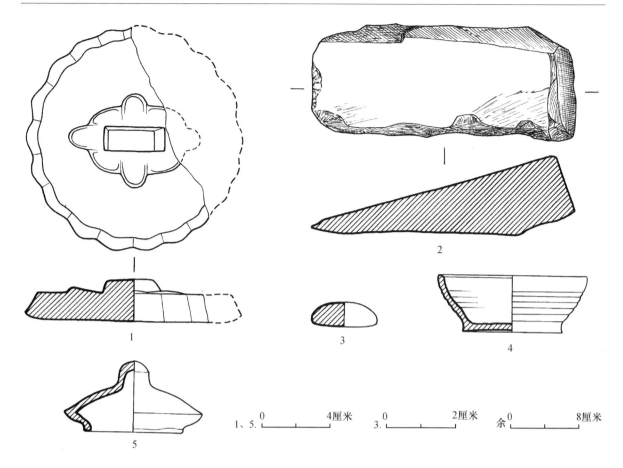

图三一〇　BT2③层出土陶器、瓷器、石器

1. 陶瓦当（BT2③:9）　2. 砺石（BT2③:11）　3. 石棋子（BT2③:14）　4. 瓷钵（BT2③:7）　5. 瓷盖（BT2③:8）

　　砺石　1件。标本 BT2③:11，灰色砂岩。不规则长条形。一面有磨砺痕。长 30.8、宽 13、厚 9.2 厘米（图三一〇，2）。

　　围棋子　1件。标本 BT2③:14，白色。石质。圆形，底平，面弧。磨光。直径 1.9、厚 0.7 厘米（图三一〇，3）。

　　BT2⑤层　器类有瓷碗、盘、杯等。

　　瓷碗　1件。标本 BT2⑤:1，敞口，圆唇，斜直腹，圜底，矮圈足，足底心乳突。内饰青花双圈菊花纹，外饰青花缠枝菊纹，花纹随意，花色蓝黑灰。有缩釉现象，足底露胎，粘砂。口径 12.2、足径 6.4、高 6.8 厘米（图三一一，1；图版六八，1）。

　　瓷盘　1件。标本 BT2⑤:2，敞口，圆唇，浅弧腹，圜底，矮圈足。内饰青花双圈朵花纹，外饰三层青花梵文装饰带，花色黑蓝，有黑点。釉色偏灰，削足露胎。口径 16.2、足径 10.6、高 3.6 厘米（图三一一，2）。

　　瓷杯　1件。标本 BT2⑤:3，敞口，圆唇，弧腹，圜底，矮圈足。饰青花花卉云龙纹，花色蓝。口径 7、足径 3.2、高 4 厘米（图三一一，3）。

　　BT3③层　器类有瓷碗、钵等。

　　瓷碗　3件。标本 BT3③:3，直口，圆唇，弧腹，圜底，矮圈足。内饰二组青花双圈纹，外饰三层青花梵文装饰，足墙饰三圈青花带纹，青花色蓝。白釉。口径 9.6、足径 4.4、高 5.3 厘米（图三一二，6）。标本 BT3③:4，敞口，侈沿，圆唇，弧腹，平底，矮圈足。内饰二组青花双圈小花纹，外饰青花条带纹和动物纹，足底饰双圈双框字款。削足露胎。口径 9.2、足径 4、高 4.9 厘米

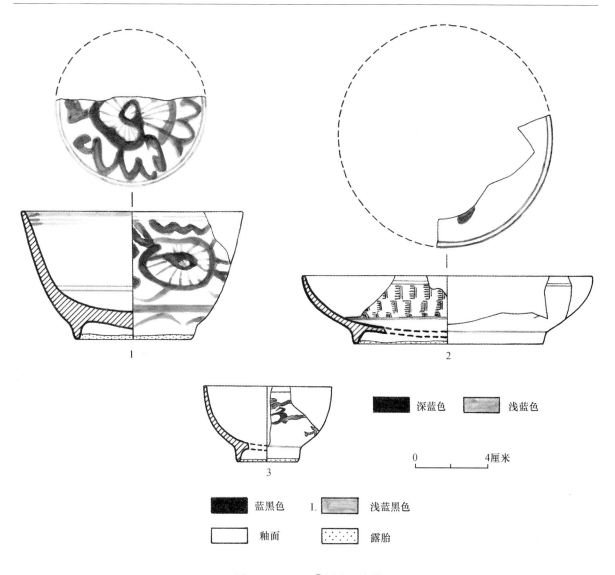

图三一一 BT2⑤层出土瓷器

1. 瓷碗（BT2⑤:1）　2. 瓷盘（BT2⑤:2）　3. 瓷杯（BT2⑤:3）

（图三一二，3）。标本 BT3③:9，直口，圆唇，弧腹，圜底，矮圈足。内饰青花双圈朵花纹，外饰青花减笔篆书"寿"字纹、云纹和卷草缠枝纹，足底饰青花单圈花草款，花色蓝灰，画法比较工整。削足露胎。口径9.4、足径3.6、高4.8厘米（图三一二，7）。

瓷钵 1件。标本 BT3③:5，夹砂褐胎，质硬。直口，方唇，斜腹下内收，平底微凹。见拉坯痕。口径22、底径12.8、高9.8厘米（图三一二，5）。

BT3④层 器类有瓷碗等。

瓷碗 1件。标本 BT3④:1，敞口，圆唇，弧腹，圜底，矮圈足。内饰青花双圈小花纹，外饰青花双勾缠莲纹，足底饰青花双圈纹，花色灰蓝。釉色闪灰，有缩釉现象，削足露胎。口径10、足径4、高5厘米（图三一二，4）。

BT3⑥层 器类有瓷碗等。

瓷碗 1件。标本 BT3⑥:1，白胎。敞口，圆唇，斜弧腹，圜底，小饼足微凹。施青白釉，内饰刻花暗纹。饼足露胎，施褐红色化妆土。见拉坯痕。口径18.8、底径5.2、高7厘米（图三一二，2；图版六八，2）。

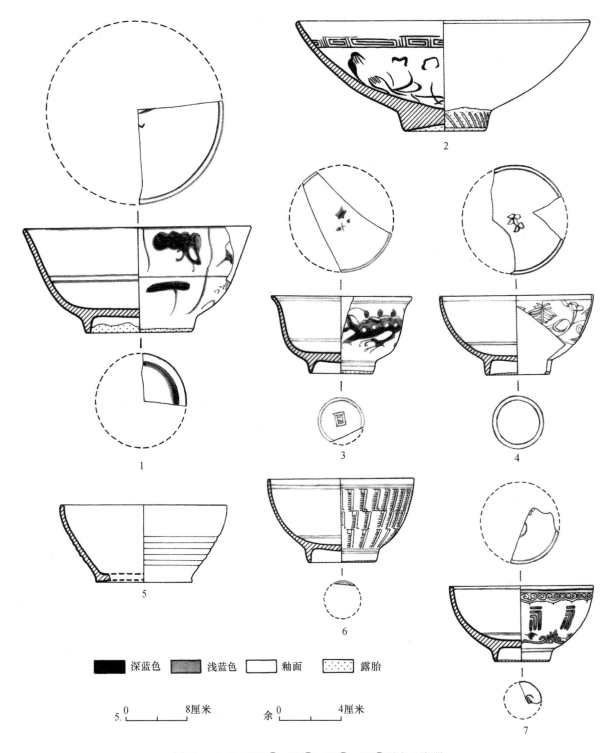

图三一二　B区T3③、T3④、T3⑥、T3⑦层出土瓷器

1~4、6、7. 瓷碗（BT3⑦:1、BT3⑥:1、BT3③:4、BT3④:1、BT3③:3、BT3③:9）　5. 瓷钵（BT3③:5）

　　BT3⑦层　器类有瓷碗等。

　　瓷碗　1件。标本BT3⑦:1，敞口，圆唇，弧腹，平底，矮圈足。内饰青花双圈朵花纹，外饰二层青花单线分区朵花纹，足底饰青花单圈纹，花色蓝中带紫，有黑点。削足露胎，粘砂。口径14.8、足径7、高6.7厘米（图三一二，1）。

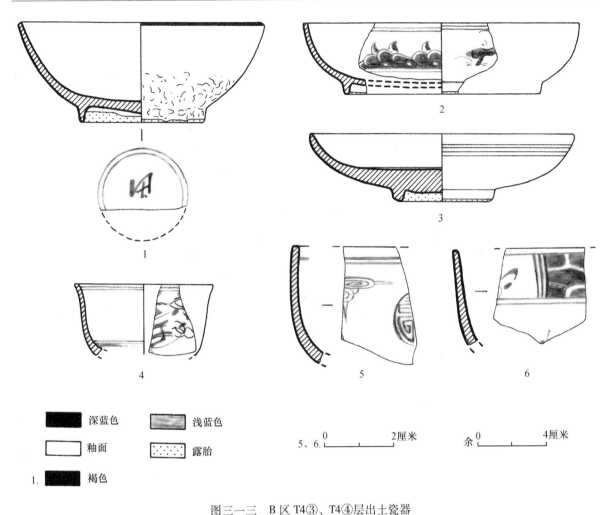

深蓝色　　浅蓝色

釉面　　露胎

1. 褐色

5、6. 0———2厘米　　　余 0————4厘米

图三一三　B 区 T4③、T4④层出土瓷器

1、4～6. 瓷碗（BT4③:1、BT4④:3、BT4③:10、BT4③:11）　　2、3. 瓷盘（BT4③:4、BT4④:4）

BT4③层　器类有瓷碗、钵、盘、缸等。

瓷碗　3 件。标本 BT4③:1，敞口，方唇，弧腹，圜底，矮圈足，足底心一乳突。足底饰青花双圈行书"田"字款，花色灰暗。唇部施酱釉，其余施青白釉，有缩釉现象。削足露胎，粘砂。口径 13.8、足径 7、高 5.6 厘米（图三一三，1）。标本 BT4③:10，白胎。直口，圆唇，弧腹残。饰青花云鹤寿字纹。复原口径 9、残高 3.3 厘米（图三一三，5）。标本 BT4③:11，白胎。直口，圆唇，弧腹残。饰青花纹。复原口径 9、残高 2.7 厘米（图三一三，6）。

瓷钵　4 件。标本 BT4③:2，夹砂灰褐胎。敛口，平沿，沿下一周凸棱，斜直腹，平底。施酱褐釉，底露胎。内饰刻划凹槽，上腹饰一圆形镂孔。口径 28、底径 12.8、高 16 厘米（图三一四，5）。标本 BT4③:8，夹砂红胎。敛口，沿面内凹，厚圆唇，弧腹残。施褐色青釉，釉薄多脱落，部分露胎。内饰刻划凹槽，上腹饰一圆形镂孔。复原口径 25、残高 6 厘米（图三一四，3）。标本 BT4③:13，夹砂灰褐胎。敛口，平沿，沿下一周凸棱，弧腹下内收，平底微凹。施酱褐釉。内饰刻划凹槽。口径 29.6、底径 12.4、高 16.8 厘米（图三一四，2）。标本 BT4③:16，夹砂灰胎。敛口，平沿，沿下一周凸棱，斜直腹，平底微凹。施酱褐釉，底露胎。内饰刻划凹槽，上腹饰一圆形镂孔。口径 27.2、底径 12.4、高 17.8 厘米（图三一四，4；图版六八，4）。

瓷盘　1 件。标本 BT4③:4，敞口，圆唇，浅弧腹，平底，矮圈足。施青釉，足底露胎。饰凹弦纹。见修坯痕和旋痕。口径 15.4、足径 5.2、高 3.8 厘米（图三一三，2）。

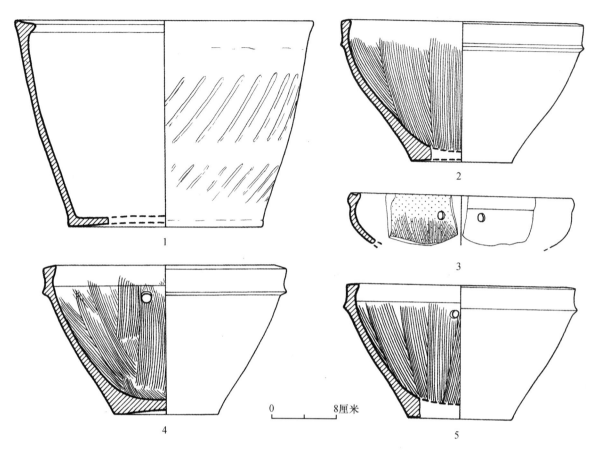

图三一四　BT4③层出土瓷器、陶器

1. 陶缸（BT4③：3）　　2 ~ 5. 瓷钵（BT4③：13、BT4③：8、BT4③：16、BT4③：2）

陶缸　1件。标本 BT4③：3，夹砂白陶。敛口，平沿内斜，圆唇，斜直腹下内收，凹底。口径37、底径24、高24.6厘米（图三一四，1；图版六八，3）。

BT4④层　器类有瓷碗、盘等。

瓷碗　1件。标本 BT4④：3，敞口，侈沿，圆唇，弧腹残。饰青花花卉纹和条带纹，花色蓝，有黑点。口径8、残高4厘米（图三一三，4）。

瓷盘　1件。标本 BT4④：4，敞口，圆唇，弧腹，平底，矮圈足。内饰青花云纹，外饰青花花草纹，花色蓝，有黑点。削足露胎。口径16、足径11.5、高4厘米（图三一三，3）。

BT5 南扩②层　器类有瓷碗等。

瓷碗　3件。标本 BT5 南扩②：1，敞口，圆唇，弧腹，平底，矮圆足。内饰青花双圈朵花纹，外饰青花单线分区朵花纹，足底饰青花双圈豆腐干款，绘画随意，花色蓝中闪紫，晕散。内底烧后刻"志"字。削足露胎，粘砂。口径16、足径7.6、高7.6厘米（图三一五，1）。标本 BT5 南扩②：2，白胎。口残，弧腹，平底，矮圈足。饰青花花卉纹和双圈楷书"宣×年制"款。削足露胎。足径5.2、残高2.9厘米（图三一五，3）。标本 BT5 南扩②：3，敞口，方唇，弧腹，平底残，矮圈足。施白釉，削足露胎。口径15、足径8.8、高4.7厘米（图三一五，2）。

BT6③层　器类有瓷盘、罐、陶板瓦等。

瓷盘　1件。标本 BT6③：14，灰白胎。敞口，圆唇，浅弧腹，平底，矮圈足，足底心一乳突。施青釉泛黄绿。内底饰刻划水波暗纹等。足内露胎，粘砂。见旋痕，修胎不规整。口径12.2、足径

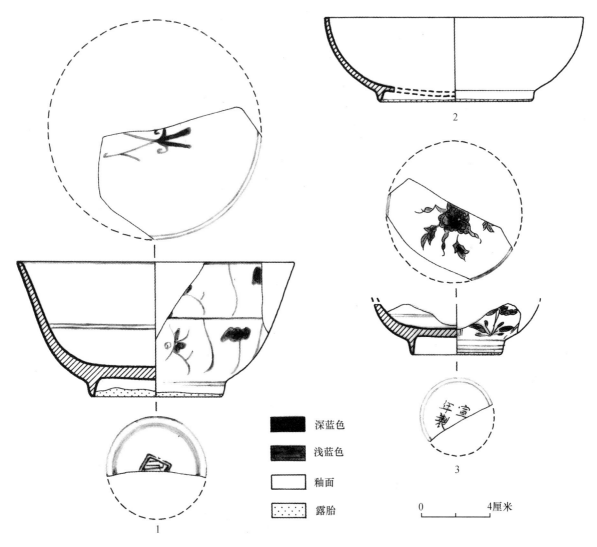

深蓝色

浅蓝色

釉面

露胎

0   4厘米

图三一五　BT5 南扩②层出土瓷器

1～3. 瓷碗（BT5 南扩②:1、BT5 南扩②:3、BT5 南扩②:2）

6、高 3.2 厘米（图三一六，1）。

瓷罐　1 件。标本 BT6③:15，白胎。直口，圆唇，短颈，腹残。施青釉，饰凸弦纹和小方格纹。口径 14、残高 4.2 厘米（图三一六，4）。

陶板瓦　1 件。标本 BT6③:4，泥质灰陶。长方形，残。表面有刮划痕，内饰布纹。长 22.4、残宽 14.4 厘米（图三一六，2）。

陶砖　1 件。标本 BT6③:1，泥质灰陶。长方形。器表有刮划痕。长 35、宽 17.4、厚 6.2～6.4 厘米（图三一六，3）。

BT6⑦层　器类有瓷碗、罐等。

瓷碗　2 件。标本 BT6⑦:1，白胎。敞口，圆唇，弧腹残。饰青花条带纹和花卉纹，花色蓝，有黑点。复原口径 10、残高 4.2 厘米（图三一七，5）。标本 BT6⑦:2，白胎。口残，弧腹，平底，矮圈足残。饰青花，花色蓝，有黑点。残高 3.8 厘米（图三一七，7）。

瓷罐　1 件。标本 BT6⑦:3，夹砂褐灰胎，质硬。口微敛，方唇面有凹槽，短流，直颈，单耳，深弧腹，平底微凹。口径 12～13.4、腹径 15.2、底径 8.4、高 16 厘米（图三一七，3）。

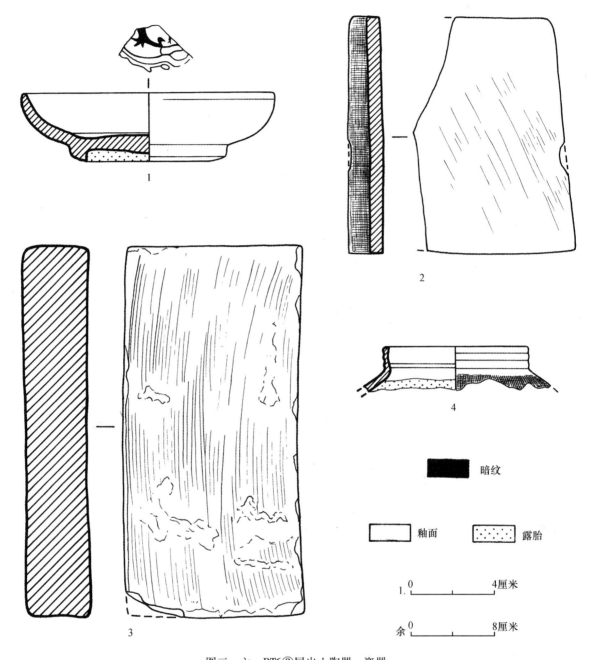

图三一六　BT6③层出土陶器、瓷器

1. 瓷盘（BT6③:14）　2. 陶板瓦（BT6③:4）　3. 陶砖（BT6③:1）　4. 瓷罐（BT6③:15）

　　BT7③层　器类有瓷碗、杯等。

　　瓷碗　1件。标本BT7③:1，敞口，圆唇，弧腹，圜底，矮圈足。内饰青花双圈朵花纹，外饰二层青花单线分区朵花纹，足底饰青花双圈纹，花色蓝中闪紫，晕散。削足露胎，粘砂。口径14.2、足径6.2、高7厘米（图三一七，1）。

　　瓷杯　1件。标本BT7③:2，敞口，圆唇，弧腹，平底，矮圈足。外饰二层青花梵文纹饰，花色蓝，有黑点。釉色白中闪青，胎釉结合处有火石红现象，削足露胎。口径7、足径2.6、高3.5厘米（图三一七，4）。

　　BT13②层　器类有瓷碗、杯、盘等。

　　瓷盘　1件。标本BT13②:2，敞口，圆唇，折腹，平底，矮圈足。内饰青花龙纹和云纹，外饰

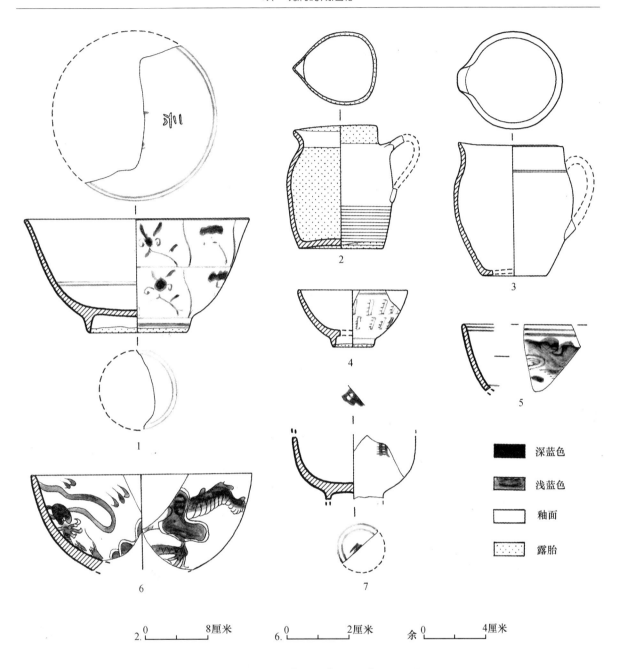

图三一七　B区T6⑦、T7③、T15③层出土瓷器

1、5~7. 瓷碗（BT7③:1、BT6⑦:1、BT15③:2、BT6⑦:2）　2、3. 瓷罐（BT15③:3、BT6⑦:3）　4. 瓷杯（BT7③:2）

青花花草纹，足底饰青花双圈方框"张"字款，花色蓝，有黑点。削足露胎。口径22、足径13、高3.4厘米（图三一八，1）。

　　瓷碗　1件。标本BT13②:5，敞口，圆唇，弧腹，圜底，矮圈足。内饰青花双圈蝙蝠纹，外饰青花条带纹、水波纹和蝙蝠纹，足底饰青花单圈款，花色蓝。釉色白，削足露胎。口径9.6、足径3.4、高5厘米（图三一八，3）。

　　瓷杯　1件。标本BT13②:1，敞口，圆唇，弧腹，圜底，矮圈足。外饰三层青花梵文纹饰，足底饰青花单圈款。口径5.8、足径2.2、高3.4厘米（图三一八，2）。

　　BT14②层　器类有瓷碗、杯等。

　　瓷碗　3件。标本BT14②:4，敞口，圆唇，直腹，平底，矮圈足。外饰一周金线弦纹、粉彩花卉

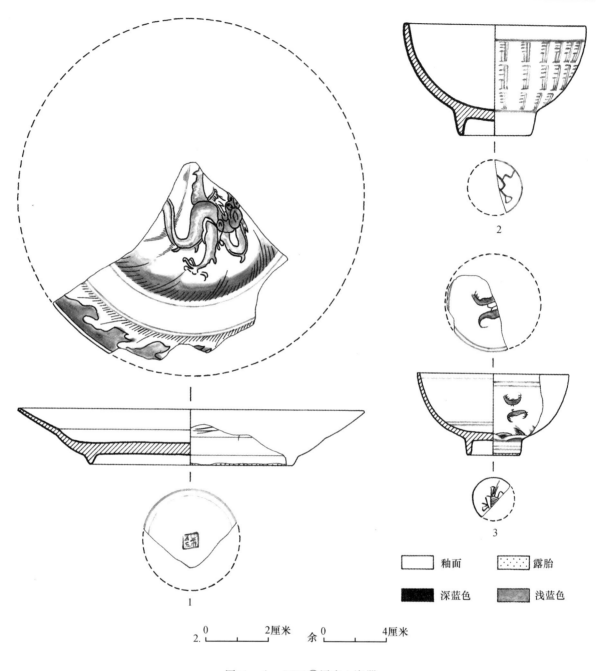

图三一八　BT13②层出土瓷器
1. 瓷盘（BT13②:2）　2. 瓷杯（BT13②:1）　3. 瓷碗（BT13②:5）

纹和"鲜"字，足底矾红款残。削足露胎。口径11.2、足径5.2、高5.6厘米（图三一九，3）。标本BT14②:6，花边敞口，圆唇，弧腹，平底，矮圈足。内饰粉彩花卉纹，外饰粉彩勾莲纹夹开光"喜"字。削足露胎。口径20、足径8.4、高7.7厘米（图三一九，1）。标本BT14②:7，敞口，圆唇，斜直腹，平底内凹，足内底心一乳突，矮圈足。内饰三点青花纹，外饰青花条带纹和花纹，花色灰暗。灰釉，内壁一周露胎带，足底露胎。见旋痕。口径13、足径6.5、高4.5厘米（图三一九，5）。

　　瓷杯　3件。标本BT14②:2，敞口，方唇，弧腹，圜底，矮圈足。饰青花几何形纹，花色洋蓝。足底露胎。口径5.9、足径2.6、高2.9厘米（图三一九，2）。标本BT14②:3，敞口，圆唇，斜直腹，圜底，矮圈足。内饰青花双圈朵花纹，外饰青花兰草纹，花色洋蓝。足底露胎。口径5.2、足径2.6、

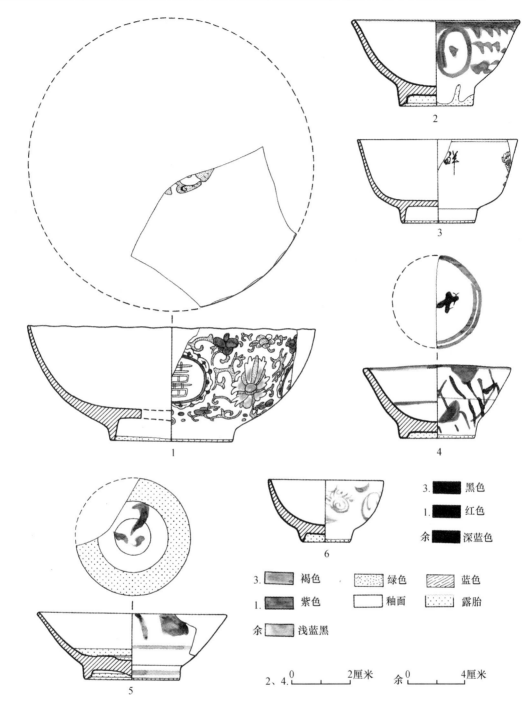

3. ███ 黑色
1. ███ 红色
余 ███ 深蓝色

3. ███ 褐色　　　███ 绿色　　　███ 蓝色
1. ███ 紫色　　　███ 釉面　　　███ 露胎
余 ███ 浅蓝黑

2、4. 0 _____ 2厘米　　　余 0 _____ 4厘米

图三一九　BT14②层出土瓷器

1、3、5. 瓷碗（BT14②:6、BT14②:4、BT14②:7）　2、4、6. 瓷杯（BT14②:2、BT14②:3、BT14②:5）

高2.4厘米（图三一九，4）。标本 BT14②:5，敞口，圆唇，弧腹，圜底，矮圈足。外饰青花缠莲纹，花色灰暗。灰釉，足底露胎。见旋痕。口径8、足径3.2、高4.2厘米（图三一九，6）。

BT15②层　器类有瓷碗、杯等。

瓷碗　2件。标本 BT15②:4，敞口，圆唇，斜直腹，圜底，矮圈足。饰青花花卉纹，花色灰暗。壁内一周露胎带，足底露胎。口径14、足径7.2、高5.5厘米（图三二○，2）。标本 BT15②:5，白胎。口、腹残，平底，矮圈足。饰青花花卉纹和单圈"宣德年制"楷书款，花色蓝，有黑点。削

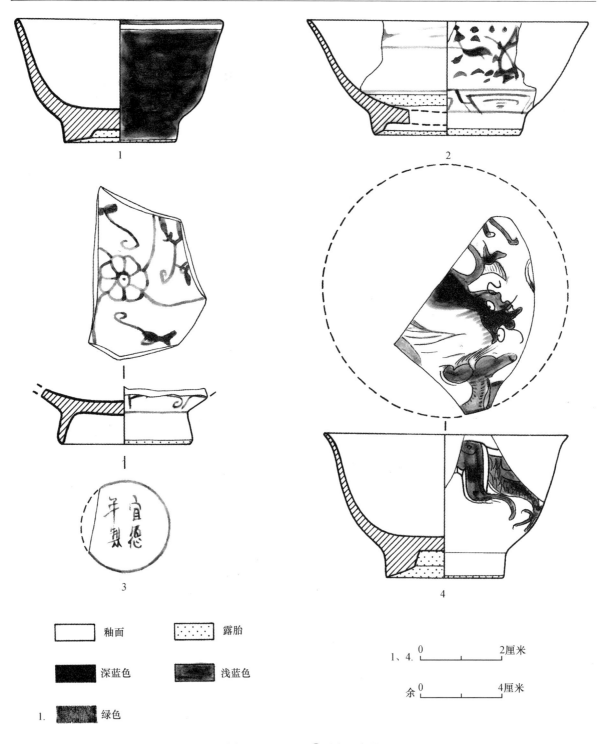

图三二〇　BT15②层出土瓷器

1、4. 瓷杯（BT15②:1、BT15②:3）　　2、3. 瓷碗（BT15②:4、BT15②:5）

足露胎。足径3.2、残高1.4厘米（图三二〇，3）。

　　瓷杯　2件。标本 BT15②:1，敞口，圆唇，弧腹，平底，矮圈足。施蓝釉，足底露胎。口径5.1、足径2.8、高3厘米（图三二〇，1）。标本 BT15②:3，敞口，侈沿，圆唇，弧腹，平底，矮圈足。饰青花过枝龙纹，花色蓝，有黑点。足底露胎。见旋痕。口径6.1、足径2.9、高3.5厘米（图三二〇，4）。

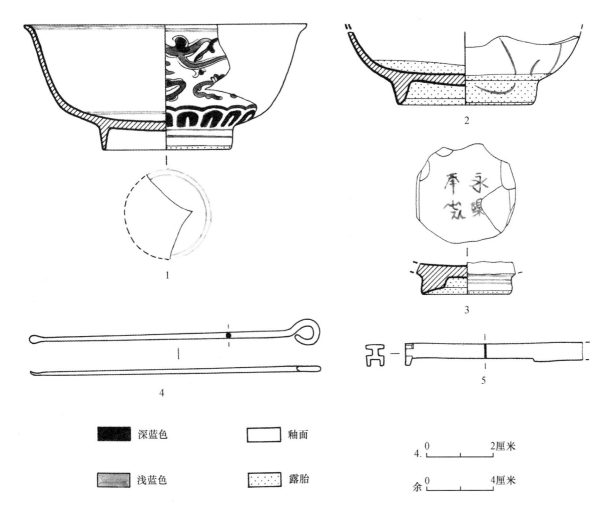

图三二一　B 区 T21②、T21③层出土瓷器、铜器

1～3. 瓷碗（BT21②：2、BT21②：3、BT21③：1）　4. 铜挖耳（BT21②：1）　5. 铜匙（BT21③：2）

BT15③层　器类有瓷碗、罐等。

瓷碗　1 件。标本 BT15③：2，白胎。敞口，圆唇，弧腹残。饰青花过枝龙纹。口径 7、残高 3 厘米（图三一七，6）。

瓷罐　1 件。标本 BT15③：3，夹砂灰褐胎。直口，方唇，短流，直腹，单执耳，平底微凹。施 黑釉，部分露胎。下腹饰凸瓦棱纹。口径 8.8～10.6、腹径 13.4、底径 10.4、高 15.2 厘米（图 三一七，2）。

BT21②层　器类有瓷碗等。

瓷碗　2 件。标本 BT21②：2，敞口，侈沿，圆唇，弧腹，平底，矮圈足。内饰两组青花双圈 纹，外饰青花动物纹及莲瓣纹，足底饰青花双圈纹，花色蓝，有黑点。削足露胎。口径 17、足径 7.6、高 7.3 厘米（图三二一，1）。标本 BT21②：3，口残，弧腹，圜底，矮圈足，足底心一乳突。 饰青花草叶纹，底露胎。见旋痕。足径 8、残高 4.3 厘米（图三二一，2）。

铜挖耳　1 件。标本 BT21②：1，环首。长 8.7 厘米（图三二一，4）。

BT21③层　器类有瓷碗、铜匙等。

瓷碗　1 件。标本 BT21③：1，白胎。口、腹残，圜底，矮圈足。饰青花条带纹和"永乐年制" 款。足径 5.2、残高 1.8 厘米（图三二一，3）。

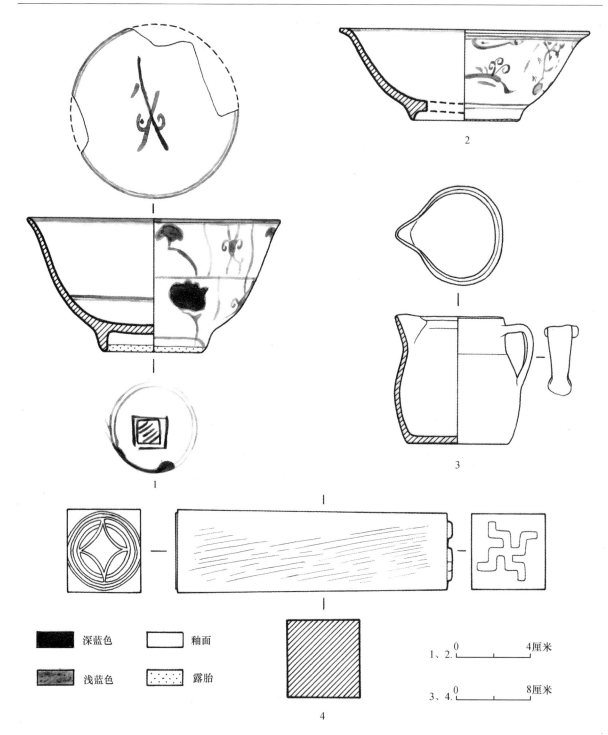

图三二二　B区T22②、T22③、T24③层出土瓷器、陶器
1、2. 瓷碗（BT24③:2、BT22③:1）　3. 瓷罐（BT24③:1）　4. 陶砖（BT22②:2）

铜匙　1件。标本BT21③:2，残。残长10.7厘米（图三二一，5）。

BT22②层　器类有陶砖等。

陶砖　1件。标本BT22②:2，泥质灰陶。长方形。一端附堆"×"字纹，一端施圆圈星纹。长29.4、宽8~8.8、厚8厘米（图三二二，4）。

BT22③层　器类有瓷碗等。

瓷碗　1件。标本BT22③:1，敞口，侈沿，圆唇，弧腹，底残，矮圈足。饰青花条带纹和梅、兰花纹，花色蓝中闪灰，晕散。釉色闪青。口径13.6、足径5.8、高4.8厘米（图三二二，2）。

BT24③层　器类有瓷碗、罐等。

瓷碗　1件。标本BT24③：2，敞口，圆唇，弧腹，圜底，矮圈足。内饰青花双圈朵花纹，外饰二层青花单线分区朵花纹，足底饰青花双圈双框豆腐干款，晕散。削足露胎。口径13.8、足径5.4、高7厘米（图三二二，1；图版六八，5）。

瓷罐　1件。标本BT24③：1，夹砂灰胎，质硬。直口，圆唇，短流，弧腹，单执耳，平底。见拉坯痕。口径10.4～11.8、腹径13.6、底径9、高13.6厘米（图三二二，3；图版六九，1）。

BT28②层　器类有瓷碗、盘、杯、盏、骨簪等。

瓷碗　8件。标本BT28②：3，敞口，圆唇，斜直腹，圜底，矮圈足，足底心一乳突。内饰青花双圈卷草纹，外饰青花卷草纹、水波纹等，花色灰暗，有铁锈斑。釉色闪青，有缩釉孔。足底露胎，粘砂。见跳刀痕。口径14.4、足径5.3、高5.6厘米（图三二三，1）。标本BT28②：4，敞口，侈沿，圆唇，沿下一周凸棱，弧腹，圜底，矮圈足，足底心一乳突。饰青花朵花纹，花色灰暗。釉色闪青灰，有开片。足底露胎，粘砂。见跳刀痕。口径13.4、足径5.8、高5.2厘米（图三二四，1）。标本BT28②：5，敞口，侈沿，圆唇，弧腹，平底，矮圈足。内饰青花双圈小花纹，外饰写意青花卷云纹，花色淡蓝。釉青，有缩釉现象。足底露胎。见跳刀痕和旋痕。口径14.8、足径6、高6.5厘米（图三二三，2；图版六九，2）。标本BT28②：6，敞口，侈沿，圆唇，弧腹，圜底，矮圈足，足底心一乳突。饰青白釉，足内露胎。口径8.2、足径3、高4厘米（图三二四，5；图版六九，3）。标本BT28②：7，敞口，侈沿，圆唇，弧腹，平底，矮圈足。内饰青花双圈动物纹，外饰青花夔龙纹，花色蓝，花纹勾线填色有色阶。釉色闪青，削足露胎。口径12.4、足径4.2、高6.2厘米（图三二四，3；图版六九，4）。标本BT28②：9，敞口，圆唇，弧腹，平底残，矮圈足。内饰青花单圈朵花纹，外饰青花云凤纹，花色黑暗，晕散。釉色黄。足底粘砂。口径12.4、足径5.2、高5.8厘米（图三二三，3；图版六九，5）。标本BT28②：11，敞口，侈沿，圆唇，弧腹，平底，矮圈足。外饰潦草青花卷云纹，花色灰暗。釉色黄，内壁一周露胎带，足底露胎。见跳刀痕。口径13.6、足径5.8、高6.6厘米（图三二三，5）。标本BT28②：16，敞口，圆唇，斜直腹，底残，矮圈足。外饰二周青花点彩花纹带，花色灰暗。釉色发黄，足底露胎。口径15、足径6.8、高5.5厘米（图三二三，4）。

瓷盘　1件。标本BT28②：12，敞口，侈沿，圆唇，浅腹，圜底，矮圈足。内饰青花双圈花卉纹，外饰青花花草纹，花色淡雅。釉闪青，削足露胎。口径15、足径8.4、高3.6厘米（图三二四，2）。

瓷杯　1件。标本BT28②：13，敞口，侈沿，圆唇，深直腹，平底，矮圈足。内饰青花单圈小花纹，外饰青花"××长命×"字。削足露胎。口径7.4、足径3、高5厘米（图三二四，6）。

瓷盏　1件。标本BT28②：14，夹胎灰褐胎。敞口，方唇，浅斜腹，平底微凹。内施半边青釉，其余露胎。口径6.6、底径3.2、高1.9厘米（图三二四，7）。

瓷人　1件。标本BT28②：20，白胎。残。赤足，着裙。施青白釉。残高4.8厘米（图三二四，4）。

骨簪　1件。标本BT28②：1，棱形。残。残长8.6厘米（图三二四，8）。

BT28③层　器类有瓷碗、盘、罐等。

瓷碗　3件。标本BT28③：10，撇口，圆唇，弧腹，底残，矮圈足。内饰青花单圈卷草纹，外饰青花双勾填色卷草纹，花色蓝，带黑点。口径12.6、足径5.6、高6.1厘米（图三二五，1）。标本BT28③：12，敞口，侈沿，圆唇，弧腹，圜底，矮圈足，足底心一乳突。施青白釉，足底露胎。

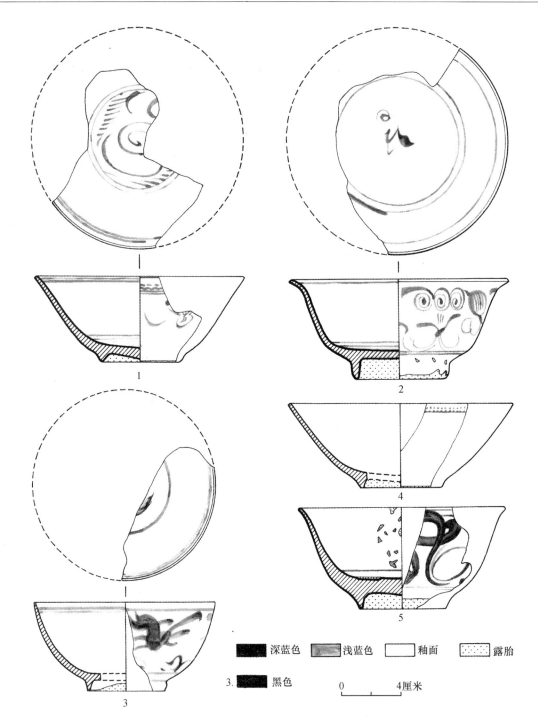

图三二三　BT28②层出土瓷器

1~5. 瓷碗（BT28②:3、BT28②:5、BT28②:9、BT28②:16、BT28②:11）

见旋痕。口径8、足径3、高4厘米（图三二五，5）。标本BT28③:21，敞口，圆唇，斜直腹，底残，矮圈足。外饰青花波浪纹等图案，花色灰淡。釉灰白，有缩釉和橘皮现象，足内露胎。口径13、足径5.2、高6.1厘米（图三二五，2）。

　　瓷盘　1件。标本BT28③:20，花边敞口，方唇，浅腹，圜底，矮圈足。内饰青花草书字款，外饰刻划菊瓣暗纹。孔雀绿釉，有开片、脱釉现象。施孔雀绿釉，足内露胎。口径11、足径6.6、高2.2厘米（图三二五，3）。

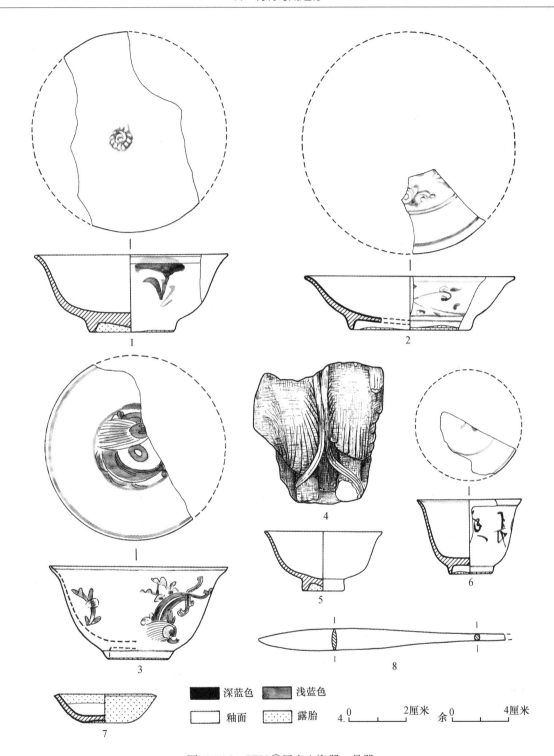

图三二四 BT28②层出土瓷器、骨器

1、3、5. 瓷碗（BT28②:4、BT28②:7、BT28②:6） 2. 瓷盘（BT28②:12） 4. 瓷人（BT28②:20）
6. 瓷杯（BT28②:13） 7. 瓷盏（BT28②:14） 8. 骨簪（BT28②:1）

瓷罐 1件。标本BT28③:11，夹砂红褐胎。敞口，圆唇，短流，束颈，鼓腹下内收，单执耳，平底。施酱褐色青釉，部分露胎。口径6.5、腹径8.4、底径3.6、高10.6厘米（图三二五，4）。

AT1③层 器类有瓷碗、杯、盆、骨簪等。

瓷碗 6件。标本AT1③:3，白胎。敞口，侈沿，圆唇，弧腹，圜底，矮圈足。内饰青花双圈

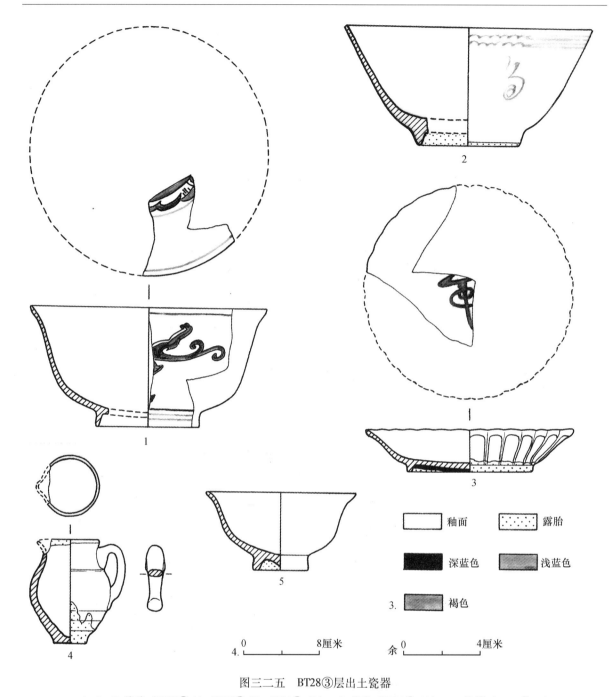

图三二五　BT28③层出土瓷器

1、2、5. 瓷碗（BT28③:10、BT28③:21、BT28③:12）　3. 瓷盘（BT28③:20）　4. 瓷罐（BT28③:11）

花卉纹和重十字菱形纹带，外饰青花缠枝花卉纹和条带纹，花色淡雅。口径13、足径4.6、高5.4厘米（图三二六，8）。标本AT1③:7，白胎。敞口，圆唇，弧腹，平底，矮圈足。内饰青花双圈朵花纹，外饰二层青花单线分区朵花纹，足底饰青花双圈纹，花色蓝，晕散。釉闪青，削足露胎。口径17.6、足径6.8、高7.6厘米（图三二六，1）。标本AT1③:8，白胎。敞口，圆唇，弧腹，平底，矮圈足。内饰青花双圈朵花纹，外饰二层青花单线分区朵花纹，足底饰青花双圈纹，花色蓝，晕散。釉闪青，削足露胎。口径10、足径4、高5.2厘米（图三二六，4）。标本AT1③:9，灰胎。敞口，圆唇，直腹，平底，矮圈足，足底有乳突。内饰三组青花双圈纹，外饰潦草青花缠枝纹，花色灰暗。釉色灰黄，内壁一周露胎带，足底露胎。见旋痕。口径14、足径7、高6厘米（图

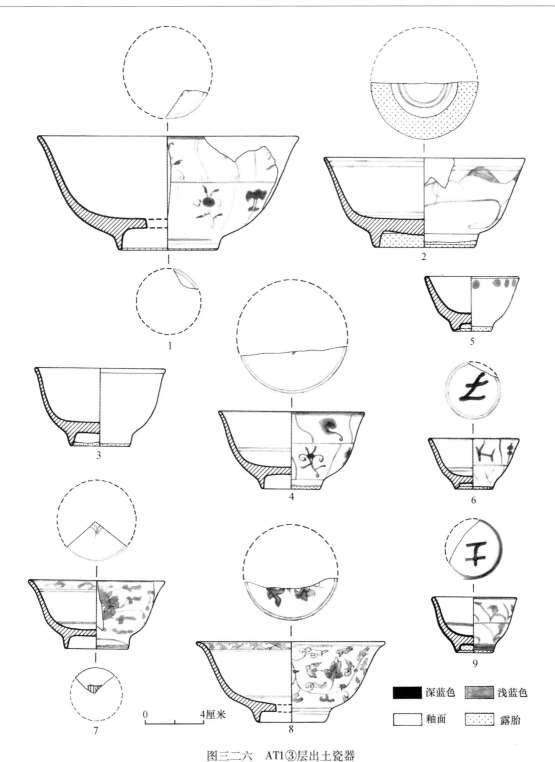

图三二六　AT1③层出土瓷器

1~4、7、8. 碗（AT1③:7、AT1③:9、AT1③:12、AT1③:8、AT1③:11、AT1③:3）　　5、6、9. 杯（AT1③:4、

AT1③:6、AT1③:5）

三二六,2)。标本 AT1③:11，敞口，侈沿，圆唇，弧腹，平底，矮圈足。内饰青花双圈朵花纹和卷
草纹，外饰青花缠枝莲纹，足底饰青花单框豆干款残，花色蓝，晕散。釉色闪青，削足露胎。口径
9.2、足径4.4、高4.6厘米（图三二六，7）。标本 AT1③:12，敞口，厚圆唇，弧腹，平底，矮圈
足。施白釉，酱口，削足露胎。口径9、足径4、高5.2厘米（图三二六，3）。

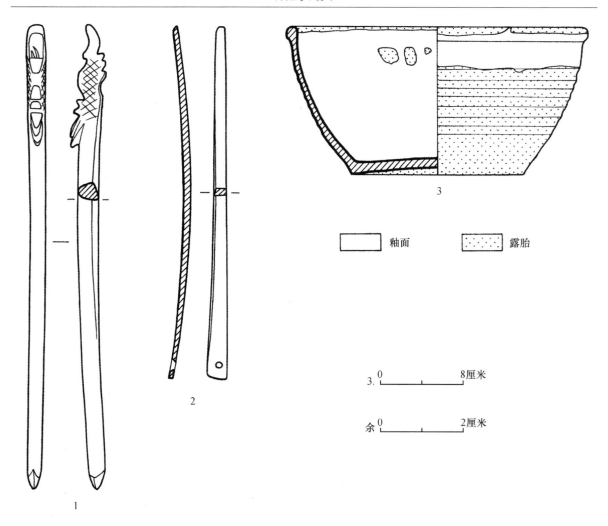

图三二七　AT1③层出土瓷器、骨器

1、2. 骨簪（AT1③:2、AT1③:13）　3. 瓷盆（AT1③:10）

瓷杯　3件。标本 AT1③:4，敞口，圆唇，斜直腹，平底，矮圈足。外饰青花点彩纹，花色蓝。釉色闪青，足底露胎。修坯不规整。口径 6.4、足径 2.8、高 3.7 厘米（图三二六，5）。标本 AT1③:5，敞口，圆唇，弧腹，圜底，矮圈足。内饰青花单圈"土"字，外饰青花单线分区朵花纹，花色蓝，晕散。釉闪青，足底露胎。口径 5.6、足径 2.7、高 3.7 厘米（图三二六，9）。标本 AT1③:6，敞口，圆唇，弧腹，圜底，矮圈足。内饰青花双圈"土"字，外饰二层青花单线分区朵花纹，花色蓝，晕散。釉色闪青，足底露胎。口径 6.2、足径 2.6、高 3.4 厘米（图三二六，6）。

瓷盆　1件。标本 AT1③:10，夹砂红褐胎。口近直，厚圆唇，斜直腹，平底微凹。施酱褐色青釉，有流釉现象，下腹外、底露胎。腹饰瓦棱纹。口径 28.8、底径 17.2、高 15 厘米（图三二七，3）。

骨簪　2件。标本 AT1③:2，龙首，不规则圆锥形柄。磨光。长 11.2 厘米（图三二七，1；图版七二，6）。标本 AT1③:13，扁长形，微曲。首端一圆形单向钻孔。磨光。长 8.5、宽 0.2~0.5、厚 0.1~0.2 厘米（图三二七，2）。

AT1⑦层　器类有瓷碗、盖等。

瓷碗　3件。标本 AT1⑦:2，口近直，圆唇，弧腹，平底，矮圈足。内饰青花双圈菊纹，外饰青花花卉纹和竖条边饰，花色蓝。釉白中闪青，削足露胎。口径 14、足径 7、高 7.7 厘米（图

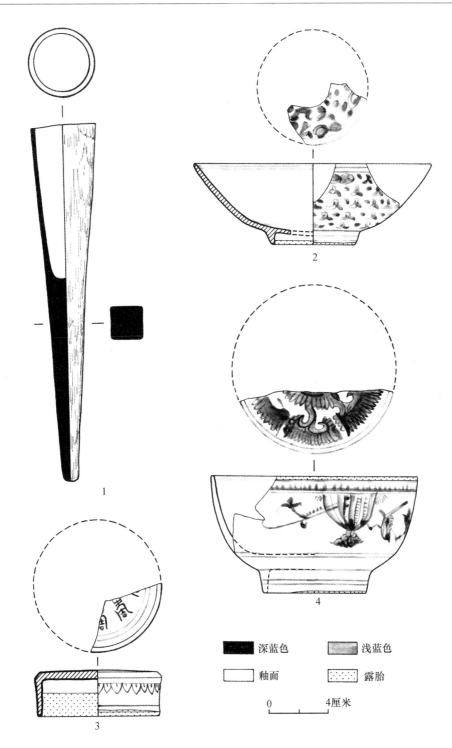

图三二八　AT1⑦层出土铁器、瓷器

1. 铁柄（AT1⑦：5）　2、4. 瓷碗（AT1⑦：4、AT1⑦：2）　3. 瓷盖（AT1⑦：3）

三二八，4；图版六九，6）。标本 AT1⑦：4，敞口，圆唇，斜直腹，圜底，矮圈足。内饰青花双圈碎花纹，外饰青花碎花纹和条带纹，花色蓝。釉色闪青，削足露胎。口径16、足径5.6、高5.3厘米（图三二八，2）。

瓷盖　1件。标本 AT1⑦：3，平顶，直壁，圆唇。顶面饰青花双圈"寿"字纹，壁饰青花莲瓣纹和条带纹，花色蓝，有黑点。釉白，口部露胎。口径8.2、高3厘米（图三二八，3）。

铁柄　1件。标本 AT1⑦：5，上部圆筒形，下部方形。长 13.2、圆径 4.4 厘米（图三二八，1）。

AT1⑨层　器类有瓷杯等。

瓷杯　1件。标本 AT1⑨：1，敞口，圆唇，弧腹，圜底，矮圈足。内饰青花云龙纹，外饰青花云凤纹。削足露胎。口径 7、足径 3、高 4 厘米（图三三一，3）。

AT1⑨A 层　器类有瓷碗、盘、铜簪等。

瓷碗　9件。标本 AT1⑨A：2，红胎。敞口，圆唇，弧腹，平底下凹，矮圈足，足底心一乳突。内饰青花水藻纹，外饰青花鱼藻纹，花色灰暗。釉色灰暗，有开片和缩釉孔，足底露胎。见修坯痕。口径 12.6、足径 5.2、高 6.1 厘米（图三二九，1；图版七〇，1）。标本 AT1⑨A：3，白胎。敞口，侈沿，圆唇，弧腹，圜底，矮圈足，足底心一乳突。内饰青花双圈莲花头纹和重十字菱纹带，外饰青花单线缠枝花纹，花色灰，淡雅清丽。釉闪青，削足露胎。口径 13.2、足径 4.5、高 5 厘米（图三二九，3；图版七〇，2）。标本 AT1⑨A：5，灰白胎。敞口，圆唇，弧腹，圜底，矮圈足，足底心一乳突。内饰青花双圈花草纹，外饰青花小笔触花卉纹，花色暗灰，晕散。釉色闪青，削足无釉。口径 14、足径 5.4、高 5.8 厘米（图三二九，2；图版七〇，3）。标本 AT1⑨A：6，敞口，侈沿，圆唇，深直腹，平底，矮圈足。内饰一株青花植物纹，外饰三朵青花花卉纹，花色蓝，晕散。见缩釉孔，削足露胎，粘砂。口径 14.8、足径 6.4、高 5.1 厘米（图三三〇，1；图版七〇，4）。标本 AT1⑨A：7，敞口，圆唇，弧腹，圜底，矮圈足，足底心一乳突。内饰青花双圈花卉纹，外沿饰青花花草纹和焦叶纹，花色灰暗。釉色灰，有开片，削足露胎。口径 12.2、足径 5.2、高 5.8 厘米（图三二九，4）。标本 AT1⑨A：8，敞口，侈沿，圆唇，弧腹，圜底，矮圈足。外饰青花缠莲纹，花色灰暗。白釉泛黄，有缩釉、爆釉现象，足底露胎。见跳刀痕。口径 15、足径 7.4、高 7.8 厘米（图三三〇，3；图版七〇，5）。标本 AT1⑨A：9，敞口，侈沿，圆唇，弧腹，圜底，矮圈足。内饰青花双圈植物纹，外饰青花人物花卉纹等，花色蓝，有黑斑。釉色闪青。削足露胎。见跳刀痕。口径 13.4、足径 4.5、高 5.7 厘米（图三二九，6；图版七〇，6）。标本 AT1⑨A：10，敞口，侈沿，圆唇，弧腹，平底残，矮圈足。外饰疏淡青花单线花草纹，花色灰暗。釉灰闪青，小开片，有爆釉现象，内壁一周露胎带，足底露。口径 14、足径 4、高 5.2 厘米（图三三〇，4）。标本 AT1⑨A：14，褐胎。敞口，侈沿，方唇，弧腹，圜底，矮圈足。外饰青花花卉纹。灰釉，有爆釉现象，足底露胎。口径 10.8、足径 4、高 4 厘米（图三二九，5）。

瓷盘　2件。标本 AT⑨A：11，敞口，侈沿，圆唇，弧腹，圜底，矮圈足。施青白釉，足底露胎，粘砂。口径 16、足径 9.2、高 3.7 厘米（图三三〇，2）。标本 AT1⑨A：12，敞口，圆唇，斜直腹，平底，矮圈足。施白釉，削足露胎。口径 13.6、足径 8、高 2.6 厘米（图三三〇，6）。

铜簪　1件。标本 AT1⑨A：1，莲花形首，六棱形和圆锥形身。饰刻"C"形纹和点纹。长 12.45 厘米（图三三〇，5；图版七二，5）。

AT1⑨C 层　器类有瓷碗、盘等。

瓷碗　1件。标本 AT1⑨C：2，口残，弧腹，底残，矮圈足。饰青花花卉纹，花色淡雅。釉闪青，有缩釉孔，削足露胎。见跳刀痕。残高 2.8 厘米（图三三一，5）。

瓷盘　1件。标本 AT1⑨C：1，敞口，圆唇，斜直腹，平底，矮圈足。施白釉，削足露胎。口径 14.4、足径 7.5、高 2.8 厘米（图三三一，8）。

AT1⑩层　器类有瓷碗、杯、盘等。

瓷碗　3件。标本 AT1⑩：1，敞口，侈沿，圆唇，弧腹，圜底，喇叭形高圈足。施青白釉，削足露胎。内壁饰模印卷草、团花暗纹。口径 10.4、足径 3.6、高 9.9 厘米（图三三一，4；图版七

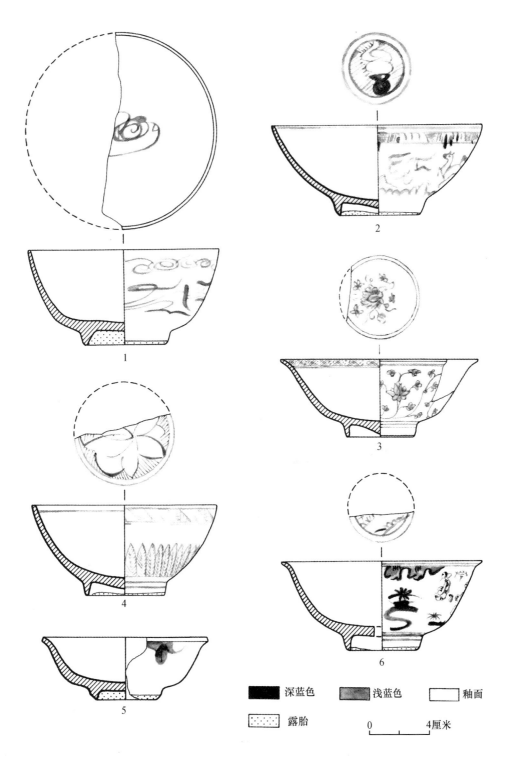

深蓝色　浅蓝色　釉面

露胎　0　4厘米

图三二九　AT1⑨A层出土瓷器

1~6. 瓷碗（AT1⑨A:2、AT1⑨A:5、AT1⑨A:3、AT1⑨A:7、AT1⑨A:14、AT1⑨A:9）

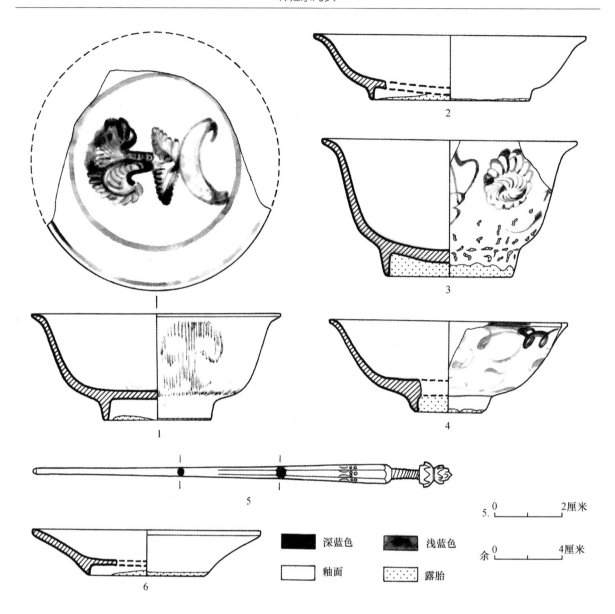

图三三〇　AT1⑨A层出土瓷器、铜器

1、3、4. 瓷碗（AT1⑨A:6、AT1⑨A:8、AT1⑨A:10）　2、6. 瓷盘（AT1⑨A:11、AT1⑨A:12）　5. 铜簪（AT1⑨A:1）

一，3）。标本 AT1⑩:8，敞口，侈沿，圆唇，弧腹，平底，喇叭形高圈足残。施青白釉，饰印花暗纹。口径14、残高5.6厘米（图三三一，1）。标本 AT1⑩:9，灰白胎。口残，弧腹，圜底，矮圈足，足底心一乳突。内饰青花花卉纹。青白釉，有开片，足底露胎。见跳刀痕。足径5.4、残高3.4厘米（图三三一，2）。

　　瓷杯　1件。标本 AT1⑩:2，敞口，圆唇，斜直腹，平底，矮圈足。施白釉，内壁一周露胎带，足底露胎。口径6.8、足径2.4、高3.1厘米（图三三一，6）。

　　瓷盘　1件。标本 AT1⑩:5，敞口，圆唇，弧腹，底残，矮圈足。施青釉。口径13、足径7.2、高3.4厘米（图三三一，7）。

　　AT2②层　器类有瓷碗等。

　　瓷碗　2件。标本 AT2②:2，白胎。口残，弧腹，圜底，喇叭形高圈足。施青白釉，足底露胎。内壁饰印花暗纹。足径3.8、残高6.8厘米（图三三二，2）。标本 AT2②:3，白胎。口残，弧腹，平底，矮

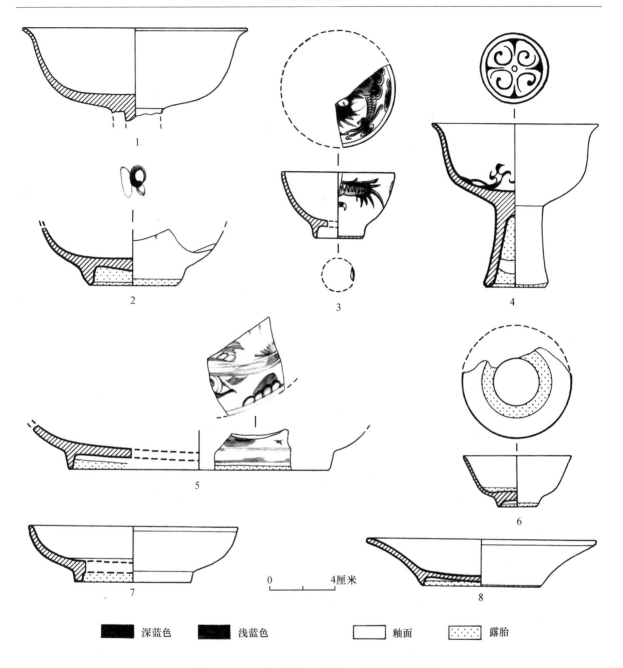

图三三一　A区T1⑨、T1⑨C、T1⑩层出土瓷器

1、2、4、5. 瓷碗（AT1⑩:8、AT1⑩:9、AT1⑩:1、AT1⑨C:2）　3、6. 瓷杯（AT1⑨:1、AT1⑩:2）

7、8. 瓷盘（AT1⑩:5、AT1⑨C:1）

圈足。内饰青花双圈花卉纹，外饰青花条带纹和朵花纹。足径6、残高3.6厘米（图三三二，5）。

　　AT4②层　器类有瓷碗、盘等。

　　瓷碗　3件。标本AT4②:1，白胎。敞口，圆唇，深直腹，圈底残。内饰青花双圈纹，外饰青花勾线填色龙纹，花色蓝。青白釉。复原口径16、残高8.6厘米（图三三二，4）。标本AT4②:2，敞口，圆唇，弧腹，圈底，矮圈足。饰矾红花卉纹，足底饰矾红"×××造"款。青白釉。口径9、足径5、高3.9厘米（图三三二，3）。标本AT4②:3，敞口，圆唇，浅弧腹，平底，矮圈足。内饰青花双圈菊纹，外饰青花条带纹和花卉纹，花色蓝中闪紫，有黑点。足底露胎。见旋痕。口径8.2、足径4、高3.2厘米（图三三二，6）。

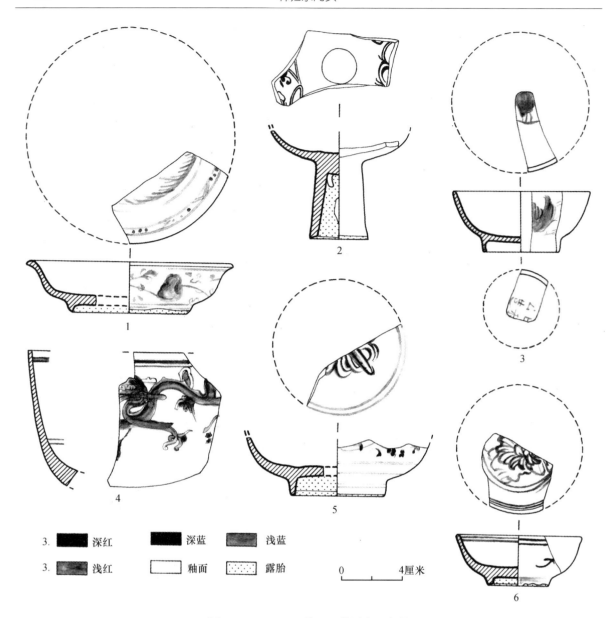

0　　　　　　4厘米

图三三二　A 区 T2②、T4②层出土瓷器

1. 瓷盘（AT4②:4）　　2～6. 瓷碗（AT2②:2、AT4②:2、AT4②:1、AT2②:3、AT4②:3）

　　瓷盘　1件。标本 AT4②:4，敞口，卷沿，圆唇，弧腹，平底，矮圈足。内饰青花重十字菱纹和草叶纹，外饰青花缠枝莲纹，花纹疏朗淡雅，花色淡雅。釉色闪青，足底露胎。见跳刀痕。口径13.6、足径7.4、高3.3厘米（图三三二，1）。

　　AT9②层　器类有瓷瓶等。

　　瓷瓶　1件。标本 AT9②:1，白胎。盘口，方唇内凹，颈残。施白釉，饰粉彩。口沿书一周黑体字。口径25、残高3.6厘米（图三三三）。

　　AT17④层　器类有瓷盘、杯、罐等。

　　瓷盘　2件。标本 AT17④:1，敞口，圆唇，弧腹，平底，矮圈足。内饰青花双圈云龙纹，外饰青花云纹，足底饰青花双圈杂宝款。削足露胎。口径11.7、足径6.6、高3.4厘米（图三三五，1）。标本 A T17④:3，敞口，厚圆唇，浅弧腹，平底，矮圈足。施青釉，内壁一周露胎带。修坯不规整。口径11.6、足径7、高3.3厘米（图三三五，3）。

　　瓷杯　1件。标本 A T17④：2，红胎。敞口、圆唇，直腹，平底，矮圈足。内饰二组青花双圈点彩纹，外饰青花花卉纹，足底饰青花旋圈纹。削足露胎。口径 8.4、足径 4.2、高 5.2 厘米（图三三五，2）。

　　瓷罐　1件。标本 A T17④：4，夹砂红胎。直口，方唇，短流残，单执耳，弧腹残。施青釉，饰瓦棱纹。口径 8、残高 9.2 厘米（图三三五,4）。

　　AT17⑥层　器类有料珠等。

　　料珠　1件。标本 AT17⑥：1，圆筒形，残。蓝胎，外饰白色条纹。残长径 1.2、短径 0.9、孔径 0.2 厘米（图三三四，4）。

　　AT17⑦层　器类有瓷杯、盘等。

　　瓷杯　2件。标本 AT17⑦：1，敞口，方唇，直腹，平底，矮圈足。内饰二组青花双圈朵花纹，外饰青花花卉纹，足底饰青花双圈纹，花色灰。釉闪青，有爆釉现象，削足露胎。口径 8.4、足径 3.8、高 5.2 厘米（图三三四，2）。标本 AT17⑦：2，敞口，圆唇，弧腹，平底，矮

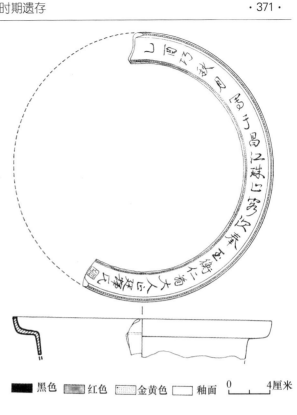

| ■ 黑色 | ▨ 红色 | ▦ 金黄色 | □ 釉面 | 0　　　　4厘米 |

图三三三　AT9②层出土瓷瓶（AT9②：1）

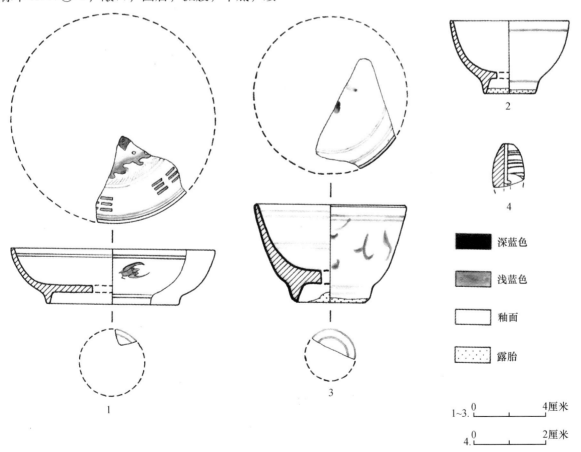

| ■ 深蓝色 |
| ▨ 浅蓝色 |
| □ 釉面 |
| ▦ 露胎 |

1~3.　0　　　　4厘米
4.　0　　　2厘米

图三三四　A 区 T17⑥、T17⑦层出土瓷器、料珠
1. 瓷盘（AT17⑦：3）　2、3. 瓷杯（AT17⑦：1、AT17⑦：2）　4. 料珠（AT17⑥：1）

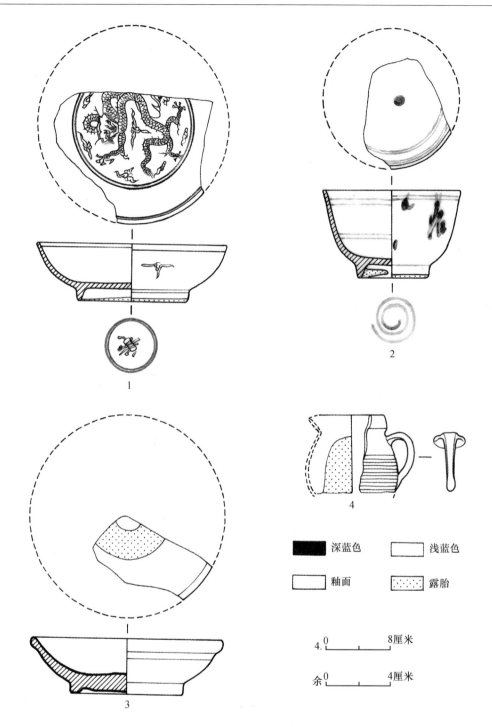

图三三五　AT17④层出土瓷器
1、3. 瓷盘（AT17④:1、AT17④:3）　2. 瓷杯（AT17④:2）　4. 瓷罐（AT17④:4）

圈足。外饰青花条带纹，花色蓝，晕散。釉色闪青，削足露胎。口径6.6、足径2.8、高3.9厘米（图三三四，3）。

　　瓷盘　1件。标本AT17⑦:3，敞口，圆唇，弧腹，平底，矮圈足。内饰青花双圈山水纹和八卦纹，外饰青花飞鸟纹，足底饰青花双圈纹残，花色蓝，图案勾线填色。釉色白。口径11.2、足径7.2、高2.9厘米（图三三四，1）。

　　AT18④层　器类有瓷碗、杯等。

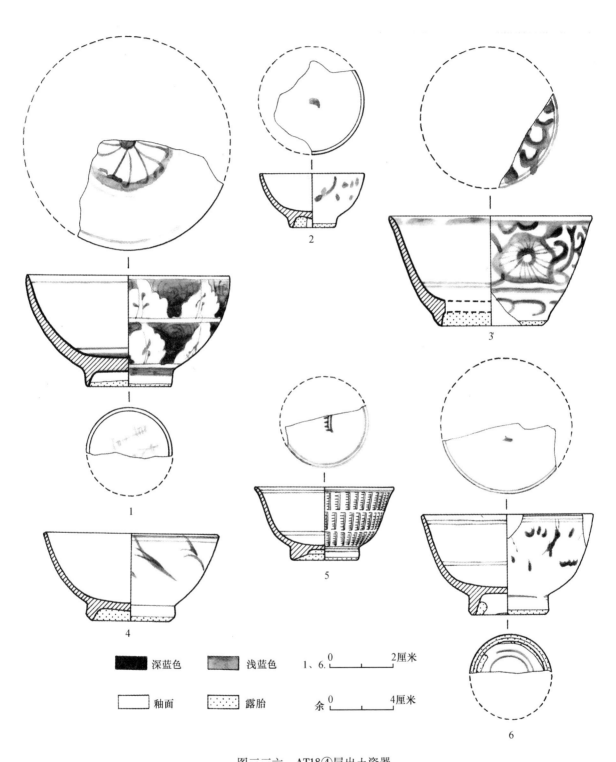

深蓝色　　　浅蓝色　　1、6. ⌞0　　　　2厘米⌟

釉面　　　露胎　　　余 ⌞0　　　　4厘米⌟

图三三六　AT18④层出土瓷器

1、2、6. 瓷杯（AT18④:5、AT18④:1、AT18④:6）　　3~5. 瓷碗（AT18④:7、AT18④:4、AT18④:2）

瓷碗　4件。标本AT18④:2，敞口，侈沿，圆唇，弧腹，平底，矮圈足。内饰青花双圈一梵文，外饰青花条带纹和三层梵文，花色蓝。釉色白，足底露胎。见旋痕。口径8.8、足径4.1、高4.5厘米（图三三六，5）。标本AT18④:4，敞口，圆唇，弧腹，平底，矮圈足。外饰青花花叶纹，花色灰暗。釉色闪青，足底露胎。见旋痕。口径10.8、足径5、高5.4厘米（图三三六，4；图版七一，1）。标本AT18④:7，敞口，圆唇，斜直腹，底残，矮圈足。内饰青花双圈菊纹，外饰粗放型写意青花菊纹，花色灰黑。釉色青，足底露胎，酱口。口径13、足径6.5、高6.8厘米（图三三六，3）。

瓷杯　3件。标本AT18④:1，敞口，圆唇，弧腹，圜底，矮圈足，足底心一乳突。饰青花点彩纹，花色灰暗。釉色闪青，足底露胎。口径6.6、足径2.8、高3.3厘米（图三三六，2）。标本AT18④:5，敞口，圆唇，弧腹，平底，矮圈足。内饰青花双圈菊纹，外饰二层青花花草湖石纹，足底饰青花楷书"大×年造"款。削足露胎。口径6.4、足径2.7、高3.4厘米（图三三六，1）。标本AT18④:6，敞口，方唇，弧腹，圜底，矮圈足。内饰青花双圈点彩纹，外饰青花点彩纹，足底饰青花双圈纹，花色黑灰。釉色闪青，削足露胎，唇部火焰红。口径5.5、足径2.4、高3.1厘米（图三三六，6）。

ATG1⑤层　器类有瓷碗、盘等。

瓷碗　2件。标本ATG1⑤:1，敞口，圆唇，斜直腹，圜底，矮圈足。内饰青花双圈密集点彩纹，外饰青花点彩及列旗纹，花色灰暗。釉色青，削足露胎。口径13.2、足径4.8、高4.3厘米（图三三七，1）。标本ATG1⑤:3，白胎。敞口，侈沿，圆唇，弧腹残。内饰一周青花花纹带，外饰青花缠枝纹，花色淡雅。釉色闪青。口径13.2、残高3.6厘米（图三三七，3）。

瓷盘　1件。标本ATG1⑤:2，敞口，侈沿，圆唇，浅斜腹，平底，矮圈足。内饰青花双圈花卉纹，花色黑灰。釉色闪灰，削足露胎。口径12.4、足径6.4、高2.6厘米（图三三七，2）。

ATG1扩⑤层　器类有瓷碗等。

瓷碗　1件。标本ATG1扩⑤:2，口残，弧腹，圜底，矮圈足，足底心一乳突。内饰青花双圈朵花纹，外饰青花条带纹。足底露胎。见跳刀痕。足径6.4、残高3.4厘米（图三三七，5）。

ATG1⑥层　器类有瓷盘、炉等。

瓷盘　1件。标本ATG1⑥:8，敞口，圆唇，浅弧腹，圜底，矮圈足。施青釉，盘底和足底露胎。口径12.4、足径6.2、高3.2厘米（图三三七，4）。

瓷炉　1件。标本ATG1⑥:9，褐胎。口残，斜直腹，平底，三乳丁足。施绿釉，部分露胎。底径8、残高4厘米（图三三七，6）。

（八）其他

晚于明清时期的文化层中也出土部分该时期的遗物，兹择要介绍如次。

1. A区

瓷碗　标本AT1①:3，白胎。敞口，侈沿，圆唇，弧腹，平底，矮圈足。外饰釉上粉彩花卉纹。白釉，削足露胎。口径10、足径4.8、高5厘米。标本ATG2②:37，口残，弧腹，圜底，矮圈足。内饰青花双圈花卉纹，外饰青花花卉纹。削足露胎。足径5、残高4.4厘米（图三三七，7）。

瓷杯　标本AT13①:8，敞口，圆唇，弧腹，平底，矮圈足。施青白釉，削足露胎，粘砂。口径5.8、足径2.3、高3.2厘米。

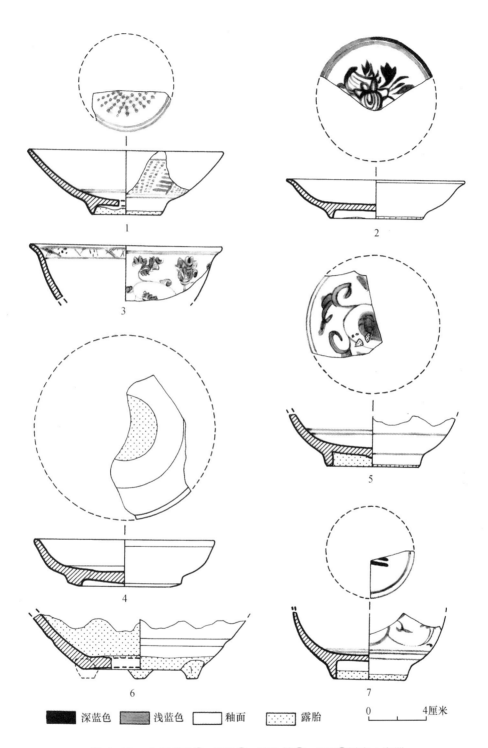

图三三七 A区 TG1⑤、TG1⑥、TG1 扩⑤、TG2②层出土瓷器

1、3、5、7. 瓷碗（ATG1⑤:1、ATG1⑤:3、TG1 扩⑤:2、ATG2②:37） 2、4. 瓷盘（ATG1⑤:2、

ATG1⑥:8） 6. 瓷炉（ATG1⑥:9）

　　铜铃　标本 AT11①:3，扁圆形。中空，残。饰虎纹，鎏金模糊。长径4.8、短径4.1厘米（图三三八，3）。

　　铜钹　标本 AT14①:10，圆形，弧顶。圆形穿孔。直径8、高2厘米（图三三八，5）。

　　铁权　标本 AT3①:1，亚腰形。圆孔方钮，底微凹，残。束腹处一周凸棱。复原底径5.2、高10.8厘米（图三三八，2）。

2. B 区

　　瓷碗. 标本 BT7①:1，雍正寿字纹，敞口，侈沿，圆唇，弧腹，平底，矮圈足。内饰青花双圈

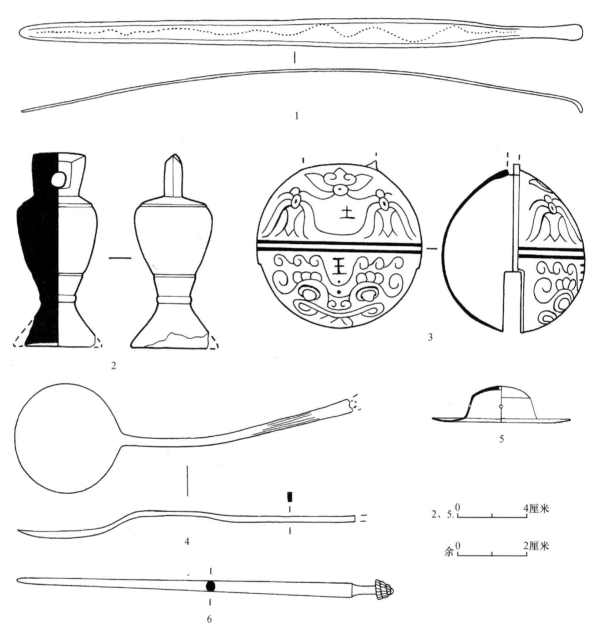

图三三八　A 区 T3①、T14①、T11①、BT5 南扩①、CTG1①层出土铜器、铁器

1. 银簪（CTG1①:2）　2. 铁权（AT3①:1）　3. 铜铃（AT11①:3）　4. 铜勺（BT5 南扩①:1）

5. 铜钹（AT14①:10）　6. 铜簪（CTG1①:1）

篆书"寿"字纹，外饰二层青花篆书"寿"字纹，足底饰青花双圈双框豆腐干款，花色蓝，有黑点。釉色白，足脊圆润。口径9.6、足径4.6、高4.8厘米。标本BT7①:2，敞口，圆唇，浅弧腹，平底，卧足。内饰青花双圈白菜纹，外饰青花花草、弦纹等，花色黑灰，有铁锈斑凹坑。釉色黄，有开片和缩釉现象，足沿露胎。见旋痕。口径12、足径4.8、高3.5厘米。标本BT18①:2，敞口，侈沿，圆唇，弧腹，平底，矮圈足。内饰青花莲花纹和三层单线分区朵花纹，外饰二层青花单线分区朵花纹，足底饰青花双圈双框豆腐干款。削足露胎。口径16.9、足径7.5、高8厘米（图三三九,2）。

瓷盘　标本BT18①:3，黄白胎。花边敞口，圆唇，浅腹，平底，矮圈足。施青釉，内饰刻划鳞状暗纹，外饰刻划菊瓣暗纹。足底露胎。见跳刀痕。口径19.6、足径9.6、高4.5厘米（图三三九,1）。

瓷罐　标本BT27①:1，夹砂红褐胎。敞口，卷沿，圆唇，束颈，溜肩，鼓腹下内收，平底微凹。施黄褐青釉，有流釉现象，部分露胎。腹饰瓦棱纹。口径10.8、腹径23、底径8、高25.2厘米（图三三九,3）。

陶器座　标本BT18①:1，夹砂灰褐胎，质硬。敛口，折沿面有凹槽，圆唇，直壁，底残。饰凹弦纹和圆形镂孔。口径16、底径20、高10厘米（图三三九,4）。

铜勺　标本BT5南扩①:1，圆形勺，曲柄残。残长9.9、勺径3厘米（图三三八,4）。

铜带扣　标本BT9①:2，红铜。残。花纹模糊。长5、宽4、厚0.15厘米（图三三九,5）。

3. C区

铜簪　1件。标本CTG1①:1，长圆锥形。塔形首。长10.9厘米（图三三八,6）。

银簪　1件。标本CTG1①:2，扁长条形。一面饰长线纹和戳点纹。长16.3、宽0.8厘米（图三三八,1）。

4. D区

瓷碗　标本DT14③:1，敞口，圆唇，斜直腹，平底，矮圈足，足底心一乳突。饰青花印花团花纹，花色黑蓝，闪青釉，内壁露胎一周，削足无釉。见跳刀痕和修坯痕。口径14、足径7、高5厘米（图三四〇,3）。

瓷盘　标本DT14⑥:1，敞口，圆唇，弧腹，平底残，矮圈足。饰青花双圈花卉纹，花色蓝黑。足跟露胎。见跳刀痕。口径20、足径11.6、高4厘米（图三四〇,4）。

瓷杯　标本DT14③:2，敞口，圆唇，斜直腹，平底，矮圈足，足底心一乳突。饰青花条带纹、"寿"字纹、几何纹等，花色蓝，削足无釉。见拉坯痕。口径7.2、足径3.5、高4.3厘米（图三四〇,2）。标本DT14③:3，敞口，圆唇，斜直腹，圜底，矮圈足。饰青花条带纹、朵花纹，花色蓝灰，釉色青灰，足底露胎。口径6.5、足径3、高3.4厘米（图三四〇,1）。

瓷罐　标本DT14③:4，直口，圆唇，深弧腹，平底残，矮圈足。饰青花绚索双喜纹、变形莲瓣纹和条带纹，花色蓝闪灰，釉白闪灰青，口、足露胎。口径10、足径6.5、高7厘米（图三四〇,5）。

玉烟嘴　标本DT14④:1，残。磨光。残长4.3、宽1.2、孔径0.1厘米（图三四〇,6）。

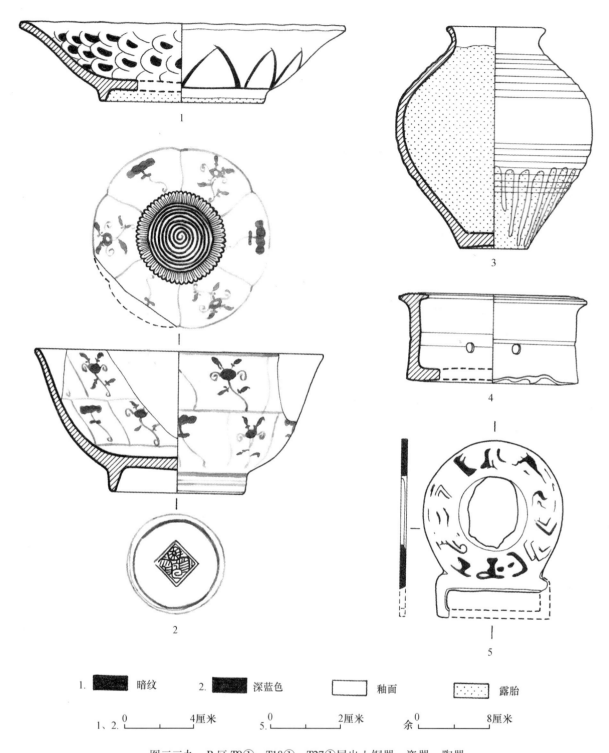

1. ▩ 暗纹　　2. ▮ 深蓝色　　3. ▭ 釉面　　4. ⋯ 露胎

1、2. 0 ├──┤ 4厘米　　　5. 0 ├──┤ 2厘米　　　余 0 ├──┤ 8厘米

图三三九　B 区 T9①、T18①、T27①层出土铜器、瓷器、陶器

1. 瓷盘（BT18①:3）　2. 瓷碗（BT18①:2）　3. 瓷罐（BT27①:1）　4. 陶器座（BT18①:1）　5. 铜带扣（BT9①:2）

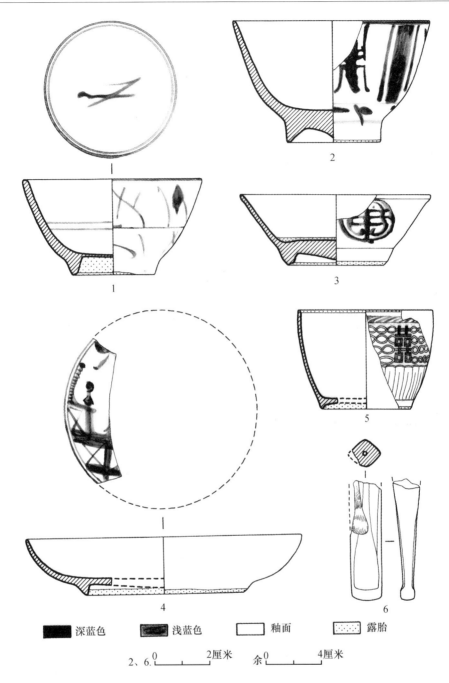

图三四〇　D区T14③、T14④、T14⑥层出土瓷器、玉器

1、2. 瓷杯（DT14③:3、DT14③:2）　3. 瓷碗（DT14③:1）　4. 瓷盘
（DT14⑥:1）　5. 瓷罐（DT14③:4）　6. 玉烟嘴（DT14④:1）

三、小　　结

（一）年代与分期

东门头遗址明清时期的遗存主要存在11组层位关系：

（1）F20→DT17 第 4 层；

（2）CT8 第 10 层→M4；

（3）CT7 北扩第 6 层→Y4；

（4）CT6 第 6 层、CT7 第 7 层、CT8 第 8 层→F21→CT6 第 7 层、CT7 第 8 层、CT8 第 9 层；

（5）Y2→G3；

（6）Z7→AT17 第 4 层→F33→第 5 层～第 7 层→墙；

（7）AT18 第 4 层→F38→第 5 层→墙；

（8）BT1 第 3 层、BT2 第 6 层→F14→Y1→B 墙 1；

（9）BT21 第 3 层、BT22 第 4 层→F45→BT21 第 4 层、BT22 第 5 层；

（10）H10→H11→F22→ATG1 墙 1、AT1 墙 1、AT2 墙 1；

（11）F24、F26→F27→F25→F22→F23、G4、ATG1 墙 1、AT1 墙 1、AT2 墙 1。

上述层位关系中诸单位或无出土遗物、或所见遗物不能直接对比、或有同类器（如瓷碗等）但型式变化不明显，因此，仅据这些层位关系虽然可知它们的相对早晚关系，但分期意义有限。

整体而言，东门头遗址明清时期的遗存中，有些单位出土明确的纪年材料，有些单位之间存在共生关系，有些单位出土的青花瓷器装饰风格具有比较明确的时代特征。如：H5 出土的陶钟范铭文为"大清道光二十八年"、H10 出土"康熙通宝"铜钱、F41 出土"康熙通宝"铜钱、F43 出土"乾隆通宝"铜钱、F15 出土民国时期铜钱、F32 与 F34 出土"大清嘉庆年制"款瓷碗等，它们的年代上限明确。F39、F40、F41 与 F46 存在共生关系、F3 与 F46 存在共生关系、G1 与 B 墙 1 存在共生关系、F23、G4 与 ATG1 墙 1、AT1 墙 1、AT2 墙 1 存在共生关系，这些存在共生关系的单位之间年代距离不大。DT17 第 4 层所见年代最晚的瓷碗具有明代中晚期的特点、97T2 第 6 层与 97T1 第 5 层所见年代最晚的瓷碗具有明代中晚期的特点、CT13 城 1 废①层所见年代最晚的瓷盘具有明代中期的特点、F22④层所见年代最晚的瓷盘具有明代中期的特点、AT1 第 10 层与第 9A 层所见年代最晚的瓷碗具有明代中期的特点、F14 所见年代最晚的瓷盘具有清代嘉庆年间的特点、F20 所见年代最晚的瓷碗具有清代嘉庆年间的特点、F24 所见年代最晚的瓷杯具有清代中期的特点、M4 填土所见年代最晚的瓷碗具有清代康熙年间的特点、BT3 第 7 层与 BT14 第 2 层所见年代最晚的瓷碗具有清代晚期的特点、AT1 第 9 层所见年代最晚的瓷杯具有清代中期的特点、AT17 第 7 层所见年代最晚的瓷盘具有清代中期的特点，这些出土青花瓷器单位中年代最晚的瓷器标本至少代表了该单位的年代上限。

综上，我们根据遗迹之间的层位关系、共生关系、建筑布局及出土遗物的特点，我们将东门头遗址明清时期的遗存大体分为早晚两期。

早期：以 G1、G4、B 墙 1、AT1 墙 1 为代表，包括 CT1 墙 1、ATG1 墙 1、AT2 墙 1、ATG2 墙、AT17～AT18 墙、F22、F23、DT17 第 4 层、97T2 第 6 层、97T1 第 5 层、CT13 城 1 废①层、AT1 第 9A 层～第 10 层等，年代属于明代。其中，G1、G4、CT1 墙 1、B 墙 1、AT1 墙 1、ATG1 墙 1、AT2 墙 1、ATG2 墙、AT17～AT18 墙、F23 的年代相对较早，大体相当于明代早期。

晚期：以 F14、F20、F24、F32、H5、H10 为代表，包括 F15、F21、F25～F27、F31、F33～F35、F38～F41、F43～F46、Z2-Z3、Z7、G3、H11、Y1、Y2、Y4、M4、DT5 第 2 层、DT51 第 2 层、BT1 第 3 层、BT2 第 2 层～第 5 层、BT3 第 3 层～第 7 层、BT4 第 3 层～第 4 层、BT5 南扩第 2 层、BT6 第 3 层～第 7 层、BT7 南扩第 3 层、BT14 第 2 层、AT1 第 3 层～第 9 层、AT4 第 2 层、AT9 第 2 层、AT17 第 4 层～第 7 层等，年代属于清代。其中，F24、F26 相对晚于 F25，Y2 相对晚于 G3，F14 相对晚于 Y1，而 F15 的年代最晚（大体相当于清末至民国时期）。

（二）主要收获

东门头遗址明清时期的遗存丰富，揭示的遗迹现象基本反映出该遗址的变迁历程。

从明代早期的城墙基本叠筑在南宋晚期的城墙之上，相关的路面、房址、排水沟多叠压或利用南宋晚期的同类遗迹等现象观察，此时的城址布局基本与东门头南宋晚期城址相似。随着明代城址的废弃，清代的房屋大量建筑在明代城墙之上，但仍然保持房屋建筑分布于一直沿用的东西向石板道路两侧的整体格局。

同时，F24 等清代遗迹上叠压的洪水淤积层既是长江历史洪水位变化的重要线索，也可能是这些房屋建筑多次变迁的主要原因。为了保护房址的稳固，防止土壤流失，房址外侧往往垒筑坚固的石培，从而构成东门头遗址清代房屋建筑的基本特色。

拾 结 语

秭归香溪宽谷一带江面宽阔，地势比较平缓，是三峡地区古今人类活动频繁的区域之一，古代文化遗址的分布比较密集。东门头遗址位于香溪宽谷东端的长江南岸，面积约 25 万平方米。发掘揭示的大量新石器时代至明清时期遗存显示，东门头遗址是三峡地区所见年代跨度长、文化特征鲜明的又一处典型遗址，也是南宋晚期的秭归县治所在，对于认识理解三峡地区的历史文化具有重要价值。

遗址最早的文化遗存属于城背溪文化，分布在 D 区，面积约 3000 平方米，大致反映出当时人们对环境的选择与聚落的规模。釜、罐、钵、支座等基本陶器组合及特点与城背溪文化中晚期的特征相似，提供了城背溪文化从江汉平原地区西侧山前地带向长江三峡河谷阶地发展历程的重要线索。而大量制作比较粗糙的打制刮削器、砍砸器等又显示出与该地区旧石器时代石器加工技术的传承性。出土的动物骨骼表明其居民的经济生活以渔猎经济为主，"太阳人"石刻丰富了城背溪文化时期的精神文化内涵。

遗址的商代文化遗存年代大体相当于商代晚期，主要分布在 C 区，保存面积约 300 平方米。其陶器的器类比较简单，以夹砂圜底釜、尖底缸和泥质尖底杯、罐、豆、盆为基本组合，纹饰除绳纹、方格纹外，刻划"麦"状纹、戳印"S"纹以及其组合纹饰等风格典型，是该地区商代文化的代表性遗存。出土的动物骨骼显示当时居民的肉食来源主要依靠渔业捕捞，但狩猎与家畜饲养也是其重要补充。

遗址的周代文化遗存年代相当于春秋中晚期和战国早期，主要分布在 D 区，聚落规模不大。其中，以釜、鼎为主要代表的春秋中晚期遗存特征鲜明，其陶器多夹砂褐陶，主要装饰绳纹，陶胎较厚，制作粗糙。此类遗存在秭归柳林溪、官庄坪等遗址中往往与鬲、盂、罐等为代表的典型楚文化遗存共存，但在东门头遗址中少见典型楚文化遗存，从而为探讨此类遗存的流变及与楚文化的关系提供了新的证据。出土的动物骨骼显示渔猎经济仍是当时经济生活的重要组成部分，而家畜经济生产严重滞后，明显落后于我国其他地区同时期的家畜经济生产规模。

遗址的汉代遗存比较丰富。西汉时期的陶窑集中分布于 D 区，墓葬则集中分布于 C 区，初步反映出当时聚落功能的分区。所见陶窑保留了明确烧制陶瓦的证据，功能清楚，是研究该时期陶窑结构、陶瓦生产等课题的重要材料。所见墓葬皆小型土坑竖穴墓，其埋葬特点与三峡地区战国时期的部分墓葬类似。发现于 C 区的王莽时期橄榄式陶窑结构在三峡地区比较少见。三国时期的遗存集中分布于 A 区、B 区、C 区，发现的小型土坑墓结构简单，随葬品少，明显不同于三峡地区东汉以来流行的砖室墓和石室墓。值得注意的是，尽管发现于 C 区的汉代城墙体的整体结构不明，但为探索该地区城建发展沿革提供了新线索。

遗址的唐代文化遗存比较少，发现的唐代早期长方形土圹石室墓及唐代晚期不同窑口的瓷器进一步丰富了三峡地区唐代文化的内涵。

南宋晚期，东门头遗址进入一个新的发展阶段。此时，因为元兵的南侵，秭归县治从江北迁建于此。城址平面呈不规则方形，它北临长江、南倚高山、西隔冲沟、东依卜庄河。其东、南、西、北城垣的长度分别为 320、550、500、550 米，城内面积约 21 万平方米。除临江的北城垣属人工整体构筑外，东、南和西城垣皆以自然的山脊峭壁为屏障，只在其低平、凹缺处用石块砌筑填土加高而成。北城垣构筑坚固，局部存在马面结构。墙壁用不规则石块砌筑，石灰勾缝，外壁粉刷石灰。墙壁之间填筑土和小石块，结构紧密。北城垣东部设置的城门平面呈内"八"字形，门道用不规则石块平铺而成，由南向北梯级而下。城内保留的遗迹主要分布在北城垣内侧的地势低缓区域。一条东西向石板道路基本与北城垣平行，房屋遗迹等则位于石板道路的南北两侧。因地势高低不平，石台阶成为连接房址、石板道路的重要设施。城内的排水系统设计科学，通过明沟与暗沟集中将水排入城外的长江之中。东门头遗址南宋晚期城址的发现在证明相关文献记载的同时，也补充了文献记载的不足，其选址、建筑特点、使用废弃时间及宋元时期遗物共存等方面的信息基本符合南宋晚期筑城以抗元兵的历史背景。同时，出土的宋元时期瓷器多日常生活用品，主要属于龙泉、景德镇、吉州等窑口的产品，反映出宋元时期我国瓷业生产的繁荣与产品流通的多元状况。

明清时期，由于秭归县治的变迁，东门头遗址的历史地位逐渐下降。从明代早期的城墙基本叠筑在南宋晚期的城墙之上，相关的路面、房址、排水沟多叠压或利用南宋晚期的同类遗迹等现象观察，此时的城址布局基本与东门头南宋晚期城址相似。随着明代城址的废弃，清代的房屋大量建筑在明代城墙之上，但仍然保持房屋建筑分布于一直沿用的东西向石板道路两侧的整体格局。

虽然东门头遗址包含的历史文化信息相当丰富，特别是所揭示的多时期使用的城址对于总结三峡地区城址的特点、分析城址的性质、理解城址变迁的原因、认识城址在区域文化中的中心作用等方面具有十分重要的学术价值，但是，相对于东门头遗址25万平方米的规模而言，考古发掘的面积不足1万平方米，加之遗存破坏严重，我们对该遗址历史文化信息的理解显然存在明显的局限性，对城址的整体布局及变化细节还缺乏全面了解。因此，东门头遗址的深入研究工作仍然任重道远。

附　　表

附表一　东门头遗址城背溪文化时期陶片统计表

（1）单位：DT15 第11层

陶质		夹砂				泥质			夹炭		合计	百分比（%）
陶色		红褐	黑褐	黄褐	灰黑	红褐	黑	褐	红褐			
纹饰	素面					1	4	1			6	2.43
	绳纹	211	14	2	2			1	1		231	93.52
	绳纹划纹	1									1	0.40
	镂孔按窝	1									1	0.40
	镂孔划纹								1		1	0.40
	红衣	5				2					7	2.83
数量		218	14	2	2	3	4	2	2	0	247	100.00
百分比（%）		88.26	5.67	0.81	0.81	1.21	1.62	0.81	0.81	0.00	100.00	
器形	釜	8									8	22.22
	钵	11	1				1				13	36.11
	支座	5		1							6	16.67
	壶					2					2	5.56
	盘								1		1	2.78
	罐	4			1			1			6	16.67
数量		28	1	1	1	2	1	1	1	0	36	100.00
百分比（%）		77.78	2.78	2.78	2.78	5.56	2.78	2.78	2.78	0.00	100.00	

（2）单位：DT16 第11层

陶质		夹砂				泥质			夹炭		合计	百分比（%）
陶色		红褐	黑褐	褐		黄褐						
纹饰	素面					1					1	1.75
	绳纹	46	6	1							53	92.98
	绳纹按窝			1							1	1.75
	红衣	2									2	3.51
数量		48	6	2	0	1	0	0	0	0	57	100.00
百分比（%）		84.21	10.53	3.51	0.00	1.75	0.00	0.00	0.00	0.00	100.00	
器形	釜			2							2	22.22
	罐	1									1	11.11
	钵	1	3								4	44.44
	支座			2							2	22.22
数量		2	3	4	0	0	0	0	0	0	9	100.00
百分比（%）		22.22	33.33	44.44	0.00	0.00	0.00	0.00	0.00	0.00	100.00	

附表二　东门头遗址商代陶片统计表

（1）单位：CT5 第 7 层

陶质 / 陶色	夹砂 褐	黑	黑皮	橙黄	红		泥质 褐	黑皮	黑	夹炭 褐		合计	百分比(%)
纹饰　素面	7		5				47	15				74	34.58
纹饰　绳纹	93	4	4							3		104	48.60
纹饰　方格	5			1	1					1		8	3.74
纹饰　"麦"纹	2								1			3	1.40
纹饰　镂孔									1			1	0.47
纹饰　S 纹							1					1	0.47
纹饰　弦纹 S 纹							1					1	0.47
纹饰　弦纹							14	5	2			21	9.81
纹饰　戳印							1					1	0.47
数量	107	4	9	1	1	0	64	20	4	4	0	214	100.00
百分比(%)	50.00	1.87	4.21	0.47	0.47	0.00	29.91	9.35	1.87	1.87	0.00	100.00	
器形　釜	4	2	2									8	61.54
器形　罐								1				1	7.69
器形　杯								1	2			3	23.08
器形　盉									1			1	7.69
数量	4	2	2	0	0	0	0	2	3	0	0	13	100.00
百分比(%)	30.77	15.38	15.38	0.00	0.00	0.00	0.00	15.38	23.08	0.00	0.00	100.00	

（2）单位：H3 第 1 层

陶质 / 陶色	夹砂 褐	黑	黑皮	灰黑	红	黑	泥质 褐	灰褐	灰	夹炭 褐		合计	百分比(%)
纹饰　素面	4					1	13	2	1			21	61.76
纹饰　绳纹	5	1		1								7	20.59
纹饰　弦纹			2				4					6	17.65
数量	9	1	2	1	0	1	17	2	1	0	0	34	100.00
百分比(%)	26.47	2.94	5.88	2.94	0.00	2.94	50.00	5.88	2.94	0.00	0.00	100.00	
器形　釜	1	1		1								3	60.00
器形　罐								1	1			2	40.00
数量	1	1	0	1	0	0	0	1	1	0	0	5	100.00
百分比(%)	20.00	20.00	0.00	20.00	0.00	0.00	0.00	20.00	20.00	0.00	0.00	100.00	

（3）单位：H3 第 2 层

陶质 / 陶色	夹砂 褐	黑	黑皮	灰	红	泥质 褐	黑皮	夹炭 褐	合计	百分比(%)
纹饰　素面						4	1		5	13.51
纹饰　绳纹	10	14	4	1				2	31	83.78
纹饰　方格	1								1	2.70

（3）单位：H3 第2层

陶质		夹砂					泥质		夹炭		合计	百分比（%）
陶色		褐	黑	黑皮	灰	红	褐	黑皮	褐			
数量		11	14	4	1	0	4	1	2	0	37	100.00
百分比（%）		29.73	37.84	10.81	2.70	0.00	10.81	2.70	5.41	0.00	100.00	
器形	釜	1	5		1						7	87.50
	罐						1				1	12.50
数量		1	5	0	1	0	1	0	0	0	8	100.00
百分比（%）		12.50	62.50	0.00	12.50	0.00	12.50	0.00	0.00	0.00	100.00	

（4）单位：H3 第3层

陶质		夹砂					泥质			夹炭		合计	百分比（%）
陶色		褐	黑	黑皮	橙黄	红	褐	黑皮	灰褐	褐			
纹饰	素面	4					7	2	9			22	29.73
	绳纹	42	3	4								49	66.22
	"麦"纹	1										1	1.35
	S纹								1			1	1.35
	弦纹						1					1	1.35
数量		47	3	4	0	0	8	2	10	0	0	74	100.00
百分比（%）		63.51	4.05	5.41	0.00	0.00	10.81	2.70	13.51	0.00	0.00	100.00	
器形	釜	2										2	50.00
	盆								1			1	25.00
	豆								1			1	25.00
数量		2	0	0	0	0	0	0	2	0	0	4	100.00
百分比（%）		50.00	0.00	0.00	0.00	0.00	0.00	0.00	50.00	0.00	0.00	100.00	

附表三　东门头遗址周代陶片统计表

单位：DT24 第 3 层

陶质		夹砂						泥质			合计	百分比（%）
陶色		褐	灰褐	黑	黑皮	灰黑	黑褐	褐	黑皮			
纹饰	素面	6			2		2	1	5		16	13.56
	绳纹	63	5	7		4	5				84	71.19
	方格	6		3							9	7.63
	暗划纹镂孔								2		2	1.69
	弦纹	5			1			1			7	5.93
数量		80	5	10	3	4	7	2	7	0	118	100.00
百分比（%）		67.80	4.24	8.47	2.54	3.39	5.93	1.69	5.93	0.00	100.00	
器形	鼎	1					1				2	9.52
	罐	1		1	1						3	14.29
	豆	1			1			1	1		4	19.05
	釜			2		2	1				5	23.81
	釜（鼎）	4	1			1	1				7	33.33
数量		7	1	3	2	3	3	1	1	0	21	100.00
百分比（%）		33.33	4.76	14.29	9.52	14.29	14.29	4.76	4.76	0.00	100.00	

附表四　M11 出土铜钱登记表　　　　　　　　（单位：厘米）

编号	钱名	书体	读法	背文	钱径	穿径	内郭 宽	外郭 宽	外郭 厚	数量	时代	备　注
M11:1	五铢	篆	横			1				1	东汉 末	钱锈残。薄肉厚 0.05。字浅平模糊。朱头圆折。五字宽，交股弯曲。具有东汉晚期风格
M11:2	剪轮 五铢	篆	横		1.65 ~ 1.7	0.8 ~ 1				4		薄肉，浅字，模糊，系用汉五铢剪制
M11:3-1	大泉 五百	篆	直		2.98	0.92	0.1	0.15	0.19	1	三国	字郭周正，笔画较肥，外郭深。三国孙吴货币
M11:3-2	大泉 当千	篆	直		3.3	1.15	0.09	面 0.14 背 0.18	0.2 ~ 0.3	1	三国	字郭周正深峻，背外郭较面略宽，外缘厚薄不一。三国孙吴货币
M11:3-3	磨郭 五铢	篆	横		2	0.9			0.05	1		磨制规整，肉薄，字浅平。朱头圆折。五较宽，交股，孤曲，上下与横交接，呈垂直状，且五上下中部各有一短横。系用东汉晚币磨制
M11:3-4	剪轮 五铢	篆	横			0.9				1		肉薄，字浅模糊，隐约可见，系用东汉晚币剪制
M11:4-1	五铢	篆	横		2.45	1.1		0.08	0.09	1	东汉 晚	窄缘，广穿薄肉。金头三角。朱头方折，较短小。五字交股弯曲。字画紧凑规范，但字浅，字画不平
M11:4-2	五铢	篆	横		2.45	0.95		0.05	0.06	1	东汉 晚	字郭浅平，薄肉，窄缘。金头三角较大。五较宽，交股弯曲。破残
M11:4-3	剪轮 五铢	篆	横			0.9				1		字浅平，模糊。金头三角。朱头圆折。薄肉。系用东汉晚币剪制
M11:5	五铢	篆	横		2.57	0.9		0.1	0.1	1	东汉 晚	字郭浅平，轻薄，锈蚀厉害。金头三角。朱头圆折较短。五较宽，交股弯曲，与上下二横交接处呈垂直状。字画不平
M11:6-1	大泉 五百	篆	直		3	1	0.1	面 0.16 ~ 0.28 背 0.11 ~ 0.23	0.2	1	三国	字郭浅平，背郭较深，穿边中部毛刺（未凿透），笔画圆匀。五字短，直交上部外撇呈三角形，下部内收。三国东吴货币

编号	钱名	书体	读法	背文	钱径	穿径	内郭 宽	外郭 宽	外郭 厚	数量	时代	备　注
M11:6-2	直百五铢	篆	直	Ⅱ	2.6	1	0.04	0.04 ~ 0.14	0.08 ~ 0.12	1	三国蜀汉	周郭浅而宽窄不匀,钱厚薄不均,穿边毛刺,币褐红色。面穿右上粟点文,背穿下中部阴文,二坚。金头尖镞形。朱方折,下部窄短。五交笔弯曲内收
M11:6-3	直百五铢	篆	直		2.55	1		面 0.1 ~ 0.12 背 0.1 ~ 0.15	0.12	1	三国蜀汉	字郭浅,宽窄不一。金头尖镞状。朱头圆折,左侧较右侧笔画高。五交股弯曲,内收厉害。字画不平
M11:6-4	直百五铢	篆	直	工	2.65	0.9		面 0.08 ~ 0.2	0.08 ~ 0.12	1	三国蜀汉	字郭浅,宽窄不一,背郭深浅不一,较面郭浅。背穿右上一粟点文,字画不匀。金头尖状。朱头方折。五交股弯曲内收。币浅褐色。背穿左一"工"字
M11:6-5	五铢	篆	横		2.6	1	背 0.12	0.1 ~ 0.14	0.15	1	西汉武帝	周郭深,面穿上横郭金不显(隐约可见)。朱头方折。五较宽,交股弯曲
M11:6-6	五铢	篆	横		2.6	0.99	背 0.1	0.1	0.12 ~ 0.18	1	西汉初	金头等腰三角。朱头方折。五较宽,弯曲。字郭深峻,币厚薄不一。背穿上左决文,穿左下侧直月文。西汉武帝郡国五铢
M11:6-7	五铢	篆	横		2.5	1	0.1	0.1	0.1	1	东汉中	郭窄浅。面穿上左、中有二圆点星文,五字内有二相连斜月,不似错范而成。金头等腰△较大,四点略长。朱头微圆折,中坚两端细。五较宽,交股弯曲大与横交接,呈垂直状,且横两端不出头
M11:6-8	五铢	篆	横		2.5	0.98	背 0.15	0.1	0.09	1	东汉晚	外郭窄浅,背郭浅平。金头△大,四点较长。朱头呈抛物状,较金头略低。五较宽,交股弯曲与横相交垂直。笔划圆匀。顺帝前后期币
M11:6-9	五铢	篆	横		2.56	0.93		0.08	0.08	1	东汉晚	窄缘浅郭。金头△与朱等齐。朱头微圆折。五字交股弯曲。字划细匀结构紧,规范。具有东汉晚币特征

编号	钱名	书体	读法	背文	钱径	穿径	内郭宽	外郭宽	外郭厚	数量	时代	备　注
M11:6-10	五铢	篆	横		2.49	0.9	背0.07	0.09	0.09	1	东汉晚	窄缘浅郭。币色略红，泛黄。金头△较大。朱头圆折。五字弯曲甚，较宽。笔画不匀称
M11:6-11	五铢	篆	横		2.55	0.95	背0.07	0.1	0.09	1	东汉晚	窄缘浅郭。币色略红，泛黄。金头△较大。朱头圆折。五较宽，交股弯曲，与横交接处呈垂直状。笔画圆匀
M11:6-12	五铢	篆	横		2.56	0.98	背0.07	0.09	0.1	1	东汉晚	窄缘浅郭。金头大△，四点略长，排列整齐。朱头微圆折，略高于金。五较宽，交股弯曲一笔较粗似错范
M11:6-13	五铢	篆	横		2.55	0.95	背0.05	0.09	0.09～0.12	1	东汉中晚期	窄缘浅郭。金头△较大，较朱为高，金坚中有断感。朱头圆折。五字交股弯曲，与上下二横相交呈垂直。面穿上一星较大，上与二分开，波折纹相连。穿下偏左亦有一近方块形星文，其周有粟文。五右侧中部亦有粟文
M11:6-14	五铢	篆	横		2.55	0.95	背0.08	0.05～0.1	0.08	1	东汉晚	窄缘浅郭，郭不匀称，轻薄，字浅模糊。金隐约可见大△。五较宽，交股弯曲。面穿上有粟文
M11:6-15	五铢	篆	横		2.4	0.9	背0.08	0.05	0.08	1	东汉晚	窄缘浅郭，背郭近平，字浅漫平。金头△，四点长。朱头圆折似抛物状。五较宽，交股弯曲。东汉晚期币
M11:6-16	五铢	篆	横		2.54	0.97	背0.07	0.1	0.13	1	西汉晚	字郭周正，深峻。金头△。朱头方折。五交股弯曲，内收，略外撇。具西汉晚币特征
M11:6-17	五铢	篆	横		2.45	0.9		0.05	0.08	1	东汉晚	窄缘，浅郭，浅字。金头△大，四点长。朱头呈抛物状。五较宽，弯曲甚。背郭浅平。东汉晚期货币
M11:6-18	五铢	篆	横		2.5	0.95	背0.1	0.12	0.08	1	东汉晚	窄缘浅郭，字浅漫平不清。金头三角较朱为高。朱头圆折。五较宽，交股弯曲甚。轻薄，背有粟点文

编号	钱名	书体	读法	背文	钱径	穿径	内郭 宽	外郭 宽	外郭 厚	数量	时代	备　注
M11:6-19	五铢	篆	横		2.55	0.98	背0.08	0.05～0.13	0.88～0.1	1	东汉晚	缘宽窄不一，厚薄不匀，轻薄。金头△较大。朱圆折。五较宽，交股弯曲与横相交呈垂直。背穿下粟点文
M11:6-20	五铢	篆	横		2.5	1	背0.13	0.05～0.14	0.09	1	东汉晚	浅郭，宽窄不一，钱厚薄不匀。字浅宽不平。金头△较大，四点长。朱头圆折。五交股弯曲，二横不出头。面穿上有二阴刻竖文，左短右长
M11:6-21	五铢	篆	横		2.55	0.9	背0.09	0.07	0.1	1	东汉晚	窄缘浅郭。金头△大。朱头短，微圆折。五宽，交股弯曲甚，与横交接呈垂直
M11:6-22	五铢	篆	横		2.5	1	背0.1	0.06～0.09	0.08～0.1	1	东汉晚	窄缘浅郭，且宽窄、厚薄不匀，背郭近平。金头等腰△较大。朱头微圆折。五交股弯曲甚。字画浅，但排列规范，残
M11:6-23	五铢	篆	横		2.54	0.93	背0.1	0.09～0.13	0.1	1	东汉晚	窄缘浅郭，且宽窄不一，字浅。金头△较大，四点长方。朱头微圆折。五弯曲大，与横相交呈垂直状，横不出头。币轻薄质差，锈蚀重
M11:6-24	五铢	篆	横		2.45	0.9	背0.09	0.05	0.05	1	东汉晚	宽缘浅郭，薄肉，铜色泛黄。字浅。金头△。朱头微圆折。五交股弯曲甚
M11:6-25	五铢	篆	横		2.55	1	背0.09	0.05	0.08	1	东汉晚	窄缘浅郭，面穿上下多瘢疵（或孤立，相连粟文）。金旁左侧似波折文，字浅。金头△。朱头微圆折。五较宽，交股弯曲，与横相交呈垂直
M11:6-26	五铢	篆	横		2.43	1	背0.08	0.05	0.06	1	东汉晚	窄缘浅郭，背郭近平，字浅。金头△大，四点长方。朱头圆折。五宽，交股曲甚。币轻薄，色淡
M11:6-27	五铢	篆	横		2.49	1	背0.12	0.05	0.08	1	东汉晚	窄缘浅郭，背郭近平，字浅漫平模糊。金头△大。朱头圆折。五宽，交股弯曲。币轻薄，色泛白

编号	钱名	书体	读法	背文	钱径	穿径	内郭 宽	外郭 宽	外郭 厚	数量	时代	备注
M11:6-28	五铢	篆	横		2.5	0.95		0.08	0.08	1	东汉晚	窄缘浅郭,背郭近平,字浅。金头△。朱头微圆,折短小。五宽,交股弯曲与横相交呈垂直状。币轻薄,色淡黄泛白
M11:6-29	五铢	篆	横		2.5	1		0.1	0.06	1	东汉晚	字郭浅,背郭近平。金头△。朱头圆折短小。五宽,交股弯曲与横相交呈现垂直。币轻薄,色淡黄泛白
M11:6-30	磨郭五铢	篆	横		2.4	0.9			0.07	1		磨制规整,边郭尚可见。金头△大,四点长。朱头呈抛物状。五较宽,交股弯曲。甚轻薄,系用东汉晚币磨制
M11:6-31	磨郭五铢	篆	横		2.35	0.9			0.05	1		磨制规整,尚可见边郭,字郭浅。金头△,四点长方。朱头圆折。五宽,交股曲。轻薄,系用东汉晚币磨制
M11:6-32	磨郭五铢	篆	横		2.34	0.9			0.11	1		可见浅边郭,面穿上下多瘢疵。金头△。朱头微圆折。五宽,交股弯曲甚。系用东汉晚币磨制
M11:7-1	大泉五百	篆	直		2.9	0.9	面0.14	0.1~0.24	0.14	1	三国东吴	深郭缘宽窄不一,削边,背穿毛刺。字画圆匀。五相交直,下略内收,似两对立△相交。背可见细小砂眼
M11:7-2	大泉五十	篆	横		2.7	1	面0.05 背0.08	0.12	0.21	1	王莽	外郭深峻,额轮。背内郭较面为宽,郭周正。字划纤细匀称。五交股弯曲瘦长,与上下横交接呈垂直状,横出头与内郭相连接。"泉"竖笔中断
M11:7-3	五铢	篆	横		2.55	1		0.1	0.11	1	西汉晚	字郭深峻周正。金头△。朱头方折。五交股弯曲,微外撇。粟角文
M11:7-4	五铢	篆	横		2.6	0.9	背0.15	0.13	0.1	1	东汉晚	面郭浅,背郭近平。金头△大。朱头呈抛物状。五较宽,孤曲甚,与横交接呈垂直状。面穿下有阴文"⊥"记号,背有粟星文

编号	钱名	书体	读法	背文	钱径	穿径	内郭 宽	外郭 宽	外郭 厚	数量	时代	备　注
M11:7-5	五铢	篆	横		2.53	1	背0.11	0.14	0.14	1	西汉昭宣	字郭周正。金头小△，略低于朱，四点略长。朱头方折。五交股弯曲，内收与横垂直。字规整
M11:7-6	五铢	篆	横		2.55	0.9	背0.08	0.12	0.12	1	西汉中晚	字郭周正。金头△，四点短方。朱头圆折。五交股弯曲，有内收感。笔画圆匀
M11:7-7	五铢	篆	横		2.55	0.9	背0.06	0.14	0.11	1	东汉和帝	金头△，四点略长。朱头圆折。五交股弯曲，与横交接呈垂直。金竖划中断
M11:7-8	五铢	篆	横		2.45	0.96	背0.11	0.06	0.1	1	西汉晚	窄缘浅郭，背内郭较凸出，字浅。金头△。朱头方折，短小。五宽，交股弯曲，与横交接呈垂直状，微外敞。币色泛黄
M11:7-9	五铢	篆	横		2.57	0.9	背0.08	0.1	0.12	1	西汉晚	浅郭。金头△，四点短。朱头短方折，微开放。五弯曲内收，微外敞。穿上在半星，一穿左侧有粟文。币浅褐色
M11:7-10	五铢	篆	横		2.57	0.96		0.1~0.15	0.14	1	西汉早	字郭浅，背郭近平，缘宽窄不一。币色泛黄，锈蚀重。金头尖镞状。朱头方折。五交股微曲。具有西汉早期币特征或系私铸
M11:7-11	五铢	篆	横		2.55	0.98	背0.12	0.1	0.1	1	东汉中晚	缘宽窄不一，面郭浅，背内郭较高。币色泛黄，薄肉，面上中近外郭处有一规整小圆孔。金头△大，四点略长。朱头圆折。五交股弯曲甚，与横交接近垂直状
M11:7-12	五铢	篆	横		2.55	0.95	背0.05	0.12	0.12	1	东汉晚	字郭浅。币色浅黄。字不平，笔画粗细不一。金头△，较朱为低。朱头圆折，短小。五交股弯曲甚，与横交接呈垂直
M11:7-13	五铢	篆	横		2.5	0.9		0.1	0.1	1	东汉晚	浅郭，背郭近平，背内郭不规整，浅平。字浅。金头△，四点短长方。朱头小圆折。五交股弯曲，与横相交垂直。铁锈重，多瘢疵砂眼

编号	钱名	书体	读法	背文	钱径	穿径	内郭 宽	外郭 宽	外郭 厚	数量	时代	备注
M11:7-14	五铢	篆	横		2.59	1	背0.1	0.1	0.09	1	西汉晚	字郭周正均匀，背郭较深。币色浅泛红。金头三角，四点短。朱头微圆折，略高于金。五交股弧曲内敛，与横相交呈垂直，横略出头
M11:7-15	五铢	篆	横		2.57	1		0.05～0.13	0.06～0.1	1	东汉晚	浅郭且缘宽窄不一，钱厚薄不均。字浅，笔画粗细不一，字不平。金头△较朱为低。朱圆折。五交股曲甚，与横交垂直。锈蚀重
M11:7-16	磨郭五铢	篆	横		2.3	0.9			0.9	1		磨制较规整，可见浅郭线。背郭平，多瘢疵。币色泛白。字浅模糊。金头△，四点长。朱头圆折。五宽，交股弯曲甚。系用东汉晚币磨制
M11:7-17	五铢	篆	横		2.3	0.9		0.07	0.1	1	东汉中晚	窄缘浅郭，薄肉。币色淡黄。金头三角，四点略长。朱头圆折与金等齐。五宽，交股弯曲与横交垂直
M11:7-18	剪轮五铢	篆	横		1.86	0.9				1		薄肉。字模糊。锈蚀。概用东汉晚币剪制
M11:7-19	剪轮五铢	篆	横		1.9～2.1	0.95				1		近椭圆形。肉薄、字漫平不清。概用东汉晚期币剪制
M11:8	剪轮五铢	篆	横			0.7				1		不规整。轻薄，狭穿。字锈蚀不见。此钱概用小钱剪制
M11:9	剪轮五铢	篆	横		1.8					1		此钱系剪磨削挖而成。钱肉厚0.05～0.15，面中部高，背内凹，内郭不整。五朱模糊可见痕迹。五字具有蜀直百五铢特征，大概用蜀汉直百五铢币剪磨而成
M11:10-1	剪轮五铢	篆	横	·	1.9	0.9				1		规整。肉厚0.06。金剩右侧二点。朱头方折，较长。五交股微弯，内收。系用西汉中期币剪制

编号	钱名	书体	读法	背文	钱径	穿径	内郭 宽	外郭 宽	外郭 厚	数量	时代	备 注
M11:10-2	剪轮五铢	篆	横		1.65~1.76	0.9				1		薄肉。币色淡黄泛白。朱头微方折，短小紧凑。五弯曲。系用东汉晚币剪制
M11:10-3	剪轮					1.1				1		残。肉薄，多瘢疵。字不见。系用东汉晚币剪制
M11:11	剪轮五铢		横		1.95~2.05	1				1		不规整。字浅漫平模糊。背多瘢疵，薄肉。系用东汉晚币剪制
M11:13-1	直百五铢	篆	直	为	2.76	1	0.06面	0.18~0.22	0.18~0.23	1	三国蜀汉	郭不周正，削边，穿凿未透，中部毛刺。金头镞状。朱头方折，略高于金，铢横竖相交处成凸出节状。五交股弯曲，内敛。深郭笔画较细，圆匀。背"为"模糊
M11:13-2	直百五铢	篆	直		2.8	1		0.13~0.27	0.23~0.27	1	三国蜀汉	字郭较深，郭较周正，削边。铢字横竖相交处呈竹节状。五交股弯曲，二横略粗。"五""铢"二字略长。为蜀汉币
M11:13-3	剪轮五铢	篆	横		1.8	1				1		不规整。朱头微圆折，短小。五交股曲甚。薄肉。锈蚀严重。系用东汉末五铢剪制
M11:14-1	剪轮五铢	篆	横		2.2	1				1		肉薄。锈蚀重。字浅漫平模糊不清。背内郭近平。系用东汉时币剪凿而成
M11:14-2	五铢	篆	横		2.47	0.9		0.08~0.22	0.11~0.14	1		周郭不正，缘宽窄不一。背有内郭，面无内郭，但面穿上横郭。字浅。金头三角。朱方折，横竖相交处呈节状。五交股弯曲。钱文风格与直百五铢十分相似，属两汉币，或为蜀地地方铸币

附表五　M1 出土铜钱登记表　　　　　　　　　　（单位：厘米）

编号	钱名	书体	读法	背文	钱径	穿径	内郭 宽	外郭 宽	外郭 厚	数量	时代	备　注
M1:012-1	五铢	篆	横		2.58	0.95	0.1	面0.1~0.15	0.16	5	西汉	色褐红。金头等腰△，四点较长，与朱等齐。朱方折。五内收，交笔弯曲，与上下二横垂直。形体较长，结构较紧凑
M1:012-2	五铢	篆	横		2.5	1	背0.1~0.15	0.1~0.15	0.1	1	东汉早	金头△较大，四点长。朱头圆折。五较宽，交叉弯曲，外撇。东汉早期光武帝币
M1:012-3	五铢	篆	横		2.55	0.9	背0.1	0.1	0.1	5	东汉中晚	金头△较大，四点较长。朱头圆折。五弯曲，收缩，与横近垂直。面穿左上一星，背穿下一短横
M1:012-4	五铢	篆	横		2.45	0.9		0.05	0.08	1	东汉晚	窄缘浅郭，肉薄币轻。金头△略高于朱。朱头圆折开放。五较宽，交股曲甚
M1:012-5	五铢	篆	横		2.6	0.9		0.1	0.12	1	东汉晚	币色泛红。字郭浅，多瘢疵。字浅，散漫。金头△，四点长。朱头圆折开放，似抛物状。五宽，交股弯曲
M1:012-6	五铢	篆	横		2.4	1.1		0.05	0.05	1	东汉晚	窄缘广穿，字郭漫平。薄肉。字模糊不显
M1:012-7	五铢	篆	横		2.6	0.9		0.11	0.11	1	东汉	金头大△，四点长方。朱头圆折短，开放。五弯曲，但中部未相交。字郭浅平。色微泛红
M1:012-8	五铢	篆	横		2.56	0.9		0.09	0.11	1	东汉中	金头△大，四点略长。朱头圆折。五较宽，交股弯曲内敛，横不出头。周郭正，钱文规矩。币微泛红色
M1:012-9	五铢	篆	横		2.4	0.9		0.11	0.07	1	东汉晚	窄缘浅郭。币轻薄小。色泛白。金头△。朱头微圆折。五交股曲甚，与横交接垂直。字紧凑规范
M1:012-10	五铢	篆	横		2.6	0.95		0.14	0.12	1	东汉晚	字郭浅，字模糊。锈蚀重，多瘢疵。似铁币

编号	钱名	书体	读法	背文	钱径	穿径	内郭 宽	外郭 宽	外郭 厚	数量	时代	备　注
M1:012-11	五铢	篆	横		2.5	0.9		0.07	0.14	1	西汉晚	窄缘浅郭，字浅。金头△较大。朱头圆折。五宽，交股曲甚
M1:012-12	五铢	篆	横		2.45	0.92		0.05	0.07	1	东汉晚	窄缘，字郭浅平。币轻薄。金头△大。朱头圆折。五宽，交股曲甚
M1:012-13	五铢	篆	横		2.55	1		0.09	0.09	1	西汉晚	字郭浅平。金头成"内有符号未打"状，较大，四点长。朱头小，微圆折。五交股弯曲内敛。面穿有粟点星文
M1:012-14	五铢	篆	横		2.57	1		0.09	0.1	1	西汉中晚	窄缘，字郭浅。轻薄。金头△，竖笔中部似断。朱头圆折。五较宽，弯曲甚。不早于东汉和帝
M1:012-15	五铢	篆	横		2.55	0.9		0.08	0.15	1	东汉晚	字郭浅，背锈蚀甚。金头△。朱头圆折。五较宽，交股曲甚，内收，与横交垂直
M1:012-16	五铢	篆	横		2.65	0.9		0.1～0.12	0.12	1	西汉	金头△大，上齐于朱，但较朱短。朱头方折，微开放，朱上部两侧竖画上端略外翻。五锈蚀不显。字体较一般五铢大出许多，其时代应为西汉
M1:012-17	五铢	篆	横		2.54	1		0.05	0.12	2	东汉晚	窄缘郭浅，锈蚀重，略残。金头△。朱抛物状。五交股曲甚
M1:012-18	磨郭五铢	篆	横		2.4	0.9			0.07	11		尚可见郭边。字郭浅平，字浅模糊。金头△。朱头圆折。五交股曲甚。币轻薄。系东汉晚期币磨制
M1:012-19	磨郭五铢	篆	横		2.1	0.85			0.07	3		币轻，色黄白。字小模糊，可见剪制轮角线。铢字较模糊。五曲甚。系用东汉晚期币剪磨而成
M1:012-20	磨郭五铢	篆	横		2.2	1			0.07	4		币轻，色浅黄泛白。字浅平模糊。铢、五剩大部分。朱圆折。五交股曲甚。系用东汉晚期币磨制

续表

编号	钱名	书体	读法	背文	钱径	穿径	内郭 宽	外郭 宽	外郭 厚	数量	时代	备注
M1：012-21	磨郭 五铢	篆	横		2.5	1			0.08	1		周郭稍加磨制，面磨，字郭尚残余。字不大清晰。五交股弯曲，内收。具有西汉币特征
M1：012-22	剪轮 五铢	篆	横		1.85	0.92			0.15	1		剪制较规整，肉厚。朱头方折，开放。五交股弯曲。字画较肥。面穿上三阴刻竖画不似汉五铢，概用蜀汉币制
M1：012-23	剪轮 五铢	篆	横		1.8	0.97			0.12	1		剪制规整，面穿上横郭，背内郭周正，字浅平模糊。系用东汉晚期币剪制而成
M1：012-24	剪轮 五铢	篆	横		1.7	0.98			0.05	1		剪制规整，肉薄，背郭微弧，四角粟角纹。字画纤细。朱方折。五交股弯曲。概用东汉晚币制
M1：012-25	剪轮 五铢	篆	横		1.74	0.9			0.05	1		剪制规整，圆形，多瘢疵。肉薄。朱圆折。五较宽，交股曲甚。字纤细。系用东汉晚币制
M1：012-26	剪轮 五铢	篆	横		1.8	0.92			0.05	1		较规整，薄肉。字浅漫不显。朱头方折。五交股曲甚，外撇，与横不垂直，形体宽。或用东汉晚币制
M1：012-27	剪轮 五铢	篆	横		2.1	0.92			0.08	2		币轻薄，多瘢疵，锈蚀。字漫平模糊不清。不早于东汉晚期
M1：012-28	剪轮 五铢	篆	横							11		币轻薄，多锈残，字浅平模糊。为两汉币剪制而成
M1：012-29	无文				2.1	1.1	0.08		0.09	1		周边毛刺，背有内外郭，郭较凸出，无文字。币面背光整，较重，其时代应为六朝
M1：012-30	五铢	篆	横		2.15～ 2.2	0.95～ 1.1		0.1	0.11	3	东汉末—三国	字郭漫平，文字模糊。朱隐约可见大三角。五紧缩，与直百五铢相似。此币为私铸，东汉未到三国
M1：012-31	五铢	篆	横		2.4	0.9	背0.1	0.2	0.1	3	？	宽缘。色褐红。金头不清，面穿上横郭。朱头方折。五交叉弧曲，内收，与横垂直，五左侧未见竖画

编号	钱名	书体	读法	背文	钱径	穿径	内郭宽	外郭宽	外郭厚	数量	时代	备　注
M1：012-32	太平百钱	篆	横		2.4	1	0.05	0.14	0.14	1	三国	周郭正、背面皆有内脏外郭。平左右二点似仰月。蜀汉币
M1：012-33	太平百金	篆	左旋		1.6	0.9		0.05	0.05	1	三国	窄缘。平连轮。蜀汉币
M1：012-34	开元通宝	篆	直		2.4	0.65	0.08	2.2	0.16	1	唐初	郭深峻。元左挑，第一横短
M1：013	五铢	篆	横		2.55	0.95	背0.08	0.1	0.13	6	汉	残破。朱头圆折。五交叉弧曲，相交处与横垂直。东汉币
M1：014	剪轮五铢	篆	横								汉	残。五模糊剩小半
M1：1-1	五铢	篆	横		2.57	1	背0.1	1.1	0.12	1	东汉光武	金头△较大，四点较长。朱头圆折。五宽，交叉弯曲，外敞。缘较宽，背郭中部微内凹，四角微出
M1：1-2	磨郭五铢	篆	横		2.2	0.98		0.06		2		字郭漫平模糊，薄肉
M1：2-1	五铢	篆	横		2.6	0.9		0.1	0.14	1	东汉光武	笔画较肥，五较宽
M1：2-2	剪轮五铢	篆	横			0.98		0.04 ~ 0.08		4	汉	朱头方折，开放。五交笔弯曲。有毛刺，粗糙
M1：3-1	磨郭五铢	篆	横		2.3	1			0.05	1		字郭漫平。字隐约可见。金头三角，四点较长。朱头圆折，开放。背穿下圆点星文。用东汉晚期币磨制
M1：3-2	剪轮五铢	篆	横		1.9 ~ 2	0.98			0.05	1		字郭漫平。字模糊不清。朱头圆折，开放。用东汉币磨制
M1：4-1	五铢	篆	横		2.5	1	背0.1	0.1	0.1	1	昭宣	金头等腰△，四点较长。朱头圆折，与金头等齐。五交叉弯曲，内敛，与横呈垂直状。字体规范，字郭较深
M1：4-2	五铢	篆	横		2.7	0.9		0.15	0.1	1	东汉晚	锈残。字郭漫平。金头三角较大，四点长。五较宽，模糊。穿上有五星点，横向排列。或为东汉晚期币

续表

编号	钱名	书体	读法	背文	钱径	穿径	内郭宽	外郭宽	外郭厚	数量	时代	备注
M1:5	剪轮五铢	篆	横		2.1	1				1		字浅平不清。面背多瘢疵，薄肉。系用汉末币剪制
M1:6-1	五铢	篆	横		2.6	0.98	背0.1	0.15	0.1	1	东汉顺帝前后	金头三角大，四点长方，金较朱略高。朱头呈抛物状。五字较宽，弯曲。笔画较肥
M1:6-2	五铢	篆	横		2.5	1	背0.1	面0.05~0.1	0.08	1	东汉晚	金头三角较大，四点较长。朱头微圆折。五交笔弯曲。面穿上一圆点星文。窄缘，浅字郭，字模糊难辨
M1:7	磨郭五铢	篆	横		2.3	0.9	背0.1			1		磨制圆整，尚可见边郭线。字迹浅，隐约可见。金头尖形小。朱头方折。五交叉弯曲，内收。用西汉昭宣币制
M1:8	磨郭五铢	篆	横		2.25	0.95	背0.1		0.05~0.1	1		金头尖镞形，四点长。朱头微圆折。五较宽，交叉弯曲，外敞。笔画较肥，或用东汉早期币磨制
M1:9	磨郭五铢	篆	横		2.1	0.98			0.06	1		磨制规整，五、铢部分磨掉。金四点较长。朱头圆折。五宽大弯曲，内敛。面穿左下有圆点星文。或用东汉晚币制
M1:10	五铢	篆	横		2.5	0.95	背0.12	0.05~0.12	0.14	1	东汉光武	金头三角大，较朱低落。朱头圆折，中竖两端略细。面穿左上角星文
M1:11-1	太平百钱	篆	直		1.8	0.9		0.05	0.09	1	三国蜀汉	窄缘，字郭浅平。太字成"内有符号未打"或称蓬蓬太平
M1:11-2	剪轮五铢	篆	横		1.8	0.9	背0.1		0.09	1		字形锈蚀难辨
M1:11-3	剪轮五铢	篆	横		2.3	0.95			0.1	1		磨制规整。金头大三角，四点心长。朱头圆折。五字弯曲。字体较宽。面圈上下星点文。字郭浅平。用东汉晚币制
M1:12	五铢	篆	横		2.6	0.9	背0.1	0.15	0.12	1	汉	锈蚀严重。字迹不清。周郭较深规整。五交叉弯曲内敛（残）

续表

编号	钱名	书体	读法	背文	钱径	穿径	内郭 宽	外郭 宽	外郭 厚	数量	时代	备　注
M1:13	五铢	篆	横		2.56	0.9	背0.1	0.1	0.07	1	东汉晚	字郭浅平，窄缘。金头三角，四点长。朱头圆折。五交叉弯曲，与横近垂直。面背皆可见砂眼。轻薄
M1:14-1	五铢	篆	横		2.55	1		0.1	0.11	1		字较宽。金头大三角。朱圆折。五交笔弯曲，微外撇。面穿右下角一星文。币色略红
M1:14-2	磨郭五铢	篆	横		2.1	0.95			0.05	1		字郭浅漫平不清，薄肉。系用东汉晚期币磨制
M1:15-1	五铢	篆	横		2.55	0.9	背0.1	面0.08	0.1	1	东汉中晚	金头三角较大，四点长。朱头圆折，开放。五较宽，交叉弯曲，内敛。窄缘浅。币色略红
M1:15-2	直百五铢	篆	直		2.9	1	面0.05 背0.15	面0.05～0.23	0.2～0.26	1	三国蜀汉	字郭深峻，笔画较粗，匀称。朱头上下圆折，基本等长。五交股弯曲，内收。面较背略窄，且面郭内侧略高于外侧
M1:16-1	剪轮五铢	篆	横		1.7	0.98	背0.13		0.05	1		剩五朱部分。朱头方折。五交笔弯曲，内收。系用西汉晚币剪制
M1:16-2	五铢	篆	横			1	背0.05			1	东汉晚	窄缘，字郭漫平，肉薄。五交叉弯曲，内收，与横交接处垂直
M1:1-3	直百五铢	篆	直		2.55	1		0.05	0.08	1	三国	字郭漫平模糊，窄缘，肉薄。面背皆可见砂眼，当为私铸币
M1:1-4	剪轮五铢	篆	横		2	0.09			0.08	1		锈蚀残，字模糊不清
M1:1-5	五铢	篆	横		2.58	1	背0.15～0.2	0.14	0.1	1	东汉早	金头三角较大，四点较长。朱头微圆折，中竖两端细。五宽，交笔弯曲，微敞。东汉早期光武帝币
M1:1-6										1		残碎。肉薄，字郭浅漫平。大概为东汉晚期币

附表六　H13 出土铜钱登记表　　　　　　（单位：厘米）

编号	钱名	书体	读法	背文	钱径	穿径	内郭 宽	外郭 宽	外郭 厚	数量	时代	备 注
H13:14-1	五铢	篆	横		2.6	0.9	背 0.1	面 0.1 背 0.15	0.13	1	西汉末	郭周正。五交叉与上下二横近垂直。朱头圆折。金头△，四点长。字规整
H13:14-2	货泉	篆	横		2.25	0.6	0.1	面 0.18 背 0.15	0.17	1	王莽	泉头近椭圆形。边郭周正。锈蚀
H13:14-3	开元通宝	隶	直		2.4	0.7	0.04	0.18	0.1	1	唐初	字郭周正。元左挑且首笔短。甬头上部开口大，"辶"字上三笔，略钝折但不相连。宝下贝字，二横较短，不与二竖相接
H13:14-4	开元通宝	隶	直		2.4	0.7		0.18	0.1	1	唐初	字郭周正。元首笔短左挑，元角头开口大。"辶"字上三笔成三撇。宝下贝字，二横短，与二竖划不相接
H13:14-5	开元通宝	隶	直		2.4	0.7		0.18	0.1	1	唐中	字郭周正，背郭浅平。甬头开口扁小近平，"辶"字上三撇略折。元首笔较长，左挑元。宝下贝字二横长，与二竖相连
H13:14-6	开元通宝	隶	直		2.42	0.7		0.21	0.14	1	唐晚	形体规整。元左挑，第一笔长。通上部开口小，近平。宝下贝字，二横与竖相接。币浅褐色
H13:14-7	开元通宝	隶	直		2.37	0.6		面 0.08~ 0.25	0.12	1	唐晚	缘宽窄不一。字体与上币相似。铸造粗
H13:14-8	开元通宝	隶	直		2.2	0.7		0.1	0.1	1	唐	币轻小，质差。字郭浅。字体形同早期开元。私铸币
H13:14-9	至道元宝	草	环		2.45	0.55	0.05	0.3	0.1	1	北宋	字郭周正。背郭浅平光滑，背内郭仅见郭痕，背穿较面穿小
H13:14-10	咸平元宝	真	环		2.5	0.6	0.09	0.24	0.1	1	北宋	肉薄，浅郭，背平无郭，光滑
H13:14-11	景德元宝	真	环		2.4	0.6	0.04	0.3	0.1	1	北宋	薄肉，字郭周正，背郭浅平，光滑
H13:14-12	祥符元宝	真	环		2.45	0.6	0.05	0.3	0.1	1	北宋	字郭周正，小字，背郭较浅

编号	钱名	书体	读法	背文	钱径	穿径	内郭 宽	外郭 宽	外郭 厚	数量	时代	备　注
H13:14-13	天禧通宝	真	环		2.6		0.09	0.3	0.1	1	北宋	穿不规整,成八边——菱花穿。背郭浅平,光滑,无内郭
H13:14-14	天圣元宝	篆	环		2.42	0.5	0.1	0.25	0.14	1	北宋	窄穿,背内郭微凸
H13:14-15	天圣元宝	篆	环		2.5	0.7	0.05	0.25	0.14	1	北宋	背郭近平,字规整,狭穿
H13:14-16	皇宋通宝	真	直		2.5	0.7	0.05	0.3	0.14	1	北宋	字郭深峻周正,背郭额轮,穿边规正。币浅褐色
H13:14-17	皇宋通宝	真	直		2.5	0.7	0.05	0.3	0.14	1	北宋	字郭周正,背郭近平,字体与上币相似,但较上币轻薄。币浅褐色
H13:14-18	皇宋通宝	真	直		2.5	0.7	0.08	0.3	0.12	1	北宋	字郭周正,背郭浅平,字体略粗
H13:14-19	皇宋通宝	真	直		2.45	0.7	0.05	0.3	0.09	1	北宋	字郭浅平周正,背郭近平
H13:14-20	皇宋通宝	真	直		2.35	0.6	0.03	0.3	0.1	1	北宋	字郭周正,薄肉局部蚀穿,小字,背郭近平。币浅褐色
H13:14-21	皇宋通宝	篆	直		2.42	0.6	0.06	0.27	0.13	1	北宋	字郭周正,字短,背有内外郭。币浅褐色
H13:14-22	皇宋通宝	篆	直		2.45	0.6	0.06	0.3	0.1	1	北宋	字体与上币相同。郭稍浅,背郭近平,背穿不规整,穿边毛刺成花穿
H13:14-23	皇宋通宝	篆	直		2.48	0.6	0.07	0.2	0.1	1	北宋	背郭平,不显。背穿不规整,尚有毛刺,周边有流铜。宝字较狭
H13:14-24	皇宋通宝	篆	直		2.48	0.7	0.05	0.25	0.09	1	北宋	字郭深峻周正,字画圆匀,背郭浅平
H13:14-25	皇宋通宝	篆	直		2.5	0.7	0.05	0.29	0.09	1	北宋	字郭浅平,字体宽长,笔画圆匀纤细,穿不规整,背郭平
H13:14-26	皇宋通宝	篆	直		2.47	0.75	0.05	0.2	0.09	1	北宋	字郭浅平,背郭平,穿周正,字画略粗圆匀,字体宽长
H13:14-27	皇宋通宝	篆	直		2.45	0.8	0.05	0.2	0.1	1	北宋	字郭较深,背郭浅平,花穿

续表

编号	钱名	书体	读法	背文	钱径	穿径	内郭 宽	外郭 宽	外郭 厚	数量	时代	备　　注
H13：14-28	至和 通宝	真	直		2.5	0.7	0.05	0.3	0.1	1	北宋	字郭周正，背郭浅平
H13：14-29	至和 元宝	真	环		2.5	0.8	0.05	0.2	0.1	1	北宋	元小字
H13：14-30	嘉祐 通宝	真	直		2.45	0.75	0.05	0.2	0.1	1	北宋	字郭周正，背郭浅平，祐小字
H13：14-31	治平 元宝	篆	环		2.5	0.7	0.05	0.3	0.1	1	北宋	字郭周正，背郭浅平
H13：14-32	熙宁 元宝	篆	环		2.4	0.6		0.23	0.14	1	北宋	背近平，字郭周正，削边。浅字，中部较凸出（钱文）
H13：14-33	熙宁 元宝	楷	环		2.32	0.55		0.25	0.12	1	北宋	字纤细规整。花穿，穿有毛刺。背郭浅平。币轻薄
H13：14-34	熙宁 元宝	楷	环		2.42	0.6		0.25	0.13	1	北宋	形体与上币相同，字画略粗
H13：14-35	熙宁 元宝	篆	环		2.35	0.7		0.2	0.12	1	北宋	花穿，背内郭近平，字画细，中冠宝
H13：14-36	熙宁 元宝	篆	环		2.3	0.7		0.2	0.12	1	北宋	背郭浅平，宽宝，中冠宝
H13：14-37	熙宁 元宝	篆	环		2.44	0.7		0.2	0.14	1	北宋	花穿，背内郭凸出明显
H13：14-38	熙宁 重宝	楷	环		3.14	0.7	0.09	0.4	0.13	1	北宋	宽缘，字深峻，背郭近平
H13：14-39	熙宁 重宝	真	环		3.09	0.7	0.09	0.4	0.13	1	北宋	宽缘削边，背郭近平
H13：14-40	熙宁 重宝	真	环		3.15	0.83	0.09	0.4	0.15	1	北宋	字郭浅平，背郭近平
H13：14-41	熙宁 重宝	真	环		2.95	0.7	0.07	0.35	0.15	1	北宋	字郭规正，文字端庄，穿有毛刺。币浅褐色
H13：14-42	熙宁 重宝	真	环		2.9	0.7	0.07	0.3	0.1	1	北宋	背郭较深平，背内郭宽窄不一，字画略粗，穿有毛刺
H13：14-43	熙宁 重宝	真	环		2.8	0.7	0.05	0.4	0.16	1	北宋	币轻薄。字画规整纤秀，背郭平，背穿不规整

编号	钱名	书体	读法	背文	钱径	穿径	内郭 宽	外郭 宽	外郭 厚	数量	时代	备　注
H13：14-44	熙宁重宝	篆	环		2.84	0.7	0.05	0.27	0.15	1	北宋	字郭深峻规整，背郭深，字笔画纤细匀称。币浅褐色
H13：14-45	熙宁重宝	篆	环		2.95	0.7	0.05	0.29	0.15	1	北宋	字郭周正，冠宝。币浅褐色
H13：14-46	熙宁重宝	篆	环		2.99	0.7	0.05	0.33	0.15	1	北宋	字郭周正，背郭额轮，阴郭。币浅褐色
H13：14-47	熙宁重宝	篆	环		2.9	0.73	0.05	0.33	0.14	1	北宋	字郭深峻周正，背外郭不匀称
H13：14-48	熙宁重宝	篆	环		2.85	0.7	0.05	0.37	0.19	1	北宋	字郭深规正，背郭浅平。钱厚实，附有铁锈物
H13：14-49	元丰通宝	篆	环		2.95	0.7	0.09	0.4	0.15	1	北宋	宽缘，字郭周正，背郭浅平。大字，长冠宝，狭贝。币浅褐色
H13：14-50	元丰通宝	篆	环		2.95	0.6	0.06	0.4	0.13	1	北宋	宽缘，字郭浅平，背郭近平，穿不规整成花穿。宽丰，长冠宝，字纤细圆匀
H13：14-51	元丰通宝	篆	环		2.97	0.7	0.05	0.4	0.14	1	北宋	宽缘，宽字，字郭周正，背郭浅成额轮
H13：14-52	元丰通宝	篆	环		2.95	0.7	0.05	0.3	0.12	1	北宋	缘宽窄不匀，字郭周整，背郭近平。长冠宝，宽字，笔画较粗圆匀
H13：14-53	元丰通宝	篆	环		2.95	0.7	0.05	0.43	0.15	1	北宋	字郭周整，背郭浅平成额轮，附有铁锈。长冠宝，狭贝
H13：14-54	元丰通宝	篆	环		2.9	0.7	0.05	0.4	0.13	1	北宋	字郭周正，背郭浅平，长冠宝。币色泛绿
H13：14-55	元丰通宝	篆	环		2.93		0.06	0.3	0.16	1	北宋	字郭周正，背郭平。字画较粗，圆匀。丰宝内挤，长冠宝
H13：14-56	元丰通宝	篆	环		2.9	0.7	0.05	0.3	0.14	1	北宋	字郭周正。字深峻，字画较纤细圆匀。隔轮
H13：14-57	元丰通宝	篆	环		2.94		0.05	0.36	0.14	1	北宋	字郭周正，背郭近平，菱花穿。笔画略粗，圆匀，长冠宝

续表

编号	钱名	书体	读法	背文	钱径	穿径	内郭宽	外郭宽	外郭厚	数量	时代	备注
H13:14-58	元丰通宝	篆	环		2.95		0.08	0.3	0.16	1	北宋	字郭周正较浅，背郭近平，菱花穿。字较模糊（周附锈物），但宝字与上不同
H13:14-59	元丰通宝	篆	环		2.94			0.38	0.19	1	北宋	字郭深，但缘不正，背郭近平，菱花穿。宽丰
H13:14-60	元丰通宝	篆	环		2.95		0.09	0.37	0.15	1	北宋	字郭周正，背郭浅平，花穿。长冠宝，笔画较细，圆匀
H13:14-61	元丰通宝	篆	环		2.9		0.05	0.33	0.14	1	北宋	字郭周正深峻，背郭浅平，花穿，隔轮。冠宝。笔画略细，圆匀，字端庄
H13:14-62	元丰通宝	篆	环		2.93		0.12	0.33	0.18	1	北宋	形体与上币相似。花穿，穿孔较小。字画略粗，长冠宝
H13:14-63	元丰通宝	篆	环		2.98		0.1	0.3~0.4	0.13	1	北宋	字郭深，背郭浅，郭宽窄不一，花穿。长冠宝
H13:14-64	元丰通宝	篆	环		2.89		0.05	0.34	0.15	1	北宋	字郭周正，背郭近平，花穿。长冠宝
H13:14-65	元丰通宝	篆	环		2.85		0.1	面0.25~0.36	0.13	1	北宋	字郭深，背郭浅平，郭宽窄不一，花穿
H13:14-66	元丰通宝	篆	环		2.9			0.29	0.17	1	北宋	字郭深，背郭浅平，花穿。长冠宝
H13:14-67	元丰通宝	篆	环		2.9		0.07	0.36	0.12	1	北宋	字郭深，背郭近平，花穿。长冠宝，宽丰。币轻薄
H13:14-68	元丰通宝	篆	环		2.4	0.7	0.05	0.29	0.12	1	北宋	小平钱。字郭周正，背郭浅平。长冠宝。币浅褐色
H13:14-69	元丰通宝	篆	环		2.5	0.6	0.05	0.33	0.11	1	北宋	小平钱。字郭周正，背郭清晰。长冠宝。币浅褐色
H13:14-70	元丰通宝	篆	环		2.5	0.6	0.05	0.25	0.1	1	北宋	字郭周正，背郭浅，钱背内凹
H13:14-71	元丰通宝	篆	环		2.43	0.6	0.05	0.24	0.08	1	北宋	字郭周正，平背，背无郭，穿背部毛刺。字较宽。币浅褐色

编号	钱名	书体	读法	背文	钱径	穿径	内郭 宽	外郭 宽	外郭 厚	数量	时代	备　注
H13∶14-72	元丰通宝	篆	环		2.45	0.7	0.05	0.24	0.11	1	北宋	字郭周正，背郭清晰，背内郭宽窄不一。币浅褐色
H13∶14-73	元丰通宝	篆	环		2.4	0.6	0.05	0.24	0.11	1	北宋	字郭周正，背郭浅平，背内郭宽窄不一，且背穿较面为小。币浅褐色
H13∶14-74	元丰通宝	篆	环		2.45		0.05	0.32	0.11	1	北宋	字郭周正，背郭浅平，无背内郭，花穿。字画圆匀，较长
H13∶14-75	元丰通宝	行	环		2.94		0.08	0.31	0.17	1	北宋	字郭不周整，背郭浅，穿规整。字深。币浅褐色
H13∶14-76	元丰通宝	行	环		2.9	0.6	0.08	0.39	0.19	1	北宋	字郭周正，背郭浅，穿规整。字深。币浅褐色
H13∶14-77	元丰通宝	行	环		2.9	0.6	0.08	0.36~0.4	0.14	1	北宋	郭周正，缘宽
H13∶14-78	元丰通宝	行	环		2.9	0.6	0.1	0.38	0.15	1	北宋	面郭周正，背郭浅宽窄不一，字郭深峻。通字小
H13∶14-79	元丰通宝	行	环		2.89	0.6	0.1	0.3	0.16	1	北宋	字郭深峻周正，背内郭较宽，背花穿。币浅褐色
H13∶14-80	元丰通宝	行	环		2.82	0.09	0.32	0.15	1	1	北宋	字郭周正浅平，背郭浅，宽花穿，阴郭。币浅褐色
H13∶14-81	元丰通宝	行	环		2.95	0.7	0.08	0.29	0.13	1	北宋	郭浅平周正。浅字，笔画较肥，字较宽
H13∶14-82	元丰通宝	行	环		2.87	0.7	0.09	0.32	0.16	1	北宋	字郭周正浅字，背郭浅平，背内郭宽窄不一。币浅褐色
H13∶14-83	元丰通宝	行	环		2.95	0.7	0.05	0.4	0.14	1	北宋	郭浅平周正。字浅，字画略细
H13∶14-84	元丰通宝	行	环		0.87	0.7	0.08	0.34	0.18	1	北宋	字郭周正，背郭平，阴郭。字深峻。币浅褐色
H13∶14-85	元丰通宝	行	环		2.92	0.7	0.08	0.4	0.13	1	北宋	字郭浅平，缘宽。字浅，宽宝笔画较肥，丰下豆首横较平。币浅褐色
H13∶14-86	元丰通宝	行	环		2.45		0.05	0.25	0.11	1	北宋	穿不正成菱形，郭缘周正。币浅褐色

编号	钱名	书体	读法	背文	钱径	穿径	内郭宽	外郭宽	外郭厚	数量	时代	备　注
H13：14-87	元丰通宝	行	环		2.45	0.7	0.08	0.22	0.1	1	北宋	字郭周正,背郭浅平,背穿浅平宽窄不一。币浅褐色
H13：14-88	元祐通宝	行	环		2.4	0.7	0.05	0.25	0.14	1	北宋	字郭周正,背郭浅近平,菱花穿。较厚重。币浅褐色
H13：14-89	元祐通宝	行	环		2.98	0.7	0.05	0.36	0.15	1	北宋	字郭周正,背郭浅,向中内凹
H13：14-90	元祐通宝	行	环		2.4	0.7	0.05	0.25	0.1	1	北宋	字郭周正,背郭浅平。通较小,宝下贝字二笔成八状。币色浅褐
H13：14-91	元祐通宝	行	环		2.4	0.7	0.05	0.25	0.1	1	北宋	字郭周正,背郭较深内凹,背穿宽窄不一。元末笔弧曲,收笔尖与三横相连。宝下贝字,撇成点状
H13：14-92	元祐通宝	行	环		2.44	0.7	0.05	0.25	0.1	1	北宋	字郭周正,背郭浅平。元收笔弧曲,粗细均匀。宝字末笔短粗,向右撇。币浅褐色
H13：14-93	元祐通宝	行	环		2.45	0.7	0.05	0.17	0.1	1	北宋	字郭周正,背郭浅。字体与上币相似,唯笔划略细。币色浅淡
H13：14-94	元祐通宝	行	环		2.39	0.7	0.05	0.25	0.09	1	北宋	字郭周正,郭缘不整,背郭浅。元笔曲折较大,近三角形。币轻,肉薄
H13：14-95	绍圣元宝	行	环		2.5	0.55	0.05	0.4	0.1	1	北宋	宽缘,郭浅平。绍小字,圣为真书
H13：14-96	绍圣元宝	篆	环		2.5	0.7	0.05	0.2	0.1	1	北宋	字郭周正,背郭浅。币浅褐色
H13：14-97	绍圣元宝	篆	环.		3.0	0.7	0.09	面 0.3～0.4 背 0.3～0.6	0.15	1	北宋	字郭宽窄不均,菱花穿。字画均匀。币浅褐色
H13：14-98	元符通宝	行	环		3.0	0.7	0.09	0.33	0.13	1	北宋	字郭周正,背郭浅平
H13：14-99	元符通宝	篆	环		2.5	0.6	0.1	0.26	0.09	1	北宋	字郭周正,背郭浅平。字画均匀

编号	钱名	书体	读法	背文	钱径	穿径	内郭 宽	外郭 宽	外郭 厚	数量	时代	备 注
H13:14-100	圣宋元宝	行	环		3	0.7	0.05	0.35	0.16	1	北宋	字郭周正深峻。圣真书，字深。币浅褐色
H13:14-101	圣宋元宝	行	环		3	0.7	0.09	0.4	0.12	1	北宋	字郭较浅，背郭近平，边不整，花穿。字浅，肥笔，圣真书
H13:14-102	圣宋元宝	行	环		2.96	0.7	0.1	0.4	0.13～0.15	1	北宋	字郭宽窄不一，浅郭，花穿。字画较肥，宋首笔肥大。币浅褐色
H13:14-103	圣宋元宝	行	环		2.96	0.7	0.1	0.4	0.15	1	北宋	字郭周正，背郭浅。圣真书
H13:14-104	崇宁通宝	瘦金	环		3.5	0.9	0.08	0.14	0.2	1	北宋	字郭周正深峻，阴郭。币浅黄色
H13:14-105	崇宁通宝	隶	直		3.2	0.7	0.05	0.2	0.2	1	北宋	字郭周正，字画纤细匀称，背郭浅平，阴郭
H13:14-106	崇宁通宝	隶	直		3.4	0.7	0.09	0.2	0.2	1	北宋	字郭周正，穿边毛刺，阴郭
H13:14-107	崇宁通宝	隶	直		3.55	0.7	0.09	0.25	0.2	1	北宋	字郭周正深峻，背穿右下有一星。币浅黄色
H13:14-108	政和通宝	篆	直		2.95	0.7	0.09	0.4	0.15	1	北宋	郭周正，宽缘，背郭浅平，花穿
H13:14-109	政和通宝	篆	直		2.9	0.7	0.09	0.3-0.4	0.13	1	北宋	字郭宽窄不一，背郭近平，背穿毛刺。字画不平。币浅褐色
H13:14-110	政和通宝	篆	直		2.8	0.6	0.1	0.2	0.1	1	北宋	字郭周正，背郭浅平。字画较细圆匀。币浅褐色
H13:14-111	政和通宝	篆	直		2.42	0.6	0.07	0.14	0.09	1	北宋	字郭周正，背郭浅，背内部不整
H13:14-112	政和通宝	篆	直		2.5	0.6	0.07	0.25	0.09	1	北宋	字郭周正，背郭浅平，背内郭外凸，阴郭。字较外郭浅
H13:14-113	政和通宝	隶	直		2.95	0.7	0.05	0.25	0.17	1	北宋	字郭周正，背郭较深。字画肥，政较大
H13:14-114	政和通宝	隶	直		2.8	0.7	0.1	0.2	0.1	1	北宋	字郭周正深峻，背郭浅平。字画较细

编号	钱名	书体	读法	背文	钱径	穿径	内郭 宽	外郭 宽	外郭 厚	数量	时代	备 注
H13:14-115	政和通宝	隶	直		2.8	0.7	0.07	0.3	0.1	1	北宋	字郭周正，背内郭浅平宽窄不一。字画较肥
H13:14-116	政和通宝	.隶	直		2.5	0.6	0.09	0.2	0.1	1	北宋	字郭周正，背郭浅平，背穿较面小，花穿。政较大
H13:14-117	宣和通宝	篆	直		2.9	0.7	0.05	0.2	0.13	1	北宋	字郭周正，背郭浅平，背内郭不均，薄肉，周边附有锈物。字画纤细
H13:14-118	宣和通宝	篆	直		2.93	0.7	0.05	0.2	0.13	1	北宋	字郭周正较深，背郭浅，背穿毛刺。字画略粗（较上币）
H13:14-119	宣和通宝	篆	直		2.7	0.6	0.08	0.3	0.12	1	北宋	字郭较深周正，背郭浅平，肉薄
H13:14-120	宣和通宝	篆	直		2.7	0.6	0.06	0.27	0.15	1	北宋	字郭周正，郭边毛刺，背穿毛刺
H13:14-121	宣和通宝	隶	直		3.1	0.7	0.08	0.23	0.15	1	北宋	字郭周正，背郭浅，花穿。肥笔
H13:14-122	宣和通宝	隶	直		3.02	0.7	0.08	0.24	0.13	1	北宋	字郭深，背郭浅，郭边不整
H13:14-123	宣和通宝	隶	直	泉？	3	0.7	0.08	0.25	0.15	1	北宋	字郭深，背郭浅。宽宝
H13:14-124	宣和通宝	隶	直		2.85	0.7	0.09	0.25	0.12	1	北宋	字郭浅，背郭浅平。字画肥。币轻，肉薄，有砂眼
H13:14-125	建炎通宝	真	直		2.8	0.6	0.05	0.32	0.14	1	南宋	字郭深，背郭浅，周边不整
H13:14-126	建炎通宝	真	直		2.76	0.6	0.07	0.25	0.15	1	南宋	字郭浅，背郭近平，周郭有毛刺，薄肉。浅字。有砂眼
H13:14-127	建炎通宝	篆	直		2.86	0.6	0.07	0.25	0.15	1	南宋	字郭深正，背郭宽窄不一，背穿毛刺，背内郭宽窄不一
H13:14-128	建炎通宝	篆	直		2.9	0.7	0.08	0.3	0.14	1	南宋	周郭毛刺，背郭浅，肉薄，可见砂眼
H13:14-129	建炎通宝	篆	直		2.83	0.6	0.05	0.24	0.14	1	南宋	字郭周正，背郭浅平，宽窄不均

续表

编号	钱名	书体	读法	背文	钱径	穿径	内郭 宽	外郭 宽	外郭 厚	数量	时代	备　注
H13：14-130	绍兴元宝	楷	环		2.9	0.7	0.07	0.2	0.14	1	南宋	浅郭，周正。字笔画纤细匀称。币浅褐色
H13：14-131	绍兴元宝	楷	环		2.7	0.8	0.05	0.19	0.1	1	南宋	面郭周正浅平，穿有毛刺，薄肉。背穿似上仰月。浅字。币浅褐色
H13：14-132	乾道元宝	真	环		2.75	0.8	0.07	0.2～0.33	0.15	1	南宋	字郭周正，外郭宽窄不一，背郭浅。币浅褐色
H13：14-133	淳熙元宝	真	环		2.9	0.8	0.1	0.3	0.11	1	南宋	广穿，字郭周正，背郭浅平。字画细。币浅褐色
H13：14-134	淳熙元宝	真	环	九	2.9	0.8	0.05	0.45	0.15	1	南宋	宽缘，浅郭，郭周正，广穿。浅字，笔画纤细，背穿上纪年"九"字。币浅褐色
H13：14-135	淳熙元宝	真	环	十三	2.9	0.7	0.07	面0.35 背0.45	0.14	1	南宋	字郭周正，郭浅，背郭浅平。字划纤细，背穿上下为纪年"十、三"。币浅褐色
H13：14-136	绍熙元宝	真	环	三	2.95	0.7	0.06	0.3	0.15	1	南宋	郭周正，背郭较宽，但宽窄不均。字画较细，背穿下纪年"三"字。币浅褐色
H13：14-137	绍熙元宝	真	环	三	2.9	0.8	0.05	0.25	0.13	1	南宋	形体与上币相同，但稍小。背穿下纪年"三"字。币浅褐色
H13：14-138	绍熙元宝	真	环	三	2.9	0.7	0.06	0.23	0.15	1	南宋	郭周正浅字，背穿毛刺，背内脏郭较宽，轻薄。字形与上币同，背纪年"三"字。币色暗
H13：14-139	嘉定通宝	真	直	元	2.95	0.8	0.09	面0.3 背0.4	0.13	1	南宋	郭周正，背内郭宽。背纪年"元"字。币浅褐色
H13：14-140	大宋元宝	真	环	元	3	0.7	0.09	面0.3 背0.25～0.4	0.18	1	南宋	字郭周正，背郭宽窄不一。背穿下纪年"元"字。币浅褐色
H13：14-141	咸淳元宝	真	直	元	2.9	0.75	0.09	面0.2 背0.2～0.3	0.12	1	南宋	郭浅平。浅字，背穿下纪年"元"字。币色浅

附表七　F14、F16、F22、F28、F32、F36、G1、H5、H10、M10 出土铜钱登记表　　　（单位：厘米）

编号	钱名	书体	读法	背文	钱径	穿径	内郭宽	外郭宽	外郭厚	数量	时代	备注
F14②:3-1	嘉祐元宝	真	环		2.31	0.6	0.09	0.25	0.1	1	北宋	字不平，背郭浅，背磨损厉害
F14②:3-2	天定通宝	楷	直		3.22	0.8	0.12	0.2	0.28	1	元末	陈友谅币。字郭深峻，背内郭较面内郭宽
F16②:2	天圣元宝	篆	环		2.5	0.8	0.04	0.24	0.15	1	北宋	背外郭较宽，背磨损严重。内郭隐约可见砂眼
F16②:3	开元通宝	八分	直		2.45	0.7	面0.045	面0.15	面0.14	1	唐初	元左挑。锈蚀严重，不规整。私铸
F22:11	元祐通宝	行	环		2.82	0.7	0.05	面0.34 背0.39	0.19	1	北宋	背郭浅宽，背穿不规整。背内郭隐约可见
F28	五铢	篆	横		2.42	1.0	背0.09	0.09	0.1	1	西汉	铢头呈三角。五交叉部近垂直。浅郭不周正。锈蚀较重
F32:14	道光通宝	真	直		2.19	0.6				1	清	锈蚀严重，周郭不整，字模糊。盗铸币
F36:18	大观通宝	瘦金	直		2.49	0.55	面0.11 背0.09	0.15	0.1	1	北宋	内郭不正，背郭浅平
G1②:3-1	开元通宝	隶	直		2.45	0.7	0.05	面0.12 背0.15	0.1	1	唐	"元"左挑。外郭周整深峻，背外郭较宽
G1②:3-2	宋元口宝	真	直		2.5	0.6	0.09	面0.22～0.3 背0.2	0.1	1	北宋	通残。周郭宽窄不一
G1②:3-3	景德元宝	真	环		2.5	0.6	0.05	面0.3 背0.3	0.15	1	北宋	小字。宽缘
G1②:3-4	祥符元宝	真	环		2.6	0.6	0.09	面0.35 背0.39	0.1	1	北宋	穿不规整，内有符号。背浅郭宽
G1②:3-5	至和元宝	篆	环		2.5	0.8	0.08	0.3	0.1	1	北宋	背郭浅平光滑，广穿
G1②:3-6	治平元宝	真	环		2.35	0.6	面0.09 背0.22	面0.2 背0.22	0.15	1	北宋	郭深峻，背郭略宽
G1②:3-7	熙宁元宝	真	环		2.5	0.6	0.09	0.29	0.1	1	北宋	面郭较深，背郭浅平光滑
G1②:3-8	元丰通宝	篆	环		2.38	0.6	0.05	0.24	0.1～0.14	1	北宋	背郭浅平，背内郭不规整，边毛刺

编号	钱名	书体	读法	背文	钱径	穿径	内郭 宽	外郭 宽	厚	数量	时代	备 注
G1②:3-9	元祐通宝	篆	环		2.5	0.58	0.05	面0.4 背0.45	0.1	1	北宋	宽缘,背郭浅平光滑
G1②:3-10	元祐通宝	行	环		2.45	0.8	0.05	面0.25 背0.3	0.14	1	北宋	广穿,背郭浅平磨光
G1②:3-11	元"口"通宝	行	环		2.45	0.8	0.05	0.15~0.25	0.15	1	北宋	背郭磨光。"口"可能为"祐"
G1②:3-12	绍圣元宝	行	环		2.4	0.6	0.05	0.3	0.13	1	北宋	周郭不整（正），浅郭。字浅平模糊
G1②:3-13	圣宋元宝	篆	环		3	0.7	0.09	面0.42 背0.3	0.19	1	北宋	阔缘,背郭不匀称
G1②:3-14	重宁重宝	隶	环		3.3	0.8	0.09	面0.22 背0.27	0.19	1	北宋	背内郭宽窄不一
G1②:3-15	宣和通宝	篆	直		2.8	面0.7 背0.6	0.1	0.2	0.15	1	北宋	背郭浅平磨光
G1②:3-16	宣和通宝	真	直		2.75	0.7	0.05	0.3	0.14	1	北宋	穿边毛刺不整,背郭浅平,背内郭宽窄不一
G1②:4-1	天圣元宝	真	环		2.6	0.8	0.04	0.2	0.13	2	北宋	锈蚀严重。背郭浅平,背破损
G1②:4-2	明道元宝	真	环		2.5	面0.6 背0.55	0.05	面0.24 背0.39	0.12	1	北宋	背郭浅平,背内郭浅平,背内穿不规整较窄
G1②:4-3	皇宋通宝	真	直		2.57	0.6	0.05	面0.3 背0.35~0.5	0.12	1	北宋	锈残。"宋"字残缺。字郭浅,背郭较宽,肉薄
G1②:4-4	元丰通宝	篆	环		2.5	0.6	0.05	面0.33 背0.32	0.1	1	北宋	背郭浅平光滑
G1②:4-5	元丰通宝?	行	环		2.9	0.6	0.1	0.35	0.2	1	北宋	锈蚀。字模糊,可能为"元丰通宝"。花穿
G1②:4-6	元祐通宝	篆	环		2.45	0.65	0.05	面0.2 背0.3	0.1	1	北宋	穿不规整
G1②:4-7	圣宋元宝	篆	环		2.5	0.7	0.05	面0.3	0.13	1	北宋	锈蚀。背郭浅平,外郭宽窄不一,花穿
G1②:4-8	圣宋元宝	篆	环		3.0	0.7	0.09	面0.4 背0.4	0.15	1	北宋	字郭浅,宽缘,花穿

编号	钱名	书体	读法	背文	钱径	穿径	内郭 宽	外郭 宽	外郭 厚	数量	时代	备 注
G1②:4-9	政和通宝	篆	直		2.5	0.6	0.09	面0.12 背0.24	0.14	1	北宋	字郭周正
G1②:4-10	政和"口"宝	真	直		2.95	0.7	0.1	面0.35 背0.36	0.15	1	北宋	锈残。字模糊，可能为"政和重宝"
G1②:4-11	宣和"口"宝	篆	直		3.2	0.75	0.1	面0.3 背0.3	0.15	1	北宋	锈残。残缺之字疑为"通"
H5:2-1	乾隆通宝	真	直	满文	2.5	0.6	0.05	面0.34 背0.4	0.12	1	清	"隆"内有符号。周郭规整。币质好
H5:2-2	乾隆通宝	真	直	满文	2.5	0.6		0.3	0.14	1	清	字郭浅平模糊，周郭不正。私铸币
H5:2-3	乾隆通宝	真	直	满文	2.25	0.6	0.05	面0.15 背0.25	0.15	1	清	郭周正。币色黄
H5:2-4	？									？		残
H10:2	康熙通宝	真	直	满文	2.22	0.6	0.05	面0.2 背0.3	0.4	1	清	肉薄。字郭浅平光滑，字模糊
M10	五铢	篆	横		2.3~2.5	1	0.05			4	汉	锈蚀。字模糊不清。东汉五铢
M10	剪轮五铢	篆	横				0.04			3	东汉	肉薄。钱文隐约可见

附录一　东门头遗址动物遗骸研究报告

武仙竹　　　　孟华平

（重庆师范大学）（湖北省文物考古研究所）

　　湖北秭归东门头遗址位于三峡香溪宽谷的长江南岸，是一处年代跨度长、文化特征鲜明的大型遗址。在三峡工程文物保护工作中，湖北省文物考古研究所 1997～2002 年连续六次对该遗址进行发掘，获得大批珍贵的文物资料，同时也出土一批包括城背溪文化时期、商代、周代、汉代、宋元、明清时期的重要动物遗骸。在同一个遗址出土大量不同时期的动物遗骸，对研究当地考古学文化演进过程、人类对动物资源的利用以及动物群与古环境变化等具有重要作用。

一、动物骨骼出土简况

　　东门头遗址总计出土动物骨骼 1199 件，分别出土于城背溪文化时期至明清时期的文化堆积中（表一）。其中城背溪文化时期的动物骨骼数量最多，占全部骨骼可鉴定标本数的 35.6% 。商代的动物骨骼占可鉴定标本数的 25.3% ，其他依次为明清时期占 13.1% 、周代占 11.7% 、宋元时期占 8.5% 、汉代仅占 5.8% 。

　　遗址各个时代的动物骨骼，在出土单位方面有所差别。如：城背溪文化时期的动物骨骼主要出土于地层堆积中；商代的动物骨骼除出土于地层堆积中外，还包括灰坑；汉代的动物骨骼除出土于上述埋藏类型外，在窑址和特殊的坑中也有出土；宋元、明清时期，则在房址、沟等埋藏类型中出土动物骨骼。总体观察，遗址里的大部分动物骨骼是在地层堆积中出土的（达一半以上）。其他遗迹单位里的动物骨骼，以灰坑、沟出土的较多。如果更详细地从各个不同时代分别进行观察，我们还能够看到其中更多的一些特点。如商代灰坑出土的动物骨骼量远超过同期地层堆积的出土量（灰坑出土量占 48% ，地层出土量占 32% ）。而汉代、宋元、明清时期各种遗迹单位的动物骨骼出土总量都超过同时期地层堆积者。其中，宋元、明清时期房址中出土较多的动物骨骼值得关注。如宋元时期房址中出土的动物骨骼占该时期动物骨骼总数的 31% ，而明清时期这一比例可达 45% 。房址中出土较多动物骨骼的情况，可能与当时人们的生活模式或聚落结构等方面有关。

表一　动物骨骼出土情况统计表

时代 \ 单位	地层	灰坑	沟	房址	窑址	其他特殊遗迹		分时代统计（件）；占总数百分比（%）
						坑	遗迹	
城背溪文化时期	333						94	427；35.6
商代	98	145	61					304；25.3
周代	119	21						140；11.7
汉代	29	4	22		7	7		69；5.8

续表

时代 \ 单位	地层	灰坑	沟	房址	窑址	其他特殊遗迹		分时代统计（件）；占总数百分比（%）
						坑	遗迹	
宋元	44		32	26				102；8.5
明清	59		26	70	2			157；13.1
分单位统计（件）；占总数百分比（%）	682；56.9	170；14.2	141；11.8	96；8.0	9；0.8	7；0.6	94；7.8	1199；100

二、种属鉴定与描述

动物遗骸按所属时代分别记述，记述方法遵循动物学纲目分类系统。家畜动物按所属纲目，在各时代动物群种属鉴定中统一叙述。

（一）城背溪文化时期的动物骨骼

城背溪文化时期的动物骨骼包括4纲26种[①]，全部为野生动物。

1. 腹足纲（Gastropoda）

（1）铜锈环棱螺（*Bellamya aeruginosa*）　　61件。其中，DT1第10层1件，DT2第6层12件，DT6第4层4件，DT16第11层2件，DT21第6层28件，DT43第4层14件。铜锈环棱螺是田螺科（Viviparidae）中较为瘦小的一种，壳质厚、坚硬，外形呈圆锥形。有6～7个螺层，缝合线浅。壳面光滑，具有明显的生长线。表面多呈铜锈色。最小个体数61。

（2）泥泞拟钉螺（*Tricula humida*）　　1件。出土于DT14第9层。该动物是觼螺科（Hydrobiida）中较小的一种，有7个螺层。螺旋部较高，约占全部壳高的四分之三。缝合线深、倾斜。壳顶不尖锐，呈小乳突状。

2. 瓣鳃纲（Lamellibranchia）

（1）圆顶珠蚌（*Unio douglasia*）　　84件。包括左壳43件，右壳41件。其中，DT1第10层左壳2件、右壳3件，DT3第6层左壳12件、右壳17件，DT4第5层左壳4件、右壳2件，DT5第6层左壳2件，DT6第4层左壳2件，DT14第8层左壳6件、右壳3件，DT14第9层左壳2件，DT14第10层左壳3件、右壳4件，DT15第10层左壳4件、右壳4件，DT15第11层左壳5件、右壳6件，DT16第11层左壳1件、右壳2件。圆顶珠蚌又名杜氏珠蚌，是蚌科（Unionidae）中等大小的种类。壳质较薄，但坚硬，外形呈长椭圆形，长度约为高度的2倍。壳前部短而圆，后伸长，末端稍窄扁。背缘与腹缘近似于平行。壳顶窝很浅，前闭壳肌痕与前缩足肌痕融合成为一个大而深的心脏形凹坑。后闭壳肌痕比前闭壳肌痕大而浅，近圆形。铰合部很发达，左壳有2个拟主齿

---

① 标本残损不能准确鉴定到种的骨骼，但有较多同科或同属动物的，在种数统计时不单独作为种计算。如城背溪文化时期鲤科鱼类有青、草、白鲢、鳡鱼等，另有一些残损鳃盖骨不能确定种类，因可以认为是属于上述已知种类的，在种数统计时不作为新种统计。有些哺乳动物碎骨片，不能确定种类，但可认为是属于已知哺乳动物种类的，在种数统计上也不计算。本遗址其他各历史时期动物种数统计方法与此相同。

和 2 个侧齿，右壳有 2 个拟主齿和 1 个侧齿。最小个体数 43。

（2）剑状矛蚌（*Lanceolaria gladiola*）　1 件。标本 DT4⑤：10，右壳保存完整。壳厚重，前部短而膨胀，钝圆；后部伸长，至末端窄长、呈剑状。背侧边长而直，腹边较长、后部略内凹。壳面有较弱的短纵褶，并有规则、细密的生长（同心）线。前闭壳肌痕深、圆而光滑。伸足肌痕较大，深、长而粗糙。铰板狭长，有拟主齿 2 个。前拟主齿很小，呈片状。后拟主齿强大，呈锥状。侧齿 1 枚，呈长刃状，上部有较弱的纵褶（图版七九，5）。

（3）巴氏丽蚌（*Lamprotula bazini*）　又名楔形丽蚌。2 件左壳。标本 DT7②：21，略残。标本 DT15⑨：3，较完整。壳体厚大，长椭圆形。壳面上有很粗壮的生长（同心）线。壳长约为壳高之 2 倍。壳面前部、中部皆具有分散且粗大的瘤状结节。铰板宽，有 2 枚拟主齿及 2 枚侧齿。前拟主齿高而大，呈三角锥形。后拟主齿小，略突出。2 枚侧齿平行，上侧齿比较弱。前闭肌痕深，后闭肌痕大而浅。前、后足肌痕均比较小（图一，1；图版七九，1）。最小个体数 2。

（4）背瘤丽蚌（*Lamprotula leai*）　又名江贝，是体型较大的贝类。1 件左壳。出土于 DT14 第 9 层。壳厚而坚硬，前部短圆，后部长而扁。背缘近直线状，腹缘呈弧形。壳顶略膨胀，位于背缘最前端。壳面除前缘部、腹缘部和后缘部外，皆布满瘤状结节。壳顶窝深而扁。前闭壳肌痕深、圆而粗糙。后闭壳肌痕呈较大的三角形，浅而光滑。铰合部发达，左壳有 2 枚拟主齿，前拟主齿矮小、呈片状，后拟主齿很大、呈三角锥状。

（5）环带丽蚌（*Lamprotula zonata*）　又名白玉蛤，2 件，左、右壳各 1 件。DT15 第 11 层左壳 1 件，DT14 第 8 层右壳 1 件。贝壳外形呈长椭圆形，壳质厚而坚硬。壳面有不规则的同心圆状肋嵴，中部肋嵴粗大。后背部有略呈放射状的斜肋，并有少数肋状结节。壳顶窝较深，前、后闭壳肌痕明显。铰合部强壮，左壳有 2 枚拟主齿和 2 枚侧齿，右壳有 1 枚拟主齿、1 枚侧齿。

（6）无齿蚌（*Anodonis* sp.）　32 件，包括左壳 13 件、右壳 19 件，均出土于遗迹 1。顶部略微窄长，尾端宽、圆。壳表面分布有以顶端为中心的环带状纹。顶部近紫红色，尾部近乳白色。壳表面有清楚的环绕生长线。咬合齿不明显，珍珠层薄，贝壳形态较大。与现生常见无齿蚌相比，在形态特征上显得较长，因此不能确定为现生普通无齿蚌种类。标本遗迹 1：3，长 3.7cm、宽 1.7cm（图一，8；图版七九，4）。最小个体数 19。

3. 硬骨鱼纲 Osteichthyes

（1）青鱼（*Mylopharyngodon piceus*）　106 件，包括椎骨、鳃盖骨、下咽骨和其他部位碎骨骼等。其中，遗迹 1 青鱼椎骨 26 件、左下咽骨 3 件、右下咽骨 3 件，DT1 第 10 层右腮盖骨 2 件、下咽齿 1 件，DT2 第 6 层左下咽骨 8 件、右下咽骨 8 件，DT4 第 5 层左下咽骨 10 件、右下咽骨 9 件，DT5 第 6 层左下咽骨 2 件、右下咽骨 1 件，DT6 第 4 层下咽齿 1 件，DT7 第 2 层左下咽骨 4 件、右下咽骨 5 件，DT10 第 3 层左下咽齿 1 枚，DT14 第 8 层右下咽骨 2 件，DT15 第 9 层右下咽骨 1 件，DT15 第 9A 层右下咽骨 1 件，DT16 第 13 层左下咽骨 1 件、右鳃盖骨 2 件，DT43 第 4 层右鳃盖骨 1 件、碎骨块 13 件。同一解剖部位的骨骼以右下咽骨最多。最小个体数 30。

（2）草鱼（*Ctenopharyngodon idellus*）　40 件，主要包括椎骨和下咽骨。其中，遗迹 1 草鱼椎骨 13 件、左下咽骨 2 件、右下咽骨 3 件，DT1 第 10 层下咽齿 2 件，DT2 第 6 层右下咽骨 1 件，DT3 第 6 层草鱼下咽齿 1 件，DT4 第 5 层左下咽骨 6 件、右下咽骨 3 件、下咽齿 4 件，DT7 第 2 层右下咽骨 3 件，DT14 第 8 层左下咽骨 1 件、右下咽骨 1 件。同一解剖部位的骨骼以右下咽骨最多。最小个体数 11。

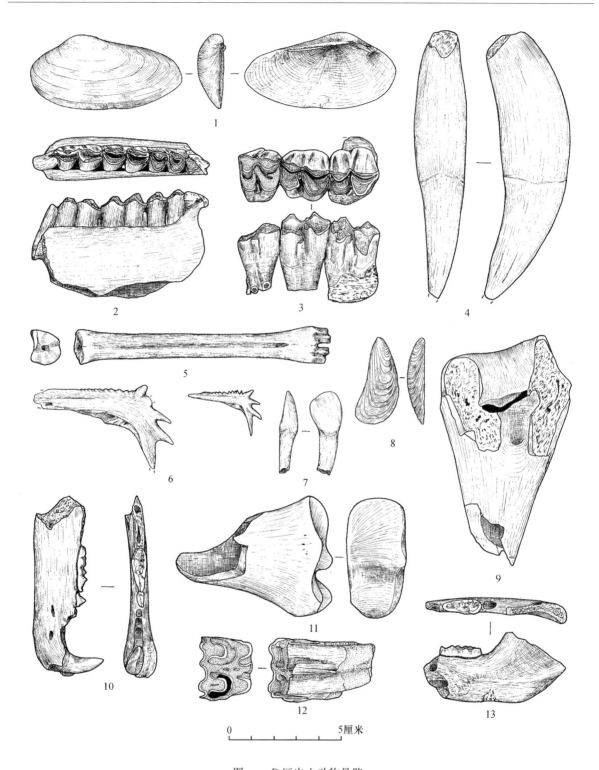

图一　D 区出土动物骨骼

1. 巴氏丽蚌（DT15⑨∶3）　2. 苏门羚右下颌骨（DT54④∶1）　3. 水鹿左上颌骨（DT43④∶5）　4. 虎右上犬齿（DT36⑤∶3）
5. 獐左跖骨（DT18③∶6）　6. 鳜鱼右前鳃盖骨（DT35⑥∶39）　7. 水鹿左I3（DT43④∶4）　8. 无齿蚌（遗迹1∶3）　9. 牛左
肱骨（DT38⑥∶2）　10. 猪獾右下颌骨（DT25③∶1）　11. 羊左桡骨近端（DT24③∶2）　12. 水牛左 M1（DT18③∶5）　13. 猪
獾左下颌骨（DT25③∶2）

（3）白鲢（*Hypophthalmichthys molitrix*）　1件。标本 DT15⑩：21，较完整的下咽齿。齿冠呈匙状，略向内侧弯曲。外侧表面有釉质层，并饰有同心纹。内侧表面扁平、略内凹，无釉质层，但有很细密的沟纹。齿冠高 20.2mm，底部前后径 8.2mm、左右径 6mm。

（4）鳡鱼（*Elopichthys bambusa*）　1件。DT2 第 6 层下咽齿 1 枚。

（5）鲤科（*Cyprinidac*）　10件。均为有一定残损的鳃盖骨，其特征只能鉴定为鲤科。全部出土于遗迹 1，包括左鳃盖骨 6 件、右鳃盖骨 4 件。

（6）鳜鱼（*Siniperca chuatsi*）　1件。标本 DT35⑥：39，右前鳃盖骨，保存基本完整。前鳃盖骨上枝与下枝相交近似于直角，上枝较下枝长。上枝后缘有锯齿状齿。下枝外缘有强壮的倒刺；共有 4 个倒刺，其中一个已折断（图一，6；图版七九，3）。鳜鱼为鲈形目（Perciformes）鮨科（Serranidae），其前鳃骨后缘的锯齿和倒刺是该种鱼的鲜明特征。鳃盖骨后缘倒刺常呈不定位状，即使在同一个鱼的个体上，左右的倒刺数亦不相对称（一般为 3～5 个）。现生该鱼活体的最大水产记录长约 60 厘米。出土标本与现生标本相比，活体约可达 80 厘米。

4. 哺乳动物纲（Mammalia）

（1）熊猴（*Macaca assamensis*）　1件。标本 DT3⑥：23，右下颌骨。附有完整的 m1～m3。齿冠面磨耗使用痕较重，臼齿的前、后叶均出现有较深的齿质点。下颌骨及牙齿形态都比较小。颊齿齿冠比较低，齿带不发育；舌侧齿尖较高，中舌裂比较浅。m1、m2 齿冠面近长方形，嚼面分别有前、后 2 列齿尖相连成横嵴（均已磨蚀为凹坑状）。m3 有一个后跟座，后跟座上有 2 个小附尖。其中舌侧的下次小尖发达一些。3 个臼齿的大小关系为 m1＜m2＜m3。齿冠表面为灰白色（图五，9；图版七九，2）。

熊猴颊齿与猴科其他种类相比均存在有一些区别。如叶猴的颊齿结构关系是 m2＞m3（熊猴与此相反）。而红面猴、猕猴颊齿与熊猴相比都比较大。东门头遗址出土标本作为一个成年个体（牙齿磨耗很重），我们把它同猴科中形态相对较小的猕猴做了比较（表二）。熊猴是猴科中体型最小的种类，其现生种主要分布在南亚热带的高山密林中。熊猴化石以前贵州盘县大洞中更新世遗址中出土过一例相似种，全新世时期该遗址是首例。

表二　猕猴属（*Macaca*）颊齿测量比较表（mm）

种类 地点 项目		熊猴（*Macaca assamensis*）		猕猴（*Macaca mulatta*）		
		湖北 东门头遗址	苏门答腊 现生种①	云南保山 塘子沟遗址②	浙江余杭 凤凰山地点③	云南 现生种②
m1～m3 长		25.1		31.95	30.0	30.6
m1	长	6.8		8.7	8.0	8.1
	宽	6.1		6.75	6.4	6.4
m2	长	7.2		10.07	9.1	9.25
	宽	6.8		8.03	7.4	7.85
m3	长	10.4	10.6	12.44	12.1	12.6
	宽	7.9	7.3	8.52	8.2	8.2

①潘悦容等：《贵州盘县大洞更新世灵长类化石》，《人类学学报》1997 年第 16 卷第 3 期，第 201～206 页。

②张兴永等：《塘子沟早全新世哺乳动物群》，《保山史前考古》，云南科学技术出版社，1992 年，第 49～62 页。

③韩德芬等：《建德发现一枚人的犬齿化石及浙江第四纪哺乳动物新材料》，《古脊椎动物与古人类》1978 年第 16 卷第 4 期，第 255～265 页。

（2）猪獾（*Arctonyx collaris*）　1件。标本 DT3⑥：24，右下颌骨。两端残，附有完整的 p4、m1。m1 齿冠长 16.8mm、宽 7.1mm。齿冠面狭长，冠面形态前尖、后圆。前部主要是下前尖和下原尖。下后尖位于下原尖的后内侧，较强壮。下后尖与跟座上的边缘诸尖，相围组成盆形（图五，6）。

中国的现生獾亚科在更新世初期出现，在南方一般为猪獾（*Arctonyx*），在北方为狗獾（*Meles*）。东门头遗址的猪獾与以往发现的猪獾标本相比，算是比较大的（表三）。

表三　猪獾、狗獾下臼齿测量与比较（mm）

种类 地点 测项		猪獾		狗獾		
		东门头遗址	河姆渡遗址①	半坡遗址②	溧水化石点③	贾湖遗址④
m1	长	16.8	14.9～16.7	14.0	13.7～16.0	16.0
	宽	7.1	5.2～6.9	7.6	6.5～7.9	7.0

①魏丰等：《浙江余姚河姆渡新石器时代遗址动物群》，海洋出版社，1989 年，第 1～124 页。

②李有恒、韩德芬：《陕西西安半坡新石器时代遗址中之兽类骨骼》，《古脊椎动物与古人类》1959 年第 1 卷第 4 期，第 173～185 页。

③李炎贤、雷次玉：《江苏溧水神仙洞发现的动物化石》，《古脊椎动物与古人类》，1980 年第 18 卷第 1 期，第 59～63 页。

④计宏祥：《动物群落》，《舞阳贾湖》，科学出版社，1999 年，第 785～804 页。

（3）貉（*Nyctereutes procyonoides*）　1件。标本 DT3⑥：25，右尺骨。上半部分保存完整，下半部分残。尺骨突向内侧倾斜较为明显。尺骨结节前端的鹰咀突向前突出。半月形切迹较深，上端的钩状突和下端的冠状突高度相近。冠状突位置向内延伸，桡骨切迹贴于冠状突之外。

（4）虎（*Panthera tigris*）　1件。标本 DT36⑤：3，右上犬齿，保存完整。齿冠、齿根皆极粗大。齿冠横截面呈扁圆形，前、后缘有刃状脊。齿冠舌侧、颊侧均有 2 条纵沟，显示出虎上犬齿的特征（猫科犬齿冠纵沟特征一般为：上犬齿颊侧有 2 沟，舌侧有 1～2 沟；下犬齿仅颊侧有 1～2 沟）。齿冠高 58mm，齿冠底部前后径 26.6mm、左右径 20.1mm。齿根长 66.2mm（图一，4）。

（5）普氏野马（*Eguus przewalskii*）　1件。标本 DT10③：88，左 M2。齿冠保存完整，齿根略残缺。齿冠高，磨蚀程度轻微。齿冠前端较宽，后端较窄。冠面釉质褶曲较多，前附尖稍延长。原尖后侧的内谷中，有一细而清晰的马刺（图四，2）。齿冠前后径 24mm、左右径 25mm。

（6）野猪（*Sus scrofa*）　2件。DT15 第 9 层左上犬齿 1件，DT9 第 2 层有 1 件野猪 dp4。

（7）小麂（*Muntiacus reevesi*）　2件。DT6 第 4 层右下颌骨 1件，标本 DT6④：23，保存有 p2～m2，m3 尚未萌出。臼齿缺古鹿褶和齿带，p4 下后尖和下前尖分开。m1 齿冠长 10.3mm、宽 6.1mm。m1 前下颌骨高 12.7mm。DT10 第 3 层左下颌骨 1件，标本 DT10③：85，前、后两端皆受损。颊齿基本完整，附有保存较好的 p2～m3。颊齿冠已有中等程度磨耗。臼齿颊侧有小的齿柱，舌侧齿尖较高，齿带不发育（图四，3）。m1 齿冠长 9.3mm、宽 5.7mm。m 2 齿冠长 10.3mm、宽 7.1mm。m 3 齿冠长 14.6mm、宽 6.8mm。m1 前下颌骨高 13.7mm。下颌角角突宽于獐、大于大角鹿。

（8）獐（*Hydropotes inermis*）　2件。DT10 第 3 层右上颊齿 1件，标本 DT10③：87，残，保存有完整的 M2、M3。齿冠磨蚀很轻微。齿尖比较尖锐，附尖及齿肋较为发育。后内侧新月形脊上有向前的小刺，舌侧有微弱的齿带（图四，4）。DT15 第 9A 层右上颊齿 1件。

（9）水鹿（*Cervus unicolor*）　15件，包括椎骨、肩胛骨、跟骨、上下颊齿等。标本 DT10③：86，水鹿左下颌骨 1件，残，保存有前段。附有 dp4、m1。dp4 呈 3 叶状，颊侧附有 2 个锥形齿柱。冠面有较重磨蚀。m1 齿冠面磨蚀使用痕较轻，颊侧有一较细长的齿柱（图四，1；图版七八，6）。标本 DT43④：5，左上颌骨 1件，有一连续的 P4—M2，但均从齿槽上脱落，已成为零散的牙齿。齿

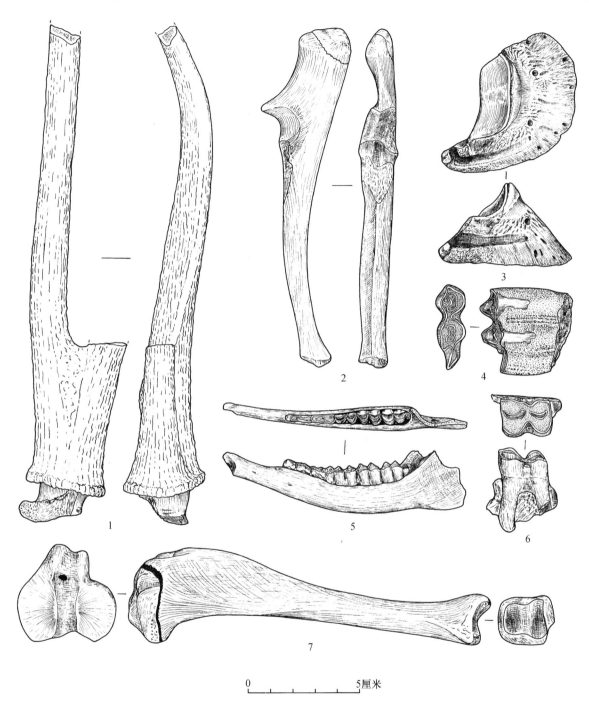

图二　D区、Y1出土动物骨骼

1. 水鹿右角（DT14⑦:1）　2. 猪左尺骨（DT15⑦:7）　3. 马第Ⅲ节趾骨（Y1③:1）　4. 家黄牛右M3（Y1③:2）　5. 獐
左下颌骨（DT15⑦:8）　6. 水鹿右下M2（DT36⑤:39）　7. 猪左胫骨（DT15⑦:9）

冠磨蚀痕较轻微。牙齿属低冠齿型，釉质外表有明显的皱纹。新月型齿尖，中附尖比较发育。有锥形齿柱，无齿带。P4齿冠长19.5mm、宽21.1mm；M1齿冠长23mm、宽24.5mm；M2齿冠长23.6mm、宽24.7mm（图一，3；图版七八，3）。标本DT36⑤:39，1枚水鹿右下m2，齿冠磨耗重，保存完整。颊侧有一较强的齿柱（图二，6）。标本DT43④:4，1件左I3。齿冠、齿根保存完整。齿冠表面釉质层也有皱纹，向后略倾斜。齿冠舌侧微凹，表面有白垩质（图一，7）。另有遗迹1枢椎 1 件、右跟骨 1 件，DT1 第 10 层 1 件左下 p4、1 件右 M1、1 枚右 P3、1 枚左 P3，DT14 第 8 层左胫骨远端 1 件，DT14 第 10 层左肩胛骨 1 件，DT15 第 9 层 1 枚右上 M3、1 枚左上 M1，DT47 第 3 层左角柄 1 件、右髋骨 1 件。最小个体数 2。

（10）青羊（*Naemorhedus goral*）　1 件。DT7 第 2 层 1 枚左 m2。

（11）苏门羚（*Capricornis sumatraensis*）　1 件。标本 DT10③：88-1，1 枚左 m3。颊侧无齿柱，附尖、附肋较为发育。齿冠形态比青羊明显偏大。齿冠长 29.2mm、宽 14.4mm。

（12）爪哇野牛（*Bos javanicus*）　1 件。标本 DT38⑥：6，1 件左角心。保存有中段。残长 196mm。横截面近圆形。角表面有显著的纵沟，角心微向外上方旋卷。角心向末端变细的递减速率很缓慢。爪哇野牛与黄牛属（*Bos*）中的印度野牛（*Bos gaurus*）、大额牛（*Bos frontalis*）、野牦牛（*Bos mutus*）的角心都有明显的区别。印度野牛的角心是向后方弯曲，大额牛的角心是近于平直、向两侧伸展。野牦牛的角心很细长，角心向外、向上伸展后，中段向前弯转，末端又向内上方、后方弯曲。而爪哇野牛的角心相对简单，细长而向外上方伸展，表面有明显的纵沟。

（13）圣水牛（*Bubalus Mephistopheles*）　3 件，包括牙齿和骨骼。标本 DT38⑥：2，左肱骨 1 件，主要保存有远端部分。远关节的外上髁外展，滑车表面失状脊较锐（图一，9）。另有 DT10 第 3 层 1 枚 dp4，DT35 第 6 层 1 枚右 m2。

（14）哺乳动物（Mammalia）碎骨　52 件。其中，DT14 第 8 层 16 件，DT15 第 10 层 7 件，DT15 第 11 层 19 件，DT35 第 6 层 17 件。

（二）商代的动物骨骼

商代动物骨骼包括 2 纲 11 种。以野生动物为主，但包括有狗和家猪 2 种家畜。

1. 硬骨鱼纲（Osteichthyes）

（1）青鱼（*Mylopharyngodon piceus*）　150 件，包括鳃盖骨、下咽骨、下咽齿和椎骨等。标本 H3③：4，左下咽骨 1 件，附有单列 4 枚下咽齿。下咽齿均为长圆形，略内凹（图九，6；图版七八，5）。另有 H3 第 2 层左鳃盖骨 7 件、右鳃盖骨 12 件，H3 第 4 层左下咽骨 3 件、右下咽骨 5 件、残左鳃盖骨 4 件、右鳃盖骨 3 件、零散牙齿 3 枚、椎骨 12 件，CTG1 第 6 层左鳃盖骨 5 件、右鳃盖骨 9 件、左下咽骨 6 件、右下咽骨 10 件，CT13 第 4 层左下咽骨 18 件、右下咽骨 31 件、左鳃盖骨 11 件、右鳃盖骨 6 件。最小个体数 46。

（2）草鱼（*Ctenopharyngodon idellus*）　66 件，包括下咽骨、鳃盖骨、椎骨和其他部位骨骼碎片。其中，H3 第 4 层左下咽骨 1 件、右下咽骨 1 件、残左鳃盖骨 2 件、右鳃盖骨 2 件、椎骨 4 件、碎骨片 29 件，CTG1 第 6 层左下咽骨 7 件、右下咽骨 4 件、右鳃盖骨 3 件，CT13 第 4 层左下咽骨 6 件、右下咽骨 7 件。最小个体数 44。

（3）鲤科（Cyprinidac）　因标本有一定残损，不能鉴定到种，归为鲤科。6 件。标本 H3②：5，头骨 1 件，保存有左、右顶骨，大部分左、右额骨，部分左、右膜质翼耳骨等。各部分骨块，以不规则的锯齿缝嵌合在一起，相连成为鱼头顶骨的主要部分。左顶骨与右顶骨、左额骨与右额骨之间，相连组成头顶比较直的一条中缝。各骨片的表面，都有放射状的脊纹（图九，1）。另有 CT13 第 4 层残鳃盖骨 5 件。

（4）中华鲟（*Acipenser chinensis*）　计 28 件。其中，CTG1 第 6 层侧鳞板 9 件、背鳞板 1 件，CT13 第 4 层背鳞板 18 件。标本 CT13④：9、标本 CT13④：10，保存较好（图七，6、1）。最小个体数 2。

2. 哺乳动物纲（Mammalia）

（1）狗（*Canis familiaris*）　　15 件，包括头骨、下颌骨、四肢骨和椎骨等。标本 H3②：6，左下颌骨 1 件，保存基本完整，仅冠状突、犬齿尖有一点受损。门齿和 p1 缺失。其余保存完整。下颌水平支底缘呈弯曲较大的弧形。下裂齿很小，下原尖和下次尖之间也发现有一个很小的齿突（图九，2；图版七六，6）。下颌全长 113.5mm。p2 前下颌高 16mm。m1 前下颌骨高 24mm、厚 10mm。m1 齿冠长 17.7mm、宽 7.1mm。m2 齿冠长 7.4mm、宽 6mm。m3 齿冠长 3.9mm、宽 3.5mm。标本 H3③：5，头骨 1 件，保存有顶骨、枕骨、听骨及部分额骨、颞骨等。颅骨矢状脊高而长，枕嵴比较锐。颅骨缝愈合紧密。矢状脊高而长，从额骨后部与枕脊相连。枕脊较高，向后倾斜。枕髁较扁，向两边伸出较多。听骨比猫科扁，骨壁厚（图九，4）。枕骨大孔最大高 13.7mm，宽 16.2mm。枕髁最大宽 32mm，枕三角高 43.2mm。另有 H3 第 3 层狗左肱骨 1 件、右股骨 1 件，CTG1 第 6 层右下颌骨 1 件、左、右尺骨各 1 件，CT13 第 4 层左下颌骨 1 件，左肱骨 2 件、左尺骨 1 件、左胫骨 1 件、右胫骨 2 件、枢椎 1 件。同一部位最多的骨骼，为左下颌骨和右胫骨，均为 2 件。最小个体数 2。

（2）兔（*Lepus* sp.）　　1 件。标本 CTG1⑥：8，左肱骨，保存有中段至远端。远端滑车上有窄而锐的脊，鹰咀窝上有一圆而显著的滑车上孔。

（3）家猪（*Sus domesticus*）　　11 件。标本 CTG1⑥：9，1 枚右 m3，残。磨耗使用痕比较重（图七，3）。另有 CT13 第 4 层左胫骨 3 件、右胫骨 2 件、左尺骨 1 件、右尺骨 1 件、左桡骨 2 件、左髋骨 1 件。同一部位最多的骨骼是左胫骨。最小个体数 3。

（4）小鹿（*Muntiacus reevesi*）　　1 件。CT13 第 4 层左下颌骨 1 件。水平支保存完整，附有 m1～m3。上升支缺失。下颌骨形态很小，臼齿无古鹿褶和齿带。下颌骨的高度比獐的明显要小一些。m2 后下颌骨高 14.6mm，m2 后下颌骨厚 9.5mm。p4 前下颌骨高 12.7mm，p4 前下颌骨厚 7.8mm。

（5）梅花鹿（*Cervus Nippon*）　　1 件。标本 CT13④：12，残，保存左角角冠顶端，第 3 尖、第 4 尖完整。主干残长 300mm。角干表面有些瘤状突起，在主干两侧分布有从下往上延伸的主纵沟。第 3 尖较小，位于第 4 尖后部（图七，5；图版七八，4）。

（6）水鹿（*Cervus unicolor*）　　2 件。其中，CTG1 第 6 层 1 枚左 M2，CT13 第 4 层左下颌骨 1 件。

（7）鹿科（Cervidae）　　1 件。CT13 第 4 层右额骨 1 件，有残损。形态与水鹿、梅花鹿都有相近之处，暂不定种。

（8）青羊（*Naemorhedus goral*）　　1 件。标本 CTG1⑦：1，残。右角心，角形很小，可能是幼年个体。角心横切面近圆形，形状短而直（图七，12）。小型牛科洞角角心中，绵羊的横切面近于三角形，中段和尖部内心布有小孔。山羊角心横切面近半圆形，下端内空、上端内布小孔。青羊角心与它们相比都比较小，而横切面最圆，尖端内部骨质结构较紧密。

（9）苏门羚（*Capricornis sumatraensis*）　　2 件。标本 CTG1⑤：6，1 枚左 M1，齿冠保存完整，无齿根。齿冠尖端使用磨耗痕轻微。齿冠附尖、附肋发育，主尖尖锐。齿冠顶端长度大于底部（因附尖痕发育），而宽度明显小于底部。无齿柱。齿冠长 22mm、宽 19mm（图七，8）。另外，CTG1 第 6 层 1 枚右 m3。

（10）哺乳动物（Mammalia）碎骨　　51 件。均出土于 H3 第 2 层。

（三）周代的动物骨骼

周代动物骨骼包括 5 纲 15 种。野生动物较多，家畜有狗、家猪、家山羊、家鸡。

1. 腹足纲（Gastropoda）

铜锈环棱螺（*Bellamya aeruginosa*）　2 件。出土于 DT45 第 6 层。最小个体数 2。

2. 瓣鳃纲（Lamellibranchia）

（1）圆顶珠蚌（*Unio douglasia*）　1 件。标本 DT15⑧：8，右壳 1 件，形态完整。

（2）无齿蚌（*Anodonis* sp.）　14 件。均出土于 DT16 第 10 层，左壳 8 件、右壳 6 件。最小个体数 8。

3. 硬骨鱼纲（Osteichthyes）

（1）青鱼（*Mylopharyngodon piceus*）　50 件。其中，H16 椎骨 4 件，DT15 第 8 层右下咽骨 2 件，DT24 第 3 层左下咽骨 8 件、右下咽骨 6 件、下咽齿 2 枚，DT51 第 5 层椎骨 7 件、鳃盖骨碎片 21 件。最小个体数 8。

（2）草鱼（*Ctenopharyngodon idellus*）　8 件。其中，DT24 第 3 层左下咽骨 4 件、右下咽骨 1 件，DT24 第 4 层椎骨 2 件，H16 下咽齿 1 件。最小个体数 4。

（3）鲤科（Cyprinidac）　胸鳍棘硬刺 1 件。出土于 H17。

（4）乌鳢（*Ophiocephalus argus*）　1 件。标本 H16：1，保存左下齿骨中部。在齿骨咀嚼面上，保存有一簇大小参杂的牙齿基部。牙齿大多损毁，多数为齿基及坑窝（图四，6）。乌鳢又名财鱼、黑鱼，属鳢科（Ophiocephalidae），牙齿为细尖锥状，生长在口部。

（5）中华鲟（*Acipenser chinensis*）　2 件。出土于 H17，均为侧鳞板。

4. 哺乳动物纲（Mammalia）

（1）狗（*Canis familiaris*）　1 件。H17 右尺骨 1 件。

（2）狼（*Canis lupus*）　1 件。标本 H17：3，左下颌附着有 p4 ~ m2。下颌联合部和冠状突缺失。下颌骨底缘较为平直。p2 前下颌骨高 18.9mm，m1 前下颌骨高 24.2mm，m3 后下颌骨高 24mm。m1 齿冠长 22.1mm、宽 8.3mm。m2 齿冠长 7mm、宽 6.1mm。

（3）猪獾（*Arctonyx collaris*）　2 件。标本 DT25③：1，保存右下颌联合部和右边的水平枝、部分颊齿。犬齿粗壮，向后上方弯曲，内侧面较平。后侧面有一小块磨平面。p4 双齿根，主尖高耸，前、后附尖不发育（图一，10；图版七六，5）。标本 DT25③：2，猪獾。保存左下颌后段，附有 m1（图一，13；图版七六，4）。最小个体数 1。

（4）大灵猫（*Viverra zibetha*）　1 件。标本 DT24③：1，左上犬齿，齿冠较高大，较扁，两侧有显著的纵沟，后刃脊很强，齿冠顶及前缘有磨蚀面。齿根较长，向后弯曲。齿冠前后径 8.1mm、左右径 4.8mm，高 15mm。大灵猫犬齿与猫科犬齿都比较尖锐，但猫科犬齿近圆锥形，侧边有纵沟；大灵猫犬齿比较扁，侧边没有纵沟。并且，大灵猫犬齿磨耗使用痕迹是在齿冠顶部至前缘出现，磨耗使用痕的位置与猫科不同。最小个体数为 1。

（5）家猪（*Sus domesticus*）　4 件。标本 H17：2，下颌骨 1 付。左下颌：左犬齿齿尖受损，p2

齿冠缺失。其余颊齿保存完整。p3、p4齿冠顶部可见向外倾斜的磨蚀面，m1齿冠磨平（已不见花纹），m2、m3齿冠都有磨蚀面，前者尤甚。p2前下颌骨高35.5mm，m1前下颌高35.4mm，m3后下颌高40.5mm。m1齿冠长14mm、宽10.7mm，m2齿冠长18.7mm、宽13.6mm，m3齿冠长32.7mm、宽14.7mm。右下颌：保存有p4—m3，m1齿冠已磨平，冠中部有低凹。m2齿冠有较重磨蚀，前部有低凹。p2前下颌骨高37mm，m1前下颌高3骨5.2mm，m3后下颌骨高42.1mm。m1齿冠长13.8mm、宽10mm。m2齿冠长18.7mm、宽13.8mm。m3齿冠长33.2mm、宽14.6mm（图六，1；图版七六，3）。另外，H16左下颌1件，DT40第4层右上颌1件、幼猪肩胛骨1件。最小个体数2。

（6）家山羊（*Capra hircus*）　1件。标本DT24③：2，保存左桡骨近端关节头部分。内侧髁、外侧髁都比较宽（图一，11）。

（7）水鹿（*Cervus unicolor*）　1件。DT40第4层左肩胛骨1件。

（8）哺乳动物（Mammalia）碎骨片　49件。其中，H17碎骨片7件，DT15第8层碎骨块5件，DT24第3层碎骨片27件，DT24第4层碎骨块4件，DT37第5层碎骨块4件，DT45第6层碎骨片2件。

5. 鸟纲（Aves）

鸡（*Gallus gallus domesticus*）　1件。标本H17：1，保存右跖骨远端以及完整的跖骨距。跖骨粗壮，跗骨痕也很粗大，但跗骨从跖骨上脱离。距很大，圆锥状，截面呈长椭圆形，尖端向后上方弯曲（图六，3）。右跖骨残长46.5mm。距骨底部近中远径8.5mm、宽径6.7mm，距骨长20mm。家鸡与环颈雉、原鸡在距骨上有些区别。环颈雉距骨尖端不向上弯曲。距骨尖端微向上弯曲，但原鸡在距上方沿跗骨生长有一段薄而高的叶片状脊，家鸡在此处仅有一小段低矮的脊线。

（四）汉代的动物骨骼

汉代动物骨骼包括3纲13种。野生动物较多，家畜有狗、家猪、家黄牛和鸡4种。

1. 硬骨鱼纲（Osteichthyes）

（1）青鱼（*Mylopharyngodon piceus*）　5件。其中，H7椎骨1件、下咽齿1件，DT17第8层左鳃盖骨1件，K3右下咽骨1件，DT15第7层椎骨1件。

（2）鲤鱼（*Cyprinus carpio haematopterus*）　2件。标本Y6：4，保存全套完整的左下咽齿。下咽骨前枝宽于后枝。全部下咽齿4枚：第1枚下咽齿近圆形，臼齿状，表面珐琅质光滑。齿冠有一小长条状磨耗痕迹。齿冠直径约9.8mm。第2、3、4枚下咽齿表面有横沟纹。第2枚齿最大径约11.5mm，第3枚齿最大径约4.3mm，第4枚齿最大径约2.5mm。第1、2枚齿分布于前支，第3、4枚齿分布于后支（图四，7；图版七七，6）。标本Y6：5，保存左下咽骨前3枚牙齿，最后1枚缺失（图四，5）。前支较直而宽，后支较窄、弧形。第1、2枚齿较大，生长在前支，第3、4枚齿较小、生长在后支。第1枚齿最大径8.2mm，第2枚齿最大径8.6mm，第3枚齿最大径3.6mm。最小个体数2。

（4）鲤科（Cyprinidac）　1件。K3残鳃盖骨1件。

（3）中华鲟（*Acipenser chinensis*）5件。其中，H8鳞板碎片2件，CTG1第5层侧鳞板2件、右鳞板1件。标本CTG1⑤：7，鳞板前端的纵脊很弱，可能是较靠后的一块鳞板。鳞板腹侧可见放射状的骨质肋带（图七，9）。鳞板表面凹凸不平，不规则地分布有大小间杂的凹坑。

2. 哺乳动物纲（Mammalia）

（1）银星竹鼠（*Rhizomys pruinosus*）　1件。标本 CT16③：3，右下颌底缘、上升枝上部受损，其余部分保存完整。附有完整的全套颊齿。齿式为 1·0·0·3。门齿呈弧形，较细弱，齿根长，齿根未封闭，牙齿表面呈橘红色。颊齿齿冠比较低、小，已有较重磨蚀。m1 齿冠两侧的褶沟，因磨蚀俱已消失。m1 齿冠面前窄、后宽，近似于三角形。下前边脊、下后脊、下后边脊基本呈平行伸展。m2 是颊齿中齿冠最大的，齿冠面近似于长方形。齿冠前边的下前边脊在唇侧与下原尖相连，并连续向舌侧弯曲、与下后脊相连。下后尖较为扁长，位于舌侧中部，其前、后分别为舌侧前、后沟。下后边脊近弧形，位于齿冠后缘。其唇侧下次尖前有唇侧沟。m3 齿冠面也近于长方形，但比 m2 明显小。下后边脊的舌侧沟与唇侧沟相贯通（图九，7；图版七六，2）。我国现生竹鼠科动物有 3 种，一种为大竹鼠（*R. sumatrensis*），其个体最大，牙齿强壮，牙齿结构是从前向后依次增大。另一种是中华竹鼠（*R. sinensis*），其牙齿齿冠也比较高，下颌骨有一较大、并且位置靠后的颏孔；牙齿也比较大。第 3 种即为银星竹鼠，个体和牙齿最小，以前还没有在考古中发现过。通过比较、观测（表四），东门头遗址的竹鼠为我国考古中首次发现的银星竹鼠。

表四　竹鼠下颌骨测量比较表（mm）

种类	测项	齿隙长	m1 ~ m3 长	m1 长	m2 长	m3 长
中华竹鼠	川黔地区①	6.9 ~ 12.1	13.7 ~ 16.5			
	半坡遗址②		14.5	4.8	5.1 ~ 5.2	4.5 ~ 6.0
银星竹鼠	东门头遗址	8.8	13.1	4.4	4.2	3.1

①郑绍华：《川黔地区第四纪啮齿类》，科学出版社，1993 年，第 1 ~ 270 页。

②李有恒、韩德芬：《陕西西安半坡新石器时代遗址中之兽类骨骼》，《古脊椎动物与古人类》，1959 年第 1 卷第 4 期，第 173 ~ 185 页。

（2）狗（*Canis familiaris*）　3件。标本 K3：11，保存左下颌骨的大部分，前端约于 p2 处断缺。颊齿全部脱落。下颌骨底缘呈较强烈的弧形，齿列较短。据齿槽测量：m1 齿冠长 19.7mm，m2 齿冠长 7.7mm，m3 齿冠长 3.5mm。另有 K3 左掌骨 1 件，DT54 第 4 层左残下颌骨 1 件。最小个体数 2。

（3）家猪（*Sus domesticus*）　7件。其中，K3 左下颌 1 件、1 件左 i3，DT14 第 7 层左肩胛骨 1件，DT15 第 7 层左尺骨 1 件、左胫骨 1 件，DT18 第 6 层左肱骨 1 件，DT45 第 5 层下颌骨 1 件。标本 DT15⑦：7，尺骨近端关节头脱落，其他部位完整（图二，2）。DT15⑦：9，左胫骨保存完整。但近端关节部分未完全愈合。近端关节面宽阔，肌腱沟夹角窄而深。远端的外髁较为低矮（图二，7）。标本 DT45⑤：1，下颌骨两端残缺，但保存有完整的 p3 ~ m3。下颌骨上的颊齿形态不大，但 m3 有较发育的后跟座。m1 磨耗痕最重（后叶向下磨蚀成凹坑）。m2 磨蚀也比较重，齿冠底矮。m3 齿尖磨蚀使用痕也较为明显（图六，2）。最小个体数为 2。

（4）大角麂（*Muntiacus gigas*）　1件。标本 K3：12，保存右角柄及主枝的下半部分。角形粗大，眉枝也较大（眉枝被折断，但从断裂痕看比一般麂眉枝大出较多）。主枝微向内侧弯曲，表面粗糙，有较强的沟、棱。

（5）獐（*Hydropotes inermis*）　2件。标本 DT15⑦：8，左下颌骨保存较完整，仅下颌上升枝和下颌联合部有残缺。附有完整的成套颊齿（图二，5；图版七六，1）。另外，DT45 第 5 层右距骨 1 件。

（6）水鹿（*Cervus unicolor*）　2件。标本 DT14⑦：1，保存右角柄至角主干上部（接近于二、三枝分叉处）。眉枝分叉部断缺。角柄底部有砍削和折断痕。眉枝与主枝分叉部位相当高，眉枝、主枝夹角为锐角（图二，1；图版七五，2）。另外，Y5 掌骨远端 1 件。

（7）苏门羚（*Capricornis sumatraensis*）　2件。标本 CTG1⑤:6，1 枚左 M1 齿冠保存完整，无齿根。附尖及边肋较为发育，齿尖较尖锐。齿冠尖端未磨损，属幼年个体（图七，8）。标本 DT54④:1，右下颌骨底缘及后端残损，保存有完整的 m1~m3。p4 也保存了一点后半部分。苏门羚属新月形高冠齿，齿尖较尖锐，边肋及附尖等都较发育。臼齿宽度从上往下逐渐增加（图一，2；图版七四，5）。

（8）家黄牛（*Bos taurus*）　1件。DT45 第 5 层左肱骨 1 件。

（9）哺乳动物（Mammalia）碎骨片　31件。其中，DT54 第 4 层碎骨片 6 件，DT54 第 5 层碎骨片 6 件，CTG1 第 5 层碎骨片 19 件。

3. 鸟纲（Aves）

（1）鸡（*Gallus gallus domesticus*）　2件。DT14 第 7 层乌喙骨 1 件、胸骨残块 1 件。

（2）环颈雉（*Phasianus colchicus*）　1件。DT14 第 7 层左肱骨 1 件。肱骨体较细而弯曲，肱骨头大而圆，气窝显著，中沟宽而深。内侧的鹰嘴突较高。

（五）宋元时期的动物骨骼

宋元时期动物骨骼包括 5 纲 15 种。野生动物较多，家畜有狗、家猪、家山羊、家黄牛、家水牛和鸡 6 种。

1. 瓣鳃纲（Lamellibranchia）

圆顶珠蚌（*Unio douglasia*）　1件。AT2 第 4 层左壳 1 件。

2. 硬骨鱼纲（Osteichthyes）

鳡鱼（*Elopichthys bambusa*）　1件。标本 G5:4，左下咽骨。仅保存有半段，但附着有 2 列 3 枚下咽齿。下咽齿尖锐而高，尖端呈向后钩状（图一一，7；图版七七，5）。其最大的一枚下咽齿高 21mm、前后径 9mm、左右径 6.5mm。

3. 爬行纲（Reptilia）

鳖（*Amyda sinensis*）　鳖肋板 1 件。标本 G5:10，保存较完整。肋板中部微向上拱起，肋条显著的伸出于肋板外缘。肋板表面布满凹坑状纹饰，宽 60.1mm、内缘长 13.5mm、外缘长 15.5mm，属于一个成年个体（图一一，8；图版七五，6）。另有鳖椎骨 1 件，肢骨 2 件。

4. 哺乳动物纲（Mammalia）

（1）狗（*Canis familiaris*）　4件。标本 G5:2，右跟骨保存完整。跟骨前突短宽而平，载距突不是太高。跟骨体近端是略为内凹的关节面（图一一，9）。标本 F28:03，犬科右髋骨保存有髋臼和坐骨的大部分。髂骨残损。髋骨形态很小，这是一幼年犬科标本。髋臼后侧方缺口很宽，坐骨棘比较窄（图八，2）。另外，AT1 第 11 层头骨 1 件，AT2 第 4 层右尺骨 1 件。

（2）云豹（*Neofelis nebulosa*）　1件。标本 G5:8，1 枚左 P3 齿冠、齿根皆保存完整。齿冠略向舌侧弯倾。主尖较为强壮，但并不是特别尖锐。前附尖较小而圆，附尖较前附尖大而锐。主尖与前、后附尖相连组成一切割状刃脊（图一一，6）。单齿根，较长，向内、后侧弯曲。齿冠前后径 8mm、左右径 3.8mm。

（3）家猪（*Sus domesticus*）　40件。标本CT3⑧：5，右上颌残，M3萌出中（图七，2）。标本CT3⑧：7，左下颌残，m2萌出中（图七，10）。标本CT3⑧：6，左下颌骨残，p4未换，m2萌出中。标本CT7⑨：7，左上颌附有P4—M2，M2稍磨（图九，3）。标本AT1⑪B：8，左下颌保存有p4～m2。m1磨耗使用痕较轻微，m3未萌出（图一二，8）。标本AT1⑫：14，右下颌m2磨耗使用痕较轻微，m3萌出中（图一三，1；图版七四，1）。标本G5：9，幼猪右上颌附有P3～M2。M2稍磨损。犬齿很弱小，齿槽外面的犬齿槽隆突很平缓。颊齿列很小，齿冠釉质褶和附尖也很少（图一一，1；图版七四，2）。另外，AT1第11B层1枚猪dp4、1枚m1、右肱骨1件、左尺骨1件、左髋骨1件、右髋骨1件、左胫骨1件、左下颌2件、左上颌1件，AT2第4层右尺骨1件、左尺骨1件、左肱骨1件，G5左髋骨2件、右髋骨1件、右肱骨1件、左尺骨2件、右尺骨1件、左上犬齿1件，ATG1石培6左髋骨1件、右股骨1件、左股骨2件、左桡骨2件、左尺骨1件、左肱骨1件、右肱骨1件、左胫骨2件，CT7第9层左下犬齿1件、左髋骨1件，CT2第7层右下颌1件。最小个体数5。

（4）狍（*Capreolus capreolus*）　1件。标本AT1⑪B：2，保存下颌联合部至M1之后的部位。但仅保存有完整的M1，其他颊齿仅留有齿孔。上颌骨形态很短，上臼齿较高。臼齿具新月形齿突，边肋不甚发育，无底柱。下颌骨水平支在前臼齿区域向上抬升，无犬齿（图一二，9）。狍与獐、麂、麝等小型鹿科动物体型相近，但在上颌骨上可以将狍与其他种类区分。獐、麂的上臼齿一般有底柱痕迹，并且獐、麂、麝都有上犬齿。狍上臼齿无底柱，也不生长上犬齿。测量数据方面，东门头遗址的狍与东北地区的狍大小相近（表五）。

表五　狍上臼齿测量比较表（mm）

测项	地点	东北榆树[①]	东门头遗址
M1	长	13	12.7
	宽	13	12.6

①古脊椎动物研究所高等记者动物组：《东北化石志》，科学出版社，1959年，第1～82页。

（5）獐（*Hydropotes inermis*）　2件。标本ATG1石培6：2，保存右下颌骨较完整的p4～m3。牙齿有中等程度的磨损。新月形低冠齿。p4下前尖与下后尖相连。下颌骨底缘呈弧形（图八，5；图版七四，3）。m1齿冠长8mm、宽6mm。m2齿冠长9.4mm、宽7mm。m3齿冠长14mm、宽7.3mm。该标本与以前发现的标本相比属中等大小（表六）。另外，AT2第4层獐右掌骨1件。

表六　獐下颌骨测量比较表（mm）

	东门头遗址	半坡遗址[①]	河姆渡遗址[②]	贾湖遗址[③]
m2后下颌骨高	17.8	17.7～20.0	16.6～18.0	16.8～21.5
m2后下颌骨厚	8.7	8.1～10.1	8.4～9.8	9.0～10.5

①李有恒、韩德芬：《陕西西安半坡新石器时代遗址中之兽类骨骼》，《古脊椎动物与古人类》1959年第1卷第4期，第173～185页。

②魏丰等：《浙江余姚河姆渡新石器时代遗址动物群》，海洋出版社，1989年，第1～124页。

③计宏祥等：《动物群落》，《舞阳贾湖》，科学出版社，1999年，第785～805页。

（6）水鹿（*Cervus unicolor*）　3件。标本F28：04，左第Ⅰ节趾骨保存完整。趾骨体窄长而高（图八，3），趾骨体最大长62.3mm。近端最大高30.3mm、最大宽22.3mm。远端最大高19mm、最大宽21.2mm。另外，AT2第4层左尺骨1件，F28颈椎1件。

（7）家山羊（*Capra hircus*）　4件。标本G5：3，右掌骨保存很完整。掌骨形态很短，掌骨中部的愈合缝很浅（在中段不甚清晰）。掌骨近端关节面近圆形（图一一，2）。跖骨长93.8mm。近端关节面宽19.3mm、高12.7mm；远端关节面宽19.6mm、高12mm。标本AT1⑫：1，左下颌骨两端残，附有完整的p3～m2。下颌骨水平支比较高，颊齿齿冠也较高。臼齿唇侧无齿柱，但唇侧的牙尖高而尖锐。边肋、附尖等都不发育。牙齿釉质褶曲简单，表面较光滑。齿冠与齿根的界限不是十分明显（图一二，12；图版七四，4）。m1齿冠长10.5mm、宽8.5mm。m2齿冠长14mm、宽8.8mm。p2前水平支高17mm、m1前水平支高23.6mm。标本AT2④：2，左跖骨保存完整。形态较短，第Ⅲ和第Ⅳ跖骨愈合缝较浅。跖骨近关节面近似与圆形，中间有一较浅的凹坑（图一三，3）。全长95mm。近端最大宽19.1mm、最大高17.1mm。远端最大宽22.3mm、最大高14.4mm。另外，AT1第11B层右桡骨1件。

（8）青羊（*Naemorhedus goral*）　3件。均出土于AT1第11层，包括青羊1枚左p4、1枚右p3、1枚左M1。

（9）家黄牛（*Bos taurus*）　5件。标本AT1⑪B：6，2枚左M1。齿冠保存完整。齿冠比较低，形态较小，白垩质不发育。齿尖磨蚀后呈扁圆形（图一二，4；图版七八，2）。标本AT1⑪B：7，齿根尚嵌在部分上颌骨中。齿冠面近方形，齿冠较低。无显著白垩质。底柱发育。齿冠磨蚀较重（图一二，3）。标本AT1⑪B：1，1枚右P2保存完整。齿冠较低。齿冠前缘低出后缘较多，后附尖延伸较长。冠表面已无显著白垩质，齿根向后弯曲较大（图一二，7）。齿冠前后径18mm、左右径18.7mm。另外，AT第11B层右桡骨1件、右趾骨1件。最小个体数2。

（10）水牛（*Bubalus bubalis*）　4件。标本G5：1，第Ⅰ节趾骨完整。内侧面及关节面比较直。形态比其他偶蹄类都宽大（图一一，4）。标本CT2⑥：3，左侧股骨保存股骨远端部分。膝滑车的内嵴比外嵴向前突出很多，向上也高出较多。髁间窝窄而深（图七，4）。另外，G5左肱骨1件，CT2第7层右跖骨1件。最小个体数1。

5. 鸟纲（Aves）

（1）鸡（*Gallus gallus domesticus*）　4件。标本G5：6，右乌喙骨保存完整。全长53.4mm，远端最大宽14.7mm。近端为喙头关节，喙头向内弯曲呈鹰嘴状。肱二头肌脊宽而突出。胸骨乌喙肌压痕比较宽、浅。胸骨关节脊较窄、短（图一一，5）。标本标本G5：5，右胫骨保存较完整，仅近端关节部断缺。胫骨比较长、直，远关节的内髁、外髁大小相近，高度相近。腱沟不太显著，侧边的腓骨痕窄、浅（图一一，10）。标本ATG1石培⑥：1，右胫骨保存远端部分，特征保存较好。形态较大，胫骨跗面尚保存有一小段籽骨。远端滑车的内髁、外髁大小相近。髁间凹呈半圆形。腱沟较为清晰（图八，8）。另外，AT2第4层左尺骨1件。最小个体数2。

（2）马鸡（*Crossoptilon* sp.）　1件。标本G5：7，保存右胫骨远端的大部分。胫骨长大而直，远端关节面特别宽大。关节边缘有锐脊向外成翻卷状。外髁比内髁显著大，腱沟也比较深、大，腓骨痕很显著，骨干横截面较圆（图一一，3）。

（六）明清时期的动物骨骼

明清时期的动物骨骼包括5纲17种。野生动物较多，家畜有狗、猫、驴、马、猪、山羊、黄牛、水牛、鸡9种。

1. 腹足纲（Gastropoda）

圆顶珠蚌（*Unio douglasia*）　1件。出土于AT1第9层，右壳，保存完整。

2. 瓣鳃纲 （Lamellibranchia）

河蚬 （*Corbicula fluminea*）　　1件。标本 BT2⑤: 5，左壳形态略呈心形，长略大于宽。壳顶膨胀、突出，壳顶窝很深。腹缘呈半圆形，壳面有同心圆状生长线。前、后闭壳肌皆呈卵圆形，略等大。铰合部有主齿、侧齿（图一三，10）。河蚬左右壳前、后侧齿不一样，左壳前、后侧齿各1枚，右壳前、后侧齿各2枚。

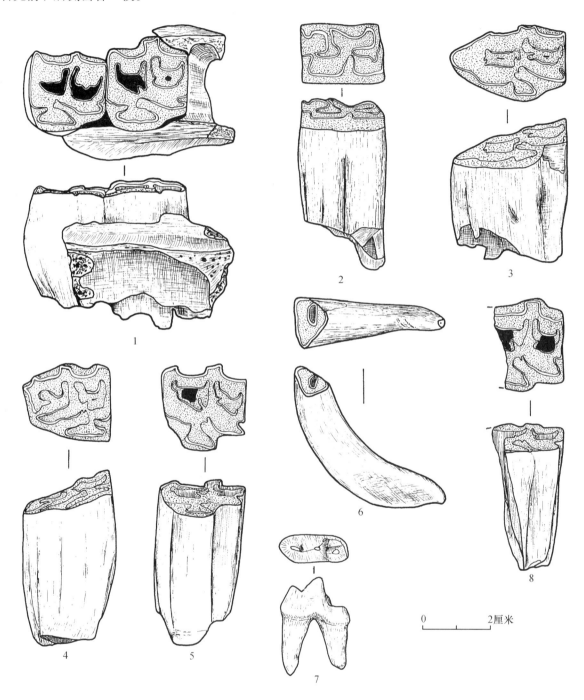

图三　DT17⑤层出土动物骨骼

1. 驴左上颌骨（DT17⑤: 8）　2. 马右 P4（DT17⑤: 2）　3. 驴右 P2（DT17⑤: 7）　4. 驴右 M3（DT17⑤: 5）　5. 马左 M1（DT17⑤: 3）　6. 马左下第1门齿（DT17⑤: 4）　7. 狗左 M1（DT17⑤: 9）　8. 马左 M1（DT17⑤: 6）

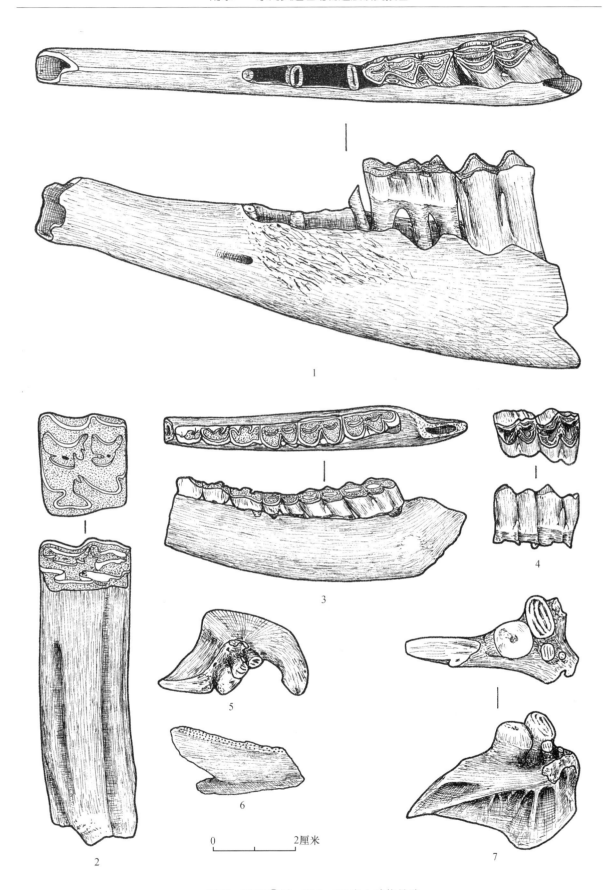

图四　DT10③层、H16、Y6 出土动物骨骼

1. 水鹿左下颌骨（DT10③:86）　2. 普氏野马左上 M2（DT10③:88）　3. 小鹿左下颌骨（DT10③:85）　4. 獐右上颊齿（DT10③:87）

5、7. 鲤鱼左下咽骨（Y6:5、Y6:4）　6. 乌鳢左下齿骨（H16:1）

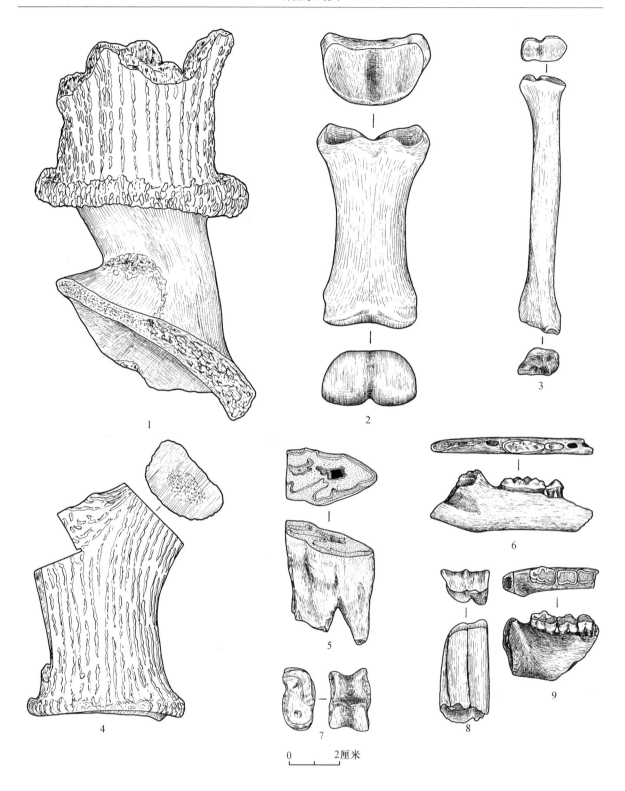

图五　DT3⑥、DT17④层出土动物骨骼

1. 水鹿右角（DT17④:8）　　2. 马右第 I 趾骨（DT17④:7）　　3. 鹿右桡骨（DT17④:10）　　4. 水鹿角（DT17④:14）　　5. 驴右
P2（DT17④:9）　6. 猪獾右下颌骨（DT3⑥:24）　　7. 獐距骨（DT17④:11）　　8. 青羊右 M3（DT17④:12）　　9. 熊猴右下颌
骨（DT3⑥:23）

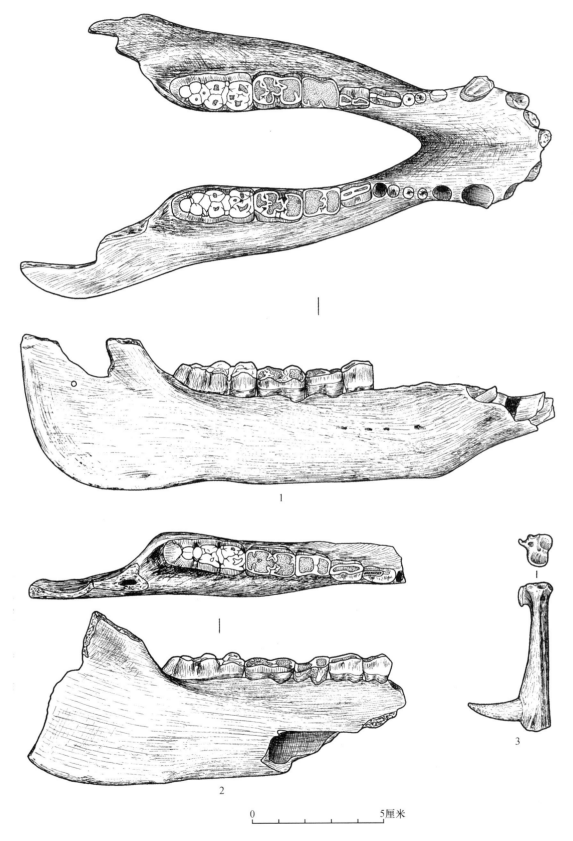

0　　　　　　　　　　　5厘米

图六　H17、DT45⑤层出土动物骨骼

1. 猪下颌骨（H17∶2）　　2. 猪右下颌骨（DT45⑤∶1）　　3. 鸡右距骨（H17∶1）

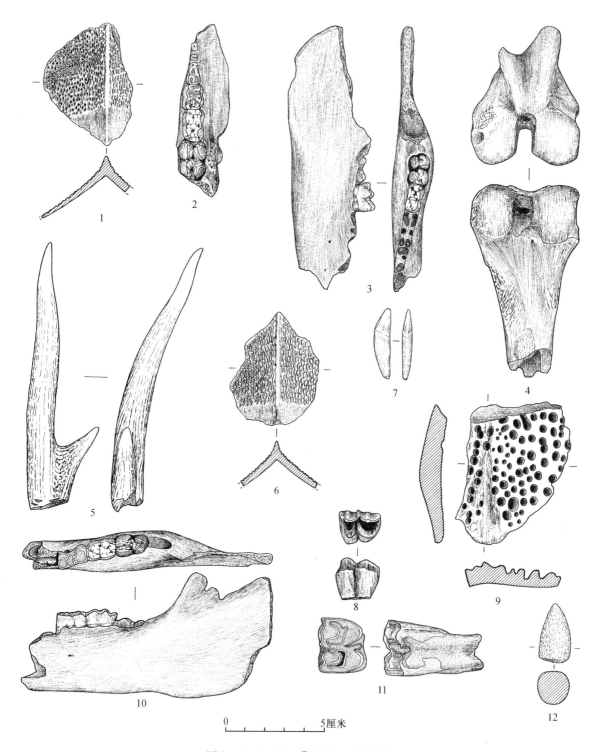

图七　C区、DT24③层出土动物骨骼

1、6、9. 中华鲟背鳞板（CT13④：10、CT13④：9、CTG1⑤：7）　2. 猪右上颌（CT3⑧：5）　3. 猪右下颌骨（CTG1⑥：9）　4. 水
牛左股骨远端（CT2⑥：3）　5. 梅花鹿左角（CT13④：12）　7. 大灵猫左上犬齿（DT24③：1）　8. 苏门羚左 M1（CTG1⑤：6）
10. 猪下颌骨（CT3⑧：7）　11. 水牛左 M1（CT8⑧：3）　12. 青羊右角（CTG1⑦：1）

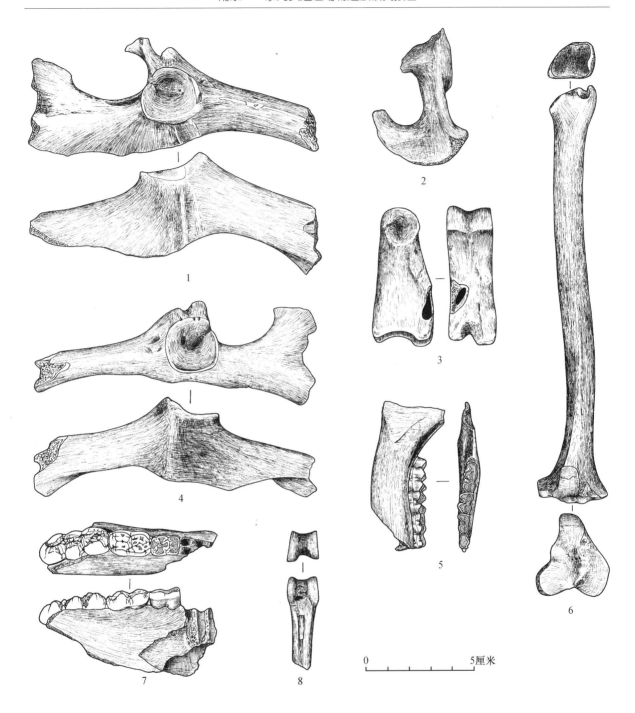

图八 A 区出土动物骨骼

1. 猪左髋骨（ATG1⑦C：7） 2. 犬科右髋骨（F28：03） 3. 水鹿左第 I 节趾骨（F28：04） 4. 猪右髋骨（ATG1⑦C：6） 5. 獐 右下颌骨（ATG1 石培⑥：2） 6. 狗左胫骨（G4：1） 7. 猪下颌（F22④：23） 8. 鸡右胫骨（ATG1 石培⑥：1）

3. 硬骨鱼纲（Osteichthyes）

青鱼（*Mylopharyngodon piceus*） 1 件。AT2 第 3 层右前鳃盖骨 1 件。

4. 哺乳动物纲（Mammalia）

（1）狗（*Canis familiaris*） 3 件。标本 G4：1，左胫骨保存完整。胫骨关节面近似锐角三角形，

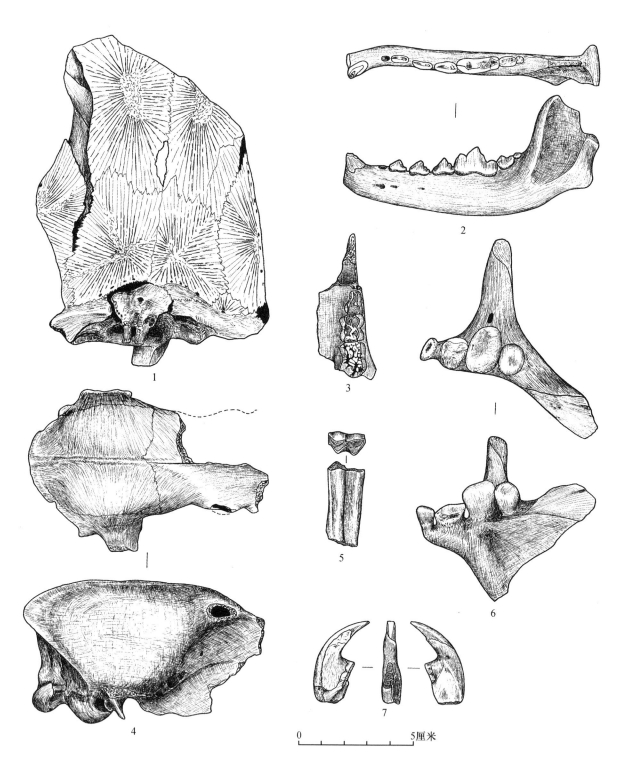

图九　H3、CT7⑦、CT7⑨、CT16③层出土动物骨骼

1. 鲤科鱼头骨（H3②:5）　2. 狗左下颌骨（H3②:6）　3. 猪左上颌骨（CT7⑨:7）　4. 狗头骨（H3③:5）　5. 青羊
左 M1（CT7⑦:2）　6. 青鱼左下咽骨（H3③:4）　7. 银星竹鼠右下颌骨（CT16③:3）

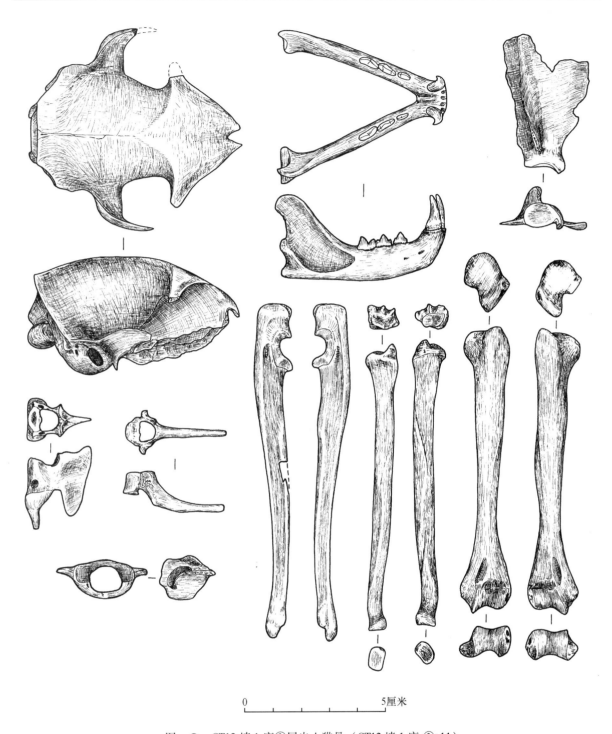

图一〇　CT12 墙 1 废①层出土猫骨（CT12 墙 1 废 ①：11）

并且有肌腱沟存在。远关节上内髁高而显著（图八，6）。标本 DT17⑤：9，左 m1 齿冠、齿根保存完整。齿冠长 20. 8mm、宽 8. 1mm（图三，7）。另外，DT17 第 5 层右下颌骨 1 件。

（2）家猫（*Felis catus*）　1 件，个体较完整。标本 CT12 墙 1 废①：11，包括颅骨、上颌骨、下颌骨、肱骨、尺骨、桡骨、寰椎、枢椎及部分剔骨残片等 23 件骨骼（图一〇；图版七五，5）。颅骨逢愈合紧密，顶骨短而圆；听泡强烈膨胀；颧弓扩展很宽（表七）。颅骨最高点在顶骨中部最圆隆的部位。上颌骨上的门齿缺失，据齿槽特征观察，门齿细小、排列紧密。I1 < I2 < I3。上犬齿齿

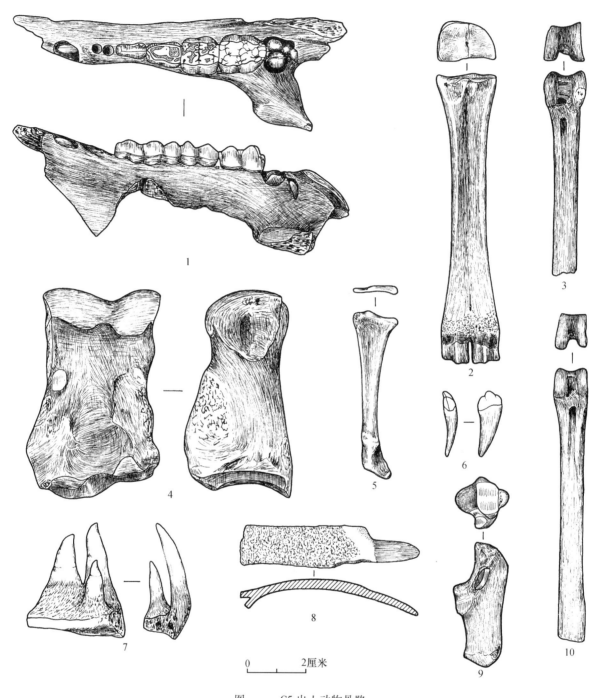

图一一　G5 出土动物骨骼

1. 幼猪右上颌骨（G5:9）　2. 家山羊右掌骨（G5:3）　3. 马鸡右胫骨（G5:7）　4. 水牛第Ⅰ节趾骨（G5:1）　5. 鸡右乌喙骨（G5:6）　6. 云豹左 P3（G5:8）　7. 鳡鱼左下咽骨（G5:4）　8. 鳖肋板（G5:10）　9. 狗右跟骨（G5:2）　10. 鸡右胫骨（G5:5）

槽隆凸明显，齿冠圆锥形、略向后弯曲。上犬齿颊侧有 2 条纵沟槽。齿隙较显著。P4 是上颊齿中最强壮的牙齿，M1 呈退化状。下颌骨水平支底缘呈弧形，有 2 个下颏孔。冠状突较强壮，向后上方延伸。关节突呈宽、圆的滑车状，位置比较低。下颌角较锐，角突向内侧弯倾。下门齿呈嵌错状排列，i1 < i2 < i3。下犬齿颊侧有 1 道纵沟。M1 齿冠为 2 个大小相近的主尖（下前尖、下原尖）将牙

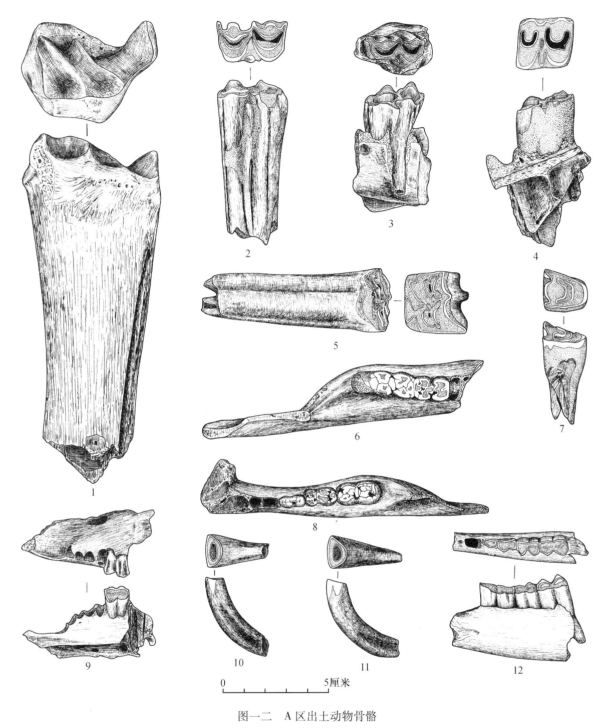

图一二　A 区出土动物骨骼

1. 家黄牛右桡骨远端（AT1⑨A：15）　2. 水牛下臼齿（AT1⑨A：16）　3. 家黄牛左 M1（AT1⑪B：7）　4. 家黄牛左 M1（AT1⑪B：
6）　5. 马右 P4（AT2③：3）　6. 家猪右下颌骨（AT1⑨：1）　7. 家黄牛右 P2（AT1⑪B：1）　8. 猪左下颌骨（AT1⑪B：8）
9. 狍左上颌骨（AT1⑪B：2）　10. 家黄牛右 I3（AT2③：2）　11. 牛属右 I2（AT2③：1）　12. 家山羊左下颌骨（AT1⑫：1）

冠分为前后 2 叶，2 个主尖分别向前、后方向伸展，并且相连成刃状脊。肱骨近端的大结节很强壮，
三角肌粗隆不发育。肱骨主干表面的嵴、肌肉线、结节等都不发育，使肱骨表面很平滑。肱骨远端
掌侧有很深的鹰嘴窝，屈肌上髁附近的髁上孔显著（长椭圆形）。尺骨体表面光滑，尺骨突向内侧
倾斜。尺骨结节低、平，半月形切迹较深。钩状突较短，冠状突较高，桡骨切迹显著。寰椎椎体比
较高，前关节窝深、阔、光滑。背弓呈弧形圆隆，背侧小结节、腹侧小结节均不发育。寰椎翼向两

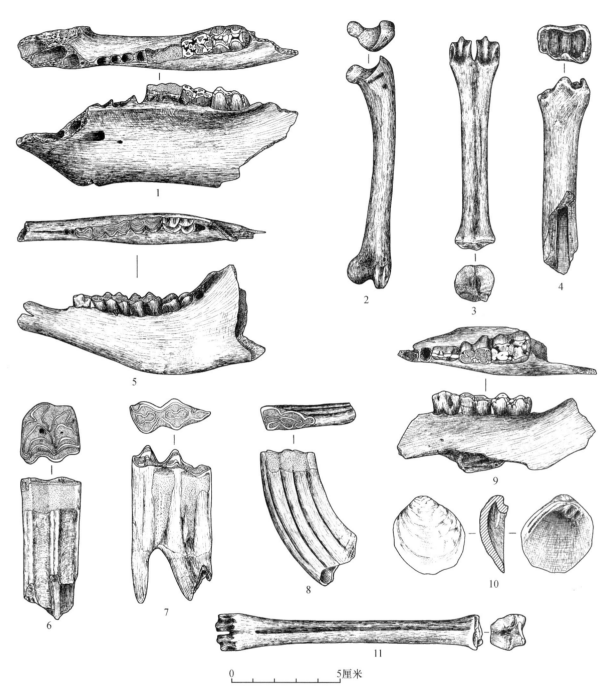

图一三　A区、B区出土动物骨骼

1. 猪下颌骨（AT1⑫:14）　2. 鸡右股骨（ATG1扩⑥:9）　3. 羊左跖骨（AT2④:2）　4. 羊胫骨远端（ATG1扩⑥:10）

5. 青羊左下颌骨（AT1⑩:13）　6. 驴右P4（BT1③:14）　7. 家黄牛左M3（BT3③:10）　8. 马右M3（BT2⑤:4）

9. 猪下颌骨（AT1⑩:14）　10. 河蚬（BT2⑤:5）　11. 鹿右跖骨（ATG1扩⑥:3）

侧平直伸展，翼孔位置较为靠前。枢椎前端的齿突呈圆柱状，长而圆。前关节突宽大、表面光滑。椎间孔位置很低，开口较大。翼突很强壮。胸椎椎体高大，棘突很高。椎头、椎窝都是周边略凸、中间微凹。棘突生长位置靠后，向上逐渐变细，顶端略向后倾斜。横突短、厚，在前部向两侧伸展。标本相关数据对比显示，东门头遗址的家猫肢骨测量值，全部包含在人们已认识的家猫骨骼数据范围内（表八）。

表七 东门头遗址家猫颅骨测量表 （mm）

测量项目	数据	测量项目	数据
脑颅最大宽（Eu-Eu）	42.1	额宽（Ect-Ect）	50.2
颧宽（Zy-Zy）	70.0	脑颅长（A-B）	52.1
枕三角高（O-B）	12.2	枕大孔宽	12.1
枕髁最大宽	20.5	枕突最大宽（枕三角最大宽）	42.2
上颊齿列长（P2-M1）	21.0	前白齿齿列长（P2-P4）	19.5
上列齿长（P4）	9.0	最大腭宽	38.7
犬齿槽宽	23.5	下颊齿列长（p3-m1）	19.3
下列齿长（m1）	7.0	下颌全长（髁突-Id）	63.5
下颌支高（Gov-Cr）	29.3	下颌体前高（p3前缘）	11.0
下颌体后高（m1后缘）	12.1	髁突-犬齿槽后缘长	55.0

表八 家猫肢骨测量、比较表 （mm）

地点 测量项目		前苏联地区 右侧[①]	东门头遗址	
			左	右
肱骨	长度	72.0~110	100.5	100.3
	上端左右径	13.5~19	17.7	17.7
	上端前后径	16.0~24.0	20.8	20.9
	下端左右宽	15.0~22.0	19.0	19.1
尺骨	上端半月形切迹处宽	7.5~12.0	9.0	9.1
	喙突处前后径	9.0~14.0	13.0	12.9
	骨干中部最大径	5.0~9.0	8.2	8.1
桡骨	长度	75.0~107	99.1	99.2
	桡骨头最大径	7.0~10.0	8.6	8.6
	下端最大径	11.0~15.0	12.8	12.9

①格罗莫娃著，刘后贻译：《哺乳动物大型管状骨检索表》，科学出版社，1960年，第1~162页。

（3）驴（*Equus asinus*） 5件。标本DT17④:9，右P2齿冠磨蚀很重，形成一个很平的嚼面。原尖大而扁，原尖之后的内谷无"马刺"，中附尖位置较靠后，前窝宽大（图五，5；图版七七，4）。齿冠长35mm、宽22.5mm。标本DT17⑤:5，右M3齿冠保存完整，齿根略残缺。齿冠磨蚀较重，舌侧低于唇侧。下原尖长而宽扁，原尖之后无马刺（图三，4）。齿冠长27.5mm、宽23.4mm。DT17⑤:7，1枚右P2。齿冠保存较完整，但因火烧已变黑色，齿根被烧毁。齿冠磨蚀较重，呈长三角形（图三，3）。齿冠长35.7mm、宽22mm。标本DT17⑤:8，左上颌附有M1、M2。齿冠磨蚀很重，M1冠中部因磨蚀成内凹。嚼面内谷中没有马刺迹象（图三，1；图版七八，1）。m1齿冠长22.2mm、宽25.5mm。m2齿冠长23.3mm、宽26.6mm。标本BT1③:14，右P4齿冠保存基本完整

（仅原尖前缘和前附尖前缘有点缺损）。齿冠磨蚀较重。原尖扁而长大，前附尖向前伸出较多，内谷没有马刺（图一三，6）。齿冠长 28.5mm、宽 27.6mm。最小个体数 2。

（4）家马（*Equus caballus*）　8 件。标本 Y1③：1，第Ⅲ节趾骨大部分保存完整，左角缺失。趾骨体略近半圆形，两侧角向后延出较多。平放顶视，可见较宽大的与第Ⅱ节趾骨相接触的关节面（图二，3）。标本 DT17④：7，右第Ⅰ趾骨保存完整。近端关节面宽大，蜗形沟基本位于中间（图五，2）。标本 DT17⑤：2，右 p4 齿冠很完整，齿根略缺。唇侧下原尖、下次尖的外壁宽而平整。舌侧的双叶为普通马型，即下后尖呈圆形，下后附尖呈狭窄的带状（图三，2；图版七七，3）。标本 DT17⑤：3，左 M1 齿冠基本完整，齿根缺。但齿冠半边经过火烧有发黑现象。磨耗使用痕较重（图三，5）。标本 DT17⑤：6，左 M1 只剩牙齿的后半边。齿冠磨蚀重，原尖后可见马刺（图三，8）。标本 DT17⑤：4，左下第 1 门齿保存基本完整。门齿形态较大，齿冠顶有一斜磨平面，中心釉质圈内有一空洞（图三，6）。标本 BT2⑤：4，右 M3 齿冠面已有较重磨蚀，齿根较长。下原尖和下后尖之间的外谷较宽。下后尖和下后附尖之间的内谷呈"U"形（图一三，8）。标本 AT2③：3，右 P4 齿冠已磨蚀较重，齿根很长。在较强的原尖后面的内谷间，有清晰的马刺（图一二，5；图版七七，2）。最小个体数 2。

（5）家猪（*Sus domesticus*）　43 件。标本 F22④：23，左下颌骨底缘、两端残。附 m1～m3。m1 中等磨蚀，m3 齿冠从齿槽中长出一半（图八，7）。标本 AT1⑨：1，保存右下颌骨 m2 以后的部分。m2、m3 均有磨损使用痕迹（图一二，6）。标本 AT1⑩：14，左下颌骨附有 p4～m2。m1 稍磨平，m3 刚从齿槽中萌出（图一三，9）。标本 ATG1⑦C：7，左髋骨（图八，1）。标本 ATG1⑦C：6，右髋骨（图八，4）。2 件髋骨均两端略残。髋臼窝较平而圆，髋臼缺口较宽，髋臼切迹较高。另外，ATG1 第 7C 层左胫骨远端 1 件、右桡骨远端 2 件、左股骨远端 1 件、右下颌 1 件、右上颌 1 件，F22 第 4 层右上犬齿 1 件、右胫骨 1 件、右尺骨 2 件、左髋骨 2 件、右髋骨 1 件，F22 第 2 层顶骨 1 件，F24 第 3 层下犬齿 3 件、下门齿 2 件，G4 左上颌骨 1 件、右肱骨 1 件、左髋骨 1 件、左尺骨 1 件，DT17 第 4 层左下颌骨 1 件、右上颌骨 1 件，DT17 第 5 层 1 枚左下 p3、右肱骨 1 件，BT1 第 3 层右下颌 1 件、左肱骨 1 件，BT3 第 3 层左肱骨远端 1 件，AT1 第 9 层左上颌骨 1 件，AT1 第 10 层左髋骨 1 件、左桡骨远端 1 件，ATG1 扩第 6 层猪下颌 1 付、左额骨 1 件、肩胛骨 1 件、左桡骨 1 件、右桡骨 1 件。最小个体数 5。

（6）小麂（*Muntiacus reevesi*）　3 件。包括右下颌骨 1 件、左掌骨 1 件、距骨 1 件。均出土于 G4。

（7）獐（*Hydropotes inermis*）　2 件。标本 DT17④：11，距骨保存完整，形态很小。距骨远端、近端滑车轴与距骨长轴平行，近端滑车表面有一明显的切迹沟（图五，7）。标本 DT18③：6，左跖骨保存完整，形态较小。跖骨愈合缝深而显著，近端关节面近似方形，中心有一凹洞。骨缝愈合较好（图一，5）。

（8）水鹿（*Cervus unicolor*）　13 件。标本 DT17④：8，保存右角眉枝以下的部分，带有部分顶骨。角形很粗大，角表面有很强烈的纵沟和皱纹。角环前后径 88.1mm、左右径 66.1mm（图五，1；图版七五，4）。标本 DT17④：10，右桡骨完整。长约 99.8mm。桡骨肢干弯曲较甚、较扁。近端关节部分特窄长，关节面蜗形沟较深。远端关节面呈倾斜状，关节面上有几条倾斜的锐脊。锐脊伸展方向与中轴线斜交（图五，3）。标本 DT17④：14，保存右角柄至分叉部。眉枝、主枝表面均留有整齐、光滑的锯切痕。角环前后径 62.6mm、左右径 51.1mm（图五，4；图版七五，3）。标本 AT1⑨：2，保存较完整的左股骨远端。膝滑车内嵴比较高，外嵴比较锐。有较大而深的跖面窝，没有内上髁嵴。标本 ATG1 扩⑥：3，右距骨保存完整。形态较小，但骨缝等均愈合。距骨中部的愈合缝比较显著，近端关节面近方形（图一三，11）。另外，ATG1 第 7C 层枢椎 1 件，F22 第 2 层左侧第 I 节趾骨 1 付（2 节），DT17 第 4 层右第 II 节趾骨 1 件、鹿角残段 2 件，AT1 第 10 层环椎 1 件、左肩胛骨 1 件。最小个体数 2。

值得特别关注的是，DT17④:8 的水鹿右角，在我国全新世水鹿角中最为粗壮的（最大的）。该角的角环前后径 88.1mm、左右径 66.1mm，超过我国全新世已知的所有鹿角。在我国更新世时期，最大的水鹿角是裴文中先生鉴定的河南新蔡化石点标本，角环前后径 94mm、角环之上主干最大径 68mm（表九）。东门头遗址出土有全新世最大水鹿角，可作为水鹿生态演化的重要材料。

表九　水鹿角测量与比较（mm）

时代、地点 测项	全新世			更新世
	东门头遗址	柳林溪遗址①	河姆渡遗址②	河南新蔡化石点③
角环前后径	62.2 ~ 88.1	74.5	72.5	85 ~ 94
角环之上主枝最大径	51.1 ~ 66.1	63.6	61.7	59 ~ 68

①武仙竹：《湖北秭归柳林溪遗址动物群研究报告》，《秭归柳林溪》，科学出版社，2003 年，第 268 ~ 292 页。

②魏丰等：《浙江余姚河姆渡新石器时代遗址动物群》，海洋出版社，1989 年，第 1 ~ 124 页。

③裴文中：《河南新蔡第四纪哺乳动物化石》，《古生物学报》，1956 年第 1 卷第 1 期，第 77 ~ 100 页。

（9）家山羊（*Capra hircus*）　2 件。标本 ATG1 扩⑥:10，保存右胫骨远端部分。远关节的内髁窄而高耸（图一三，4）。另外，G4 左肩胛骨 1 件。

（10）青羊（*Naemorhedus goral*）　3 件。标本 DT17④:12，右 M3 齿冠较高，内、外壁不太直（齿冠顶部窄小、底部宽大）。外壁的边肋中等发育，无齿柱。后附尖形成翼状突起，在底部伸展较宽（图五，8；图版七七，1）。标本 CT7⑦:2，左 m1 齿冠保存完整，无齿根。齿冠磨蚀较轻。高冠齿，边肋及附尖等不发育。齿表面比较光滑，颊侧有齿带（图九，5）。标本 AT1⑩:13，左下颌两端略有残缺，其他大部分保存完整。附有 p3 ~ m2（m2 尚在萌出中）。dp4 尚在生长。下颌骨底缘弧形，水平枝前端急剧抬升。下颊齿齿列很短（图一三，5；图版七四，6）。最小个体数 2。

（11）家黄牛（*Bos taurus*）　6 件。标本 Y1③:2，右 m3 齿冠保存完整。齿冠较低。后附尖发育较大，向后延伸为第 3 叶。下次尖与跟座间，亦有较高的齿柱（图二，4）。标本 BT3③:10，左 m3 齿冠和牙根都保存较完整。新月形高冠齿，冠面已有一定程度磨损。齿冠形态较小（图一三，7）。标本 AT1⑨A:15，保存较完整的右桡骨远端。背侧面凸、直，掌侧面凹。背侧面外侧有一显著的纵沟（韧带沟）（图一二，1）。标本 AT2③:2，右 I3 门齿齿冠较低，齿冠内腔宽大，空腔呈扁原形。齿根向后弯曲较甚。冠表面有较重磨平面（图一二，10）。另外，AT1 第 9 层 1 枚右 P2，AT2 第 3 层 1 件右 I2。

（12）水牛（*Bubalus bubalis*）　6 件。标本 DT18③:5，左 M1 齿冠完整，保存有部分齿根（图一，12）。标本 CT8⑧:3，左 M1 齿冠保存完整，后外侧齿根缺，其他齿根完整。齿冠磨蚀中等。新月形高冠齿，齿尖比较圆，齿冠表面覆有厚层白垩质（图七，11）。标本 AT1⑨A:16，左 M2 齿冠高，底柱很发育，前、后附尖都很发育。冠表面覆有厚层白垩质（图一二，2）。另外，F22 第 4 层左肱骨 1 件，F22 第 2 层右侧第 I 节趾骨 1 件，F24 第 3 层右肱骨远端 1 件。最小个体数 2。

（13）哺乳动物（Mammalia）碎骨片　51 件。其中，F22 第 4 层碎骨块 34 件，F22 第 2 层碎骨块 10 件，F24 第 3 层碎骨块 7 件。

5. 鸟纲（Aves）

（1）鸡（*Gallus gallus domesticus*）　7 件。标本 ATG1 扩⑥:9，右股骨保存完整。形态较大，

骨壁较薄，内腔大。股骨体略呈扭曲状，前肌线细而清晰。转子脊薄锐而高。转子窝较深。股骨颈收缩较明显。髂转子压痕较大，内有几个小坑窝。远端的腓深肌沟呈浅凹状（图一三，2；图版七五，1）。另外，AT2 第 3 层胫骨、肋骨碎块共 6 件。

（2）秃鹳（*Leptoptilos javanicus*）　　1 件。标本 AT2③：5，左跗跖骨基本完整。跗跖骨形态较大，远端趾骨滑车短、宽，滑车间距大。第三趾滑车较长，向前突出。第二、四趾滑车长短相似。跖骨前面的跖骨前沟宽而显著。第三、第四趾滑车上方有显著的远侧孔。雉属（*Phasianus*）、雕属（*Aquila*）中，其跗骨前沟都不如秃鹳显著。而且，雉属、雕属的远侧孔都是呈长条形窝坑状，而秃鹳的远侧孔是一圆而显著的穿孔。秃鹳这一大型涉禽，在附跖骨上具有自身明显的特征。

三、动物遗骸与人类食物资源

东门头遗址共计出土有 51 种动物。从城背溪文化时期至明清时期，各个时代动物最小个体数的总和为 352 个（表一〇）。我们从动物最小个体数的统计结果上，可以看出该遗址从新石器时代以来，人类在肉食资源的变化上存在有以下特点。

（一）水生动物和陆生动物的比例变化

先秦以前，东门头遗址肉食资源中水生动物的比例很大。汉代以后，陆生动物成为肉食资源的主要对象，水生动物变为分量较少的补充性资源。虽然，水生动物与陆生动物（哺乳动物纲和鸟纲，尤其是前者）相比，肉食资源的个体差异性很大。陆生动物的一个个体，可能是一般水生动物的很多倍。但我们通过全部动物种类最小个体数的统计，却可以大概反映出人们对肉食资源不同种类的开发程度。如根据最小个体数计算，城背溪文化时期，水生动物最小个体数为 173，占全部动物个体比例的 94%。商代这一个体比例是 84%。周代这一比例为 74%。而汉代以后这种比例关系突然大变：汉代这一比例为 25%，宋元时期递减为 20%，明清时递减为 12%。这种水生动物与陆生动物的比例变化关系，反映了人们对肉食资源的开发利用程度。同时，也可以反映出该遗址不同历史阶段的肉食资源结构。

通过最小个体数统计，还反映出东门头遗址的古代居民一直把青鱼作为他们的重要肉食对象。青鱼最小个体数是东门头遗址各种动物种类中数量最多的。商代青鱼的捕捞量可能最大，其青鱼在同时期动物最小个体数所占比例达 63%。商代渔获物种类组成和个体数比例甚至还反映出，商代的渔业生产可能是非常专业化的。商代没有发现对肉食资源价值较小的腹足类（螺）、瓣鳃类（蚌）的利用，在水生动物中只选择性捕获个体较大的青鱼、草鱼、中华鲟。青鱼、草鱼、中华鲟个体数，占商代全部动物最小个体数的 84%。这一情况反映，商代东门头遗址先民的主要肉食来源是依靠渔业捕捞。

东门头遗址水生动物中，有几种动物在三峡地区动物考古中值得关注。乌鳢（*Ophiocephalus argus*）俗称黑鱼，鲈形目（Perciformes）鳢科（Ophiocephalidae）。该鱼属底栖肉食性凶猛鱼类，在我国除西部高原外，从黑龙江至海南的河川、湖泊、池塘均有，国外仅见于朝鲜西南部。乌鳢在我国虽然分布很广，但考古中出土的遗骸却很少见。以前见诸报道的仅有浙江河姆渡遗址 1 处①。东门头遗址发现的乌鳢，在三峡地区和我国大江岸边的古文化遗址中都是第一次发现，它向我们显示

---

① 　魏丰等：《浙江余姚河姆渡新石器时代遗址动物群》，海洋出版社，1989 年，第 1～125 页。

了先秦时期长江上游干流地区的乌鳢分布情况，以及先秦居民对该资源的利用。此外，东门头遗址汉代遗存中出土的鲤鱼也很重要。鲤鱼（*Cyprinus carpio haematopterus*）在我国不仅分布很广，而且考古中在南方、北方很多古文化遗址中都有发现。如三峡地区以前在重庆忠县中坝遗址、忠县瓦渣地遗址、湖北秭归卜庄河遗址、宜昌路家河遗址等均有出土。但我国以前考古出土的鲤鱼测量数据中，最大的鲤鱼下咽齿是秭归卜庄河遗址中的材料，其下咽齿最大径为10mm[①]。而东门头遗址出土的1件鲤鱼左下咽骨（Y6:4），其主下咽齿最大径达11.5mm。东门头遗址的鲤鱼，是我国已知考古中发现的最大鲤鱼个体。类似的情况也表现在城背溪文化时期遗存的鳜鱼上，东门头遗址出土的鳜鱼也是我国考古发现最大的个体标本。

表一○ 动物遗骸最小个体数统计表

	时代 种类	城背溪 文化时期	商	周	汉	宋、元	明、清	种类 合计
1	铜锈环棱螺	61		2				63
2	泥泞拟钉螺	1						1
3	圆顶珠蚌	43		1		1	1	46
4	剑状矛蚌	1						1
5	巴氏丽蚌	2						2
6	背瘤丽蚌	1						1
7	环带丽蚌	1						1
8	无齿蚌	19		8				27
9	河蚬						1	1
10	青鱼	30	46	8	1		1	86
11	草鱼	11	14	4				29
12	白鲢	1						1
13	鳡鱼	1				1		2
14	鲤鱼				2			2
15	鳜鱼	1						1
16	乌鳢			1				1
17	中华鲟		2	1	1			4
18	鳖					1		1
19	熊猴	1						1
20	兔		1					1
21	银星竹鼠				1			1
22	狼			1				1
23	狗		2	1	2	1	1	7
24	猪獾	1		1				2
25	貉	1						1

---

① 武仙竹：《长江三峡动物考古学研究》，重庆出版社，2007年，第1~383页。

续表

	时代　　　种类	城背溪文化时期	商	周	汉	宋、元	明、清	种类合计
26	家猫						1	1
27	大灵猫			1				1
28	虎	1						1
29	云豹					1		1
30	普氏野马	1						1
31	家驴						2	2
32	家马						2	2
33	野猪	1						1
34	家猪		3	2	2	1	5	13
35	小鹿	1	1				1	3
36	大角鹿				1			1
37	獐				1	1	1	3
38	梅花鹿		1					1
39	水鹿	2	1	1	1	1	2	8
40	狍					1		1
41	青羊	1	1			1	2	5
42	苏门羚	1	1		1			3
43	家山羊			1		1	1	3
44	爪哇野牛	1						1
45	圣水牛	1						1
46	家黄牛				1	2	1	4
47	家水牛					1	2	3
48	环颈雉				1			1
49	马鸡						1	1
50	秃鹳						1	1
51	鸡			1	1	2	1	5
	分时代合计	186	73	34	16	17	26	352

（二）家畜动物与人类的经济生产

东门头遗址城背溪文化时期没有发现肯定的家畜动物种类。在商代该遗址出现了狗和猪 2 种家畜。从动物最小个体数上比较，商代家畜约占该时期全部动物的 7%。在周代有狗、猪、山羊、鸡 4 种家畜，占周代动物最小个体数的 15%。汉代时有狗、猪、黄牛、鸡 4 种家畜，占同时期最小个体数的 38%。宋元时期有狗、猪、山羊、黄牛、水牛、鸡 6 种家畜，占同时期最小个体数的 50%。明清时期有狗、猫、驴、马、猪、山羊、黄牛、水牛、鸡 9 种家畜，占同时期最小个体数的 60%。

该遗址这种家畜动物的早期出现种类，以及在后继出现的增长规律方面，均表现出与我国其他地区古代居民对肉食资源开发和利用的相似特征。即：最早的家畜都是首先出现了狗和猪。家畜经济在出现了狗和猪以后，家畜经济生产在种类变化和数量规模上都呈现逐步递增现象。新增动物的种类也与我国家畜驯养的总体特征一致，即早期家畜都是属于"六畜"，较晚的历史时期才出现了家猫、家驴等六畜之外的动物[①]。

猪是东门头遗址最重要的家畜经济生产对象。这一点，东门头遗址也与我国很多地区家畜经济特征相符。中国在新石器时代中、晚期以后，中原地区、东北、长江以南地区等，很多地方都是以家猪为相对固定的最重要的家畜经济生产[②]。东门头遗址从家畜经济出现后，猪也一致是在其中占有主导地位。如商代、周代、汉代、明清时期，猪都是个体数最多的家畜动物种类。

当然，东门头遗址家畜生产在总的规律与我国大部分地区相一致外，同时也具有很明显的个性特点。如东门头遗址家畜经济生产与我国其他大部分地区相比，存在着严重的家畜经济生产滞后性。我国动物考古学对古代居民肉食资源作初步研究后发现，在4000年前我国大部分地区都已经是以家畜为主要肉食资源对象了[③]。而东门头遗址动物遗骸最小个体数鉴定结果却是，先秦以前人们在家畜经济的生产规模方面很小（周代时家畜动物最小个体数比例仅占15%），汉代时家畜也还是人们肉食资源的少部分（家畜占同期最小个体数的38%）。直到宋元时期以后，家畜在人类肉食资源中的资源比例才超过半数。甚至到了明清时期，野生动物也还在人们肉食资源中占有较大比例（达40%）。这种家畜经济生产的严重滞后性，在我国其他地区动物考古中是罕见的。

东门头遗址汉代出现的家黄牛是三峡地区的重要动物考古材料。三峡地区以前较多牛科材料均被鉴定为水牛（*Bubalus*），被鉴定为家黄牛（*Bos taurus*）材料的，是在秭归官庄坪遗址明代动物遗存[④]、巴东罗坪遗址清代动物遗存[⑤]中才存在。东门头遗址汉代遗存中的家黄牛，是三峡地区最早的家黄牛材料。该遗址继之在宋元、明清时期都有家黄牛。这些材料和三峡地区其他地点发现的家黄牛材料一起，为我们展示出家黄牛在三峡地区的畜养与传播状况。东门头遗址明清时期的家猫，在我国动物考古中也有重要意义。家猫在现代人肉食资源中意义不大，但它作为人类守谷护家的得力助手和喜爱的宠物，与人们的生活关系十分紧密。我国动物考古材料中，有关家猫的报道很少。以前在河南汤阴白营遗址龙山文化遗存中曾有报道[⑥]。西安汉长安城遗址曾有零星报道[⑦]。南方地区仅在秭归卜庄河遗址六朝墓葬中报道随葬有家畜猫[⑧]。除上述材料之外，家猫的动物考古学材料，在我国时间和空间分布上都是有待填补的空白。东门头遗址明清时期的家驴也是值得关注的动物考古材料。家驴的野生祖先动物学界认为是北非的非洲野驴（*Equus africanus*），其何时传入中国、在中国的传播路线与分布如何？这是关于历史文化交流现象很好的研究课题。中国古代成语"黔驴技穷"的故事背景即是指中国南方没有家驴。三峡地区在明清时期出现家驴，至少说明该时期三峡地

①　袁靖：《中国新石器时代家畜起源的问题》，《文物》2001年第5期。

②　袁靖等：《论中国古代家猪的驯养》，《科技考古》（第一辑），中国社会科学出版社，2005年，第207~214页。

③　袁靖：《论中国新石器时代居民获取肉食资源的方式》，《考古学报》1999年第1期。

④　武仙竹、周国平：《湖北官庄坪遗址动物遗骸研究报告》，《人类学学报》2005年第24卷第3期，第232~248页。

⑤　武仙竹、杨定爱：《巴东罗坪遗址动物遗骸研究报告》，《四川文物》2006年第5期。

⑥　周本雄：《河南汤阴白营河南龙山文化遗址的动物遗骸》，《考古学集刊·3》，中国社会科学出版社，1983年，第48~50页。

⑦　胡松梅：《西安市汉长安城城墙西南角遗址出土动物骨骼鉴定报告》，《考古》2006年第10期。

⑧　武仙竹：《长江三峡动物考古学研究》，重庆出版社，2007年，第1~383页。

区是畜养有家驴的。我国以前的动物考古材料中，家驴仅在新疆汉代圆沙古城遗址出现过一次[①]。在南方地区，东门头遗址的家驴材料是首次发现。

（三）动物遗骸反映出的人类渔猎生产

东门头遗址动物遗骸中，我们可以发现不同时期人类的一些经济生产现象。譬如，新石器时代早期时，三峡地区古代居民在峡江两岸的活动范围（空间）很大。城背溪文化时期，遗址动物遗骸中既有长江干流中的大型蚌类、鱼类，也有陆上其他水域环境的螺类和中小型蚌类；既有峡谷里的喜热动物熊猴、小麂、水鹿、爪哇野牛，也有峡谷两岸高海拔山区的普氏野马。这种不同水域、不同海拔和不同生境的动物群体，反映三峡居民自古以来在该地区的活动范围较为宽广。另外，东门头遗址动物遗骸种类，还反映古代居民有很强的渔猎能力和专业技术。城背溪文化时期的动物遗骸中，有些水生动物可能是生活在长江水底的。如背瘤丽蚌（*Lamprotula leai*）、巴氏丽蚌（*Lamprotula bazini*）、剑状矛蚌（*Lanceolaria gladiola*）、环带丽蚌（*Lamprotula zonata*）等大型蚌类，它们习于底栖生活，甚至在冬季是潜入江底沙层里的。有些大型鱼类如青鱼、草鱼等也是在水域底层生活的。这些峡江底层的水生动物，能够被当时人捕捞上来，说明新石器时代早期东门头居民已有很强的渔业生产能力。其次，较多大型陆生哺乳动物种类，说明该时期人类狩猎能力也很强。城背溪文化时期的熊猴，是密林中的树栖动物，普氏野马、爪哇野牛、圣水牛等都是速度很快、人类难以接近的大型哺乳动物。青羊、苏门羚是习于在悬崖峭壁生活的动物。华南虎、野猪等是属于凶猛的兽类。这些生活环境特殊或者较难捕获的动物，能够都被当时人捕获，反映当时人具备很强的渔猎能力。

东门头遗址所处的西陵峡区域，是长江干流青鱼、草鱼、鲢鱼、鳡鱼等大型淡水鱼类的产卵场。根据以前三峡考古的研究，这些鱼类或许是当时人利用鱼类春季在三峡产卵时进行捕获的[②]。但是，东门头遗址周代遗存中有乌鳢，汉代遗存中有大型鲤鱼。乌鳢、鲤鱼的生态型与青、草、鲢、鳡等不同。青鱼等所产属浮性卵，鱼卵产出后随流水漂浮孵化；乌鳢、鲤鱼所产是黏性卵，需要在河湾湖滩水草丛生的地方产卵、黏附在水生植物上孵化。因此，东门头遗址的乌鳢、鲤鱼，应该不是在产卵期被从长江中捕获的，而是在其他季节被人们从长江中渔获。这说明三峡地区的古代居民，虽然可能在鱼类产卵期对长江大型鱼类进行过集中渔获，但他们也在其他季节同样进行长江水域的渔业生产。

四、动物群与自然环境

东门头遗址动物群遗存从新石器时代早期延续至明清时期，这种动物种类丰富、时代悠久的动物群材料，是系统研究该遗址所属区域环境变化的非常宝贵的资料。

（一）动物群反映的气候特点

长江三峡地区位于北纬28°10″~32°13″，北纬30°线横贯中央，现属于北半球副热带回归高压

---

① 黄蕴平：《新疆于田县克里雅河圆沙古城遗址的兽骨分析》，《考古学研究》（七），科学出版社，2008 年，第 532 ~ 540 页。

② 武仙竹：《考古学所见长江三峡夏商周时期渔业生产》，《江汉考古》2002 年第 3 期。

带大气环流区。全球相对纬度的大部分地区，气候特点一般是干热少雨，以荒漠、半荒漠景观为主。非洲撒哈拉沙漠、亚洲阿拉伯半岛内夫得沙漠和印度半岛西北部的塔尔沙漠、北美洲的墨西哥高原等，基本在地球表面连贯成为一个横贯东西的干旱荒漠、半荒漠景观带。然而，长江三峡地区在这一纬度带内，不但没有成为荒漠带中的一环，相反，却成为亚热带湿润季风气候区中著名的暖冬中心（长江中下游属北亚热带，长江三峡属中亚热带）。该地区这种比同纬度所有地区都温暖、湿润的气候特征，成为地球表面特别引人关注的小气候区域。

从东门头遗址动物群遗骸材料观察，长江三峡地区自新石器时代早期以来，基本一直保持着中亚热带湿润季风气候的特点。在漫长的历史进程中，虽然也可以观察出一些较明显的气候波动，但基本上也一直保持着中亚热带气候区的基本条件。综观东门头遗址动物群，在各个时代基本上都有我国更新世时期南方分布的大熊猫——剑齿象动物群的重要成员，如麂、獐、水鹿、青羊、苏门羚等。而大熊猫——剑齿象动物群，实际上是更新世气候高温期形成的动物群[1]。

城背溪文化时期，东门头遗址动物群显示出气候湿热、多雨的特征。其主要现象除了水生动物是在各个时期中属最多的之外，哺乳动物中熊猴和爪哇野牛的发现，也标志着该时期较强的湿热型气候特征。熊猴（*Macaca assamensis*），是一种以北热带和南热带为主要分布区的动物，常见于热带常绿季雨林或南亚热带山地常绿阔叶林，现生种主要在西藏东南部、云南南部和广西西南部等。爪哇野牛（*Bos javanicus*）在我国分布区域与熊猴重叠，但其分布范围更小，仅见于云南南部。其喜栖环境也是湿暖多雨的稀树草原或竹阔混交林中。商代时期，大熊猫——剑齿象动物群主要成员小麂、水鹿、青羊、苏门羚等均有，并且还有东亚季风区特有动物梅花鹿。因此，商代气候特征的基本特点是暖湿，与城背溪文化时期差别不是太大。周代动物群成员中的水鹿、猪獾、大灵猫等，均反映着气候暖湿性特征。大灵猫的分布区域性界限非常明显，该动物更新世时期从未越出热带、亚热带区域。现生种也主要在南亚热带和热带，如我国云南西南部、海南岛等为主要分布区[2]。汉代动物群中有大角鹿、獐、水鹿、苏门羚等较多喜暖动物，特别是还有分布界线很严格的银星竹鼠。银星竹鼠（*Rhizomys pruinosus*）现生种较严格的分布在中亚热带、南亚热带和北热带，它们的分布除了在三峡峡谷越过长江外，在其他地区从不北越长江干流[3]。宋元时期动物群中有云豹、獐、水鹿、青羊等；明清时期有小麂、獐、水鹿、青羊等。不同历史阶段均有较多喜暖动物的出现，标志三峡地区气候特征基本是以中亚热带、南亚热带气候为主。

通过对东门头遗址不同时期动物群面貌考察，三峡地区似乎在新石器时代早期以来没有发生过严重的气候转变。但是，这也并不代表三峡在漫长的历史阶段没有出现气候变化。我们从动物群材料上还是可以看出，新石器时代是三峡地区气候较为温暖、雨水相对较多的一个时代。城背溪文化遗存中繁多的软体动物便是其表现。周代时期三峡可能也出现过一个气候较为转冷的阶段。其显著表现是，该时期动物群中喜暖动物种类在各历史阶段最少。这些从动物种类变化上反映出的气候现象，与用其他方法研究出的三峡气候变化是相符的[4]。

（二）动物群反映出的地形和植被

三峡现今的自然环境，最主要的特点可用地形起伏显著、水源与动植物资源丰富、生物多样性

①　杨怀仁：《中国东部第四纪自然环境的演变》，《南京大学学报（自然科学版）》1980年第1期。

②　潘清华、王应祥等：《中国哺乳动物彩色图鉴》，中国林业出版社，2007年，第1~420页。

③　四川资源动物志编辑委员会：《四川资源动物志·第二卷》，四川科学技术出版社，1984年，第1~365页。

④　赵东升、水涛：《从三峡地区史前考古遗址分布看人类生存与环境的关系》，《科学通报》2009年第53卷（增刊1），第112~120页。

交流汇集区等进行总体概括。我们从东门头遗址动物群面貌上也可以发现，三峡现今这些自然资源环境特点，在新石器时代早期时已经形成，并且是从自新石器时代以来一直保存延续至今。

　　三峡地形起伏显著，使该地区表现出强烈的立体环境景观。即峡谷低地气候湿热、分布着中亚热带常绿阔叶林，向峡谷两岸的峰缘地区，遂海拔递增逐步演变为北亚热带落叶阔叶林、温带针阔混交林、温带针叶林及温带亚高山草甸。城背溪文化时期，动物群中的熊猴、爪哇野牛、小鹿、水鹿、青羊、苏门羚等众多的喜暖动物，反映当时长江峡谷具有中亚热带甚至更为偏南的气候景观和植被。而此时众多的腹足纲、瓣鳃纲、硬骨鱼纲等动物，证实峡谷中有非常丰沛的水源。这种丰沛的水源不只是指当时长江干流的巨大水量，而是指长江河道之外还有其他较大的池塘、溪沟等水源环境。因为城背溪文化时期的软体动物铜锈环棱螺、泥泞拟钉螺、无齿蚌等，都是习于生活在浅水、静水或缓流环境的，并且需要活动于泥质水草环境[①]。因此，这些软体动物应该不是栖于水深流急、缺少泥沙和水草环境的长江河道，而是在长江河道之外另有其他丰沛的水源。东门头遗址周围，这种长江之外的丰沛水源环境，延续至明清仍然存在。如明清时期的软体动物河蚬，也是需要生活在底质为泥沙环境的水域，其要求的生活环境与长江三峡河道的水域环境是不一样的（三峡江底为缺沙型[②]）。此外，东门头遗址还出土有明清时期的秃鹳，秃鹳属留鸟，现主要分布于热带、亚热带山地和平原多沼泽地带。喜在湖边、水塘、沼泽、干旱河床和溪流地带活动。河蚬、秃鹳等动物，反映明清时三峡在长江河道之外，也另外分布有丰沛的水源。

　　三峡峡谷内森林植被繁茂，以及峡谷外围高海拔区域地形平缓广阔、分布稀树草甸的地貌景观，在东门头遗址动物群中也有较清楚的表现。东门头遗址城背溪文化时期，哺乳动物中绝大多数属于森林动物和喜水喜暖动物，但有一种动物例外，即是该时期动物群中存在有普氏野马。普氏野马为草原、半荒漠性动物，活动范围广大、系游移性生活，其栖息地除需要有草原植被外，还需要平缓广阔的地形。三峡北岸的大巴山、南岸的齐岳山和金佛山等，山顶峰缘 2000 米左右，气候凉爽，地形广阔平缓，草类植物茂盛，地质学上称之为"山原"（山顶平原）[③]。三峡两岸的山原地貌，正是普氏野马生活的理想区域。此外，宋元时期的狍子、马鸡等，也显现出三峡典型的立体气候景观。狍子是喜欢凉爽的稀树草原型动物，现生种在四川地区分布于海拔 2000 ~ 4000 米中山、高山草甸灌丛。马鸡属于高原型鸟类，在世界上有 3 种，我国均有，但主要分布在喜马拉雅——横断山地区[④]。因此，东门头遗址从新石器时代早期至晚期历史阶段均生存有中、高山或高原型动物，是三峡居民新石器时代以来赖以生存的立体环境景观的证明。

　　三峡又是多种动物植物的资源汇集区和生物交流区。由于三峡立体环境景观显著，所以，从低海拔区到高海拔区，三峡生存有种类多样的植物资源。经调查，三峡峡谷除以中亚热带植物为主外，还生长很多热带植物。如荔枝、龙眼、黄肉楠、木莲、含笑等。而高海拔山地，则生活着亚热带寒温性针叶林和亚高山寒温性草甸。三峡植被的主要特征是区系交错、物种汇集。三峡地区有热带植物成分（达 30.9%）、亚热带植物成分（占 26.97%）、温带植物成分（7.13%），此外还有地中海、中亚植物成分、世界广布种和三峡地区特有植物等[⑤]。所以，三峡是我国及东亚地区重要的动植物基因交流区域。正因为三峡地区自然环境具有立体景观特征、水源与动植物资源丰富、多种生物交流汇集等现象，所以东门头遗址动物遗存也反映出丰富多样、多种生态型动物汇聚一起的现

　　① 刘月英、张文珍、王跃先等：《中国经济动物志·淡水软体动物》，科学出版社，1979 年，第 1 ~ 132 页。
　　② 杨达源：《长江地貌过程》，地质出版社，2006 年，第 1 ~ 219 页。
　　③ 黄健民：《长江三峡地理》，重庆出版社，1999 年，第 1 ~ 228 页。
　　④ 张荣祖：《中国动物地理》，科学出版社，2004 年，第 1 ~ 502 页。
　　⑤ 陈国阶、徐琪、杜榕桓等：《三峡工程对生态与环境的影响及对策研究》，科学出版社，1995 年，第 1 ~ 332 页。

象。东门头遗址出现的多种生态型动物汇集现象，可以说是三峡地区的代表，同时也是我国同一个遗址中的动物物种多样性的代表。其显著的例子如城背溪文化时期既有现今仅存于甘肃北部、内蒙西部、新疆东北地区的普氏野马，也有现今仅存于云南南部的爪哇野牛，二者间距在 20 个纬度以上。前者为中温带干旱草原荒漠型动物，后者为北热带湿热森林型动物。此外，宋元时期的动物种类，则是把我国东北、西南、东南等不同地区的动物汇集到了一起。该时期出现的狍子，在动物学研究中又名西伯利亚狍（*Capreolus pygargus*），现今主要分布在黑龙江、吉林等东北地区。而该时期的马鸡，则主要分布在西南横断山高寒山区。而獐、青羊等，则主要分布在东部季风区。这些差别很大的不同生态型的动物汇集在一起，可以说反映动物多样性的突出现象。

（三）动物群反映的资源动物变化

东门头遗址动物群从新石器时代早期延续至近现代，虽然其整体情况是三峡从史前至现代自然环境一直以动植物资源丰富、多种生态型动植物汇集为基本特征。但在这个漫长的历史进程中，在自然环境变化和人类活动的相互影响中，我们还是可以看出该遗址在资源动物方面的较多变化。

首先，从整体上观察，该遗址家畜动物种类是随时代变化呈现逐步增多态势，野生动物种类随时代变化出现逐步递减态势（表一一）。这种相互关联的变化特点，反映出人类活动在三峡地区对动植物资源的影响。

其次，在野生动物资源方面，可以看出动物种类在由史前转变为先秦时期时突现跌降现象。这种变化巨大的跌降现象，可能与人类经济生产方式转变有关，但也可能是由于史前人类对野生动物资源长期依赖，一定程度上使野生动物种类和丰度在历史时期逐步减少。

表一一　东门头遗址动物种类分时代统计（种）

时代 种类		城背溪 文化时期	商	周	汉	宋元	明清
家畜		0	2	4	4	7	8
野生	水生	13	3	7	3	3	3
	陆生	12	6	4	6	6	5

三峡地区发现普氏野马的地点，除了东门头遗址城背溪文化时期外，另在湖北巴东店子头遗址、湖北秭归官庄坪遗址屈家岭文化时期也有①。这些遗址普氏野马的时代，都是属于新石器时代早、中期阶段。新石器时代晚期以及更晚的历史时期，三峡并没有发生地形地貌改变和高海拔山区显著湿热化情况（如果是气候转冷对普氏野马没有影响）。所以，普氏野马突然从新石器时代晚期在三峡地区消失，应该不是属于自然条件自身变化的原因，而可能是因人类活动改变自然环境或与人类对其直接捕杀有关。水鹿是亚洲的特色动物，从城背溪文化至明清时期，动物遗存中均有水鹿。反映水鹿是三峡地区的优势动物，作为主要的野生动物资源，水鹿一直伴随着三峡地区的整个历史进程。

人类在历史时期的经济活动，随着人口增多、生产技术提高等原因，总是会使经济动物资源产生显著变化。如胶东半岛史前渔业经济，甚至造成该地区水生物种类、数量和群体年龄大小等方面

① 武仙竹、周国平：《湖北官庄坪遗址动物遗骸研究报告》，《人类学学报》2005 年第 24 卷第 3 期，第 232～248 页。

发生很大变化①。东门头遗址动物遗骸中，城背溪文化时期没有中华鲟，但在商、周、汉代均有中华鲟，宋元、明清时无中华鲟。这种现象或可能向我们提示，新石器时代时人们还没有掌握捕捞中华鲟的技术，而历经先秦、秦汉时期人类对中华鲟进行较大规模的捕捞后，至宋元时期可能已经使中华鲟资源明显减少。

五、小　结

东门头遗址动物群是我国少有的保存有新石器时代早期延续至近现代动物遗骸的地点，通过动物物种属鉴定、最小个体数统计等初步研究，我们发现了许多我国动物考古学方面的新资料，同时也对认识东门头遗址各个时期的文化特点和三峡古代资源环境变化等具有重要作用。

（一）新发现的动物种类和较特殊的动物遗骸

东门头遗址有些动物种类，是我国动物考古方面的新发现。如城背溪文化时期的熊猴和爪哇野牛、汉代的银星竹鼠、宋元时期的马鸡、明清时期的秃鹳等。遗址中有些动物遗骸，还显示出了它们在动物演化研究中的特殊价值，如城背溪文化时期的鳜鱼（*Siniperca chuatsi*），是我国考古所见最大的鳜鱼。汉代时期的鲤鱼遗骸（Y6:4，鲤鱼左下咽骨），是我国考古中出土最大的鲤鱼标本。明清时期的水鹿角，是我国全新世时期最大的水鹿角（编号 DT17④:8，水鹿右角）。明清时期的动物遗骸中，有我国考古发掘出土的最完整的家猫个体（墙1废①:11，家猫骨架），还有我国南方动物考古材料中首见的家驴遗骸（DT17④:9 等）。这些新发现的动物遗骸种类，以及一些较特殊的动物遗骸标本，增添了我国动物考古学方面的宝贵研究资料。

（二）动物遗骸与考古学文化现象

动物遗骸种类和最小个体数分析显示，新石器时代早期以来漫长的历史进程中，人类活动与动物资源变化存在很多值得研究的重要现象。其主要现象包括以下几个方面：①新石器时代早期时人类肉食对象全部为野生动物，商代时出现家畜，此后人类肉食对象中的家畜比例缓慢增高。但汉代时家畜也还是人们肉食资源的少部分（家畜占同期动物最小个体数的38%）。直到宋元时期，家畜在人类肉食资源中的资源比例才刚刚达到半数。至明清时期，野生动物也还在人们肉食资源中占有较大比例（家畜动物最小个体数占60%，野生动物最小个体数达40%）。东门头遗址这种家畜经济生产的严重滞后性，在我国其他地区动物考古中是罕见的。②东门头遗址先秦以前，肉食资源中是以水生动物为主体。汉代以后，陆生动物成为肉食资源的主要对象，水生动物降为分量较少的补充性资源。这种肉食资源结构的明显变化，是遗址古代经济生产模式转变的内容之一。③动物群研究显示，东门头遗址先民具有很强的渔猎生产能力和高超的渔猎技术。商代东门头先民的渔业捕捞生产最为专业。该遗址古代居民渔猎生产活动范围广泛，在不同季节均进行有一定量的渔猎生产。这些专业性很强的渔猎生产传统，从新石器时代一直延续至较晚近的历史阶段。④动物遗骸鉴定显示出三峡地区与外地的文化交流现象。较肯定的证据是汉代以后家畜马、家驴、家黄牛等家畜的输入。三峡虽然在新石器时代早、中期生活有普氏野马，但从新石器时代晚期以后已从该地区消失。

---

①　中国社会科学院考古研究所：《胶东半岛贝壳遗址环境考古》，社会科学文献出版社，1999年，第1~236页。

汉代以后家畜马在三峡的突然大量出现，显系文化交流的产物。而东门头遗址汉代以后出现的家黄牛、明清时期出现的家驴等，也都是不同历史阶段文化交流的现象。⑤遗址中有长期狩猎水鹿、鹿科等优势地方特色动物的考古学文化现象。水鹿是亚洲独有的大型鹿科动物，鹿科动物全新世以来仅存于东亚地区。东门头遗址从新石器时代早期至明清，一直以这些地方优势特色动物为重要狩猎对象，这也是该遗址显著的一个文化特点。

（三）动物遗骸与遗址古环境

三峡地区新石器时代以来，继承了晚更新世时期的地形特点和主要动物群面貌。在地形特征上具备显著的立体气候景观，峡谷地区始终以中亚热带为主要气候特征，峡谷外缘随海拔递增逐次表现出温带和高寒山区的气候与植被景观。峡谷湿热、林茂，生存着森林型喜热动物。峰顶山原区域气候凉爽、分布有疏林草原，生活有北方疏林草原型动物群。南北交界、东西过渡的地理位置，以及特殊的立体自然景观条件，使三峡地区成为我国和东亚重要的动植物汇集与生物交流中心。

动物生态特征反映，新石器时代以来，三峡也发生过一些气候与古环境变化。较明显的现象是新石器时代气温较高和雨水相对较多，周代时期则出现过气候相对干冷阶段。

整体上观察，三峡是我国历史时期人类活动对自然环境影响较小的区域。水鹿、鹿科动物都属于森林型动物，警惕性较高、与人类活动区域保持一定距离，这些动物在东门头遗址贯穿出现于新石器时代以来的整个历史时期。宋元、明清时期，东门头遗址古代居民肉食资源中仍然有比例很大的野生动物。这些情况均反映，三峡地区自然环境和生态条件自古以来一直是比较优越的。

附录二　东门头遗址出土古代人骨的研究

周　蜜

（湖北省文物考古研究所）

本文所报道的 6 例古代人骨材料均系秭归东门头遗址出土。发掘者认为，M1 出土的 5 例标本属唐代，M2 出土的 1 例标本为宋代[1]。尽管该批古人骨标本保存情况欠佳，但仍不失为一份了解峡江地区唐宋时期古代居民体质特征及人种类型等情况的重要的人种学资料。现将对该遗址古代颅骨的观察、测量及初步研究结果公布如下。

一、观察与测量

东门头遗址 M1 和 M2 中出土的 6 例颅骨标本中，2 例男性，其余 4 例是女性。男女两性颅骨的全部测量值和指数值见文后附表。作者对本文所研究的颅骨进行了人类学测量与形态观察。测量与观察参照邵象清[2]和吴汝康等[3]提出的各项标准。

NO. 1（M1）：

唐代墓葬，女性个体，成年。颅骨保存完整，下颌骨缺失。上颌牙齿缺失较多，左右两侧第一臼齿（M^1）至第三臼齿（M^3）均于生前脱落，且齿槽已完全愈合，仅见一条断续的缝隙。在位牙齿齿根孔较浅，齿槽骨萎缩明显，推测该例个体生前可能患有严重的牙周病。标本颅骨基底缝已经愈合（图版八〇）。

该个体颅形卵圆，从颅骨指数上看，颅指数为近中颅的长颅型；颅长高指数、颅宽高指数分别为高颅型和狭颅型。眉弓中等发达，眉间突度稍显，前额平直，乳突较小，枕外隆凸稍显。矢状嵴不明显，颅顶矢状缝结构简单，前囟段和顶孔段为微波型，顶段为锯齿型，后段为深波型。前额平直，额节结和顶节结发育较显著，额宽指数为阔额型，无额中缝；颧弓细而平直，颧颌下缘转角处方折明显。上面指数为中上面型，面突指数属正颌型。长方形眼眶，眶指数为低眶型但十分接近中型的上限。心形梨与钝形相结合的鼻状孔，鼻指数为阔鼻型，鼻棘较低矮，属 Broca Ⅱ 级。犬齿窝和鼻根凹发育弱。腭型为"U"型，未见腭圆枕出现。总面角与鼻颧角显示，其属于近中颌的平颌型，面部扁平度中等偏大。

NO. 2（M1）：

唐代墓葬，此标本为一年龄在 50 岁至 55 岁之间的女性个体。颅骨保存欠佳。左右侧下颌第一臼齿咬合面磨耗较重，齿冠全部磨去，齿质全部暴露。下颌左侧第二臼齿（M_2）远中齿根近齿颈处可见一椭圆形龋齿病灶，其长径约 3.6mm，短径约 2.1mm，深约 2.5mm。标本下颌牙齿齿根均

---

[1]　本报告正文。

[2]　邵象清：《人体测量手册》，上海辞书出版社，1985 年。

[3]　吴汝康、吴新智、张振标：《人体骨骼测量方法》，科学出版社，1965 年。

暴露在齿槽窝外约 1 / 2 左右，齿槽突明显萎缩。推测该例个体生前曾患有龋齿及牙周病。

标本颅形呈卵圆形，眉弓发育中等，乳突较小，枕外隆凸缺如。矢状嵴比较发达，前额中等倾斜，无额中缝，上颌中门齿呈铲形。颅顶矢状缝结构简单，前囟段和后段为微波型，顶段为深波型，顶孔段为锯齿型。尖形下颏，下颌角区外翻不明显，在下颌骨内侧面未观察到下颌圆枕。

NO. 3（M1）：

唐代墓葬，35 至 40 岁左右的女性。颅骨保存较差，下颌骨尚可拼对。卵圆形颅形，眉弓、枕外隆凸稍显，乳突欠发达。矢状嵴发育弱，前额略微后倾，无额中缝。"U"型腭，无腭圆枕，铲形上颌中门齿。圆形下颏，下颌角区平直，在下颌骨内侧面未观察到下颌圆枕。

NO. 4（M1）：

唐代墓葬，成年男性，颅骨破坏的比较严重，仅剩脑颅和下颌骨。颅形卵圆，骨壁较厚，乳突中等大小，枕外隆凸发育中等，矢状嵴不发达。下颌第一臼齿磨耗程度为Ⅲ级，多数牙齿齿根暴露在齿槽窝外 1/2 左右，近齿颈处附有坚硬结石，推测该个体生前患有牙周病。圆形下颏，下颌角区外翻，在下颌骨内侧面未观察到下颌圆枕。轻度摇椅形下颌。下颌角区外翻，未见下颌圆枕。

NO. 5（M1）：

唐代墓葬，该标本为一例男性颅骨，年龄在 45 岁至 50 岁之间。颅骨破坏严重，仅保存有脑颅和部分下颌骨。可观察到：卵圆形颅，眉弓突度较显，乳突较大，枕外隆凸发达。前额向后倾斜明显，无额中缝，矢状嵴发育明显。圆形下颏，下颌角区外翻，无下颌圆枕。该个体左右侧下颌第一臼齿齿质点相互连成一片，已达Ⅳ级磨耗。下颌左侧第二臼齿（M_2）及右侧第二前臼齿（P_4）已于生前脱落，齿槽窝已经完全闭合，多数牙齿齿根暴露在齿槽窝外 1/2 左右，齿槽突明显萎缩，推测为该个体生前患有牙周病所致。

NO. 6（M2）：

宋代墓葬，该颅骨为一例 35 岁左右的女性个体。颅骨破坏严重，只存有部分脑颅和下颌骨残段和附于上、下颌骨的人类牙齿 20 颗。上下颌齿列完整，缺失部分乃于死后脱落。该个体上下颌第三臼齿均已萌出。标本左侧下颌第二臼齿（M_2）颊面可见一直径约 1.5mm 的圆形龋齿病灶，该例个体多数牙齿齿根均暴露在齿槽窝外 1/2 左右，齿槽突萎缩明显，由此可见，该例个体生前可能患有龋齿和严重的牙周病。

该个体颅形呈卵圆形，眉弓、枕外隆凸和乳突发育均很弱，颧弓较细而平直。有矢状嵴，颅顶缝前囟段呈深波形。前额略微后倾，无额中缝。铲形上中门齿，上颌齿槽弓长 58.09cm，心形梨状孔，梨状孔下缘呈钝型，犬齿窝较浅，鼻前棘稍显，属 Broca Ⅱ 级。腭形椭圆，腭长 46.16cm，未见腭圆枕，上颌中门齿呈铲形。圆形下颏，下颌角区平直，无下颌圆枕。

通过上文描述，我们可以对 4 例女性颅骨和 2 例子男性颅骨的体质特征有个大致了解：女性颅骨通常具有卵圆形颅型，简单的颅顶缝，铲形上颌中门齿和较为低矮的鼻棘，欠发达的犬齿窝和较低的上、下颌圆枕的出现率。男性颅骨除具有较厚的颅骨骨壁，发育显著的眉弓，较大的乳突和较为发达枕外隆突及较为外翻的下颌角区等由性别差异导致的某些细微不同外，其他体质特征基本相同。因此，秭归东门头遗址出土男女两性颅骨所代表的人群在基本的种族成分上是一致的。鉴于上述诸如颅顶缝结构简单，铲形上中门齿，犬齿窝和鼻根凹发育弱，鼻前棘低矮等非测量性特征，东门头遗址人骨标本在人种上应属于现代亚洲蒙古大人种。

二、比较与分析

为了进一步确定东门头遗址古代居民的种系归属以及在体质特征上与其他有关人群的亲疏关

系，本文选择了在时间或空间上相关的 5 个古代女性颅骨组与本文女性颅骨（NO.1）进行比较，颅骨对比组包括：七郎山组①、杏花村组②、柳湾合并组③、西夏侯组④和河宕组⑤。

对比的方法是采用计算本文标本与各对比组之间欧氏距离系数⑥的方法。通常，欧氏距离系数值越小，表明两个对比组间的关系越密切。本文将颅长、颅宽、颅高、最小额宽、颧宽、上面高、眶宽、眶高、鼻宽、鼻高、总面角、鼻颧角、颅指数、颅长高指数、颅宽高指数、垂直颅面指数、上面指数、眶指数、鼻指数等 19 项测量项目进行组间比较。各项对比数据见表一，比较的结果见表二。

表一　东门头遗址颅骨与各古代颅骨组的比较（女性）

（长度：毫米；角度：度；指数:%）

马丁号	对比组→ 项目↓	本文标本	七狼山组	杏花村组	柳湾合并组	西夏侯组	河宕组
1	颅长（g—op）	179.50	184.80	184.50	178.58	169.31	183.90
8	颅宽（eu—eu）	134.2	143.60	129.50	132.27	144.25	136.10
17	颅高（ba—b）	142.00	127.50	138.50	131.63	142.60	149.00
9	最小额宽（ft—ft）	96.01	91.50	94.00	87.42	91.33	91.10
45	颧宽（zy—zy）	127.50	132.00	128.00	129.04	133.40	134.10
48	上面高（n—sd）	60.97	73.23	67.90	70.73	69.70	70.60
72	总面角（n—prFH）	85.00	91.00	76.50	87.00	84.63	85.70
77	鼻颧角（fmo-n-fmo）	147.20	147.90	147.00	147.56	146.78	144.90
51	眶宽（mf-ek）（右）	43.60	40.40	42.60	41.80	43.90	42.20
52	眶高（mf—ek）（右）	33.00	31.00	33.60	33.13	32.58	33.40
54	鼻宽	25.61	26.35	26.20	25.76	25.58	27.80
55	鼻高（n—ns）	48.95	53.50	48.20	51.03	53.87	50.60
8:1	颅指数	74.48	77.51	70.19	75.24	85.22	74.00
17:1	颅长高指数	79.11	70.25	75.07	73.03	84.98	81.00
17:8	颅宽高指数	105.81	88.41	106.95	98.09	99.52	112.90

---

① 郑丽慧、朱泓、陈靓：《内蒙古七郎山魏晋时期鲜卑墓葬人骨研究》，《东北、内蒙古地区古代人类的种族类型与DNA》，吉林人民出版社，2006 年。
② 朱泓：《杏花村遗址古代人骨研究》，《晋中考古》，文物出版社，1999 年。
③ 潘其风、韩康信：《柳湾墓地的人骨研究》，《青海柳湾》，文物出版社，1984 年。
④ 颜訚：《西夏侯新石器时代人骨的研究报告》，《考古学报》1973 年第 2 期。
⑤ 韩康信、潘其风：《广东佛山河宕新石器时代晚期墓葬人骨》，《人类学学报》1982 年第 1 期。
⑥ 欧氏距离系数计算公式为：

$$D_{ij} = \sqrt{\frac{\sum\limits_{k=1}^{m}(x_{ik}-x_{jk})^2}{m}}$$

式中的 i、j 代表颅骨组，k 代表比较项目，m 代表项目数。D_{ij} 值（欧氏距离系数）越小则表明两对照组之间在形态学上越为相近。

马丁号	对比组→ 项目↓	本文标本	七狼山组	杏花村组	柳湾合并组	西夏侯组	河宕组
48：17	垂直颅面指数（sd）	46.34	57.59	49.03	53.94	(48.88)	(49.70)
48：45	上面指数	51.61	57.20	53.05	55.05	(52.25)	52.60
52：51	眶指数（右）	75.69	76.77	78.87	79.34	76.35	79.10
54：55	鼻指数	52.32	48.71	54.36	51.76	47.46	55.00

注："（　）"内的数值是根据平均数计算的近似值。

表二　东门头组与各古代组间的欧氏距离值

对比组	七郎三组	杏花村组	柳湾合并组	西夏侯组	河宕组
与东门头组间的 组差均方根值	7.79	3.60	5.00	5.54	4.19

从上述比较结果看，东门头组唐代居民与杏花村组居民关系最为密切，其次是河宕组、柳湾合并组和西夏侯组，而与七郎山组之间则存在着相当大的差异。通过以上比较可知，本文标本与现代亚洲蒙古人种东亚类型最为接近。而诸如低眶（75.69%）、阔鼻（52.32%）以及较为低小的上面高值（60.97mm）等项反映出其似乎与现代亚洲蒙古人种南亚类型也存在着某些相似之处。

由于本文标本中缺少完整的男性个体，在比较过程中主要采用了女性测量项目的平均值，结果有待新材料的发现予以验证。

三、病理与创伤

本文对东门头遗址出土的 6 例古人骨标本进行了细致的观察，对常见疾病的发病率进行了统计和分析。文中对骨骼病理现象的确认和描述参考朱泓[1]、张继宗[2]、皮昕[3]于世凤[4]吴秦川[5]和马绪臣[6]等提出的标准。

（一）塌陷性骨折

骨折多由暴力撞击、挤压等所致。塌陷性骨折多发生在颅骨上，轻者使颅骨球面外形变为平坦面，重者出现圆锥形凹陷。东门头遗址出土古人骨标本中共发现一例塌陷性骨骼，标本号为 NO.1（M1）。创伤处位于右侧颞骨下发，创面为一圆锥形轻微塌陷，推测该处创伤由暴力打击所致。

---

[1]　朱泓：《古病理学讲义》，研究生课程讲义（未刊），1999 年。

[2]　张继宗、舒永康：《法医人类学经典》，科学出版社，2007 年。

[3]　皮昕：《口腔解剖生理学（第 4 版）》，人民卫生出版社，2000 年。

[4]　于世凤：《口腔组织病理学》，人民卫生出版社，2000 年。

[5]　吴秦川：《口腔病》，世界图书出版公司，2004 年。

[6]　马绪臣：《颞下颌关节病的基础与临床》，人民卫生出版社，2004 年。

（二）口腔疾病

东门头遗址古代居民中患口腔疾病比率较高，现分别记录如下：

1. 龋齿

龋齿常见于古代居民中，是在以细菌为主的多种因素影响下，牙体硬组织发生慢性破坏的疾病。东门头遗址唐宋代居民中患有龋齿的个体共计 1 例，患病标本为女性，患病率为 20% 。宋代墓葬出土女性标本生前亦患有龋齿。

2. 牙周病

牙周病是指侵犯牙龈和牙周组织的慢性炎症，其主要特征为齿槽萎缩以致使牙根明显暴露。东门头遗址唐宋代居民中患有牙周病的个体共计 4 例（男性 2 例、女性 2 例），患病率为 66.67% 。宋代墓葬出土标本生前患有较为严重的牙周病。

3. 颞下颌关节疾患

颞下颌关节病是指颞下颌关节组织发生磨损与变形，并在关节表面形成新骨的非炎症性病变。东门头遗址唐宋代居民中患此口腔疾病的个体有 1 例，其标本号为 NO.5（M1），患病率为 16.67% 。宋代标本颞下颌关节发育正常。

四、小　结

本文对出土于秭归东门头遗址唐代与宋代人骨进行了研究，现将研究结果小结如下：

（1）本文研究了 6 例头骨，包含 2 个男性和 4 个女性，男女两性死亡年龄均集中在中年阶段（35~55 岁）。由于该遗址出土古代人骨标本数量较少，因此我们无法据此判断其中是否存在骨骼性比例异常的问题。

（2）东门头遗址男性颅骨一般具有卵圆形颅型，较厚的颅骨骨壁，眉弓发育显著，乳突较大，枕外隆突较为发达；下颌骨颏形多圆形，下颌角区多外翻。其他特征因标本过于残损无法观测。

东门头遗址女性颅骨一般具有卵圆形颅型，较薄的骨壁，简单的颅顶缝。颅长宽指数为近中颅的长颅型，颅长高指数显示为高颅型，颅宽高指数为狭颅型；上面指数属中上面型；额宽指数为阔额型；鼻指数属阔鼻型；眶指数为低眶型；鼻棘均较为低矮，犬齿窝欠发达，鼻根凹中等，上、下颌圆枕的出现率低。

（3）经过测量、观察和对比分析，东门头遗址唐宋时期居民在人种属性上应属现代亚洲蒙古人种东亚类型。

（4）与若干古代颅骨组比较，本文标本与杏花村组在人种属性上有着较多的相似性。

（5）龋齿和牙周病是该地区古代居民中的常见口腔疾病，其中牙周病发病率较高。

致谢：文中所研究人骨标本的拼对与修复由十堰市博物馆黄玉洪同志完成，图版照片由湖北省文物考古研究所余乐先生拍摄，在此一并表示感谢。

附表　东门头墓地颅骨个体测量表

（♂：男性，♀：女性；长度单位：毫米；角度：度；指数:%）

编号、性别→ 项目↓		NO.1（♀）	NO.2（♀）	NO.4（♂）	NO.5（♂）	NO.6（♀）
1 颅骨最大长（g-op）		179.50				
5 颅基底长（n-enba）		103.50				
8 颅骨最大宽（eu-eu）		134.20				
9 额骨最小宽（ft-ft）		96.01				
11 耳点间宽（au-au）		119.27				
12 枕骨最大宽（ast-ast）		108.80				
7 枕骨大孔长（enba-o）		33.96				
16 枕骨大孔宽		28.27				
17 颅高（b-ba）		142.00				
21 耳上颅高（po-po）		119.00				
23 颅周长（g-op-g）		515				
24 颅横弧（po-b-po）		306				
25 颅矢状弧（n-o）		381				
26 额骨矢状弧（n-b）		124				
27 顶骨矢状弧（b-l）		133				
28 枕骨矢状弧（l-o）		123				
29 额骨矢状弧（n-b）		110.83				
30 顶骨矢状弦（b-l）		117.47				
31 枕骨矢状弦（l-o）		104.64				
40 面底长（pr-enba）		95.39				
43 上面宽（fmt-fmt）		103.01				
44 两眶宽（ek-ek）		99.05				
45 颧宽（zy-zy）		127.50				
46 中面宽（zm-zm）		98.18				
47 全面高（n-gn）		101.28				
48 上面高（n-pr）		60.97				
（n-sd）		65.80				
50 前眶间宽（mf-mf）		19.57				
51 眶宽（mf-ek）	L	43.94				
	R	43.60				
51a 眶宽（d-ek）	L	39.96				
	R	39.89				
52 眶高	L	34.31				
	R	33.00				

续表

编号、性别 → 项目 ↓		NO.1（♀）	NO.2（♀）	NO.4（♂）	NO.5（♂）	NO.6（♀）
MH 颧骨高（fmo-zm）	L	44.32				
	R	43.78				
MB 颧骨宽	L	25.29				
	R	25.30				
54 鼻宽		25.61				
55 鼻高（n-ns）		48.95				
SC 鼻最小宽		8.03				
SS 鼻最小宽高		4.10				
60 上颌齿槽弓长（pr-alv）		50.48				58.09
61 上颌齿槽弓宽（ekm-ekm）						
62 腭长（ol-sta）		41.07				46.16
63 腭宽（enm-enm）						
FS 鼻根点至两眶内宽之矢高（n to fmo-fmo）		21.55				
FC 两眶内宽（fmo-fmo）		97.12				
DC 眶间宽（d-d）		22.80				
32	额侧角Ⅰ∠n-m and FH	87				
	额侧角Ⅱ∠g-m and FH	85				
	前囟角∠g-b and FH	57				
72 总面角∠n-pr and FH		85				
73 中面角∠n-ns and FH		88				
74 齿槽面角∠ns-pr and FH		72				
75 鼻梁侧角∠n-rhi and FH						
77	鼻颧角∠fmo-n-fmo	147.20				
	颧上颌角∠zm-ss-zm	120				
	鼻梁角（72-75）					
面三角	∠pr-n-ba	143				
	∠n-pr-ba	23.5				
	∠n-ba-pr	13.5				
65 下颌髁突间宽（cdl-cdl）				118.62		
66 下颌角间宽（go-go）				96.21		
67 髁孔间宽			46.69	45.38	46.41	51.36
68 下颌体长				69		
68-1 下颌体最大投影长				94.7		
69 下颌联合高（id-gn）			30.14	25.28		33.57

续表

编号、性别 → 项目↓			NO.1（♀）	NO.2（♀）	NO.4（♂）	NO.5（♂）	NO.6（♀）
69-1	－	L		12.54	26.56	29.42	29.8
	－	R			26.29		29.78
	下颌体高Ⅱ	L		25.78	25.75		28.87
		R			25.87		28.69
69-3	下颌体厚Ⅰ	L		12.46	12.77	12.33	11.77
		R			13.05	12.02	11.64
	下颌体厚Ⅱ	L		14.50	15.1	15.35	14.69
		R			14.13		13.19
70 下颌枝高		L			55.43		54.39
		R		56.38	57.54		
71 下颌枝宽		L			42.38		40.92
		R		40.94	42.69		
71a 下颌枝最小宽		L			35.61	34.01	34.28
		R		30.74	34.63	34.46	
79 下颌角					125		
颏孔间弧				59	54	55	59
指数							
8:1 颅长宽指数			74.48				
17:1 颅长高指数			79.11				
17:8 颅宽高指数			105.81				
9:8 额宽指数			71.54				
16:7 枕骨大孔指数			83.24				
40:5 面突指数			92.16				
48:17 垂直颅面指数		pr	42.94				
		sd	46.34				
48:45 上面指数（K）		pr	47.82				
		sd	51.61				
48:46 上面指数（V）		pr	62.10				
		sd	67.02				
54:55 鼻指数			52.32				
52:51 眶指数		L	78.08				
		R	75.69				
52:51a 眶指数		L	85.86				
		R	82.73				

续表

编号、性别 → 项目 ↓		NO. 1（♀）	NO. 2（♀）	NO. 4（♂）	NO. 5（♂）	NO. 6（♀）
54∶51 鼻眶指数	L	58.28				
	R	58.74				
54∶51a 鼻眶指数	L	64.09				
	R	64.20				
SS∶SC 鼻根指数		51.06				
63∶62 腭指数		–				
45∶1/2（1＋8）横颅面指数		81.29				
17∶1/2（1＋8）高平均指数		90.53				
68∶65 下颌骨指数				58.17		
71∶70 下颌枝指数	L			76.46		74.69
	R		72.61	74.19		

东门头遗址远景（北→南）

1. 东门头遗址东门头山脊地貌（南→北）

2. 东门头遗址A区地貌（西→东）

东门头遗址地貌

1. 东门头遗址A区发掘现场（西→东）

2. 东门头遗址B区发掘现场（西→东）

东门头遗址发掘现场

东门头遗址C区城门与石板道路（南→北）

1. 东门头遗址D区发掘现场（东→西）

2. 东门头遗址D区"太阳人"石刻发现现场（东北→西南）

东门头遗址发掘现场

1. Y5清理现场（北→南）

2. DT6第4层石器清理现场（北→南）

东门头遗址发掘现场

1. 考古专家检查发掘工作（南→北）

2. 遗迹1（东北→西南）

东门头遗址专家检查及遗迹1

1. H3坑内堆积（北→南）

2. K1（西北→东南）

H3、K1

1. ATG1墙1、ATG1墙2（北→南）

2. M1（北→南）

ATG1墙1、ATG1墙2、M1

1. 砍砸器（DT19②：1）

2. 石斧（DT36⑤：4）

3. 尖状器（DT26⑥：1）

4. 石铲（DT7②：10）

5. 砍砸器（DT10③：9）

6. 砍砸器（DT35⑥：20）

东门头遗址出土城背溪文化石器

1. 石斧 (DT10③:1)

2. 砺石 (DT16⑪:1)

3. 石斧 (DT7②:1)

4. 石锤 (DT6④:3)

5. 石网坠 (DT42③:2)

东门头遗址出土城背溪文化石器

1. 釜（DT6④：1）

2. 罐（DT16⑪：34）

3. 罐（DT4⑤：8）

4. 钵（DT15⑪：1）

5. 支座（DT15⑨：5）

6. 支座（DT16⑬：1）

东门头遗址出土城背溪文化陶器

1. 罐（CTG1⑥：4）

2. 釜（CTG1⑥：220）

3. 釜（CTG1⑥：1）

4. 杯（CTG1⑥：252）

5. 缸（CTG1⑥：6）

6. 杯（CT5⑦：1）

东门头遗址出土商代陶器

1.罐 (M1:20)

2.罐 (M1:01)

3.碗 (M1:02)

4.唾盂 (M1:03)

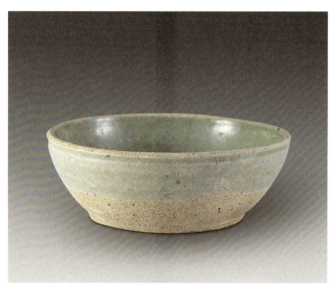

5.钵 (M1:21)

M1出土瓷器

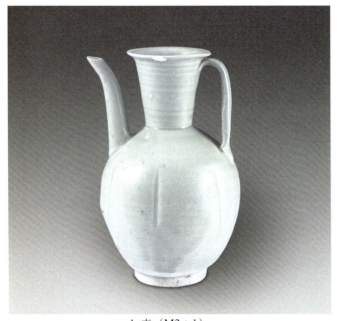

1. 壶（M2：1）

2. 罐（M2：2）

3. 碗（M2：6）

4. 碗（M2：3）

5. 碗（CT2⑤：1）

6. 碗（F36：20）

东门头遗址出土宋元时期瓷器

1. 瓷罐 (H13：8)

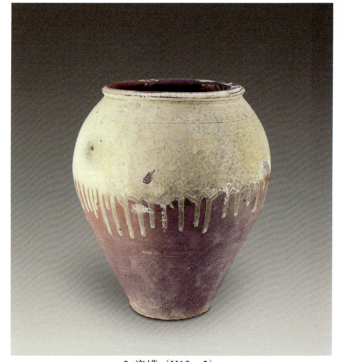

2. 瓷罐 (H13：5)

3. 瓷碗 (F32：11)

4. 瓷碗 (F34：3)

5. 伏虎罗汉 (F16①：6)

6. 灯盏 (H10：3)

东门头遗址出土瓷器、陶器

1. DT1⑨：2

2. DT6③：4

3. DT38⑥：1

4. DT5⑥：2

5. DT6④：4

6. DT6④：5

新石器时代石斧

1. T7②：1

2. DT7②：2

3. T10③：1

4. DT10③：37

5. DT14⑩：1

6. DT15⑪：8

新石器时代石斧

1. DT15⑪：10

2. DT15⑪：11

3. DT15⑪：13

4. DT15⑪：31

5. DT16⑪：3

6. DT16⑪：7

新石器时代石斧

1. DT16⑪ : 8

2. DT16⑪ : 10

3. DT30⑤ : 2

4. DT35⑥ : 2

5. DT36⑤ : 2

6. DT36⑤ : 4

新石器时代石斧

1. 砺石（DT36⑤：18）

2. 石刀（DT3⑥：15）

3. 砍砸器（DT3⑥：22）

4. 砍砸器（DT1⑩：12）

5. 砍砸器（DT1⑩：11）

6. 砍砸器（DT10③：9）

新石器时代砺石、石刀、砍砸器

1. 砍砸器 （DT10③：6）

2. 刮削器 （DT10③：48）

3. 砍砸器 （DT15⑪：108）

4. 砍砸器 （DT19②：1）

5. 尖状器 （DT26⑥：1）

6. 砍砸器 （DT32④：4）

新石器时代砍砸器、刮削器、尖状器

1. 砍砸器（DT35⑥：20）

2. 尖状器（DT42③：4）

3. 石刀（DT9②：1）

4. 石斧（DT15⑪：38）

5. 使用石片（DT35⑥：35）

6. 石锤（DT3⑥：3）

新石器时代石器

1. 石锤 (DT6④：3)

2. 石砧 (DT14⑩：18)

3. 砍砸器 (DT15⑩：18)

4. 砺石 (DT15⑪：14)

5. 石砧 (DT16⑪：27)

6. 砺石 (DT16⑪：5)

新石器时代石器

1. 砺石（DT16⑪：1）

2. 石锤（DT16⑪：20）

3. 石铲（DT7②：10）

4. 石核（DT32④：1）

5. 磨制石块（DT4⑤：65）

6. 网坠（DT16⑪：6）

新石器时代石器

1. 石网坠（DT16⑪：9）

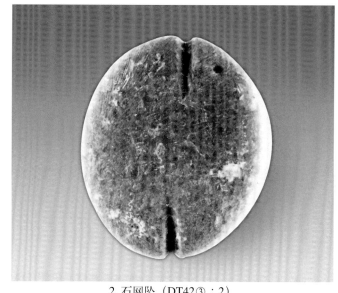

2. 石网坠（DT42③：2）

3. 石雕刻器（DT3⑥：70）

4. 石佩饰（遗迹1：8）

5. 蚌器（DT2⑥：1）

6. 磨制石片（DT4⑤：66）

新石器时代石器、蚌器

新石器时代"太阳人"石刻（D采：127）

1. DT7② : 5

2. DT7② : 12

3. DT15⑪ : 18

4. DT8② : 1

5. DT14⑩ : 3

6. DT15⑨ : 24

新石器时代陶器纹饰

1. 罐（DT4⑤：8）

2. 罐（DT16⑪：34）

3. 釜（DT6④：1）

4. 釜（DT47③：3）

5. 钵（DT1⑩：1）

6. 钵（DT1⑩：5）

新石器时代陶釜、罐、钵

1. DT3⑥：5

2. DT4⑤：42

3. DT4⑤：50

4. DT6④：13

5. DT7②：11

6. DT14⑧：20

新石器时代陶钵

1. 钵（DT15⑪：1）

2. 钵（DT16⑪：13）

3. 支座（DT15⑨：5）

4. 支座（DT16⑬：1）

5. 支座（DT6④：15）

6. 支座（顶面）（遗迹1：10）

新石器时代陶钵、支座

1. CT13④：295

2. CTG1⑥：173

3. CTG1⑥：169

4. CTG1⑥：216

5. CT13⑥：184

6. CTG1⑥：218

商代陶器纹饰

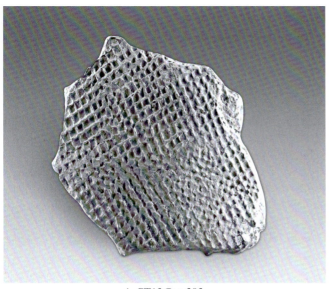

1. CT13④：303

2. CT13④：253

3. CT13④：240

4. CT13④：226

5. CT13④：195

6. CT13④：214

商代陶器纹饰

1. 釜（H3②：2）

2. 釜（H3②：11）

3. 釜（CTG1⑥：1）

4. 釜（CTG1⑥：67）

5. 釜（CTG1⑥：220）

6. 罐（CTG1⑥：4）

商代陶釜、罐

1. 杯（CTG1⑥：252）

2. 缸（CTG1⑥：6）

3. 杯（CT5⑦：1）

4. 釜（CT13④：2）

5. 釜（CT13④：3）

6. 罐（CT13④：128）

商代陶杯、缸、釜、罐

1. 陶盆（CT13④：143）

2. 陶盆（CT13④：185）

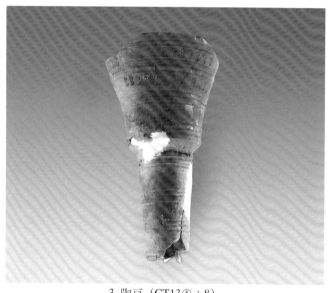

3. 陶豆（CT13④：8）

4. 陶罐（CTG1⑤：2）

5. 骨镞（H3③：1）

6. 骨镞（CTG1⑥：2）

商代陶器、骨器

1. 釜（DT51④：4）

2. 簋（H16：3）

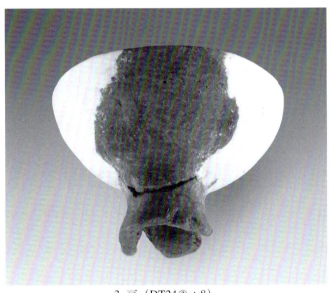

3. 豆（DT24③：8）

4. 器盖（DT15⑧：2）

5. 纺轮（DT15⑧：4）

6. 纺轮（DT54③：2）

周代陶器

1. K3（西→东）

2. H6、H7、H8（南→北）

3. W2（南→北）

4. W1（北→南）

汉代遗迹

1. M3（西北→东南）

2. M6（西→东）

3. M7（东北→西南）

4. M11局部（北→南）

汉代遗迹

1. M9（北→南）

2. M8（南→北）

3. M10（北→南）

汉代遗迹

1. Y3（东北→西南）

2. Y5（北→南）

汉代遗迹

1. Y6（东北→西南）

2. Y8（北→南）

汉代遗迹

1. 罐（M7：1）

2. 罐（M8：1）

3. 罐（M9：1）

4. 罐（CTG1⑤：4）

5. 罐（ATG2⑨：1）

6. 瓮（Y3②：2）

汉代陶罐、瓮

1. 陶甑（Y3②：1）

2. 陶瓮（W2）

3. 陶瓮（W1）

4. 铜削刀（CTG1⑤：5）

5. 铜镜（CT6北扩⑦：1）

汉代陶器、铜器

1. 板瓦（DT17⑦：3）

2. 筒瓦（Y5：8）

3. 筒瓦（DT17⑦：1）

4. 筒瓦（Y5：9）

汉代陶板瓦、筒瓦

1. 碗（M1：02）

2. 钵（M1：21）

3. 钵（M1：08）

4. 钵（M1：09）

5. 唾盂（M1：03）

6. 唾盂（M1：04）

M1出土瓷器

1. 陶罐（M1：015）

2. 陶罐（M1：016）

3. 陶盆（M1：05）

4. 瓷罐（M1：01）

5. 瓷罐（M1：20）

6. 瓷罐（ATG2②：31）

唐代陶器、瓷器

1.钵（ATG2⑥：2）

2.罐（ATG②：26）

3.钵（ATG2⑥：1）

4.钵（ATG2②：23）

5.器盖（ATG2②：30）

6.碗（ATG2②：29）

唐代瓷器

1. ATG2②：42

2. ATG2②：24

3. ATG2②：22

4. ATG2②：20

5. ATG2②：17

6. ATG2②：3

唐代瓷碗

1. 瓷杯（CT7北扩⑪：4）

2. 瓷碗（ATG2②：2）

3. 瓷盖（ATG2②：1）

4. 瓷盖（ATG2②：19）

5. 铜带扣（M1：011）

6. 玉串珠（M1：07）

唐代瓷器、铜器、玉器

1. CT1墙3（西→东）

2. CT1墙3（北→南）

CT1墙3

1. 97城墙、城门、暗沟（南→北）

2. CT13墙1、马面（东→西）

宋元时期城墙

1. F42（南→北）

2. F28灶（东南→西北）

宋元时期遗迹

1. F36（南→北）

2. F37局部（西→东）

宋元时期遗迹

1. G5局部（东南→西北）

2. G2（南→北）

宋元时期遗迹

1. H13第1层（南→北）

2. H13第2层（南→北）

宋元时期遗迹

1. M2（东→西）

2. 河卵石摆塑龙（南→北）

宋元时期遗迹

1. 陶砖（正面）（97城门：1）

2. 陶砖（侧面）（97城门：1）

3. 瓷碗（97暗道：3-2）

4. 瓷碗（97暗道：3-1）

5. 瓷碗（97暗道：2）

6. 瓷碗（97暗道：4）

宋元时期瓷碗、陶砖

1. 瓷碗（97暗道：6）

2. 陶伏虎罗汉（F16①：6）

3. 瓷碗（F16①：8）

4. 瓷碗（F16①：3）

5. 铁刀（F28：1）

宋元时期瓷器、陶器、铁器

1. F36：1

2. F36：7

3. F36：9

4. F36：15

5. F36：20

6. F36：21

F36出土瓷碗

1. 瓷碗（F36：24）

2. 瓷盘（F36：22）

3. 瓷盏（F36：23）

4. 瓷罐（F36：13）

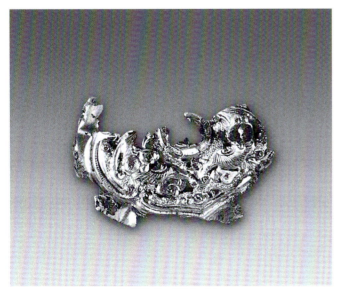

5. 铜饰件（F36：3）

6. 铁权（F36：12）

F36出土瓷器、铜器、铁器

1. 铜锅（H13：2）

2. 铜匜（H13：1）

3. 铜锅（H13：16）

4. 铜镜（H13：12）

5. 铜鼍（H13：13）

6. 铜饰件（H13：31）

H13出土铜器

1. 铁鼎（H13：11）

2. 铁壶（H13：25）

3. 铁权（H13：26）

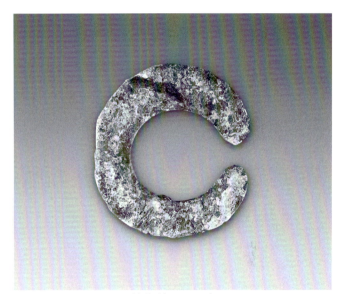

4. 铁玦（H13：29）

5. 铁锁（H13：27）

H13出土铁器

1. H13：3

2. H13：4

3. H13：8

4. H13：5

5. H13：7

H13出土瓷罐

1.罐（M2：2）

2.碗（M2：3）

3.碗（M2：5）

5.盏（M2：4）

4.碗（M2：6）

6.壶（M2：1）

M2出土瓷器

1. 罐（CT2④：1）

2. 碗（CT2⑤：1）

3. 碗（CT3⑦：1）

4. 瓷炉（CT4④：7）

5. 碗（CT7⑨：4）

6. 碗（CT7⑨：5）

宋元时期瓷器

1. 碗（CT11②：3）

2. 碗（97T1⑤：20）

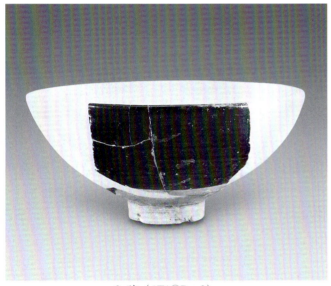

3. 碗（AT1⑪B：2）

4. 碗（AT1⑫：6）

5. 碗（AT1⑫：7）

6. 盘（AT1⑫：1）

宋元时期瓷器

1. 碗（ATG1⑥：6）

2. 盆（97T3⑤：5）

3. 碗（ATG1扩⑥：7）

4. 碗（ATG1扩⑥：8）

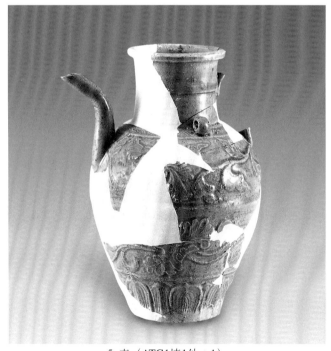

5. 壶（ATG1墙1外：1）

6. 碗（DT18④：3）

宋元时期瓷器

1. BT3⑥：3

2. BT4③：5

3. BT6③：5

4. BT6③：12

5. BT28③：3

6. BT28③：5

宋元时期瓷碗

1. 瓷碗（BT28③：6）

2. 铁权（DT17③：1）

3. 铜镜（CT2④：7）

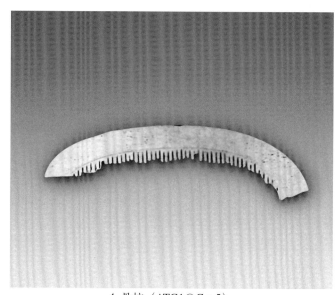

4. 骨梳（ATG1⑦C：5）

5. 陶瓦当（97T1⑤：26）

6. 陶滴水（97T1⑤：24）

宋元时期瓷器、陶器、铁器、铜器、骨器

1. F24局部（南→北）

2. F24局部（东→西）

明清时期遗迹

1. F32局部（东南→西北）

2. F35（西→东）

明清时期遗迹

1. F43（西→东）

2. F46（南→北）

明清时期遗迹

1. G1（北→南）

2. H5（西北→东南）

3. G4局部（西→东）

明清时期遗迹

1. 瓷碗（G4：3-1）

2. 瓷碗（G4：3-2）

3. 陶钵（G4：2）

4. 瓷碗（F20：1）

5. 瓷罐（F20：2）

6. 瓷罐（F20：3）

明清时期瓷器、陶器

1. 罐（F20：5）

2. 盆（F20：7）

3. 盆（F20：8）

4. 钵（F22：1）

5. 碗（F22：7）

6. 碗（F22：8）

明清时期瓷器

1. F22：9-2

2. F22：10-1

3. F22：10-2

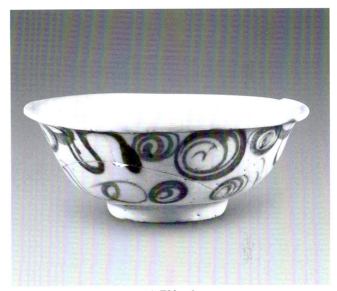

4. F22：6

5. F32：3

6. F32：11

明清时期瓷碗

1. 碗 （F32：15）

2. 碗盖 （F32：9）

3. 盘 （F32：10-1）

4. 盘 （F32：10-2）

5. 瓶 （F32：31）

6. 壶 （F32：5）

F32出土瓷器

1. 瓷盒（F32：12）

2. 瓷灯盏（F32：6）

3. 瓷罐（F32：13）

4. 瓷盖（F32：2）

5. 陶盆（F32：16）

6. 瓷罐（F34：8）

明清时期瓷器、陶器

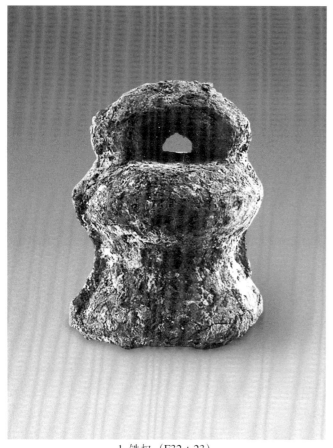

1. 铁权（F32：23）

2. 铁权（F32：25）

3. 铁勺（F32：22）

4. 珍珠（F32：1）

F32出土铁权、铁勺、珍珠

1. 碗（F34:3）

2. 碗（F34:4）

3. 罐（F34:2）

4. 壶（F34:1）

5. 盆（F34:5）

6. 碗（Z5:1）

F34、F35 出土瓷器

1. 碗 (Z7：2)

2. 碗 (H5：10)

3. 盒 (H5：1)

4. 灯盏 (H10：3)

5. 碗 (DT17④：4)

6. 碗 (DT17④：5)

明清时期瓷器

1. 碗（DT17④：6）

2. 碗（DT51②：4）

3. 碗（CT7北扩⑥：6）

4. 杯（CT13墙1废①：4）

5. 盘（CT13墙1废①：6）

6. 碗（BT2②：1）

明清时期瓷器

1. 瓷碗（BT2⑤：1）

2. 瓷碗（BT3⑥：1）

3. 陶缸（BT4③：3）

4. 瓷钵（BT4③：16）

5. 瓷碗（BT24③：2）

明清时期瓷器、陶器

1.罐（BT24③：1）

2.碗（BT28②：5）

3.碗（BT28②：6）

4.碗（BT28②：7）

5.碗（BT28②：9）

6.碗（AT1⑦：2）

明清时期瓷器

1. AT1⑨A：2

2. AT1⑨A：3

3. AT1⑨A：5

4. AT1⑨A：6

5. AT1⑨A：8

6. AT1⑨A：9

AT1⑨A层出土瓷碗

1. 瓷碗（AT18④：4）

2. 瓷碗（G1②：2）

3. 瓷碗（AT1⑩：1）

4. 陶瓦当（G3②：1）

明清时期瓷碗、陶瓦当

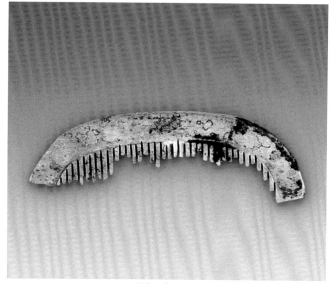

1. 骨梳（G4：8）

2. 骨饰（Z2-Z3：2）

3. 骨簪（H10：1）

4. 骨器（97T2⑥：1）

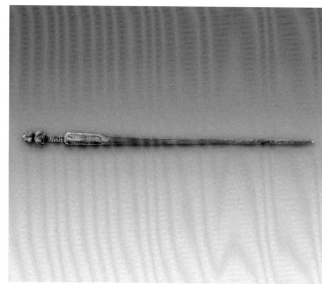

5. 铜簪（AT1⑨A：1）

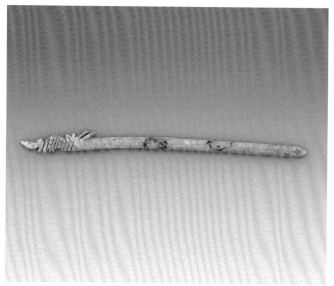

6. 骨簪（AT1③：2）

明清时期骨器、铜器

1. 铜锅（CT7⑧：1）

2. 铁权（CT7⑧：2）

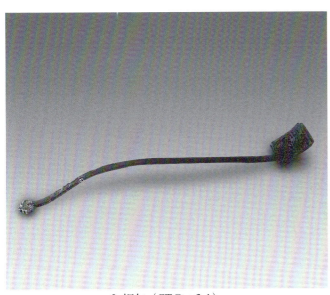

3. 铜勺（CT⑧：3-1）

4. 铜锁（CT9⑥：1）

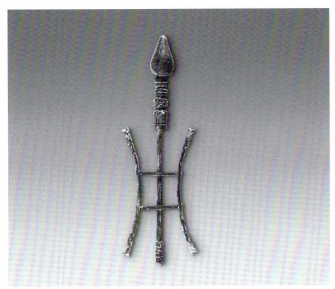

5. 铜法器（CT7北扩④：1）

6. 铜镜（CT5②：1）

明清时期铜器、铁器

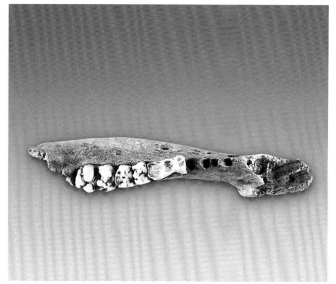

1. 家猪右下颌骨（AT1⑫：14）

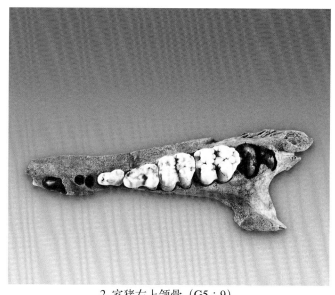

2. 家猪右上颌骨（G5：9）

3. 獐右下颌骨（ATG1石培⑥：2）

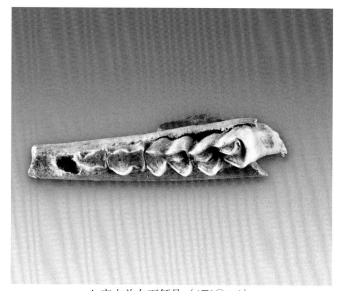

4. 家山羊左下颌骨（AT1⑫：1）

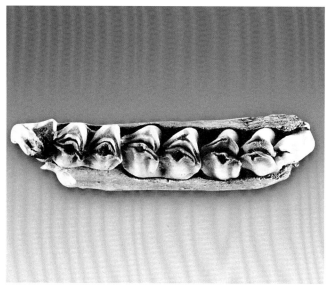

5. 苏门羚右下颌骨（DT54④：1）

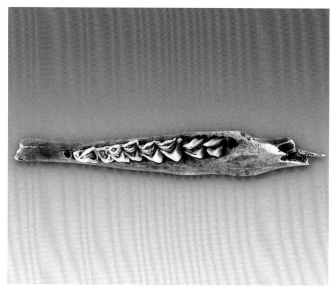

6. 青羊左下颌骨（AT1⑩：13）

东门头遗址出土动物骨骼

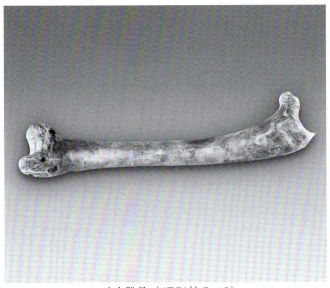

1. 鸡右股骨（ATG1扩⑥：9）

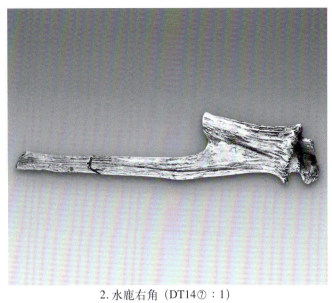

2. 水鹿右角（DT14⑦：1）

3. 水鹿角（DT17④：14）

4. 水鹿右角（DT17④：8）

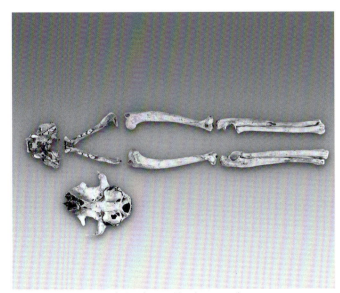

5. 家猫（CT12墙1废①：11）

6. 鳖肋板（G5：10）

东门头遗址出土动物骨骼

1. 獐左下颌骨（DT15⑦：8）

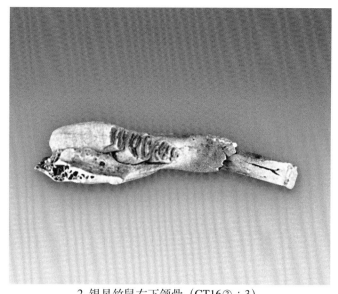

2. 银星竹鼠右下颌骨（CT16③：3）

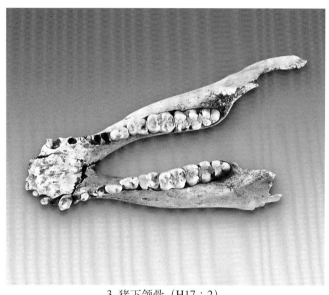

3. 猪下颌骨（H17：2）

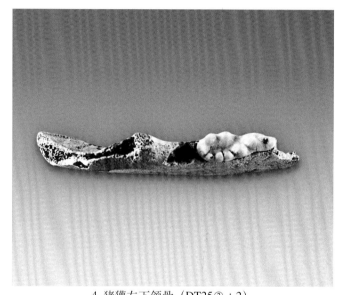

4. 猪獾左下颌骨（DT25③：2）

5. 猪獾右下颌骨（DT25③：1）

6. 狗左下颌骨（H3②：6）

东门头遗址出土动物骨骼

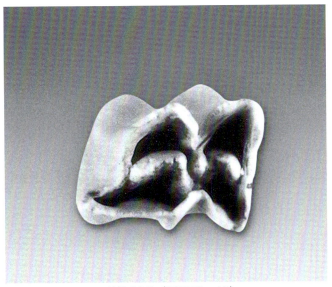

1. 青羊右M3（DT17④：12）

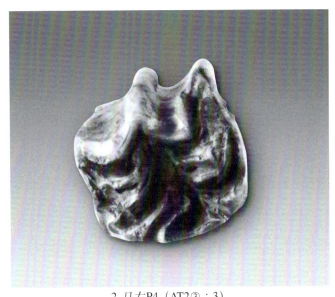

2. 马右P4（AT2③：3）

3. 家马右P4（DT17⑤：2）

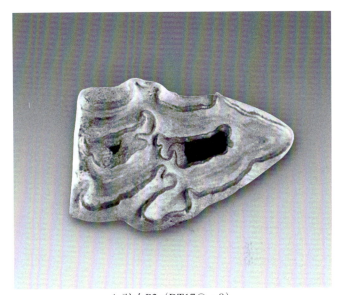

4. 驴右P2（DT17④：9）

5. 鳡鱼左下咽骨（G5：4）

6. 鲤鱼左下咽骨（Y6：4）

东门头遗址出土动物骨骼

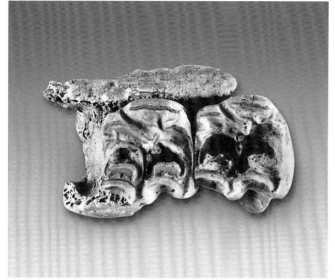

1. 驴左上颌（DT17⑤：8）

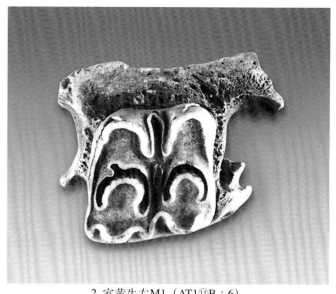

2. 家黄牛左M1（AT1⑪B：6）

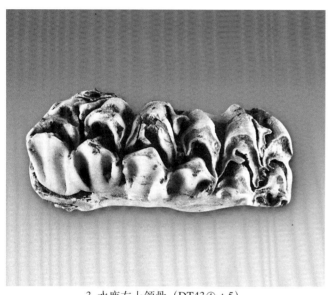

3. 水鹿左上颌骨（DT43④：5）

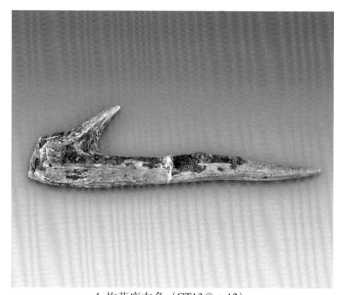

4. 梅花鹿左角（CT13④：12）

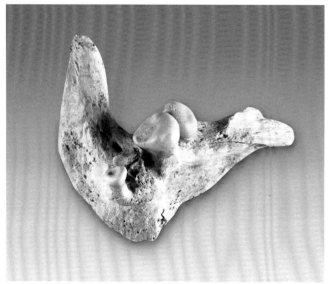

5. 青鱼左下咽骨（H3③：4）

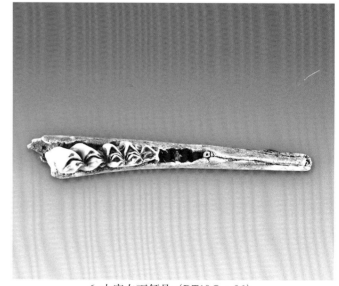

6. 水鹿左下颌骨（DT10③：86）

东门头遗址出土动物骨骼

1. 巴氏丽蚌（DT15⑨：3）

2. 熊猴右下颌骨（DT3⑥：23）

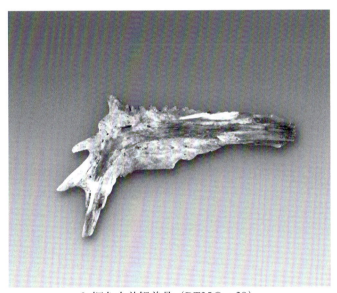

3. 鳜鱼右前鳃盖骨（DT35⑥：39）

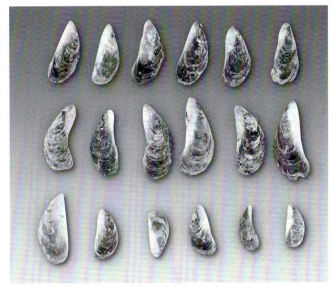

4. 无齿蚌（遗迹1：3）

5. 剑状矛蚌（DT4⑤：10）

东门头遗址出土动物骨骼

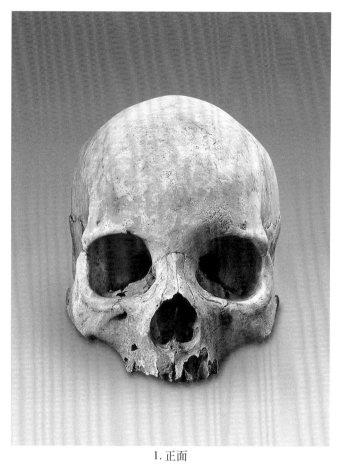

1. 正面

2. 侧面

3. 顶面

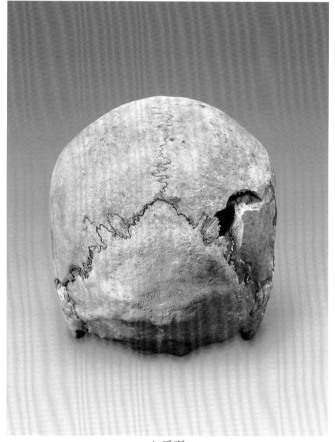

4. 后面

M1之1号头骨

（K-1475.0101）

ISBN 978-7-03-029251-3

9 787030 292513 >